L'Europe au XIXe siècle

Des nations aux nationalismes

1815-1914

CHEZ LE MÊME ÉDITEUR

Du même auteur

J.-C. CARON, *Générations romantiques. Les étudiants de Paris et le quartier Latin (1814-1851)*, coll. « Références », 1991.

J.-C. CARON, *La France de 1815 à 1848*, coll. « Cursus », 1993.

J.-C. CARON, *La Nation, l'État et la démocratie de 1789 à 1914*, coll. « U », 1995.

Dans la même collection

P. LÉVÊQUE, *Les Forces politiques en France :*
Tome 1 : *1789-1880*, 1992.
Tome 2 : *1880-1940*, 1994.
Tome 3 : *1940 à nos jours*, 1997.

Y.-G. PAILLARD, *Expansion occidentale et domination mondiale*, 1994.

Dans la collection « Cursus »

A. BELTRAN, P. GRISET, *La Croissance économique de la France (1815-1914)*, 1988.

J.-P. BERTAUD, *Les Causes de la Révolution française*, 1992.

J.-P. BERTAUD, *Le Consulat et l'Empire (1799-1815)*, 1989.

D. LEJEUNE, *Les Débuts de la IIIe République (1870-1896)*, 1994.

D. LEJEUNE, *La France de la Belle Époque (1896-1914)*, 1991.

P. MILZA, *Les Relations internationales de 1871 à 1914*, 1990.

M. VOVELLE, *La Révolution française (1789-1799)*, 1992.

Jean-Claude Caron
Michel Vernus

L'Europe au XIXe siècle

Des nations aux nationalismes
1815-1914

Deuxième tirage

ARMAND COLIN

ISBN : 2-200-21711-0

Armand Colin Éditeur - 21, rue du Montparnasse - 75006 Paris

INTRODUCTION

UNE EUROPE, DES EUROPE ?

Jamais l'Europe n'a autant occupé nos esprits et conditionné notre avenir. Mais il n'est pas sûr que ce que nous appelons Europe ait la même signification pour chacun d'entre nous. S'agit-il de l'Union européenne qui, en vertu du traité de Maastricht, a succédé le 1er novembre 1993, à la Communauté économique européenne née du traité de Rome en date du 25 mars 1957 ? L'Europe est alors réduite à un groupe d'Etats occidentaux développés, avec des nuances cependant, fonctionnant depuis longtemps sur des principes d'économie libérale (même l'ex-RDA, qui a rejoint la RFA après un petit demi-siècle d'économie socialiste), et n'exprimant plus de revendications territoriales les uns vis-à-vis des autres. Modèle suffisamment attractif pour qu'au-delà de la crise économique mondiale partagée par l'Europe, de nombreux Etats soient candidats à entrer dans ce club fermé. S'agit-il plutôt de cette Europe que Charles de Gaulle, en politique autant qu'en historien ou qu'en géographe, affirmait s'étendre de l'Atlantique à l'Oural ? Cette globalité, exprimant la volonté de proclamer l'existence d'une puissance capable de contrebalancer celle des Etats-Unis, s'est longtemps heurtée aux réalités de la géopolitique. Sa partition en deux zones d'influence rivales, entrepôts privilégiés d'armes atomiques ou classiques, illustrait de manière cruellement réaliste l'inexistence politique de l'Europe : de l'Atlantique au rideau de fer, du rideau de fer à l'Oural, telle a été durant près d'un demi-siècle la réalité d'une fracture qui, pour un Français ou un Anglais, faisait d'un Tchèque, d'un Hongrois ou d'un Russe un individu plus éloigné que ne pouvaient l'être un Américain ou un Japonais. Pourtant, la destruction du rideau de fer a prouvé qu'il existait bien, de part et d'autre de cette frontière artificielle disparue, une communauté de culture visible à chaque détour de rue ou de chemin de campagne, même si persistent des traces profondes de cette longue coupure, visibles à la fois dans l'inégal niveau de développement, dans les mentalités et dans des problèmes de nationalités non résolus. Le XIXe siècle pointe ici, lui qui est marqué du sceau de la question des nationalités, voire du sceau de la construction de nations au sens moderne du mot.

Définir l'Europe oblige à écarter le contestable et à ne garder que le plus sûr. Emmanuel Todd, dans *L'Invention de l'Europe*, plaide pour un fondement religieux déterminant : « C'est l'ensemble du monde structuré, dès le XVIe siècle, par la polarité catholicisme/protestantisme qu'il s'agit de comprendre, dans son développement culturel, industriel et idéologique. » Mais cette définition amène l'auteur à écarter la Grèce pour cause de traditions orthodoxes : la Grèce, dont la culture et les valeurs ont constitué l'un des principaux ciments de l'Europe — et accessoirement lui ont fourni son nom. L'Europe n'est-elle pas fondamentalement une communauté de culture (« La culture [est] la langue commune de l'Europe » affirme Fernand Braudel), partagée par un ensemble de nations ou de peuples qui ont un passé en commun ? Un passé plus souvent fait de guerres que de paix, un passé partagé pour le meilleur et pour le pire, et qui resurgit à chaque fois qu'on le croit oublié. Communauté de culture, l'Europe est contrainte à vivre avec et de son histoire, révélateur d'un avant toujours présent. La culture européenne est celle du passé et des racines, du souvenir et de la mémoire. Recenser une bibliothèque européenne de la mémoire apparaît comme un travail de titan, au vu de l'extraordinaire diversité des lieux et des dates, des événements et des hommes qui ont construit les strates mémorielles du Vieux Continent, le bien nommé. Somme toute, l'Histoire apparaît bien comme le dénominateur commun de l'Europe.

L'unité de l'Europe reste à démontrer. Unité culturelle avant tout, a-t-on dit. Mais cette unité, réelle, ne doit pas masquer l'existence de diversités, voire de rivalités tout aussi profondes et génératrices de conflits. En ce sens, l'unité de l'Europe constitue une formule davantage recevable dans une perspective extérieure qu'intérieure. L'unité de l'Europe est d'abord visible dans son rapport au monde, dans cette domination qui s'illustre notamment par la colonisation, bien que, là encore, des tensions ou des conflits surgissent, secondaires pourtant et limités dans le temps et l'espace. Mais l'Europe exprime bien dans son rapport au reste du monde un sentiment de supériorité et de primarité — « l'avant-garde de l'humanité » proclame Auguste Comte. L'Européen chrétien, cultivé, civilisé, se définit par rapport aux autres, inférieurs et marginaux. Les représentations cartographiques européano-centristes ne fournissent-elles pas la meilleure illustration de ce rapport au monde, confirmé par les récits de plus en plus nombreux et normés de découvreurs et de voyageurs ? Pour Claude de Saint-Simon, les Européens sont « les enfants d'Abel » destinés à dominer les enfants de Caïn que sont les Africains « sanguinaires » et les Asiatiques « indolents ». En Allemagne, Hegel affirme que « l'Europe est absolument la fin de l'Histoire, dont l'Asie est le commencement » (*Leçons sur la philosophie de l'Histoire*, 1830-31). Quelques décennies plus tard, Arthur-Joseph Gobineau, développant une théorie aux fondements racistes revendiqués, assimile l'Europe aux races blanches, désignées comme les moteurs de l'Histoire, ou mieux comme étant l'Histoire :« L'Histoire ne jaillit que du seul contact des races blanches. [...] Ainsi, l'ouest de l'Asie et de l'Europe est le grand atelier où se sont posées les plus importantes questions humaines » (*Essai sur l'inégalité des races humaines*, 1853-55). Pour le *Grand Dictionnaire universel du* XIXe *siècle* dirigé par Pierre Larousse, l'Europe « n'est guère qu'un nom géographique » — on reconnaît la formule de « simple expression géographique » que Metternich appliquait à l'Italie. Son opposition au reste du monde se matérialise dans la diversité de ses nations, preuve de sa supériorité, mais frein, voire négation de toute globalisation :« L'Europe n'est quelque chose qu'autant qu'elle se nomme la France, l'Angleterre, la Russie, l'Autriche, la Prusse, l'Espagne etc. Ici le particulier l'emporte sur le général. Il ne saurait en être de même pour l'Amérique, l'Asie, l'Afrique l'Océanie : là, c'est le général qui a le pas sur le particulier » (1871). Cette vision d'ordre anthropologique, réductrice mais aussi très marquée dans son temps — on est au lendemain de la guerre franco-prussienne analysée, du côté français, comme un renversement des équilibres politiques en Europe — affirme la supériorité européenne en déniant aux civilisations extra-européennes une quelconque diversité culturelle et historique. Dans un état d'esprit totalement opposé, n'incluant en rien une volonté de hiérarchisation, les maîtres d'œuvre d'un récent ouvrage collectif sur *L'Esprit de l'Europe*, Antoine Compagnon et Jacques Seebacher, envisagent pourtant l'Europe comme « un archipel de diversités » et « une somme de détails ». Même si l'Europe, précisent les auteurs, est « plus que la somme de ses parties » (c'est « un désir »).

C'est également dans le regard des dominés, qu'ils soient Indiens d'Amérique, peuples d'Afrique noire ou d'Extrême-Orient, que cette unité de l'Europe surgit. Mais c'est précisément ce discours externe que les Européens ont longtemps nié ou ignoré. Parler de l'unité de l'Europe, c'est en définitive une question de point de vue. D'un point de vue européano-centriste, l'Europe est un puzzle dont les pièces ont des contours mouvants, dont le tracé ne semble jamais définitif. Peut-on ramener l'histoire de l'Europe à une histoire des limites, ainsi que l'énonce Krzysztof Pomian dans *L'Europe et ses nations* : « L'histoire de l'Europe est celle de ses frontières » ? L'auteur précise que, dans une dialectique assez spécifiquement européenne prenant en compte les forces unificatrices et les forces désintégrantes, l'histoire de l'Europe est aussi et surtout celle de ses conflits — une histoire polémologique, donc. Des conflits qu'elle a su au besoin exporter sous d'autres contrées, mais qui en définitive témoignent d'une même attitude : s'affronter, réaliser un rapport de forces, détruire un équilibre pour en établir un autre. Quel autre continent a connu, dans les deux derniers millénaires, autant de déplacements de centres de gravité, autant d'affrontements inhérents, parachevés par deux guerres mondiales ? Mais, paradoxalement, quel autre continent a continué à se développer économiquement, étatiquement, culturellement avec autant de pistes diverses, fructueuses ou non, mais un dénominateur commun : le plus et le mieux ? Ce point plaide en faveur d'une vision singulière de l'Europe. Sans occulter les différences dont notre époque porte encore les traces (Europe de l'Ouest/Europe de l'Est, Europe du Nord/Europe méditerranéenne, Europe des Etats-Nations/Europe des Nations-Etats en devenir) ni l'heureuse diversité anthropologique que reflète par exemple la persistance des différents systèmes familiaux, le long terme est synonyme d'unification lente mais inexorable de l'Europe et des Européens. Par le biais du religieux — terre du christianisme aux formes multiples et longtemps antagonistes —, et du politique — de l'absolutisme à la démocratie —, l'Europe s'est construit des modèles qu'elle a voulu supranationaux, puis universels. Dans ses comportements face à l'apprentissage des savoirs, dans son développement économique, dans son rapport à la vie et à la mort, l'Europe a connu et connaît encore une évolution que de réels décalages chronologiques n'interdisent pas de qualifier de commune. Paradoxalement, les guerres de Religion et la Révolution française, loin d'avoir constitué des ruptures définitives dans ce processus d'unification, l'ont amplifié. En cette fin de XXe siècle marquée par l'effondrement de l'alternative des « démocraties populaires », jamais l'Europe n'a autant été ce « produit de synthèse » pour reprendre l'expression qu'Emmanuel Todd applique au système démocratique européen. Jamais non plus la perspective d'une Europe unie n'a été aussi proche. Mais l'idée est-elle nouvelle ou, autrement dit, au-delà des origines du mot et du mythe afférent, l'Europe a-t-elle été, avant notre époque, autre chose qu'un mot ?

Il convient pour répondre à cette question de distinguer deux époques : celle où l'Europe constituant un horizon ou, mieux, un centre, les Européens étaient à même de considérer Europe et Monde comme synonymes ; mais, seconde époque, lorsque les Européens « découvrent » l'Orient ou l'Afrique, puis l'Amérique, une classification et donc une hiérarchisation se mettent en place. Le sentiment européen, exprimant la prise de conscience de plus en plus forte de la supériorité européenne , va s'affirmer tout au long du Moyen Age et de l'Ancien Régime, essentiellement basé sur un christianisme teinté d'aristotélisme et de platonisme. A la Terre centre de l'Univers, répond l'Europe centre de la Terre. Cette conception se développe en parallèle à l'affirmation de sentiments nationaux de plus en plus forts — on en trouve de bons exemples lors de la guerre de Cent Ans — qui neutralise pour longtemps toute unité politique de l'Europe. La lutte contre « l'hérétique musulman », puis contre l'avancée turque dans les Balkans donneront naissance à une bien timide conscience européenne, tentant sans grand succès de réveiller l'esprit des croisades, sans pour autant souder l'Europe politiquement, comme le montre la politique levantine de la France — notamment de François Ier et de Louis XIV. La Renaissance et l'humanisme, puis les Lumières et l'*Aufklärung* produisent l'affirmation d'une véritable culture commune au sein d'une « République des lettres » (P. Bayle) ou d'une « République européenne » (l'expression est de Voltaire) dont témoignent les échanges, les correspondances, les influences d'un pays à l'autre : « Il n'y a plus de Français, d'Allemands, d'Espagnols, d'Anglais même, quoi qu'on en dise : il n'y a que des Européens. Tous ont les mêmes goûts, les mêmes passions, les mêmes mœurs, parce qu'aucun n'a reçu de formes nationales par une institution particulière », s'exclame Jean-Jacques Rousseau (*Considérations sur le gouvernement de Pologne*) dans un accès — et un excès — d'optimisme que partageront un temps les révolutionnaires français (« L'Europe n'est qu'un peuple » s'exclame Saint-Just) et même leurs sympathisants européens.

Ceux-ci sont nombreux, dans un premier temps, de l'Allemagne à la Grèce, de l'Italie à la Pologne, de l'Angleterre, même, aux Etats-Unis. Mais les guerres révolutionnaires freinèrent l'émergence d'une Europe politique tout en favorisant celle des Nations, qu'elles soient constituées en Etats ou non, et un rejet grandissant de l'hégémonie française au profit de valeurs nationales. Ainsi en Angleterre, Edmond Burke, adversaire déclaré des Lumières, exalte-t-il dès 1790 dans ses *Reflexions on the Revolution in France*, les vertus anglaises inchangées — « résistance obstinée à l'innovation », « lourdeur et froideur de notre caractère national », « mœurs libérales et viriles » — depuis que l'Angleterre s'est affirmée comme Nation au Moyen Age et comme consubstantielles à son peuple. En Allemagne, l'œuvre de Herder autour de la notion de Volk et les *Discours à la nation allemande* de Fichte (1807), produits par et comme le refus d'une européanité sous domination française, claquent comme la faillite de l'universalisme des Lumières. Les résistances espagnole, dont Goya donne une image saisissante, russe, qui aboutit à la désastreuse retraite napoléonienne, ou prussienne au sein de laquelle éclôt le rôle de la jeunesse étudiante allemande, concrétisent ce refus qui cohabite néanmoins avec la volonté affirmée ici et là (Allemagne, Italie, Pologne) d'unité et d'indépendance. A moyen et long terme, la Révolution française peut être considérée comme un événement fondateur de l'Europe, d'abord parce qu'elle a forcé les puissances victorieuses à reconstruire le continent sur les bases d'une vision européenne (la Sainte-Alliance des monarques absolutistes, à laquelle les libéraux opposèrent l'idée de Sainte-Alliance des peuples), mais surtout par le legs d'idéaux politiques comme la démocratie, les Droits de l'Homme, la laïcisation des sociétés, à la fois causes et conséquences du développement économique et de l'essor des bourgeoisies européennes. « Les guerres révolutionnaires et napoléoniennes inaugurent en Europe la phase ultime de l'épigenèse des nations commencée plus de mille ans avant, quand les barbares franchirent le limes » affirme K. Pomian. Par leur impérialisme culturel et militaire, la Révolution française et le Premier Empire ont donc poussé les nations européennes, dans une dialectique contradictoire, à la prise de conscience des distinctions nationales dans le cadre de frontières nationales et à l'affirmation d'un cadre politique européen dont témoignent alliances et traités. L'Europe est devenue un espace géopolitique au sein duquel la disparition des conflits autres que politiques (notamment religieux) permet d'envisager une définition commune, modernisée et laïcisée, qui caractérise le XIXe siècle.

Dans un double mouvement horizontal (rivalités supranationales) et vertical (rivalités infranationales), se constituent les collectivités qui sont encore celles que nous connaissons dans une chronologie grossièrement parallèle et qui se forment, précise Pomian, autour du jeu de six forces parfois complémentaires, parfois antagonistes : les dynasties (avec l'exception française à partir de 1848, puis de 1870), les Etats, les circonscriptions territoriales (les deux niveaux de l'exercice du pouvoir politique), les élites culturelles et les hiérarchies religieuses (les deux facettes de la culture des peuples), et les nations elles-mêmes dont le sentiment d'existence et de force s'affirme parfois par le recours à la guerre. Mais selon quel modèle va-t-on reconstruire l'Europe postrévolutionnaire ? Du côté des vainqueurs, l'Europe de la Sainte-Alliance où les théories d'un Canning ou d'un Metternich font école, on associe maintien des frontières « historiques » (moyennant quelques accommodements) et maintien des monarchies d'Ancien Régime : ce fut l'esprit du congrès de Vienne (1814-1815), l'une des premières grandes rencontres de la diplomatie européenne ou du « Concert des Nations ». Le chef de la diplomatie anglaise, Castlereagh, n'hésite pas à parler de « Commonwealth of Europa ». Mais celui-ci exclut catégoriquement tout Etat qui serait l'émanation d'une révolution. Cela explique que, du côté des mouvements nationalitaires, on ait associé indépendance, unité et liberté au renversement des dynasties restaurées. Quelques projets européens voient alors le jour. Dans une « coïncidence » chronologique avec le congrès de Vienne, Saint-Simon, déjà auteur d'un projet de société scientifique européenne, et son disciple Augustin Thierry publient en 1814 un texte intitulé : *De la réorganisation européenne*, et sous-titré : « De la nécessité et des moyens de rassembler les peuples de l'Europe en un seul corps politique en conservant à chacun son indépendance politique ». La modernité du propos réside dans l'idée de créer un véritable Parlement européen au sein d'une Europe dominée par la trilogie Angleterre, France, Allemagne. L'idée, cependant, n'est pas nouvelle. Aux XVIIe et XVIIIe siècles, de nombreux projets d'assemblées européennes visant essentiellement à empêcher la guerre avaient vu le jour avec William Penn, l'abbé de Saint-Pierre, Rousseau, Jeremy Bentham, Kant. Sous la monarchie de Juillet et la IIe République, Auguste Comte, un ancien disciple de Saint-Simon, développe également l'idée d'une République occidentale englobant la France, l'Italie, l'Allemagne, l'Angleterre et l'Espagne, préparée par un Comité positif européen et divisée en soixante républiques indépendantes dont 17 pour la seule France. Aucune supra-autorité politique, mais une éducation, des mœurs, des fêtes en commun dans une union de nature religieuse et une progressive harmonisation — monnaie commune, législation uniformisée etc.

Ces exemples d'une pensée européenne sont à replacer dans les mouvements révolutionnaires qui annoncent et suivent 1830 et 1848. Parallèlement à l'affirmation de sentiments nationaux unitaires et libéraux (Allemagne, Italie, Belgique, Pologne, Hongrie, Irlande...), se met en place tout au long du XIXe siècle un espace révolutionnaire supranational favorisé par la multiplication du nombre d'exilés ou de proscrits (Mazzini, Heine, Marx, Buonarroti, Bakounine, Herzen), citoyens européens par obligation. Heine chante dans *Allemagne — Un conte d'hiver* « la vierge Europe [...] fiancée avec le beau génie de la liberté ». Face à ces réseaux politiques souvent clandestins, on trouve des réseaux intellectuels à dimension européenne comme, en France, l'Académie des sciences morales et politiques qui compte de nombreux associés et correspondants étrangers dont les plus célèbres s'appellent Malthus, Sismondi ou Schelling. Songeons également à l'apparition, dans la décennie 1830-1840, de ces mouvements libéraux aux appellations nationalitaires et générationnelles qui s'inscrivent dans une perspective européenne : Jeune-Allemagne, Jeune-Italie, Jeune-Irlande et, dans un sens différent, Jeune-France. Mazzini, l'un des plus fougueux défenseurs de l'idée d'Europe, créa même à Berne en 1834 avec des révolutionnaires italiens, allemands et polonais, une société intitulée Jeune-Europe et, la même année, lança un projet de fédération de quatorze républiques européennes. De nombreux journaux, de toutes tendances (républicains, monarchistes, protestants, francs-maçons), souvent éphémères, se placent sous le patronyme de *L'Europe* à travers tout le continent. Buchez, directeur de *L'Européen* qui paraît dans les années 1830, participe à la mise sur pied d'un congrès historique européen qui se tient en 1835. En Allemagne, le publiciste August Lewald fonde la revue *Europa* qui parut de 1831 à 1848. Avant même le « Printemps des Peuples », de nombreuses brochures prenant comme thème central l'unité européenne sont publiées en France, en Allemagne, en Italie.

Quand surgit 1848, la plus européenne des révolutions de l'ère contemporaine, deux notions s'affrontent : en Europe centrale et orientale, la notion d'« Europe des peuples » s'impose auprès de nations qui, au sein des empires autrichien, russe ou ottoman, revendiquent leur reconnaissance, voire leur indépendance, ce qui n'exclut pas, par ailleurs, de profondes rivalités internationalitaires ; en Europe occidentale, y compris parmi des nations fragmentées en de multiples Etats (Allemagne, Italie), on parle plutôt, dans les élites politiques ou intellectuelles, d'Etats-Unis d'Europe. *Le Moniteur*, journal officiel de la IIe République, n'évoque-t-il pas dès le 28 février 1848 « les Etats-Unis de l'ancien continent » ? Après d'autres, comme l'Italien Carlo Cattaneo ou le journaliste Emile de Girardin, Victor Hugo se fit l'apôtre des Etats-Unis d'Europe dans un célèbre discours prononcé devant le Congrès international de la Paix universelle réuni à Paris en août 1849 : « Un jour viendra où vous France, vous Russie, vous Italie, vous Angleterre, vous Allemagne, vous toutes, nations du continent, sans perdre vos qualités distinctes et votre glorieuse individualité, vous vous fonderez étroitement dans une unité supérieure, et vous constituerez la fraternité européenne. » Hugo évoque un « grand sénat souverain » au niveau européen et un monde dominé par deux grandes puissances agissant de concert, les Etats-Unis d'Amérique et les Etats-Unis d'Europe. Il fallait tout l'esprit quarante-huitard et visionnaire du moment, pourtant sérieusement ébréché à la fois par la répression de l'insurrection ouvrière de juin 1848 à Paris et par celle qui touchait les mouvements révolutionnaires en Europe, pour croire à cette fraternité européenne qui, au-delà de son caractère utopique, se heurtait à la résistance des partisans affaiblis mais non abattus du « système Metternich ». Plus que jamais, pourtant, ce dernier apparaissait bien plus comme un agrégat de nations privilégiant leurs intérêts personnels que comme l'antichambre d'une Europe politique. De manière significative, l'échec de 1848 comme mouvement de libération de nations soumises provoqua en Europe centrale l'abandon de la notion d'Europe des peuples pour celle beaucoup plus limitée, géographiquement et idéologiquement, de Mitteleuropa.

Au-delà de 1848, une autre raison explique les difficultés d'implantation d'un véritable sentiment européen. Allemands, Français, Italiens, tous imaginent une Europe dans laquelle leur nation aurait une mission éclairante, un rôle supérieur, une prédestination au commandement. Tous fondent leur identité nationale sur la notion de « nation élue » ou de nation choisie, dans une perspective où l'histoire est mise au service d'un véritable mysticisme national dont témoigne par exemple la personnalité du poète polonais Mickiewicz. C'est aussi le cas, dans une moindre mesure, de Hegel et de ses disciples, de Mazzini ou de Hugo qui, en 1867, lance une nouvelle version de la nation européenne : « Cette nation aura pour capitale Paris, et ne s'appellera point la France, elle s'appellera l'Europe. » Propos d'autant plus idéalistes que le demi-siècle suivant sera marqué par une lente mais inexorable évolution du sentiment national ou nationalitaire vers un sentiment nationaliste et belliciste qui fera de l'Europe un champ de batailles à répétition. S'il est vrai que « le romantisme, en Allemagne surtout, sert d'accélérateur au nationalisme » (Jean-Baptiste Duroselle, *L'Idée d'Europe dans l'histoire*), c'est dans le dernier tiers du XIXe siècle que celui-ci atteint son paroxysme. Malgré la naissance d'un internationalisme prolétarien (« Prolétaires de tous les pays, unissez-vous » proclame dès 1847 le *Manifeste du Parti communiste* de Marx et Engels), malgré une Première (1864) puis une Deuxième (1889) Internationales, les nationalismes s'enracinent d'autant plus que des crises diverses, notamment économiques, frappent l'ensemble de l'Europe à la fin du XIXe siècle. Des politiques européennes s'affrontent, parmi lesquelles celles, antagonistes, de Napoléon III et de Bismarck. Si le premier joue un rôle de premier plan dans la mise en place d'une Europe du libre-échange qui ne résista pas à la grande crise économique européenne des années 1873-1890, le second incarne la montée en puissance d'une nation qui cherche un ciment pour consolider et achever son union. La guerre fut ce ciment ; le Danemark, l'Autriche, la France en furent les victimes successives. L'Italie, comme l'Allemagne, se fit par la guerre. La formation d'alliances rivales de plus en plus militarisées (Triple-Alliance, Triple-Entente), les tensions économiques, coloniales ou territoriales (Bosnie-Herzégovine, Balkans, Alsace-Lorraine) ne permirent guère à l'idée d'Europe de s'épanouir, malgré les appels à la fraternité et à la solidarité des prolétaires lancés par les socialistes.

Les définitions contradictoires de la nation de part et d'autre du Rhin illustrent la distance idéologique qui sépare deux des principales nations européennes. Renan, dans *Qu'est-ce qu'une nation ?*, conférence prononcée en 1882, oppose la volonté, le désir exprimé de vivre ensemble comme ciment national, à la notion d'histoire, de langue et de culture défendue par Treitschke justifiant ainsi l'annexion de l'Alsace-Lorraine. Au même moment, pourtant, un jeune Allemand, philosophe en rupture avec le nationalisme de son pays, s'écrie : « Nous, sans Patrie, nous sommes encore d'origines trop diverses, nous sommes de races trop mêlées pour faire des "hommes modernes" [...]. Nous sommes, d'un mot, — et que ce mot soit notre parole d'honneur ! — de bons Européens, les héritiers de l'Europe, ses héritiers riches et comblés, mais riches aussi d'une surabondance d'obligations accumulées par des milliers d'années d'esprit européen » (Frédéric Nietzsche, *Le Gai Savoir*, 1882). L'historien « officiel » Léopold von Ranke s'inquiète des déchirements de l'Europe et rappelle que son unité existe, ne serait-ce que face au reste du monde. Sa voix porte peu, et tous les projets renaissants d'union ou de fédération de l'Europe, plus réalistes depuis les unités allemande et italienne, échouent face à des résistances multiples. Dans l'Empire austro-hongrois, puzzle de nationalités aux destins variés, la question nationale se pose avec une acuité dont témoignent tant le compromis de 1867 (au lendemain de la défaite de Sadowa, l'Autriche doit accepter de devenir la Double Couronne austro-hongroise) que l'importance des publications sur le sujet, notamment au sein de la social-démocratie autrichienne (Otto Bauer, Karl Kautsky, Max Adler, Karl Renner) qui s'inscrit dans la réflexion entamée par Karl Marx sur le sujet. Au même moment, se développent des mouvements supra-étatiques comme le pangermanisme et le panslavisme, mais aussi le panserbisme ou le panhellénisme, qui privilégient le regroupement de peuples sur des bases ethnico-culturelles, classant les nations en fonction de critères raciaux — voir les théories de Houston Stewart Chamberlain — et des nationalismes plus classiques, mais virulents en Grande-Bretagne comme en France (jingoïsme, boulangisme). Ces mouvements s'accompagnent toujours d'une exaltation du militarisme et d'une condamnation du cosmopolitisme qui s'exacerbe le plus souvent dans un antisémitisme viscéral (Drumont, Maurras).

Lentement, l'Europe apprend et admet qu'il existe d'autres mondes : le Nouveau d'abord qui se nourrit de chair européenne par l'immigration massive qui le peuple, au nord comme au sud, et dont l'essor économique fait bientôt sentir ses effets ; l'Asiatique ensuite dont la force militaire se manifeste aussi bien face à la puissance anglaise (Sikhs, Afghans) que face à la puissance russe (guerre russo-japonaise de 1905) ; l'Africain qui, lui aussi, se défend face au colonialisme européen (Zoulouland, Madagascar, Soudan) alors que dans la lointaine Afrique du Sud, la guerre des Boers oppose les Blancs entre eux. La fascination pour la modernité américaine, le goût pour les « japonaiseries » (le mot apparaît vers 1850), l'art nègre ou océanien, dont l'influence est visible dans le fauvisme, le cubisme ou encore l'expressionnisme, précédent la Grande Guerre, même s'ils ne se répandent que dans une élite intellectuelle. Ils révèlent pourtant la prise de conscience qu'il existe d'autres cultures que la culture européenne. En Europe même, les cultures minoritaires, les nations non reconnues, les peuples soumis font entendre leurs voix avec une ampleur grandissante (Irlandais, Polonais, Tchèques, Slaves des Balkans). Que signifie une Europe qui ne les reconnaît pas, s'insurge l'écrivain belge d'expression flamande August Vermeylen : « Pour être des Européens, il faut d'abord que nous soyons quelque chose », ajoutant : « Nous voulons être Flamands pour devenir Européens. » La fracture de 1914 apportera une réponse laminante à cette double revendication, tout en ouvrant la pire époque des nationalismes en Europe. Dans son célèbre *Discours à la nation européenne* — le contrepied aux *Discours à la nation allemande* de Fichte est explicite — publié en 1933, le philosophe Julien Benda distingue l'existence de mouvements européens tout au long de l'histoire (croisades, Réforme, révolutions, colonisation, lutte des classes), mais rien qui aboutisse à l'unité de l'Europe par manque de conscience européenne des peuples qui la composent. Le débat reste d'actualité.

CHAPITRE I

L'EUROPE DE 1815 À 1830. DÉMOGRAPHIE, FRONTIÈRES, RÉGIMES

« L'Europe », simple expression géographique ? Son existence apparaît pourtant nettement définie au travers de comportements démographiques qui lui sont spécifiques, et qui constituent peut-être l'une des traces les plus fortes de son identité au XIXe siècle. Identité également marquée par sa parcellisation en Etats délimités par des frontières dont l'établissement et la reconnaissance remplissent une part importante de son histoire politique, militaire et diplomatique. Identité, enfin, qui ressort de la nature de ses régimes politiques, avec une domination écrasante du système monarchique confronté à des revendications (nationales, sociales, démocratiques) grandissantes.

Démographies européennes[1]

L'émigration, témoin de la spécificité européenne

Au sortir de plus de vingt années de guerres, l'Europe est affaiblie. Pourtant, grâce à une forte reprise, due à un taux de natalité élevé et à un taux de mortalité globalement en baisse, elle va connaître au XIXe siècle une dernière phase de forte croissance avant les cataclysmes démographiques du XXe siècle que seront les deux guerres mondiales. Croissance certes inégale, enregistrant à la fois des variations dans le temps et dans

1. Pour des raisons de commodité, nous traitons d'un bloc la question démographique, entre 1815 et 1914.

l'espace ; mais croissance au total vigoureuse, permettant à l'Europe de nourrir une émigration considérable (près de 40 millions d'individus entre le début du XIXe siècle et 1914), et d'être notamment la grande pourvoyeuse en hommes du continent américain. Précisons cependant que les chiffres disponibles restent sujets à caution : si beaucoup d'Européens partent — départ facilité par le progrès des transports ferroviaires et maritimes —, certains reviennent et nc sont pas toujours comptabilisés. Mais, en moyenne, on peut estimer qu'un émigrant sur trois rentre au pays. D'autres ne sont que des migrants intraeuropéens, comme en témoigne le flux important d'Italiens vers la France ou d'Irlandais vers la Grande-Bretagne. Dans le cas de la Russie, il existe aussi une émigration interne qui, suivant les progrès de la formation de l'Empire russe, se dirigc vers les territoires vierges de Sibérie et d'Asie centrale, s'étendant le long de la voie ferrée qui atteint Vladivostok en 1904. D'abord limité, ce mouvement prend de l'ampleur au début du XXe siècle, concernant au total près de 6 millions de Russes. Le côté massif du phénomène migratoire est indéniable. Si l'Europe se lance à la conquête du monde, ce n'est pas seulement par ses armes, ses capitaux ou ses produits, signes d'un colonialisme triomphant, c'est aussi et surtout par ses hommes qui vont répandre le modèle culturel européen.

En témoigne l'exemple des Etats-Unis dont la population passe de près de 4 millions d'habitants en 1790 à environ 10 millions en 1820, 40 millions en 1870 et plus de 75 millions en 1900, pour dépasser les 90 millions à la veille de la Grande Guerre. Cette croissance sans équivalent dans le monde reste due, pour une grande part, à un formidable accroissement naturel, mais s'est également nourrie des émigrants du Vieux Continent : plus de 5 millions d'Européens, dont une bonne moitié de Britanniques, entre 1820 et 1860, et près de 15 millions entre 1860 et la fin du siècle. L'émigration européenne connaît une évolution qualitative remarquable : la nette domination des îles Britanniques jusque vers 1890 s'estompe avec la concurrence grandissante des mondes scandinave et germanique. La crise des années 1880-90 a entraîné un nombre important de départs dans l'Europe du nord, touchée de plein fouet par la récession économique. La grande vague du début du XXe siècle — 12,5 millions de départs entre 1905 et 1913, année record avec plus de 1,5 million d'émigrants — est marquée par l'entrée en lice des méditerranéens (Italiens, Grecs...) et des peuples d'Europe centrale ou de l'Est : Slaves (Russes, Polonais, Croates, Serbes...), mais aussi des Juifs et des Arméniens fuyant les pogroms et la misère. Pour certains pays, on peut parler de véritable hémorragie. Ainsi du Portugal, d'où partent plus d'un million d'habitants entre 1851 et 1910, des pays scandinaves (2,5 millions), de l'Irlande, qui perd environ la moitié de sa population ou encore de l'Italie : plus de 6,5 millions de départs outre-mer, provenant surtout du Mezzogiorno, auxquels il faut ajouter les départs vers d'autres pays d'Europe, concernant plutôt la Lombardie, la Toscane et le nord du pays en général, ou vers l'Afrique (Tunisie, puis Libye à partir de 1912). Au total, entre 1851 et 1910, environ 33,5 millions d'Européens ont émigré, dont plus de 25 millions pour la période 1881-1910. En dehors des Etats-Unis, l'Australie ou l'Afrique du Sud se sont également nourries d'émigrants européens, venus en grande majorité des îles Britanniques, et l'Amérique latine (Argentine, Brésil) a attiré un grand nombre d'émigrants des péninsules italienne et ibérique. Il convient enfin d'ajouter les départs vers les colonies, au sens strict du terme : ainsi de l'Algérie pour la France ou de l'Inde pour le Royaume-Uni. Dans le cas de l'Algérie, les déportations politiques consécutives à l'insurrection de juin 1848 ou au coup d'Etat de décembre 1851 fournirent une part importante à la colonisation du pays. Mais les colonies de peuplement restent rares et le nombre limité des colons s'y installant définitivement, notamment dans le cas français.

Cette émigration européenne, dont la cause principale fut la misère — l'Irlande, touchée par la grave crise frumentaire de 1846, est ravagée par la famine — touche également des pays en plein essor économique comme le Royaume-Uni ou l'Allemagne, mais frappés par des périodes de grave récession comme la crise des années 1880, et des pays encore au stade d'une économie largement rurale, comme l'Italie ou la Russie. Si tenter l'aventure au Nouveau Monde a pu provoquer des départs, comme la ruée vers l'or américain en 1848-1849, ce sont surtout les déclassements sociaux qui touchent une paysannerie chassée de ses terres ou des ouvriers parfois qualifiés mais concurrencés par la toute-puissante machine à vapeur qui remplissent les navires transatlantiques. Les encouragements et parfois l'aide financière de ceux qui sont déjà partis aboutissent à l'émigration de villages ou de familles entières qui se reconstituent souvent en communautés sur la terre d'immigration.

La population européenne de 1815 à 1914 : généralités

En 1815, l'Europe compte environ 200 millions d'habitants ; en 1914, près de 450 millions. Avec 40 habitants au km^2 en 1900, l'Europe a une densité deux fois supérieure à celle de l'Asie, dix fois à celle de l'Afrique ou de l'Amérique. Si l'on ajoute à ces chiffres ceux de l'émigration européenne, on prend alors conscience de toute la force de la croissance démographique de l'Europe dont le poids dans la population mondiale augmente, passant de 20 % à 25 % entre les deux dates précitées. Cet essor se fait suivant des phases sensiblement différentes. La population européenne passe de 185 à 225 millions d'habitants entre 1800 et 1830, et atteint 300 millions vers 1860, soit une augmentation des deux tiers. La population de l'Asie, plus de deux fois supérieure (à elle seule, la Chine dépasse les 300 millions d'habitants, et l'Inde atteint presque 200 millions en 1815), connaît une croissance beaucoup plus lente ; l'Afrique passe de 100 à 150 millions entre 1800 et 1914 ; quant à l'Océanie, elle compte moins de 6 millions d'habitants à la veille de la Première Guerre mondiale ; seule l'Amérique, du Nord et du Sud, développe une croissance supérieure à celle de l'Europe. Bien que très forte, la croissance de la population européenne est encore marquée par un taux de mortalité élevé, de l'ordre de 22 à 26 ‰ dans les pays les plus développés (Royaume-Uni, France, Allemagne) et dépassant les 30 ‰ dans les autres. La mortalité infantile continue de faire des ravages : des taux de l'ordre de 150 à 165 ‰ sont fréquents dans les pays les plus développés, et peuvent dépasser 250 ‰ en Russie. La famine persiste (Irlande 1845-50, Finlande 1867-68), et la disette est fréquente (France, 1847). Les épidémies de choléra ravagent l'Europe à plusieurs reprises, les plus fortes se produisant en 1831-34, 1847-49, 1855. L'espérance de vie plafonne à 40 ans dans les pays « riches », mais descend à

30 ans en Europe orientale dans les années 1840. Encore faut-il nuancer ces chiffres en fonction des catégories sociales. Les classes populaires urbaines et rurales ont dix à quinze ans d'espérance de vie en moins que les classes moyennes ou supérieures. Seul un très fort taux de natalité (toujours supérieur à 30 ‰, et parfois largement au dessus de 40 ‰) explique que le taux d'accroissement se maintienne autour de 10 ‰ par an.

Bien que se poursuivant dans le dernier tiers du siècle, la croissance démographique de l'Europe se fait à un rythme plus modéré, surtout dans la partie occidentale. La population de l'Europe passe de 300 à 400 millions d'habitants entre 1870 et 1900, pour atteindre 450 millions à la fin de la période étudiée. On passe insensiblement à un accroissement naturel annuel de l'ordre de 9 ‰, certes largement supérieur à celui du monde (entre 6 et 7 ‰), mais en nette baisse par rapport à la période précédente. Ce ralentissement ne doit pourtant pas occulter la persistance d'une bonne santé démographique. Le taux de mortalité baisse de manière importante et concordante dans la plupart des grandes nations industrialisées : avant 1914, il est largement inférieur à 20 ‰ en France et en Allemagne, et même à 15 ‰ en Grande-Bretagne. La mortalité infantile tombe à 126 ‰ en France. Les progrès de l'hygiène (eau courante) et de la salubrité (égouts), de la médecine (influence de Claude Bernard ; révolution microbienne inaugurée par Jenner dès 1796 avec la variole, puis par Pasteur avec la rage, Roux avec la diphtérie, Koch avec la tuberculose, Yersin avec la peste ; asepsie et antisepsie dans les opérations chirurgicales, les accouchements), une meilleure alimentation, la diminution des épidémies (notamment du choléra et du typhus) expliquent ce recul progressif de la mortalité et l'allongement de l'espérance de vie qui dépasse 50 ans en 1914 bien que la tuberculose reste invaincue, exerçant des ravages dans toutes les couches de la société. Avec un léger décalage, le taux de natalité s'abaisse aussi. Faible, voire inexistant à l'Est, ce déclin manifeste à l'Ouest, et surtout en France, où sa précocité autorise à parler d'un modèle français. Si des taux d'accroissement nettement supérieurs à 10 ‰ demeurent en Italie, en Allemagne, en Grande-Bretagne au-delà de 1880, année charnière, ils tombent en France à moins de 3 ‰. En Europe méditerranéenne et surtout centrale ou orientale, les progrès de la médecine ou de l'hygiène sont moindres. La malaria continue à sévir en Italie. Si la Roumanie, les Balkans, la Russie conservent un fort dynamisme démographique, ils le doivent au maintien d'un fort taux de natalité dans des classes paysannes largement dominantes, au sein desquelles l'influence de l'Eglise, le poids des comportements traditionnels, l'absence de contraception, le bas niveau de l'espérance de vie, le besoin de main-d'œuvre salariée militent en faveur de familles nombreuses.

Des modèles démographiques ?

A côté des tendances générales, il existe des différences qui autorisent à parler de modèles démographiques, en prenant garde, toutefois, de souligner qu'à l'intérieur d'un même pays se superposent parfois des comportements différents entre villes et campagnes, le Nord et le Sud, les communautés religieuses ou linguistiques etc. Un fait s'impose : si l'on prend l'Europe en 1789, à la veille de la Révolution française, on constate que la France domine démographiquement l'Europe, et ce, pour la dernière fois de son histoire. Sur les 170 millions d'Européens de l'époque, 25 sont Français, soit 15 %. Talonnée par la Russie (24 millions), la France distance largement les Etats du Saint-Empire (18 millions) et le Royaume-Uni (15 millions). Le fort accroissement naturel et les agrandissements territoriaux expliquent cette prédominance française ; mais la France a commencé dès le milieu du XVIIIe siècle à adopter des comportements malthusiens, et la contraception naturelle, allant des classes élevées vers les classes populaires, se répand à travers le pays, accompagnant et non pas expliquant un reflux démographique naissant. A l'inverse, certains Etats connaissent une croissance vertigineuse comme la Russie. Conséquence de ce comportement, le ralentissement très net de l'accroissement dont témoigne l'évolution du chiffre de la population française : 29 millions en 1801, 30 en 1815, 32 vers 1830, 38,5 en 1870 (en partie grâce à l'apport de la Savoie et de Nice), et 40 millions seulement en 1914 (en partie à cause de la perte de 1,6 million d'Alsaciens et de Lorrains annexés par l'Allemagne). La conclusion est claire : en un grand siècle, la population française a augmenté de moins de 50 %, et seulement de 40 % entre 1801 et 1914, dont 9 % seulement pour la période 1871-1914, marquée par un effondrement du taux de natalité qui passe de 33 à 19 ‰ entre ces deux dates. En moyenne, la population française progresse deux fois moins que celle de l'Europe au XIXe siècle. Il y a bien là une spécificité démographique qui ne se retrouve, à un tel degré, dans aucun autre pays. Pour la première fois de son histoire, en dehors des périodes de crise (famines, guerres, épidémies), la France enregistre même, entre 1907 et 1911, des excédents de décès. Les campagnes natalistes n'y feront rien : la France reste attachée à un modèle démographique malthusien.

Dans la foulée de l'économiste anglais Malthus (1798 : *Essai sur le principe de population*) et de ses continuateurs de l'école libérale (Ricardo, Bastiat, Horace Say), se développe l'idée d'un rapport entre la fécondité qui connaît une progression géométrique et la richesse produite, notamment les subsistances, qui enregistre une progression arithmétique, la première obérant la seconde quand elle n'est pas contrôlée. Le propos, à relier avec le développement d'une industrie consommatrice et productrice de misère, s'adresse en priorité aux classes populaires rurales et urbaines, ces « classes laborieuses, classes dangereuses » étudiées par Louis Chevalier, accusées en quelque sorte de créer leur propre misère et incitées à réduire leur fécondité. Dans le cas français, le rejet du modèle de la famille chrétienne, des progrès indéniables des conditions de vie, d'habitat, de scolarisation — partagés avec d'autres pays —, l'enrichissement général de la société coïncident avec ce déclin démographique qui précède, répétons-le, l'apparition de la théorie malthusienne. Pour reprendre la formule d'Emmanuel Todd, alphabétisation + déchristianisation = contraception. En 1914, la population française ne représente plus que 10 % du total de la population européenne, et se trouve dépassée par les populations russe, allemande, austro-hongroise et talonnée par la population anglaise. De plus, dans le cas de la France, le phénomène d'émigration outre-mer joue peu, alors qu'en revanche le pays se nourrit d'immigrants venus des pays frontaliers : Allemands, Belges et Suisses d'abord, Italiens à la fin du siècle, soit près de 400 000 individus en 1851 et environ 1 200 000 en 1914.

A l'inverse, l'émigration a joué un grand rôle dans des pays que l'on peut regrouper au sein d'un modèle démographique anglais. Britanniques, Scandinaves, Allemands, Hollandais partagent le fait d'avoir fourni des contingents importants à l'émigration outre-mer, et d'avoir conservé un fort taux de natalité pendant une longue partie du siècle. La recherche constante d'une productivité agricole accrue, par le progrès technique, a permis de garder un équilibre entre croissance démographique et croissance alimentaire, avec pourtant un risque de rupture lorsque, dans le cas de l'Irlande, le recours à une subdivision continue des terres cultivées et à une monoculture de plus en plus affirmée — la pomme de terre — rendait extrêmement fragiles ces équilibres. Le taux de mortalité enregistrant une baisse parallèle importante, il en résulte des taux d'accroissements élevés, supérieurs à 10 ‰. De 32 millions d'habitants en 1871, le Royaume-Uni passe à 46 millions en 1910, distançant largement la France, tout comme l'Allemagne qui passe de 41 à 65 millions d'habitants. A la différence de la Grande-Bretagne, l'Allemagne conserve un taux de natalité élevé au-delà de 1880, mais les deux nations, ainsi que la Belgique, la Suisse, les Pays-Bas, voire l'Empire austro-hongrois, finissent par enregistrer, au tournant des deux siècles, un déclin significatif de leur natalité pour des raisons identiques à celles de la France, avec un siècle de décalage. Mais dans tous ces cas, la forte baisse du taux de mortalité joue en faveur de la persistance jusqu'à la Grande Guerre d'un accroissement naturel élevé, même en tenant compte de la baisse du taux de natalité. Tel n'est pas le cas de pays appartenant à un troisième modèle, à la fois méditerranéen (surtout la péninsule Ibérique — l'Italie apparaissant comme un pays de transition — et les pays balkaniques) et oriental (la Russie) qui combine un très fort taux de natalité, pouvant atteindre 50 ‰, et un taux de mortalité qui reste élevé, rendant réel mais plus heurté l'accroissement naturel. La population de la Russie double de 1870 à 1914, passant de 85 à 170 millions d'habitants. Epidémies (choléra en Espagne, 1885) et famines (Russie, 1890-92) frappent encore durement ces populations où le poids persistant de l'influence de l'Eglise et le retard de l'alphabétisation freinent le déclin de la natalité. Ce n'est qu'au lendemain de la Première Guerre mondiale que ces pays rejoindront le reste de l'Europe démographique.

Des campagnes aux villes, migrations internes

Dans une Europe majoritairement rurale, avec des proportions variant suivant les pays, le poids des populations vivant dans les campagnes reste déterminant. Tous ne sont pas des paysans au sens strict du terme, même si tous sont liés à l'économie rurale. L'essor de la grande industrie n'a pas fait complètement disparaître un artisanat rural qui apparaît pourtant de plus en plus comme un complément d'activité agricole que comme une vraie spécialité. Les commerçants, fixes ou itinérants (le colporteur, étroitement surveillé par toutes les polices d'Europe), les notabilités que peuvent être le médecin de campagne cher à Balzac ou le pharmacien cher à Flaubert, le notaire souvent dépositaire des fortunes locales s'inscrivent dans une hiérarchie comprenant également fonctionnaires civils (notamment pour la fiscalité) ou militaires. Mais le rapport entre population rurale et population urbaine permet de distinguer deux Europe. Dans la première, englobant les péninsules méditerranéennes, la Russie et une partie de l'Empire austro-hongrois, Europe du Sud et Europe de l'Est, la prédominance absolue d'une économie rurale jusqu'à l'extrême fin du XIXe siècle bride la croissance urbaine. Non que les villes ne connaissent une croissance réelle, mais celle-ci n'est pas du même ordre que dans l'Europe touchée, puis conquise par l'industrialisation. Les villes ne jouent pas en Italie, en Espagne, dans les Balkans, en Ukraine ou en Russie ce rôle d'aimant qui est le leur dans l'Europe du Nord-Ouest : cela explique en grande partie le recours à l'émigration lointaine des populations indigènes. Le salut est ailleurs, en Amérique du Nord ou du Sud notamment pour les paysans du Mezzogiorno, de la Meseta ou des Carpates. La structure agraire latifondiaire règne dans une bonne partie de l'Europe méditerranéenne. Le maintien des paysans russes dans des communautés rurales, les mirs, même après l'abolition du servage en 1861, limite l'urbanisation à quelques grandes villes comme Saint-Pétersbourg dont la population augmente de 300 % au XIXe siècle. De 1851 à 1911, la population urbaine russe passe de 7 à 20 % de la population totale.

Dans la seconde Europe, s'étendant de la France aux pays scandinaves et du Royaume-Uni aux pays germaniques, on observe un fort mouvement de migration interne des campagnes vers les villes : migrations saisonnières au départ, répondant à des besoins temporaires de main-d'œuvre dans l'industrie et surtout le bâtiment (Martin Nadaud a écrit la chronique de ces maçons creusois dont il fut avant de devenir député de son département sous la Troisième République), ces déplacements se transforment en exode rural définitif, provoqué par la simultanéité de l'essor d'une grande industrie consommatrice de main-d'œuvre peu qualifiée et bon marché, et le début d'un processus de modernisation de l'agriculture, dans lequel la force humaine n'est plus le seul moteur d'une productivité accrue. Né précocement en Angleterre, patrie de la « révolution industrielle », ce phénomène touche progressivement tous les « pays noirs » européens, alimentant bassins miniers, métallurgiques et sidérurgiques, mais aussi les ports (Le Havre, Hambourg, Liverpool), les usines textiles, les grands magasins, la domesticité. Le chemin de fer n'explique pas ces mouvements, mais les facilite. De ce prolétariat d'origine rurale, parfois particulièrement exploité et réduit à des conditions de vie très dures, Dickens (voir « Coketown ») ou Zola donneront une image réaliste et Marx et Engels une analyse politique qui se rejoignent dans la perception aiguë de mutations sociales de grande ampleur. Limité avant 1830, ce mouvement prend surtout de l'ampleur vers 1850, lorsque, victimes d'une crise économique d'ampleur européenne, de nombreux paysans n'ont d'autre ressource que d'aller vendre leur force de travail dans les grandes manufactures. C'est notamment le cas des Irlandais qui « choisissent » la migration interne (vers Manchester ou Liverpool par exemple, où ils représentent dès 1851 entre un tiers et un quart de la population) plutôt que l'aventure américaine. Cela peut-être aussi le cas d'artisans ruinés par la grande industrie, artisans juifs du textile en Russie ou tisserands de la soie autour de Lyon.

Le Royaume-Uni et la France partagent un fort degré de centralisation politique qui a favorisé la croissance de leur capitale respective, et, partant, de la population urbaine en général. Mais la précocité de l'industrialisation anglaise explique que, dès

1851, la moitié des Britanniques soient des citadins, contre un tiers d'Allemands et un quart de Français. A la veille de la Grande Guerre, près de 75 % des Britanniques vivent en ville — agglomérations de plus de 5 000 habitants — contre moins de 45 % de Français (il faudra attendre 1931 pour que la barre des 50 % soit dépassée) et près de 60 % d'Allemands. Encore faut-il préciser que ces pourcentages moyens cachent de grandes inégalités régionales : en Allemagne, la Ruhr fait déjà figure de conurbation, tout comme les West Middlands, le Merseyside ou le Southeast Lancashire en Angleterre. Partie en retard, l'Allemagne a connu la plus forte croissance urbaine du continent européen, sous l'impulsion d'une « révolution industrielle » tardive, mais vigoureuse. Parallèlement, le nombre de grandes villes ne cesse de croître. Le Grand Londres compte près de 3 000 000 d'habitants vers 1850 et 7 000 000 en 1910, alors que Paris et sa banlieue passent de 1 500 000 à 3 000 000. Les villes anglaises de plus de 100 000 habitants sont deux à trois fois plus nombreuses que leurs homologues françaises (3 en 1801 : Paris, Lyon et Marseille, et 16 en 1911). Mais c'est encore l'Allemagne qui détient le record, en passant de 2 (Berlin et Hambourg) à 49 villes de plus de 100 000 habitants. La capitale prussienne, devenue capitale du Reich en 1871, se développe de manière vertigineuse, se nourrissant des populations rurales de tout le pays. Elle compte 100 000 habitants en 1800, 550 000 en 1861 et plus de 2 000 000 en 1914 (le double si l'on prend en compte le Grand Berlin, créé administrativement après la guerre de 1914, et qui englobe les communes limitrophes), soit l'équivalent du Grand Vienne. Le cas de cette dernière montre que la croissance urbaine peut aussi être due à une décision administrative, à savoir l'agrandissement des limites communales : ce fut le cas de Paris en 1860, englobant une douzaine de communes limitrophes comme Passy, Vaugirard, Belleville, Ménilmontant etc., et passant ainsi de 12 à 20 arrondissements ; ce fut plus encore le cas de Vienne en 1892, annexant 43 communes — d'autres suivront en 1904 —, triplant sa superficie et augmentant sa population de plus de 50 % (de 817 000 à 1 300 000 habitants. En dehors des capitales, la croissance de villes industrielles ou portuaires comme Essen, Kiel, Ludwigshafen en Allemagne, Cardiff au Pays de Galles, voire, à une moindre échelle, Roubaix et Tourcoing en France, ne sont pas sans rappeler celle des villes américaines.

Frontières et régimes

Napoléon vaincu, la guerre achevée, c'est toute une construction européenne — précisément napoléonienne — qui s'effondre. Les puissances victorieuses veulent reconstruire l'Europe. Le travail est ardu, pour deux raisons au moins. Il apparaît difficile, voire impossible, de revenir au *statu quo ante bello*, c'est-à-dire à l'Europe de 1789. Le Saint-Empire romain germanique est mort et bien mort, par exemple. Il faut donc imaginer de nouvelles frontières et parfois de nouveaux régimes. Sur ce point, l'unité de vue des Alliés est loin d'être parfaite. Mais, deuxième difficulté, des revendications nationales ont vu le jour dans la foulée de la Révolution française, à travers toute l'Europe. C'est notamment le cas en Allemagne et en Italie. Peut-on ignorer ces mouvements, à coloration libérale affirmée ? Le débat s'ancre dans une perspective double : garantir la paix en Europe, et affirmer le retour à un ordre ancien qui privilégie des monarchies légitimées par l'Histoire, à défaut de l'être toujours par les peuples. Peut-on, pour autant, réduire la question à un affrontement entre Europe des peuples et Europe des rois ? Certainement pas en 1815, mais très vite, la mise en place d'un espace politique européen, avec ce qu'on pourrait appeler une internationale libérale, plus à connotation patriotique que républicaine ou socialisante, va prouver que les principes majeurs définis par la Révolution française — souveraineté de la Nation, nécessité d'une Constitution, recherche de la démocratie à travers notamment l'exercice du droit de vote et d'une représentation élue — ont laissé des traces profondes à travers le continent. Les révolutions européennes de 1830 et de 1848 en témoigneront, apportant les premières modifications territoriales à l'Europe du congrès de Vienne.

Le congrès de Vienne

Après de longs et laborieux préliminaires, le Congrès s'ouvrit dans la capitale autrichienne le 1er novembre 1814, en présence de représentants des pays vainqueurs et des pays vaincus. De fait, il n'y eut pas d'ouverture officielle, mais simplement le début des négociations, les rencontres informelles se poursuivant par ailleurs. Plus de deux cents délégations, quelques milliers de participants se déplaçant avec de lourds bagages et une nombreuse domesticité, investirent Vienne pour près de neuf mois de palabres, entrecoupés de fêtes, de réceptions et de bals qui donnèrent son image à ce Congrès qui s'amusa, intrigua, dansa. Parmi les Etats possédant des territoires en Europe, seul l'Empire ottoman, maître de toute la péninsule balkanique, n'y participa pas. Deux interprétations du congrès de Vienne sont possibles. L'une affirme que, prévu par le premier traité de Paris (mai 1814) qui avait mis fin à la guerre entre la France et les coalisés, il représente la première grande rencontre de la diplomatie européenne, ce concert des nations qui, dès lors, à chaque crise grave, tentera de se réunir pour mettre fin aux tensions ou aux conflits. La seconde insiste sur les prolongements de l'Europe d'Ancien Régime visibles dans cette vaste réunion de têtes couronnées, de diplomates poudrés découpant les territoires et traçant les frontières sans tenir compte aucunement des aspirations nationales. Il semble bien, pourtant, que derrière cette apparence de survivance de l'Ancien Régime, les esprits aient compris que la future Europe nécessitait une cohésion politique qui, jusqu'à présent, lui avait fait défaut et avait pu amener le triomphe, temporaire, d'une Révolution faisant tache d'huile et prolongée par l'œuvre conquérante d'un nouveau César. L'embryon de coopération européenne mise en place à Vienne et prolongée par la Sainte-Alliance, sur des bases de restauration réactionnaire, au sens étymologique et politique du mot, montre que les temps ont changé. Pas de reconstruction politique de l'Europe sans reconstruction de l'ordre social. Les souverains des différentes dynasties régnantes comprennent que leur survie, et celle des principes qui sont le garant de leur légitimité, sont incompatibles avec le maintien des idéaux révolutionnaires de 1789. C'est sur ces bases que furent clairement conçus les traités de Vienne, avec, cependant, le rétablissement et le maintien d'une paix durable comme premier souci.

Comme lors du congrès de Versailles qui régla — mal — la Première Guerre mondiale, la pléthore de participants au congrès de Vienne ne doit pas faire illusion. Seules quelques grandes puissances détiennent un rôle majeur, par le biais de leurs représentants réunis en comités restreints de quatre, cinq, voire huit pays, déléguant leurs pouvoirs à des comités de techniciens en charge de dossiers particuliers (Allemagne, Suisse, Etats italiens etc.). Parmi les quatre pays maîtres du jeu, se trouve l'Autriche, puissance invitante, et dont le chancelier Metternich est le chef de la délégation. Conscient des risques d'explosion nationale et libérale que connaît l'Europe, et qui menace en premier lieu l'Autriche, d'une hostilité totale aux principes de 1789, soutenu par l'empereur François Ier, Metternich développe un conservatisme qui s'étend à la définition de frontières immuables, garanties par son pays, par la force s'il le faut. Il reçoit l'appui de la Grande-Bretagne, représentée par le chef de la diplomatie anglaise, Castlereagh, puis par Wellington, le futur vainqueur de Waterloo. Le Royaume-Uni, sans prétentions territoriales en Europe (mais très soucieux de son empire colonial et du contrôle des routes maritimes), entend bien faire prévaloir la notion d'équilibre européen qui l'avait fait intervenir aussi bien du temps de Louis XIV que de celui de Napoléon. La puissance britannique se méfie des prétentions russes à jouer un rôle en Europe, et craint toujours les réactions d'une France jugée potentiellement dangereuse pour l'équilibre européen. Castlereagh joue la carte germanique, espérant former, en associant la Prusse et l'Autriche, une tierce puissance au centre d'une Europe tripartite. La Prusse, représentée par le roi Frédéric-Guillaume III et le chancelier Hardenberg, n'a pas toujours les moyens de faire entendre sa voix. Mais cette petite puissance qui aspire à devenir un grand Etat allemand bénéficie également du soutien de la Russie, qui souhaite limiter le renouveau autrichien, et n'hésite pas à poser ses revendications territoriales, tout en ménageant encore la susceptibilité de Vienne. Le jeu de la Russie et de son tsar Alexandre Ier apparaît moins clair. Le vice-chancelier Nesselrode, chef de la délégation russe, doit tenir compte des humeurs changeantes d'un souverain soumis à des influences diverses et tenant des propos contradictoires. Se présentant à la fois ou alternativement comme le champion de la restauration religieuse, comme un sympathisant des idées libérales (« l'empereur des jacobins » disent, avec beaucoup de perfidie et d'emphase, ses adversaires), évoquant à l'occasion les Lumières, Alexandre Ier échafaude une sorte d'union fédérative des grandes puissances européennes, au sein de laquelle la Russie jouerait un rôle moteur. Mais ni la Grande-Bretagne, peu soucieuse d'un fédéralisme européen qui pourrait se retourner contre elle, ni l'Autriche inquiète de voir s'affirmer les ambitions russes sur les populations orthodoxes vivant dans l'Empire ottoman — et à l'occasion sur les détroits qui permettraient à la Russie de faire communiquer la mer Noire et la Méditerranée — ne souhaitent donner suite à ce projet. Quant à la France, elle est représentée par Talleyrand, agissant au nom d'un Louis XVIII encore mal connu dans son pays et qui ne réunit pas tous les suffrages des vainqueurs. Le vieux diplomate matois reprend du service et doit d'abord faire admettre que la France participe à toutes les décisions prises. Victoire clamée haut et fort, mais petite victoire. Talleyrand a beau jeu de se faire le champion des petits Etats dépouillés de leurs territoires et de la légitimité de leurs souverains, il ne peut s'opposer à ce que le remodelage de l'Europe se fasse au nom d'une « realpolitk » qui s'affirme bien avant Bismarck. C'est finalement le 9 juin 1815 qu'est signé l'acte final du congrès de Vienne, acte de naissance d'une Europe nouvelle qu'on voulait imaginer sinon comme éternelle, du moins comme durable.

Frontières naturelles, frontières historiques, frontières politiques ?

Ce qu'il est convenu d'appeler l'acte final du congrès de Vienne n'est en fait que la réunion d'un ensemble de traités, essentiellement territoriaux, bi- ou multilatéraux, conclus entre les participants. La comparaison de la carte de l'Europe en 1789, de celle du Grand Empire napoléonien et de celle issue de ce redécoupage de 1815 ne manque pas d'intérêt, surtout au regard des principes de la géopolitique actuelle. On a souvent parlé, à propos des traités de Vienne, de la notion sous-jacente d'équilibre européen. Encore faut-il préciser que cette notion est ici entendue dans le sens qu'elle avait avant la Révolution française, ce qui s'était déjà traduit dans des traités signés au temps de Louis XIV ou de Louis XV par exemple : l'affirmation de puissances dominantes, la négation des petites nations (la Pologne en avait fait les frais) et du principe des nationalités. Il s'agit bien de rétablir des dynasties légitimes dans des territoires incontestables, sur les ruines encore fumantes du Grand Empire napoléonien.

Est-ce à dire que l'Europe de 1815 peut se superposer à celle de 1789 ? Pas tout à fait, dans la mesure où les puissances européennes sont obligées de tenir compte de bouleversements irréversibles, à commencer par la disparition du Saint-Empire. On obtient donc, au total, une simplification de la carte de l'Europe, qui tourne à l'avantage des grandes puissances. Inchangé, le Royaume-Uni obtient cependant quelques îles qui, à l'instar de Gibraltar, lui servent de bases navales et de points de contrôle des détroits, comme Heligoland, Malte ou les îles Ioniennes. Dans le même esprit de contrôle des routes maritimes et de constitution d'un empire colonial, le Royaume-Uni se voit confirmer la possession d'une partie de la Guyane, de Trinité et Tobago, du Cap, de Ceylan, et de l'île de France ou île Maurice. En Asie continentale, il renforce ses positions en Inde et en Malaisie, évitant de heurter de front les impérialismes hollandais (Indonésie) et russe (régions transcaucasiennes). La Russie opère une poussée vers l'ouest, à la fois en conservant la Finlande prise à la Suède, ce qui accroît sa position dans la Baltique, et en augmentant ses possessions polonaises d'un royaume de Pologne avec Varsovie (bien que disposant d'une constitution assez libérale, ce royaume n'est en fait qu'une simple province russe), tout en conservant la Bessarabie. De l'ancienne Pologne, seule subsiste une petite république de Cracovie, qui sera d'ailleurs annexée par l'Autriche en 1846. L'Autriche, précisément, renonce aux Pays-Bas qui, couplés à la Belgique et au Luxembourg, forment un Royaume des Pays-Bas « bloquant » la France sur sa frontière nord, et à la Souabe. Mais elle récupère le Tyrol, la région de Salzbourg et la Galicie, s'étend vers la Croatie et la côte dalmate (anciennes Provinces illyriennes), réaffirme sa position dominante en Italie du Nord, en annexant la Lombardie et la Vénétie qui forment un royaume, et exerce une forte influence sur les duchés de Modène, Parme et Toscane (sur ces deux derniers elle place des Habsbourg, l'archiduc Ferdinand et Marie-Louise, la seconde épouse de Napoléon Ier), tout en continuant à jouer son rôle traditionnel de protecteur du pape en ses Etats de l'Eglise. Le reste de la péninsule est partagée entre deux royaumes : au nord celui de Piémont-Sardaigne, qui récupère le territoire de Gênes, puis la Savoie et Nice après le deuxième traité de Paris (novembre 1815) et au sud celui des Deux-Siciles ou de Naples, rendu aux Bourbons. Le royaume de Prusse s'agrandit d'un tiers du royaume de Saxe, sanctionné pour avoir été l'allié privilégié de Napoléon Ier, de la Posnanie polonaise, d'un morceau de Poméranie, pris à la Suède, de la majeure partie de la Westphalie et enfin d'une vaste province rhénane qui lui permet de devenir frontalier de la France, comme il l'était déjà de l'Autriche et de la Russie. Le reste des Etats allemands est regroupé au sein d'une Confédération germanique, successeur de la défunte Confédération du Rhin (1806-1813), elle-même bâtie sur les décombres du Saint Empire par Napoléon Ier. La Confédération germanique regroupe trente-huit Etats au départ, puis quarante-et-un (contre seize seulement dans la Confédération du Rhin), y compris l'Autriche qui y exerce une influence déterminante, la Prusse qui va devenir sa grande rivale au nord, la Bavière, puissance catholique au sud, qui a perdu le Tyrol au profit de l'Autriche, mais conservé le Palatinat bavarois à la frontière de la France, le royaume de Saxe, très diminué, et celui de Hanovre, sur lequel règne, jusqu'en 1837, le souverain britannique. Parmi ces Etats allemands, certains conservent leurs frontières napoléoniennes (le Wurtemberg, la Hesse-Darmstadt, le Bade) et même leur forme monarchique octroyée par l'empereur des Français (Bavière, Saxe, Wurtemberg). On remarque que deux souverains étrangers font partie de cette Confédération, le roi des Pays-Bas, pour le Luxembourg, et celui du Danemark, pour le Holstein. La Suède, sur laquelle règne un ancien maréchal d'empire, le prince Bernadotte, proclamé roi sous le nom de Charles XIV en 1818, reçoit en compensation de la perte de la Finlande (acquise par la Russie) la Norvège prise au Danemark ; celui-ci est dédommagé par les duchés de Holstein et de Lauenburg, ce dernier donné par la Prusse. La Confédération helvétique, quant à elle, reçoit Genève, Neuchâtel, qui reste pourtant sous suzeraineté prussienne, et le Valais, qui forment trois nouveaux cantons ; elle est déclarée perpétuellement neutre. Le Pacte fédéral adopté par les vingt-deux cantons en août 1815 prévoit la réunion annuelle d'une Diète à Zürich, Berne ou Lucerne, et laisse l'essentiel des pouvoirs aux institutions cantonales.

Reste le cas de la France. Il s'agit bien, pour les trois puissances continentales comme pour le Royaume-Uni, de bloquer la France dans des frontières « historiques », acquises sous l'Ancien Régime, et considérées comme intangibles. Pourtant, ces frontières ont fluctué entre les deux traités de Paris. A la suite du premier (30 mai 1814), la France retrouvait ses frontières de 1789 augmentées d'Avignon et du Comtat venaissin devenus le département du Vaucluse, de la principauté de Montbéliard, du territoire de Mulhouse et d'une bonne partie de la Savoie. Le deuxième traité de Paris (20 novembre 1815) consécutif aux Cent-Jours fut nettement moins favorable à la France. En plus de l'occupation de son territoire par les troupes alliées, dont l'entretien était à sa charge, pour une durée de trois à cinq ans, du versement d'une indemnité de 700 millions, elle perdit la Savoie au profit du Piémont-Sardaigne, mais aussi toute une série de villes lui donnant accès au lac Léman ou lui permettant de fortifier sa frontière à l'est (Sarrelouis, Landau) ou au nord (Philippeville, Marienbourg etc.). En gros, la France restait dans son état de 1792. Mais elle était entourée, sur ses différentes frontières orientales, d'une ceinture de petits Etats tampons, sorte de glacis permettant aux grandes puissances d'éloigner quelque peu la « menace » française : Pays-Bas et Luxembourg, Rhénanie prussienne, Palatinat bavarois, Bade, Suisse, Savoie. De plus, les restes de son empire colonial se trouvaient amputés des terres annexées par le Royaume-Uni. On signalera enfin que le congrès de Vienne a également adopté deux déclarations, l'une proclamant la liberté de circulation sur les fleuves, l'autre relative à l'abolition de la traite des noirs — sous la pression de l'Angleterre qui appliquait ce principe depuis 1807 — mais pas de l'esclavage qui restait en vigueur dans les colonies européennes. Au total, les intérêts politiques ont donc prévalu pour l'établissement de ces nouvelles frontières : ni naturelles ni historiques, les frontières de l'Europe sont le résultat de négociations, d'échanges, de rééquilibrages ne prenant en compte que des intérêts politiques ou stratégiques. Ce qui ne signifie pas qu'elles étaient condamnées dès le début. Leur longévité constitue même l'un des acquis majeurs du congrès de Vienne. Plus que la formation de petits Etats balkaniques (Serbie, Grèce), consécutive au lent déclin de l'Empire ottoman, ou la partition du Royaume des Pays-Bas en 1830, c'est la formation de l'unité italienne et de l'unité allemande qui marqua les limites d'un « système Metternich » pourtant sorti apparemment victorieux des révolutions de 1848.

Objectifs, problèmes, absences

Les objectifs recherchés par les puissances victorieuses semblent être atteints. Au-delà de son contenu, l'Acte final constitue le plus vaste traité signé en Europe jusqu'au règlement de la Première Guerre mondiale. Cet engagement signé par les huit grandes puissances européennes est le premier exemple d'une volonté commune de préserver la paix. De fait, en dehors de guerres localisées et de répressions brutales de mouvements libéraux, l'Europe n'a pas connu d'affrontements entre ses cinq plus grandes puissances pendant près de quarante ans. L'Acte final n'aurait évidemment jamais été signé si le continent n'était exsangue ; les négociations n'auraient jamais abouti si les vainqueurs n'avaient trouvé un consensus minimum qui tenait en une idée simple : le refus de l'idéologie révolutionnaire née en France en 1789. L'Europe — celle des rois — a refait l'Europe — celle des peuples. Lorsque le tsar Alexandre justifie les amputations territoriales de la Saxe en affirmant que son souverain, allié à Napoléon, a « trahi la cause de l'Europe », le sens du mot est clair : il s'agit bien de l'Europe des couronnes, qui s'arroge le droit, mieux : la mission, de reconstruire des Etats dont la seule légitimité est, en fin de compte, celle de leurs souverains. Un point permet de comprendre ce retour délibéré à l'Ancien Régime : dans toute l'Europe, les seuls pays qui sont régis par une constitution sont le Royaume-Uni, la France (charte de 1814), les Pays-Bas, et, exception parmi les exceptions, les républiques formant la Confédération helvétique. Deux autres pays intégrés dans des royaumes bénéficient aussi d'une constitution : la Norvège et le royaume de Pologne. Dans tous les cas, ces constitutions réservent le pouvoir à une élite. On a souligné le danger d'une telle conception réaffirmant le caractère absolutiste de ces monarchies restaurées : pour ceux qui souhaitent modifier la carte de l'Europe, il ne reste d'autre solution que d'abattre des dynasties devenues des obstacles. Or, les principes de la Révolution française, rarement appliqués par la France en dehors de son territoire, ont pourtant germé et suscité l'éclosion de consciences nationales. Or, Italiens, Allemands, Polonais notamment sont déçus par le résultat du congrès de Vienne, d'autant plus que la période napoléonienne a été pour eux l'occasion d'unifications certes incomplètes et totalement contrôlées, voire imposées, par la France, mais autorisant la prise de conscience d'un réel sentiment national. Partout, nationalisme et libéralisme vont se trouver liés dans le combat pour l'unité.

La notion d'équilibre a prévalu au détriment de celle d'équité, celle d'indemnité au détriment de celle d'égalité. Les grands échangent des territoires et des populations sans autre souci que le maintien et si possible l'accroissement de leur puissance. Des petits Etats ont disparu, condamnés sans appel comme la république de Venise, supprimée par Napoléon, ou celle de Gênes ; en Allemagne, on ne restaure que les plus grands Etats, et de nombreuses villes libres sont absorbées. Mais on remarque aussi que la sécularisation triomphe : partout, les Etats ecclésiastiques ont disparu, les Etats du pape étant une exception à la règle. Sur un plan géopolitique, on observe un déplacement des frontières vers l'ouest, comme dans un vaste jeu de dominos, où, sous la pression de la Russie, les centres de gravité se déplacent vers la rive de Rhin. L'Empire russe entend bien, comme il l'a montré tout au long des négociations du congrès de Vienne, ne pas être absent du jeu diplomatique, et éventuellement militaire, de l'Europe comprise entre Rhin et Vistule. Mais il entend aussi être présent dans les Balkans, au grand dam de l'Autriche, et en Méditerranée orientale, avec l'idée de contrôler les Détroits (Bosphore et Dardanelles), ce que refuse le Royaume-Uni. La Prusse comme l'Autriche s'étendent vers l'ouest du continent, et apparaissent comme les deux puissances dominantes de la « Mitteleuropa ». L'Autriche, débarrassée des Pays-Bas, forme un bloc compact au centre de l'Europe, attentive à surveiller les quatre points cardinaux des ambitions diplomatiques rivales des autres puissances, mais aussi à museler toute expression de nationalismes naissants, à commencer par le nationalisme allemand. Cette politique du « diviser pour régner » s'est traduite par le morcellement de l'Allemagne en une quarantaine d'Etats, représentés par une Diète aux pouvoirs très limités, siégeant à Francfort-sur-le-Main et présidée par l'Autriche, et par le morcellement de l'Italie en sept parties. Aussi l'Autriche pèse-t-elle de tout son poids au sein de la Confédération germanique. Mais elle se trouve rapidement confrontée au nationalisme italien qui, de manière quelque peu surprenante pour Vienne et son chancelier, prendra racine dans ce petit royaume de Piémont-Sardaigne dirigé par une maison de Savoie bien décidée à jouer la carte de l'unité sous une forme monarchique.

Quant aux autres nationalismes, ils ne semblent pas représenter un quelconque danger : la Pologne écartelée, les Slaves du Sud divisés, ceux du Nord dominés, rien ne menace la cohésion de l'Empire. Pourtant, sur les marges de l'Europe de Vienne, au contact d'un Empire ottoman affaibli, vont rapidement se manifester des désirs d'indépendance — Grèce, Valachie, Moldavie, Bulgarie, Serbie, cette dernière formant une principauté autonome dès 1817 — qui vont obliger l'Autriche à se positionner dans les Balkans. Ce sera le début d'une longue rivalité avec la Russie qui, arguant de la solidarité entre orthodoxes et surtout au nom de ses intérêts stratégiques, entend bien ne pas laisser les mains libres à Vienne sur ces nations en devenir. Est-il possible, fût-on l'Autriche, de concilier une politique germanique médio-européenne et une politique balkanique sud-européenne ? La réponse serait positive si les rivaux de l'Autriche ne s'appelaient Prusse et Russie, c'est-à-dire deux Etats aux appétits conquérants. L'Autriche sait que sa configuration est celle d'un agrégat de peuples qui ne peuvent tenir ensemble, pense Metternich, que par la férule. Ce qui est vrai pour elle l'est donc plus encore pour les peuples situés en dehors de ses frontières, si l'on veut empêcher toute contamination.

La Prusse apparaît désormais comme l'un des « gendarmes » de l'Europe du Nord, apte à exercer une influence dominante sur les Etats allemands, soucieuse de tendre progressivement à une unité que tous les Allemands ne souhaitent pourtant pas voir se réaliser sous la même forme. L'effondrement de la Confédération du Rhin en 1813 avait suscité un vif espoir unitaire, notamment dans les milieux libéraux. Mais ce qui n'est pas encore appelé l'impérialisme prussien apparaît pourtant insupportable à une partie de ces Etats allemands, avec le soutien actif de l'Autriche qui appuie notamment sa sœur en catholicisme, la Bavière. Entre tendances centrifuges et tendances centripètes, l'Allemagne mettra plus d'un demi-siècle à se réaliser comme Etat, malgré le rôle actif de la jeunesse étudiante et de ses associations patriotiques. Il est vrai que face aux mouvements révolutionnaires des années 1820 et1848, les grandes puissances font taire leurs divergences et agissent en commun pour maintenir leurs intérêts. Le Royaume-Uni est satisfait d'un partage de l'Europe qui empêche en théorie l'émergence d'une puissance susceptible de dominer le continent. Le Royaume des Pays-Bas lui donne satisfaction, en constituant une tête de pont pour une éventuelle intervention en Europe. Pourtant, tant l'appellation de ce petit royaume, qui semble assujettir les Belges aux Hollandais, que l'incompatibilité de deux peuples à l'histoire opposée à vivre ensemble, témoignent de la fragilité de ce territoire issu de la volonté des grandes puissances et confié à Guillaume d'Orange.

Absents des grandes décisions prises à Vienne, l'Espagne et le Portugal sont confrontés aux mouvements d'indépendance qui se sont fait jour dès le début du XIXe siècle dans leurs empires américains et qui ont déjà donné naissance à trois Etats indépendants, Argentine, Paraguay et Uruguay. Le rôle moteur des « libérateurs » comme Simon Bolivar, en exil en Jamaïque en 1815, ou San Martin, va amener la progressive indépendance des colonies espagnoles, le Brésil se contentant de couper les liens politiques avec le Portugal, tout en conservant des liens dynastiques. Quant aux Etats-Unis, ils ont profité des guerres napoléoniennes et notamment du blocus britannique pour renforcer leurs positions commerciales ; en achetant en 1803 la Louisiane à Napoléon, ils ont plus que doublé la superficie de leur territoire et entrepris une expansion vers l'ouest qui ne s'achèvera que sur la côte du Pacifique. Si la Chine et le Japon restent fermés à l'expansion européenne, il n'en va pas de même de l'Afrique. Dès la fin des hostilités, les expéditions recommencent selon un cycle habituel : reconnaissance de routes ou de territoires, cartographie, prise de possession avec ou sans protectorat, plus rarement entreprise de colonisation avec une population européenne.

La Sainte-Alliance : l'Europe des élus de Dieu

Œuvre de reconstruction de l'Europe, le congrès de Vienne constitue aussi une volonté de restauration monarchique. Le principe de légitimité impose aux congressistes de replacer sur leurs trônes les têtes couronnées, mais aussi de respecter des familles régnantes qui s'étaient montrées empressées à accueillir l'usurpateur, Napoléon Ier. A ce jeu là, qui était sans reproche ? Personne, ni la Russie d'Alexandre, qui avait étreint l'Empereur à Tilsitt, ni l'Autriche de François qui avait donné une princesse, Marie-Louise, comme deuxième épouse de « l'ogre corse ». La solidarité européenne fut mise à l'épreuve dès mars 1815, lorsque se produisit le retour de Napoléon de l'île d'Elbe. Formant une ultime coalition, les Pays-Bas, l'Autriche, la Russie, l'Angleterre et la Prusse, rejoints par la France, déclarèrent hors-la-loi l'ex-empereur, placé « hors des relations civiles et sociales » et livré à « la vindicte publique », s'engagèrent à aider militairement Louis XVIII ou tout pays attaqué et à conserver les acquis de l'Acte final du congrès de Vienne qui ne fut signé, rappelons-le, que le 9 juin 1815. Mais les puissances victorieuses voulurent prolonger leur succès par la mise en place d'une sorte de comité de surveillance de l'application des décisions entérinées à Vienne, ainsi que le pacte de Chaumont (9 mars 1814) l'avait envisagé avant même la défaite de Napoléon. L'Acte final ne prévoyait pas de rencontres périodiques entre représentants des grandes puissances, alors que l'épisode des Cent-Jours, malgré son échec final, montrait que l'équilibre né à Vienne était susceptible d'être remis en cause à tout moment. Aussi, le 26 septembre 1815, les souverains autrichien, russe et prussien signèrent le traité dit de la Sainte-Alliance, suivi le 20 novembre par la signature de la Quadruple-Alliance, le jour même où était signé le second traité de Paris.

Le texte de la Sainte-Alliance a été en grande partie inspiré par le tsar Alexandre. Il entendait faire des trois souverains des « compatriotes » qui « se prêteront, en toute occasion et en tout lieu, assistance, aide et secours », et se feront protecteurs de « la religion, la paix et la justice ». De nombreuses références à la religion ou à la « nation chrétienne » que formeraient les trois puissances, à la Providence dont les trois signataires seraient les délégués, émaillent le texte, expression d'un mysticisme profond chez Alexandre, non partagé par les deux autres souverains ni par leurs diplomates, peu habitués à prendre des engagements « conformément aux paroles des Saintes Ecritures ». Texte imprécis et peu contraignant, qui engage finalement assez peu ses signataires et dont le fond comme la forme suscitèrent l'incrédulité voire la moquerie d'un Castlereagh (« un monument sublime de mysticisme et de non-sens, spécialement pour un souverain britannique ») comme d'un Metternich, hostile mais se résignant à suivre l'empereur François plus ou moins contraint d'adhérer (« une aspiration philanthropique déguisée sous le manteau de la religion », « un monument vide et sonore »). Lorsqu'il fut publié, il reçut pourtant un accueil favorable d'intellectuels aussi différents que Goethe et Saint-Simon, sensibles au pacifisme qui s'en dégageait et qui tranchait avec l'état d'esprit habituel des traités d'alliances. On évoqua également le fait que chacun des trois signataires représentait l'une des trois branches du christianisme, raison invoquée par le pape pour refuser d'adhérer à la Sainte-Alliance. Paradoxalement, ce fut dans le camp des ultras, défenseurs de Rome, que l'on trouva les plus vives résistances, qui ne le cédaient en rien aux critiques des libéraux. Quant à la Quadruple-Alliance, signée par les trois empires rejoints par le Royaume-Uni, elle est beaucoup plus concrète et répond plutôt à la définition d'une « société d'assurances mutuelles pour monarques absolus » (G. de Bertier de Sauvigny). Dirigée contre tout pays qui s'aviserait de changer de souverain ou de régime, elle vise en priorité la France, ainsi que l'explique sans ambage Castlereagh : « Je suis fortement persuadé que rien ne peut tenir la France tranquille et dans ses limites que la forte main de la puissance européenne, et qu'un traité de ce genre signé par les quatre grandes puissances (qui heureusement pour l'instant représentent toute la puissance militaire de l'Europe, en dehors de la France) sera plus efficace pour cet effet que l'instrument que nous signerons avec la France elle-même. C'est la crainte de notre union qui maintiendra la France soumise. » Application concrète de ces principes, les ambassadeurs des quatre puissances signataires se réunissent une fois par semaine à Paris, sous la présidence de Wellington, chef de l'armée d'occupation, pour jouer un rôle de conseiller du gouvernement français et de surveillant de l'état du pays, notamment de l'opinion publique. On entre là dans une logique très « metternichienne », déjà définie dans le traité de Chaumont de mars 1814, loin de la phraséologie de la Sainte-Alliance : il ne s'agit ni d'esprit chrétien ni de fraternité entre monarques, mais bel et bien, pour ce directoire européen, de la défense par tous les moyens de l'équilibre construit à Vienne. La France adhéra à la Sainte-Alliance pour montrer qu'elle souhaitait réintégrer au plus vite ce concert européen qui se mettait en place, puis, en 1818, à la Quadruple-Alliance, alors que les armées des anciens alliés évacuaient définitivement son territoire et que prenaient fin la surveillance des ambassadeurs et les indemnités à verser. Devenue pentarchie, l'alliance allait avoir à affronter un réveil des mouvements libéraux à travers toute l'Europe. De nombreux congrès ou conférences européens eurent lieu : Aix-la-Chapelle en 1818, Carlsbad en 1819, Vienne et Troppau en 1820, Laybach en 1821, Vérone en 1822. A chaque fois, il s'agit de consolider les régimes autoritaires en combattant partout les velléités de libéralisation, voire les libéraux parvenus au pouvoir comme en Espagne ou à Naples.

Mythifiée dès l'origine, considérée comme une sorte de force répressive antirévolutionnaire, la Sainte-Alliance apparaît aux yeux d'un spécialiste comme G. de Bertier de Sauvigny comme d'essence plus libérale, malgré son mysticisme chrétien avéré, que la Quadruple-Alliance. Mais les deux traités, que l'on finit par confondre dans une même logique, surtout après l'adhésion de la France à la Quadruple-Alliance, participent bien d'un état d'esprit de surveillance réactionnaire qui écrasa de manière violente les libéralismes allemand, italien, espagnol. A un texte d'une portée essentiellement idéologique répond un texte de nature essentiellement pratique : la complémentarité des deux explique le succès fulgurant de la notion d'« Europe de la Sainte-Alliance » qui ne tient pas compte des divergences réelles de ses membres. Il s'agit bien, ainsi que l'écrit Gentz, un diplomate conseiller et ami de Metternich, d'une coalition envisagée comme « une mesure de haute police générale, une ressource contre l'inquiétude des peuples et les agitations du temps ». Dans le prolongement du congrès de Vienne, on notera aussi la référence constante à une politique européenne, surtout perceptible dans le discours d'un Metternich ou d'un Alexandre qui, en 1818, oppose dans une dialectique classique depuis le début de la Révolution de 1789, le sort de la France et celui de l'Europe : « C'est l'Europe qui a souffert des erreurs et des malheurs de la France. Et c'est l'Europe qui est hautement intéressée au bonheur de ce pays, et au maintien inviolable de l'ordre qui y est établi. » En intégrant dans l'alliance des monarchies une France repentie, on élargit encore ce concert européen. Il existe bien une Alliance, seule et unique dépositaire du maintien de l'ordre, même si la mise en application d'une intervention se heurte à des appréciations différentes. La Russie est à la pointe du combat pour l'établissement de ce que le tsar Alexandre appelle « une association nécessaire de tous les Etats de l'Europe au système général qui les embrasse tous et les rattache les uns aux autres ». La France ne fut pas longtemps le bon élève de l'Alliance : la démission de Richelieu, remplacé par Decazes dont la politique fut jugée trop libérale, inquiéta les cours et les chancelleries au point d'envisager une intervention. L'Angleterre, confrontée au même moment à de fortes tensions sociales (manifestation ouvrière dite de Peterloo en août 1819), apparaît souvent comme la plus rétive, surtout lorsque Canning succède à Castlereagh aux Affaires étrangères, après le suicide de ce dernier en 1822. Poursuivant la politique de non-intervention et de prise de distance d'avec la Sainte-Alliance de son prédécesseur, il laisse les puissances continentales exercer la police de l'Europe : elles ne s'en privèrent pas.

Poussées libérales et réaction absolutiste

La restauration ne fit pas taire longtemps les aspirations libérales. Dès 1817, la jeunesse libérale, souvent étudiante, mais aussi militaire ou commerciale forma des associations (en Allemagne, fête de la Wartburg en 1817 et fondation de l'*Allgemeine Deutsches Burschenschaft* en 1818), complota (à Paris en 1820), s'engagea dans la franc-maçonnerie et bientôt dans la charbonnerie, d'origine italienne. L'orientation politique de celle-ci, libérale, mais aussi bonapartiste et républicaine, ainsi que son recrutement au sein des facultés et des casernes, inquiétait plus les autorités que sa capacité d'agir. La Grèce, le Piémont, Naples et la Sicile, le Portugal connurent des agitations libérales. La Russie d'Alexandre elle-même fut contaminée, notamment au sein des officiers de son armée, avec des ramifications en Pologne. Le mouvement culmina en 1820 : cette année-là fut marquée, en France, par l'assassinat du duc de Berry, héritier de la couronne, et par de violentes manifestations étudiantes à Paris, pour le maintien du système électoral en vigueur, marquées par la mort d'un étudiant en droit, Nicolas Lallemand ; en Allemagne, qui semblait retrouver depuis quelques années l'élan de patriotisme de 1813 — celui de la révolte contre l'occupant français —, on procéda à l'exécution d'un étudiant de Heidelberg, Karl Sand, qui, l'année précédente, avait assassiné Kotzebue, un écrivain allemand à la solde du tsar ; en Angleterre, l'exécution des conjurés radicaux de Cato Street montra que la monarchie constitutionnelle n'était pas à l'abri de contestations violentes ; à Naples, une révolution dirigée par les carbonari aboutit à la proclamation d'une constitution libérale par le monarque absolu ; enfin, c'est en 1820 que les libéraux espagnols obligèrent par un *pronunciamento* le roi Ferdinand VII à rétablir la constitution libérale de 1812, et que les libéraux portugais se soulevèrent eux aussi et établirent une junte révolutionnaire. Metternich et le tsar furent les plus déterminés à réagir. Il s'agissait de briser la spirale du mouvement libéral dans les territoires allemand et autrichien, et qui menaçait de gagner la Suisse, ainsi que le Nord de l'Italie et la France, déjà touchés. On évoqua, sans en apporter de preuves tangibles, l'existence de liens transnationaux entre révolutionnaires, au sein d'un triangle Paris-Milan-Allemagne du Nord, le centre nerveux de ces réseaux semblant être Genève où vivait alors l'un des rescapés des babouvistes, Buonarroti. Le roi de Prusse et le chancelier autrichien se rencontrèrent et signèrent la convention secrète de Teplitz qui précéda de peu la conférence de Carlsbad (1819). Celle-ci fut une affaire à proprement parler spécifiquement germanique, n'engageant que les Etats membres de la Confédération dans le but de réprimer le mouvement libéral allemand, essentiellement estudiantin. Elle aboutit à des mesures répressives très concrètes, comme la surveillance et l'épuration (visant étudiants comme enseignants) des universités, principaux foyers d'agitation ; la dissolution de la Burschenschaft ; la censure de la presse élargie ; le droit d'intervention politique et militaire dans tout Etat membre de la Confédération ; enfin, on établit une sorte de police fédérale chargée de coordonner les informations de tous les Etats allemands, voire de mettre sur pied une coopération entre les polices européennes — et qui fonctionna de fait entre la France, la Prusse, la Suisse, le Piémont. Symbole de cette répression, l'arrestation en 1820 du jeune patriote italien Silvio Pellico, enfermé pendant dix années dans la sinistre forteresse du Spielberg. C'est au nom des mêmes principes que le philosophe français Victor Cousin, soupçonné d'être un agent du parti libéral français, fut arrêté en 1824 en Prusse où il resta six mois interné et ne fut libéré que sur la pression des philosophes allemands à qui il rendait visite, comme Hegel.

Les puissances s'inquiétaient aussi des affaires napolitaines et espagnoles. Au congrès de Troppau (1820), l'Autriche obtint de la Russie et de la Prusse la confirmation du principe d'intervention dans les Etats en proie à une révolution, ce qui revenait à lui accorder l'autorisation d'écraser la révolution napolitaine, au nom de l'Alliance — mais sans que la France, réservée, ni l'Angleterre, franchement hostile, ne soient associées à cette décision. Elargi au roi de Naples, Ferdinand IV, et transporté à Laybach (1821), le congrès décida l'envoi d'une armée à Naples, reprise sans difficulté ; parallèlement, la révolte des libéraux piémontais, étudiants de Turin et soldats d'Alessandria, qui souhaitaient imposer une constitution au roi Victor-Emmanuel, fut écrasée dans le sang. L'Alliance apparaissait de plus en plus comme dirigée par la Russie et l'Autriche, dont les personnalités les plus marquantes, Metternich et Alexandre, bien que distinctes quant au fondement philosophique de leur action, se retrouvaient dans le désir de maintenir à tout prix l'ordre existant. Il y a chez l'un comme chez l'autre une pensée qui organise le monde de manière dualiste : d'un côté les factieux, voltairiens, jacobins, révolutionnaires, encyclopédistes, libéraux, carbonari ; de l'autre, la société, basée sur la nécessité d'un ordre, d'une hiérarchie, d'une soumission, envisagés sous un angle plus laïque chez Metternich, plus religieux chez le tsar. Le premier exprime ainsi le fondement de sa philosophie politique basée sur la notion de stabilité : « La première et la plus grande des affaires, pour l'immense majorité de toute nation, c'est la fixité des lois, leur action non interrompue, et nullement leur changement. » C'est cet axe que partagent les deux souverains, au sein d'une Europe qui apparaît de plus en plus bi-polaire.

La France, en retrait jusqu'à présent, connaissait une période de réaction politique qui succédait aux ouvertures libérales de Decazes. Le rôle de Villèle, soutenu par un comte d'Artois de plus en plus influent, allait être déterminant. La France entendait bien ne pas rester neutre dans la lutte antilibérale : les affaires d'Espagne lui donnèrent l'occasion de le manifester concrètement. La géographie plaidait pour une intervention française, mais moins l'histoire, marquée par le souvenir sinistre de la guerre et de l'occupation napoléoniennes. Pourtant, c'était aux yeux des ultras le prix à payer si la France voulait quitter définitivement son habit révolutionnaire. C'est dans cet état d'esprit que Villèle envoya au congrès de Vérone (1822) son ministre des Affaires étrangères, tout d'abord Montmorency, puis Chateaubriand, bien décidé à obtenir des alliés le principe d'une intervention militaire indépendante de la France en Espagne. Ce qui fut accordé : l'Angleterre, hostile à toute intervention, mais isolée, ne put s'y opposer ; les autres puissances, divisées entre elles sur la forme que devait prendre l'intervention, donnèrent finalement carte blanche à la France. Celle-ci, au terme d'une courte campagne militaire mettant en action 100 000 hommes commandés par le duc d'Angoulême et marquée par la prise du fort du Trocadéro (1823), restaura Ferdinand VII dans tous ses droits, dont il usa en commençant par déclencher une impitoyable répression contre les libéraux vaincus. La répression s'abattait aussi sur la France, où la charbonnerie fut démantelée et les chefs de différents complots, avérés ou présumés (Saumur, Colmar, sergents de La Rochelle), furent exécutés. Même atmosphère sur l'ensemble du territoire allemand, notamment en Prusse et dans les Etats du Sud où la Confédération s'ingénia à limiter les droits des Chambres, et en Suisse, sommée par l'Alliance d'expulser ses nombreux réfugiés libéraux ou républicains — ainsi Buonarroti expulsé de Genève vers Bruxelles en 1823. Cette année marqua l'apogée de la réaction en Europe.

Point d'orgue de la Sainte-Alliance ou début de son éclatement ? Au vu des différents succès enregistrés entre 1820 et 1822, l'Alliance semble avoir joué son rôle et assuré à l'Europe une stabilité politique sur les bases déterminées à Vienne. Mais à y regarder de plus près, des fractures commencent à se faire jour. Le Royaume-Uni a pris ses distances, définitivement, avec la Sainte-Alliance, et né souhaite pas être associé à cette répression antilibérale qui heurte une partie de son opinion publique. De plus, l'argumentation développée par les premiers ministres *tories* qui se succèdent (Castlereagh, puis Canning, et plus tard Wellington) insistent sur la question de la souveraineté intérieure : comment concilier le droit d'intervention et respecter en même temps l'autorité souveraine d'un Etat, qui peut aller éventuellement jusqu'à un changement de souverain, voire de régime ? Le principe est-il applicable à l'une des grandes puissances signataires de l'Alliance ? Evoquant cette dernière, Canning dénonce en elle « une union pour le gouvernement du monde ou la superintendance des affaires intérieures des autres Etats », et encore un « système de police européen ». Au sujet de l'Espagne, il plaide « le droit des nations de décider par elles-mêmes quelle forme de gouvernement elles jugent meilleures ». Autant de formules qui témoignent que, au-delà des différences qui séparent *whigs* et *tories*, le Royaume-Uni s'est engagé, par conviction et par intérêt, dans une politique extérieure franchement libérale. La France a bien pris soin d'apparaître comme agissant en son nom propre en Espagne, et pas au nom d'une Alliance à qui elle veut prouver qu'elle est redevenue une puissance de premier ordre ; de plus, la guerre d'Espagne permet à Louis XVIII et à son gouvernement de reconquérir l'opinion publique et l'armée, sensibles à l'idée d'indépendance vis-à-vis des autres monarchies. La Russie et l'Autriche ont fait taire leurs divergences, mais celles-ci se révèlent de plus en plus inconciliables en ce qui concerne la question d'Orient. Les Moldaves réclament l'autonomie sous la protection russe, mais sont désavoués par Alexandre qui ne peut faire moins face à Metternich. Puis les Grecs se soulèvent en 1821 contre l'Empire ottoman, et suscitent rapidement un vaste mouvement de sympathie européen, le philhellénisme. La Russie ne cache pas son intention d'intervenir. Mais l'Autriche n'entend pas laisser au tsar le rôle de protecteur de la chrétienté dans les territoires turcs d'Europe. Le désaccord devint total : l'Autriche et l'Angleterre craignaient l'expansion russe vers Constantinople ; la Russie, heurtée par la duplicité de Metternich, se rapprocha de l'Angleterre ; mais aucune conférence ne parvint à rapprocher les points de vue jusqu'à la mort du tsar Alexandre en 1825. Ce n'est que la convention de Londres (1827, signée par l'Angleterre, la Russie et la France, l'Autriche étant laissée de côté) suivie de la victoire de la flotte alliée à Navarin et d'une brève guerre terrestre (1828-29), qui permit à la Grèce d'accéder à l'indépendance, finalement reconnue en 1830. Parallèlement, par la paix d'Andrinople (septembre 1829), la Russie marquait des points, avec notamment la reconnaissance de la liberté de circulation dans les Détroits.

La question grecque montre jusqu'où la politique de « conservation » metternichienne peut aboutir : à l'abandon de populations chrétiennes face aux armées ottomanes, au nom de l'ordre établi, à la prédominance des stabilités étatiques sur les solidarités morales et religieuses. Le chancelier autrichien l'affirme crûment : « Peu importe, du point de vue politique, qui gouverne des Turcs ou des Grecs, mais que ce ne soit pas la révolution et l'un de ses résultats immanquables, la propagande. » Mais jamais une solution ne put être trouvée face aux révolutions qui avaient amené l'indépendance des Etats d'Amérique du Sud. La Russie souhaita, en vain, une intervention militaire qui, dans la foulée du rétablissement de Ferdinand VII, aurait permis à l'Espagne de reconquérir son empire colonial. La pression britannique, motivée par des intérêts économiques, empêcha tout début d'action en ce sens. De plus, en reconnaissant ces nouveaux Etats américains dès 1822, les Etats-Unis, suivis par les Britanniques en 1825, l'année même où le Portugal reconnaissait l'indépendance du

Brésil, apparaissaient *de facto* comme leur protecteur, sentiment renforcé par le discours du président américain (décembre 1823) où fut exposée pour la première fois ce qu'on a coutume d'appeler depuis la doctrine Monroe : « Nous ne sommes jamais intervenus et n'interviendrons jamais dans les questions intéressant les colonies et dépendances actuelles d'une puissance européenne. Mais à l'égard des gouvernements qui ont proclamé et maintenu leur indépendance, indépendance que nous avons reconnue après mûr examen et pour des raisons de justice, nous ne saurions admettre aucune entreprise de puissance européenne, pour les opprimer ou disposer de leur destinée en quelque façon que ce soit. Nous y verrions la preuve de dispositions inamicales contre les Etats-Unis. [...] Les continents américains ayant acquis leur autonomie, leur indépendance, et prétendant la maintenir, ne doivent plus être à l'avenir présumés susceptibles de devenir jamais colonie d'une puissance européenne quelconque. » Ainsi, le Nouveau Monde restait le domaine des Américains, qui entendaient en écarter définitivement les anciennes puissances coloniales européennes.

Conclusion : le spectre de la révolution

Un continent marqué par le spectre de la révolution : telle apparaît, au bout du compte, l'Europe en 1815 et dans les années suivantes. La force apparente qui se dégage de la Sainte-Alliance se nourrit d'un discours marqué par la peur, témoignage conscient *a contrario* de la force des idéaux de 1789. Qu'illustrent les déclamations ou les imprécations de Metternich, les appels sans cesse répétés du tsar à la Sainte Providence, si ce n'est la conscience que l'Europe, au lendemain des années de révolution et de guerre, reste un terrain d'affrontement idéologique dont nul ne peut prévoir le vainqueur ? La rhétorique diplomatique se nourrit certes de répétitions et parfois d'emphase, pour emporter les décisions ; mais celles-ci sont également prises au vu de la réalité du terrain. Celle-ci montre que, passée la défaite napoléonienne — sur laquelle l'unanimité se fait —, il ne saurait être question d'y associer la défaite de la Révolution française. En dépit des maladresses extrêmes de celle-ci à concilier discours et pratique autour des thèmes de la liberté, de l'égalité, de la fraternité, le message est passé, s'est ancré et a prospéré. Il existe, au sein des bourgeoisies européennes, une prise de conscience : conscience de représenter une force politique, une nation, une force économique. Metternich ne dit rien d'autre lorsqu'il constate les progrès de « l'idée absurde en elle-même de l'émancipation des peuples », des classes moyennes (hommes d'argent, salariés de l'Etat, hommes de lettres, avocats, enseignants) gagnées par cette « gangrène morale ». Les jeunes générations, notamment, non compromises et d'un nationalisme farouche forgé face à l'occupation française, se font les hérauts d'une deuxième libération : celle des monarques absolus, coupables d'être les derniers obstacles à l'unité et la liberté. Patriotes allemands et italiens, espagnols et grecs, portugais et français ne sont cependant pas placés dans la même situation. Certains forment une nation-Etat, d'autres une nation sans Etat, mais tous partagent le rejet de l'absolutisme. La véritable question n'est-elle pas finalement : peut-on gouverner sans tenir compte des opinions publiques ? Autre question : peut-on gouverner en ignorant les aspirations nationales de peuples soumis à l'autorité d'Etats dominants ? Enfin, ultime question qui se pose à tous les Etats et qui reste d'une grande actualité : comment peut-on concilier le maintien d'un ordre international, quelle qu'en soit l'idéologie sous-jacente, et les intérêts de politiques nationales divergentes dans leurs fondements et dans leurs buts ? La réponse, au vu de l'évolution de l'Europe de la Sainte-Alliance, morte en fin de compte du triomphe des préférences nationales sur la solidarité internationale, témoigne de la permanence d'un débat que, *mutatis mutandis*, l'on retrouve sur le chemin de l'actuelle construction européenne.

BIBLIOGRAPHIE

ASSELAIN (Jean-Charles), DELFAUD (Pierre), GUILLAUME (Pierre), GUILLAUME (Sylvie), KINTZ (Jean-Pierre), MOUGEL (François), *Précis d'histoire européenne*, A. Colin, 1993.

BAECQUE (Antoine de) (dir.), *Une histoire de la démocratie en Europe*, « Le Monde » éditions, 1991.

BERL (Emmanuel), *Histoire de l'Europe*, Gallimard, 1983.

BERSTEIN (Serge), MILZA (Pierre), *Histoire de l'Europe*, Hatier, 1995, t. 4 : *Nationalismes et concert européen, 1815-1919.*

BERSTEIN (Serge), MILZA (Pierre), *Histoire du XIXe siècle,* Hatier, 1994.

BERTIER DE SAUVIGNY (Guillaume de), *La Sainte-Alliance.* Textes choisis, A. Colin, 1972.

BERTIER DE SAUVIGNY (Guillaume de), *Metternich et la France après le Congrès de Vienne*, Hachette, 1968-1971, 3 tomes.

CABANEL (Patrick), *Nation, nationalités et nationalismes en Europe. 1850-1920,* Ophrys, 1995 (documents).

CARPENTIER (Jean) et LEBRUN (François) (dir.), *Histoire de l'Europe*, Seuil, 1992.

CHABOT (Jean-Luc), *Le Nationalisme*, PUF, « Que sais-je ? », 1993.

Collectif de douze historiens, *Histoire de l'Europe*, Hachette, 1992.

Etats et nationalités dans l'Europe du XIXe siècle, La Documentation photographique, n° 6089.

« L'explosion des nationalismes de Valmy à Maastricht », *L'Histoire*, n° spécial 201, juillet/août 1996.

FERRARI (Jean), et WUNENBURGER (Jean-Jacques) (dir.), *L'Idée de nation*, Dijon, Editions universitaires de Dijon, s.d.

FRÉCHET (Hélène), *Histoire de l'Europe au XIXe siècle*, Ellipses, 1991.

GELLNER (Ernest), *Nations et nationalismes*, Payot, 1989.

GERBOD (Paul), *L'Europe culturelle et religieuse de 1815 à nos jours*, PUF, 1989.

GIRAULT (René), *Diplomatie européenne, nations et impérialismes (1871-1914),* coll. U., A. Colin, 1995.

GUIOMAR (Jean-Yves), *La Nation entre l'histoire et la raison*, La Découverte, 1990.

HERMET (Guy), *Histoire des nations et des nationalismes*, Seuil, 1995.

HOBSBAWM (Eric), *L'Ere des empires (1875-1914)*, Fayard, 1989.

HOBSBAWM (Eric), *L'Ere des révolutions (1789-1848)*, Fayard, 1970, rééd. Complexe, 1988.

HOBSBAWM (Eric), *L'Ere du capital (1848-1875)*, Fayard, 1977.
HOBSBAWM (Eric J.), *Nations et nationalismes depuis 1780*, Gallimard, 1992.
HOHENBERG (Paul M.), *La Formation de l'Europe urbaine (1000-1950)*, PUF, 1992.
KRAEHE (Enno Edward), *The Congress of Vienna, 1814-1815*, Princeton, N.J., Princeton University press, 1983.
LANDES (David S.), *L'Europe technicienne, révolutions techniques et libre essor industriel en Europe occidentale de 1750 à nos jours*, Gallimard, 1975.
LIVET (Georges) et MOUSNIER (Roland) (dir.), *Histoire générale de l'Europe*, t. 3 : Roland Marx, *L'Europe de 1789 à nos jours*, PUF, 1980.
MAYER (Arno), *La Persistance de l'Ancien Régime, l'Europe de 1848 à la Grande Guerre*, Flammarion, 1990.
« Nation, nationalités et nationalismes en Europe de 1850 à 1920 », I et II, *Matériaux pour l'histoire de notre temps*, revue de la BDIC, janvier-juin 1996, n° 41-42 et juillet-septembre 1996, n° 43.
POMIAN (Krzystof), *L'Europe et ses nations*, Gallimard, 1990.
POUSSOU (Jean-Pierre), *La Croissance des villes au XIXe siècle. France, Royaume-Uni, Etats-Unis, pays germaniques*, SEDES, 1992.
RENAN (Ernest), *Qu'est-ce qu'une nation ? et autres essais politiques*. Textes choisis et présentés par Joël Roman, Presses Pocket, 1992.
RENOUVIN (Pierre), *Histoire des relations internationales*, Hachette, 1955, t. V et VI.
ROUGEMONT (Denis de), *Vingt-huit siècles d'Europe. La conscience européenne à travers les textes, d'Hésiode à nos jours*, C. de Bartillat, 1990.
ROVAN (Joseph) et KREBS (Gilbert) (dir.), *Identités nationales et conscience européenne* (actes du colloque de la Bibliothèque nationale, 1988), Institut d'allemand d'Asnières, 1992.
SALY (Pierre), GÉRARD (Alice), GERVAIS (Céline), REY (Marie-Pierre), *Nations et nationalismes en Europe (1815-1914)*, coll. U, A. Colin, 1996.
SANTAMARIA (Yves), WACHE (Brigitte), *Du printemps des peuples à la Société des Nations*, La Découverte, 1996.
SCHNAPPER (Dominique), *La Communauté des citoyens. Sur l'idée moderne de nation*, Gallimard, 1994.
SCHNERB (Robert), *Le XIXe siècle*, PUF, 1993.
SCHULTZE (Hagen), *État et nation dans l'histoire européenne*, Seuil, 1996.
SEGARD (Jean-François), VIAL (Eric), *Nations, nationalismes, nationalités en Europe de 1850 à 1920*, Atlas, Ellipses, 1996.
SOULIER (Gérard), *L'Europe : histoire, civilisations, institutions*, A. Colin, 1994.
SURATTEAU (Jean-René), *L'Idée nationale de la Révolution à nos jours*, PUF, 1972.
TACEL (Max), *Restaurations. Révolutions. Nationalités (1815-1870)*, Masson, 1994.
TILLY (Charles), *Contrainte et capital dans la formation de l'Europe (990-1990)*, Aubier, 1992.
TILLY (Charles), *Les Révolutions européennes (1492-1992)*, Seuil, 1993.
WEBER (Eugen), *Une Histoire de l'Europe, hommes, cultures et sociétés de la Renaissance à nos jours*, t. 2 : *Des Lumières à nos jours*, Fayard, 1987.
WEILL (Georges), *L'Europe du XIXe siècle et l'idée de nationalité*, A. Michel, 1938.
ZIESENISS (Charles-Otto), *Le Congrès de Vienne et l'Europe des princes*, Belfond, 1984.

CHAPITRE II

LA FRANCE DE 1815 À 1848. LA NATION ENTRE ORDRE ET MOUVEMENT[1]

Au lendemain de la période Révolution-Premier Empire (1789-1815), la France se trouve ramenée à ses frontières de 1792 par le second traité de Paris. La restauration de la monarchie n'est guère contestée. Pourtant la légitimité de Louis XVIII et plus encore celle de Charles X n'empêchent pas le débat politique d'être des plus intenses, surtout quand la tentation absolutiste semble menacer les acquis de la Révolution confirmés par la Charte de juin 1814. La révolution de 1830 sera le fruit de ces tensions, amenant sur le trône de France un « roi-citoyen », Louis-Philippe Ier. Affirmant son pouvoir face à un mouvement républicain combatif, celui-ci se tournera de plus en plus vers un gouvernement de l'ordre, au détriment de la liberté. Son refus d'élargir le corps électoral associé à une forte crise économique à la fin de son règne suffiront à provoquer son renversement par la révolution de février 1848.

L'apprentissage du politique

Une vie parlementaire intense, des débats de fond servis par des orateurs de qualité et une presse active, l'apparition de nouvelles doctrines, des sociétés politiques publiques ou clandestines : autant d'éléments qui témoignent de la vigueur de la vie politique dans la France des notables. Loin d'être un régime de transition entre deux

1. Ce chapitre reprend l'essentiel des éléments développés plus longuement dans un manuel de la collection Cursus : voir Jean-Claude Caron, *La France de 1815 à 1848*, Armand Colin, 1993.

républiques, la période de la monarchie constitutionnelle apparaît bien comme l'un des moments-clefs de l'acculturation de quelques-unes des pratiques majeures de la démocratie dans l'histoire contemporaine de la France.

La Restauration : royalistes contre libéraux (1815-1830)

On ne peut résumer les quinze années de la Restauration à un affrontement entre royalistes et libéraux. Car d'autres courants politiques existent, dont le bonapartisme et le républicanisme. Mais c'est moins la forme du gouvernement (la monarchie) que ses fondements idéologiques (monarchie autoritaire ou parlementaire à l'anglaise ?) qui sont à la base de ces affrontements. 1830 apparaît bien comme la victoire du camp libéral, attaché aux principes de 1789, sur ceux qui avaient cru pouvoir en revenir à des pratiques d'Ancien Régime.

Les forces politiques en présence

L'écroulement de l'Empire ne signifie pas la mort du bonapartisme. Celui-ci, réduit au silence, perdure au sein d'une partie non négligeable de la population rurale (la paysannerie alimentera un bonapartisme populaire prenant l'allure d'un mythe napoléonien) ou urbaine (l'armée en premier lieu, et notamment les demi-soldes, officiers ou soldats mis à la retraite avec un demi-traitement). La presse clandestine (le fameux *Nain jaune*), la poésie populaire (les chansons de Béranger), la publication du *Mémorial de Sainte-Hélène* participent à l'entretien du souvenir que la mort de l'Aigle en 1821 ne freina pas. Le roi de Rome, devenu duc de Reichstadt, représente l'espoir du rétablissement de la dynastie impériale. L'échec de complots brutalement réprimés (Grenoble, Lyon, Paris) et de la Charbonnerie n'entame guère le crédit dont bénéficie un bonapartisme populaire constituant un héritage partagé qui ne demande qu'à fructifier.

Les républicains, laminés par l'Empire, associés, avec le concours de la propagande officielle, à la Terreur, menacés de la peine de mort s'ils expriment leur républicanisme, sont réduits à une prudente réserve. Confinés dans les loges maçonniques, divisés entre exilés — les anciens conventionnels régicides — et une jeune génération qui va progressivement découvrir l'histoire de la Iʳᵉ République, ils se rapprochent des bonapartistes dans la mémoire du drapeau tricolore, incarnation d'un patriotisme fier et intransigeant. Des complots avortés (comme celui du Bazar français), une présence influente dans la Charbonnerie, l'appui prudent de notabilités comme La Fayette, telles sont les limites d'un « parti » dont l'implantation reste confinée à quelques groupes sociaux, surtout urbains, comme les étudiants.

Quant aux monarchistes, largement majoritaires, ils se divisent en de nombreuses chapelles, en l'absence de partis politiques structurés. Les ultras se disent royalistes, signifiant par là que le roi et lui seul représente la légitimité de l'Etat, en tant que territoire et en tant qu'incarnation des pouvoirs publics. Sous la houlette du comte d'Artois, frère de Louis XVIII, et grossis d'une partie importante des émigrés rentrant dans une France qu'ils imaginent inchangée ou qu'ils veulent restaurer dans son état d'avant 1789, ils ne cachent pas leur hostilité à tout projet de constitution : leur mot de ralliement, « Vive le roi quand même ! », montre leur défiance envers tout compromis avec ce qui pourrait rappeler la Révolution. D'autres, comme Chateaubriand, comprennent que la Charte représente une chance pour la restauration d'une véritable monarchie populaire. Grâce à une presse ardente (*La Quotidienne*, *Le Conservateur*, *Le Drapeau Blanc*...), des plumes de renom (Chateaubriand, Lamennais), et un réseau d'organisations très structuré (Chevaliers de la Foi, Congrégation), ils veulent également, s'appuyant sur les théories d'un Joseph de Maistre ou d'un Louis de Bonald, restaurer l'Eglise dans toute sa puissance, et, dans une société fortement déchristianisée, réaffirmer les valeurs du catholicisme comme consubstantielles à la celles de la monarchie. Méfiants envers les classes moyennes et ouvrières urbaines, ils entendent se lancer à la reconquête religieuse des campagnes. Les constitutionnels ou doctrinaires forment le pivot de la famille monarchiste. Acceptant la nécessité d'une constitution, ils développent un conservatisme politique et social qui prend en compte certains des acquis, jugés irrévocables, de la Révolution de 1789 : nécessité d'un corps élu représentant la Nation, direction des affaires pour ceux dont la prospérité matérielle, gage de la réussite personnelle, témoigne des capacités, liberté d'expression. Le droit et la raison sont à la base d'une réflexion qui reste méfiante, pourtant, envers la notion de souveraineté nationale. De confessions différentes, tous proclament la nécessité d'une religion comme base des mœurs sociales. Derrière un Decazes ou un Camille Jordan, héritiers des monarchiens, ils représentent l'avénement des classes bourgeoises, force politique sociale dont des théoriciens comme Royer-Collard, Barante ou Guizot montrent l'ascension et le rôle dans la nouvelle société. Partisans de la Charte de 1814, dont ils font une lecture prudente, ils voient en celle-ci un idéal à ne pas dépasser. Les libéraux forment l'aile gauche des monarchistes. Influencés par le modèle anglais, favorables aux Lumières et souvent assez anticléricaux, ils se veulent les héritiers des valeurs de 1789, et sont sensibles au contenu de la constitution de 1791, tout en rejetant violemment la dérive républicaine et jacobine de la période suivante. Ils disposent de théoriciens dont les chefs de file sont madame de Staël, Manuel, Benjamin Constant, d'orateurs comme le général Foy, et de fines plumes, avec Béranger ou Paul-Louis Courrier. La banque est présente parmi eux, avec un Laffitte ou un Casimir Périer. Grâce à une presse très lue (le *Constitutionnel* tire à 17 000 exemplaires), ils pénètrent les classes moyennes et influencent un électorat grandissant qui souhaite l'application de la Charte dans toute son étendue. Partisans de toutes les libertés individuelles définies en 1789-1791, mais pas de la démocratie, ils voient en la personne du roi un arbitre plus qu'un souverain.

La Charte

Le premier grand débat — en dehors de celui concernant le traité de paix et la libération du territoire de toute armée d'occupation — concerne la nécessité d'une constitution. Rares, nous l'avons vu, sont les Etats européens à disposer d'un texte constitutionnel. La France au vu de son passé récent, pouvait-elle faire l'économie d'une constitution ? Les ultras le pensaient, mais se trouvèrent minoritaires. Les alliés étaient divisés sur le sujet, le tsar Alexandre, alors dans sa phase libérale, étant l'un des plus chauds partisans de la nécessité d'imposer à la France une constitution. Adoptée le 4 juin 1814, la Charte — on préféra ce nom, d'essence monarchique, à celui de constitution, d'essence révolutionnaire — peut être interprétée de diverses manières. C'est un texte de compromis : on y réaffirme la primauté du roi, détenteur de l'exécutif, mais aussi d'une bonne part du législatif, chef des armées, maître de la guerre et de la paix, nommant les ministres (non responsables devant les Chambres) et les membres de la Chambre des pairs. De plus, la Charte donne satisfaction à un clergé soucieux de reconquête en reconnaissant la religion catholique comme religion d'Etat. Enfin, l'article 14 confère au roi le droit de prendre « les règlements et ordonnances nécessaires pour l'exécution des lois et la sûreté de l'Etat », formule portant en elle-même une grande latitude d'interprétation. Mais on trouve aussi dans la Charte l'affirmation d'une représentation nationale, incarnée par deux Chambres, dont l'une, la Chambre des députés, est élue au suffrage censitaire et vote le budget et les lois, et la confirmation de la liberté religieuse, de l'égalité devant la loi et les emplois publics, de la liberté d'expression, et de la propriété des biens nationaux. Si l'on compare ce texte à celui des constitutions précédentes, on peut parler à juste titre de réaction : le retour du drapeau blanc comme emblème de la France en fut le symbole le plus évident. Mais, et la classe politique de tous bords l'avait bien compris, une constitution ne vaut que par son interprétation et par son application. La Charte accordait des libertés suffisantes pour permettre à une opposition de s'imposer. Le texte devint rapidement l'un des référents essentiels des luttes politiques sous la Restauration, le cri de ralliement de tous les adversaires de l'absolutisme. Sa longévité (1814-1848, avec des adaptations en 1830) témoigne que la Charte a répondu à la situation politique et sociale de la France des notables.

Le rôle des élites

En dehors d'une classe politique restreinte, le rôle des élites mérite d'être souligné. Le corps électoral est singulièrement réduit. Les conditions requises pour en faire partie (30 ans et 300 francs de contribution directe) le limitent à quelque 100 000 individus ; quant aux éligibles (40 ans et 1000 francs de contribution directe), ils ne sont guère plus de 15 000. Ces notables ont pourtant joué un rôle déterminant dans la pratique politique et dans l'évolution d'une nation où le rôle de l'opinion publique commence à s'affirmer. Les élections constituent l'un des temps forts de cette pratique, malgré le rôle très actif des fonctionnaires chargés de faire « bien » voter. La Restauration a d'ailleurs parfaitement intégré, après des velléités de chamboulement, la force et l'efficacité de l'administration centralisée mise en place par l'Empire. Si les épurations ont été assez nombreuses (officiers, magistrats, préfets, Université), on a conservé les fonctions et les administrations telles quelles, malgré leur origine napoléonienne. Hommage indirect à la perfection d'une œuvre dont nous sommes encore les héritiers... Parmi cet héritage figure l'Université impériale, devenue royale. Les deux facutés dominantes, celles de droit et de médecine, joueront un rôle essentiel dans la vie politique, en tant que lieu de contestation et donc d'étroite surveillance, et de formation des élites politiques de la France ; il en va de même des grandes Ecoles : Normale supérieure, Polytechnique. Reste enfin le rôle de la presse. Dans un pays où l'alphabétisation, sinon totale, du moins en expansion, favorise le développement d'un lectorat, seul le prix des quotidiens limite leur diffusion. Mais la lecture collective dans les milieux populaires et le rôle des cabinets de lecture pallient en partie ce problème.

Le règne de Louis XVIII : un mouvement de balancier

Le règne de Louis XVIII (1814-1824) est marqué par un mouvement de balancier entre des tendances à la libéralisation, relative, du régime, et d'autres à un durcissement quand l'opposition est jugée menaçante. Les Cent-Jours (mars-juin 1815) eurent pour effet direct de durcir la position du roi et de son gouvernement face aux anciens révolutionnaires. Pour autant, le ministère composé en juillet 1815 regroupe des personnalités comme Talleyrand aux Affaires étrangères et Fouché à la Police, ainsi que de nombreux anciens ministres de Napoléon. Preuve que Louis XVIII craint encore les réactions du pays et surtout que le manque de personnel capable de gérer les affaires le force, malgré la fureur des ultras, à recourir à des jacobins, voire à des régicides. Mais la terreur se déclencha alors : « terreur blanche », populaire et violente dans le Midi de la France, qui aboutit au massacre de centaines de sympathisants de la Révolution ou de l'Empire, avec une connotation antiprotestante marquée ; et terreur légale qui, au lendemain de la victoire écrasante des ultras aux élections législatives d'août 1815 (350 élus sur 400 députés, formant la « Chambre introuvable »), aboutit au bannissement des régicides, aux restrictions des libertés (loi de sûreté générale d'octobre 1815), à la formation de cours prévôtales, à une sévère épuration de l'administration, à l'arrestation de 70 000 personnes dont 6 000 condamnées pour motifs politiques. Symbole de cette terreur légale, l'exécution du maréchal Ney. Se sentant quelque peu prisonnier de cette Chambre trop bien intentionnée, le roi résolut de s'en séparer en accord avec son Premier ministre, le duc de Richelieu, et avec les grandes puissances. La dissolution de septembre 1816 fut suivie de nouvelles élections qui enregistrèrent la victoire des constitutionnels dont la domination allait favoriser une ouverture du régime. La loi Laîné de 1817 fixe l'organisation des élections législatives : suffrage direct, scrutin de liste, vote au chef-lieu de département, autant de points qui favorisent l'élection de membres de la bourgeoisie urbaine, souvent dans la mouvance libérale. La loi Gouvion-Saint-Cyr de 1818, quant à elle, réorganise l'armée : conscription par tirage au sort avec possibilité de remplacement, service de six ans, avancement à l'ancienneté ou au mérite, ce qui jouait contre la noblesse. Le successeur de Richelieu, Decazes, poursuivit et accentua cette ouverture du régime. Proche de Louis XVIII, ancien ministre de la Police, n'hésitant pas à chercher l'appui des doctrinaires, il provoqua le rejet des ultras avec sa formule-programme : « Royaliser la nation et nationaliser les royalistes. » La loi de Serre de 1819 libéralise le régime de la presse en renvoyant les procès intentés aux journalistes devant les jurys d'assises (plus conciliants que les juges professionnels des tribunaux correctionnels) et en simplifiant les conditions permettant de fonder un journal. La disparition de l'autorisation préalable et de la censure aboutit à un développement important du nombre de titres, tant à Paris qu'en province, et à une plus grande liberté d'expression qui inquiéta jusqu'à Decazes lui-même. Mais ce dernier n'eut pas le temps de réagir : l'assassinat du duc de Berry, héritier du trône, par un ouvrier sellier en février 1820, fournit aux ultras le prétexte pour obtenir son renvoi, et infléchir la politique du gouvernement dans un sens réactionnaire. Ce que fit sans état d'âme Richelieu revenu aux affaires. Il fit adopter des lois restreignant les libertés individuelle et de la presse, et surtout la loi dite du « double-vote » en juin 1820, malgré les violentes manifestations libérales au cours desquelles fut tué Nicolas Lallemand, étudiant en droit. Désormais, seuls les deux tiers des députés sont élus par tous les électeurs — mais au scrutin d'arrondissement —, le tiers restant étant élu au chef-lieu de département par le quart des électeurs, les plus imposés qui votent donc deux fois. La mise au pas de l'Université et de la presse, les manœuvres de dégrèvement fiscal pour rayer des listes les « mauvais » électeurs, l'utilisation du thème de l'ordre, autant de facteurs qui, associés à la naissance du fils posthume du duc de Berry, « l'enfant du miracle », expliquent le succès massif des ultras aux élections de novembre 1820. Le gouvernement Richelieu ne survécut pas longtemps à ce succès : un an plus tard, les ultras, assurés du soutien actif du frère du roi, le comte d'Artois, accédaient aux affaires en la personne de Villèle.

Ce dernier avait toutes les qualités pour diriger le gouvernement : ultra patenté, membre des Chevaliers de la Foi et de la Congrégation, homme de confiance du comte d'Artois, dont le rôle est de plus en plus visible à mesure que décline Louis XVIII. Il sut rester aux affaires de décembre 1821 à janvier 1828, sous deux rois différents, rare longévité dans l'histoire contemporaine de la France. Ses premières mesures furent sans surprise : poursuite du strict contrôle de l'enseignement en général et de l'Université en particulier, placée sous la tutelle d'un évêque, Mgr de Frayssinous, grand maître de l'Université, avec une cléricalisation du corps enseignant, la fermeture pour quatre ans d'une Ecole normale supérieure frondeuse, la suppression des cours de professeurs libéraux comme Guizot et Cousin etc. Une nouvelle loi sur la presse impose l'autorisation préalable pour paraître, un retour aux tribunaux correctionnels pour les procès et invente le délit de tendance qui permet de condamner un journal non pas sur le fond, mais sur l'intention. Villèle dirigea également une répression implacable contre la Charbonnerie : le fait que celle-ci se soit implantée en priorité dans les milieux de jeunes officiers et d'étudiants représentait pour le gouvernement un danger réel. Complots éventés, leurs chefs fusillés (Berton à Saumur, Caron à Belfort), ventes dispersées, la répression culmina avec l'arrestation et l'exécution des quatre sergents de La Rochelle en septembre 1822. Mais le gouvernement ne chercha guère à inquiéter les personnalités engagées dans le carbonarisme comme La Fayette, Voyer d'Argenson, Dupont de l'Eure, Manuel, c'est-à-dire les chefs de l'opposition. Quant à l'armée, elle fut définitivement muselée après le succès de l'expédition d'Espagne (1823). Villèle prit alors l'initiative de dissoudre la Chambre et d'organiser des élections anticipées en février-mars 1824 : le succès éclatant des ultras justifia l'expression de « Chambre retrouvée » par référence à celle de 1815. Tout semble réussir à Villèle, qui fait voter la loi de septennalité pour la durée du mandat des députés, contrôle parfaitement les hauts fonctionnaires civils et militaires, et s'applique à équilibrer ses budgets. La mort de Louis XVIII, auquel succéda son frère le comte d'Artois qui prit le nom de Charles X, le conforta. Villèle va, en accord avec son nouveau maître, aller plus loin encore dans une politique de réaction prenant une coloration absolutiste de plus en plus marquée.

Charles X et la tentation absolutiste

Charles X est un homme de réseaux, de petits cercles d'amis fidèles, et de principes intangibles. Il ne cède en rien à un Metternich quant à sa haine de la Révolution et des bouleversements qu'elle a apporté à l'ordre politique, social et religieux. Mais à la différence du chancelier autrichien, il hérite d'une monarchie constitutionnelle dont il doit respecter la forme. Cet émigré de longue date, grand ami de l'Eglise, ne cache pas ses sympathies. Moins souple qu'un Louis XVIII, il entend bien faire respecter la prééminence du roi et faire une lecture minimale de la Charte quant aux droits de la représentation nationale. La France n'est ni une monarchie parlementaire ni une monarchie absolue : Charles X souhaite gouverner en monarque autoritaire. En rétablissant le sacre à Reims (mai 1825), il utilise consciemment tous les symboles et les emblèmes de l'Ancien Régime. L'Eglise occupe alors plus que jamais le terrain politique. C'est sur sa pression que la loi dite du sacrilège est votée en 1825 : tout profanateur d'objets sacrés risquait la peine de mort, mais la loi ne fut jamais appliquée. Les provinces, terres de missions, furent le théâtre de processions, érections de croix, cérémonies expiatoires à la mémoire de Louis XVI etc. ; les congrégations se firent plus nombreuses et plus entreprenantes. La noblesse, qui composait la majeure partie des émigrés, ne fut pas en reste. Elle poussa Villèle au vote de la loi dite du « milliard des émigrés » en 1825 : la Charte garantissant la propriété des biens nationaux à leurs acheteurs, les émigrés obtinrent une compensation financière, sous la forme d'indemnités en argent. Ce fameux milliard (en fait environ 650 millions de francs) fut obtenu en convertissant le taux d'intérêt de la rente d'Etat de 5 à 3 % , au grand mécontentement des épargnants. Villèle voulut aller plus loin encore : souhaitant assurer le maintien de la grande propriété nobiliaire, il tenta, mais sans succès devant la résistance d'une Chambre des pairs de plus en plus frondeuse, de faire adopter une loi reconnaissant un droit d'aînesse. Cette loi, en instituant une inégalité entre les enfants, constituait une atteinte à l'égalité des droits proclamée dans la Charte. Elle semblait surtout extrêmement surannée, comme un relent d'Ancien Régime, et à ce titre suscita la plus vive opposition, même dans le camp des royalistes. Il est vrai que les intérêts des différentes fractions se heurtaient, et que Chateaubriand, notamment, menait une guerre implacable à Villèle, dans les colonnes du *Journal des Débats* et à la tribune de la Chambre des pairs, depuis que le chef du gouvernement l'avait démis sans façon de son poste de ministre des Affaires étrangères en 1824. Villèle essuya un second échec lorsqu'il voulut faire passer une nouvelle loi sur la presse, dite « de justice et d'amour », restreignant encore la liberté d'expression en créant une sorte de censure prééditoriale.

Atteinte de plein fouet par la déroute électorale de 1823, l'opposition libérale (une quinzaine de députés) profita de ces faux pas de Villèle et des discordes dans le camp royaliste pour redresser la tête. Saisissant toutes les occasions de se rassembler — ainsi les funérailles de deux chefs du camp libéral, Foy, orateur de grand talent, et Manuel, célèbre pour avoir été expulsé de la Chambre en 1823 —, elle se montrait aux représentations du *Tartuffe* de Molière, lisait les rééditions de Voltaire et une presse toujours mordante malgré la loi, moquait le « parti-prêtre » au pouvoir, se réfugiait à l'occasion dans l'anticléricalisme et l'antijésuitisme. Un incident montra, en avril 1827, que la popularité de Villèle était sérieusement écornée au sein des classes moyennes à Paris. Passant en revue la garde nationale, c'est-à-dire la bourgeoisie en armes, survivance de la Révolution, Charles X fut accueilli aux cris de « Vive le roi ! », mais aussi de « A bas les ministres ! », « A bas Villèle ! ». La dissolution de la garde nationale fut immédiatement signée par le roi. Mais la conjugaison de cette contestation, de défections dans les rangs des royalistes, d'une crise économique provoquant des troubles sociaux, poussèrent Villèle à jouer son va-tout en dissolvant la Chambre des députés en novembre 1827. La préparation des élections donna lieu à une campagne électorale comme le pays n'en avait pas connu depuis longtemps. Si Villèle, comme à l'accoutumée, mobilisa les fonctionnaires et les maires en faveur des candidats ministériels, l'opposition forma des comités électoraux, multiplia la publication de brochures, entreprit une véritable campagne d'inscription sur les listes électorales, créa une société, « Aide-toi, le Ciel t'aidera », dirigée par Guizot, pour chapeauter le tout. Seuls 180 députés ministériels furent élus, face à 170 libéraux et 75 royalistes opposants à Villèle. Celui-ci tira les leçons de son échec en démissionnant début janvier 1828. Avec le départ de Villèle se clôt une période de la Restauration : celle d'une tentative de limiter au maximum la portée de la Charte. Tant la dissolution de la Chambre que la démission de Villèle témoignent que, au-delà du droit que donne la Charte au roi de gouverner avec qui bon lui semble, il paraît de plus en plus difficile qu'un ministre puisse se maintenir sans avoir avec lui la majorité du pays légal, c'est-à-dire celui qui s'exprime par le biais du suffrage, à défaut d'avoir l'appui du pays réel.

La révolution de 1830

Pour Charles X, le départ de Villèle constitue un échec. Peut-il ignorer la portée des élections de novembre 1827 dont le résultat sonne comme un désaveu de la politique menée ? Aussi préfère-t-il dans un premier temps donner satisfaction à l'opposition modérée en nommant un ministre accepté par la nouvelle majorité : ce fut Martignac. Celui-ci est tout sauf un libéral. Il n'a jamais été ministre et devient subitement président du Conseil, dans des conditions difficiles. Sa marge de manœuvre se révèle des plus étroites, entre un roi décidé à garder toutes ses prérogatives et une majorité parlementaire enhardie. A cette dernière, Martignac donne de suite des gages, en menant une politique de décléricalisation de l'enseignement. Les congrégations voient leur rôle limité, notamment les jésuites, et le nombre d'élèves des petits séminaires est plafonné à 20 000. Le ministère des Affaires ecclésiastiques et de l'Instruction publique dont le premier titulaire était Frayssinous est scindé en deux, l'Instruction étant confiée à un laïc de 28 ans, Vatimesnil. La suppression de la censure et des procès de tendance, le renouveau de l'Université — Guizot et Cousin retrouvent leurs chaires —, l'administration épurée dans l'autre sens achèvent de donner au gouvernement de Martignac une coloration libérale que le roi feint d'ignorer. Mais Martignac chuta sur un projet de réforme : l'élection des conseils généraux et municipaux. Son projet fut combattu à la fois par la droite et par la gauche, la première critiquant une mesure décentralisatrice qui affaiblissait l'action du gouvernement, la seconde protestant contre l'étroitesse du corps électoral concerné, encore plus réduit que lors des élections législatives. La chute de Martignac laissa le champ libre à Charles X pour la nomination de Polignac en août 1829. L'affrontement avec la Chambre paraissait inévitable tant le nouveau président du Conseil incarnait les valeurs d'Ancien Régime, par son nom, par ses idées, par ses amitiés. Actif dans l'émigration puis dans la Congrégation, hostile à la Charte au point de refuser de lui prêter serment, il s'entoure de ministres partageant son rejet de la monarchie constitutionnelle comme Bourmont ou La Bourdonnaye. La presse, en plein essor depuis Martignac, résume ainsi les fondements du nouveau gouvernement : « Coblentz, Waterloo, 1815 », autant de termes ou de dates qui évoquent la soumission à l'étranger et l'antipatriotisme. Or, il apparaît nettement que la fin des années 1820 est marquée par un renouveau d'oppositions divergentes (notamment bonapartiste, républicaine, et même orléaniste), mais fédérées par le patriotisme. On remet en cause les traités de 1815, et ceux qui sont rentrés en France « dans les fourgons de l'étranger ».

Polignac prit peu de mesures importantes avant le printemps 1830. Mais lorsque la Chambre se réunit alors, Charles X, dans son discours du Trône, y dénonça de « coupables manœuvres », ajoutant qu'il se faisait fort de les surmonter. Cela apparut comme une déclaration de guerre à la majorité libérale des députés. 221 d'entre eux répondirent par une adresse rappelant au roi les droits de la Chambre, consacrés par la Charte, et dénonçant l'absence de concours entre le gouvernement et la représentation nationale. Charles X réagit sans tarder : dans un premier temps, il prorogea la Chambre, puis, au mois de mai 1830, prit la décision de la dissoudre en annonçant de nouvelles élections. Ce comportement comparable à celui de Villèle en 1827 provoqua une scission au sein du gouvernement, et aggrava encore aux yeux de l'opinion publique le caractère réactionnaire du gouvernement. Désormais, les choses étaient claires : il s'agissait bien, à l'occasion des élections, d'approuver ou de rejeter la politique menée par le roi lui-même. Ce dernier, conscient de l'importance de l'enjeu, pensa influencer le vote des électeurs en organisant une expédition punitive, à retardement, contre le dey d'Alger, coupable d'avoir quelque peu malmené un consul français au demeurant peu scrupuleux. Rondement menée, l'expédition embarqua le 25 mai, arriva à la mi-juin sur les côtes algériennes, et prit Alger le 5 juillet. Mais la nouvelle arriva trop tard pour influencer les élections. Parallèlement, le pays connaissait alors une grave crise économique qui, par la récession du volume des affaires, touchait non seulement les petits producteurs (artisans ou paysans), mais aussi les grandes maisons bancaires ou industrielles, c'est-à-dire une bonne partie du corps électoral. Au mécontentement exprimé de manière parfois violente par les faubourgs (dès 1827, avec la réapparition de barricades) répond le mécontentement de la bourgeoisie par la sanction électorale. D'autant que cette dernière dispose d'organes de presse combatifs comme *Le National* qui apparaît en janvier 1830. Devenu le vecteur de plus en plus affirmé de la propagande orléaniste, le nouveau quotidien financé par Laffitte et dirigé par Thiers, Mignet et Carrel, s'efforce d'accréditer l'idée qu'il existe une solution de rechange sans risque, un changement de dynastie, comme les Anglais avaient su le faire sans effusion de sang en 1688. Charles X apparaît-il pour autant menacé ? La réponse est négative : avant juillet 1830, le débat ne concerne ni la personnalité du roi ni la légitimité de la dynastie, mais bien la politique à mener, et surtout le conflit entre la Chambre et le gouvernement, c'est-à-dire, selon des termes qui vont se retrouver jusqu'à nos jours entre le législatif, dépositaire de la volonté nationale, et l'exécutif. Plus que jamais, l'interprétation de la Charte est au centre du débat. Les électeurs vont trancher sans hésitation avec les élections de juin-juillet 1830. Face à 145 députés ministériels, ils envoient à la Chambre 274 opposants, dont 202 des 221 signataires de l'adresse. Pour Charles X, c'est un net désaveu qui le place face à une alternative simple : se soumettre ou résister. Il choisit apparemment sans hésiter la seconde solution, se refusant à devenir le souverain de ce qui serait une monarchie parlementaire.

Prenant prétexte de l'article 14 de la Charte qui évoque la sûreté de l'Etat, il décida de dissoudre la nouvelle Chambre, de modifier la loi électorale, de suspendre la liberté de la presse, et de fixer la date de nouvelles élections. La parution de ces quatre ordonnances dans le *Moniteur* du 26 juillet provoqua la stupeur, puis des réactions de plus en plus violentes contre ce qui apparaissait comme un coup d'Etat en règle. En trois jours de combat, les Trois Glorieuses, la Restauration fut vaincue et renversée. L'action conjuguée des journalistes, sous la conduite de Thiers notamment, et des imprimeurs qui protestèrent contre la suspension de la liberté de la presse, des étudiants qui déclenchèrent les premières manifestations, de la petite bourgeoisie et des artisans des faubourgs, touchés par la crise, des républicains qui firent preuve d'une grande énergie dans la bataille, aboutit à une véritable révolution, malgré l'attentisme des députés libéraux qui plaidaient pour le maintien de Charles X par crainte de l'instauration de la république. Les barricades s'élèvent, la drapeau tricolore réapparaît, la Marseillaise retentit. Les troupes sont vite débordées et les bâtiments symboles du pouvoir tombent un à un aux mains des insurgés : Hôtel de Ville le 28, Palais-Bourbon, Louvre et Tuileries le 29. Une Commission municipale est mise en place avec entre autres Laffitte et Casimir Perier, La Fayette prenant le commandement d'une garde nationale rétablie. 1789 semble se répéter. Charles X, replié à Saint-Cloud, décide tardivement le retrait des ordonnances, puis le remplacement de Polignac. Mais à Paris, les orléanistes sont au-delà de ces concessions. Dès le 30 juillet, les murs se couvrent d'une proclamation rappelant les grands mérites du duc d'Orléans, notamment son patriotisme sans faille lors de la grande Révolution, et les grands risques que la république ferait courir à la France. Le lendemain, le duc d'Orléans accepte la lieutenance générale du royaume et se rend à l'Hôtel de Ville où, au milieu d'une foule d'abord hésitante, il se drape avec La Fayette dans le drapeau tricolore et déclare que « la Charte sera désormais une vérité ». La révolution est faite, la monarchie l'emporte, la république est repoussée. L'abdication de Charles X en faveur de son petit-fils, le duc de Bordeaux, « l'enfant du miracle », n'y changera rien. Sous la pression d'une expédition de volontaires, le roi quittera Rambouillet puis la France pour se réfugier en Angleterre. Le 9 août 1830, le duc d'Orléans devient roi des Français sous le nom de Louis-Philippe Ier, après avoir prêté serment de fidélité à une Charte modifiée par les parlementaires ralliés au nouveau régime. L'armée, le clergé, et en général les autorités provinciales se rallièrent ou démissionnèrent : il n'y eut que très peu d'affrontements au total, en dehors de Paris. Dans cette ville, le bilan des Trois Glorieuses est lourd : environ 800 tués et 4000 blessés du côté des insurgés, parmi lesquels une large majorité d'artisans, contre 200 tués et 800 blessés du côté des troupes. L'iconographie s'empara de l'héroïsme de ces jeunes combattants, insistant sur la fraternité, sans lendemain, de l'ouvrier et de l'étudiant sur la barricade.

Bilan de la Restauration et nature du nouveau régime

En renouant avec le fait révolutionnaire en 1830, la France aboutit à une situation double. A l'intérieur de ses frontières, elle rejette un régime qui n'a pas su imposer sa légitimité. Ses origines et ses maladresses, dans un pays profondément bouleversé sur le plan politique, social, religieux, culturel, par plus de vingt ans de révolution et d'empire, se sont retournées contre lui. Le ferment démocratique s'est enraciné, les mots de liberté et de souveraineté nationale sont devenus des notions concrètes dont la limitation est mal supportée. Si la Restauration n'a pas manqué d'un réel soutien populaire à ses débuts, qui coïncident avec le retour d'une paix tant espérée, elle n'a pas su le faire prospérer. La tentation absolutiste marquée chez Charles X témoigne d'un décalage avec les valeurs dominantes de son époque. Ses références au passé, à l'Ancien Régime, que l'on trouve également dans le préambule de la Charte, apparaissent comme autant de provocations aux yeux de classes moyennes qui, hostiles dans leur majorité à la république jacobine, savent pour autant ce qu'elles doivent aux idéaux de 1789, considérés comme des acquis irréversibles. Que la révolution de 1830 ait eu pour symbole le drapeau tricolore résume assez bien un sentiment largement partagé. La nation est souveraine, le politique et le religieux sont deux domaines différents, le roi doit respecter l'expression du vote populaire. Louis-Philippe semble avoir compris cet aspect des choses. Se proclamant volontiers « roi-citoyen » (« roi des barricades », disent ses adversaires en France, mais aussi à l'étranger où l'on n'apprécie guère cette remise en cause des équilibres fixés par les traités de 1815), il se veut à l'écoute du « pays réel », comprend l'importance des symboles (drapeau tricolore, roi des Français et non de France), prend ses distances avec le clergé. Roi en définitive élu, appelé au trône par la représentation nationale, il apparaît comme lié par un contrat au pays, ce qui lui confère une légitimité d'un tout autre ordre que celle de ses prédécesseurs.

Mouvement et résistance : la monarchie de Juillet (1830-1848)

Le roi-citoyen et la Charte révisée

Louis-Philippe est une personnalité complexe. D'un côté, un passé au service de la Révolution jusqu'au printemps de 1793, une vie d'exil dispersée entre de nombreux pays d'accueil, y compris les Etats-Unis, l'expérience d'un homme de 57 ans en font un homme prudent, mais aux convictions libérales proclamées ; d'un autre côté, il descend d'une branche de haute noblesse, a épousé la fille du roi des Deux-Siciles,

Ferdinand Ier, qui a réprimé sans pitié la révolution napolitaine de 1820 avec le concours de l'Autriche, et dispose d'une des plus grandes fortunes de France (il a été le plus gros bénéficiaire du « milliard des émigrés »). Enfin, il est le fils de Philippe-Egalité, député à la Convention et cousin de Louis XVI dont il vota la mort en 1793. Partageant un certain nombre des valeurs de la bourgeoisie, il scolarise ses cinq fils dans les collèges publics, sait ouvrir largement sa bourse pour les bonnes causes, fréquente l'intelligentsia parisienne et joue à l'occasion les mécènes, en sa somptueuse demeure du Palais-Royal. Son premier souci est de se garder de ses ennemis — les républicains ne s'avouent pas vaincus —, mais aussi de ses amis, dont certains affectent de voir en lui un roi qui règne mais ne gouverne pas, pour reprendre la formule de Thiers. Les modifications apportées à la Charte ne limitent pas fondamentalement son pouvoir. Il est certes le roi des Français, appellation qui suppose une sorte de lien contractuel entre le souverain et la nation. Mais il garde le droit de nommer le premier ministre de son choix, et partage avec les deux Chambres maintenues l'initiative des lois. Le drapeau tricolore est rétabli, le préambule de la Charte supprimé, la religion catholique définie comme « professée par la majorité des Français », la censure de la presse abolie, l'article 14 modifié, l'âge de l'égibilité abaissé à 30 ans, celui de l'électorat à 25 ans. En 1831, une loi supprima le double vote et abaissa le cens à 500 francs pour être élu et à 200 francs pour être électeur (voire 100 francs pour des « capacités » comme les membres de l'Institut ou les officiers retraités). Le nombre d'électeurs passa de moins de 100 000 en 1830 à près de 250 000 en 1848. Une autre loi supprima l'hérédité de la pairie. Ces réformes, accompagnées de nombreuses démissions et d'une épuration massive de fonctionnaires, donnent sa coloration à l'orléanisme. Ce dernier se veut une sorte de « juste milieu » (l'expression fera fortune) entre les excès de la Révolution et le conservatisme de la Restauration, une sorte de fusion entre les conquêtes libérales de 1789, la gloire de la France impériale et la tradition millénaire de la monarchie.

La révolution continue

Louis-Philippe doit d'abord se faire accepter, au dehors comme au dedans. Au dehors, les membres de la défunte Sainte-Alliance, à l'exception de l'Angleterre, accueillent plus que froidement le nouveau souverain, dont l'avènement marque une reprise du phénomène révolutionnaire à travers toute l'Europe. Le mouvement unitaire se réveille en Allemagne et en Italie, avec des personnalités aussi fortes que Heine ou Mazzini et l'émergence des mouvements Jeune-Allemagne et Jeune-Italie. La Belgique se révolte en août 1830 et proclame son indépendance en octobre, malgré la menace d'une intervention militaire proférée par le tsar Nicolas Ier. Ce dernier se trouve confronté le mois suivant à l'insurrection de la Pologne qu'il écrasera dans le sang. La France se garda d'intervenir, sauf en Belgique où, avec l'assentiment de l'Angleterre, elle repoussa les troupes du roi de Hollande, Guillaume Ier. Au dedans, les premières années du règne de Louis-Philippe sont marquées par un vigoureux affrontement parlementaire entre partisans du mouvement — libéraux de gauche qui veulent, dans la foulée de juillet 1830, un élargissement du droit de vote et une politique plus affirmée de soutien aux mouvements nationaux européens — et partisans de la résistance qui, considérant juillet 1830 comme un acte de résistance à un coup d'Etat, se contentent d'un changement de roi et de la réforme de la Charte. Dans le camp des premiers, Laffitte et La Fayette, dans celui des seconds, Guizot et Casimir Perier. Le triomphe du mouvement fut éphémère. Nommé président du Conseil en novembre 1830, Laffitte démissionna en mars 1831, ne résistant ni aux troubles qui marquèrent le procès des ex-ministres de Charles X (et qui coûtèrent à La Fayette sa place de commandant de la garde nationale) ni à la crise économique qui sévissait avec une rare violence. La rue est alors aux mains d'une opposition virulente, celle des républicains organisés en sociétés politiques comme la Société des Amis du Peuple, puis celle des Droits de l'Homme et du Citoyen, dirigées par des chefs aguerris comme Cavaignac ou Trélat, avec le soutien de journaux comme la *Tribune des Départements*. Les républicains ne cachent pas leur désir de renverser Louis-Philippe : mais l'insurrection des 5 et 6 juin 1832 est un sanglant échec. Auparavant, l'insurrection des canuts lyonnais de novembre 1831, qui sera renouvelée en avril 1834, avait influencé la réflexion sociale en France, provoquant une rupture au sein du mouvement républicain. Une partie de celui-ci se tourne davantage vers le milieu ouvrier et se montre de plus en plus sensible à l'idée d'une république sociale, influencée par les courants de pensée socialistes qui éclosent alors (saint-simonisme, fouriérisme, communisme...). La majorité reste partisane d'une république démocratique, entendant l'égalité d'un strict point de vue politique, ce que conférerait l'instauration du suffrage universel et d'une instruction primaire gratuite et obligatoire.

Souvent alliés aux républicains, les bonapartistes se veulent les dépositaires de la légende napoléonienne que le régime tend à s'approprier par des gestes symboliques comme l'inauguration de la statue de Napoléon sur la colonne Vendôme en 1833, l'achèvement de l'Arc de triomphe en 1836 ou encore le retour des cendres de l'empereur en 1840. Malgré la mort de l'Aiglon en 1832, la légende dorée court les villes et les campagnes, alimentant un réseau informel du souvenir napoléonien qui jouera un rôle capital en 1848. Le cri de « Vive Napoléon II ! » a résonné sur le pavé parisien en 1830 ; les rééditions du *Mémorial de Sainte-Hélène* ne se comptent plus, et Thiers s'attaque à sa monumentale *Histoire du Consulat et de l'Empire* publiée en 1845. Chaque crise internationale, comme celle de 1840, ravive le souvenir d'une France impériale dictant sa loi à l'Europe. Les carlistes ou légitimistes, enfin, pleins de mépris pour Louis-Philippe, se complaisent dans le rôle d'émigrés de l'intérieur, et, révoqués ou démissionnaires, se replient dans leurs bastions (l'Ouest notamment), attendant l'avènement d'Henri V, le duc de Bordeaux, en lisant la *Quotidienne* ou *L'Univers*, et en complotant maladroitement. Ceci n'interdit pas des ralliements, comme celui d'Alexis de Tocqueville, et le maintien de fortes positions dans l'armée ou l'Eglise. L'échec tragi-comique de l'équipée de la duchesse de Berry croyant soulever une nouvelle Vendée en 1832, dénoncée, arrêtée, enceinte sans être mariée, va briser l'élan légitimiste. Certains, pourtant, comme Berryer, réclament un élargissement du droit de vote, voire le suffrage universel, comme l'abbé de Genoude : le droit de vote élargi à une France paysanne jugée dépositaire des valeurs traditionnelles donnerait une couleur démocratique à la monarchie et une chance de retour aux affaires aux légitimistes. Une frange se fait le promoteur d'un légitimisme social en direction du monde ouvrier.

Le triomphe de la résistance

Il est perceptible dès 1831, avec l'arrivée de Casimir Perier aux affaires (ministère du 13 mars). Partisan d'un ordre autoritaire, s'activant à obtenir une fidélité sans faille des fonctionnaires et à briser la presse d'opposition par des procès, Casimir Perier entend bien également ne pas se laisser entraîner dans une guerre de soutien à la Pologne. Sa répression sans merci des canuts lyonnais révoltés aux cris de « Vivre en travaillant ou mourir en combattant ! » a montré sa détermination aux milieux d'affaires. Il ferraille contre les républicains, qu'il accuse d'être responsables de la crise et qui subissent de nombreux procès, à l'issue desquels ils sont souvent acquittés par les jurys populaires, mais aussi contre les légitimistes ou les saint-simoniens. Emporté par l'épidémie de choléra qui ravage la France au printemps de 1832, Casimir Perier a profondément influencé l'orientation du régime qui ira désormais en se durcissant. L'échec des républicains (insurrection des 5 et 6 juin) et des légitimistes (soulèvement de la Vendée), auquel s'ajoute la mort du duc de Reichstadt font de 1832 une année tournant, marquée, par ailleurs, par la reprise économique. En octobre, un grand ministère où se retrouvent toutes les tendances orléanistes voit le jour : il durera jusqu'en juillet 1834. La radicalisation du gouvernement, qui réactive l'article 291 du code pénal (interdiction du droit d'association) entraîne une radicalisation du mouvement républicain, pourchassé par le préfet de police Gisquet. La Société des Droits de l'Homme est interdite, ses meneurs arrêtés ou en fuite après l'échec de l'insurrection d'avril 1834, la *Tribune* disparaît en 1835 sous le poids des amendes. Enfin, l'attentat de Fieschi, qui visait à tuer le roi au moyen d'une machine infernale lors de la cérémonie célébrant le cinquième anniversaire de la révolution de Juillet, amena le vote des lois de septembre 1835. Les républicains se trouvaient de fait hors la loi, la liberté d'expression était sensiblement réduite, la presse, notamment satirique, touchée de plein fouet. Devant l'impossibilité d'agir publiquement, les plus radicaux des républicains vont se regrouper au sein de sociétés politiques théoriquement clandestines dans lesquelles allaient notamment s'illustrer Barbès et Blanqui.

Le climat politique reste assez tendu. Les sociétés secrètes (Familles ou Saisons) complotent, et l'insurrection de mai 1839, bien qu'échouant, surprend la police ; les tentatives de régicides se multiplient ; par deux fois, le prétendant bonapartiste, Louis-Napoléon, un neveu de Napoléon Iᵉʳ, tente des coups de force qui échouent sans gloire (1836, Strasbourg et 1840, Boulogne). Les républicains, dirigés par des chefs de talent comme Arago, Garnier-Pagès ou Godefroy Cavaignac, font du suffrage universel leur cheval de bataille. Ils organisent des banquets pour la réforme électorale, avec le soutien prudent et mesuré d'une opposition dynastique incarnée par Odilon Barrot, Laffitte, ou *Le Siècle*, qui représente les intérêts d'une petite et moyenne bourgeoisie désireuse de jouer un rôle politique. Les changements de ministères sont fréquents de 1834 à 1840 (onze au total) et voient se succéder des personnalités comme Soult qui représente à la fois l'armée et le passé impérial, le duc de Broglie qui fait voter les lois de septembre, Molé accusé d'une trop grande allégeance à Louis-Philippe. Quant à Thiers, président du Conseil en 1836 et en 1840, soutenu par le *Constitutionnel* ou *Le Temps*, il incarne un centre gauche interventionniste en politique extérieure, mais prudent en politique intérieure. La fortification de

Paris et l'essor du chemin de fer furent au centre de ses préoccupations. La grandiose célébration du dixième anniversaire des Trois Glorieuses, marquée par l'inauguration de la colonne de la Bastille, illustre la force d'un régime qui ne renie pas ses origines. Mais le climat social se dégrada au cours de l'année 1840, amenant de nombreuses grèves et manifestations ouvrières à travers le pays. Quant à la politique extérieure, elle vit le retour de la question d'Orient, provoquée par la rivalité entre une Egypte conquérante et un Empire ottoman déclinant. Les grandes puissances, réunies pour faire respecter l'intégrité des territoires du sultan, imposèrent la paix à l'Egypte. La France, soutenant cette dernière, ne fut pas conviée à participer à l'élaboration du traité de Londres (juillet 1840), ce qui provoqua la fureur de Thiers. Ce dernier parla de guerre, mais, non suivi par le roi, n'eut d'autre alternative que de démissionner. La monarchie à l'anglaise dont rêvait Thiers demeura sans suite. Le « moment Guizot » évoqué par Pierre Rosanvallon était arrivé.

Guizot aux affaires

Longtemps ministre de l'Instruction publique, Guizot avait fait adopter en 1833 la loi portant son nom et qui instituait pour chaque commune ou groupe de communes l'obligation d'entretenir une école et son instituteur, clerc ou laïque, sans toutefois imposer l'obligation ni la gratuité scolaires. Protestant, historien, professeur à la Sorbonne, spécialiste de l'Angleterre dont il admire les institutions, Guizot est un libéral conservateur, farouchement hostile à toute révolution bouleversant l'ordre social existant. La Charte est son credo, le suffrage censitaire son idéal. Le corps électoral doit s'élargir par l'adjonction progressive de citoyens enrichis, atteignant par leur réussite économique le droit d'exercer un rôle politique. Enrichissez-vous d'abord, votez ensuite : telle est, en résumé, la philosophie politique d'un homme qui, de ce fait, se trouve lié à une bonne conjoncture économique. Farouche opposant à Thiers, Guizot se montrait partisan d'une monarchie forte et de la paix en Europe. Le roi appréciait plus les idées que l'homme. Celui-ci, habile à ne pas heurter Louis-Philippe, dirigea de fait le pays d'octobre 1840 à la fin de la monarchie de Juillet. Il rejeta tous les projets d'extension du droit de vote, favorisa l'élection de députés fonctionnaires, et n'hésita pas à dissoudre la Chambre lorsque bon lui sembla comme en 1842 ou en 1846. Guizot dut pourtant composer, notamment avec un « parti catholique » réclamant de plus en plus bruyamment la liberté de l'enseignement secondaire, par la voix de Montalembert, de Lacordaire ou de Louis Veuillot, directeur de *l'Univers* : mais une majorité de députés repoussa les projets présentés en 1841 et 1847. Le débat, très politisé, s'élargit à l'Université dont la droite cléricale dénonçait l'athéisme. La gauche intellectuelle releva le gant, et par le biais des voix de Cousin, Quinet, Michelet, des républicains (*La Réforme*) et de la gauche dynastique, accusa l'Eglise de vouloir pratiquer une véritable chasse aux sorcières. Guizot bénéficia longtemps d'une conjoncture économique assez exceptionnelle qui permit à la France d'entrer dans une phase déterminante de décollage économique. Ces « *decisive years* » évoquées par l'historien américain David H. Pinkney sont notamment marquées par le développement de la grande industrie qui s'accompagne parallèlement d'une prise de conscience de la question sociale. Les enquêtes comme celle du docteur Villermé sur les conditions de travail et de vie de la classe ouvrière aboutissent au vote, en 1841, de la première loi limitant le travail des enfants dans les manufactures. Le textile, la sidérurgie, l'industrie charbonnière connaissent un vif essor, et plus encore le développement des chemins de fer rendu possible, après de longs débats parlementaires, par le vote de la loi de 1842 qui détermine le rôle réciproque de l'Etat (travaux d'infrastructure) et des grandes compagnies ferroviaires (fourniture du matériel ferroviaire et concession d'exploitation). Passant de 590 km à 1850 km entre 1840 et 1850, le réseau de voies ferrées, centré autour de Paris, fut exploité par de puissantes compagnies comme la Compagnie du Midi ou celle du Nord au sein desquelles les banques et les milieux d'affaires (Rothschild, Pereire, Talabot) s'associèrent. La loi de 1842 montre les limites du libéralisme économique tel que Guizot l'entend. Le protectionnisme demeure la règle, et l'Etat, influencé par des groupes de pression (industriels, négociants), intervient dans la production et les échanges quand il pense nécessaire de favoriser le marché intérieur. Ce qui est vrai de l'école (l'Etat en garde le contrôle, sauf pour le primaire) l'est de l'économie : l'un des effets pervers en sera le maintien de l'esclavage dans les colonies, sous la pression des planteurs.

Sur le plan extérieur, Guizot poursuivit la conquête de l'Algérie et de territoires qui devaient former les bases du second empire colonial français (voir ci-dessous). La France s'associa à la solution de la question d'Orient, marquée par une âpre rivalité anglo-russe, en ratifiant la convention des Détroits (juillet 1841) qui neutralisait les Dardanelles et le Bosphore en temps de paix. Mais la France de la monarchie de Juillet restait isolée en Europe. Guizot, anglophile avéré, chercha à nouer des liens plus forts avec un pays qui avait rarement eu de bonnes relations avec la France. Rares étaient les compatriotes de Guizot à admirer la « perfide Albion », rivale politique, économique et coloniale, âme et banquière des coalitions antirévolutionnaires et antinapoléoniennes, et geôlière de Napoléon à Sainte-Hélène. Le rapprochement ne fut pas scellé par un traité, mais par des visites réciproques des deux souverains que des liens de parenté unissaient déjà. Louis-Philippe reçut Victoria en 1843 et 1845 et fut invité à Windsor en 1844, premier souverain français à se rendre volontairement sur le sol anglais. Mais le sujets de discorde ne manquaient pas entre les deux puissances : Algérie conquise par la France et Maroc dont l'Angleterre entendait protéger l'indépendance, Grèce et surtout Egypte, possessions coloniales dans l'océan Pacifique, notamment à Tahiti (affaire Pritchard, 1843), Espagne et Suisse où, dans les rivalités politiques et guerres civiles qui opposaient libéraux et conservateurs (affaire des mariages espagnols en 1846 et guerre du Sonderbund en 1847), l'Angleterre soutenait les premiers et la France les seconds.

Les crises de la fin du règne

Assis sur une solide majorité parlementaire issue des élections législatives d'août 1846, Guizot semble alors à l'apogée de sa puissance. La France a beau s'ennuyer, ainsi que le proclame Lamartine, elle savoure aussi les effets d'une réelle prospérité économique qui voit, par exemple, le cours des actions des compagnies ferroviaires grimper de 75 % . Pourtant, l'année 1846 voit éclore une des plus graves crises économiques que l'Europe ait connue. Concernant d'abord l'Europe du Nord (Belgique,

Allemagne, Pays-Bas) et atlantique (Irlande touchée par une épouvantable famine), la crise agricole et frumentaire aborde bientôt la France. Catastrophes climatiques, mauvaises récoltes, raréfaction des céréales, hausse des prix du pain : la paysannerie est frappée de plein fouet, surtout les régions en équilibre fragile. La disette se fait sentir en 1847, provoquant des émeutes, des pillages de boulangeries et des attaques de convois de blé. A Buzançais, dans l'Indre, des émeutiers tuent un propriétaire (meurtrier de l'un d'eux), provoquant l'intervention de la troupe et une sévère répression. Mais la crise touche également le secteur industriel, frappé par une forte contraction de la demande dans le textile, la métallurgie et la sidérurgie. Grèves, bris de machine (luddisme), émeutes se multiplient sur un fond de chômage, de baisse des salaires et d'assistance privée insuffisante. Les banques et la Bourse sont prises dans la tourmente. Les retraits de l'épargne populaire se multiplient, les cours des actions, notamment ferroviaires, s'écroulent. Les mesures prises au niveau gouvernemental (achat de blés russes, augmentation du taux de l'escompte de 4 à 5 %, quelques mesures d'assistance) ne suffisent pas à faire revenir la confiance. La prospérité semble évanouie pour longtemps et Guizot, usé par un long passage aux affaires, paraît un obstacle à la reprise. Les classes moyennes sont parfois décontenancées : le temps de l'« enrichissez-vous » est révolu, et avec lui le système politique en cours. La crise de 1846 a révélé, en fin de compte, les limites du soutien populaire au système Guizot, voire à la monarchie de Juillet. Un sentiment de déclassement social s'exprime dans la littérature (Balzac, Reybaud), la caricature (Daumier) et à la Chambre des députés, dans une France des notables qui avait fait de l'ascension sociale l'une de ses valeurs fondamentales. La critique des milieux d'affaires, des « gros » qui abusent les « petits », se fait d'autant plus forte que le régime est éclaboussé en 1847 par une série de scandales politico-financiers, révélant des malversations et des corruptions au plus haut niveau (affaire du ministre des Travaux publics, Teste) et mettant sur le devant de la scène un duc et pair de France, Choiseul-Praslin, assassin de sa femme, retrouvé suicidé dans des circonstances mal éclaircies. Michelet parle de « Waterloo moral » pour évoquer ce climat de fin de règne dont il fut par ailleurs l'une des victimes, puisque après ses collègues du Collège de France Quinet et Mickiewicz, il fut destitué de sa chaire en janvier 1848, à la grande colère des étudiants. Peu nombreux à la Chambre, les républicains se montrent plus que jamais combatifs, par l'intermédiaire de la presse (*le National, la Réforme*), de revues, de cercles, de loges maçonniques. Des historiens de métier ou de rencontre se font les chantres, parfois critiques, de la Ire république. *Histoire des Girondins* de Lamartine, *Histoire de la Révolution* de Louis Blanc ou de Michelet propagent l'idée que la république est possible et ne s'identifie pas forcément à la Terreur. Mais la pénétration de l'idée républicaine reste faible dans les milieux ouvriers et encore plus dans le monde paysan. La question de la réforme électorale reste au centre des revendications des républicains, mais Guizot s'arc-boute sur un refus obstiné de tout élargissement du corps éléctoral, même le plus modéré. Ainsi la proposition de Duvergier de Hauranne, un opposant dynastique, d'abaisser le cens à 100 francs — ce qui aurait porté le nombre d'électeurs de 250 000 à environ 400 000 — est-elle repoussée par la Chambre en mars 1847. Une vigoureuse campagne de quelque 70 banquets est alors menée pour la réforme, depuis le mois de juillet 1847 (banquet du Château-Rouge) jusqu'à Rouen, en passant par Lille, Mâcon, Amiens etc. Les positions exprimées dans les discours prononcés se font de plus en plus radicales : Arago, Ledru-Rollin, Garnier-Pagès réclament ouvertement le suffrage universel. Guizot, assuré du soutien de Louis-Philippe, persiste dans son refus et interdit un banquet qui devait clôturer la campagne à Paris en février 1848.

La révolution de 1848

Les circonstances dans lesquelles elle éclate (crises économique, sociale, politique, morale) ne sont pas sans rappeler celles de la révolution de 1830. Mais les enjeux sont tout autres. Car, très rapidement, on passe d'une alternative classique : monarchie-république, à une alternative nouvelle : république démocratique-république sociale. La République a triomphé par sa propre force, mais aussi grâce à l'absence d'alternative possible. La manifestation du 22 février, qui remplaça le banquet initialement prévu, partit de la place du Panthéon, avec un apport déterminant de la jeunesse étudiante. Grossie de gardes nationaux et d'ouvriers, elle atteignit le Palais-Bourbon pour y remettre aux rares députés présents une pétition demandant la mise en accusation du ministère Guizot. La nomination d'Odilon Barrot, leader de la gauche dynastique, satisferait alors une large partie de l'opinion. Le lendemain, prenant la mesure de la gravité de la situation, le roi mobilise la garde nationale dont une bonne partie rejoint le camp des manifestants. Les premières barricades sont érigées : un climat insurrectionnel s'installe à Paris, sans que le sang ne coule encore. Mais le soir, la nouvelle de la démission de Guizot, remplacé — et c'est une déception — par Molé, provoque des manifestations de joie dans la capitale. C'est alors que survient un bref mais sanglant affrontement entre un groupe d'insurgés qui manifeste boulevard des Capucines, devant la résidence de Guizot, et des troupes qui tirent, tuant une cinquantaine de personnes. L'insurrection devient révolution au cours d'une nuit où les insurgés tués sont promenés sur de grandes charrettes à la lumière de torches. Le 24 février, la ville se couvre de barricades, les combats s'intensifient. L'impopulaire Bugeaud est chargé par le roi de rétablir l'ordre : c'est un échec. Louis-Philippe nomme tardivement un ministère Thiers-Odilon Barrot, puis, alors que les cris de « Vive la République ! » résonnent, se résout à signer une abdication en faveur de son petit-fils, le comte de Paris, avant de s'enfuir en direction de l'Angleterre. Le peuple envahit les Tuileries, mais c'est au Palais-Bourbon et à l'Hôtel-de-Ville que se joue le sort du pays. Là, les républicains tiennent le haut du pavé et sont déterminés à éviter un nouvel escamotage de la République. La comparution du jeune comte de Paris et de sa mère la duchesse d'Orléans, appuyés par Victor Hugo, n'y feront rien. Un gouvernement provisoire, au sein duquel émergent les personnalités de Lamartine, Arago, Ledru-Rollin, Garnier-Pagès, Louis Blanc, Armand Marrast et Albert, authentique ouvrier, est nommé et la République est proclamée.

Le mouvement des idées dans la France romantique

Les religions entre archaïsme et modernité

Dans son *Tableau de la France*, Michelet exalte « le pays du monde où la nationalité, où la personnalité nationale se rapprochent le plus de la personnalité individuelle ». Cet hymne à la nation France ne doit pas cacher que le pays oscille « entre archaïsme et modernité », pour reprendre la formule appliquée au Limousin par Alain Corbin, ou encore entre tradition et innovation, entre résistance et mouvement. Mais des clivages anciens sont en voie de disparition. Ainsi sur le plan religieux : être d'une religion minoritaire ne constitue plus un obstacle infranchissable pour exercer de hautes fonctions, même si le traumatisme de la Terreur blanche laissa des traces profondes au sein du protestantisme. Les quelque 500 000 protestants français, parmi lesquels Guizot, connaissent un puissant mouvement de Réveil dans les années 1830-1840. Avec des théologiens de qualité comme les Monod ou Samuel Vincent, le rôle de la Société biblique protestante ou de la Société évangélique de France, le protestantisme réaffirme son rôle de lieu de réflexion. Cela provoque parfois des affrontements entre revivalistes et modernistes. Le protestantisme connaît aussi des divisions traditionnelles entre luthériens et calvinistes, et nouvelles avec la fondation de plusieurs Eglises, comme les baptistes, par exemple. Les 60 000 juifs français voient peu à peu disparaître toutes les mesures d'exception les concernant. L'Etat prend à sa charge le traitement des rabbins en 1831. Pour autant, l'intégration des juifs se heurte encore à des préjugés. Pour quelques personnalités bien en Cour (James de Rothschild sous Louis-Philippe) ou faisant une carrière politique (Adolphe Crémieux), la masse reste en marge, sans subir pourtant de persécutions physiques (avec des exceptions en Alsace où éclatent des émeutes antijuives lors des crises économiques de 1832 et 1848. Quant au catholicisme, largement majoritaire, il passe du statut de religion d'Etat (Charte de 1814) à celui de religion professée par la majorité des Français (Charte de 1830), tout en restant réglé par le concordat de 1801. Incontestablement, la France a connu une profonde déchristianisation et est entrée dans un processus de laïcisation de la société. Décimé par la Révolution française, le clergé se reconstitue cependant rapidement et des missions (1816, fondation de la Société des missions de France) parcourent le pays en tous sens sous la Restauration. Epoque de combat, dans lequel s'engage avec fougue un jeune clergé, incarné notamment par Lamennais. L'Eglise retrouve également sa fonction enseignante, avec les jésuites, et les petits séminaires deviennent de véritables collèges catholiques, malgré la loi sur le monopole de l'Université. Mais elle n'est pas à l'abri de divisions. La plus nette oppose les gallicans aux ultramontains : les premiers (Mgr Dupanloup) restent dans la tradition d'une Eglise française, avec un Concordat qui donne au roi le droit de nommer les évêques, alors que les seconds (Louis Veuillot, *l'Univers*) se tournent vers la papauté perçue comme autorité supérieure. L'évolution de la société et le rôle de l'Eglise au sein de celle-ci amenèrent aussi une fracture entre catholiques libéraux (Lamennais, apôtre d'un catholicisme social, Lacordaire, rénovateur des dominicains, Montalembert, croisé de la liberté d'enseignement, et le journal *l'Avenir*), soucieux de prendre en compte les inégalités sociales, et catholiques conservateurs, restés sur des positions antilibérales partagées par le pape Grégoire XVI (encyclique *Mirari Vos*, 1832) : les premiers seront contraints à la soumission (Montalembert, Lacordaire) ou brisés (Lamennais, qui publie en 1834 les *Paroles d'un croyant*). Une jeune génération, avec un Frédéric Ozanam, entreprend d'aller vers les classes populaires urbaines, grâce à des associations caritatives comme la conférence Saint-Vincent-de-Paul. Les maladresses de l'Eglise déclenchent parfois des vagues d'anticléricalisme : c'est le cas avec la Congrégation qui apparaît comme une sorte de société secrète sous la Restauration, ou avec le sac de l'archevêché de Paris en février 1831, révélateur d'une explosion d'anticléricalisme social dans une ville touchée par la crise économique. Plus limités, les conflits avec le clergé local montrent des changements radicaux dans les attitudes devant la vie (contraception, mœurs). Si l'époque est à la « séparation stricte entre les emblèmes de la religion et les symboles de la politique » (Claude Langlois), elle est aussi de plus le temps de la séparation entre le public et le privé.

Le mouvement romantique

Le romantisme résume le mouvement artistique et littéraire de la période. Mais il ne faut pas oublier qu'avant de s'imposer, de manière relative, il dut livrer combat : la « bataille d'*Hernani* » (1830) en apparaît comme le symbole. Précédé par un « préromantisme » perceptible dès la fin du XVIIIe siècle, le romantisme est un mouvement européen qui tend à réhabiliter l'individu et ses passions, la nature, l'histoire, tout en voulant briser les chaînes de l'écriture — ou de la peinture — classique. Le Moyen Age et la Renaissance réinventés fournissent un cadre idéal à cette recherche de l'émotion et des sentiments forts, voire violents. Parti d'une position réactionnaire (contre le dogmatisme classique imposé par la Révolution et contre les idéaux de 1789), le romantisme va évoluer vers un libéralisme de plus en plus affirmé, comme en témoignent les deux préfaces manifestes dont Hugo coiffe *Cromwell* (1827) et *Hernani* (1830). Incontestablement, on peut parler du romantisme en terme de génération : de Lamartine (né en 1790) à Th. Gautier (né en 1811), toute une génération romantique d'artistes et d'écrivains s'inscrit dans ce mouvement, non sans rivalité ou fractures. Le mouvement romantique français dispose de journaux éphémères et royalistes : *la Muse française*, *le Conservateur littéraire*, puis du *Globe*, journal de la jeunesse libérale. Des cénacles se réunissent : celui de Nodier à l'Arsenal, dont il est bibliothécaire, est le plus couru (1824) avant que celui de Hugo et de Sainte-Beuve ne lui ravisse cette primauté.

Les Lettres

Deux modes d'expression s'imposent : la poésie romantique avec la publication des *Méditations* de Lamartine en 1820, puis les *Odes et ballades* de Hugo et les *Poèmes (antiques et modernes)* de Vigny. Mais on trouve aussi des poètes plus engagés comme Petrus Borel ou Hégésippe Moreau ; et le théâtre avec les pièces de Hugo (*Hernani*, mais aussi *Le Roi s'amuse*, *Lucrèce Borgia*, *Ruy Blas* avant de connaître un lourd échec avec *Les Burgraves* (1843) et de Musset (*Les Caprices de Marianne*, *Lorenzaccio*, *On ne badine pas avec l'amour*). Vigny écrit également pour le théâtre, notamment *Chatterton* en 1835. Après *Henri III et sa cour* et *Antony*, Alexandre Dumas poursuit dans le drame historique, avec *La Tour de Nesle* (1832) ou *Kean*, et dans le roman historique (*Les Trois Mousquetaires*, *Vingt ans après*, *Le Vicomte de Bragelonne*, *Le Comte de Monte-Christo*, etc.) , également illustré par Hugo (*Notre-Dame de Paris*). Quant au cycle de *La Comédie humaine*, de Balzac, il représente la plus importante contribution romanesque de l'histoire de la littérature française, reflet d'une société tournée vers des valeurs traditionnelles (*Le Médecin de campagne*, *Le Lys dans la vallée*), ou vers les sombres lumières de la ville (*Le Père Goriot*, *Les Illusions perdues*, et *Splendeurs et misères des courtisanes*). Stendhal, aussi libéral que Balzac est conservateur, élabore une œuvre à la fois ancrée dans son temps et dans la recherche de l'absolu, avec *Le Rouge et le Noir*, *La Chartreuse de Parme* et *Lucien Leuwen* (roman posthume inachevé). Signalons également les noms de Ch. Nodier, B. Constant (*Adolphe*), Vigny (*Cinq-Mars*, *Servitude et Grandeur militaires*), Mérimée (*Colomba*, *Carmen*), George Sand (*Lélia*, *Le Meunier d'Angibault*, *La Mare au diable*), Musset (*Les Confessions d'un enfant du siècle)*. Il existe enfin un roman populaire dont le meilleur représentant est Eugène Sue (*Les Mystères de Paris*), une poésie populaire avec Pierre Béranger et un théâtre de boulevard, joué dans les salles du « Boulevard du Crime » (le boulevard du Temple).

Philosophie, histoire, sciences

La philosophie connaît un renouvellement dont témoigne la diversité des écoles qui s'affrontent. Les Lumières ont des héritiers, les idéologues : Destutt de Tracy, Gérando, Laromiguière, alors qu'en contrepoint renaît une philosophie d'essence chrétienne, proche de la théologie, avec Joseph de Maistre ou Louis de Bonald. Les doctrinaires, avec Royer-Collard et Guizot, recherchent la spiritualité, suivant Maine de Biran qui affirme la primauté de la métaphysique. Victor Cousin introduit en France la philosophie allemande, après avoir rencontré Hegel et Schelling. Sa doctrine, l'éclectisme, devient une sorte de doctrine officielle de la monarchie de Juillet. Défenseur d'une conception métaphysique de l'homme, Cousin veut confronter les systèmes de pensée (« l'harmonie des contraires »), et la psychologie, « science universelle concentrée ». Auguste Comte élaborera en partie son positivisme par rejet de l'éclectisme de Cousin, au profit de la connaissance positive, obtenue grâce à l'expérimentation. L'histoire prend au même moment un caractère scientifique, tout en concourant à l'affirmation d'un sentiment national et patriotique. Certains recherchent dans l'histoire la philosophie politique éclairant le présent comme Guizot dans l'*Histoire du Gouvernement représentatif* et l'*Histoire de la Révolution d'Angleterre*. La personnalité d'Augustin Thierry domine l'école libérale qui privilégie la lutte entre les peuples : *Histoire de la conquête de l'Angleterre par les Normands*, *Récits des temps mérovingiens*. Pour d'autres, le passé proche fournit matière à histoire engagée et honnête : ainsi de Thiers (*Histoire de la Révolution* et *Histoire du Consulat et de l'Empire*), de Quinet (*Le Christianisme et la Révolution française*), de Louis Blanc (*Histoire de la Révolution*, qui suit une *Histoire de Dix ans* racontant les premières années du règne de Louis-Philippe), de Vaulabelle qui entreprend la publication d'une *Histoire des deux Restaurations*, d'Esquiros et de son *Histoire des Montagnards*, de Lamartine dont l'*Histoire des Girondins* remporte un énorme succès, et bien entendu de Jules Michelet dont l'*Histoire de la Révolution* suit la publication d'une *Histoire de France* du Xe au XVe siècle. Par une vision quasi ethnologique de la France et de ses héros (Jeanne d'Arc) ou de ses antihéros (Robespierre), par son respect et son amour proclamé pour le peuple (*Le Peuple*,1846), par la langue chaude et vivante qu'il utilise, par son engagement anticlérical (*Des Jésuites*, 1843, avec son ami Quinet) et anticonservateur qui attire la jeunesse républicaine à son cours du Collège de France, suspendu en janvier 1848, Michelet domine alors la discipline historique. Parallèlement, Guizot crée le Comité des travaux historiques et scientifiques, et fait nommer Mérimée inspecteur général à la Commission des monuments historiques : grâce à son action, de nombreux monuments sont restaurés (cathédrale de Poitiers, maison de Jacques Cœur à Bourges, remparts d'Avignon, Vézelay, Sainte-Chapelle, Chartres, Notre-Dame de Paris). L'Ecole nationale des chartes est créée en 1821, l'Ecole française d'Athènes en 1846. « Père » de la préhistoire française, Boucher de Perthes invente l'homme « antédiluvien ». Jean-François Champollion déchiffre le premier les hiéroglyphes égyptiens (1822). Les chantiers de l'histoire sont donc multiples et innovants dans la France des années 1815-1848.

Si l'enseignement des sciences reste encore très réduit, on enregistre des progrès décisifs en mathématiques, avec Poncelet, Fourier, Michel Chasles, Augustin Cauchy, Evariste Galois, auteur de travaux remarquables sur la résolution des équations ; en physique avec Fourier également, et Foucault (celui du pendule), en astronomie avec François Arago et Le Verrier, l'un des découvreurs de la planète Neptune, Fresnel, Biot, Niepce, inventeur de la photographie perfectionnée par Daguerre, Ampère qui travailla sur l'électricité ou Sadi Carnot, fondateur de la thermodynamique ; en chimie avec Jean-Baptiste Dumas, le baron Thénard, découvreur de l'eau oxygénée ou Gay-Lussac ; en géographie, avec Malte-Brun, fondateur de la Société de Géographie de Paris en 1821. Les sciences de la Terre sont représentées par Cuvier, fondateur de la paléontologie, partisan du fixisme contre Geoffroy-Saint-Hilaire et Lamarck, qui tenaient pour le transformisme ; la médecine hospitalière connaît un âge d'or qu'illustrent les noms de Laënnec, inventeur du stéthoscope, Bichat et Broussais, Larrey et Dupuytren, Corvisart et Bretonneau, Pinel et Esquirol, aliénistes qui humanisent les conditions de vie des aliénés, Velpeau etc.

Les Beaux Arts

Dans le domaine des Beaux-Arts, l'époque est marquée par un goût pour l'orientalisme, en harmonie avec les récits des écrivains-voyageurs que furent Lamartine, Chateaubriand, Nerval. Le classicisme n'est pas mort : Prudhon, Gérard, Carle Vernet représentent cette école dont certains, élèves de David, commencent à s'écarter, comme Gros. Ingres inscrit son œuvre dans la continuité classique, s'opposant ostentiblement au romantisme. Ses portraits témoignent de sa finesse psychologique et de son sens du mouvement. Les frontières ne sont pas toujours hermétiques. Les peintres d'histoire en témoignent qui traitent de façon classique des thèmes romantiques : Delaroche, Horace Vernet, les frères Scheffer. Le romantisme fut en peinture comme en littérature une révolution. Géricault fit sauter les verrous de la forme et des couleurs académiques. Ses œuvres les plus abouties (*Le Radeau de la Méduse*, ou ses portraits d'aliénés) témoignent d'un génie que l'on peut accorder aussi à Eugène Delacroix. Marqué par un orientalisme prolongé par l'histoire (*La Mort de Sardanapale*, *Prise de Constantinople par les Croisés*) ou l'actualité (*Scènes des massacres de Chio*), il a donné avec *Le 28 juillet 1830 : la Liberté guidant le peuple* l'un des chefs-d'œuvre absolus de la peinture française. Comblé d'honneurs sous la monarchie de Juillet, il reçut des commandes pour la décoration du musée du Louvre, du Palais-Bourbon, du palais du Luxembourg, de l'Hôtel de Ville. Génie encore que celui de Daumier, trop souvent présenté uniquement comme dessinateur (domaine dans lequel il excelle, avec Gavarni ou Grandville) alors qu'il fut aussi un grand peintre. Le paysagisme connut un nouvel essor après 1830 avec Corot, l'école dite de Barbizon (Diaz, Th. Rousseau, Daubigny), Millet, et le jeune Courbet. Sculpteurs et architectes dépendent des commandes officielles : peu innovent. L'achèvement de l'église de la Madeleine et de l'Arc de triomphe témoigne de la continuité décorative avec le régime impérial. La colonne de Juillet (Alavoine et Duc) apparaît plus novatrice par sa légèreté. Placée elle-aussi sous la coupe du classicisme que perpétuent Pradier ou Etex, la sculpture évolue sous l'influence du romantisme avec David d'Angers. Très marqué par son éducation classique, François Rude s'en échappe par la puissance du mouvement, visible dans son *Départ des Volontaires en 1792*, dit la Marseillaise, qui orne l'Arc de triomphe. La musique est écartelée entre l'école italienne perpétuée par Donizetti, Cherubini, et surtout Rossini, et l'école allemande progressivement découverte en France (Beethoven, Weber, Schubert, Schumann). Les apports de musiciens étrangers installés en France comme Chopin, Liszt ou Meyerbeer renforcent l'impression de dépendance de la musique française. Le seul compositeur de génie en France ne rencontre qu'un succès occasionnel et contesté alors que l'Allemagne, l'Autriche ou la Russie l'accueillent avec enthousiasme. Hector Berlioz représente l'esprit romantique par excellence, traduisant par des sons et des orchestrations ce que la palette de Delacroix produisait sur la toile. Les titres de ses compositions sonnent comme un résumé du romantisme : entre une *Scène héroïque de la Révolution grecque* et les *Troyens*, Berlioz produit la *Symphonie fantastique*, *Harold en Italie*, le *Requiem*, *Roméo et Juliette*, la *Symphonie funèbre et triomphale* (commande pour l'inauguration de la colonne de la Bastille), la *Damnation de Faust*.

Idées politiques, sociales, économiques

Naissance du socialisme

Les années de la monarchie censitaire comptent parmi les plus riches pour l'histoire des idées politiques, économiques et sociales. Après les secousses qui ont mis à bas l'Ancien Régime, ne s'agit-il pas d'imaginer les structures d'une nouvelle Cité ? La rudesse de la tâche couplée à une volonté de dimension universaliste explique la forme parfois déroutante de projets visionnaires, ambitieux et généreux. C'est en France que sont apparus des courants de pensée bientôt baptisés socialistes ou communistes, rattachés à une vieille tradition d'égalitarisme. L'objet de leur réflexion est moins la forme du régime que les rapports sociaux et économiques qui régissent la vie de la société. Claude Henri de Rouvroy, comte de Saint-Simon a été l'homme dont la pensée a eu le plus d'influence, par ses écrits, par ses journaux et revues (*L'Industrie*, *Le Catéchisme industriel*...) et par ses disciples dont les positions sociales parfois élevées ont permis de donner une suite concrète au projet saint-simonien. Pour Saint-Simon, celui qui ne produit pas est un oisif dont la société subit le coût sans en retirer de bénéfice. Les « industriels » (les manufacturiers et les banquiers, les savants et les artistes, les ouvriers et les paysans) apportent par leur industrie un enrichissement du corps social. Saint-Simon en vient à considérer que le but principal de toute action politique est l'amélioration du sort des prolétaires, classe la plus utile. Partisan de l'interventionnisme de l'Etat, il se fait le chantre d'un travail sanctifiant, marque peut-être la plus évidente de son appartenance au XIXe siècle. Après sa mort, ses disciples, Rodrigues, Bazard, Enfantin, ont diffusé sa pensée par la presse (*L'Organisateur*, *Le Producteur*, *Le Globe*) et par la constitution d'une société saint-simonienne. Les saint-simoniens imaginent la formule : « A chacun selon ses capacités, à chaque capacité selon ses œuvres » et condamnent la pratique de l'héritage des instruments de production. Très vite, la rupture s'installe entre les plus radicaux, minoritaires groupés autour de Bazard, babouviste et républicain, et les plus économistes, groupés autour d'Enfantin, plus spiritualistes aussi, développant l'idée de la femme comme avenir de l'humanité. La personnalité de Charles Fourier est plus déroutante. Fourier veut remédier aux inégalités de la société, mais récuse tant les idées d'Owen que celles de Saint-Simon et se montre partisan du respect intégral de la propriété et de l'héritage. S'il attache également la plus grande importance à l'industrie, c'est-à-dire aux producteurs, Fourier veut rationnaliser l'architecture du monde. Ses publications (*Théorie des quatre mouvements et des destinées générales*, *Traité de l'association domestique agricole*, devenu *Théorie de l'unité universelle* ; *Le Nouveau Monde industriel et sociétaire*) témoignent de sa volonté d'élaborer le plan d'une communauté idéale, en dehors de toute intervention de l'Etat. Les solutions qu'il préconise apparaissent à juste titre comme des élucubrations sociométaphysiques si on les suit à la lettre, mais l'homme se révèle porteur d'une grande richesse d'analyse. C'est plus par les questions posées, inscrites dans un monde nouveau issu de la Révolution française et contemporain de la Révolution industrielle, que l'œuvre de Fourier importe : recherche de l'harmonie, mot clef de l'œuvre, entre le producteur et le travail ou entre l'homme et la femme, mise en évidence de la collaboration du capital, du talent et du travail dans toute production, de la division du travail et de l'accent mis sur la décentralisation. Pourtant, toutes les tentatives de communauté fouriériste furent des échecs en France, en Algérie ou en Amérique. Les disciples de Fourier, Victor Considérant surtout, propagèrent la doctrine du maître dans *Le Phalanstère*.

L'œuvre de Pierre Joseph Proudhon débute par un coup de tonnerre : il publie en 1840 *Qu'est-ce que la propriété* ?, question majeure, dans l'air du temps. Mais sa réponse : « la propriété, c'est le vol » soulève une tempête. A la différence des saint-simoniens, il pense le capital et le travail incompatibles, se prononce pour un Etat minimum et dénonce toute religion comme aliénante. Il publie en 1846 un *Système des contradictions économiques* ou *Philosophie de la misère*, cruellement épinglé par Marx dans *Misère de la philosophie*. Pour Proudhon, la société idéale est une société de petits producteurs basée sur l'échange. Ses positions en faveur du mutuellisme, sa vigoureuse défense de la décentralisation, le développement d'une pensée fédéraliste, son individualisme enfin en font l'un des fondateurs de l'anarchie. Louis Blanc a représenté l'un des courants socialistes les plus novateurs et les plus populaires dans les années 1840. Sa brochure sur *L'Organisation du travail* imagine la création d'ateliers sociaux sous l'égide de l'Etat et financés par emprunt, dans une économie de petits producteurs, d'où la concurrence serait progressivement éliminée. Le crédit, les assurances, les grandes industries et les chemins de fer seraient nationalisés, et des colonies agricoles fondées pour la paysannerie. Pierre Leroux suivit l'orientation saint-simonienne du *Globe* après la révolution de 1830. Les idées de progrès, d'égalité et surtout d'humanité tiennent une place prépondérante dans sa philosophie (*De l'Humanité, de son principe et de son avenir*). Avec Cabet et Buchez, Leroux est l'un de ceux qui a tenté le syncrétisme le plus poussé entre le christianisme et le socialisme, le premier étant relu comme précurseur du second. S'installant à Boussac (Creuse), il fonde une imprimerie égalitaire, et voit son autorité morale grandir, à la fois auprès d'une élite ouvrière et d'une élite intellectuelle : ainsi George Sand, avec laquelle il fonde en 1841 *La Revue indépendante*, ou Victor Hugo qui le tenait pour l'un des maîtres à penser du XIXe siècle. Etienne Cabet formule dans son journal *Le Populaire* les fondements d'un système communiste. La Cité idéale se place sous l'autorité matérielle et morale d'un Etat ou de la Communauté égalitaire qui en tenant lieu est propriétaire de tous les moyens de production, définit les objectifs économiques et satisfait les besoins de la population, dont elle assure l'éducation. Collectivisation, planification : Cabet a été le premier à définir aussi nettement le communisme. Mais à la différence de Blanqui, il ne croit pas à la révolution. En 1847, à l'instar de Robert Owen, il décide de fonder une colonie au Texas. Très rapidement, l'expérience tourne au désastre. Auguste Blanqui ne peut être considéré comme un théoricien du socialisme. En revanche, il a défini un mécanisme de conquête du pouvoir qui allait connaître un bel avenir : négligeant les mouvements de masse, Blanqui prône l'action militaire d'un petit groupe de militants révolutionnaires. Lui-même anima à plusieurs reprises des sociétés secrètes — Familles, Saisons —, mais échoua dans toutes ses tentatives insurrectionnelles. Constantin Pecqueur développe une pensée collectiviste (*Théorie nouvelle d'économie sociale et politique*), saluée par Marx, qui fait de lui l'un des précurseurs du communisme. L'Etat est propriétaire unique des moyens de production, le principe de la propriété individuelle, cher à Louis Blanc et à Proudhon, est écarté, le salaire est unique.

Les doctrines socialistes élaborées sous la monarchie censitaire ne rencontrèrent qu'un succès limité dans le monde ouvrier. Ce dernier s'exprime à travers le compagnonnage et les sociétés de secours mutuels. Le compagnonnage représente à la fois une formation professionnelle (par le Tour de France), une solidarité corporative et une forme d'organisation syndicale capable de faire aboutir des revendications. Malgré l'existence d'obédiences différentes (ainsi les Gavots et les Dévoirants qui s'affrontent parfois brutalement), les compagnons partagent en commun leur situation d'artisans qualifiés, aux antipodes de l'ouvrier de grande industrie. Le petit atelier contre la grande usine, le faubourg Saint-Antoine contre Le Creusot, deux logiques de production. Mais ceux qui, tel Agricol Perdiguier, ouvrier menuisier et autorité morale dans le compagnonnage, s'escriment à retrouver l'unité de l'institution, échouent. Le mutuellisme se bâtit à l'origine comme un principe d'entraide au sein d'une même profession, en l'absence de toute assurance sociale ou médicale. La distinction d'avec le compagnonnage n'est pas toujours aisée. Grâce au versement d'une cotisation, les ouvriers malades ou invalides peuvent êtres secourus, et parfois recevoir une pension de vieillesse, mais la chose s'avère plus difficile à mettre en place. A l'origine encouragées et parfois patronnées par de hauts personnages, ces sociétés investissent aussi le rôle de corporation défendant les intérêts des ouvriers en cas de désaccord sur les salaires avec les patrons. Les conflits sociaux sont fréquents. Avec la crise qui commence à la fin de la Restauration, les sociétés mutuelles s'engagent dans un combat plus politique. Dès 1833, des projets d'unification de tous les corps de métier dans une même association ouvrière sont élaborés, dix ans avant le projet d'Union ouvrière de Flora Tristan. La volonté de créer des journaux ouvriers s'affirme progressivement avec l'élaboration d'une conscience ouvrière. Deux problèmes majeurs se poseront toujours aux ouvriers désirant éditer un journal : le financement, résolu soit par souscription, soit par mécénat et la vente — qui pouvait acheter et lire un journal au sein de la classe ouvrière ? La naissance de *L'Atelier* en 1840 marque un tournant important dans l'histoire de la presse ouvrière : par la personnalité de son directeur, le compositeur d'imprimerie Corbon, par la qualité de ses articles rédigés par une équipe ouvrière (on y retrouve notamment Pierre Moreau, mais aussi des poètes ouvriers comme Charles Poncy ou, en 1848, Eugène Pottier, l'auteur de *l'Internationale*), par la définition d'un ensemble de revendications dont la Seconde République eut à traiter.

Triomphe du libéralisme

Face à la genèse du socialisme, comme antithèse, s'élabore dans la même chronologie le libéralisme. Les classes bourgeoises se sont ralliées aux idéaux définis en 1789 : souveraineté de la Nation, liberté d'expression, liberté d'entreprise, liberté religieuse. Politique, économique ou religieuse, la liberté constitue le socle du libéralisme, là où l'égalité constitue un repoussoir et la fraternité une utopie. Au début de la Restauration, le libéralisme apparaît à gauche, voire à l'extrême-gauche de la palette politique. Au lendemain de la Révolution de 1830, il semble se constituer en idéologie du nouveau régime. Pour les libéraux, et notamment pour Guizot, l'Etat a une structure dont témoigne l'existence de rouages administratifs au premier rang desquels le gouvernement. Mais celui-ci doit veiller à ce que l'Etat sauvegarde d'abord la liberté individuelle. Ce type de raisonnement a un corollaire : une croissance économique suffisante qui permette un développement harmonieux de la société, tout en gardant une indispensable hiérarchie sociale, présentée en dernier ressort comme étant de nature quasi divine. Rejetant toute idée de contrat ou de démocratie mais aussi un libéralisme de marché refusé par la majeure partie des industriels qui se révèlent fort protectionnistes, Guizot a souhaité bâtir et s'appuyer sur une classe sociale limitée, dépositaire de l'exercice politique. Venu d'un milieu légitimiste, mais rallié à Louis-Philippe, Tocqueville va évoluer vers un libéralisme démocratique. C'est l'avènement inéluctable de la démocratie que Tocqueville analyse tout en redoutant ses dérives totalitaires dans son ouvrage le plus célèbre (*De la démocratie en Amérique*) : il se situe dans le camp des libéraux ralliés à la démocratie plus par raison plus que par passion. Pour les économistes libéraux, l'Angleterre est souvent utilisée comme un modèle avec ses théoriciens comme Adam Smith, Thomas Robert Malthus, David Ricardo ou John Stuart Mill. Les analyses d'Adam Smith, considéré comme le fondateur de la science économique, (*Recherches sur la nature et les causes de la richesse des nations*, 1776), sont lues et commentées, relayées par les recherches du « père » du libéralisme économique français, Jean-Baptiste Say qui a exercé une influence considérable sur la science économique française. Professeur au Conservatoire des arts et métiers puis au Collège de France, il publie dès 1803 son *Traité d'économie politique* dont le sous-titre marque la dette envers Smith : *Simple exposition de la manière dont se forment, se distribuent et se consomment les richesses*. Say, néanmoins, diverge de Smith sur plusieurs points : d'abord en mettant l'accent sur la consommation conçue comme partie prenante du cycle de production ; ensuite en déviant du principe de travail vers celui d'utilité ; en montrant également que les crises dites de surproduction ne sont que passagères et forcent les industriels à adapter leur production à d'autres besoins ou désirs ; en mettant en avant, enfin, le rôle moteur des entrepreneurs, distincts des capitalistes, et dont Say est le premier à définir l'importance dans une économie de marché. Dans la foulée de Say va se développer toute une « école » française d'économistes libéraux dont les plus célèbres représentants sont Adolphe Blanqui, frère d'Auguste, Frédéric Bastiat, apôtre d'un ultralibéralisme ou encore Michel Chevalier, qui sera à l'origine du traité de libre-échange entre la France et l'Angleterre (1860).

Émergence du féminisme

La question des droits des femmes, évoquée au siècle des Lumières, avait reçu une première réponse négative sous la Révolution française. Les femmes sont dans la Cité, mais n'ont pas le droit de Cité. La parole féminine est enterrée sous le poids d'un code civil napoléonien explicitement inégalitaire. La partition des rôles — l'Homme dans la Cité, la Femme dans la famille — devait rester en vigueur tout au long de la période. Pourtant, une tradition aristocratique d'analyse et de jugement politiques se retrouve aussi bien dans le journal de la duchesse de Maillé que dans les Mémoires et souvenirs de la comtesse d'Agoult. Plus nouvelles et plus novatrices apparaissent la parole ouvrière d'une Suzanne Voilquin ou la parole sociale d'une Flora Tristan, issues de milieux opposés. Dans cette réélaboration du monde dont nous avons vu la prise en charge par les socialistes utopiques, les femmes entendent être présentes, dans la réflexion et dans l'action. C'est surtout après la révolution de 1830 que les femmes s'affirment sur la scène politique. Par le biais du saint-simonisme, tout d'abord : affranchissement, émancipation, liberté, des femmes s'engagent en saint-simonisme, comme Pauline Roland, Eugénie Niboyet ou Jeanne Deroin qui affirme avec force l'égalité des sexes, dénonce « l'esclavage de la femme », son rejet du monde de l'éducation et de nombre de professions, l'indissolubilité du mariage et envisage l'affranchissement de la femme non comme une concession, mais comme « la reconnaissance d'un droit légitime ». Le fouriérisme fut le courant le plus égalitaire, ce dont témoignent les écrits de Fourier et son système d'organisation du Phalanstère, où hommes et femmes étaient placés sur un pied d'égalité. Mais Fourier et ses disciples, bientôt rejoints par les déçues du saint-simonisme, furent moins hardis dans leurs actes. C'est bien de la participation des femmes à la vie politique dont il est question, c'est-à-dire de leur accès à la citoyenneté. Mais les relais masculins se font rares, tant chez les républicains que dans la presse ouvrière. Pour un Pierre Leroux engagé dans la cause des femmes ou un Adolphe Blanqui favorable à l'ouverture de plusieurs professions, mais sans égalité de salaire, combien de silences révélateurs, sans parler des attaques venant de tous bords, y compris du camp des socialistes parfois (voir *L'Atelier*, Proudhon ou Auguste Comte). Dans la France de la monarchie censitaire, la question du vote des femmes est traitée au mieux par le silence, au pire par le mépris ou le sarcasme.

La conquête de l'Algérie. Les débuts du second empire colonial

Si la Restauration n'est pas une grande période pour la colonisation, la monarchie de Juillet apparaît comme une époque déterminante dans la définition d'une politique coloniale française. Au centre du débat, la question du type de colonisation : des points d'appui pour la marine de guerre ou le commerce, avec, si nécessaire, la conquête de territoires intérieurs limités pour assurer la sécurité des comptoirs ou la conquête de vastes territoires, nécessitant un effort budgétaire conséquent et, à terme, des colonies de peuplement ?

Pourquoi l'Algérie ? La conquête d'Alger et les débuts de la guerre

Lorsque Charles X et Polignac décident d'organiser l'expédition d'Alger au printemps 1830, le projet ne part pas d'une volonté affirmée de colonisation de l'Algérie. Mais Anglais et Russes exercent une sorte de chasse gardée sur la Méditerranée orientale, au niveau des Détroits ; la situation est plus ouverte dans le cas d'une Egypte indépendante de fait et objet d'une rivalité durable entre la France et l'Angleterre : le souvenir de l'expédition de Bonaparte n'est pas très éloigné. Quant à l'Algérie, c'est à dire la zone occidentale de la Méditerranée, elle relève plus, géographiquement et politiquement, d'une influence française que les Anglais entendent bien, dès le départ, circonscrire au minimum. Les relations entre les « barbaresques » et la fille aînée de l'Eglise ont souvent été conflictuelles. Mais ces affrontements circonscrits n'ont pas empêché que des contacts et même des échanges s'établissent, directement ou par des intermédiaires, entre les deux rives de la Méditerranée. L'expédition d'Alger relève aussi de la politique intérieure de la Restauration, le gouvernement de Polignac entendant bien poursuivre le rétablissement de la France à son rang de grande puissance. Cette volonté s'était déjà manifestée en 1823 avec la guerre d'Espagne qui avait rallié l'armée et une partie de l'opinion publique à un régime qui montrait sa force. L'enjeu semble d'une nature équivalente en 1830. Devant le blocage de la vie parlementaire, Charles X a la tentation de jouer la carte du prestige que procure une guerre victorieuse rondement menée, ce qui ne peut manquer d'avoir des retombées dans le cas d'une consultation électorale. La Chambre retrouvée de 1824 en était le parfait exemple. Parmi les prétextes mis en avant pour justifier l'expédition militaire, le gouvernement évoqua l'affront reçu — un coup d'éventail du dey d'Alger — par le consul de France... trois ans auparavant. Les quelque 450 navires et 75 000 hommes qui appareillèrent de Toulon et Marseille à partir du 25 mai atteignirent l'Algérie le 13 juin et prirent Alger le 5 juillet. Si la nouvelle, connue trop tardivement, ne put influencer les élections législatives, une question se posa rapidement : qu'allait-on faire de cette conquête ? C'est la monarchie de Juillet qui hérita de ce « legs onéreux de la Restauration » et y donna une réponse hésitante.

Dans un premier temps, la position de la France est de se limiter à la conquête de zones côtières — Oran, Alger, Bône, Bougie, Mostaganem. A la Chambre des députés, un vigoureux débat oppose colonialistes et anticolonialistes, moins sur des bases morales ou politiques que sur des bases économiques et financières. Mais le rôle du général Clauzel, chef du contingent français et partisan déclaré d'une occupation totale, fut déterminant en donnant une première organisation à la présence française, notamment en créant les unités de zouaves et une commission de colonisation, et en cherchant à nouer des alliances avec les chefs arabes comme l'émir Abd el-Kader. A la suite de la visite d'une commission d'enquête parlementaire et militaire, il fut décidé en 1834 d'annexer les « Possessions françaises du nord de l'Afrique », administrées par un gouverneur général rattaché au ministère de la Guerre. Sur un territoire limité, le peuplement colonial le reste également : 10 000 Européens en 1834, 25 000 vers 1840, Français pour moitié, mais aussi Italiens ou Espagnols, sous la direction d'une administration déficiente et la protection d'une armée encore peu nombreuse. Celle-ci se trouve alors confrontée, à l'ouest, à la rébellion de l'émir Abd el-Kader qui, unifiant Arabes et Berbères sous la bannière de l'islam, entreprend de chasser les Français d'Algérie et leur inflige de lourdes pertes militaires, comme à la Macta en 1835. Cela entraîna une sensible augmentation des effectifs de l'armée française (de 23 000 à 43 000 soldats) au sein de laquelle vont s'illustrer des officiers comme Bugeaud, Damrémont, Lamoricière, Bedeau etc. La guerre, parsemée de massacres atroces de part et d'autre et d'une répression de plus en plus violente des tribus insoumises par les Français, va durer une douzaine d'années. A l'est, les années 1836-1837 sont marquées par la conquête du Constantinois, au cours de laquelle Damrémont fut tué lors du siège de Constantine. Un accord signé entre

Bugeaud, alors partisan de la colonisation restreinte, et Abd el-Kader (traité de la Tafna, mai 1837) laissait à ce dernier la plus grande partie de l'Oranais et de l'Algérois. Mais, ayant consolidé son armée et créé un embryon de véritable Etat arabe (avec administration, police, impôts, monnaie, relations diplomatiques, notamment avec l'Egypte et avec une Angleterre très réceptive), Abd el-Kader massacra les colons européens installés dans la plaine de la Mitidja en novembre 1839.

La colonisation : théories et pratiques

Sous la conduite de Bugeaud, nommé gouverneur général en novembre 1840, la France entreprend une guerre totale et une conquête de l'intérieur de l'Algérie, avec le soutien du gouvernement dirigé par Soult et Guizot. Sur le plan militaire, Bugeaud, un ancien de la guerre d'Espagne sous l'Empire, préconise la formation de colonnes plus mobiles, aptes à la guérilla que pratiquait son adversaire, conscient de son infériorité matérielle. Il rêve de soldats-paysans « à la romaine » et fait sienne la devise « *Ense et aratro* », par le glaive et par la charrue. Disposant de 60 000 hommes en 1840, recrutant aussi des soldats arabes, et de près de 110 000 en 1847, il mène une politique de terre brûlée, ne laissant aucun répit à son adversaire, constamment pourchassé, et use de sanglantes représailles. La prise de la smala d'Abd el-Kader par le duc d'Aumale en 1843 porta un coup décisif à la résistance anti-française. Abd el-Kader poursuivit la lutte depuis l'ouest du pays, trouvant aide et refuge auprès de son beau-père, sultan du Maroc. Mais les troupes de ce dernier ayant été écrasées à la bataille de l'Isly en 1844 alors que la flotte française bombardait Tanger et Mogador — malgré les protestations anglaises —, le sultan s'inclina et signa le traité de Tanger. Abd el-Kader, réfugié au centre de l'Algérie, tenta de continuer la lutte durant trois années. Sa reddition en décembre 1847 au général Lamoricière, puis au duc d'Aumale, successeur de Bugeaud, relevé de ses fonctions, achevait la première phase de la conquête de l'Algérie par la France, au terme d'une longue et meurtrière guerre pour les armées des deux camps, mais surtout pour la population indigène. Les quelque 110 000 colons européens qui sont alors installés en Algérie sont surtout des citadins, installés à Alger pour près de la moitié. Seule une minorité de ruraux s'installent sur des terres annexées à la suite de la défaite du bey ou confisquées brutalement aux tribus malgré leurs protestations, et partagées en petits domaines vendus aux colons. L'Algérie est partagée en trois provinces (Alger, Oran, Constantine) divisées en territoires civils, militaires et mixtes. L'autorité est à la fois militaire (le gouverneur général) et civile (le directeur général des Affaires civiles), ce qui pose parfois des problèmes de cohabitation. Des bureaux arabes ont en charge l'administration des populations autochtones, s'appuyant sur la hiérarchie traditionnelle. Mais les populations arabes sont maintenues dans un statut d'infériorité économique et administrative, à la fois révélateur et cause d'une haine tenace et d'une apparence de paix dont des voyageurs tel Tocqueville sont les témoins lucides. Pour l'armée, la conquête de l'Algérie a représenté un moment de gloire : toute guerre constitue un facteur important pour souder une armée et accélérer les promotions. L'armée est donc assez proche du régime, qui a su faire vibrer la fibre napoléonienne lors du retour des cendres en 1840. Il convient, enfin, de pas oublier les circonstances de cette conquête et de la colonisation qui suivit — parmi les premiers colons, on trouve des paysans puis des proscrits de juin 1848 ou de décembre 1851 — pour comprendre l'étroitesse des liens unissant la France et l'Algérie, au regard de ceux l'unissant à la Tunisie et au Maroc, acquis d'une toute autre manière et beaucoup plus tardivement (respectivement 1881 et 1912).

La France dans le monde

Durant les guerres révolutionnaires, l'Angleterre et d'autres puissances coloniales s'étaient emparées de nombreux territoires appartenant à la France. Mais le traité de Paris rendit à cette dernière Saint-Pierre-et-Miquelon, la Martinique et la Guadeloupe, la Guyane, les comptoirs du Sénégal, la Réunion ou île Bourbon et ses dépendances malgaches, ainsi que ses cinq comptoirs indiens, soit environ 7 000 km^2 et moins d'un million d'habitants dont 10 % environ d'origine française. La France perdait définitivement Saint-Domingue, indépendante depuis la révolte de 1804, l'île de France ou l'île Maurice et les Seychelles, Sainte-Lucie, Trinité et Tobago, gardées par l'Angleterre. Rappelons enfin que Napoléon avait vendu l'immense territoire de la Louisiane aux Etats-Unis pour 80 millions de francs en 1803. Dès le début de la Restauration, la France se montra désireuse de relancer sa présence dans les comptoirs côtiers d'Afrique noire, mais le naufrage de la Méduse en 1816 mit un terme provisoire à cette politique. Avec l'avènement de la monarchie de Juillet, qui hérita de l'Algérie, une véritable politique coloniale vit le jour. L'expansionisme européen, la lente mais inexorable subsitution de la marine à vapeur à la marine à voile rendaient nécessaires la possession de ce que Guizot appelait en 1842 « des stations maritimes sûres et fortes qui servent d'appui à notre commerce ». Quant à envisager de véritables colonies de peuplement, ce n'était ni l'heure ni l'esprit de la politique française. Celle-ci fut marquée par deux questions importantes : celle du sucre, qui voyait s'affronter les intérêts des producteurs de sucre de canne, bénéficiant d'un régime protectionniste, et ceux des producteurs de sucre de betterave qui protestaient vigoureusement ; et celle de l'esclavage dont l'abolition, à laquelle Guizot lui-même se disait favorable, était à l'ordre du jour sans qu'elle ait été réalisée. Les efforts de Lamartine, de Schoelcher, de Tocqueville restèrent sans effet. Quant à la traite, bien qu'interdite, elle continuait de manière plus clandestine et moins ample. Grâce à une marine reconstituée par le baron Portal, puis par Duperré, tous deux ministres de la Marine et des Colonies, la France poursuivit et amplifia son implantation sur les côtes ivoirienne et gabonaise, avec la fondation de comptoirs comme Grand-Bassam, puis Libreville en 1849, en prélude à une reconnaissance de l'intérieur de l'Afrique. Dès 1828, René Caillé réussit à atteindre Tombouctou. Des navigateurs s'illustrent comme Freycinet, Duperrey, Dupetit-Thouars ou Dumont d'Urville qui baptisa la Terre Adélie en 1840, tandis que la France marque des points dans l'océan Indien (îles de Nossi-Bé, Nossi-Komba et Mayotte, autant de préludes à la conquête de

Madagascar) et dans l'océan Pacifique (îles Tahiti, Gambier, Marquises, Wallis et Futuna). Suivant de peu ou même précédant les explorateurs, les missionnaires catholiques (Société de la propagation de la foi, de Pauline Jaricot, Congrégation de Saint-Joseph de Cluny, de Marie Javouhey etc.) se livrent à une rude concurrence avec leurs homologues protestants, parfois évincés par la force comme le pasteur anglais Pritchard accusé de soulever la population tahitienne contre la France — ce qui provoqua un sérieux incident diplomatique entre Londres et Paris (1843-1844). Déjà se dessinait la rivalité avec l'Angleterre qui, en 1840, devança la France dans la prise de possession de la Nouvelle-Zélande. Français et Anglais se retrouvèrent sur la route de l'« empire du milieu », dont ils désiraient l'ouverture au commerce européen. La France, distancée dans un premier temps, obtint des avantages commerciaux comparables à ceux de la Grande-Bretagne, qui avait acquis Hong-Kong en 1842, grâce au traité de Wampoah.

Conclusion

Le nom de Restauration sonne comme un programme ; l'expression de monarchie de Juillet comme une filiation avec l'autre juillet, celui de 1789. Mais le fait que la monarchie de Juillet soit, symboliquement, passée du soleil de juillet 1830 au sang de février 1848 a été utilisé par ses adversaires, au premier rang desquels les républicains, pour dresser un sombre réquisitoire du régime. Il est vrai que Louis-Philippe n'a pas su prévenir la montée de la revendication démocratique et, en s'appuyant sur l'idée de prospérité, Guizot se condamnait à dépendre d'une conjoncture économique par définition fluctuante. Ce fut pourtant une époque importante pour l'entrée de la France dans la modernité économique ; époque de mutations nombreuses, étape précédant l'instauration de la démocratie républicaine qui s'imposa, provisoirement, en février 1848. La focalisation du débat politique sur la question du droit de suffrage montre qu'après 1830 tout régime doit compter avec une opinion publique qui, plus largement scolarisée, lit la presse, suit les débats de la Chambre, exprime des choix et revendique le droit de participer à la vie politique. Avant même le Second Empire qui s'appuya dessus, puis la Troisième République qui en fit le pilier de sa légitimité, les années 1815-1848 sont marquées par l'irrésistible émergence de ces classes moyennes de producteurs comme force politique : hostiles à la violence politique, elles n'en sont pas moins fortement attachées aux conquêtes de la Révolution, et se rallient finalement à l'idée d'une république libérale et assez conservatrice. Cette attitude traduit autant le rejet de la monarchie en tant que système que le rejet d'un régime n'apportant plus la prospérité à des hommes dès lors privés de moyens d'existence mais aussi de l'espoir d'ascension sociale, et donc d'accès à la pratique du suffrage universel.

N.B. : La bibliographie concernant la France de 1815 à 1848 est regroupée à la fin du chapitre VI consacré à la France de 1848 à 1871.

CHAPITRE III

L'EUROPE DES GRANDES PUISSANCES. ROYAUME-UNI, AUTRICHE, RUSSIE (1815-ANNÉES 1870)

L'Europe des grandes puissances : l'expression ne doit pas faire illusion. Il serait vain d'y chercher les germes d'une unité politique autre que de circonstance. Les rapprochements que nous avons évoqués témoignent bien d'un changement d'époque. Mais les particularismes de chacun de ces Etats plaident aussi en faveur du maintien d'une politique d'indépendance et, en cas de divergence fondamentale d'intérêts, n'empêchent nullement le recours à la guerre en dernier lieu. Cette indépendance farouche qui va de soi dans le cas de l'Angleterre — elle en fait la pierre angulaire de sa politique extérieure — l'est aussi pour l'ensemble germanique composé de la Prusse et de l'Autriche, tout à leurs rivalités internes, et pour la Russie aux ambitions affirmées en Europe orientale ou balkanique.

Un Royaume-Uni à l'apogée (1815-vers 1875)

Au lendemain de Waterloo, la Grande-Bretagne joue plus que jamais ce rôle de gendarme de l'Europe que sa puissance maritime, fruit d'une puissance économique et financière considérable, lui permet de tenir. Marqué par une croissance sans équivalent, le pays de la plus précoce révolution industrielle s'est signalé par une farouche opposition (symbolisée par Burke) aux idéaux de la Révolution française et par l'affirmation d'un fort nationalisme qui n'exclut pas, pour autant, de vives tensions sociales, politiques et parfois religieuses. Fière de ses libertés conquises par ses révolutions du XVIIe siècle, constituée en Royaume-Uni de Grande-Bretagne et d'Irlande depuis l'acte d'Union de 1800, la nation britannique demeure l'un des foyers les plus actifs du combat pour le droit de vote, la liberté d'expression, l'association ouvrière. Pourtant, la Grande-Bretagne ne connaîtra aucune révolution politique et, si les révolutions de 1830 et 1848 ne furent pas sans effet, elles n'eurent pas la résonance qui fut la leur dans d'autres pays d'Europe continentale. Constituée précocement en nation regroupée autour de la forme monarchique de gouvernement, l'Angleterre possède déjà et pour longtemps des caractéristiques sociologiques qui n'ont pas disparu de nos jours.

La société britannique

A la fois « workshop of the world » et garant d'une « Pax britannica » qui se confond parfois avec une paix universelle, l'Angleterre apparaît, aux yeux de l'étranger, comme une société communiant dans des valeurs profondément partagées. Le paradoxe britannique, souligné par François Bédarida, n'est-il pas, au fond, de constituer « une société tout à la fois inégalitaire et homogène » ? Peuple profondément imprégné de religiosité (sinon de pratique religieuse), comme en témoigne la diffusion de la Bible, et d'un goût certain pour le système monarchique, le bicaméralisme (Lords et Communes) et le respect d'une hiérarchie sociale fondée sur l'hérédité ; peuple précocement instruit, ayant développé un système perfectionné de collèges pour ses élites (Oxford, Cambridge, mais aussi ses autres *Public schools* comme Rugby), et aimant la liberté et la démocratie. Inventeur d'une esthétique de vie alliant le sens de l'effort (invention du sport : boxe, rugby, golf, football, athlétisme, tennis...) et celui du confort, le peuple britannique connaît une croissance rapide (10 millions en 1801, 20 en 1851, 37 en 1901) qui en fait un peuple jeune, producteur et consommateur, mais aussi un peuple migrant et conquérant. Un sentiment de supériorité, relayé par un patriotisme sans faille autour de l'*Union Jack*, qui vire facilement au chauvinisme (John Bull, et, plus tard le jingoïsme) partagé par les différentes classes sociales, s'exprime à plein au milieu du XIXe siècle chez un peuple conscient de sa domination mondiale. Peuple d'insulaires et de marins, fier de sa *Royal Navy*, mais peuple pratique aussi, qui met l'innovation à son service, qu'il s'agisse des transports ferroviaires, de l'eau courante et du water-closet, du timbre-poste (sur lequel, en l'absence de tout nom de pays, le seul profil de la reine Victoria indique l'origine...). Les contrastes sont multiples en Angleterre : l'un des plus frappants est celui qui oppose l'Angleterre verte des campagnes — le monde rural, bien que de plus en plus minoritaire, continue d'incarner la vieille Angleterre — à l'Angleterre noire ou rouge des fumées et des briques, celle des villes tentaculaires. Peuple majoritairement urbain dès le milieu du XIXe siècle, avec une préférence marquée pour le *home* individuel, à la fois cause et conséquence d'un individualisme marqué, y compris dans les classes ouvrières, ce qui n'empêche une assez forte homogénéité architecturale et urbanistique. Mais l'immeuble cossu victorien est aussi de mise, avec sa hiérarchie sociale traditionnelle selon les étages. Le *slum* règne enfin dans les pires quartiers, sans hygiène ni air, à l'ombre des fumées noires et des cabarets sordides. Cette hiérarchie urbaine est particulièrement visible à Londres, nouveau Léviathan ou nouvelle Babylone, ville phare de l'Angleterre et de l'Occident, à la fois *Golden City* (capitale des affaires) et *World City* (capitale du monde vu par les Européens). Si l'opposition West End/East End reste dans l'ensemble exacte, elle simplifie quelque peu la réalité : les quartiers bourgeois, voire aristocratiques, ont « leurs » pauvres, et ceux-ci ne sont pas tous de la même essence, entre ceux qui ont un travail et ceux qui, peuplant les bas-fonds (*underworld*) et l'imaginaire social, sont dépeints, à Londres aussi, comme des classes dangereuses.

Peut-on, comme Disraeli, réduire la société britannique à une dualité (*Sybil or the Two Nations*, 1845) ? La représentation se doit d'être affinée. Il existe en fait des classes sociales dominantes aux intérêts multiples et parfois divergents, même si, face aux revendications sociales et politiques des classes défavorisées, la cohésion l'emporte sur la division. Plus généralement, la société anglaise se divise, au-delà des types d'activité, en trois groupes assez clivés : au sommet, une aristocratie de grands propriétaires fonciers ou de grands entrepreneurs (*upper classes*) ; au milieu, un groupe plus nombreux de producteurs pas nécessairement propriétaires, bourgeoisie urbaine essentiellement (*middle classes*) ; enfin, à la base, une masse d'ouvriers agricoles ou industriels (*lower* ou *working classes*). L'aristocratie foncière, monde des *landlords* ou de la *gentry*, voire des simples *squires*, représente la tradition des *country gentlemen*, reste la référence comme modèle et domine largement la vie politique dans les deux Chambres et au gouvernement. Liée à l'Eglise anglicane, elle a su résister à la montée d'une bourgeoisie entreprenante qu'elle va lentement adouber en lui transmettant le respect de ses valeurs. La terre dont elle possède parfois d'immenses propriétés, comme les ducs de Northumberland ou de Devonshire, sont la base de sa fortune ; elle loue ce qui ne lui est pas nécessaire à des fermiers laboureurs qui eux-mêmes emploient des ouvriers agricoles dont le nombre diminue devant les progrès du machinisme. Rares sont, en dehors des terres les moins productives, les *yeomen*, petits paysans propriétaires épargnés par le mouvement des enclosures, qui touche à sa fin. La concentration extrême est révélée par le *New Domesday Book* de 1873 : moins de 7000 personnes possèdent les quatre cinquièmes des terres du Royaume-Uni ; en Angleterre, un quart des terres est aux mains de 360 personnes et de 24 en Ecosse ! Les aristocrates sont à la fois les meilleurs et les plus riches. Ils ont su diversifier leurs revenus, en investissant dans l'immobilier, le charbon, le chemin de fer, la banque, le commerce... Les barons d'industrie aux fortunes érigées rapidement aspirent à pénétrer ce monde, même si les distinctions sociologiques et parfois religieuses (l'aristocratie est anglicane, alors que l'industrie est plutôt non-conformiste) restent fortes. Pour autant, les barrières sociales ne sont pas infranchissables à condition que les montants adoptent les mœurs de ceux à qui ils veulent s'assimiler. Or, les membres des classes moyennes le désirent-ils vraiment ? N'ont-ils pas, d'une certaine manière, réussi à imposer leur système de valeurs à l'ensemble du pays, en tout cas à une *upper class* acceptant bon gré, mal gré de s'y convertir ? Fiers de leurs activités et de la prospérité générale qui en découle, les chevaliers d'industrie et plus généralement la bourgeoisie d'affaires prennent conscience de former eux aussi une sorte d'aristocratie, avec ses valeurs professionnelles (entreprendre, travailler, épargner, investir) et personnelles (famille, religion, morale) que transcende cette volonté suprême : l'ascension sociale, et les signes extérieurs qui y sont afférents. C'est la mentalité du *self-help*, pour reprendre le titre d'un succès de librairie dû à Samuel Smiles (1859), qui produit le *self-made man* — ce n'est pas très différent de « l'enrichissez-vous » de Guizot — dont quelques-uns des modèles les plus connus s'appellent Thomas Cook, Samuel Cunard, John Player, Joseph Chamberlain... La catégorisation de la *middle class* est difficile, car les différences de statut et de revenus sont multiples. On simplifie en élaborant trois sous-catégories : *upper middle class* (milieux d'affaires et professions libérales traditionnelles), qui est à la frange de l'aristocratie avec laquelle elle s'allie parfois matrimonialement ; *middle middle class* (industriels, commerçants, professions tertiaires qualifiées) aux revenus encore aisés ; *lower middle class* (petits patrons, employés, petits fonctionnaires etc.), qui tient à être distinguée de la *lower class* qui la talonne. On rattachera à cette *middle class* urbaine une *middle class* rurale composée de fermiers et de commerçants qui, moins nombreux et moins voyants, n'en constitue pas moins une sorte de bourgeoisie rurale. Quant à la *lower class* ou *working class*, elle est à la fois la plus nombreuse et la plus diverse. On y trouve aussi bien des ouvriers de l'industrie que des ouvriers agricoles, prolétariat rural dispersé et d'autant plus exploité, et une nombreuse domesticité, très féminisée. Les plus qualifiés des ouvriers (*skilled*), véritable *labour aristocracy*, sont aussi les plus engagés dans le chartisme ou les trade-unions, là où les moins qualifiés (*unskilled*), souvent fraîchement issus de la campagne, forment un groupe nombreux et facile à exploiter, notamment les femmes et les enfants. Entre les deux, un groupe fluctuant, plus ou moins qualifié, plutôt féminisé, subit les aléas des variations économiques. La crise, parfois liée à des événements extérieurs comme la famine du coton provoquée par la guerre de Sécession, produit, en termes de chômage et de misère, des effets dévastateurs, aggravés parfois par l'épidémie (choléra en 1832). Ce n'est que très progressivement que l'artisanat (*domestic system*) cède la place au *factory system*. Bien entendu, l'Angleterre noire de la trilogie charbon-fer-textile n'est pas un mythe, de Birmingham à Manchester par exemple et la *Coketown* de Dickens (*Les Temps difficiles*, 1854) est décrite de manière très réaliste. Reste enfin, dans le monde urbain, tout un *underworld,* dont la survie dépend de la charité publique et plus encore privée, qui constitue l'unique ressource de la frange la plus misérable de la société britannique.

Souverains et gouvernants

La forte personnalité de George III, roi de 1760 à 1820, ne s'exerça entièrement que jusqu'en 1788, date à laquelle la maladie mentale qui le frappa de plus en plus fortement et durablement eut pour conséquences la création d'une régence assurée par son fils, le futur George IV, à partir de 1811, et le renforcement du pouvoir du ministère. Cela ne signifie pas pour autant que le souverain soit dépourvu de toute initiative. Mais le rôle des Chambres s'affirme, notamment celle des communes, parallèlement à l'élargissement progressif du droit de vote. En 1815, le Royaume-Uni, bien que financièrement exsangue, savoure le retour de la paix, mais se trouve confronté à une grave crise économique et sociale qui provoque une virulente agitation ouvrière. Un courant radical s'exprime ouvertement en faveur de réformes profondes, avec Cobbett ou Place. Les successeurs de George III, ses fils George IV (1820-1830) et Guillaume IV (1830-1837), s'attachèrent surtout à maintenir la prérogative royale et favorisèrent les mesures protectionnistes (*Corn Laws* de 1815, 1822 et 1828) et répressives, notamment contre la liberté de la presse et le droit de réunion, prétextant des menaces « jacobines » (massacre de St. Peter's Field ou Peterloo, complot dit de *Cato Street*). Ils s'appuyèrent sur un personnel tory très conservateur comme Liverpool, Castlereagh ou Wellington, mais aussi sur des ministres plus libéraux comme Canning ou Robert Peel. Lord Grey, chef des whigs, constitua même un ministère avec Palmerston en charge des Affaires étrangères. C'est sous le ministère Wellington, pourtant opposé à un projet élaboré par son rival Canning, que fut adopté en 1829 le *Catholic Bill Relief* qui accordait aux catholiques le droit d'éligibilité (ils étaient électeurs depuis 1793), sous condition de prêter serment de fidélité au roi. Mesure d'émancipation tardive, qui rompait avec le *Test Act* de 1673, et prise sous la pression des Irlandais, notamment de leur plus vigoureux défenseur, Daniel O'Connell. Mais la grande réforme fut sans conteste la réforme électorale de 1832, adoptée sous le ministère Grey. Réclamé par Jeremy Bentham, fondateur de l'utilitarisme, et ses disciples James et John Stuart Mill, par les 60 000 manifestants qui avaient participé en 1819 à la manifestation de Peterloo férocement réprimée (11 morts, 400 blesssés), mais aussi par des mouvements urbains et ruraux de nature révolutionnaire autour de 1830-32, l'élargissement du droit de vote ou *Reform Bill* voté malgré l'hostilité des Lords ne fut pourtant que très limité : le corps électoral passa de 400 000 à environ 800 000 électeurs (mais en France, plus peuplée, il passe à la même époque de 100 000 à environ 200 000 électeurs), ce qui permit essentiellement à la bourgeoisie industrielle d'accéder à un Parlement très largement dominé par l'aristocratie foncière. De plus, l'Angleterre, qui ne représente qu'une grosse moitié de la population britannique, continue d'élire près des trois quarts des députés des Communes. Mais le rôle des « bourgs-pourris » ou « bourgs de poche » (56 sont supprimés), circonscriptions électorales détenues par quelques puissants propriétaires, se trouve considérablement réduit au profit des comtés et des villes. Toujours sous le ministère Grey, furent votées une première loi réglementant le travail des enfants dans les usines et l'abolition de l'esclavage dans tout l'Empire (1833 ; la traite l'était depuis 1807), puis la loi sur les *workhouses* (1834) qui, justifiant l'aide aux sans ressources par l'exercice d'un travail, visait à l'enfermement des pauvres.

Guillaume IV étant mort sans héritier direct, la couronne passa à sa nièce Victoria, petite-fille de George III, âgée de 18 ans, alors que le Hanovre, berceau de la dynastie, passait à son oncle Ernest. L'Angleterre signait un bail de 64 ans avec une reine qui allait donner son nom à une période considérée comme l'âge d'or de l'histoire contemporaine du pays. La jeunesse de la reine, son mariage d'amour avec son cousin Albert de Saxe-Cobourg-et-Gotha dont elle eut neuf enfants, sa droiture morale et son sens des valeurs traditionnelles lui valurent le respect et l'affection d'une part croissante du peuple britannique. Victoria fut également respectueuse d'une règle qui s'imposait depuis Pitt : le choix du Premier ministre au sein de la majorité parlementaire. Ce fut le cas avec Robert Peel, conservateur, en 1841, ou, plus tard, avec Palmerston, libéral, pour lequel la reine n'avait pas de sympathie. Peel mena une prudente politique de gestionnaire des finances publiques, réduisant les droits sur les importations et favorisant le développement des chemins de fer par des entreprises privées. Peel puis Russell, leader des libéraux, furent confrontés à la montée du chartisme, expression du mécontentement social et politique d'un peuple de petits producteurs réclamant des réformes démocratiques. Ils durent également prendre en charge la désastreuse famine d'Irlande et ses dramatiques conséquences sociales, alors qu'une grave crise économique touchait l'ensemble du Royaume-Uni. Longtemps en charge des Affaires étrangères, avant de devenir Premier ministre (1855-58 et 1859-65), Palmerston mena avec brio la diplomatie anglaise, réussissant à concilier ses principes libéraux et l'intérêt de la Couronne, notamment dans les affaires d'Orient (Egypte, question des Détroits et guerre de Crimée où il s'opposa aux prétentions russes), ou encore dans sa politique coloniale. Il fut moins heureux dans sa politique américaine, soutenant les états esclavagistes sudistes lors de la guerre de Sécession, ce qui amena une vive tension avec les Etats-Unis. Il ne put empêcher la France d'obtenir du pacha d'Egypte la construction du canal de Suez dont la maîtrise pouvait, à terme, menacer les intérêts stratégiques de l'Angleterre. Epoque « de la réconciliation des Anglais entre eux, de la Couronne et du peuple » (Roland Marx), le règne de Victoria est à la fois marqué par une prospérité indéniable dont profitent toutes les classes de la société, mais aussi par la construction d'un capitalisme dur, ne cédant qu'à la dernière extrémité, et qui sut conserver ses positions. Les débuts de l'Angleterre victorienne sont marqués par un extraordinaire développement économique (1848 : 5 000 km de voies ferrées, 1871 : 22 000 ; 1850 : 50 millions de tonnes de charbon ; production de textile multipliée par trois entre 1830 et 1850) qui accentue encore la domination économique mondiale du pays, ce qui n'empêche de violentes crises conjoncturelles, liées à une croissance non maîtrisée, de se produire à intervalles réguliers (1839-42, 1846-50). L'Angleterre montra sa force lors de la première exposition universelle qui eut lieu à Londres en 1851 et pour laquelle Joseph Paxton construisit un étonnant bâtiment de verre et de fer, le Crystal Palace. Les théories libérales d'Adam Smith (libre-échange et concurrence) forment la base de la pensée économique. D'immenses fortunes s'érigent rapidement et parfois s'effondrent tout aussi vite (voir Georges Hudson, *railway king* peu scrupuleux). Les grands débats intérieurs portent sur l'impôt sur le revenu ou *income tax* instauré pour la première fois en 1846, sur le protectionnisme, sur la législation sociale, sur la santé publique (création dès 1848 d'un *Board of Health* qui a en charge la qualification professionnelle des médecins). La demande d'abolition des lois protectionnistes sur les céréales, qui taxent les blés étrangers, fut relayée par des économistes libéraux comme Richard Cobden, fondateur de l'*anti-Corn Law League* en 1838, et accordée par Peel en 1846 devant le spectacle de la famine irlandaise. L'abolition des actes de navigation en 1849 ouvrit les ports de l'Angleterre au commerce international, dont, grâce à sa suprématie maritime et commerciale, elle allait tirer largement bénéfice. Le libre-échange enregistra une nouvelle victoire avec la signature en 1860 du traité commercial entre la France et l'Angleterre (négocié par Richard Cobden et Michel Chevalier), qui réduisait sensiblement les droits de douane entre les deux pays. Le Royaume-Uni n'eut que rarement l'occasion d'employer son armée (1854-55, guerre de Crimée). Mais déjà l'intérêt pour l'exploration et la conquête se manifeste, relayée par la Société royale de géographie fondée en 1830. La saga de Livingstone résume cet état d'esprit, avant que politiques et aventuriers ne prennent possession de vastes domaines au nom de la reine. En 1869 est fondée la *Colonial Society*.

Le dualisme partisan

Deux grands partis règnent sans partage sur la vie politique anglaise : les whigs et les tories. Encore convient-il d'utiliser avec précaution le terme de parti, tant les comportements des élus restent foncièrement individuels et les transfuges d'un parti à l'autre possibles sinon courants. Après la réforme électorale de 1832, les tories prennent l'appellation de conservateurs (1836) et les whigs, rejoints par les radicaux et les peelites, s'agrègent au sein d'un parti libéral (le mot s'impose en 1847, puis avec Gladstone en 1868). Ce dernier incarne la volonté de réformes limitées à l'intérieur et l'esprit plus réservé vis-à-vis des conquêtes à l'extérieur, là où le parti conservateur incarne la volonté de respect de la société traditionnelle à l'intérieur et un esprit affirmé de puissance et de conquête à l'extérieur. Le rôle des clubs, hauts lieux de la sociabilité politique britannique, reste essentiel : ainsi du Carlton, conservateur, ou du Reform Club, libéral. Sous l'impulsion de Joseph Chamberlain, un premier comité électoral ou Caucus est formé à Birmingham en 1867, et, dix ans plus tard, la *National Liberal Federation*, dirigée par un Bureau central, voit le jour. Du côté conservateur, l'Union nationale conservatrice naît en 1867. Après une période dominée par les tories jusque vers 1841, les libéraux vont truster les victoires électorales entre 1847 et 1868. Des lois abaissant les taxes sur le papier et les journaux entraînèrent une floraison considérable de titres, la plupart soutenant le parti libéral, et une augmentation de leur diffusion (le *Daily Telegraph* tire alors à près de 200 000 exemplaires). Face à cette domination quasiment sans partage, le parti conservateur, diminué et menacé d'éclatement, retrouve confiance sous la houlette d'un écrivain dandy, quelque peu sulfureux, issu d'une famille de confession israélite mais converti à l'anglicanisme, d'origine italienne et venu du radicalisme : Benjamin Disraeli. En 1867, ayant converti son parti aux vertus du libre-échange, Disraeli fait voter une nouvelle réforme électorale qui augmente de 50 % le nombre d'électeurs (de 1 350 000 à 2 150 000) et devient Premier ministre pour quelques mois en 1868. Il s'agit moins d'une volonté de promouvoir la démocratie que d'une froide analyse de la propension du peuple à soutenir les classes dirigeantes pour peu que celles-ci lui apportent prospérité économique, progrès social et en plus expansion impériale (toutefois, la même année le Canada reçoit, le premier, un statut de dominion). De plus, la surreprésentation des bourgs ruraux, les plus conservateurs, n'est guère affectée. C'est aussi une façon de battre les libéraux sur leur terrain supposé d'élection. En revanche, la question du vote des femmes se heurte à une fin de non-recevoir, malgré le soutien de personnalités comme John Stuart Mill, même si un premier projet de loi en ce sens est déposé en 1866. Le grand rival de Disraeli fut Gladstone qui, entre 1868 et 1894, dirigea quatre ministères. Issu d'un milieu aisé d'origine écossaise, empreint d'une culture religieuse, d'une morale rigoriste et du sens de la justice, pacifiste croyant au progrès, il part du torysme pour se rallier aux libéraux dont il devient le chef. Gladstone fit adopter le vote par bulletin secret en 1872, ce qui permit de moraliser une pratique électorale encore largement marquée par la corruption, après avoir fait voter le grand *Education Act* de 1870, première intervention directe de l'Etat en matière d'instruction en obligeant chaque paroisse à entretenir une école primaire et en prévoyant l'octroi de subventions. Il fit également supprimer les discriminations religieuses pour entrer à Oxford ou à Cambridge, abolit la pratique de l'achat de grades dans l'armée, organisa le recrutement administratif par concours. Disraeli revint au pouvoir entre 1874 et 1880, et, plus que jamais, joua la carte de l'impérialisme britannique, flattant par là le peuple et la reine Victoria à qui il fit accorder le titre d'impératrice des Indes. Le congrès de Berlin (1878), consécutif à la guerre russo-turque, adopta le principe d'un démembrement des possessions européennes de l'Empire ottoman, donnant satisfaction aux Britanniques qui obtinrent Chypre et se virent confirmer leur prédominance en Egypte : ils avaient racheté les actions du canal de Suez que le pacha détenait. Disraeli fit adopter des réformes sociales sur les logements d'artisans, les mutuelles, la santé publique, l'éducation, les droits syndicaux qui une fois de plus apparaissaient comme une pierre dans le jardin des libéraux. Il fut pourtant emporté par ses échecs en politique extérieure (Afrique du Sud, Inde) et par les premiers effets de la grande dépression économique qui allait frapper de plein fouet l'Angleterre et l'Europe tout entière.

Luttes sociales urbaines et rurales

Première touchée par la révolution industrielle, l'Angleterre va produire de la richesse, mais aussi de la pauvreté urbaine et rurale. Les mouvements de bris de machines (luddisme) s'y développent dès 1812 à Nottingham, puis dans les Middlands : le phénomène se poursuivra jusque dans les années 1840. Le massacre de Peterloo témoigne à la fois de la gravité de la situation économique et sociale au lendemain des années de guerre et de l'affirmation de revendications démocratiques, mais aussi de l'intransigeance des milieux dirigeants. L'émergence du radicalisme est stoppée, et son grand leader, Henry Hunt, emprisonné durant deux ans. Des tentatives voient le jour pour organiser le monde du travail, comme celle de Robert Owen, industriel philanthrope qui souhaite rassembler l'ensemble des ouvriers de l'industrie et de l'agriculture dans un grand *National Consolidated Trade Union* (1833). Il s'agit bien, pour Owen, d'une critique radicale de la société britannique, et de l'affirmation de la nécessité d'établir une société socialiste, égalitaire, basée notamment sur la coopérative. C'est un échec devant les réactions violentes du gouvernement et des milieux d'affaires, mais qui provoque une prise de conscience des ouvriers, alors que l'année suivante est votée la *Poor law* qui, succédant à celle de la période élizabéthaine, crée les asiles de travail ou *workhouses* à la renommée tristement célèbre. C'est dans ce contexte que naquit le chartisme, mouvement ouvrier réformateur issu de l'Association des travailleurs londoniens. Recrutant dans l'aristocratie ouvrière, voire dans la petite bourgeoisie industrielle ou commerçante, les chartistes réclament dès

1837 une charte du peuple instaurant le suffrage universel masculin, le scrutin secret et l'indemnité parlementaire. Revendications appuyées par des moyens pacifiques (pétition, manifestation), mais parfois par des formes d'essence révolutionnaire (grève générale en 1839, manifestation de Newport : 14 morts). Après un net reflux, le chartisme connut de nouveau quelques actions spectaculaires en 1842 et 1848, sous la direction d' O'Connor, puis se divisa en plusieurs courants. De hauts personnages comme le comte de Shaftesbury s'engagent dans des actions de philanthropie, et créent, sous la présidence du prince Albert, la Société pour améliorer la condition des classes travailleuses, en 1844. En 1842, une première loi (*Mines Act*) interdit le travail des femmes et des enfants au fond des mines ; en 1847, une loi limita le travail des enfants et des femmes à 10 heures par jour, complétée par une loi complémentaire en 1853 qui permit d'appliquer plus correctement cette limitation mal respectée. Dès 1850, on arrête le travail le samedi vers 14 heures, première ébauche de la semaine anglaise. D'autres lois favorisent la construction de logements sociaux par les municipalités. Au début des années 1870, des secteurs comme la métallurgie ou le bâtiment obtiennent la limitation de la journée de travail à 9 heures.

C'est à Londres qu'est publié en allemand, en février 1848, le *Manifeste du parti communiste* de Marx et Engels qui fait suite à la publication en 1845 par le seul Engels de sa *Situation de la classe laborieuse en Angleterre*. Pour les deux auteurs, l'Angleterre constitue un laboratoire idéal pour observer l'effondrement inéluctable du système capitaliste sous les coups de la révolution sociale prolétariarienne. C'est aussi à Londres que furent adoptés en 1864 les statuts de l'Association internationale des travailleurs, rédigés par Marx. Pourtant, l'Angleterre ne connut jamais de tentative révolutionnaire impliquant la participation d'une majorité de sa *working class*. Pays de la déférence envers l'élite (Bagehot), société ayant une unité psycho-sociologique supérieure à ses distinctions sociales, nation ayant acquis depuis longtemps une mobilité verticale suffisante, classes dominantes sachant concéder à temps pour préserver ses positions, élargissement constant d'une classe moyenne conservatrice ? La conscience d'une suprématie mondiale, le patriotisme largement partagé, la domination sans partage de la notion de liberté sur celle d'égalité renforcent ce refus de « l'aventure révolutionnaire ». Le mouvement coopératif, distingué du socialisme proprement dit, se développe avec les « Equitables Pionniers de Rochdale » (1844), alors que parallèlement les mutuelles continuent de croître en effectifs (de 1 à 4 millions d'adhérents entre 1815 et 1872). Les nouveaux *trade-unions*, qui regroupent des travailleurs qualifiés (métallurgistes en 1851, charpentiers en 1860), se montrent favorables à la négociation et à l'arbitrage, et agissent autant comme mutuelles que comme syndicats. Leur nombre d'adhérents progresse vite : autour de 120 000 en 1868, plus d'un million en 1874, avant de se stabiliser autour de 600 000. Ils tiennent leur premier congrès à Manchester en 1868, année de la création du *Trade Unions Congress*, mais aussi d'une grave crise économique, entérinant la rupture avec l'Internationale. L'aristocratie ouvrière, qui domine le mouvement syndical, est liée au parti libéral (alliance Lib-Lab, formation dès 1869 d'une *Labour Representation League*), prône l'action légale sans exclure le recours à la grève et se veut plus réformiste que révolutionnaire. Pour autant, les conflits sociaux sont parfois très durs et la combativité de la classe ouvrière est réelle, face à un patronat qui utilise toutes les armes disponibles (dont le *lock out*) pour briser la puissance des *trade-unions*. Les syndicats sont reconnus par Gladstone en 1871 avec le *Trade Union Act*. En 1872, sous l'impulsion de Joseph Arch, est fondé le Syndicat national des ouvriers agricoles. Avec la suppression du délit de grève en 1875 et la reconnaissace de l'égalité entre ouvriers et patrons lors de la signature de contrats de travail, il s'agit bien du triomphe de la voie négociative et réformiste, et du refus de la voie révolutionnaire.

Religion et éducation

Nation profondément religieuse, le Royaume-Uni connaît une symbiose réelle entre sa fidélité monarchique et son attachement aux différentes formes de religion réformée. Cette symbiose se traduira pendant plusieurs siècles par un rejet des « papistes » ou catholiques, considérés comme des sujets de Rome. Imprégné d'une culture et d'une morale bibliques, le peuple britannique est cimenté par un profond respect envers la Bible, sur laquelle tout parlementaire doit prêter serment. Entre puritanisme de façade et liberté de comportements privés, la société britannique développe des valeurs morales et sociales (chasteté, tempérance, charité, inégalités voulues par Dieu) d'autant mieux transmises que l'école est largement aux mains des Eglises anglicane et protestantes. L'émancipation tardive des catholiques — *Catholic Bill Relief* de 1829 — et des Juifs — *Jewish Relief Act* de 1858 — témoigne de la persistance du sentiment particulariste des Anglais. Si une moitié du pays avoue partager la religion de la reine, « gouverneur suprême de l'Eglise d'Angleterre », le restant se rattache (sauf juifs et catholiques) à l'une des innombrables Eglises du Dissent, protestants de toutes natures : méthodistes, congrégationalistes, baptistes, et, peu nombreux mais influents, quakers. En Ecosse, domine largement le courant presbytérien issu du calvinisme, bien que divisé en Eglises rivales (1843, schisme de la *Free Church*). Mais, à travers tout le royaume, de nombreuses voix s'élèvent pour dénoncer la déchristianisation galopante du pays, notamment dans les quartiers ouvriers des villes d'industrie. Une vaste enquête menée en 1851-52 montre qu'une bonne moitié des Anglais s'est détournée de toute pratique religieuse, proportion qui atteint les trois quarts de la population des villes. L'Eglise anglicane, malgré des efforts massifs de reconquête (missions, construction d'églises ou d'écoles, œuvres de charité), se montre incapable de reconquérir les classes laborieuses. Le mouvement de *revival* des non-conformistes se heurte aux mêmes difficultés, même si l'on peut évoquer de réels succès : ainsi l'évangélistion des ouvriers par les baptistes sous la conduite de Don Taylor, ou le rôle d'un méthodiste célèbre, William Booth, fondateur dès 1870 d'un mouvement qui devint en 1878 la *Salvation Army*. En 1833, sous la conduite de Keble, Pusey et surtout J.H.Newman, le mouvement d'Oxford qui nourrit la High Church (Haute Eglise, courant implanté dans le milieu épiscopal, par opposition à la *Low Church*, courant plus traditionnaliste répandu chez les pasteurs et à la *Broad Church*, courant libéral) tente de revivifier la foi de ses concitoyens. C'est un échec, dans la mesure où les réformes préconisées dans des tracts (d'où le nom de « tractariens ») diffusés à grande échelle apparaissent comme une démarche de réconcilation avec Rome — Newman se convertit d'ailleurs au catholicisme en 1845, comme Manning en 1851, et fut ordonné évêque en 1879. La progression numérique du catholicisme (120 000 en 1800, 700 000 en 1851) est alimentée par le vivier irlandais, grand pourvoyeur de prolétaires dans les villes manufacturières et de fidèles dans les églises. Mais la méfiance persiste dans les milieux dirigeants d'autant que la proclamation en 1870 du dogme de l'infaillibilité papale réactive l'anti-papisme. Pour tous les courants religieux, la concurrence de nouvelles théories scientistes se fait jour : c'est le cas avec l'évolutionnisme de Darwin (l'*Evolution des espèces* paraît en 1859).

L'inégalité devant la vie en général se retrouve devant l'éducation. Le réseau, ancien et vénéré, des écoles élémentaires (*preparatory schools*) et surtout secondaires (*public schools*) créé par et pour les élites se veut le sanctuaire des traditions britanniques, en donnant une parfaite éducation de gentleman à ceux qui les fréquentent. Les neuf plus célèbres *public schools* (dont Winchester, Harrow, Rugby, St. Paul's, Shrewsbury...) accueillent la fine fleur de la *upper class*, là où des *public schools* plus récentes comme Chelteham ou Marlborough forment les rejetons de la *middle class* également accueillis dans des *grammar schools* moins huppées et meilleur marché. L'époque est à la fois à la réforme administrative — la *Clarendon Commission* aboutit au *Public Schools Act* de 1868 — et à la réforme pédagogique : les idées appliquées par Thomas Arnold à Rugby feront date. Partout, on cultive l'élitisme, l'humanisme, la compétition, l'esprit de groupe, la discipline, la morale, au total, le refus du particularisme, et l'aptitude à se couler dans le moule. Quant à l'université (« Oxbridge », réservée aux seuls anglicans jusqu'en 1856, mais aussi Londres ou Durham), ouverte à ceux qui veulent parfaire leurs connaissances tout autant qu'y apprendre les bases d'un métier, elle forme surtout des théologiens, mais de plus en plus constitue aussi un vivier d'élites politiques qui se frotte au droit et aux humanités avant de faire carrière. Les pauvres disposent d'un réseau d'écoles primaires leur offrant l'apprentissage des rudiments nécessaires, parfois complété par la fréquentation des *Sunday schools*, au contenu axé sur le religieux, jusqu'à l'âge de treize ans. L'action de l'Union pour les écoles d'indigents et des mesures prises par Disraeli aboutirent à une première forme de gratuité de l'enseignement primaire. Il existe également un enseignement technique qui forme des techniciens, voire des ingénieurs dont a besoin l'industrie. Dans tous les cas, il est clair que l'enseignement n'a pas pour but l'élévation sociale, mais la formation d'adolescents adaptés aux besoins du marché du travail. Deux caractéristiques sont à noter pour tous les types d'enseignement : le non-interventionnisme de l'Etat (sauf en Ecosse calviniste) qui, jusqu'à l'*Education Act* de 1870, laisse opérer l'Eglise anglicane ou les courants non conformistes ; et, même si dès 1871 les trois quarts des Anglaises sont alphabétisées, la grande disparité entre garçons et filles qui n'accèdent encore que très timidement à l'enseignement secondaire (1850 : *North London Collegiate School* ; 1853 : *Cheltelham Ladies' College* ; 1872 : création des *Girl's Public Day Schools*) ou supérieur (1848 : *Queen's College* ; 1849 : *Bedford College* ; mais pas de grades conférés avant 1878).

La question irlandaise

L'Acte d'Union de 1800, en créant le Royaume-Uni, supprima le Parlement de Dublin, donnant matière à un mouvement de protestation, le *Repeal*, qui souhaitait l'abrogation de la mesure, bien qu'en contrepartie une centaine de députés irlandais siègent à Westminster. L'échec du mouvement des Irlanlais-Unis, d'idéologie républicaine et soutenu par la France, ne découragea pas le nationalisme irlandais. La position figée de la Grande-Bretagne et la progressive prise de conscience de la nation irlandaise provoquèrent un durcissement du mouvement. De graves troubles éclatent en 1822, puis de violents affrontements interconfessionels à Belfast en 1835. L'avocat Daniel O'Connell fonde l'Association catholique, qui réclame par des voies pacifiques l'abolition de l'Union. Elu député en 1828 bien que non éligible, il joua un rôle majeur dans l'émancipation des catholiques votée l'année suivante. Mais les conditions de cens pour accéder au droit de vote étant alourdies, bien peu d'électeurs purent exercer ce droit. Le combat d' O'Connell pour l'abolition de l'Union reprit de plus belle, mais dans un cadre légaliste qui détourna de lui les plus bouillants nationalistes (Th. Davis, W. Smith O'Brien, Ch. Gavan Duffy), qui fondèrent le mouvement Jeune-Irlande. La terrible famine de 1846-48 provoqua la mort de 1 500 000 Irlandais et l'émigration d'environ un million d'entre eux, principalement vers les Etats-Unis, mais aussi vers les villes industrielles d'Angleterre. Elle fut suivie de l'échec de l'insurrection menée par les membres de la Jeune-Irlande en 1848. La création du mouvement Fenian (*Irish Republican Brotherhood*) en 1858 inaugure une période de luttes plus violentes, qui iront jusqu'à des attentats à la bombe et à une nouvelle tentative d'insurrection nationaliste en 1867. La politique conciliante de Gladstone (séparation de l'Eglise anglicane d'Irlande et de l'Etat en 1869, loi agraire en faveur des tenanciers en 1870) n'empêcha pas l'affirmation grandissante du courant favorable au *Home Rule* (autonomie), incarné par les personnalités de Isaac Butt et de Charles Parnell, tous deux protestants, alors que parallèlement Michael Davitt créait une puissante ligue agraire (*Land League*,1879) qui obtint une adhésion enthousiaste des fermiers irlandais, vivant souvent misérablement et se mobilisant pour empêcher les expulsions. Plus que jamais la question de l'autonomie et la question de la terre apparaissaient étroitement liées.

De l'Autriche à l'Autriche-hongrie (1815-1867)

L'unité de l'empire d'Autriche, contrairement à celle du Royaume-Uni, ne provient pas de la constitution précoce d'un Etat-Nation. Au contraire, le véritable patchwork de nationalités de l'Autriche a fait de ce pays « un produit de l'histoire » selon Eötvös, et un laboratoire d'études privilégié pour les spécialistes des rapports entre nationalités, mais aussi entre pouvoir central et pouvoirs locaux. Quant au déclin et à la disparition de l'Empire, c'est devenu un sujet de débat d'autant plus réactualisé que les bouleversements survenus en Allemagne, dans l'ex-URSS ou dans l'ex-Yougoslavie, et, en règle générale, dans l'Europe centrale et balkanique, ont montré de violentes résurgences de nationalisme.

La dynastie des Habsbourg

Au pouvoir depuis 1273, la dynastie des Habsbourg a gardé des caractéristiques qui perdurent tout au long du XIXe siècle : monarchie élective, mais transmise au sein de la famille ; d'origine et de culture allemandes (elle fournit, sauf de 1740 à 1745, tous les empereurs du Saint-Empire), mais respectant les cultures des peuples de l'Empire ; défenseur du catholicisme, mais tolérant les confessions réformées ; enfin, exerçant depuis Vienne une unité de représentation vis-à-vis de l'extérieur, mais soucieuse de déléguer des pouvoirs. En Autriche, c'est moins un ensemble (historique, politique, culturel) partagé qui fait la nation que le souverain, centre et garant de la nation autrichienne, incarnation de la patrie — et ce jusque la Première Guerre mondiale. Rassembler, unir, maintenir : aucun empereur ne put guère aller au-delà de ce but, tant la complexité de l'Empire empêchait une centralisation à la française, voire une absorption progressive à l'anglaise. Les tentatives d'imposer une seule langue ou une seule religion, que ce soit au nom d'un absolutisme religieux ou, à l'inverse, d'un despotisme éclairé, fruit d'un *Aufklärung* mal assimilé, se heurtèrent à des résistances qui mettaient en danger l'unité du pays. Joseph II (1765-1790) en fit l'expérience en voulant imposer l'allemand comme langue unique, accentuer la centralisation administrative et créer une armée commune. Il est vrai que d'autres mesures antinobiliaires (abolition du servage) et anticléricales (édit de tolérance et contrôle de l'Eglise) lui valurent l'hostilité d'une bonne partie du clergé et de la noblesse terrienne. Le joséphisme est le révélateur des difficultés du pays de passer du stade d'un Etat multinational à celui d'un Etat supranational. C'est aussi la seule et unique tentative de « libéralisation » du régime : par la suite, après un bref moment de sympathie, l'hostilité, pour ne pas dire la haine envers les idées nouvelles venues d'une France qui, de plus, guillotina une princesse autrichienne sœur de Joseph II, Marie-Antoinette, furent le ciment de la politique de réaction d'un François II (1792-1806) et de ses successeurs. Les guerres révolutionnaires, entreprises dès 1792 par la France contre le souverain d'Autriche, puis les guerres napoléoniennes provoquèrent la disparition du Saint-Empire (1806), alors que deux ans auparavant François II avait pris le titre d'empereur héréditaire d'Autriche, et contribuèrent à façonner l'image d'un pays conservateur. En 1815, au congrès de Vienne, l'occasion se présentait d'unifier les différents Etats allemands. Mais les Habsbourg et Metternich reconstituèrent une solution que même Napoléon, avec la Confédération du Rhin, avait respectée : la dualité étatique des peuples germaniques, avec d'un côté la Confédération germanique, et de l'autre l'empire d'Autriche, ce dernier, comme la Prusse aux ambitions désormais affirmées, ayant une partie de son territoire au sein de la Confédération, et l'autre à l'extérieur.

François Ier (1806-1835, ex-François II), « l'homme de la froide raison d'Etat » (J. Bérenger), puis Ferdinand Ier (1835-1848) régnèrent en appliquant sans faille des principes antilibéraux qui les amenèrent à écraser tous les mouvements nationaux et libéraux qui s'affirmaient dans l'Empire et au dehors, y compris au sein de la Confédération germanique dont l'empereur était le président de droit. Un fonctionnariat civil et militaire se développa, ainsi qu'une police officielle ou non cherchant et au besoin provoquant des menées « subversives ». L'aristocratie, très présente parmi les plus hautes fonctions et dignités civiles et militaires, et le clergé retrouvèrent leur place prépondérante dans une société qui ne faisait guère de place à la bourgeoisie et dans laquelle le peuple des campagnes restait placé sous l'autorité toute-puissante de la noblesse terrienne. Celle-ci a constitué des domaines d'une taille considérable (la branche aînée des Schwarzenberg détient 640 000 hectares en Bohême) qui en fait parfois la détentrice quasi unique ou nettement dominante de la terre. En Galicie, la grande propriété latifundiaire détient près de la moitié des terres cultivées et plus de 90 % des forêts. L'agriculture reste de loin l'activité dominante, notamment en Hongrie où se développe une importante viticulture. Mais les rendements, hormis quelques exploitations modernes, restent faibles et les revenus des paysans assez aléatoires. De plus, le maintien de lourdes charges en travail (la corvée) ou en impôts et prélèvements divers en Hongrie, véritable grenier à blé de l'Empire, ne favorise pas l'innovation. Par chance, la conjoncture des années 1815-1848 est globalement bonne, en dehors des crises qui touchent l'ensemble de l'Europe au début et à la fin de la période. Celle de 1846-47 cristallisera le mécontentement des petits artisans et ouvriers qualifiés, notamment dans le textile, déjà touchés par la concurrence grandissante des manufactures et brutalement réduits à la faillite et au chômage : on les retrouvera dans le Vienne révolutionnaire de 1848.

L'Autriche effectue une lente révolution industrielle, se dotant d'une banque nationale en 1816, formant des techniciens dans les écoles techniques supérieures de Prague (1806), Vienne (1815) ou Graz (1821). L'industrie est engagée dans un début de modernisation, notamment dans les pays tchèques, ce dont témoignent dans les années 1820-1840 le développement de la filature et du tissage mécaniques, l'ouverture des premières lignes de chemin de fer, avec l'appui de la banque viennoise (notamment Salomon Rothschild), la fondation d'une industrie sidérurgique utilisant des hauts fourneaux au coke, la multiplication des brasseries. Les voies ferrées se multiplient, comme la grande *Kaiser Ferdinand Nordbahn* ; le Danube voit apparaître la première compagnie de bateaux à vapeur en 1829. Trieste et Venise constituent des débouchés pour les produits industriels ou agricoles de tout l'Empire. Prague et Budapest connaissent une incontestable modernisation. En 1841, le grand Vienne concentre un quart des manufactures textiles de l'Empire, la moitié pour les industries mécaniques et les deux tiers pour les métiers de la confection (Bernard Michel). L'abolition du système seigneurial, compensé par le versement d'indemnités parfois considérables aux propriétaires fonciers, favorise l'introduction de capitaux « nobles » dans l'industrie, la banque, le chemin de fer. Vienne, Pest, Prague connaissent une croissance rapide — la capitale impériale double sa population entre 1800 : 232 000 habitants, et 1851 : 431 000 habitants — donnant naissance à une bourgeoisie plus entreprenante, soucieuse à la fois de confort et de fonctionnalité, aimant la musique (Beethoven, Schubert), le théâtre et la valse (Lanner, Johann Strauss père), les cafés, lieu majeur de sociabilité pour les élites. C'est l'époque Bidermaier, du nom du style d'un mobilier confortable et assez massif (qu'on comparera avec les styles Restauration et Louis-Philippe). L'enseignement, défini par l'Etat dans son organisation et ses programmes, est contrôlé par l'Eglise. Dans l'enseignement supérieur, la philosophie est quasiment réduite à la théologie, la littérature, le droit et l'histoire sont épurés de toute notion jugée subversive. Il faudra attendre 1847, un siècle après le projet de Leibniz, pour qu'une Académie des sciences soit créée. Ce système, dont Metternich fut le dévoué serviteur, fonctionna sans rupture jusqu'à la révolution de 1848.

Un empire, des nations ?

Le temps n'est plus où l'Autriche pouvait affirmer qu'elle régnait sur tout l'univers (A.E.I.O.U. : « *Austria est imperare orbi universo* »), ou que sa puissance conquérante s'exerçait par la biais d'alliances matrimoniales stratégiques (« *Bella gerant alii, tu, felix Austria, nube* » : « Que les autres fassent la guerre, toi, heureuse Autriche, tu épouses »). Un Etat rentré dans le rang ? Certes non, et le fait même que les grands traités mettant fin à l'Europe napoléonienne aient été signés à Vienne plaident pour la puissance retrouvée de la monarchie danubienne. Cette monarchie, c'est, outre l'Autriche, un ensemble formé de nations comme la Hongrie, la Bohême, la Galicie, le Nord de l'Italie (royaume lombard-vénitien), la Croatie. L'existence de Diètes en Autriche, en Bohême, en Croatie, en Hongrie ne doit pas faire illusion : les ordres viennent de Vienne, et malgré quelques droits (remontrance ou pétition), ces Diètes réunies en principe régulièrement font un peu figure de chambres d'enregistrement. Encore faut-il évoquer l'existence de nationalités non constituées comme les Roumains de Transylvanie ou de Bucovine, les Ruthènes des Carpathes ou encore les Slovaques. Le problème majeur de l'Autriche est donc de faire cohabiter des nationalités qui, loin d'être des entités ethniques, forment des communautés historico-culturelles soucieuses de conserver ou d'acquérir tout ce qui garantit leur spécificité et un degré maximum d'autonomie. Le rapport entre le centre et la périphérie est donc primordial pour comprendre l'histoire de l'Autriche. Au nom de la Sainte-Alliance, tous les mouvements libéraux furent écrasés directement comme en Italie et en Allemagne entre 1818 et 1821, ou par l'intermédiaire d'un tiers pays chargé de rétablir « l'ordre » comme la France en Espagne en 1823. De la même manière, Metternich ne montra pas plus de compréhension pour les minorités chrétiennes orthodoxes vivant sous la domination ottomane, comme les Serbes ou les Grecs. Très attaché au maintien de l'intégrité territoriale de la Turquie, seule capable de contrer l'avancée russe en mer Noire et dans les Balkans, il laissa Français et Anglais, rejoints par les Russes, jouer les premiers rôles au côté des Grecs insurgés. L'autonomie de ceux-ci (traité d'Andrinople, 1829), bien vite devenue indépendance, fut considérée comme un moindre mal par l'Autriche, qui s'inquiétait davantage de l'autonomie accordée aux principautés moldo-valaques, ce qui favorisait la Russie et pouvait déclencher des sentiments irrédentistes au sein des populations roumaines de Transylvanie.

A la suite des révolutions de 1830, une vague de nationalisme oblige Vienne à accorder quelques concessions telle l'instauration du magyar comme langue officielle remplaçant le latin en Hongrie dans les débats parlementaires, puis dans l'administration et l'enseignement. Le comte Széchenyi, anglophile convaincu, s'emploie à moderniser le pays, notamment les deux villes de Buda et de Pest, reliées par un pont métallique, et dirige le parti des réformes avec le concours d'une noblesse autonomiste et libérale qui se retrouve au Casino national fondé en 1825 à l'imitation des clubs anglais. Széchenyi tente de concilier développement économique, basé sur le crédit, développement culturel (fondation d'une Académie des sciences) et réformes politiques prudentes (gradualisme) pour moderniser la constitution en vigueur. Il souhaite le maintien de liens solides avec Vienne. La Hongrie possède une véritable Assemblée nationale avec deux Chambres : à la différence des autres diètes, une authentique culture politique d'opposition s'y exprime, reflet d'un particularisme hongrois très marqué, et dont Metternich est obligé de tenir compte. Mais l'aristocratie y dicte sa loi, et bloque toute ouverture. De jeunes radicaux, non séparatistes mais patriotes intransigeants et libéraux affirmés, vont déborder Széchenyi. Une véritable littérature nationale éclot avant 1848, incarné par un trio d'auteurs aujourd'hui encore très populaires en Hongrie : Arany, Petöfi, héros et martyr de 1848, et Vörösmarty dont les œuvres (théâtre, poésie surtout) participent à l'édification du sentiment national hongrois. Un jeune député, Louis Kossuth, influencé par la Révolution française, mène la bataille de l'abolition du régime seigneurial (ce qui signifie l'affranchissement des paysans) et de l'indépendance politique, ce qui lui vaut d'aller en prison. Pourtant, le mouvement est lancé, avec l'appui d'une presse combative (la *Gazette de Pest*). L'élection de Kossuth à la Diète de 1847 symbolise la force d'un mouvement indépendantiste hongrois en pleine expansion. Ailleurs, l'époque est marquée par un renouveau de l'étude des langues nationales, auxquels linguistes et grammairiens donnent une forme unifiée, des coutumes et du folklore dont les historiens recherchent les origines. Ce mouvement est notamment perceptible en Bohême où, à la suite des pionniers de l'époque de l'*Aufklärung* comme le linguiste Dobrovsky, créateur de la slavistique, ou l'historien Dobner, se développe un précoce sentiment national tchèque, alimenté par les recherches d'intellecuels comme Palacký, auteur d'une grande *Histoire de Bohême* publiée en allemand, ou encore la création d'un Musée national bohême en 1818 et d'un Comité pour l'utilisation scientifique de la langue et de la littérature tchèques en 1830. La langue se fixe, l'histoire s'écrit, préludes nécessaires à l'affirmation du sentiment national. Parallèlement émerge une tendance plus radicale (voir la *Matice Ceska*) recrutant surtout dans la bourgeoisie éclairée. En Croatie et en Dalmatie règne une certaine nostalgie du temps des Provinces illyriennes. Les Croates multiplient les publications à partir de leur capitale historique, Zagreb, le juriste Louis Gaj fixant les règles d'une langue croate unifiée utilisant les caractères latins, et cherchent à associer à leur élan les Serbes et les Bosniaques. Il existe entre les différents peuples slaves un courant unitaire autant austroslave que panslave, qui se définit par le rejet de l'hégémonie culturelle allemande, tout en restant attaché à la structure étatique existante. Mais les intérêts restent profondément divergents entre Slaves du Nord et du Sud, voire à l'intérieur de chaque espace, les Croates sont catholiques, les Serbes orthodoxes. Jusqu'au tournant de

1848, l'Autriche ne fit aucun compromis, allant même jusqu'à annexer la ville de Cracovie en 1846 à la suite d'une insurrection polonaise.

Metternich, la realpolitik *avant l'heure*

Né en 1773 dans une famille d'origine rhénane, polyglotte passionné de sciences, juriste et diplomate avisé, Metternich est d'abord, sous les ordres de l'empereur, un simple chancelier qui devient progressivement un homme d'Etat au sens le plus fort du terme, passant d'une attitude défensive : résister à un Napoléon jugé comme le continuateur des idées révolutionnaires, à une attitude offensive : restaurer l'Europe des Couronnes, en fonction des principes d'équilibre et de légitimité. En ce sens, il n'hésite pas à défendre l'intégrité de l'Empire ottoman, force balkanique qui joue le rôle de tampon entre la Russie et l'Autriche. Etudiant les fondements multiples et parfois hétérogènes du conservatisme autrichien, Jean-Paul Bled identifie le rejet de l'aile radicale du joséphisme, assimilée à l'*Aufklärung*, la restauration du catholicisme, le romantisme et l'aspiration au fédéralisme. Mais Metternich fut surtout un pragmatique qui, au sortir du congrès de Vienne, s'acharna à maintenir sans changement l'œuvre accomplie, se méfiant autant d'un romantisme teinté de mysticisme religieux que d'un patriotisme de plus en plus libéral. Hostile à l'idée d'Etat-Nation, que ce soit à l'intérieur ou à l'extérieur de l'Autriche, Metternich ne nie pas pour autant la réalité des nationalités, comprises dans une acception de communautés culturelles. A la mort de François Ier, sa puissance se trouva considérablement accrue du fait des incapacités du nouveau souverain, Ferdinand Ier dit le Débonnaire. Celui-ci fut assisté d'un Conseil de Régence où s'affrontaient parfois les personnalités de Metternich et du comte Kolowrath. Pourtant, malgré une position forte dans la Confédération germanique, et des succès diplomatiques enregistrés lors des congrès de Troppau, Laybach (Ljubljana) et Vérone, Metternich ne put empêcher la lente dégradation de la Sainte-Alliance. La Grande-Bretagne se ralliait à des idées de plus en plus libérales, la Prusse souhaitait ouvertement devenir le champion de la cause allemande, la Russie jouait son propre jeu dans les affaires d'Orient, la France n'était plus une menace pour l'« ordre européen ». La révolution de 1830 fut le champ funèbre de la Sainte-Alliance et le début d'une remise en cause de l'Europe du congrès de Vienne : avènement, fort mal accueilli à Vienne, de Louis-Philippe en France, révolte des Belges donnant naissance à un nouvel Etat à l'existence duquel Metternich, sollicité par la Russie et la Prusse, ne s'opposa pas militairement, ou question polonaise, plus menaçante, Metternich s'assurant que les Galiciens n'aidaient pas leurs frères de Varsovie. Plus grave enfin, l'Autriche était confrontée à l'éclosion de mouvements nationaux et libéraux en Saxe, Hesse, Prusse rhénane, Brunswick, c'est-à-dire au sein de la Confédération germanique, ainsi qu'en Italie. Mais l'alliance de l'Autriche avec le roi de Prusse Frédéric-Guillaume III sonna le glas des espérances unitaires allemandes. Les années 1832-34 furent marquées par un renforcement sans précédent des mesures de police et de censure prises par la Diète de Francfort contre toutes les activités dites révolutionnaires. Ce fut pourtant la Prusse qui manœuvra le plus habilement dans cette affaire, car, au même moment, elle réalisa une union douanière des Etats allemands (à l'exception du Hanovre et des villes hanséatiques), le Zollverein dont l'Autriche fut écartée. Metternich était suffisamment fin politique pour comprendre que, par le biais d'une union douanière, la Prusse réalisait une première unité allemande sous son égide, balayant par la même occcasion l'idée de Mitteleuropa : du moins celle-ci ne risquait-elle pas de se faire, à terme, à partir de l'Allemagne unifiée et non de l'Autriche ? Metternich fut plus heureux en Italie où, avec l'accord des rois de Piémont-Sardaigne et des Deux-Siciles, il brisa les mouvements libéraux qui touchaient Parme, Modène, la Romagne et l'Etat pontifical. Plus que jamais, l'Autriche considérait l'Italie comme un domaine réservé, bien que la France, en envoyant un corps expéditionnaire à Ancône, ait tenté de s'y immiscer. La décennie inachevée précédant les révolutions de 1848 fut calme pour l'Autriche sur le plan extérieur. La question d'Orient réglée par le traité de Londres, la Russie contenue, l'Empire ottoman maintenu, Cracovie annexée : autant de succès pour l'Autriche, inquiète pourtant de la politique libérale de Palmerston en Angleterre, et désappointée par la défaite des cantons catholiques face aux radicaux dans la guerre du Sonderbund en Suisse. Mais au même moment, l'agitation nationaliste touchait plusieurs régions de l'Empire : les solutions divergentes proposées (simple autonomie ou indépendance) et la volonté des plus radicaux de réformer en profondeur les inégalités sociales laissaient apparaître, avant l'explosion révolutionnaire de 1848, des clivages non surmontés entre conservateurs et progressistes, c'est-à-dire souvent entre noblesse foncière et bourgeoisie d'affaires embryonnaire.

1848, le « Printemps des peuples »

Si Paris a été l'épicentre du tremblement de terre qui a touché l'Europe en 1848, l'Autriche a certainement été le pays touché par la plus violente réplique, échappant à l'implosion par des concessions provisoires (fuite de Metternich, octroi d'une constitution) ou des changements définitifs (avènement de François-Joseph), mais aussi par une vigoureuse riposte qui devait briser pour longtemps, pensait-on, les vélléités révolutionnaires dans le pays. Pourtant, passé le choc des années 1848-49, subsista tout un ensemble de problèmes non réglés dont la résurgence devait se révéler dans toute sa force moins de vingt ans plus tard. Quelles sont les causes de la révolution de 1848 en Autriche ? Comme dans d'autres pays, plus qu'ailleurs peut-être, la bourgeoisie autochtone attend du régime en place une satisfaction de ses ambitions économiques et sociales — en clair : une forme de prospérité lui garantissant des possibilités d'élévation sociale — qui justifie en contrepartie l'acceptation d'un Etat usant de sa police et d'un arbitraire clairement affirmé comme mode de gouvernement politique. Or, les années 1847-52 sont marquées par une crise économique européenne qui n'épargne pas l'Autriche, et qui, contractant la demande des campagnes, touche par ricochet la bourgeoisie industrielle et la classe ouvrière. Du reste, les aspirations de cette bourgeoisie ne vont pas jusqu'à réclamer l'instauration d'un régime basé sur la notion de souveraineté populaire, mais plus sur la mise en place d'une monarchie authentiquement constitutionnelle, à défaut d'être véritablement parlementaire, garantissant à tout individu la protection de la loi et le respect de libertés fondamentales.

Mais des aspirations nationales centrifuges se manifestent aussi à travers l'Empire. Aspiration à l'unité allemande, tout d'abord, avec une question essentielle : comment concilier l'intégrité autrichienne et réussir à créer un Etat allemand englobant les territoires de la Confédération et ceux de l'Empire ? Très vite, la réponse viendra sous la forme d'une alternative simple : choisir entre une Allemagne déjà unifiée économiquement avec le Zollverein, et donc passer à l'unité politique, ou rester dans le giron d'une monarchie danubienne hostile à une union austro-allemande dont le déséquilibre démographique et économique lui coûterait à terme la direction politique. D'autant que d'autres aspirations nationales interfèrent avec celle-ci : celle des Slaves, au premier rang desquels les Tchèques, loyalistes, mais soucieux de faire prendre en considération par Vienne leur volonté d'une réelle autonomie ; celle des Slovaques également, dont la renaissance culturelle plus tardive, œuvre de linguistes comme Štur ou d'écrivains comme Kollar ou Šafarik, n'en est pas moins vigoureuse ; celle des Serbes qui, partagés entre l'Autriche, la Hongrie (Voïvodine), la Bosnie-Herzégovine et la Serbie proprement dite, développent à la fois un panserbisme fondé sur l'histoire, la religion orthodoxe et la langue utilisant l'alphabet cyrillique, et un panslavisme précoce ; celle des Hongrois, groupés autour d'une noblesse libérale, fière du passé de la nation magyare, et réclamant moins un territoire, déjà acquis, qu'une autonomie que certains comme Kossuth assimilent à une véritable indépendance ; celle des Roumains de Transylvanie qui aspirent à former une nation ayant les mêmes droits que les autres, mais se heurtent à l'intransigeance hongroise ; celle des Polonais de Galicie qui, après l'annexion par Vienne de la république de Cracovie (1846), entendent bien retrouver leur autonomie, à défaut d'une indépendance que le partage du territoire entre trois grandes puissances (Prusse, Autriche, Russie) rend bien aléatoire ; celle des Ruthènes, frères ethniques et culturels des Ukrainiens ; et celle des Italiens qui, malgré leurs divergences idéologiques (république ou monarchie, Mazzini ou Cavour), sont entrés dans l'ère d'un Risorgimento actif et militant. Dans la plupart des cas, la noblesse libérale et la bourgeoisie jouent un rôle directeur dans ces mouvements nationaux. Quant à la paysannerie, largement dominante et attirée par la promesse de l'abolition de droits seigneuriaux détestés comme la corvée, elle n'en reste pas moins largement en dehors d'un mouvement essentiellement urbain.

Une fois la révolution parisienne connue, le mouvement démarre dès le 3 mars à Budapest, pour toucher Prague le 11 et Vienne le 13, allant donc de la périphérie au centre. Suivent l'Allemagne, qui entend se doter d'une constitution, demandée au roi de Prusse, et d'un parlement, et l'Italie, où les Lombards de Milan se soulèvent avec l'aide militaire des Piémontais, bientôt imités par les Vénitiens de Daniel Manin. Les Polonais de Galicie constituent des comités nationaux à Cracovie et à Lvov, soutenant à la fois les Tchèques et les Hongrois révoltés. Partout, une revendication commune : des réformes constitutionnelles, plus d'autonomie dans le cas des Tchèques et des Hongrois, voire l'indépendance dans le cas des Italiens. A Vienne, bourgeois et jeunesse étudiante se retrouvent côte à côte pour réclamer le départ de

Metternich : la violence de la répression mobilisa à leur tour les faubourgs ouvriers et provoqua dès le 13 mars la démission et la fuite du chancelier. Les révolutionnaires viennois créent une garde nationale, la Légion universitaire, et un Comité central prend en mains l'administration de la ville et obtient du gouvernement Kolowrath la promesse d'une constitution. La liberté de la presse proclamée, journaux et pamphlets se multiplient dans une ville peu habituée à cet exercice démocratique. A Budapest, Petöfi obtient le 15 mars, à la suite d'une manifestation, la constitution d'un gouvernement parlementaire dirigé par le comte Batthyany, totalement autonome vis-à-vis de Vienne, et auquel participent tous les grands noms de la politique magyare (Széchenyi, Kossuth, Eötvös, Deák). Le programme de ce gouvernement, très ambitieux, inclut des droits sociaux et fiscaux (plus d'exemption fiscale pour la noblesse et de droits seigneuriaux pour la paysannerie), financiers et monétaires (banque nationale), juridiques (égalité devant la loi, jury), des libertés (religieuse, de la presse, de réunion) mais aussi des revendications territoriales comme l'union de la Hongrie et de la Transylvanie. En juillet est élu au suffrage censitaire un Parlement d'esprit modéré qui doit se substituer à la Diète. A Prague, l'accord se fit entre Allemands et Tchèques pour réclamer l'égalité linguistique, le rachat de la corvée et une Diète commune à toute la Bohême. En Italie, tous les souverains accordèrent, contraints et forcés, des constitutions, et le roi du Piémont déclara la guerre à l'Autriche, appelant tous les Italiens à participer à la libération de la patrie. En Allemagne, on procéda à l'élection du Parlement qui, installé à Francfort, devait conduire à l'instauration d'un Etat allemand. Mais la question de savoir si celui-ci engloberait l'Autriche (Grande Allemagne) ou non (Petite Allemagne) produisit des désaccords : à Prague, les Tchèques firent savoir par Palacký leur farouche volonté de demeurer dans un Etat autrichien indépendant, et la rupture fut consommée entre Allemands et Slaves. C'est à Prague que se tint un grand congrès des Slaves, au moment où la jeunesse patriote de la ville se soulevait contre les troupes autrichiennes de Windischgraetz, dressant des barricades et arrêtant le gouverneur Leo Thun.

A Vienne, le gouvernement dirigé par le baron Pillersdorf accorda le 25 avril une constitution établissant le suffrage censitaire et le bicaméralisme pour tous les pays héréditaires — la Hongrie n'était donc pas concernée –, l'empereur gardant un droit de veto absolu. Déçu, le Comité central, partisan d'une assemblée unique et du suffrage universel, engagea l'épreuve de force, et, par deux fois, les 15 et 26 mai, des barricades furent érigées dans la ville. Fuyant Vienne pour Innsbruck, puis pour Olomouc, en Moravie, la Cour fut rejointe par le gouvernement, et le Parlement, élu en juillet, s'installa à Kremsier, en Moravie, vidant Vienne de toute légitimité. Du côté de la Confédération germanique, les élections de députés au Parlement de Francfort (fin avril) mirent en place un organisme qui s'intéressa de suite à la réalisation d'un Etat allemand. Mais sur quel territoire ? Pour le Parlement, la Bohême en faisait incontestablement partie, alors que les Tchèques, partisans d'un austroslavisme de réaction, se tournaient vers la protection de l'Autriche face aux ambitions allemandes. Que dire de la Hongrie dont les ambitions heurtaient de plein fouet celles d'autres nations, comme les Croates qui, par la voix de Jellachich, proclamèrent leur indépendance et se placèrent eux aussi dans l'orbite impériale ? Dès lors, Croates, Slovaques, Serbes et Roumains, ces derniers pourtant inquiets devant l'émergence d'un panslavisme jugé menaçant, mais peu soucieux de passer sous domination magyare, réclamèrent à une Autriche hypocritement surprise sa protection. Non dupes de ces manœuvres, les Hongrois, aiguillonnés par le patriotisme de Kossuth, proclamèrent la déchéance de l'empereur et son remplacement par la république. Ils déclarèrent la levée en masse en juillet 1848, prélude à la guerre qui devait les opposer à l'Autriche jusqu'à l'été 1849. Une par une, l'Autriche entreprit la reconquête des régions insurgées, en commençant par la Bohême : en juin 1848, alors que le congrès panslave se trouvait réuni à Prague, le général Windischgraetz bombarda la ville et la soumit, réprimant brutalement modérés et radicaux. Le mois suivant, Radetzky écrasa les Lombards et l'armée de Charles-Albert à Custozza. Puis, du 26 au 31 octobre, Windischgraetz, profitant des dissensions entre les révolutionnaires viennois, aggravées par l'assassinat du ministre de la Guerre, Latour, par une foule inquiète, reprit avec l'aide des troupes croates de Jellachich la capitale de l'Empire, défendue par le général polonais Bem et la Légion universitaire, où s'illustra Robert Blum. La répression fut féroce : l'heure était à une réaction brutale que symbolisèrent la nomination du prince Schwarzenberg, beau-frère de Windischgraetz, à la tête du gouvernement en novembre, et l'abdication en décembre de l'empereur Ferdinand en faveur d'un neveu âgé de dix-huit ans, François-Joseph, qui devait rester en fonction jusqu'en 1916.

Conservateur sans nuance et partisan affirmé de l'absolutisme, admirateur de l'autocrate russe Nicolas Ier, François-Joseph veut concentrer tous les pouvoirs en sa fonction, quitte à conserver un Parlement impuissant. Centralisation, germanisation, militarisation, cléricalisme, bureaucratie : tel est son credo, qui ressort de la constitution octroyée le 4 mars 1849 et qui reconnaît pourtant l'égalité devant la loi et l'usage de sa langue maternelle à chaque peuple de l'Empire. Si l'idée de Parlement est conservée avec une Chambre haute formée de représentants des provinces réduites à de simples entités administratives, et une Chambre basse formée de députés élus au suffrage censitaire, c'est bien l'empereur qui dispose de la plénitude des pouvoirs, avec un exécutif fort et un droit de veto absolu. Ce « néo-absolutisme » s'affirma par la reconquête de la Hongrie et de l'Italie. Avec l'aide des troupes croates de Jellachich, de troupes roumaines et slovaques, et de troupes russes envoyées par Nicolas Ier, Schwarzenberg vainquit les Hongrois à la bataille de Segesvár où fut tué Petöfi. La fuite de Kossuth précéda la reddition du général Görgey à Világos le 13 août 1849, suivie d'une implacable répression anti-magyare menée par le général autrichien Haynau. Même le fort modéré et légaliste comte Batthyany fut fusillé, et la Hongrie connut durant plus de trois ans l'occupation militaire autrichienne. En Italie, les Sardes subirent une autre lourde défaite à Novare en mars 1849, puis Schwarzenberg fit réoccuper les Légations (Bolonais et Romagne, partie des Etats de l'Eglise) et rétablir les archiducs de Parme, Modène et Florence, la république de Venise capitula en août après un long siège. Enfin, le chef du gouvernement autrichien rappela les députés de son pays au Parlement de Francfort pour montrer son hostilité à l'offre de couronne impériale faite par les députés allemands au roi de Prusse. Unissant les Etats catholiques au sein du Piusverein, et s'attachant le concours de la Saxe et du Hanovre mais aussi de la Russie, hostiles à l'hégémonie prussienne, Schwarzenberg encercla la Prusse qui, en novembre 1850, finit par acccepter le rétablissement de la Confédération germanique (« reculade d'Olmütz »). Partout le retour à « l'ordre » fut synonyme d'une répression indistincte laissant intacts des problèmes appelés à resurgir à la première occasion. Plus que jamais, l'armée apparaissait comme « la gardienne de l'ordre monarchique..., l'ultime rempart de l'Empire contre les agressions de la Révolution » (Jean-Paul Bled).

Bien peu des réformes de 1848 survécurent à l'effondrement du « Printemps des peuples ». Pourtant, le Parlement dit de Kremsier, au sein duquel la paysannerie était représentée, avait abordé les deux grands problèmes de l'heure : la question des nationalités et celle de la terre. Sur le premier point, l'affrontement fut vigoureux entre tenants de solutions différentes. Les Slaves, notamment tchèques, mais aussi slovènes, se faisaient les champions d'un austroslavisme dirigé contre toute hégémonie germanique et s'appuyant sur le maintien d'un Empire fort et intègre ; mais ils devaient se défendre de l'accusation de panslavisme que leurs adversaires, notamment allemands, leur adressaient, craignant que la Russie ne veuille profiter de l'affaiblissement de l'Empire pour imposer aux peuples slaves, voire à d'autres, une sorte de protectorat. On adopta finalement une solution médiane reconnaissant l'égalité entre toutes les nationalités de l'Empire, et, par le biais de la création de cercles au sein des pays historiques (les quatorze provinces), reconnaissant des entités nationales dotées d'une réelle autonomie sur les plans politique et culturel. Mais ce projet, repoussé tant par Schwarzenberg que par François-Joseph ne fut pas intégré dans la constitution de mars 1849. Le même Parlement vota dès le mois de septembre 1848 (six mois après la Hongrie) l'abolition de toute trace de servage et de droits seigneuriaux comme la corvée, leurs anciens bénéficiaires étant indemnisés. La portée d'une telle mesure — le passage d'une société de privilèges à une société d'égalité juridique — ne doit pas occulter le fait qu'à travers tout l'Empire, révolté ou non, la question de la propriété de la terre restait latente.

De l'absolutisme restauré à la Double Couronne

Le néo-absolutisme à caractère autocratique de François-Joseph ne tarda pas à triompher : « Nous avons jeté toute Constitution par dessus bord et il n'y a plus qu'un maître en Autriche », écrit-il triomphalement à sa mère en 1851. L'exil ou le silence, nourri par une très vigilante censure : telle est l'alternative pour tous ceux qui, modérés ou radicaux, se réclament du libéralisme ou critiquent l'absolutisme. Qu'ils soient relayés par un courant de pensée historisant ou religieux, féodal ou romantique, les conservatismes règnent sans partage sur l'Empire, à commencer par le gouvernement de Schwarzenberg tout dévoué à l'œuvre de centralisation voulue par l'empereur. Contrant la Prusse à Olmütz, ce dernier ne réussit pourtant pas à faire admettre l'Autriche au sein du Zollverein. Schwarzenberg ne sera pas remplacé après sa mort survenue en avril 1852 ; auparavant, François-Joseph avait suspendu (août 1851) puis abrogé (décembre 1851) la constitution de mars 1849. Plus que jamais, l'heure était à la réaction, incarnée par des ministres comme Alexandre Bach à la Justice, pourtant ancien libéral, favorable aux réformes de mars 1848, ou Leo Thun à l'Instruction publique et aux Cultes, réformant en profondeur les universités et l'enseignement secondaire. Partout, la germanisation et la centralisation sont en marche. Tout un personnel militaire ou policier forme, avec l'appui de la mère de l'empereur, l'archiduchesse Sophie, une sorte de cabinet occulte. Ayant retrouvé toute sa puissance, la bureaucratie viennoise pèse de tout son poids, formant avec l'armée et l'Eglise un triumvirat dominant la vie politique. Ecoles militaires, facultés de théologie et de droit nourrissent ce triumvirat de leurs jeunes diplômés : en ce sens, elles agissent comme un moyen efficace de « melting-pot » autrichien dans les couches supérieures de la société impériale, où le rôle de l'aristocratie, la « première société », tend à décliner. Pratiquant une stricte endogamie sociale, se refusant à des mésalliances avec la « seconde société » (noblesse récente, haute bourgeoisie) à laquelle elle ferme ses salons, l'aristocratie occupe encore des postes clés dans la diplomatie ou l'armée (Friedrich Thun, Revertera, Liechtenstein), l'administration ou la politique (Belcredi, Hohenwart, Schwarzenberg). Mais son rôle en tant que corps diminue, même si, comme dans toute l'Europe, elle ne rate pas le train de la révolution industrielle et des investissements fructueux — brasseries, banques (voir la branche viennoise des Rothschild, fondateurs du Credit-Anstalt dont le conseil d'administration est présidé par un Schwarzenberg), chemins de fer etc. L'unification fiscale de l'Empire, la suppression des douanes entre Autriche et Hongrie, l'instauration des chambres de commerce et d'artisanat, la suppression des corporations : autant d'éléments qui favorisent le développement économique du pays. On perce des tunnels (Semmering en 1854) et l'Etat cède les chemins de fer à deux grandes compagnies privées (*Nordbahn* et *Sudbahngesellschaft*). La Hongrie n'est pas en reste, qui voit son réseau ferroviaire passer de 178 à 2 158 km entre 1849 et 1866. Quant à l'Eglise, elle savoure le retour de valeurs conservatrices, incarnées par un Mgr Rauscher, archevêque de Vienne, et retrouve des positions fortes dans le domaine de la surveillance de l'enseignement notamment, de la censure et des affaires matrimoniales par le biais du rétablissement de tribunaux ecclésiastiques. Le concordat de 1855 signé entre l'Autriche et Rome couronne l'édifice, désavoué pourtant par les libéraux, mais aussi par d'autres « puissances » de l'Empire comme l'armée et la bureaucratie, attachées à la tradition joséphiste d'Etat fort. Rome peut correspondre directement avec l'épiscopat autrichien, le divorce n'est pas admis, l'Eglise exerce son contrôle sur les maîtres et impose l'enseignement religieux obligatoire dans le primaire et le secondaire.

Sur le plan extérieur, l'Autriche est restée en dehors de la guerre de Crimée (1853-55), tout en menaçant la Russie d'une intervention si elle persistait dans son occupation des principautés ottomanes de Moldavie et de Valachie. La Russie, en guerre contre la France et l'Angleterre, obtempéra, tout en gardant un vif ressentiment envers Vienne. Paradoxalement, la situation des Roumains de Transylvanie s'améliora : par le biais de l'enseignement primaire et secondaire, par le développement de la presse (1853 : *Telegraful român*, premier journal roumain transylvain), par la diffusion de la langue et même, brièvement (1863-64), par l'instauration d'une Diète dominée par des députés roumains. Même chose pour les Serbes de Voïvodine et de Temesvar (Timisoara) qui, durant quelques années, bénéficièrent d'une réelle autonomie que la Hongrie devait en partie remettre en question après le compromis de 1867. Les Slovaques, non reconnus par Vienne comme nation historique, n'eurent pas les mêmes avantages, et, revenus sous administration hongroise, furent assez massivement magyarisés. Les Polonais, malgré la révolte de leurs compatriotes sous administration russe (1863-64), obtinrent une plus grande autonomie en Galicie qui devint vite « l'enfant chéri de Vienne » (F. Fetjö) : polonisation de l'enseignement et de l'administration, hautes fonctions dévolues à des Polonais dans l'administration impériale (voir le comte Goluchowski, ministre de l'Intérieur en 1859), nomination d'un ministre des Affaires polonaises etc.

Reste une épine : la question italienne. Si les universités de Lombardie-Vénétie échappèrent à la germanisation, la protestation demeura vive. La politique plus conciliante de l'archiduc Maximilien, futur et éphémère empereur du Mexique, nommé gouverneur général du royaume, ne modifia pas la situation. Le gouvernement autrichien affectait toujours de traiter l'Italie comme une sorte de protectorat, avec une exception pour le Saint-Siège. Or, face à une Europe qui soutenait l'unité italienne par libéralisme (cas de l'Angleterre et surtout de la France) ou exprimait une bienveillante neutralité par hostilité à l'Autriche (cas de la Russie ou de la Prusse), la guerre déclarée au Piémont en 1859 paraissait mal engagée. Elle révéla les faiblesses d'une armée opposée à des adversaires (forces franco-sardes) sans nette supériorité numérique. Les deux défaites sanglantes de Magenta et de Solferino aboutirent à l'armistice de Villafranca du 8 juillet 1859 : l'Autriche perdait la Lombardie, mais pas la Vénétie, et, à la suite d'insurrections et de l'expédition de Garibaldi, toute la péninsule sauf Rome forma en 1861 le royaume d'Italie dirigé par le roi du Piémont, Victor-Emmanuel, et son ministre Cavour, qui, en contrepartie, cédèrent la Savoie et le comté de Nice à Napoléon III. Pour l'Autriche, les conséquences de sa défaite sont lourdes. La perte d'une partie de ses territoires montre que la solution militaire reste la meilleure pour acquérir l'indépendance, leçon méditée par les Hongrois ; en prenant lui-même le commandement de l'armée, François-Joseph apparaît comme directement responsable de la défaite, ce dont souffre son prestige. En rétablissant les diètes provinciales, le Diplôme d'octobre 1860 semblait sonner le glas de la centralisation directe et de la germanisation ; de plus, un *Reichsrat* ou parlement fédéral était créé, mais, comme les diètes, sans réel pouvoir ni représentation socialement équitable des populations, ce qui mécontenta les bourgeoises libérales. La Patente de février 1861, adoptée sous le gouvernement Schmerling, précisa le rôle central dévolu au Parlement, dès lors composé d'une Chambre haute nommée par l'empereur, et d'une Chambre basse élue par les diètes. Des collèges électoraux ou curies au nombre de quatre sont créés : elles favorisent les élites, notamment allemandes, les minorités se trouvent désavantagées, l'aristocratie foncière retrouve ses positions, par le biais d'un suffrage censitaire très élitiste. On était loin d'un véritable régime parlementaire, telles que les bourgeoisies de l'Empire le réclamaient ouvertement — il est bien précisé que l'Empereur reste détenteur du pouvoir législatif —, et loin également d'un système fédéraliste, tant les compétences des diètes étaient limitées. Les Hongrois, déçus par des réformes jugées trop timides et dénonçant le pouvoir trop important donné au Parlement fédéral, refusèrent d'y siéger, imités par les Croates et les Tchèques. Un peu partout, un renouveau du nationalisme se fait sentir dès le début des années 1860 : ainsi, en Bohême, est créée en 1862 une société de gymnastique à but patriotique promise à un bel avenir, les *Sokols*. Des associations pour subventionner les écoles en langue nationale se multiplient, comme la *Matice Slovenska*. Pourtant, les libéraux hongrois (Deák et Andrássy), moins radicaux que Kossuth, saisirent la perche tendue par Vienne et entamèrent des négociations qui aboutirent en 1865 à la suspension de la Patente de février 1861 : c'en était fait des dernières velléités impériales de centralisation, et, avant même le compromis de 1867, la Hongrie avait retrouvé une bonne part de ses prérogatives.

1866, l'année-tournant et ses conséquences

D'une toute autre portée apparaît le conflit de 1866 si on le compare à celui de 1859. L'Autriche avait certes une « vocation » italienne doublée d'une prétention à être la puissance tutélaire garantissant l'intégrité des Etats de l'Eglise. Mais cette mission pluriséculaire apparaissait de plus en plus difficile à tenir au regard des prétentions unitaires de l'Italie et au regard des antagonismes culturels patents qui séparaient les mondes italien et allemand. Allemand tout autant qu'autrichien, car l'Empire se veut indiscutablement et sans l'ombre d'un doute l'héritier d'une histoire et d'une culture allemandes, et François-Joseph se considère avec fierté comme un prince allemand, le premier d'entre eux. Bien entendu, au moins depuis les guerres révolutionnaires et napoléoniennes, mais surtout depuis 1848 et ses remises en question avortées, le fossé semble s'être creusé entre l'Empire d'une part, qui souhaite exercer sans partage un contrôle sur les affaires allemandes, et des Etats allemands qui, bien que divisés face à l'Autriche, mais aussi entre eux face à la prépondérance prévisible de la Prusse de Frédéric-Guillaume IV, pensent à réaliser une unité politique et pas seulement économique. Ce qui signifie clairement le passage d'une Confédération germanique sans grand objet à la création d'un Etat allemand excluant Vienne (solution d'une « Petite Allemagne », par opposition à la « Grande Allemagne ») dont l'exemple italien montrait la possibilité. Bismarck maîtrisait toutes les données du problème et, au nom d'une *realpolitik* affirmée, souhaitait en venir à l'affrontement avec l'Autriche considérée en fin de compte comme le principal obstacle à l'unité allemande. De fait, au lendemain de 1848, Vienne en tenait toujours pour une Mitteleuropa qui aurait intégré l'ensemble des populations allemandes (Grande Allemagne) aux non-allemandes au sein d'un puissant Etat dominant l'Europe continentale. Ni la Prusse ni la Russie ne sont favorables à cette idée, également mal vue à Londres et à Paris. La solution minima fut donc le rétablissement d'une Confédération germanique sur le modèle de celle de 1815 pour remplacer le Parlement de Francfort dispersé en 1849. La réaction fut souvent violente dans les Etats allemands, et tout ce représentait une atteinte à l'absolutisme fut balayé, notamment en Prusse. Dans cet état d'esprit, Frédéric-Guillaume IV avait dédaigneusement repoussé la couronne impériale que le Parlement de Francfort lui avait offerte en mars 1849, mais lança peu après un projet d'Union restreinte qui revenait à constituer une Petite Allemagne. La tension avec l'Autriche fut vive, cette dernière sachant du reste fédérer le sentiment antiprussien au sein même des Etats allemands comme la Bavière, la Saxe, le Hanovre et le Würtemberg. Face à une menace de guerre, la Prusse recula à Olomouc (Olmütz) en novembre 1850, mais réussit à faire échouer l'entrée de l'Autriche dans le Zollverein (1851). La guerre d'Italie avait affaibli l'Autriche, la Prusse regardant sans déplaisir tourner les choses, se refusant à intervenir. Le nouveau roi, Guillaume Ier (régent depuis 1858, roi en 1861), s'appuyant sur le ministre président Bismarck, nommé en 1862, souhaitait faire de son pays une puissance militaire, quitte à heurter son Landtag dominé par les libéraux. Bismarck résolut de dissoudre le Zollverein en 1863, obligeant tous les Etats allemands à s'aligner sur les positions du traité de commerce signé entre la France et la Prusse qui affirmait ainsi un peu plus sa volonté de diriger les affaires allemandes. Toutes les initiatives autrichiennes pour relancer la Confédération germanique se heurtaient à l'hostilité prussienne. Alliés dans la guerre des Duchés face au Danemark (1864), les deux puissances se partagèrent le Schleswig et le Holstein, sans que la Confédération ne s'en mêle : n'était-ce pas reconnaître le rôle dirigeant de la Prusse ? Ayant fait miroiter à Napoléon la possibilité de « pourboires » (compensations territoriales), Bismarck endormit la France. Ni la Russie ni la Grande-Bretagne ne soutenant l'Autriche, la Prusse trouva un allié impatient dans le royaume d'Italie désireux de conquérir la Vénétie ; avant même le début des hostilités, François-Joseph la céda par traité secret à Napoléon III pour gage de sa neutralité (11 juin 1866). Le prétexte du conflit austro-prussien — un désaccord sur l'administration des duchés danois conquis en 1864 — ne trompa personne. Depuis le printemps 1866, les deux pays fourbissaient leurs armes. La guerre éclata en juin, l'Autriche recevant l'appui de la Bavière, de la Saxe, du Wurtemberg, du Bade, des deux Hesse (Cassel et Darmstadt). Cette guerre germano-germanique apparaît, elle aussi, en définitive, comme une émanation du principe des nationalités. La supériorité militaire prussienne est moins affaire de nombre ou d'armement que de tactique et de commandement. Le général Benedek est loin d'avoir les qualités du général von Moltke, promoteur d'une guerre où la puissance de feu l'emporte sur la charge héroïque, mais inefficace. La rapide capitulation des alliés allemands de l'Autriche ne fut pas compensée par les faciles succès remportés sur les Italiens (Custozza sur terre, Lissa sur mer). Surtout, le combat décisif contre les armées prussiennes se solda par une lourde défaite pour les armées impériales, à Sadowa, en Bohême, le 3 juillet 1866. Seule la France, en intervenant aux côtés de l'Autriche, pouvait renverser la situation : Napoléon III s'y refusa. François-Joseph demanda un armistice, signé le 27 juillet à Nikolsburg (Mikulov). La Prusse annexa des territoires et 4 millions d'habitants en Allemagne : Hanovre, Hesse-Cassel, Francfort, le Schleswig et le Holstein, et forma une Confédération de l'Allemagne du Nord, à laquelle répondait une illusoire Confédération de l'Allemagne du Sud, sous la direction de la Bavière, l'ennemi d'hier ; la Vénétie était perdue, l'Autriche payait 20 millions de florins à la Prusse comme indemnité de guerre. Ayant sauvé l'intégrité de ses territoires sauf en Italie, maintenant quasi unifiée à l'exception des Etats de l'Eglise, l'Autriche assista à la disparition de la Confédération germanique, c'est-à-dire à la disparition de sa suprématie sur l'Allemagne. Certes, celle-ci n'existait pas encore en tant qu'Etat, mais l'Autriche était de toute façon exclue du jeu. Chassée d'Allemagne et d'Italie, l'Autriche va se resserrer sur l'Europe danubienne et, par la suite, balkanique, se heurtant dès lors à la présence russe. Mais, en 1866, c'est incontestablement un pays et un empereur affaiblis qui sortent de la tourmente de Sadowa. De plus, comment les autres nationalités de l'Empire, notamment les Hongrois, allaient-ils réagir à cette seconde défaite militaire après celle de 1859 ?

Plus que jamais portés à réclamer une véritable autonomie, les Hongrois négocièrent le compromis de 1867, dont le promoteur essentiel fut le ministre Beust, qui devait donner naissance à l'Empire austro-hongrois tel qu'il survécut jusqu'à l'écroulement de 1918. Le couronnement de François-Joseph, roi de Hongrie, à Pest, symbolisa la naissance du dualisme ou de la double monarchie (Cisleithanie et Transleithanie) L'autorité de la Hongrie, qui posssède son armée et gère son système douanier, est établie sur la Transylvanie, la Croatie et la Slavonie. Cependant, trois domaines réservés donnent un caractère fédéral à cette monarchie dualiste mais monocéphale : les Affaires étrangères, la Défense et les Finances, gérées en commun par les deux puissances. Les deux parlements de Vienne et Budapest élisent des délégations pour approuver tout projet de loi relevant de ces ministères communs. Des accords furent conçus sur les douanes, la monnaie, les postes ; la Hongrie participait à hauteur de 30 % aux dépenses communes. Elle restait maître de gérer ses propres nationalités, et reconnaissait notamment le royaume de Croatie et sa Diète, le Sabor, qui siégeait à Zagreb et gérait les affaires intérieures ; Budapest était représentée par un gouverneur, le ban. Mais l'usage de la langue magyare était obligatoire dans tous les actes offciels, l'Administration, et même à l'Université. Les lois constitutionnelles de décembre 1867 modifièrent le fonctionnement du *Reichsrat*, en créant aux côtés de la Chambre basse élue au suffrage censitaire (6 % seulement de la population active masculine) une Chambre haute pour la seule Autriche désormais, nommée par l'empereur. Le principe de la responsabilité ministérielle est affirmé, et l'article 19 précise que : « Tous les peuples de l'Etat sont égaux et chaque peuple a un droit inaliénable à conserver et à cultiver sa nationalité et sa langue. » Chacune des 17 entités territoriales reconnues possède sa diète, en charge des affaires locales et de la désignation de ses députés au Reichsrat. Il y a bien dans ce compromis, pour les Hongrois, comme une victoire posthume des principes de 1848 : seul le raidissement autrichien avait alors réduit les réformes, et poussé un Kossuth sur la voie de l'indépendantisme. Celui-ci n'est plus de mise : reprenant les combats du Vormärz, un Deák ou un Andrássy, qui devient le premier président du Conseil hongrois avant de devenir ministre des Affaires étrangères de la double monarchie, ne remettent pas en cause l'appartenance de leur pays à une monarchie danubienne qui leur a conféré un statut de quasi-égalité, ce qui leur donne le droit, par ailleurs, d'exercer une autorité de plus en plus affirmée, et donc de plus en plus contestée, sur d'autres minorités. Slaves et Roumains se virent pourtant confirmer leurs droits, tandis que les Croates, plus inquiets, obtinrent la signature en 1868 d'un compromis leur accordant une représentation choisie par leur diète au parlement de Budapest, et un ministre sans portefeuille dans le gouvernement. Le croate est reconnu comme langue officielle de Croatie-Slavonie, mais la Dalmatie, porte d'accès à l'Adriatique, reste placée sous l'autorité de Vienne. Plus généralement, si les Hongrois apparaissent comme les grands bénéficiaires du compromis 1867, les Slaves quant à eux se montrent amers. Ils ont l'impression d'être laissés pour compte et de ne pas avoir été reconnus au même titre que les Hongrois — c'est notamment le cas des Tchèques, tentés passagèrement par un rapprochement avec la Russie. Le parti national se scinde en une ailé modérée, les Vieux-Tchèques (incarnée par Palacký, Brauner, Rieger), et une aile plus radicale, les Jeunes-Tchèques (dirigée par Sladkovský et les frères Gregr), soutenue par la bourgeoisie et qui réclame en vain une parité de traitement avec les Hongrois. Les députés tchèques refusent de siéger tant à la diète de Prague (1868) qu'au *Reichsrat* (1867), et souhaitent que les rapports entre la Couronne et la Bohême soient redéfinis. Ils aimeraient que François-Joseph soit couronné comme roi de Bohême, mais l'affaire n'aboutit pas. La minorité allemande, fort influente, s'opposa à tout compromis de type magyar, et le projet d'articles fondamentaux qui devait en partie donner satisfaction aux Tchèques (1871) ne fut jamais ratifié. Le compromis de 1867 a donc permis de prolonger l'existence de l'Empire en associant à ses décisions la minorité la plus structurée, la plus sûre de ses droits historiques, la plus combative aussi comme 1848 l'a montré. Pourtant, ce sursis d'un demi-siècle ne doit pas masquer que des problèmes importants restent non réglés : au premier plan, celui des nationalités qui finit par s'imposer comme le problème par excellence, auquel aucune solution durable n'a pu être apportée. Reste aussi le problème de la démocratisation de la vie politique, et tout d'abord de la liberté d'expression et du suffrage élargi, alors même que d'autres puissances évoluent rapidement sur ce point.

La Russie entre ouverture et repli (1815 -1881)

De Napoléon à Tocqueville, les prophètes n'ont pas manqué qui saluaient la Russie comme une grande puissance des temps à venir. Le premier parlait en connaissance de cause. Les Cosaques à Paris, les Français en avaient été les témoins en 1814-1815, pour la première et unique fois de leur histoire. Quant aux voisins de l'Empire russe, la Prusse ou l'Autriche, ils observaient d'un œil parfois méprisant, mais parfois inquiet aussi, ces barbares hérétiques (orthodoxes) gouvernés par un autocrate auprès duquel les autres souverains semblaient être des démocrates. Pour beaucoup, de 1815 (congrès de Vienne) à 1849 au moins (intervention contre les Hongrois), sans oublier l'écrasement des révoltes polonaises (1831, 1864) la Russie est alors le gendarme de l'Europe, et plus généralement, « un décor de théâtre dissimulant une barbarie quasi médiévale », pour reprendre l'expression de Jean-Louis Van Regemorter. Napoléon ne prophétisait-il pas, depuis le rocher de Sainte-Hélène, que l'Europe serait républicaine ou cosaque ? En bref, la Russie était aussi et peut-être d'abord objet d'images ou de représentation en Europe occidentale. Si l'ouvrage à succès du marquis de Custine (*La Russie en 1839*) ne redressa pas l'image de la Russie, pays du despotisme, que dire des œuvres de la comtesse de Ségur ? La présence d'écrivains russes sur le sol français comme Tourgueniev n'y changera rien, pas plus que la découverte de Gogol, de Tchekov ou de Dostoïevski. L'image de l'exilé politique russe (Herzen, Bakounine, plus tard Kropotkine ou Lénine) renforça au contraire le sentiment d'un pays chassant ceux qui refusaient le despotisme et se battaient pour la liberté — en oubliant que la France des droits de l'Homme était aussi le pays des exilés et des proscrits de 1848, 1851, 1871. C'est pourtant avec ce pays mal connu, ne serait-ce que sur un plan géographique — Napoléon en avait fait la cruelle expérience en 1812 –, et au total mal aimé que la France républicaine scella une alliance solide jusqu'au déclenchement de la Première Guerre mondiale. Tout au long du XIXe siècle, la Russie évolue à son propre rythme, décalé en règle générale par rapport aux autres pays, que ce soit sur le plan économique, social ou politique. Pourtant, loin des clichés, la Russie entra dans l'âge industriel à défaut d'entrer dans l'âge démocratique. La césure que nous avons choisie (1881) correspond à la fin du règne d'Alexandre II. Mais, la date de 1861 mérite d'être mise en exergue : l'abolition du servage, dans un pays essentiellement rural où la question de la terre ne cesse d'être au premier plan, représente un enjeu économique et politique majeur.

Une puissance pauvre

La formule de Georges Sokoloff semble manier le paradoxe. Elle a le mérite d'expliquer l'une des contradictions majeures de la Russie, pays assurément puissant, mais qui resta dans le camp des « pauvres ». Pays de 19 millions de km^2 au début du XIXe siècle, la Russie atteint 21 millions de km^2 vers 1850. Aux conquêtes de Catherine II répondent les partages du congrès de Vienne qui donnent à la Russie une part plus importante encore de la Pologne (le Royaume) et confirme l'annexion de la Finlande. A l'Est, l'Oural constitue encore une frontière « naturelle » qui n'est guère dépassée, la Sibérie demeurant un vaste désert vert et blanc. Mais la Russie atteint le Pacifique au niveau de la mer d'Okhotsk, possède les îles Kouriles et Aléoutiennes, l'Alaska et s'intéresse à Sakhaline déjà revendiquée, au moins pour la partie sud, par le Japon. Au Nord, la Russie est bordée par l'Océan glacial arctique, où elle entretient le port d'Arkhangelsk, et se prolonge par la Finlande jusqu'au nord de la Scandinavie. Au Sud, le Caucase et la Caspienne forment également des frontières « naturelles », mais la Russie a accordé la citoyenneté aux populations kazakhes récemment annexées. Son avancée, symbolisée par des postes fortifiés qui vont au-delà de la mer d'Aral, atteint la hauteur du lac Balkach. Plus au sud, la Russie a conquis la Géorgie et l'Azerbaïdjan, et s'intéresse à l'Arménie. A l'Ouest, entre la Baltique et la mer Noire, la frontière terrestre russe s'étend du Niemen au nord, qui la sépare de la Prusse, au Dniestr au sud, qui la sépare de l'Empire ottoman. Déjà perce l'intérêt de la Russie pour la mer Noire, ce qui, si elle en contrôlait les détroits (Dardanelles et Bosphore), lui permettrait d'être présente en Méditerranée orientale. Mais l'Empire ottoman, « l'homme malade de l'Europe », veille avec le soutien attentif de l'Autriche et de l'Angleterre.

Le tsar — mot dérivé de César — règne en souverain tutélaire, incarne à la fois le père (batiouchka), le maître donné par Dieu, et le justicier, celui dont la bonne foi est trompée par son entourage. Il détient tous les pouvoirs, gouverne par ukaze, et, en toutes affaires, tranche en dernier lieu. Mais il ne gouverne pas seul et s'appuie sur une bureaucratie nombreuse, très structurée et hiérarchisée dont des conseillers choisis parmi ses proches, un Conseil d'Etat qui prépare les lois, un Sénat chargé des règlements d'application, des ministres qui forment un Comité, et une bureaucratie provinciale omniprésente et tatillonne de 400 000 à 500 000 fonctionnaires. Chaque province est administrée par un gouverneur tout puissant. L'Etat de droit n'existe pas, la corruption est de règle, et hommes libres et non-libres (serfs) cohabitent dans une société figée. A partir de Nicolas Ier une Chancellerie directement rattachée à l'empereur et subdivisée en sections s'occupe de toutes sortes de dossiers, notamment les affaires politiques. Dans une société d'ordres régie par un Etat tout puissant, les nobles trustent les hautes fonctions administratives civiles ou militaires, classées selon une stricte hiérarchie, le *tchin* ou table des rangs, codifiée en 1722, et qui apportent la noblesse héréditaire ou seulement personnelle. L'Etat attend d'eux qu'ils exercent des fonctions de police et de justice, mais aussi d'assistance, en particulier lors des crises frumentaires. Monde par ailleurs très hétérogène que la noblesse russe, avec à une extrémité une noblesse de cour très riche, et à l'autre des hobereaux plus désargentés et d'autant plus accrochés à leurs privilèges. Elevés dans la langue française ou allemande, parfois avant même d'apprendre le russe, les jeunes nobles sont éduqués par des précepteurs, fréquentent peu les écoles, à l'exception des corps de cadets qu'il convient d'intégrer pour se mettre au service du tsar. Les universités sont rares et souvent récentes (celle de Moscou date de 1755 ; dans la capitale, Pétersbourg, il existe une Académie des sciences), les effectifs réduits et souvent les roturiers y dominent. L'instruction reste un luxe, et la quasi-totalité de la population paysanne est analphabète. Peu de choses pour les jeunes filles, même si Catherine II avait fondé à leur intention une école réputée, l'Institut Smolny.

Il existait pourtant un réel débat d'idées en Russie. Après le reflux des Lumières, auxquelles, on le sait, Catherine II avait dans un premier temps adhéré, et d'une certaine sympathie pour les idéaux de 1789, la Russie est marquée par un retour en force du sentiment national, nourri de la haine antifrançaise au moment de la guerre de 1812, et fier d'avoir participé à l'anéantissement de l'« ogre corse ». Cela ne signifie nullement qu'il n'existe pas de survivance de despotisme éclairé, notamment chez un tsar plutôt ambigu sur ce point comme Alexandre Ier. Mais dans le XIXe siècle marqué par le double combat pour l'indépendance et la liberté à travers toute l'Europe, au nom des principes de 1789, la Russie, concernée au premier chef, devait adopter une position conservatrice de plus en plus affirmée. Le rôle de l'Eglise n'y fut pas étranger. Le clergé, blanc ou séculier, et noir ou régulier, garde une réelle puissance, et une grande richesse, foncière notamment. Mais il est sous le contrôle de l'Etat par le biais du droit du tsar de nommer à toutes les hautes fonctions ecclésiastiques, et par le biais du saint-synode présidé par un procureur nommé par le tsar. De l'Eglise, celui-ci attend d'abord fidélité et soumission. Le fossé est grand entre un haut clergé cultivé, grâce à des monastères formant une élite théologique (voir celui de la Trinité-Saint-Georges), et un bas clergé mal formé, les popes, vivant des revenus réduits d'une cure demeurant héréditaire jusqu'en 1869, et devant faire face à la fois à des pratiques rurales encore largement empreintes de superstition, et à la concurrence de sectes comme celle des Vieux-Croyants qui restent nombreux depuis la rupture schismatique de 1667. La hiérarchie orthodoxe fut toujours aux côtés du pouvoir, maintenant les serfs dans un état de soumission au nom de la volonté divine, développant volontiers une croyance très mystique. Nobles et clercs sont exclus de la capitation, de la conscription et des châtiments corporels. La bourgeoisie se signale par sa faiblesse numérique, et des activités essentiellement marchandes. Les grandes villes sont peu nombreuses : Moscou, « capitale spirituelle et sentimentale pour la majorité des Russes » (René Girault), qui passe de 300 000 habitants en 1830 à 450 000 vers 1860, Saint-Pétersbourg, la capitale administrative (500 000 habitants en 1860) et Odessa (100 000) ; en 1860, la population urbaine regroupe moins de 9 % de la populaton totale. Il n'y a pas d'équivalent du tiers état dans la Russie tsariste, même s'il existe bien une hiérarchie de fait, dominée par les grands marchands membres des guildes. Leurs rejetons ont accès aux gymnases (lycées) et aux universités où ils côtoient les jeunes nobles. Il se forme donc dès les années 1815-1820 une intelligentsia qui ne cesse de se renforcer. On compte 18 000 élèves dans les 70 gymnases et 4 000 dans les universités russes dans les années 1840 (Moscou, Kazan, Kharkov, Varsovie, Saint-Pétersbourg, Dorpat ; Vilno a été fermée après l'insurrection polonaise de 1831 ; Kiev ouverte en 1834, Odessa en 1865). Ce système russe est en fait une copie du système en vigueur en Allemagne où vont se former les plus prestigieux des universitaires russes. Il est possible de publier des journaux et des revues (ainsi les *Annales de la Patrie* dirigées par Bielinski ou *le Téléscope*) ou des livres ; des cercles d'étudiants se forment, à l'écoute des théories occidentales. Parallèlement, se développe une revendication de « slavitude » qui vise à concilier la pensée occidentale et les caractères propres à la Russie (l'orthodoxie, la langue, « l'âme » russe...). L'opposition entre Slavophiles et Occidentaux domine la première moitié du siècle, mais reste purement intellectuelle. Les historiens se lancent dans une quête de racines : de 1819 à sa mort en 1826, Karamzine travaille à une *Histoire de la Russie* qui obtient un grand succès, et en 1851 paraît le premier volume de la monumentale *Histoire de la Russie depuis les temps les plus reculés* de Soloviev. Etre européen tout en gardant sa spécificité, tel est l'idéal de ce courant slavophile ouvert, incarné par Bielinski. Mais qu'espérer comme retombées des mouvements de 1830 ou de 1848 dans un pays fermé aux hommes et aux idées venus de l'étranger, surveillé par une police soupçonneuse, censuré dans ses formes d'expression écrite trop audacieuses ? Pour certains, la seule voie, c'est l'exil, comme pour Herzen dès 1847 ; pour d'autres, qui ont tendance à mythifier les vertus révolutionnaires paysannes, c'est la violence qui s'exprimera dans le mouvement décembriste de 1825.

Un pays d'économie rurale

La population de la Russie passe de 36 millions en 1815 à près de 75 millions d'habitants en 1860 (dont 60 pour la partie européenne), et 100 millions en 1881. Grande est déjà la diversité ethnique de la population de l'Empire : face à une majorité Grand-Russe (environ 43 % de la population), on trouve de nombreuses minorités, Petits-Russiens ou Ukrainiens, Biélo-Russes, Cosaques ; Slaves comme les Polonais ; Allemands d'origine noble très présents dans les pays baltes ; Finnois, Turcs comme les Tatars, Mongols comme les Kazakhs, Juifs, Géorgiens, Arméniens.

Etat multinational, multilingue et multiconfessionnel, l'Empire trouve son unité dans la fidélité au tsar. Les habitants de l'Empire sont à plus de 90 % des paysans dont l'immense majorité vit regroupée dans un système de communauté rurale (*obchtchina*) représentée par une assemblée, le mir, avec à sa tête un staroste ou maire. Mais le seigneur ou le fonctionnaire représentant le tsar sont en fait tout puissants dans un système où le servage reste majoritaire (58,5 % de la population masculine en 1812, encore 54 % en 1858), d'autant que jusqu'à Paul Iᵉʳ (mort en 1801), les tsars distribuaient des serfs d'Etat à leurs favoris en guise de faveurs. Face aux paysans libres, qui complètent parfois leurs revenus en travaillant pour un grand propriétaire, on distingue les serfs d'Etat qui vivent et travaillent sur les terres du Domaine (environ 10 % du total), et les serfs qui appartiennent à des seigneurs et travaillent sur des domaines privés. Soumis à la conscription en cas de besoin, et à l'impôt (une capitation), ils paient également une redevance seigneuriale, l'*obrok*, ou effectue la corvée (*barchtchina*). De plus, les serfs peuvent être objet d'une hypothèque dans le cas d'un endettement de leur maître, vendus indépendamment de leur tenure et parfois séparément de leurs enfants, par la biais d'annonces dans les journaux. Après la Prusse (1823) et l'Autriche (1848), la Russie fut la dernière à abolir le servage (1861). C'est le mir qui attribue les lots de terres aux serfs, les « âmes » (un terme qui désigne aussi les hommes libres), de loin les plus nombreux des paysans. La noblesse détient de véritables fiefs en toute propriété, domaines privés, sur lesquels elle exerce une autorité sans partage, y compris sur le plan juridique. Le propriétaire (*pomechtchik*) ou le maître (*barin*) perçoit du serf (*moujik*) une redevance en argent (*obrok*) ou une corvée sur sa réserve, et des avantages en nature. Il entretient une importante domesticité servile, et parfois même des intellectuels (artistes, écrivains) réduits à la misère. Mais il existe une grande disparité entre les 42 % de petits propriétaires qui ne possèdent que 3 % des serfs (soit 8 en moyenne) et les 3 % de grands propriétaires qui en possèdent 44 % (soit en moyenne 1210). Souvent absent, le maître est représenté par un intendant qui utilise tous les moyens à sa disposition pour maintenir l'ordre et prévenir les révoltes (châtiments corporels, notamment le fouet dont l'usage fréquent est attesté) qui demeurent pourtant assez nombreuses et souvent assez violentes.

Face à une grande propriété qui atteint parfois des tailles considérables, on note que par le biais des partages successoraux et de la pression démographique, la « faim de terre » se développe, tant chez les propriétaires, tentés de rogner sur les tenures, que chez les serfs chez qui l'endettement progresse de manière vertigineuse. Le cours des céréales, à la baisse, aggrave ces difficultés. On essaya bien d'augmenter la productivité des terres, et l'agronomie, en Russie comme ailleurs, fut en vogue, avec des résultats fort limités. Loin de se limiter aux cultures traditionnelles (seigle, l'aliment de base, et froment), où les rendements restent globalement faibles (5 à 6 q/ha), quelques grands propriétaires, surtout dans les pays baltes, la Nouvelle-Russie ou l'Ukraine, dans les bonnes terres ou Terres-Noires (*tchernozioms*) se lancent dans de nouvelles activités (pomme de terre, betterave à sucre, lin, chanvre, élevage pour la laine), voire dans la production « agro-alimentaire » (distilleries, par exemple) ou industrielle (textiles, cuir) en développant des manufactures rurales ou des petits ateliers. Ceux-ci concurrencent d'autant la production urbaine, déjà freinée par l'étroitesse du marché. Mais tout ceci doit être nuancé, lorsqu'on sait qu'à la veille de l'abolition du servage, plus de 95 % des terres sont emblavées. Globalement, la gestion des grands domaines reste défaillante, les techniques archaïques et l'investissement insuffisant. Dans une économie encore largement rurale, le capitalisme n'en est qu'à l'état d'ébauche. Il existe bien des propriétés libres, possédées par des paysans plus sensibles à la gestion de leur domaine (les *koulaks*) ; mais leur part dans la production nationale demeure faible. De plus, les défaillances du système de communications (fleuves et routes) ne favorisent pas la mise en place d'un marché national. La Russie se trouve cependant exportatrice et sa balance commerciale est généralement excédentaire, notamment sur le plan céréalier : ce fut le cas notamment lors de la disette européenne de 1816-17 ; lorsque survint la grave crise économique des années 1846-48, le gouvernement de Guizot acheta des blés russes pour pallier le déficit de la production céréalière française. Au lendemain de l'abolition du servage, les exportations de céréales atteignirent leur maximum vers 1880. L'ouverture du marché anglais (abolition des *corn-laws* en 1846), la meilleure gestion des domaines, un marché intérieur progressant au rythme de la démographie plaidaient en faveur d'une augmentation des emblavures, dans une économie de marché en plein développement.

Face à cette domination sans partage de l'économie rurale, il existe pourtant un secteur industriel et commercial qui se développe tout au long du XIXe siècle. En 1817 est fondée une Banque commerciale d'Etat pour encourager la production industrielle et les échanges. Le remplacement des assignats par des roubles-crédits, monnaie papier garantie par un stock métallique, en 1843, donna plus de vigueur à la monnaie russe. En 1860, le gouvernement créa une véritable Banque d'Etat qui se substitua à tous les organismes de crédit publics existants. L'Etat intervenant massivement dans le système financier, les impôts s'en trouvent alourdis. En 1864, la première société bancaire par actions, une banque pour le crédit commercial, fut fondée à Saint-Pétersbourg avec le concours de la finance allemande. De nombreuses banques foncières voient le jour. L'affairisme se développe, avec son lot de spéculations, de faillites, mais aussi de réussites spectaculaires : la Russie possède elle aussi ses *railway kings* comme un von Derviz. Loin de cultiver les valeurs bourgeoises, cette aristocratie de l'argent cherche à adopter les valeurs de l'aristocratie de nom. C'est particulièrement vrai des grands marchands qui se lancent dans un mécénat artistique très « florentin » : ainsi, c'est en 1872 que Tretiakov ouvre sa galerie à Moscou. Mais la Russie demeure un marché protectionniste qui freine l'importation de matières premières et donc l'industrialisation du pays. Pourtant, grâce à une source d'énergie abondante (le bois) et à un sous-sol riche en fer et en cuivre, la sidérurgie et la métallurgie russes font bonne figure en Europe, et le nombre de hauts fourneaux est élevé dans l'Oural. Il existe à la fois des manufactures d'Etat, et des manufactures privées, très concentrées : en 1840, cinq familles dont les Demidov produisent la moitié de la fonte « privée ». Le charbon du Don est exploité, mais la fonderie au coke a du mal à s'imposer. Entre 1860 et 1880, la production de charbon est multipliée par 10, passant de 320 000 à 3 200 000 tonnes. Mais la production de fonte reste insuffisante (400 000 tonnes en 1880), ce qui nécessite, pour faire face aux développements du chemin de fer, de coûteuses importations. C'est un entrepreneur écossais, John Hugues, qui lance la sidérurgie du Donets en 1869. La main-d'œuvre servile assure des coûts de fabrication réduits. Mais l'Angleterre se révèle un redoutable concurrent, qui provoque une baisse sensible de la production russe. On note pourtant une reprise autour du milieu du XIXe siècle, avec une modernisation des méthodes de production : la machine à vapeur fait son entrée. Mais dans l'absolu, la production russe de fonte qui représentait 30 % de la production mondiale à la fin du XVIIIe siècle en représente moins de 5 % en 1860.

Dans les autres secteurs, le salariat l'emporte massivement. C'est le cas dans le textile (cotonnades surtout) qui est répandu dans tout le centre de la Russie et qui emploie déjà 200 000 travailleurs vers 1835. La concurrence étrangère, une conjoncture maussade, notamment dans le domaine des toiles, l'emploi pléthorique de serfs que l'on ne peut licencier puisque non libres, expliquent la situation précaire de l'industrie textile russe. Mais là encore, rares sont les seigneurs prêts à chercher des produits et des débouchés nouveaux. Avec les indemnités reçues lors de l'abolition du servage ou le produit de la vente des terres aux paysans, quelques grands propriétaires investissent pourtant dans l'industrie. L'initiative vient parfois des hautes sphères de l'administration ou de l'Etat qui crée ou encourage la création de quelques usines pilotes de filatures de coton. C'est également de l'Etat que vint l'affranchissement des serfs ouvriers, quasi total en 1840, qui permit le développement d'un salariat plus « souple » d'emploi pour la patronat. Mais le travail à domicile demeure très répandu. On trouve également des sucreries en Ukraine, des constructions mécaniques. En 1817, l'usine Baird obtient le privilège impérial de fabriquer des bateaux à vapeur. Après une expérimentation dans l'Oural pour un usage industriel, débute en 1835 la construction d'une voie ferrée reliant Saint-Pétersbourg au palais d'été du tsar, Tsarskoïe Selo. Mais, inaugurée en 1851, la seule grande voie ferrée relie Pétersbourg à Moscou, les deux seules « grandes » villes industrielles. En 1857 est fondée la Société principale des chemins de fer russes, avec des capitaux russes, mais aussi anglais, allemands et français : on décide de contruire des voies jusqu'à Varsovie, la frontière prussienne et la Baltique au nord, Nijni-Novgorod, où se tient la principale foire du pays, à l'est, la Crimée au sud. Le réseau passe de 1600 km à 22 000 km entre 1865 et 1880. Un système de canaux relie la Volga à Saint-Pétersbourg. Le commerce extérieur de la Russie se caractèrise par la part croissante de produits semi-finis, au détriment de produits finis ou de pointe qui sont l'apanage des pays industrialisés d'Europe de l'Ouest. La Chine et l'Asie centrale fournissent un débouché important pour les cotonnades russes.

*La Russie d'Alexandre Ier et de Nicolas Ier*

Alexandre Ier, petit-fils de Catherine II, est un personnage complexe, qui, après des velléités réformistes, est revenu à une autocratie de bon aloi. Améliorant très légèrement le sort des serfs, se lançant, sous l'influence de son proche le prince Czartoryski, dans une véritable politique de développement de l'enseignement (création des universités de Kharkov en 1804, Kazan en 1814, Pétersbourg en 1819), il fit régner une implacable censure. Durant la campagne de Russie, il sut profiter d'un réveil du sentiment national qui toucha tous les milieux et la résistance courageuse du peuple russe en fit l'âme de la coalition qui vainquit Napoléon en 1814. Entouré de collaborateurs d'origines très diverses (l'Allemand Nesselrode, le Grec Capodistria, le Corse Pozzo di Borgo, ambassadeur à Paris), Alexandre joua un rôle de premier plan à Vienne face à un Metternich qui entendait bien brider au maximum les prétentions russes. Le star, jouant les souverains libéraux, insista pour que la France ait une Constitution. Par ailleurs, il insista pour redonner à la Pologne un semblant d'autonomie, avec, dans la partie qui lui avait été attribuée (le royaume de Pologne), une Diète, un vice-roi, le grand-duc Constantin, et l'autonomie financière. Profondément mystique, le tsar fut également à l'origine de la Sainte-Alliance. Partout et en toute occasion, Alexandre appuie le principe d'intervention diplomatique ou militaire préconisé par Metternich. Dans son pays, le tsar s'empresse de ne rien changer. Il accorde bien l'émancipation aux serfs d'Estonie (1816), de Courlande (1817) et de Livonie (1819) : cela ne concerne qu'une infime partie de la population servile dont les conditions de vie s'aggravent par ailleurs, l'émancipation se faisant sans attribution de terre. Un projet de Charte prévoyant la création de deux assemblées, un Sénat et une Chambre des députés, ne fut jamais appliqué. Sous le régime du favori, le général Araktcheïev, la censure est plus intraitable que jamais (Pouchkine en fit les frais), les universités sont soumises à une étroite surveillance, et le corps professoral épuré. Comme en France, les Affaires spirituelles et l'Instruction publique sont réunies sous la houlette d'un même homme. Les loges maçonniques, hâvre de liberté relative, sont rapidement interdites (1822). Toute forme de « cosmopolitisme » est condamnée : catholiques et protestants sont visés, et les jésuites sont brutalement expulsés de Pétersbourg. Défenseur attitré de l'orthodoxie, Alexandre Ier se veut le protecteur des chrétiens vivant dans les principautés européennes de l'Empire ottoman ; mais devant les réticences autrichiennes et anglaises, il ne se décida pas à intervenir militairement au côté des Grecs révoltés, avant sa mort survenue en décembre 1825. Face au despotisme du tsar, des sociétés secrètes recrutant essentiellement parmi les officiers s'étaient constituées, comme l'Union du bien public, la Société du Sud, la Société du Nord, la Société des Slaves unis. On y parlait d'émancipation des serfs ou de monarchie constitutionnelle, voire de république. Les plus déterminés prévoyaient d'assassiner le tsar en 1826. Maintenant leur plan de révolte, les conjurés des sociétés secrètes profitèrent de la passation de pouvoir à Nicolas en faveur duquel son frère aîné, Constantin, s'était désisté, et d'une certaine vacance du pouvoir pour passer à l'action, sous la direction du prince Troubetskoï. Mais les insurgés furent minoritaires et le gros de l'armée demeura fidèle au nouveau tsar. Même scénario en Ukraine où les conjurés furent facilement contenus. Cinq de ces « décembristes » furent condamnés à mort, dont Pestel, animateur de la Société du Sud, les autres étant déportés en Sibérie.

Nicolas Ier commençait donc son règne sous des auspices difficiles, mais était sorti vainqueur de cette épreuve. Adepte d'un conservatime sans faille, il fit sienne la formule du comte Ouvarov, définissant la Russie : « Autocratie, Orthodoxie, Patriotisme ». L'organisation de la gendarmerie en 1826 par Benckendorf permit une surveillance plus proche de la population. Mais les révoltes paysannes furent plus nombreuses que jamais : on en dénombre près de 150 de 1826 à 1834, 215 de 1835 à 1844, 348 de 1845 à 1854. Nicolas renvoya Araktcheïev pour marquer sa volonté de rompre avec la politique de son prédécesseur. Par ailleurs, le nouveau tsar entendait s'intéresser aux affaires : dans ce but, il créa une grande chancellerie privée placée sous son autorité directe et traitant de toutes les affaires intérieures. Nicolas Ier souhaitait une reprise en main de l'Administration, et voulait lutter contre la corruption. Il envoya des *revizors* (inspecteurs) en province : mais les pesanteurs bureaucratiques furent loin de disparaître et la rationalisaton de l'administration resta bien superficielle face à l'hostilité des fonctionnaires. En 1833 fut publié un nouveau Corps des lois de Russie, basé sur les ukazes de ses prédécesseurs auxquels s'ajoutèrent ceux, nombreux, de Nicolas. Les jeunes élites furent particulièrement surveillées. Par le statut de 1835, les universités perdirent toute autonomie : les étudiants devaient porter l'uniforme, l'étude de la théologie et de l'histoire sainte devenant obligatoires, alors que la philosophie, le droit constitutionnel, l'histoire et l'économie politique étaient supprimés. Au lendemain des révolutions de 1848, la répression se fit plus forte encore, et on limita en 1849 les effectifs de toutes les universités à 1800 étudiants pour l'ensemble de la Russie. Toute propagande libérale était sévèrement punie. La répression toucha de jeunes libéraux comme les membres de la société secrète à laquelle appartenait Dostoïevski : arrêté pour conspiration et condamné à mort en décembre 1849, il vit sa peine commuée en quatre ans de déportation en Sibérie quelques instants seulement avant l'exécution de la sentence. Les professeurs durent soumettre le contenu de leurs cours avant de les enseigner. Mais, parallèlement, un enseignement technique de qualité vit le jour, avec la création entre 1828 et 1844 d'un Institut technologique, d'une Ecole d'architecture, d'une Ecole d'ingénieurs civils et d'un Institut géodésique. On dressa des statistiques pour chaque province, on encouragea la modernisation économique, mais on glorifia aussi le génie de la nation russe et de son chef dans une propagande impérialiste qui utilisait l'Occident décadent comme repoussoir.

Sur le plan extérieur, Nicolas Ier poursuivit l'œuvre de son prédécesseur. Il reconnut de mauvaise grâce le régime né de la révolution de juillet 1830 en France, fut tenté d'intervenir aux côtés de Guillaume Ier de Hollande face aux révolutionnaires belges, mais l'Angleterre s'y opposa, et écrasa impitoyablement le soulèvement polonais en 1831. Se refusant à toute concession avec le gouvernement provisoire dirigé par le prince Czartoryski, qui proclama sa déchéance, il supprima la Constitution polonaise après l'écrasement de la révolte, entreprit une politique de dépolonisation en Pologne et en Lithuanie. Se rapprochant de Metternich et de la Prusse, Nicolas Ier reconstitua une sorte de Sainte-Alliance dans une Europe touchée par des mouvements libéraux et nationaux. Au nom de cette alliance (convention de Berlin, octobre 1833), Nicolas répondit favorablement à la demande d'intervention militaire contre la Hongrie révoltée, formulée par l'Autriche en 1849, et envoya une armée de 150 000 hommes qui écrasa les Hongrois à Világos. Le tsar soutint de nouveau François-Joseph lorsque celui-ci fit pression sur Frédéric-Guillaume IV, roi de Prusse, afin qu'il renonce à unifier l'Allemagne du Nord.

Nicolas s'intéressa également de près à la question d'Orient. Après avoir repoussé une attaque des Perses dans le Caucase et accru ainsi ses territoires arméniens, la Russie engagea sa flotte contre celle de l'Egypte en 1827 afin d'aider les Grecs, participant à la victoire navale de Navarin, puis déclara la guerre à la Turquie en 1828, prenant Andrinople en 1829 et menaçant Constantinople. Le traité d'Andrinople renforçait la protection excercée par les Russes sur les Serbes, désormais autonomes, et les Moldo-Valaques, et instituait la libre circulation des navires de commerce dans les Détroits. Quant à la Grèce, dont l'indépendance fut reconnue, elle échappa à la tutelle russe après l'assassinat de son président provisoire, Capodistria, et l'élection du roi Otton. Lorsque la Porte fut menacée par Méhémet Ali, pacha d'Egypte, c'est la Russie qui lui accorda son aide militaire, obtenant en contrepartie la fermeture des Détroits à tous les navires de guerre des puissances non riveraines de la mer Noire. L'Angleterre, agacée, chercha à limiter l'influence russe en Turquie qui représentait un marché important pour elle, et n'hésita pas à envoyer des armes aux rebelles de Transcaucasie. Déjà se profilait la rivalité anglo-russe en Asie centrale. La question des Détroits fut réglée par la convention de Londres, signée en 1840 par l'Angleterre, la Russie, l'Autriche et la Prusse, ainsi que la France l'année suivante. Tout bâtiment de guerre était exclu du passage dans les Détroits en période de paix. Mais plus que jamais, la Russie pensait que le moment du démantèlement de l'Empire ottoman était arrivé : le tsar s'en ouvrit à Aberdeen et Peel lors de sa visite à Londres en 1844, mais l'Angleterre, hostile à l'idée de voir la Russie s'enfoncer dans les Balkans, repoussa l'idée. En 1853, Nicolas passa à l'offensive en provoquant le sultan à qui il voulut imposer un droit exclusif de protection des chrétiens de l'Empire ottoman. Après la rupture des relations diplomatiques, il occupa les principautés danubiennes, au nom d'une sorte de croisade orthodoxe. La Turquie protesta et obtint l'alliance militaire de l'Angleterre et de la France. En mars 1854, les deux puissances occidentales déclarèrent la guerre à la Russie qui se trouva isolée, ni la Prusse ni l'Autriche ne la soutenant. La guerre de Crimée apparaît donc bien comme le prolongement de la question d'Orient, provoquée notamment par les convoitises qu'inspire la faiblesse de l'Empire ottoman. Après la bataille de l'Alma (septembre 1854), commença le siège de Sébastopol qui devait durer près d'un an. Nicolas Ier ne devait pas voir la fin de cette guerre meurtrière pour les deux camps, aggravée par une épidémie de choléra. Il mourut subitement en mars 1855, laissant le pays dans une mauvaise situation militaire et sans avoir réglé la question du servage.

Alexandre II et l'abolition du servage

Plus encore que son prédécesseur, Alexandre II monte sur le trône dans des conditions difficiles. Il hérite à la fois d'une guerre mal engagée, révélatrice des limites d'une Russie diplomatiquement isolée, et d'un problème dont même les élites conservatrices ont pris conscience de la gravité : le servage, devenu un obstacle majeur au développement économique et social de la Russie. Fils de Nicolas Ier, Alexandre II, né en 1818, est jeune et suscite l'espoir des libéraux. On le dit versatile, mais ouvert ; il connaît les affaires, son père l'ayant initié aux travaux du Conseil d'Etat et du Comité des ministres. Dès le début de son règne, la censure se fait moins forte, et plus d'une centaine de périodiques vont fleurir à travers la Russie. Des exilés politiques rentrent, l'Université abandonne le *numerus clausus* : l'espoir renaît.

Après la chute de Sébastopol, le 8 septembre 1855, malgré l'héroïque courage de ses défenseurs, il devenait inutile de continuer la guerre. La Russie va tenter de limiter les conséquences de sa défaite militaire au congrès de Paris qui s'ouvre en février 1856 et qui marque le grand retour de la diplomatie française sur la scène internationale. Le traité marque un net coup d'arrêt à l'expansion russe dans la zone des Balkans et des Détroits. La Russie doit en effet rendre à la Turquie les bouches du Danube, acquises au traité d'Andrinople en 1829, le sud de la Bessarabie, le district de Kars dans le Caucase. Enfin, grande victoire pour l'Angleterre, la mer Noire est démilitarisée, ce qui éloigne la menace russe des Détroits et de la Méditerranée orientale. Les trois puissances anglaise, française et autrichienne signent un traité pour garantir l'intégrité territoriale de la Turquie, façon de mettre le tsar en demeure de respecter les clauses du traité de Paris. Pour autant, la Russie ne sort pas totalement diminuée de cette guerre. Elle vient à bout des rebelles caucasiens en 1859, obtient de la Chine la région des fleuves Amour et Ossouri (1858-60) et continue à progresser en Asie centrale où, après avoir pris Tachkent, elle constitue dès 1867 le Turkestan russe. Enfin, la Russie reconstitue rapidement une armée modernisée : elle n'a pas renoncé à asseoir sa domination sur les principautés danubiennes et continue à se présenter comme protectrice des chrétiens ottomans. Un rapprochement avec la France s'esquisse après la rencontre de Stuttgart entre Alexandre II et Napoléon III : mais cette tentative échouera, notamment pour cause de soutien diplomatique français à la cause polonaise. La défaite de l'Autriche face à la Prusse en 1866, puis de la France en 1871, ouvrent de nouvelles perspectives à la Russie qui se considère déliée de ses engagements à propos des Balkans. Lorsque les Bosniaques et les Bulgares se révoltent contre le sultan, qui envoie ses bachibouzouks rétablir l'ordre avec cruauté, puis que la Serbie et le Monténégro attaquent la Turquie (1875-1876), la Russie les soutient. La guerre russo-turque de 1877-1878 dont elle sort victorieuse lui permet de marquer des points, dans un premier temps, avec la signature du traité de San Stefano prévoyant l'autonomie de la Bosnie-Herzégovine, l'indépendance de la Moldavie et de la Valachie, de la Serbie et du Monténégro, la récupération de la Bessarabie méridionale, l'acquisition de Kars et Batoum, et la création d'une grande Bulgarie atteignant la mer Egée. Les clauses du traité étaient inacceptables pour les autres puissances, hostiles à l'idée de domination russe sur les Balkans. Elles imposèrent donc au tsar le congrès de Berlin, tenu d'une main ferme par Bismarck. Le traité de Berlin réduisit sensiblement les prétentions russes : une petite Bulgarie fut créée, et l'Autriche reçut le droit d'occuper la Bosnie-Herzégovine sans avoir participé à la guerre. Le congrès de Berlin marque de fait le début d'une longue rivalité austro-russe dans les Balkans. L'alliance des trois empereurs (Autriche, Allemagne, Russie, 1873) ne pesa pas lourd face à cette rivalité. Parallèlement, la Russie se désengage de l'Amérique — elle vend l'Alaska aux Etats-Unis en 1867 — et renforce ses positions en Asie orientale sur la frontière chinoise, fondant Vladivostok. En Asie centrale, où commence à se manifester une rivalité coloniale avec la Grande-Bretagne, la Russie occupe Tchimkent en 1864, puis Tachkent (1865), Samarkand (1868), Khiva (1873) et le Kokand devient la province russe de Ferghana. Après la constitution d'un gouvernement général du Turkestan, la Russie s'intéresse à Merv et se rapproche de l'Afghanistan, c'est-à-dire à proximité des colonies britanniques. L'Angleterre entreprend alors une guerre contre l'émir afghan : elle dura deux ans et se révéla très dure pour l'armée britannique peu à l'aise sur les terrains montagneux d'Afghanistan. Mais l'émir dut reconnaître le protectorat britannique, bloquant la Russie dans son expansion méridionale.

En mars 1856, le tsar évoque publiquement son souhait d'abolir le servage et annonce les modalités du processus permettant d'y arriver. La défaite de la guerre de Crimée a servi de détonateur. Un Comité secret ou Comité principal se met en place, dominé par des conservateurs malgré la présence de libéraux comme Milioutine ou Rostovtsev, et, sur ordre du tsar (rescrits de 1857), des comités provinciaux se forment à travers tout le pays. Une bonne partie de l'opinion fait siens les propos d'Alexandre pour qui « il vaut beaucoup mieux que l'initiative vienne d'en haut que d'en bas ». Même l'intelligentsia, qu'elle soit en exil ou non, comprend la portée historique de la démarche et appuie le tsar. Face à un archaïsme facteur de retard économique pour la Russie, et à un danger permanent d'explosion sociale, seule l'abolition du servage peut permettre au pays de passer à une économie moderne. L'abolition fut précédée d'un long débat, les nobles entendant bien faire prévaloir leur point de vue : oui à l'abolition du statut du servage, donc à la liberté personnelle pour les paysans, mais non au transfert de la terre qu'il estiment posséder en toute propriété. Les paysans ont un point de vue diamétralement opposé : pourquoi avoir à racheter la terre, c'est-à-dire à s'endetter, ou à n'en conserver qu'une partie, rendant toute indépendance économique impossible, alors qu'on cultivait parfois ces tenures depuis des générations dans la même famille ? La terre, étant leur, n'avait pas à être rachetée. D'autres questions se posaient : les droits d'usage, notamment pour les forêts ; les pouvoirs seigneuriaux, en autres concernant la justice. La difficulté vint du fait que l'Administration et la noblesse entendaient modifier le moins possible la société d'ordres, et faire du serf un paysan juridiquement libre, mais dépendant sur le plan économique et soumis à l'autorité de la noblesse.

Après la liberté rendue dès 1858-59 aux paysans du Domaine, le Statut des paysans libérés du servage fut promulgué le 19 février 1861. Libéré juridiquement, le serf relève maintenant du droit commun, et l'Etat transfère aux communautés rurales, les mirs (qui gardent assemblées générales et maires élus pour trois ans), toutes les compétences administratives dévolues auparavant aux seigneurs, notamment la fiscalité et la police ; les communes sont regroupées en cantons (avec également une assemblée et un maire) qui servent de circonscription judiciaire ; mais l'Etat et les nobles gardent un droit de regard et d'intervention dans les affaires des communautés rurales qui, de plus, sont considérées solidaires en cas de non paiement de l'impôt d'un des leurs. Quant à la terre, elle est divisée en parcelles (*nadels*) attribuées aux serfs libérés : passé un délai de deux ans de négociations entre les parties concernées (élaboration d'une charte, fixation de la superficie et de la valeur des parcelles), les paysans obtiennent l'usufruit des terres dont les seigneurs restent propriétaires, puis, après accord à l'amiable, rachètent les terres. Mais seul le seigneur peut accorder le rachat, les paysans ne pouvant l'exiger de lui. Au-delà de difficultés pratiques — comment délimiter la réserve et les tenures, quelles redevances pour le seigneur de la part de l'usufruitier, comment fixer le prix de la terre —, se pose le problème du financement du rachat : c'est l'Etat qui avance la somme aux communautés en indemnisant directement le seigneur, en billets d'Etat à 5 % ou en certificats non cessibles avant 15 ans et déduction faite des dettes des seigneurs auprès des établissements de crédit de l'Etat, les paysans devant par la suite rembourser par annuités la somme à l'Etat (6 % par an durant 49 ans, ce qui revient à payer trois fois le prix estimé au départ). Si les communes renoncent à racheter globalement les terres, elles peuvent obtenir gratuitement, en renonçant au reste, un quart des terres. Mais dans tous les cas, bois et pâturages demeurent propriété du seigneur, et, en règle générale, les lots que reçoivent les paysans se révèlent trop petits pour être économiquement viables. La conclusion s'impose d'elle-même : le paysan continue, dans de nombreux cas, à travailler pour le grand propriétaire qui saura, à l'occasion, se faire prêteur pour mieux l'assujettir. Quant aux serfs domestiques et ouvriers, ils sont aussi libérés, formant un nouveau salariat. De leur côté, les paysans d'Etat, déjà juridiquement libres, furent déclarés usufruitiers perpétuels des terres qu'ils cultivaient, sans recevoir d'aide financière pour leur rachat. Au total, la réforme de 1861 entraîne une sélection assez impitoyable. Celle-ci touche d'abord la noblesse : si les plus puissants et les plus audacieux se lancent avec succès dans l'investissement, la diversification des cultures et le progrès technique, les plus endettés voient leur indemnité réduite à la portion congrue, s'attachant d'autant à maintenir l'assujettissement des paysans. Ils mettent leurs terres en location ou, au pire, abandonnent et vendent à la bourgeoisie, qui effectue une percée remarquée dans la propriété foncière, ou à des paysans aisés (*koulaks*). Quant aux serfs libérés, victimes à la fois de la pression fiscale, de l'endettement et de la pression démographique, ils connaissent, pour beaucoup, un processus de paupérisation qu'aggrave le *statu quo* des techniques de production et des types de cultures. Le nombre de migrants, journaliers embauchés à la journée ou à la tâche, plus rarement à la saison, augmente rapidement. Parallèlement, le nombre des ouvriers de fabrique se multiplie lui aussi, donnant naissance à un prolétariat particulièrement nombreux dans le textile et sur les chantiers de chemins de fer. La Russie entre davantage dans une économie de salariat : mais en contrepartie se développent à l'extrême fin du règne d'Alexandre II les prémices d'une conscience de classe dont témoigne l'apparition des premières organisations ouvrières dans la métallurgie.

Tensions politiques et mouvement des idées (1861-1881)

Avec l'abolition du servage, une période de tension politique de vingt ans s'ouvre : elle s'achèvera avec l'assassinat d'Alexandre II. Les paysans, déçus par les conditions d'accès à la liberté, protestèrent parfois violemment, l'armée intervenant sans ménagement. Les refus de signer les chartes furent nombreux. La noblesse, qui a mal vécu cette réforme, est tentée par des revendications plus politiques, voulant se faire entendre d'un tsar qui, dit-elle, est le jouet de la bureaucratie. La jeunesse des universités, sensible à la propagande de Pisarev, se plaît à contester en bloc les valeurs morales et sociales de la société russe. Le nihilisme, inspiré notamment par le Tourgueniev de *Pères et enfants* mais aussi par le positivisme comtien, reproche sa passivité à la génération qui a vécu sous Nicolas Ier. Il s'agit plus, pourtant, que d'un simple conflit générationnel, autant culturel que social au demeurant : les nihilistes réclament des réformes plus radicales, et veulent refonder la société russe sur des bases scientifiques. La « Jeune-Russie » lit des revues comme le *Contemporain*, animée par Tchernychevski ou Dobrolioubov, qui s'engagent dans une voie plus révolutionnaire que réformiste, soutenus par l'émigration — Bakounine, ou des revues comme *l'Etoile polaire* ou le *Kolokol* (*la Cloche*), publiée depuis Londres par Herzen et Ogarev de 1857 à 1867 — et par de nombreux intellectuels, en particulier des universitaires. Des sociétés activistes se forment, comme « Terre et Liberté » : la Russie connaît au début des années 1860 une situation prérévolutionnaire. Le pouvoir réagit en fermant l'université de Saint-Pétersbourg en 1863, l'année même où éclate l'insurrection polonaise provoquée par la promulgation d'un décret de conscription générale. Impitoyablement écrasée, l'insurrection polonaise ne reçut pas le renfort des démocrates russes, arrêtés et emprisonnés, comme Tchernychevski ou Pisarev. Continuant dans la voie réformatrice ouverte par l'abolition du servage, le gouvernement institua des assemblées territoriales ou *zemstvos* par la loi du 1er janvier 1864. Des *zemstvos* de districts sont élus par trois collèges électoraux (propriétaires fonciers, citadins, paysans) qui élisent à leur tour des *zemstvos* de gouvernement, au niveau de la province. Interdiction leur est faite de parler de politique, les sessions sont brèves, le gouverneur chapaute l'ensemble. Leur rôle est limité aux affaires locales : instruction publique et santé, équipement et transports, l'Etat gardant tout pouvoir en ce qui concerne la police, la justice et plus généralement l'administratif. Les projets de représentation nationale qu'émet parfois la noblesse sont repoussés par le tsar, et les *zemstvos* trop frondeurs peuvent être dissous comme celui de Saint-Pétersbourg en 1866. La justice fut réformée la même année dans le sens d'une plus grande uniformité et d'une plus grande impartialité avec des juges élus ou inamovibles, et l'institution du jury dans les tribunaux d'arrondissement. Six ans plus tard, les villes reçurent le droit d'élire des *doumas*, dirigées par un directoire et un maire, avec un suffrage censitaire et trois collèges électoraux. La censure est adoucie en 1865 au profit une autocensure suggérée par l'adoption du système des avertissements pour la presse périodique. En 1863, le régime avait restauré l'autonomie universitaire, supprimée en 1835, puis il réforma les gymnases en 1864. Un enseignement moderne inspiré des *Realschulen* allemandes et insistant sur les mathématiques, les langues modernes, les sciences et le dessin fut ouvert à côté de celui des gymnases classiques dont l'enseignement restait fondé sur les humanités, et on lança un programme en faveur de l'enseignement secondaire féminin. Les écoles primaires se multiplièrent, la moitié étant due à l'initiative des *zemstvos* ou assemblées de district. Deux nouvelles universités furent créées, à Odessa et à Varsovie, le nombre total d'étudiants passant de 3 500 à 8 000 sous le règne d'Alexandre II. L'armée ne fut pas en reste dans ce programme de réformes tout azimut : suppression des châtiments corporels les plus inhumains, nouveau code de justice militaire, recrutement et formation d'officiers en dehors de la noblesse et, en 1874, adoption du service militaire obligatoire, d'une durée de six ans, mais avec possibilité d'exemption ou de limitation à six mois de service pour les détenteurs d'un diplôme universitaire, un an et demi pour un diplôme du secondaire, trois ans pour le primaire.

Toutes ces réformes, venues d'en haut et aux conditions voulues par le tsar, qui, de ce fait, voit son autorité renforcée, n'ont pas modifié en profondeur l'ordre et le fonctionnement de la société russe. Le paysan n'est pas l'égal d'un noble, ne serait-ce que sur un plan fiscal. La liberté d'expression reste contenue dans les normes fixées par le pouvoir. La noblesse conserve un rôle moteur dans la direction politique et économique des provinces, et, tant dans l'armée que dans l'administration, demeure surreprésentée. On peut seulement conclure, en reprenant la formule de René Girault, qu' « avec 60 ans de retard l'Empire tsariste entre dans le XIXe siècle ». Insensiblement, le temps des réformes cède le pas au temps de la réaction conservatrice. Un premier attentat contre le tsar en 1866, l'apparition d'une idéologie révolutionnaire terroriste et organisée de façon quasi militaire (voir la *Vindicte du peuple* de Netchaïev, et le *Catéchisme révolutionnaire* élaboré avec Bakounine), des changements de ministres (nomination de Dimitri Tolstoï à l'Instruction publique, de Palen à la Justice) forment un faisceau de raisons qui poussent le pouvoir à plus de sévérité. Le contenu des réformes est appliqué dans un sens limitatif et la société Terre et Liberté disparaît en 1864. Le panslavisme qui se développe avec la bénédiction du pouvoir sert d'exutoire et de justification à toutes ces mesures : la thématique et la sémantique anti-européennes réapparaissent. Les mouvements d'opposition, placés face à l'utilisation du terrorisme, sont divisés, et ceux qui en condamnent l'usage comme Herzen, mort en 1870, sont coupés des jeunes générations. Celles-ci sont à la recherche de maîtres à penser que la littérature ne leur offre pas : c'est l'époque du Tolstoï de *Guerre et Paix* et d'*Anna Karénine*, et du Dostoïevski de *Crime et Châtiment*, de l'*Idiot*, des *Possédés* qui verse dans la mystique populiste. Dans *Que faire ?* (1863), Tchernychevski appelait à l'alliance avec les masses paysannes. Pour Bakounine, sur le versant anarchiste, seul le peuple est révolutionnaire, le rôle de l'intellectuel se limitant à le guider. Il faut donc aller au peuple, comme le proclame Lavrov, qui participa à la Commune de Paris, quitte à agir avec un petit nombre structuré et encadré à la manière blanquiste, ajoute Tkatchëv. Aller au peuple, telle avait été l'une des raisons de la fondation de la Société des expositions ambulantes par des artistes en révolte contre les instances officielles comme Kramskoï, Perov ou Repine. En écho à ce mouvement pictural basé sur le réalisme répond la révolte musicale du groupe des Cinq (Balakirev, Cesar Cui, Moussorgski, Borodine, Rimski-Korsakov), apôtre d'une musique russe nationale et populaire. La jeunesse étudiante et intellectuelle (Nikolaï Tchaïkovski, Kropotkine, Natanson, Sophie Perovskaïa, puis Gueorgui Plekhanov et Véra Figner) décide à son tour, mais pour des raisons politiques, de marcher au peuple : durant l'été 1874, prenant leur bâton de pèlerin dans un élan de « rousseauisme collectif » (Franco Venturi), ces jeunes bourgeois, hommes et femmes, partent prêcher la bonne parole aux paysans, avec des résultats mitigés. Les contacts sont difficiles, les paysans soupçonneux par nature envers tout ce qui vient de la ville et comprennent parfois difficilement la dialectique de ces citadins empaysannés. Plus de 1 600 furent arrêtés, et, parmi les 850 qui furent condamnés, les 4/5e étaient issus de milieux favorisés. Avec la résurgence de la société Terre et Liberté en 1876, certains vont plus loin, et pratiquant « l'établissement » en milieu rural, finissent par être reconnus et appréciés, rendant des services épistolaires, éducatifs, médicaux etc. Une action parallèle est menée en milieu urbain, visant au premier chef la classe ouvrière naissante. En 1876, une manifestation est organisée à Saint-Pétersbourg même par les populistes : elle ne rassemble que quelques centaines de personnes, mais c'est une première.

L'action terroriste n'est pas abandonnée pour autant. Des brochures font l'apologie de la violence révolutionnaire, seule capable de libérer le peuple russe : des gouverneurs, le général Trepov, le chef de la police (IIIe section) tué par Véra Zassoulitch, qui sera acquittée par le jury lors de son procès, en sont victimes, ainsi que le tsar qui échappe à un second attentat en 1879. Le milieu révolutionnaire se fractionne, Plekhanov, plus sensible à l'idéologie marxiste (le *Capital* est traduit en russe en 1872), se refusant à de telles méthodes. Mais le mouvement « Liberté du Peuple » n'entend pas reculer et condamne le tsar à mort. D'autres tentatives échouent en 1879 et 1880, alors qu'Alexandre paraît décidé, tout en menant une guerre implacable aux terroristes (16 exécutions entre avril et décembre 1879), à renouer avec une volonté de réforme. Il confie la direction d'une Commission exécutive suprême à Loris-Melikov, alors que Tolstoï quitte le gouvernement. Mais le 1er mars 1881, Alexandre II est assassine, tué par une bombe dans un attentat organisé par Sophie Perovskaïa, l'une des dirigeantes de Liberté du Peuple. Sa mort va amener un changement radical dans la politique russe, dans la mesure où les successeurs d'Alexandre II, Alexandre III et Nicolas II, vont clairement se poser comme les tenants du conservatisme. La voie choisie par Alexandre II s'est donc révélée une impasse : moins par le fait de son assassinat que par l'absence de remise en cause d'une société d'Ancien Régime. Si la Russie passe lentement dans la modernité économique, avec beaucoup de restrictions, elle n'entend pas pour autant passer dans la modernité sociale et politique. Mais peut-on faire l'économie du passage à la démocratie lorsqu'on s'engage dans la voie du libéralisme économique ?

BIBLIOGRAPHIE

• Royaume-Uni

BÉDARIDA (François), *Histoire de l'Angleterre contemporaine*, t. 2 : *L'Angleterre triomphante, 1832-1914*, Hatier, 1974.
BÉDARIDA (François), *L'Ere victorienne*, PUF, 1990.
BÉDARIDA (François), *La Société anglaise du milieu du XIXe siècle à nos jours*, Le Seuil, 1990.
BOYCE (David George), *Ireland, 1828-1923. From Ascendancy to Democracy*, Oxford-Cambridge, Mass., Blackwell, 1992.
BOYCE (David George), *Nationalism in Ireland*, Londres-New-York, Routledge, 1991.
CHARLOT (Monica), *Encyclopédie de la civilisation britannique*, Larousse, 1976.
CHARLOT (Monica), MARX (Roland), *La Société victorienne*, A. Colin, 1978.
COLLEY (Linda), *Britons : forging a Nation (1707-1837)*, Yale University Press, 1992.

CROUZET (François), *L'Economie de la Grande-Bretagne victorienne*, SEDES, 1978.
FITZROY FOSTER (Robert), *Modern Ireland (1600-1972)*, Londres, Allen Lane, 1988.
FRÉCHET (René), *Histoire de l'Irlande*, PUF, Que sais-je ?, 1992.
GUIFFAN (Jean), *Histoire de l'Irlande*, Hatier, 1992.
GUILLAUME (André), *L'Irlande : une ou deux nations ?*, PUF, 1987.
HAIGH (Christopher), *The Cambridge Historical Encyclopedia of Great Britain and Ireland*, Cambridge University Press, 1985, cf. chap. 6 et 7.
HALÉVY (Elie), *Histoire du peuple anglais au XIXe siècle*, 6 vol., Hachette, rééd. 1974-75.
HARRISON (J.F.C.), *Early Victorian England, 1835-1840*, Londres, 1973.
HOBSBAWN (Eric John), *Histoire économique et sociale de la Grande-Bretagne*, t. 2 : *De la Révolution industrielle à nos jours*, Le Seuil, 1977.
HYAM (Ronald), *Britain's Imperial Century (1815-1914)*, Londres, Macmillan, 1993.
JOANNON (Pierre), *Histoire de l'Irlande*, Plon, 1973.
LERUEZ (Jacques), *L'Ecosse, une nation sans Etat*, Presses universitaires de Lille, 1983.
LONGSTRETH THOMPSON (Francis Michael), *The Rise of Respectable society : a Social History of Victorian Britain 1830-1900*, Londres, Fontana, 1988.
MARX (Roland), *De l'Empire au Commonwealth (1850-1994)*, Ophrys, 1995.
MARX (Roland), *Histoire de la Grande-Bretagne*, A. Colin, 1990.
MARX (Roland), *Lexique historique de la Grande-Bretagne*, XVIe-XXe *siècle*, A. Colin, 1976.
MARX (Roland), *Religion et société en Angleterre, de la Réforme à nos jours*, PUF, 1978.
MCCARTNEY (Donald), *The Dawning of Democracy. Ireland, 1800-1870*, Dublin, Helicon, 1987.
MITCHELL (Sally), *Victorian Britain. An encyclopedia*, Londres, St James Press, 1988.
MORGAN (Kenneth) (dir.), *Histoire de la Grande-Bretagne*, A. Colin, 1985.
MORIS (Peter), *Histoire du Royaume-Uni*, Hatier, 1993.
MOUGEL (François-Charles), *Histoire de l'Angleterre contemporaine*, t. 1 : *1760-1832*, Hatier, 1972.
PARSONS (Gerald) (édit), *Religion in Victorian Britain*, 4 vol., Manchester, Manchester University Press, 1989.
PELLING (Henry), *Histoire du syndicalisme britannique*, Le Seuil, 1967 (*A History of British Trade-Unionism*, Pelican, 1984).
PRICE (Roger), *Labour in British Society*, Londres, Croom Helm, 1986.
ROBBINS (Keith), *Nineteenth Century Britain. England, Scotland and Wales : Integration and Diversity*, Oxford, Clarendon Press, 1989.
THOMPSON (Edward Palmer), *La Formation de la classe ouvrière anglaise*, Gallimard/Seuil, 1988.
WEBB (Keith), *The Growth of Nationalism in Scotland*, Londres, Pelican Books, 1978.

• Autriche

BARTA (Istvan) *et alii*, *Histoire de la Hongrie*, Horvath, 1974.
BÉRENGER (Jean), *Histoire de l'Autriche-Hongrie de 1815 à nos jours*, A. Colin, 1994.
BÉRENGER (Jean), *Histoire de l'Empire des Habsbourg (1273-1918)*, Fayard, 1990.
BÉRENGER (Jean), *L'Europe danubienne de 1848 à nos jours*, PUF, 1976.
BÉRENGER (Jean), *Lexique historique de l'Europe danubienne*, A. Colin, 1976.
BERTIER DE SAUVIGNY (Guillaume de), *Metternich*, Fayard, 1986.
BLED (Jean-Paul), *François-Joseph*, Fayard, 1987.
BOGDAN (Henry), *Histoire de la Hongrie*, PUF, « Que sais-je ? », 1966.
BOGDAN (Henri), *Histoire des pays de l'Est*, Perrin, 1990.
CASTELLAN (Georges), *Histoire des peuples d'Europe centrale*, Fayard, 1994.
HOENSK (Jörg K.), *Histoire de la Bohême*, Payot, 1995.
JOHNSTON (William M.), *L'Esprit viennois*, PUF, 1985, rééd. Quadrige, 1991.
MACEK (Josef), *Histoire de la Bohême des origines à 1914*, Fayard, 1984.
MARES (Antoine), *Histoire des Tchèques et des Slovaques*, Hatier, 1995.
MCCAGG (William O.), *Les Juifs des Habsbourg, 1670-1918*, PUF, 1995.
MICHEL (Bernard), *Nationalités et nationalismes en Europe centrale, XIXe-XXe siècle*, Aubier, 1995.
MICHEL (Bernard), PIÉTRI (Nicole), REY (Marie-Pierre), *L'Europe des nationalismes aux nations. Autriche – Hongrie – Russie – Allemagne*, SEDES, 1996.
PIÉTRI (Nicole), BUFFET (Cyril), MICHEL (Bernard), *Villes et sociétés urbaines dans les pays germaniques, 1815-1914*, SEDES, 1992.
POLLACK (Walter), *1848. Revolution auf Halbem Wege*, Wien, Europaverlag, 1974.
RATH (Reuben John), *The Viennese Revolution of 1848*, Austin, University of Texas Press, 1957.
SALY (Pierre), GÉRARD (Alice), GERVAIS (Céline), REY (Marie-Pierre), *Nations et nationalismes en Europe (1815-1914)*, A. Colin, 1996.
SELLIER (André et Jean), *Atlas des peuples d'Europe centrale*, La Découverte, 1993.
TAPIÉ (Victor-Louis), *Monarchies et peuples du Danube*, Fayard, 1969.

• Russie

BAREL (Yves), *Le Développement économique de la Russie tsariste*, Mouton, 1968.
BEAUVOIS (Daniel), *Le Noble, le serf et le revizor. La noblesse polonaise entre le tsarisme et les masses ukraniennes, 1832-1863*, Ed. des Archives contemporaines, 1985.
BEAUVOIS (Daniel), *Lumières et société en Europe de l'Est. L'université de Vilna et les écoles polonaises de l'Empire russe, 1803-1832*, Lille III— Champion, 1977.
BENSIDOUN (Sylvain), *La Russie et l'Asie centrale au milieu du XIXe siècle*, Cracovie, 1973.
BERLIN (Isaiah), *Les Penseurs russes*, Albin Michel, 1984.
BESANÇON (Alain) *et alii*, *L'Empire russe de 1762 à 1855*, CDU, 1966.
BESANÇON (Alain), *Education et société en Russie dans le second tiers du XIXe siècle*, Paris-La Haye, Mouton, 1974.

BESANÇON (Alain), *Etre Russe au XIXe siècle*, A. Colin, 1974.
CASTELLAN (Georges), *« Dieu garde la Pologne ! ». Histoire du catholicisme polonais, 1795-1980*, R. Laffont, 1981.
CONFINO (Michael), *Société et mentalités collectives en Russie sous l'Ancien Régime*, Institut d'Etudes slaves, 1991.
COQUIN (François-Xavier), *Des pères du peuple au père des peuples, la Russie de 1825 à 1929*, CDU-SEDES, 1991.
DAVIES (Norman), *Histoire de la Pologne*, Fayard, 1986.
FERRO (Marc), *L'Etat de toutes les Russies*, La Découverte, 1993.
GILLE (Bertrand), *Histoire économique et sociale de la Russie*, Payot, 1949.
GIRAULT (René), FERRO (Marc), *De la Russie à l'URSS, l'histoire de la Russie de 1850 à nos jours*, Nathan, 1983.
GRUNWALD (Constantin de), *Société et civilisation russes au XIXe siècle*, Points-Seuil, 1989.
GYEYSZTOR (Aleksander), KIENIEWICZ (Stefan), ROSTWOROWSKI (Emanuel), TAZBIR (Janusz), WERESZYCKI (Henryk), *Histoire de Pologne*, PWN — Editions scientifiques de Pologne, Warswawa, 1971.
HERZEN (Alexandre), *Passé et méditations*, rééd. Lausanne, L'Age d'homme, 1974-1981, 4 t.
JOUKOVSKY (Arkady), *Histoire de l'Ukraine*, édit. du Dauphin, 1993.
KAPPELER (A.), *La Russie, empire multi-ethnique*, Institut d'études slaves, 1994.
KIRKBY (D.) (édit.), *Finland and Russia, 1808-1920. From autonomy to independance*, Londres-Bäsingstoke, 1975.
KROPOTKINE (Pierre), *Autour d'une vie*, Stock, 1971.
LARAN (Michel), VAN REGEMORTER (Jean-Louis), *La Russie et l'ex-URSS de 1914 à nos jours*, A. Colin, 1996.
LÉONTOVITCH (Victor), *Histoire du libéralisme en Russie*, Fayard, 1987.
LEROY-BEAULIEU (Anatole), *L'Empire des tsars et les Russes*, 3 vol., 1883-89, réédit. R. Laffont, 1991.
LOIT (A.) (édit.), *National movements in the Baltics countries during the XIXth century*, Stockholm, 1985.
LÖWE (H.D.), *The Tsars and The Jews. Reform, Reaction and Antisemitism in Imperial Russia (1772-1917)*, Harwood Academic Publishers, 1993.
MILIOUKOV (P.), SEIGNOBOS (Ch.), EISENMANN (L.), *Histoire de la Russie*, 3 vol., E. Leroux, 1932-33.
OLIVIER (Daria), *Alexandre Ier, prince des illusions*, Fayard, 1973.
PASCAL (Pierre), *Histoire de la Russie des origines à 1917*, PUF, 1972.
PORTAL (Roger) (dir.), *Histoire de la Russie* : I — *Le Déclin du servage, 1796-1855*, par VAN REGEMORTER (Jean-Louis), Hatier, 1971, II — *La modernisation inachevée, 1855-1900*, par PHILIPPOT (Robert), Hatier, 1974.
PORTAL (Roger) (dir.), *Le Statut des paysans libérés du servage*, Mouton, 1963.
RAEFF (Marc), *Comprendre l'ancien régime russe. Etat et société en Russie impériale*, Le Seuil, 1982.
ROPERT (André), *La Misère et la gloire, histoire culturelle du monde russe de l'an mil à nos jours*, A. Colin, 1992.

SOKOLOFF (Georges), *La Puissance pauvre. Une histoire de la Russie de 1815 à nos jours*, Fayard, 1993.
TAPIÉ (Victor L.), *La Russie de 1855 à 1894*, C.D.U., 1963.
TOLLET (Daniel), *Histoire des Juifs en Pologne, du* XVIe *siècle à nos jours*, PUF, 1992.
TYMOWSKI (Micha), *Une Histoire de la Pologne*, éd. Noir sur Blanc, La Librairie polonaise, 1993.
VENTURI (Franco), *Les Intellectuels, le peuple et la révolution*, Gallimard, 2 vol., 1972.

CHAPITRE IV

DE LA NATIONALITÉ À L'ÉTAT. LA FORMATION DE L'UNITÉ ITALIENNE (1815-1871)

Le Risorgimento

Le XIXe siècle italien a été profondément marqué par le Risorgimento : issu de l'italien *risorgere* (resurgir), ce mot peut se traduire par Renaissance ou par Résurrection, associant ainsi une notion chrétienne et le passé glorieux de l'Italie. Son premier sens, tel que Saverio Bettinelli, jésuite et écrivain de l'époque des Lumières, le définit, est culturel : il s'agit de redonner à l'Italie la place qui lui revient dans les Lettres et les Arts. Mais avec son contemporain Vittorio Alfieri qui prit fait et cause, dans un premier temps, pour la Révolution française, le Risorgimento est conçu comme la renaissance d'une Italie libre et indépendante. Le XIXe siècle lia ce combat à la lutte contre le despotisme ou l'absolutisme, le Risorgimento se colorant dès lors d'une teinte libérale dominante (Cavour), et parfois d'une idéologie républicaine (Mazzini). A la fois phénomène nationalitaire classique, mais également mouvement identitaire, le Risorgimento ne vise pas à l'impérialisme, bien que le fascisme ait tenté de le détourner en ce sens, mais plus simplement à l'unité du pays. L'historiographie italienne, de Benedetto Croce à Antonio Gramsci, s'est nourrie d'abondantes et polémiques publications sur les origines et les finalités du mouvement : les alternances politiques du XXe siècle italien ont favorisé la production d'analyses très différentes, allant d'une survalorisation nationaliste tendant à faire du Risorgimento un mouvement précurseur du fascisme, à une critique en règle, de type marxiste, d'un mouvement bourgeois et réactionnaire contraire à l'internationalisme prolétarien. Le Risorgimento est avant tout un mouvement unitaire, visant à faire passer l'Italie du stade d'« expression géographique » (selon la formule de Metternich) à celui d'Etat-Nation. La nation italienne existait-elle ? On l'a souvent nié, en insistant sur les différences dialectales, voire culturelles, qui auraient séparé les Piémontais des Napolitains, par exemple. Il n'en reste pas moins que l'existence d'un sentiment national ou identitaire italien est incontestable et ne cesse de progresser tout au long du siècle, non sans rivalités internes (Nord-Sud par exemple, ou républicains-monarchistes). Pour se réaliser, l'unité italienne a eu besoin de chefs et d'acteurs, mais aussi d'une idéologie et d'ennemis.

Des Lumières à la domination française (XVIIIᵉ siècle-1814)

Jusqu'au XVIIIᵉ siècle, l'Italie semble donner raison à Metternich. Vivant de sa gloire passée (romaine, papale, renaissante), elle incarne d'abord un modèle culturel. Dans une Europe de civilisation chrétienne et gréco-latine, où les humanités sont la base de l'enseignement, l'Italie est le pays du voyage d'initiation : pas un artiste, pas un écrivain digne de ce nom, de Brueghel à Poussin, de Goethe à Chateaubriand qui ne s'y rende et n'y succombe à la beauté du pays et de ses ruines. C'est au XVIIIᵉ siècle qu'on découvre Pompéi et Herculanum. Celles-ci vont nourrir l'imaginaire romantique, et, associées à l'idée de décadence, illustrent un second degré de perception de l'Italie : le modèle de la civilisation disparue qu'analyse un Montesquieu, par exemple, dans une optique philosophique et politique. Ce pays qui a connu tous les régimes politiques et toutes les formes de gouvernement de la monarchie à l'empire, en passant par la république, de l'aristocratie à la démocratie, en passant par la tyrannie, constitue une sorte de laboratoire idéal pour analyser les forces et les faiblesses de chacun d'entre eux.

Morcellement et Illuminismo

L'espace géographico-politique italien est un espace du morcellement. Au XVIIIᵉ siècle, quatre puissances de rang inégal se partagent la péninsule : le pape, souverain temporel des Etats de l'Eglise, mais qui apparaît comme le protégé des Habsbourg ; ceux-ci sont la grande puissance du Nord de l'Italie, et notamment de la riche plaine lombarde et du duché de Toscane ; la maison de Savoie règne sur la partie ouest du Nord de l'Italie, ce Piémont-Sardaigne qui englobe la Savoie et Turin ; quelques vestiges des cités médiévales subsistent avec la République de Gênes — qui vend la Corse à la France en 1768 et la République de Venise qui ne garde rien de sa splendeur passée ; au sud, c'est le royaume des Deux-Siciles aux mains des Bourbons d'origine espagnole qui font de Naples la capitale d'un vaste royaume. Les frontières restent inchangées après la paix d'Aix-la-Chapelle de 1748. Grâce à un essor démographique quasi continu, l'Italie atteint environ 20 millions d'habitants à la veille de la Révolution française. Elle produit encore des artistes réputés comme Scarlatti ou

Pergolèse, Longhi ou Tiepolo, dont certains font une bonne partie de leur carrière à l'étranger : ainsi Goldoni à Paris ou Canaletto à Londres. Elle produit également des penseurs comme l'économiste et juriste Beccaria, qui s'élève contre l'arbitraire judiciaire et la peine de mort (*Des délits et des peines*, 1764), des savants aussi, dont le plus célèbre est le physicien Volta. Mais l'Italie du XVIIIe siècle, entre morcellement politique et retard économique et technique, alors que l'Italie médiévale des cités ou principautés avait été l'un des grands foyers de civilisation européenne, apparaît par bien des aspects comme un pays d'archaïsmes.
Elle ne va pas, pourtant, échapper à l'influence des réformes et produit sa variante des Lumières françaises ou de l'*Aufklärung* allemand, l'*Illuminismo*. D'abord parce que l'une de ses tutrices, l'Autriche, s'y convertit sous la houlette de l'impératrice Marie-Thérèse, puis de Joseph II introduisant plus de rationalité et moins d'inégalité dans le système fiscal et administratif. A Naples, l'illuminisme trouve un puissant relais dans la personne de Genovesi, qui occupe la première chaire d'économie politique jamais créée en Europe (1754), puis dans celle de Filangieri, tous deux appuyant l'œuvre réformatrice du ministre Tanucci. Influencés par le physiocratisme, les deux savants napolitains fondent leur réflexion sur la réforme de l'agriculture. Mais Filangieri prône également l'abolition des règlements archaïques qui freinent le développement de l'artisanat, et s'affirme partisan du libre-échange. En Toscane, le grand-duc Pierre-Léopold, futur Léopold Ier d'Autriche, se montre particulièrement réceptif aux Lumières, établissant l'égalité devant l'impôt et supprimant l'Inquisition, la peine de mort et les corporations. Le roi du Piémont Charles-Emmanuel III limite les privilèges des nobles, soumis dès lors à l'impôt, et du clergé. Le despotisme éclairé règne, contemporain de la mise en place d'élites libérales. Il convient pourtant de ne pas surestimer les conséquences sociales de mesures de portée limitée, et souvent symbolique. Un peu partout, une bourgeoisie éclairée concurrence la noblesse et l'Eglise sur le plan économique, par l'acquisition et la mise en valeur de terres. Mais le mouvement demeure circonscrit aux régions de bonnes terres (Lombardie, Campanie ou Toscane par exemple), laissant massivement de côté le Mezzogiorno latifundiaire, et son ampleur reste limitée : des centres urbains aussi importants que Gênes, Venise ou Rome ne sont pas concernés. Le retard industriel est massif et généralisé, malgré la progressive suppression des corporations et règlements qui apparaissent comme des freins au développement de l'industrie, et l'affirmation de quelques pôles plus importants (la sidérurgie de l'île d'Elbe et de Piombino, ou la soie dans le Piémont).

La Révolution française et ses échos italiens

La Révolution française va profondément modifier les données : l'Italie des élites éclairées prend majoritairement fait et cause pour les idéaux de 1789, synonymes de la fin de la domination des Habsbourg, d'autant que les souverains italiens rejoignent le camp antirévolutionnaire. Un jacobinisme italien naît au sein de la petite bourgeoisie où se diffuse un sentiment républicain. Parmi ses plus ardents défenseurs, Philippe

Buonarroti, futur babouviste. Comme en Allemagne, dans une première phase, la France apparaît comme la « Grande Nation » libératrice, celle qui rend possible la constitution d'un espace national tout en abolissant toute trace de féodalisme. Après l'annexion du Comtat venaissin, de la Savoie et de Nice, la France pénètre en Lombardie autrichienne en 1796, où le génie stratégique de Napoléon éclate : un Napoléon libérateur de la domination autrichienne et qui, au vu de ses sentiments pro-italiens affirmés, bénéficie d'une réelle popularité. La Lombardie est annexée par la France, et, entre 1797 et 1799, des « républiques sœurs » sont créées au fur et à mesure de la conquête française (République cisalpine, République ligurienne, République romaine, République parthénopéenne). Après une brève reconquête austro-russe, marquée par une impitoyable terreur blanche dirigée contre les partisans de la France, notamment dans le royaume de Naples avec les sanfédistes, la domination française est rétablie. Le sanfédisme défend un idéal associant absolutisme et catholicisme, fondements d'un régime aristocratique et théocratique. Il recrute surtout dans les milieux ruraux, avec l'appui d'un clergé très présent dans cette lutte idéologique, et forme une véritable armée commandée par le « général cardinal » Ruffo. En 1802, Napoléon transforme la République cisalpine en une République italienne dont il devient le président élu par une assemblée de notables italiens, la Consulta de Lyon : mais dès 1805, la République est transformée en royaume dont l'Empereur est le roi. Durant quatre annnée, le vice-président Melzi d'Eril avait administré « à la française » la République italienne. Ce libéral milanais, vice-président de la République italienne, puis chancelier et garde des sceaux du royaume d'Italie, est assez caractéristique de ces élites ralliées au bonapartisme, à la fois par adhésion à un idéal anti-absolutiste et par patriotisme. Des entités « indépendantes » subsistent comme les Etats du pape, le royaume de Naples ou le royaume d'Etrurie (Toscane). La République de Venise disparaît, annexée au royaume comme Gênes, Parme et Plaisance. Mais peu à peu, l'Italie sert de réserve à couronnes pour les membres de la famille Bonaparte. C'était déjà le cas du Royaume d'Italie dont l'administration avait été confiée à Eugène de Beauharnais, avec le titre de vice-roi. Cela le devient avec le duché de Lucques, la Toscane et surtout le royaume de Naples (sans la Sicile sous contrôle de la flotte anglaise) confié d'abord à Joseph Bonaparte, puis, après son départ pour l'Espagne, à Murat. Parallèlement, les annexions au royaume (Trentin, Vénétie) ou à la France (Dalmatie et Istrie, l'ensemble des Etats pontificaux) et la départementalisation progressent. Le sentiment unitaire, favorisé par l'institution d'un droit civil unique, la multiplication des échanges, le développement de villes manufacturières comme Milan, le regroupement des Etats italiens en grandes entités, se renforce bientôt d'un sentiment antifrançais qui soude des éléments très hétérogènes. Comme dans le cas de l'Allemagne, la présence d'une puissance étrangère va jouer un rôle fondamental dans la prise de conscience identitaire, conjuguant à la fois un attrait certain pour des principes révolutionnaires (Liberté, Egalité, Fraternité) dont se rappelleront les libéraux italiens au XIXe siècle, et le rejet de la puissance tutélaire.

Celle-ci apparaît comme une protectrice envahissante, traitant l'Italie comme une colonie travaillant à son service, accaparant productions agricoles et industrielles, enrôlant les hommes dans l'armée impériale et pillant les œuvres d'art qui emplissent le jeune musée du Louvre. Les intellectuels francophiles déchantent et le font savoir comme Alfieri ou le Vénitien Ugo Foscolo, patriote et écrivain passé de l'admiration au blâme vis-à-vis de Napoléon, ce qui lui valut la suppression de sa chaire de professeur de littérature à l'université de Pavie. Les classes populaires se montrent rétives à la conscription et sont révoltées par la déchéance temporelle du pape Pie VI, puis la séquestration du pape Pie VII. Elles forment de véritables bandes armées qui, sans atteindre le niveau de la guérilla espagnole, attaquent les administrateurs civils et militaires français du département du Tibre ou du royaume de Naples où Murat a entrepris de jeter à bas le système féodal. La dichotomie entre ces classes populaires soutenues par l'aristocratie et le clergé, développant un nationalisme réactionnaire, clérical, xénophobe, et la bourgeoisie d'affaires, convertie aux idéaux du libéralisme, gardant un certain attachement au rôle joué par la France, se traduira, comme dans le cas de l'Espagne, du Portugal ou de l'Allemagne, par une fracture du sentiment national entre deux « écoles » qui mettront du temps à se réconcilier : ce dont profitera l'Autriche pour rasseoir sa domination sur l'Italie en jouant de ces dissensions quand elle ne les encouragera pas. Les rapports franco-italiens garderont tout au long du XIXe siècle une certaine ambiguïté de ce fait. Mais avec l'écroulement de l'Empire s'achève le rêve unitaire italien : marquée par des épisodes tragiques — assassinat du ministre Prina à Milan, Murat fusillé en 1815 —, la partition de l'Italie est confirmée par les puissances victorieuses lors du congrès de Vienne. L'échec des tentatives unitaires du prince Eugène ou de Murat n'est pas compensé par une solution italienne : sous l'impulsion de Metternich, la péninsule redevient une simple expression géographique. Mazzini s'éleva quelques années plus tard contre cette Italie fantôme qui n'a « pas d'emblème, pas de nom politique, pas de voix parmi les nations d'Europe ».

L'Italie du joug absolutiste à la liberté inachevée (1815-1849)

La politique metternichienne est clairement définie : restaurer l'autorité autrichienne sur la péninsule. Par un système d'alliances et de réseaux d'influence, peu d'entités politiques — il en subsiste huit avec la suppression confirmée des républiques de Gênes et de Venise — échappent à l'Autriche. Elle administre directement le royaume de Lombardie-Vénétie, la plus riche des régions italiennes, dont l'empereur d'Autriche est le roi : il délègue son pouvoir à un vice-roi qui dispose de tout pouvoir dans ce royaume fictif contrôlé par Vienne. L'Autriche place des membres de la famille impériale en Toscane, à Parme (Marie-Louise, ex-impératrice des Français) et à Modène. Elle redevient la protectrice exclusive du pape et des Etats de l'Eglise, où elle entretient des garnisons, joue le rôle de gendarme dans le royaume de Naples avec qui elle a signé dès 1815 un traité d'alliance défensive et offensive et qu'elle soutient face aux poussées libérales, et fait sentir à l'occasion son potentiel militaire au royaume de Sardaigne. Victor-Emmanuel Ier, roi de Piémont-Sardaigne, aurait bien aimé constituer un royaume d'Italie du Nord allant de la Savoie à la Lombardie : il se heurta à l'intransigeance de Metternich, peu soucieux de voir se développer aux frontières de l'Autriche un Etat apparaissant comme le noyau potentiel de l'unité italienne. Du reste, Victor-Emmanuel réprima sévèrement les mouvements libéraux en son royaume et se montra un ennemi déclaré des idées nouvelles : la dynastie savoyarde, influencée par les idées d'un autre savoyard, Joseph de Maistre, entreprit de détruire systématiquement le legs de la Révolution française, allant jusqu'à rétablir les privilèges de l'aristocratie et de l'Eglise, quitte à mécontenter une bourgeoisie plus éclairée. Même réaction antirévolutionnaire englobant l'œuvre juridique napoléonienne dans les Etats de l'Eglise dirigés d'une main de fer par le cardinal Rivarola — on citera, outre les abolitions habituelles, la suppression de la vaccine, la « reghettoïsation des juifs », le rétablissement de l'Inquisition. Ailleurs, la situation varie en fonction de la personnalité des souverains et du poids de l'Autriche : cela va d'une sorte de réactivation du despotisme éclairé en Toscane, voire d'une timide amorce de libéralisme à Parme, à des régimes répressifs à Modène et à Naples avec Ferdinand Iᵉʳ. Le poids de l'Autriche dans le royaume de Lombardie se fait sentir tant au niveau militaire (conscription) qu'au niveau fiscal, économique ou juridique. Au total, à part le Piémont-Sardaigne, l'Italie apparaît « comme une simple annexe de l'empire des Habsbourg » (S. Berstein, P. Milza).

Le carbonarisme

Dès lors, d'où pourrait venir la contestation ? Certainement pas des masses paysannes ni d'une classe ouvrière inexistante. Seule une minorité de la bourgeoisie libérale continue de caresser le rêve d'une péninsule libre et unie : son opposition est tout autant économique avec l'hostilité aux barrières douanières et aux pressions économiques autrichiennes que politique. En liant le rejet de la puissance occupante au système absolutiste prôné par cette puissance, cette opposition nationale se colore d'une idéologie libérale de plus en plus affirmée qui évolua même au républicanisme après 1830. La renaissance culturelle italienne se poursuit avec des écrivains tels Guerrazzi, d'Azeglio, Leopardi, Manzoni, des historiens comme Balbo, ou des musiciens : Rossini, qui fait carrière en France, puis le jeune Verdi qui compose *Nabucco*, hymne à la patrie et à la liberté perdues, en 1842, et *Les Lombards* l'année suivante ; son nom servira de cri de ralliement aux patriotes italiens à partir de 1849, « Viva Verdi ! » pouvant également se lire : « Viva Vittorio-Emmanuel Re d'Italia ! ». Les opposants sont souvent jeunes : sous-officiers, étudiants, professions libérales, et toujours urbains. Ils tentent de diffuser un prudent libéralisme par l'intermédiaire de journaux : à Milan, *Le Conciliateur* (1818-1819), fondé par le comte Porro et Frédéric Confalonieri, chef des *Federati* de Lombardie, société proche du carbonarisme, et que Silvio Pellico, rédacteur en chef, présentait comme devant « soutenir, autant que possible, la dignité du nom italien », mettait ses espoirs en la personne de Charles-Albert de Savoie-Carignan, neveu de Victor-Emmanuel ; à Florence, l'*Antologia* (1821-1833) de Vieusseux, était soutenu par Niccolo Tommaseo qui en fut l'un des piliers, et Mazzini, tous deux se rejoignant dans leur ardent républicanisme. Mais ces patriotes sont réduits, devant la censure et le régime policier qui règnent, à la clandestinité et s'affilient à la charbonnerie ou à la franc-maçonnerie. Influencés par leurs précurseurs francs-comtois, les Bons Cousins Charbonniers, les carbonari italiens offrent un modèle transitionnel dans les formes de luttes nationales, mêlant tradition et innovation, utopie et réalisme, culte du passé et foi dans l'avenir. Ce mouvement, dont Pierre-Arnaud Lambert a analysé le triple fondement idéologique (maçonnique, compagnonnique, révolutionnaire), se répand à travers toute la péninsule, mais spécialement dans le royaume de Naples. Il développe une idéologie faite d'un mélange de haine contre la tyrannie et de profond mysticisme. Mouvement assez élitiste, recrutant essentiellement dans les hautes sphères de la société, pratiquant des rites d'initiation par degrés successifs, il ne prône pas l'égalité, y compris devant le droit de vote, mais entend imposer aux souverains des constitutions libérales et le retour au « vrai » christianisme. Le carbonarisme développe aussi un projet d'Etat fédéral, l'Ausonie, signe d'une intelligence des différences qui séparent les Etats du Nord du royaume de Naples. Appuyés par un clergé patriote minoritaire mais très actif, les carbonari appellent à la résurrection (Risorgimento) de l'Italie. Confinés à des actions de propagande risquées et à des formes d'action du type du complot ou de l'insurrection, ils sont facilement infiltrés et arrêtés par la police. Les tentatives insurrectionnelles de 1820-21, dirigées notamment par le général Pepe, échouent à Naples où le roi Ferdinand Ier, forcé dans un premier temps de proclamer la Constitution espagnole, très modérée, de 1812, réussit à rejoindre les puissances de la Sainte-Alliance réunies au congrès de Laybach. Il réclame et reçoit le soutien militaire de l'Autriche qui le rétablit sur son trône, et se livre après coup à une impitoyable répression. Même échec et même répression dans le Piémont, notamment à Alessandria, où les insurgés, soutenus en sous-main par Charles-Albert de Savoie-Carignan, obtiennent la proclamation d'une Constitution : Victor-Emmanuel abdique en faveur de son frère Charles-Félix, dont l'absence permet la mise en place d'une régence dirigée par Charles-Albert. Mais l'Autriche intervient militairement et marche jusqu'à Turin. Enfin, dans le royaume de Lombardie-Vénétie, la police autrichienne remplit les cachots, comme les fameux « plombs » de Venise, de patriotes et déporte dans des forteresses ceux qu'elle juge les plus dangereux comme le comte Confalonieri ou Silvio Pellico qui raconta dans un « best-seller » de l'époque, *Mes Prisons*, le martyre enduré au Spielberg. Cette répression des mouvements libéraux et patriotiques italiens s'inscrit dans un contexte européen, incluant l'expédition française en Espagne de 1823, mais aussi la répression dirigée par Louis XVIII contre la charbonnerie française ou celle menée par les monarques allemands, appuyés par Metternich, contre la jeunesse patriote allemande.

Points communs à tous ces mouvements : leur manque d'unité quant aux objectifs et leur faiblesse numérique. Malgré quelques mutations économiques et sociales, l'Italie demeure un espace de l'archaïsme économique et social : prépondérance d'une agriculture peu productive ; pas de marché commun à ses différentes composantes, séparées par de sévères barrières douanières ; peu de capitaux intérieurs ; quasi-absence de monnaie fiduciaire. La progression réelle, hors années de crise, de la production vivrière et des surplus exportés est fragilisée par le manque d'espace cultivable et l'organisation latifundiaire des exploitations agricoles. Le poids de la dette, avec hypothèque, est suspendu comme une menace sur la tête de beaucoup de petits propriétaires. L'industrie et le commerce enregistrent quelques progrès à partir de 1830 : soie lombarde, piémontaise, toscane et napolitaine ; laine, lin, coton, surtout dans le Nord et dans le royaume de Naples ; verrerie vénitienne ; soufre sicilien ; fer de l'île d'Elbe, mais la houille fait défaut. Le réseau bancaire s'étoffe et les premières lignes de chemin de fer naissent entre 1835 (à Naples) et 1848 (autour de Turin et Milan). L'enjeu du chemin de fer n'est pas mince : il symbolise à lui seul la possibilité d'unité, mais son développement est freiné par le morcellement de la péninsule. Cela explique pourquoi, en étendant cet exemple à l'ensemble de l'économie, la bourgeoisie libérale forma le fer de lance des partisans de l'unité, ce que Cavour résuma ainsi : « L'économie politique est la science de l'amour de la Patrie. »

Les mouvements des années 1830. Mazzinisme et libéralisme

La nouvelle des Trois Glorieuses suscita un vif espoir au sein de la bourgeoisie libérale, et, à l'instar de la Belgique, de la Pologne ou de l'Allemagne, des insurrections éclatèrent en Italie, principalement en 1831 et 1832. C'est au cours de cet épisode que le frère aîné de Louis-Napoléon Bonaparte, le futur Napoléon III, trouve la mort. Modène, où agit Ciro Menotti, chef des libéraux de la ville et ancien carbonaro, Parme, Bologne et toute l'Italie centrale sont concernées : des gouvernements provisoires sont proclamés et même des Provinces unies italiennes regroupant les villes des Etats du pape. Mais là encore, divergences politiques, poids des particularismes locaux et faiblesse du mouvement ne pourront être compensés par le réel courage des combattants, de nouveau vaincus par l'intervention autrichienne suivie de la répression menée par les souverains : Ciro Menotti est pendu sur ordre du duc de Modène, François IV. Cependant, on assiste à un double phénomène : tout d'abord, une prise de conscience plus nette de la nécessité de se débarrasser des puissances occupantes (Autrichiens au Nord, Bourbons espagnols au Sud) pour former la nation italienne ; d'autre part, l'apparition d'une forme plus radicale du combat pour l'indépendance, propagée par des proscrits parmi lesquels se détache la forte personnalité de Mazzini. Né en 1805 dans une famille bourgeoise, mais défendant des idéaux démocratiques, il devient journaliste et adhère au carbonarisme, se convertit au système républicain mais reste d'une foi catholique proche du mysticisme. Il connaît très tôt la prison pour délit d'opinion et doit partir en exil à Marseille, puis en Suisse, et, après l'échec de différentes tentatives insurrectionnelles, à Londres. Il développe l'idée de la solution républicaine parmi ses compagnons d'exil, et rallie au sein du mouvement « Jeune-Italie » fondé en 1831 (devise : « Dieu, le peuple, l'humanité » ; emblème : le drapeau vert-blanc-rouge) de jeunes bourgeois sensibles à l'idéal unitaire et à l'appel au soulèvement populaire : l'édification par l'insurrection patriotique d'une « troisième Italie » républicaine, après l'Italie impériale et l'Italie pontificale. Hostile à la conception fédérative d'un Gioberti, Mazzini envisage une Italie unitaire dont la capitale ne pourrait être autre que Rome. A la manière des Ventes de carbonari, dont les chefs resurgissent alors, des sections de la Jeune-Italie sont créées à travers toute la péninsule. Précisons que si Mazzini, à la différence des carbonari, croit en l'action populaire, il développe une idéologie plus idéaliste, axée en priorité sur le sentiment national, que réellement démocratique. Il fonde par ailleurs un mouvement « Jeune-Europe » à Berne en 1834, prenant conscience de la dimension européenne de son projet et exprimant un universalisme alliant patriotisme et fraternité entre les peuples : mais il est entendu que la régénération du continent européen, c'est-à-dire sa délivrance des régimes absolutistes et sa constitution en nations libres et indépendantes, se fera sous la direction de l'Italie.

L'écho que rencontre le mazzinisme reste très limité : la France elle-même est demeurée une monarchie en juillet 1830, malgré les efforts d'un « parti » républicain très actif. L'Europe de la Sainte-Alliance disparue, les souverains des grandes puissances n'en gardent pas moins une hostilité absolue à toute modification de l'équilibre existant, comme l'a montré l'écrasement de la Pologne en septembre 1831. Les différentes tentatives mazziniennes échouèrent : complots de 1833 ; tentative d'invasion de la Savoie en 1834 depuis la France et la Suisse ; insurrection en Calabre et Sicile en 1844, avec l'exécution des frères Bandiera : ces derniers, officiers des forces navales autrichiennes, furent fusillés avec sept de leurs compagnons au terme d'une expédition désastreuse qui alimenta le martyrologe du mouvement national italien. Le mouvement connut des scissions, dues aussi au caractère autoritaire et ombrageux d'un chef traqué. A côté de Mazzini, il existe un courant plus modéré, influencé à la fois par le libéralisme anglais qui apparaît comme le moteur du développement économique, et par la monarchie orléaniste dont la Charte modifiée en 1830 représente un modèle pour les libéraux italiens. De plus, l'arrivée en 1831 sur le trône du Piémont-Sardaigne de Charles-Albert de Savoie-Carignan, réputé libéral, semble relancer l'idée d'une solution italienne de nature monarchique. Mais si le nouveau roi ne cache pas sa haine de l'Autriche, il exprime sans aucune ambiguïté une aversion profonde pour tout ce qui peut être de nature révolutionnaire. Ce roi velléitaire ménage Vienne, tout en donnant quelques gages aux libéraux piémontais — création d'un Conseil d'Etat, abaissement des tarifs douaniers, introduction de codes de lois —, mais entend bien agir à son rythme et conserver toute leur puissance aux deux piliers du régime, le clergé et l'armée. Cependant, aucun pouvoir n'est en mesure de contrer l'émergence croissante d'un sentiment national qui s'ancre dans le réapprentissage d'un passé de grandeur grâce aux travaux d'historiens libéraux (Cesare Balbo, Carlo Troya), dans le succès des doctrines du catholicisme libéral importées de France (Lamennais, Lacordaire) et dans la vitalité de la presse, des sciences, des arts, de la littérature et de la philosophie (Rosmini). On ne saurait sous-estimer le poids de l'écrit qui, dans un pays fragmenté, réussit à se jouer de la censure et à circuler à travers les frontières, donnant une première ébauche de pensée commune à un peuple qui aspire à devenir une nation constituée en Etat. Alors même que la circulation des personnes est difficile, voire impossible, le livre unit des entités politiques séparées, mais usant de la même langue. Le nom d'Alessandro Manzoni, petit-fils de Beccaria, résume la force libérale, chrétienne et nationale du romantisme italien : le drame ou le roman historique (*Les Fiancés*), la poésie engagée (*Mars 1821*), l'histoire (*Histoire de la colonne infâme*) illustrent les différentes facettes de l'œuvre d'un écrivain en prise avec son siècle, plaidant pour l'unité linguistique du pays autour du dialecte toscan.

L'idée de l'unité italienne devient sujet de réflexion et de débats. Le Turinois Vincenzo Gioberti, philosophe et théologien représentant le courant néo-guelfe, a connu la prison et l'exil pour ses idées démocratiques et républicaines, avant de se convertir à la monarchie libérale. C'est un personnage entier, brusque, assez opposé aux Lumières françaises et à la raison cartésienne. Il imagine une confédération italienne dont l'Eglise prendrait la tête, présidée par le pape, ce qui permettrait, à la différence de la France, de concilier le religieux et le politique (*De la suprématie morale et politique des Italiens, 1843*). Cesare Balbo, autre Piémontais de haute origine, a commencé sa carrière dans l'administration napoléonienne. C'est un historien qui ne croit pas aux vertus de l'insurrection, et refuse de s'associer aux menées des carbonari. Dans son ouvrage essentiel, *Les Espérances d'Italie* (1844), il pointe le doigt sur le problème de l'Autriche qu'il faut encourager dans sa volonté expansionniste en direction des Balkans pour envisager la restitution de la Lombardie, posant comme préalable à la constitution d'un Etat indépendant l'expulsion de toute puissance étrangère. Un troisième Piémontais, Massimo d'Azeglio, ami du roi Charles-Albert, catholique et royaliste convaincu, est partisan de réformes constitutionnelles, mais pense à une solution militaire passant par l'affrontement avec l'Autriche (*Proposition d'un programme pour l'opinion nationale italienne*, 1846). Des idées communes se dégagent pourtant de ces théories différentes : c'est le Piémont-Sardaigne qui sera le noyau du futur royaume d'Italie, même chez Gioberti, et, avant que l'unité politique ne se réalise, il faut encourager et développer l'unité culturelle et économique, notamment douanière, à la façon du Zollverein allemand.

1848, le Printemps du peuple italien

L'espoir renaît en 1848. Déjà, l'élection de Pie IX en 1846 avait réveillé le sentiment libéral et patriotique : on prêtait au nouveau pape, qui n'était pas le candidat de l'Autriche, des idées avancées, certains feignant même de voir en lui l'artisan du Risorgimento à venir. Pie IX, pourtant, était pour le moins réservé. Concédant quelques mesures libérales, comme la mise en place d'une *Consulta* qui devait lui transmettre les désirs de la population ou l'accueil de laïcs au sein de son gouvernement, libéralisant le régime de la presse et amnistiant des condamnés politiques, il se rallia à la modernité en autorisant les voies ferrées, les associations industrielles, les cabinets de lecture. « Pio nono », alors très populaire, souhaite éviter la violence comme mode de gouvernement. Charles-Albert et le duc Léopold de Toscane se montrent à la pointe des réformes : la presse prend son essor, libérée des entraves de la censure, et révèle de nouveaux talents comme Ricasoli, La Farina qui fonde *L'Alba* à Florence, Cavour qui lance à Turin à la fin de 1847 *Il Risorgimento* au titre explicite, ou Massimo d'Azeglio avec *La Frusta* auquel collabore Farini avant de lancer son propre organe, *Le Piémont*. Le royaume de Sardaigne réalise de grandes réformes administratives et judiciaires et Charles-Albert persuade la Toscane et la papauté de s'engager à bâtir une union douanière. Avant même que la révolution de février 1848 n'éclatât à Paris, des soulèvements avaient forcé le roi de Naples, le duc de Toscane et le roi du Piémont à accorder des constitutions à leurs sujets. Au Piémont, le Statut fondamental instaurant notamment le suffrage censitaire, comme dans les Etats de l'Eglise, est adopté, et le drapeau tricolore flotte désormais : c'en est fini de toute trace de monarchie absolue. Le mouvement se généralise à travers toute la péninsule : à Florence, Ricasoli fonde *La Patria*, au programme explicite : « Fuorii i Barbari ». « Dehors les Barbares », en l'occurence les gouvernements despotiques comme celui du pape et les Autrichiens ; des gouvernements provisoires sont formés à Parme, Modène, Milan, Reggio nell'Emilia. La Sicile fait sécession et proclame la Constitution de 1812. Originaire de Messine, La Farina joue un rôle de premier plan dans la révolution napolitaine : fondateur de nombreux journaux, tous interdits, dans les années 1840, exilé à Florence, il revient en Sicile, puis à Naples, et s'implique dans la formation du gouvernement provisoire et la rédaction d'une constitution. Les révolutions de 1848 en Italie voient donc se rejoindre des préoccupations libérales qui apparaissent en voie de résolution et des préoccupations nationales qui prennent de l'ampleur.

A Venise, les Autrichiens sont chassés et la République est proclamée sous la direction de Niccolo Tommaseo et de Daniel Manin — l'outrage fait à la cité des Doges par Napoléon est vengé. La personnalité de Daniel Manin illustre ce patriotisme quarante-huitard qui enflamme la péninsule : de vieille ascendance vénitienne, issu d'une famille juive convertie au catholicisme, Manin est un brillant étudiant, docteur en droit à l'âge de dix-sept ans, installé comme avocat. Il lutte dans la légalité contre l'occupation autrichienne de la Vénétie, par le biais de pétitions qui lui valent d'être emprisonné avec le poète Tommaseo en janvier 1848. Délivré par le peuple de Venise le 17 mars, Manin organise une garde civique, et, ayant chassé les Autrichiens de la cité des Doges, devient président du gouvernement provisoire de la république de Saint-Marc et ministre des Affaires étrangères. Mais, hostile à l'union de la Vénétie avec le royaume de Piémont-Sardaigne proclamée par le gouvernement provisoire, Manin quitte le pouvoir dès le mois de juin. Milan, qui s'est soulevé et couvert de barricades, échappe à l'Autriche dont les troupes, commandées par Radetzky, évacuent la ville. La solution républicaine chère à Mazzini retrouve de la vigueur, et paraît à certains la meilleure solution pour préserver l'autonomie de chaque région, et éviter ainsi de tomber sous la domination piémontaise. Le mouvement bascule le 23 mars lorsque Charles-Albert, roi de Sardaigne, prend la tête d'une véritable guerre d'indépendance dirigée contre l'Autriche, avec le renfort de troupes papales, toscanes et napolitaines. Il déclenche alors un réel enthousiasme populaire, recevant l'appui de Mazzini, qui remplace la « Jeune-Italie » par l'Association nationale italienne, et de Garibaldi, en exil depuis sa participation à la tentative d'insurrection de 1834. Mais les projets de Charles-Albert demeurent équivoques : agit-il pour l'unité italienne ou plus simplement pour agrandir son royaume ? De plus, son libéralisme de fraîche date ne séduit pas les patriotes les plus progressistes, sans parler des républicains. Pour la première fois, pourtant, un souverain italien prend la tête d'une croisade anti-autrichienne, affirmant la nécessité de l'unité de l'Italie et refusant toute aide extérieure, notamment celle de la France, sous le prétexte que l'Italie se fera par elle-même (« *L'Italia farà da sé* »). Charles-Albert remporte quelques succès militaires qui n'inquiètent pas outre mesure l'Autriche. De Plaisance à Venise, en passant par

Milan, Modène et Parme, les proclamations d'union au Piémont se multiplient, permettant d'envisager au moins un royaume d'Italie du Nord.

Triomphe de la réaction

Mais, dès avril 1848, la lutte d'indépendance paraît menacée. Des dissensions subsistent dans le camp des patriotes italiens : certains se prononcent pour un seul royaume, le royaume du Piémont, d'autres (Lombardie, Venise) songent plutôt à une solution d'Etats italiens fédérés. Fin avril, le pape Pie IX se retire brutalement du conflit, peu soucieux d'être engagé dans une guerre contre l'Autriche, et mène la chasse aux patriotes dans ses Etats ; il est suivi par le duc de Toscane et Ferdinand II de Sicile qui dissout le Parlement de Naples et écrase la sécession de la Sicile — qui avait offert la couronne au fils de Charles-Albert —, après avoir bombardé Messine (« *Re Bomba* ») et repris Palerme : c'est la fin provisoire de l'épisode sicilien. Les troupes autrichiennes de Radetzky, après avoir repris le contrôle de Vienne, envahissent le nord de l'Italie et écrasent les troupes piémontaises à Custozza le 25 juillet 1848 : Charles-Albert est contraint de signer l'armistice. La Lombardie-Vénétie, sauf Venise qui résiste encore, est de nouveau autrichienne et Milan réoccupée. Dans le reste de l'Italie, loin d'être abattu, le mouvement, dans un processus assez logique, tend à se durcir. Le dernier épisode du *Quarantotto* italien voit la montée en puissance du mouvement radical à Rome, équivalent des « démoc-socs » français, qui chasse le pape et proclame la République en février 1849, avec à sa tête un triumvirat composé de Mazzini, Saffi et Armellini. Depuis le mois de novembre précédent, Pie IX s'était réfugié chez le roi de Sicile après l'assassinat de Pellegrino Rossi, chef du gouvernement du Saint-Siège. Rossi incarnait une tendance modérée qui mécontentait à la fois la droite et la gauche dans une situation de tension extrême : reprenant l'idée de Gioberti d'une Confédération italienne présidée par le pape, il fut dépassé par un mouvement unitaire plus démocratique. A Venise, la République fut confirmée par Manin qui, nommé dictateur, dirigea la résistance durant le siège de dix-huit mois. Elle fut également proclamée en Toscane : à Florence, un gouvernement démocratique prit le pouvoir, provoquant la fuite du duc Léopold. Dans le Piémont, l'appel à Gioberti, nommé président du Conseil en décembre 1848 par Charles-Albert, se révéla un échec : l'heure n'était plus aux demi-mesures, et les démocrates de Rattazzi, vainqueurs des élections de janvier 1849, étaient maîtres de la situation. Partout, la crise économique aggravée par la guerre attisait un malaise social grandissant. Mais la Toscane et les Etats du pape ne réussirent pas à s'entendre et à unir leurs forces. Les démocrates gênois poussèrent Charles-Albert à reprendre la guerre, mais celui-ci, inquiet de la tournure des événements, le fit sans enthousiasme. De nouveau battu par les Autrichiens à Novare en mars 1849, il abdiqua en faveur de son fils Victor-Emmanuel II qui signa l'armistice de Vignale : le Piémont renonçait à toutes ses conquêtes et s'engageait à payer une lourde indemnité à l'Autriche. Cette dernière intervint également en Toscane, où elle rétablit le duc Léopold, et écrasa sans pitié Brescia révoltée. La Sicile plia sous la reconquête napolitaine. Quant au pape, il reçut le soutien inattendu de la République française, entrée dans sa phase conservatrice. Grâce à l'envoi de troupes françaises commandées par le général Oudinot qui prirent Rome défendue par Mazzini et Garibaldi au début de juillet 1849, Pie IX reconquit sa capitale, et y mena une impitoyable répression contre les mazziniens. Enfin, les Autrichiens qui assiégeaient Venise obtinrent sa capitulation fin août, et Manin, qui avait reçu le renfort des troupes napolitaines commandées par Pepe, partit en exil à Paris.

A l'été 1849, la réaction triomphe partout, en Allemagne, en Autriche et bientôt en France. L'Italie rentre dans le giron autrichien, la Lombardie vivant pour sa part sous l'état de siège jusqu'en 1856. De Rome à Naples, les prisons s'emplissent, les exilés se multiplient. On en revient à l'absolutisme, un seul royaume, le Piémont-Sardaigne, conservant une Constitution, le *Statuto*, accordée par Charles-Albert et du reste peu contraignante. Pourtant, à part la solution piémontaise, aucune autre n'existe dans la perspective du Risorgimento. Loin d'être une utopie, l'unité est devenue, malgré l'échec du mouvement quarante-huitard italien, un objet de consensus, engageant un nombre beaucoup plus considérable d'acteurs, y compris dans les classes populaires. L'idée que seule la force viendra à bout du principal obstacle à l'unité, l'Autriche, progresse sensiblement, et fait de Victor-Emmanuel II l'espoir des Italiens. On admet enfin que sans le secours ou à tout le moins la sympathie active, diplomatique, de puissances extérieures, les choses risquent de demeurer longtemps en l'état. Le temps de l'idéal unitaire romantique, utopique, est dépassé. Il faut maintenant faire preuve de pragmatisme et de réalisme, résoudre un à un les problèmes, profiter de la moindre occasion pour propager partout en Europe la cause italienne : ce sera l'œuvre de Cavour. Le nouveau roi de Sardaigne, Victor-Emmanuel II, bien que dépourvu de charisme et enclin à une prudence légendaire, va faire un choix décisif en l'appelant au gouvernement : l'union des deux hommes, qui se heurta parfois à des caractères entiers et à des options différentes, n'est pas sans rappeler celle de Guillaume Ier et de Bismarck. Marié à une princesse autrichienne, Victor-Emmanuel II a montré du courage dans les batailles de 1848-1849 contre l'Autriche, et a reçu la couronne de son père au soir même de la défaite de Novare. Mais il hérite d'un royaume pauvre dont les assises économiques et financières sont sans rapport avec le rôle que d'aucuns souhaiteraient lui voir jouer dans les affaires italiennes. L'intelligence de Victor-Emmanuel II, secondé par Massimo d'Azeglio, puis par Cavour, sera de faire de son royaume une puissance économique, de second ordre certes, mais entrée dans la modernité.

L'unité dans la douleur (1850-1861)

Le moment Cavour

Au Piémont, les soubresauts de la défaite militaire se font sentir jusqu'en 1850. Le nouveau souverain doit employer la manière forte contre une contestation radicale qui trouve des relais au Parlement, hostile à la paix avec l'Autriche, et s'exprime surtout à Gênes où est proclamée une République de Ligurie. Mais le roi proclame son attachement au *Statuto*, ne cherche pas à rétablir l'absolutisme et se refuse à jouer la carte de la réaction aristocratique. Il fait appel à Massimo d'Azeglio qui, arc-bouté sur la Constitution, fait preuve de modérantisme. Après deux dissolutions, le nouveau Parlement élu à la fin de 1849 au terme d'une campagne dans laquelle Cavour met tout son poids, est dominé par les modérés et finit par ratifier le traité de paix avec l'Autriche en janvier 1850. De plus en plus, Cavour apparaît comme l'homme fort du royaume : entre octobre 1850, date de son entrée au gouvernement, et février 1852, il exerce les fonctions de ministre de l'Agriculture et du Commerce, puis des Finances et enfin de la Marine ; temporairement désavoué pour ses initiatives politiques – il veut élargir la majorité parlementaire au centre gauche de Rattazzi par un mariage politique ou « connubio » —, il démissionne en mai 1852, mais revient en novembre de la même année comme président du Conseil.

Camillo Benso, comte de Cavour, originaire d'une famille noble, a commencé sans enthousiasme une carrière militaire, puis s'est intéressé à la politique, adhérant aux idées libérales de la monarchie de Juillet. Gestionnaire avisé d'un grand domaine agricole, il convertit son exploitation à l'agriculture la plus moderne et la plus rentable. A l'occasion, il spécule, non sans pertes. Il voyage beaucoup en Europe, notamment en France, le français étant la langue dans laquelle il a été élevé et qu'il parle de préférence, et en Grande-Bretagne dont la prospérité et l'esprit d'entreprise le séduisent. Il s'intéresse aux questions économiques et sociales, particulièrement à l'agriculture, aux chemins de fer et à l'instruction. Il montre une hostilité assez tranchée envers les hommes d'Eglise, surtout lorsqu'ils se mêlent de politique, et se prononce pour une Eglise libre dans un Etat libre, formule cavourienne de la séparation de l'Eglise, à qui il reconnaît une force morale, et de l'Etat, en qui il voit le principal moteur du progrès et de l'assistance. Fondateur du journal *Il Risorgimento* en 1847, il peut y développer ses idées et se faire un nom. Il se prononce pour la promulgation d'une Constitution, le *Statuto*, à la rédaction duquel il participa activement, et pour la guerre contre l'Autriche. Ennemi des démocrates et des aristocrates, il reste dans un juste milieu qui lui permet, au lendemain de la défaite militaire et alors que le Piémont peine à retrouver sa stabilité, d'incarner un centre droit qui finit par l'emporter.

Une fois au pouvoir, d'abord comme ministre de tout ce qui relève de l'économie, il mène avec un succès certain une politique de libre-échange avec les puissances européennes et d'emprunt auprès de la banque anglaise ou de la banque Rothschild, au risque d'aggraver le poids de la fiscalité. Sa popularité fut d'ailleurs assez longue à se dessiner, et « milord Cavour », « Anglais par les idées, Français par la langue » pour reprendre la formule de Gioberti, mit longtemps à devenir « papa Camillo ». Devenu président du Conseil, tout en gardant les finances, il se révèle un fin manœuvrier parlementaire, dans un Etat dont la Constitution ne donne par ailleurs au Parlement aucun pouvoir de contrôle sur la politique menée par le gouvernement. Très parlementariste dans les mots, Cavour sait se montrer très directif dans les faits, et autoritaire avec les députés. Pour autant, celui qui se dit « fils de la liberté » comprend, mieux que le roi, plus réticent, que l'assentiment des députés et des sénateurs constitue un gage d'union nationale important pour mener à bien sa politique. Car, parallèlement à son ambition unitaire, Cavour veut faire de son pays une puissance à l'échelle italienne d'abord, à l'échelle européenne ensuite, en profitant de la bonne conjoncture qui succède à une phase de dépression économique. Modernisation et laïcisation, en douceur, autant que peut se faire, sont les deux axes de la politique intérieure de Cavour qui réforme la fonction publique, la justice, l'armée, avec La Marmora, ministre de la Guerre, développe les canaux, le réseau ferroviaire et le réseau bancaire du pays. De Gênes, premier port de commerce en Italie, à La Spezia, port de guerre et de chantiers maritimes, la côte ligure devient un foyer économique important pour le Piémont. Sur le plan de la laïcisation, Cavour ne peut éviter l'affrontement avec les conservateurs et le clergé qui le forcent à une brève démission en 1855, alors qu'il tente de faire voter une loi prévoyant la suppression des ordres religieux purement contemplatifs. Revenu au pouvoir, il fit voter la loi, dans un pays déchiré sur la question : les séquelles en étaient encore vives en 1857 lorsque les élections législatives faillirent balayer la coalition gouvernementale. Rattazzi était depuis le début des années 1850 le partenaire de Cavour au sein du *connubio* : le chef du centre-gauche, président de la Chambre, puis ministre de la Justice, et enfin de l'Intérieur, irritait la droite conservatrice, mais permettait à Cavour de faire passer des réformes libérales. Rattazzi écarté pour donner des gages aux conservateurs, la marge de manœuvre restait étroite pour Cavour. De plus, la politique de modernisation économique et militaire du chef du gouvernement se révélait coûteuse. Autant de raisons qui peuvent expliquer le regain d'intérêt de Cavour pour la question de l'unité italienne.

Le Piémont sur la scène internationale. La guerre d'Italie

Alors que l'on croyait le système metternichien solidement restauré, on s'aperçut de ses faiblesses. L'Autriche devait s'occuper des problèmes de nationalités au sein de son Empire, tout en surveillant les tentatives russes dans les Balkans. De 1853 à 1857, des tentatives insurrectionnelles éclatent en Lombardie, en Toscane, à Parme, en Sicile et en Calabre, à l'instigation de Mazzini qui anime son Comité national italien depuis Londres et se montre résolument opposé à la politique de Cavour : mais l'échec successif de ces tentatives renforcent la légitimité piémontaise. Le président du Conseil fait de Turin une sorte de capitale des réfugiés politiques italiens, les indemnise lorsque l'Autriche confisque leurs biens et leur octroie même la nationalité sarde. Politique payante qui vaut à Cavour des ralliements comme celui de Manin, animateur à Paris de la Société nationale italienne fondée à Turin par La Farina qui concurrence le Comité de Mazzini — et à laquelle adhère Garibaldi, pourtant républicain convaincu.

La personnalité de Giuseppe Garibaldi va profondément marquer les combats unitaires des années 1850-1860. Le personnage d'aventurier, combattant en Amérique latine aux côtés des libéraux, a quelque peu occulté un précoce engagement politique au sein de la Jeune-Italie : une tentative de coup de main sur l'arsenal de Gênes lui valut d'être condamné à mort par contumace. Sa rentrée en Italie coïncide avec les révolutions de 1848 auxquelles il participe à la tête de différentes unités de combattants, à Milan et à Rome : Garibaldi est un homme d'action qui sait galvaniser ses troupes, mais qui affirme sans détours sa préférence républicaine et exprime une démocratie socialisante quelque peu naïve, mais profondément sincère. Son ralliement plus raisonnable que convaincu à la solution piémontaise ne l'empêche pas de garder une réelle amitié pour Mazzini et des sympathies républicaines. Mais les républicains, incarnés par un Cattaneo de tendance fédéraliste, restent minoritaires. Très attaché à sa Lombardie natale, et notamment à Milan où il a joué un rôle important lors de la révolution de 1848, Cattaneo incarne une conception originale du Risorgimento : directeur de la revue *Il Politecnico* (1839-1844, et 1859-1865), dont le sous-titre est : *Répertoire mensuel d'études appliquées à la culture et à la prospérité sociale*, il se tient à égale distance du nationalisme outrancier qu'il récuse, et du rattachement de sa province au Piémont qu'il refuse ; la constitution de sa République fédérale est envisagée à partir d'une modernisation en profondeur de l'économie lombarde, appelée à devenir le fer de lance de la fédération italienne, et dans le cadre de l'Europe, idée chère à Mazzini.

En participant à la guerre de Crimée avec l'envoi d'un corps expéditionnaire de 15 000 hommes, le Piémont peut faire entendre sa voix en 1856 au congrès de Paris : d'italienne, la question unitaire devient européenne. Napoléon III n'y est pas insensible : il se montre partisan de l'unité, au moins en mots, et l'attentat d'Orsini en 1858, habilement utilisé, le fait apparaître comme tel davantage encore. Il se verrait bien, digne héritier de son oncle, dans le rôle de mentor de l'unité italienne, prélude à un rôle de tuteur de l'Italie indépendante. Loin d'être partagée par la majorité de la classe politique et de l'opinion publique (journalistes, publicistes, écrivains), l'idée d'une intervention française ne fait pas l'unanimité. La guerre de Crimée est encore toute proche, et l'image de l'Italie, terre des arts et patrie du catholicisme, ne débouche pas forcément sur une vision très réaliste du problème. Si Alexandre Dumas s'enflamme pour ce combat, c'est au nom d'un romantisme résurgent, qui lui fait dépeindre Garibaldi comme une sorte d'archétype du héros romantique, plus que d'une réelle conscience politique que l'on trouve davantage chez une George Sand ou dans le « parti » républicain qui soutient Mazzini de préférence à Victor-Emmanuel II et Cavour. Mêlant une sympathie nourrie de souvenirs et de nostalgie (luttes des années 1831-32) et des intérêts plus prosaïques (obtenir des compensations) ou politiques (la France comme une sorte de « gendarme » des affaires italiennes), Napoléon III va peser de tout son poids dans la décision d'intervention. Sa marge de manœuvre se révèle étroite : entre les inquiétudes anglaises ou prussiennes de voir la France jouer un rôle prépondérant en Méditerranée, le mécontentement russe et naturellement autrichien de voir les équilibres européens et les absolutismes remis en question, de nouveau par la France et qui plus est par un Bonaparte, et les positions intransigeantes des catholiques français quant au respect de la puissance temporelle papale, l'Empereur sait qu'il lui faudra agir prudemment. L'ancien *carbonaro* rencontre Cavour à Plombières en juillet 1858 et négocie l'intervention militaire de la France contre l'Autriche au prix d'une complète réorganisation de l'Italie : le Piémont, au nord, deviendra le noyau d'un royaume de Haute-Italie annexant la Lombardie-Vénétie autrichienne, Modène et Parme, et une partie de la Romagne et des Légations pontificales ; au centre, la Toscane et l'essentiel des Etats de l'Eglise formeront un royaume d'Italie centrale sur lequel pourrait régner Jérôme Bonaparte, cousin de Napoléon III, le pape ne conservant que la région du Latium et le titre, fort honorifique, de président de la Confédération italienne ; on conservera le royaume de Naples, ou d'Italie du Sud, incluant la Sicile. Pour prix de son intervention militaire au côté de Victor-Emmanuel, Napoléon III obtient la Savoie, berceau de la dynastie piémontaise, et Nice, patrie de Garibaldi. Une alliance matrimoniale est scellée entre le prince Jérôme (fils du roi Jérôme) et Clotilde, la fille de Victor Emmanuel II. Reste à trouver le prétexte de la guerre et à en faire endosser la responsabilité à l'Autriche.

Victor-Emmanuel fait montre de préparatifs militaires et évoque le « cri de douleur » qui monte de toute la péninsule. Les grandes puissances, notamment la Grande-Bretagne et la Russie, tentent la conciliation et proposent la tenue d'un congrès européen consacré à la question italienne, idée à laquelle se rallie Napoléon III. Cavour voit s'éloigner le moment de l'affrontement recherché, lorsqu'une provocation diplomatique autrichienne, l'envoi d'un ultimatum relatif au désarmement piémontais, le 23 avril 1849, lui fournit le prétexte recherché, tout en disculpant la responsabilité du Piémont. Avant même le début des hostilités, des soulèvements éclatent en Toscane, où le grand-duc Léopold est de nouveau chassé et remplacé par un gouvernement provisoire qui, influencé par Ricasoli, se rallie à Victor-Emmanuel II. La guerre opposant les troupes franco-sardes, commandées par Napoléon III en personne, aux troupes autrichiennes, commandées par François-Joseph lui-même, fut brève mais sanglante, marquée par la bravoure des Chasseurs des Alpes garibaldiens, et les batailles de Magenta et de Solferino (4 et 24 juin 1859) à l'issue desquelles la France et l'Autriche signèrent les préliminaires de paix de Villafranca (11 juillet), bien que les buts initiaux n'aient pas été atteints. Mais la Prusse menace sur le Rhin où elle concentre des troupes, tandis que la Russie et l'Angleterre font pression sur la France. De plus, Napoléon III doit tenir compte des inquiétudes exprimées à haute voix par les catholiques français quant au sort réservé au pape, mais aussi de son entourage qui lui montre le Piémont en train de réaliser à son profit l'unité italienne. Partout, l'insurrection gronde : Modène, Parme, la Romagne, les Légations et Bologne se soulèvent et se rallient à Victor-Emmanuel, alors que l'Ombrie et les Marches demeurent sous contrôle du pape. Pourtant, Cavour est déçu et furieux contre Napoléon III : si le Piémont reçoit bien la Lombardie, la Vénétie lui échappe, ce qui l'autorise à refuser de céder la Savoie et Nice à la France qui ne les réclame d'ailleurs pas. Brouillé avec Victor-Emmanuel, Cavour démissionne pour montrer son hostilité à Villafranca. L'impopularité de la France est grande alors dans le royaume sarde. Mais les mouvements révolutionnaires qui ont éclaté dans toute l'Italie centrale permettent au Piémont d'annexer les duchés de Parme, de Modène et de Toscane, ainsi que la Romagne et les Légations du pape, l'armée autrichienne n'étant plus en mesure de soutenir ses clients. La seule puissance capable de s'y opposer serait la France, dont l'empereur, pressé par le « parti » catholique, se montre hésitant à soutenir des annexions de territoires pontificaux. Pourtant, revenu au pouvoir en janvier 1860, Cavour obtient l'accord de Napoléon III, les annexions étant légitimées par des plébiscites largement favorables, même si le nombre de votants est faible et le vote orienté par la Société nationale italienne, moyennant la cession prévue de la Savoie et de Nice (traité de Turin, 24 mars 1860), suivie, là aussi, de l'organisation de plébiscites.

L'épopée garibaldienne. Le royaume d'Italie

Une fois lancé, le mouvement unitaire ne semble plus pouvoir s'arrêter. Des Italiens issus pour la plupart des rangs mazziniens agissent seuls, et veulent que l'Italie se fasse ou s'achève réellement par ses propres forces, tout en liant la question de l'unité à celle de la démocratie. Au sud, commence alors l'épopée de Giuseppe Garibaldi : à l'instigation du Sicilien Francesco Crispi et avec la complicité du Piémont, il entreprend avec ses « Mille », les chemises rouges, la conquête du royaume de Naples, qui se révèle être un colosse aux pieds d'argile. On entre vite dans le mythe ou l'imagerie d'Epinal avec cette expédition qui, loin d'être improvisée et populaire, émanait des autorités piémontaises : ne pouvant directement attaquer le royaume des Deux-Siciles sous peine de passer pour l'agresseur, Turin soutint l'expédition de Garibaldi à laquelle elle apporta toute son aide, notamment par l'intermédiaire de La Farina et de la Société nationale italienne. Le rôle de Crispi fut déterminant dans cette affaire : par sa connaissance du pays, par ses relations conservées malgré un exil d'une dizaine d'années consécutif à son rôle dans la révolution napolitaine de 1848, il prit la tête du gouvernement à Palerme, laissant à Garibaldi le soin d'achever la conquête de l'île, et, bien que républicain, se rallia à la solution du rattachement au Piémont. Mais la légitimité de l'annexion semble plus contestable et le risque plus grand dans le cas du royaume de Naples. La Sicile est d'abord conquise en mai-juin. Garibaldi, républicain dans l'âme, y installe un gouvernement démocratique dirigé par Crispi — Depretis y tient un temps le rôle de pro-dictateur — qui entreprend des réformes sociales, à la grande inquiétude du Piémont et de Cavour dont il expulse le délégué, La Farina. En septembre, après une promenade militaire à travers la Calabre et la Campanie, Garibaldi entre dans Naples désertée par les Bourbons, et menace de monter vers Rome où les troupes pontificales sont placées sous les ordres d'un général français, Lamoricière. C'est alors que Cavour envoie des troupes en direction des Etats pontificaux, avec l'accord de la France, pour s'opposer à la progression des troupes garibaldiennes de moins en moins contrôlables et reprendre la situation en mains. Après avoir battu l'armée de Pie IX, les troupes sardes occupent les Marches et l'Ombrie. L'épreuve de force menace entre les deux armées piémontaise et garibaldienne, mais le républicain s'efface et reconnaît la légitimité de Victor-Emmanuel II qu'il rencontre le 26 octobre. Privé de tout pouvoir, le « condottiere » se retira dans la solitude de son ilot de Caprera. Après l'annexion du royaume de Naples confirmée par plébiscite, puis celles des provinces pontificales des Marches et de l'Ombrie, un Parlement national élu par toutes les régions italiennes se réunit à Turin en février 1861, et proclama Victor-Emmanuel II roi d'Italie, la capitale du royaume étant transférée à Florence en 1864. L'Angleterre reconnut la première le nouveau royaume. Seuls la Vénétie et le Latium, avec Rome, citadelle du pape, échappaient encore à l'Italie.

De l'achèvement de l'unité aux désillusions de l'unification (1861-1871)

Un difficile décollage économique

Cavour meurt brutalement quelques semaines après la proclamation du royaume d'Italie, le 6 juin 1861. Les années suivantes sont marquées par des difficultés consécutives à l'unité – les antagonismes entre le nord et le sud s'avèrent délicats à surmonter — et à son inachèvement — veto de la France à toucher à Rome. Le manque de capitaux, la désorganisation des marchés avec la suppression des douanes, la lourdeur des impôts se conjuguent pour plonger le jeune royaume dans un marasme économique que traduisent entre autres la fréquence des déficits budgétaires et la faiblesse des investissements. La guerre a coûté cher au Piémont, contraint à l'emprunt qu'il faut maintenant rembourser. En dehors du manque de capitaux, l'industrie italienne souffre du manque de matières premières, à commencer par le charbon qu'elle doit massivement importer d'Angleterre, au prix fort. Modeste par sa technique et sa production, la sidérurgie est un secteur peu développé qui, bien que l'Italie possède des gisements de fer dont la production est très majoritairement exportée, ne produit que de la fonte et pratiquement pas d'acier. Si le royaume possède des chantiers maritimes, ceux-ci ne construisent leur premier bateau métallique qu'en 1866 et le développpement des chemins de fer dépend étroitement de l'industrie britannique (rails et matériel roulant). On note pourtant une progressive augmentation de l'épargne à partir de 1866, en provenance des rentiers de la terre essentiellement, qui, associée à l'impôt, à l'emprunt et au déficit budgétaire, permet un premier décollage de l'économie italienne, avant même la fin du processus d'unification. Le royaume enregistre un net accroisement de son réseau ferroviaire, qui passe de 2000 km environ en 1860 dont plus de 800 pour le Piémont, à près de 6200 km en 1870. En 1857, année d'achèvement du canal Cavour, on commence à creuser le tunnel du Fréjus achevé en 1871. Les échanges commerciaux progressent, assurés pour un tiers par le seul Piémont qui concentre également près de la moitié des firmes industrielles et commerciales du pays. Mais la prépondérance de l'industrie textile, fruit de l'histoire italienne, est la marque d'un archaïsme persistant, d'autant qu'elle est souvent le fait de petits artisans travaillant pour le compte de marchands-entrepreneurs : secteur profondément ruralisé et féminisé, appoint au revenu de la terre plus qu'activité propre. Dans bien des secteurs, ce sont les capitaux étrangers, anglais et français surtout, puis suisses et allemands, qui s'imposent, notamment dans les chemins de fer — on retrouve les noms de Rothschild, Talabot, Pereire — et l'équipement des villes en moyens de transport, en énergie, en eau etc. Quelques succès sont néanmoins à signaler : la production de soufre s'envole, celle de coton se développe dans le Nord, puis à Naples, mais est sévèrement touchée, comme dans le reste de l'Europe, par les effets de la guerre de Sécession américaine ; quelques grands entrepreneurs voient le jour, généralement grâce aux commandes de l'Etat : ainsi l'association de l'Anglais Philip Taylor et de Giovanni Ansaldo, puis de Luigi Orlando donne-t-elle naissance dans les années 1850 à une prospère entreprise d'armements, de construction navale et de matériel ferroviaire dont le principal client est le royaume de Piémont, puis son successeur italien. Même après la mise en vente des voies ferrées à quatre grandes compagnies privées à partir de 1865, l'Etat, qui leur a garanti un revenu minimum kilométrique, doit assurer le versement d'un complément, et est rapidement obligé, devant les risques de faillite pure et simple, de racheter la plus grande partie du réseau. De même, face à une impitoyable concurrence étrangère, la construction navale est maintenue à bout de bras par l'Etat, qui détient également le monopole de la construction des routes, de l'exploitation des postes et du télégraphe.

L'unification monétaire du pays se fit à partir de la lire piémontaise devenue lire italienne dès 1863 et de la création d'une Banque nationale, même si d'autres banques conservent momentanément le privilège d'émission. Bien que faisant partie de l'Union latine où toutes les monnaies étaient à parité, la monnaie italienne resta fragile, en partie à cause d'émissions massives de papier-monnaie : mais devant le peu de confiance de la population, et la prépondérance de la monnaie métallique sur la monnaie fiduciaire, le gouvernement dut recourir en 1866 au cours forcé de cette dernière qui resta en vigueur jusqu'en 1883. Si l'Etat lance des emprunts, il doit garantir un taux d'intérêt élevé (de l'ordre de 7 %) pour les placer auprès des banques étrangères. Au total, de la formation du royaume à l'achèvement de l'unité (1861-1870), le service de la dette et les dépenses militaires absorbent de 55 à 60 % des dépenses publiques, contre moins de 10 % pour les travaux publics. Les placements des investisseurs italiens à l'étranger restent fréquents, le déficit budgétaire de règle, la dette publique très importante et pour un tiers aux mains de banques étrangères, notamment françaises, qui disposent d'une arme redoutable. Celles-ci créent d'ailleurs des succursales dans le pays comme le Crédit mobilier des frères Pereire, fondateur en 1863 de la Société générale de crédit mobilier. L'impôt est la seule possibilité de combler le déficit, mais entre les difficultés d'unification des systèmes fiscaux et la charge déjà très lourde, la marge de manœuvre est infime : l'Etat italien doit apprendre à vivre en déficit chronique. Au sein des classes dominantes, si la césure reste vive entre la noblesse et la bourgeoisie, il existe déjà des liens solides qui se renforcent d'autant que l'aristocratie lombarde et même napolitaine ne rate pas le train de l'industrialisation du pays. Il convient donc de nuancer l'idée de déclin de la vieille aristocratie, telle qu'elle a pu apparaître dans *le Guépard* de Tomasi de Lampedusa, et de la ramener davantage à une question de génération, comme le montre par ailleurs l'auteur du roman.

Du côté des classes populaires, le taux de natalité élevé (de l'ordre de 37 pour mille) s'accompagne d'un fort taux de mortalité (environ 30 pour mille) dû aux mauvaises conditions d'hygiène, à une malnutrition chronique et au manque de médecins dans les campagnes où sévit encore la malaria. Pays essentiellement agricole (80 % de la population active), l'Italie n'arrive pourtant pas à l'autosuffisance et doit fréquemment importer des blés russes. L'utilisation de machines et d'engrais reste l'exception, localisée dans la plaine lombarde. Les rendements sont très variables : très faibles dans un Mezzogiorno autarcique, latifundiaire, de cultures et d'élevage extensifs, où les paysans sans terre (*braccianti*) forment une main d'œuvre misérable corvéable à merci ; meilleurs dans une Italie centrale (Toscane) pratiquant le métayage et la polyculture ; satisfaisants dans les régions fertiles de la plaine du Pô, la Lombardie et l'Emilie, déjà massivement tournées vers une céréaliculture intensive (blé, riz, maïs) et une forme d'exploitation de type capitaliste visant le rendement, les cascines, grandes exploitations recourant à une nombreuse main-d'œuvre. Aucune réforme agraire, pas même la vente des biens des congrégations dissoutes à partir de 1867, ne joua en faveur de la petite paysannerie : selon un schéma classique que la France avait expérimenté au temps de la Révolution de 1789, la bourgeoisie terrienne se porta massivement acquéreur de ces terres, étant seule à disposer des capitaux nécessaires à leur achat et à leur exploitation. Cela explique pourquoi la tension sociale resta forte dans des campagnes confrontées à une pression fiscale grandissante dont le symbole le plus haï fut l'impôt sur la mouture des grains (*macinato*) adopté en 1868 pour tenter de combler le déficit, alors que des secteurs entiers (canaux, lignes de chemins de fer, tabacs) étaient peu à peu privatisés pour renflouer les caisses de l'Etat. La classe ouvrière n'est encore qu'embryonnaire. Aucune loi sociale ne la protège, le travail des femmes et des enfants ne connaît aucune réglementation, les salaires réels sont plutôt à la baisse devant l'afflux de main-d'œuvre rurale qui vient s'entasser dans des conditions misérables dans les villes : la naissance du prolétariat coïncide avec l'achèvement de l'unité. Pourtant, en l'absence de « parti » socialiste — si Garibaldi adhère à la Première Internationale, Mazzini est aussi viscéralement républicain que farouchement antisocialiste —, le débat politique ne se focalise guère sur la question sociale. On enregistre pourtant l'introduction de doctrines venues de l'étranger : socialisme allemand, qui touche des économistes sensibles à l'intervention de l'Etat dans la production ; proudhonisme, dont Giuseppe Ferrari se fait le propagateur (*Philosophie de la révolution*, 1851) auprès d'artisans et de petits producteurs : longtemps exilé en France, adepte des idées de Saint-Simon, puis de celles de Proudhon, Ferrari reste partisan du maintien de l'autonomie administrative des Etats italiens et de la fédération républicaine, contre la politique centralisatrice de Cavour ; anarchisme, grâce à Bakounine qui s'installe en Italie dès 1864 et y mène une fructeuse propagande dans un pays très attaché à l'esprit municipal et à la défense de la petite propriété, jouant un rôle fondamental dans la diffusion de l'anarcho-syndicalisme au sein des sections italiennes affiliées à la Première Internationale. Mais l'organisation de syndicats est strictement interdite par une loi de 1864, et la grève sévèrement punie : cela n'empêche pas son déclenchement, notamment dans le milieu des journaliers agricoles organisés en sociétés fraternelles qui ne sont pas sans rappeler les sociétés de secours mutuels françaises.

Centralisation et résistances à la « piémontisation »

Le Piémont développe une politique centralisatrice qui heurte parfois les volontés autonomistes régionales. A la cour, le « parti piémontais » est sufffisamment puissant pour contraindre à la démission quiconque n'est pas du sérail, comme le président du Conseil bolonais Minghetti, par ailleurs auteur avec Farini d'un projet de décentralisation. L'un comme l'autre partageaient une longue expérience politique, en particulier dans le combat pour l'indépendance et l'unité, et le refus de la solution républicaine. Ancien sous-secrétaire d'Etat dans le gouvernement romain à l'avènement de Pie IX, puis collaborateur de Cavour, Farini avait joué un rôle de premier ordre dans l'annexion de Modène, de Parme et des Légations en 1859-1860. Minghetti avait exprimé des idées fédéralistes dans un journal publié à Bologne au temps des espoirs placés en Pie IX, *Il Felsinco*, développant un projet proche de celui de Gioberti ou de Rossi. Cavour le nomma ministre de l'Intérieur, poste qu'il conserva dans le ministère Ricasoli. C'est alors, en 1861, qu'il élabora son projet d'organisation communale et provinciale. Sans aller jusqu'à la solution républicaine et fédéraliste développée par Cattaneo, ce projet prévoyait la création de six grandes régions et une large décentralisation : il fut repoussé par la Chambre des députés au nom d'une centralisation que l'on peut assimiler à une piémontisation du royaume. Découpé en 59 provinces placées sous l'autorité d'un préfet, elles-mêmes divisées en arrondissements, mandements (cantons) et communes, le jeune royaume d'Italie vit à l'heure de l'administration et de la législation piémontaises. Plus généralement, la Constitution de 1861 reproduit le *Statuto* de 1848 qui, lui-même, démarque assez la Charte française de 1830. Ce texte « importé d'Angleterre dans une mauvaise traduction française » resta en fonction pratiquement inchangé jusqu'à la chute de la monarchie. Il fait du souverain le détenteur du pouvoir exécutif, nommant et révoquant les ministres, commandant les forces terrestres et navales, signant les traités de toutes natures ; de plus, le roi joue un rôle important en politique extérieure, son domaine réservé, parfois en opposition avec la ligne suivie par le ministre des Affaires étrangères. Le législatif est partagé entre un Sénat nommé par le roi et une Chambre des députés élue au scrutin uninominal à deux tours (à l'exception des années 1882-91) par un corps électoral d'environ 500 000 personnes sur vingt-cinq millions d'habitants : les hommes de plus de 25 ans, sachant lire et écrire, et payant au moins 40 lires d'impôt. Le roi a le droit de dissoudre la Chambre, et peut gouverner par décret. Bien que le régime ne soit pas à proprement parler parlementaire, le vote de défiance de la Chambre entraîne la chute du ministère, sans que soit vraiment tranchée la question de l'opposition entre la volonté royale d'interpréter la constitution dans un sens autoritaire, et les revendications de la classe politique d'un véritable parlementarisme dans lequel le roi se contenterait de régner. Loin d'être anodine, la condition d'alphabétisation liée à la pratique électorale joue un rôle de sélection drastique dans un pays qui, encore en 1870, compte 75 % d'illettrés, avec des inégalités allant de 54 % dans le Nord à plus de 85 % dans le Mezzogiorno. Votée en 1859 par le Piémont et étendue à tout le royaume, la loi due à Casati, ministre de l'Instruction publique, prévoit bien deux années d'enseignement élémentaire pour tous les enfants : mais elle fut peu et mal appliquée dans une grande partie du royaume.

Le sentiment de piémontisation du royaume et de ses institutions est renforcé par le fait que, devenu roi d'Italie, Victor-Emmanuel garde son nom de roi du Piémont et que le Parlement élu en 1861 inaugure la VIIIe Législature : la continuité est la règle. Dans l'ex-royaume de Naples, la venue de fonctionnaires, de financiers, de militaires piémontais est ressentie comme une agression, d'autant que leur arrivée est contemporaine d'une hausse des impôts et de l'instauration de la conscription. De plus, la conversion du royaume tout entier au libre-échangisme piémontais (au maximum, les droits d'entrée sont de 10 % de la valeur des produits importés) provoque une grave crise économique, dans la mesure où la concurrence intérieure joue défavorablement contre les productions moins performantes et plus chères de l'ancien royaume des Deux-Siciles, provoquant la ruine des nombreux petits producteurs qui prospéraient à l'abri d'un strict protectionnisme. La signature d'accords commerciaux avec des puissances étrangères (France, 1863) accentue encore les déséquilibres internes. Grâce à l'appui de la *Consorteria* (la coterie, regroupant des politiques excédés par la domination piémontaise), Minghetti fut nommé à la présidence du Conseil après le départ de Farini (1863). Il élabora un vaste plan de réorganisation financière du jeune royaume : l'une des principales mesures consista à assurer la perception des impôts au niveau des provinces. Mais la tension provoquée en 1864 par la question du transfert de la capitale du royaume à Florence se traduisit par de graves émeutes à Turin et entraîna la chute de Minghetti. Cependant, comme aux plus beaux jours de la présence française, le « brigandage » reprit ses droits dans l'ex-royaume de Naples, avec l'appui en sous-main d'associations secrètes comme la Mafia sicilienne ou la *Camorra* napolitaine, nourries de chômeurs et d'opposants au nouveau régime. Ce « brigandage » bénéficia de l'appui moral et matériel du roi déchu Ferdinand II accueilli par le pape Pie IX, et d'une partie non négligeable du clergé hostile aux mécréants du Nord. Il s'agit bien d'une guerre civile en bonne et due forme, avec son cortège d'atrocités réciproques, qui sévit jusque vers 1865 et mobilisa la moitié des effectifs de la jeune armée italienne, soit plus de 100 000 hommes. La question méridionale n'en finit pas de peser sur l'avenir du royaume, alors qu'à Turin personne n'a la dimension de Cavour parmi ses successeurs de la droite historique, que ce soit Ricasoli, figé dans ses origines nobles, Rattazzi, vieux complice-concurrent de Cavour, ou le général La Marmora.

Ce dernier, dont l'un des frères avait créé le corps d'infanterie légère des bersaglieri, a cependant joué un rôle important dans la réorganisation de l'armée piémontaise, devenue le noyau de l'armée italienne. Nommé président du Conseil en 1864, il fut également ministre des Affaires étrangères et, à ce titre, négocia à la fois un traité de commerce avec la France et une alliance militaire avec la Prusse. Farini, Minghetti, Lanza, président du Conseil de 1869 à 1873, tentèrent de naviguer entre les conflits parlementaires et le souci de gérer un royaume confronté à de multiples difficultés. Libéraux bon teint, jouant de fidélités claniques ou clientélistes, riches sauf exception comme Lanza, cultivés et fiers de servir l'Etat, ils ont conscience de leur mission. Mais centralisateurs et élitistes, ils repoussent l'élargissement du droit de vote et agissent parfois brutalement pour passer de l'unité à l'unification. Bénéficiant de la durée, Lanza eut à cœur de mener une politique d'économies budgétaires drastiques pour apurer la situation financière du royaume, avec l'aide de son ministre des Finances, Sella, tout en encourageant une décentralisation administrative qui devait permettre d'alléger le poids et le coût de la bureaucratie. En face d'eux, une gauche très modérée et d'origine sociale identique ne représente pas un véritable danger, d'autant que les ralliements à la solution monarchique vont se multiplier, de Garibaldi, qui reste républicain de principe et refuse les postes ministériels qu'on lui offre, à Crispi qui abandonne le républicanisme mazzinien en 1865, au nom d'arguments du même ordre que ceux de La Fayette se ralliant à Louis-Philippe en 1830 : « La république nous diviserait, la monarchie nous unit. » Le mazzinisme va connaître un long déclin, parsemé de schismes, jusqu'à la mort de Mazzini en 1872.

L'achèvement de l'unité

L'achèvement de l'unité italienne montre la survivance des divergences existant entre patriotes, et le rôle d'obstacle dévolu maintenant à la France. Napoléon III, cherchant à reconquérir le soutien des catholiques français, entretient une garnison à Rome dans le but d'empêcher l'annexion de la Ville éternelle au royaume : or, pour les Italiens, seule cette ville incarne la capitale historique et donc naturelle de l'Italie. Pie IX, de son côté, entend moins que jamais céder, d'autant qu'il adopte des positions très réactionnaires vis-à-vis de l'évolution de la société contemporaine. Par l'encyclique *Quanta Cura* et le Syllabus de 1864, il condamne en commun la démocratie, le socialisme et le communisme, et des théories jugées néfastes comme la séparation de l'Eglise et de l'Etat ou la laïcisation de l'enseignement. De plus, il prend l'initiative de réunir au Vatican un concile qui, au terme de longs mois de débats, vota en juillet 1870 le dogme de l'infaillibité pontificale. Plus que jamais, le pape faisait de Rome le bastion de la résistance à l'unité et à la modernité. C'est alors que Garibaldi, devenu président de la Société émancipatrice (sous-entendu : de Rome), outrepassant l'interdiction française avec le soutien secret du roi, tenta un coup de force en 1862 avec 3000 chemises rouges : l'objectif était clairement annoncé, « Rome ou la mort ». Mais Garibaldi fut arrêté à la bataille de l'Aspromonte par les troupes italiennes, sur la pression diplomatique de la France. En 1866, les Italiens s'allièrent avec la Prusse dans la guerre qui l'opposa à l'Autriche : ce rapprochement des deux puissances en formation fut plus dicté par des questions d'intérêt réciproque que par une quelconque estime. Repoussant les propositions autrichiennes de cession de la Vénétie contre sa neutralité, l'Italie entendait conquérir par les armes une province supplémentaire et affermir ainsi le sentiment national. Mais l'armée italienne fit une piètre campagne. Malgré des défaites terrestre (Custozza) et maritime (Lissa), l'Italie obtint pourtant la Vénétie au traité de Vienne. Humiliation suprême, c'est la France, à qui l'Autriche avait confié la Vénétie, qui la rétrocéda à l'Italie.

Garibaldi, qui présidait alors le Comité central unitaire italien, opéra un rapprochement avec Mazzini et tenta un deuxième coup de force pour prendre Rome. Mais il fut sévèrement battu par les troupes françaises à Mentana (3 novembre 1867), où, selon la célèbre et malheureuse expression du général de Failly, « les chassepots (fusils français) ont fait merveille », formule qui blessa l'amour-propre des patriotes italiens, d'autant que Rouher enfonça le clou en déclarant devant le Corps législatif que Rome ne serait jamais italienne, la France se portant garant de sa défense. Dès lors, l'alliée de la guerre de 1859 devient l'ennemie, sans que les relations soient rompues : le « parti » français garde ses défenseurs, surtout à la Cour et dans la classe politique. Non sans simplification, le ministre des Affaires étrangères, Visconti-Venosta, affirma que « le gouvernement était français et le pays prussien » : il semble bien que le cabinet Lanza penchait du côté prussien, mais il proclama la stricte neutralité de l'Italie. Lorsque éclata la guerre franco-prussienne en 1870, une nette majorité souhaitait, en toute logique, la victoire de la Prusse pour achever l'unité du pays : l'admiration était de mise pour un pays et son chancelier Bismarck qui avaient su mener à bien seuls l'unité allemande en écrasant successivement l'Autriche et la France. Le revirement profrançais qui suivit Sedan et s'accentua avec le siège de Paris n'entraîna pas l'Italie dans une guerre qu'elle était en tout état de cause dans l'incapacité financière et politique d'envisager réellement ; une brigade garibaldienne, menée par le vieux chef en personne accompagné de ses deux fils, se battit aux côtés des troupes françaises, mais à titre privé. La majorité réactionnaire sortie des urnes aux élections législatives de février 1871 en France ne lui en fut pas reconnaissante pour autant : malgré le soutien de Victor Hugo, Garibaldi, élu député par quatre départements français, se vit contraint à la démission.

La défaite militaire de la France, battue comme l'Autriche par la Prusse, et l'effondrement du Second Empire permirent aux troupes italiennes d'entrer dans la Ville éternelle le 20 septembre 1870 et d'achever l'unité de l'Italie. Rome annexée après le plébiscite du 2 octobre 1870 devint officiellement la capitale du pays le 1er août 1871. Le royaume d'Italie épousait désormais les contours de la péninsule, et les revendications territoriales étaient satisfaites, à l'exception du Trentin, de Trieste et de l'Istrie. Quant au pape, il se cloîtra dans le Vatican, refusant de reconnaître le royaume d'Italie. Il rejeta la « loi des Garanties » votée par le Parlement italien le 13 mai 1871, relative au statut du Saint-Siège : propriété et exterritorialité du Vatican, du Latran et de Castelgandolfo ; dotation financière annuelle de plus de trois millions et demi de lires ; liberté de conclave et de concile, attitude que la papauté conserva jusqu'aux accords du Latran signés en 1925 à l'initiative de Mussolini. La question des relations avec le Vatican se pose comme une difficulté supplémentaire pour le royaume, avec l'attitude d'hostilité durable des catholiques fidèles au pape, notamment dans les populations rurales, mais aussi parmi les électeurs qui suivent à la lettre les consignes du pape de non-participation à la vie politique (« *non expedit* »), à l'exception des élections municipales. Sur 500 000 électeurs potentiels, moins de 200 000 exercent effectivement leur droit de vote. Quant au clivage Nord-Sud, loin de se résorber, il tend à s'aggraver, les investissements se faisant rares dans un Mezzogiorno s'appauvrissant au moment de l'industrialisation du pays. Ouvriers agricoles et artisans ruraux vont être contraints aux migrations internes (vers les cités industrielles du Nord), transfrontalières (France) ou lointaines (Etats-Unis, Amérique du Sud). Demeure la lourde tâche, toujours en suspens, de faire des Italiens après avoir fait l'Italie, pour reprendre l'expression de Massimo d'Azeglio.

Conclusion : des lendemains qui déchantent

Tirer le bilan des années du Risorgimento ne peut guère être fait en dehors d'une réflexion d'ordre politique ou idéologique. Dans le camp libéral, des contemporains de l'événement jusqu'à Benedetto Croce publiant en pleine ère fasciste une *Histoire de l'Italie contemporaine* (1928), on célèbre les temps héroïques du Risorgimento, triple combat pour l'indépendance, l'unité et la liberté, et les héros de cette épopée, de Cavour à Lanza, patriotes exemplaires, « aristocratie spirituelle », hommes sages et prudents. Croce met l'accent sur l'italianité du Risorgimento, et tend à minimiser l'apport extérieur, qu'il soit idéologique (idéaux de 1789) ou militaire. Dans le camp marxiste, dominé par la personnalité d'Antonio Gramsci (*Il Risorgimento*, publié en 1949), s'élève précisément le reproche d'immobilisme social à l'encontre de la bourgeoisie patriote piémontaise ou toscane, critiquée pour son incapacité à aller jusqu'à l'établissement de la démocratie politique et aux réformes sociales luttant contre les inégalités les plus criantes. De plus, Gramsci resitue le Risorgimento dans sa filiation avec la Révolution française de 1789, vecteur de l'idée de nation. Inachevé, donc, le Risorgimento se caractérise surtout par la prise du pouvoir par la bourgeoisie d'affaires.

Les problèmes auxquels se trouve confronté le royaume d'Italie sont donc ardus. Les vingt-sept millions de Piémontais, Lombards, Toscans, Napolitains, Romains etc. doivent apprendre à dépasser le traditionnel « campanilisme » ou « municipalisme » et à vivre comme vingt-sept millions d'Italiens, ce qui, au vu de la longue période de séparation qui a marqué l'histoire de l'Italie, est complexe. La question des institutions ne pose pourtant pas de problème, contrairement à la France dont les combats sont marqués à la même époque par une longue lutte entre république et monarchie. Quant à la question sociale, elle illustre bien, en Italie, cette idée de persistance d'Ancien Régime qu'Arno Meyer prolonge jusqu'à la Première Guerre mondiale. Une fois la fièvre nationalitaire retombée, il faut apprendre à gérer un quotidien fait de volonté de développement, de difficultés financières et budgétaires, d'inégalités sociales, de disparités régionales, de centralisation autoritaire. Pour ne prendre qu'un exemple, le triangle industriel Gênes-Turin-Milan se met en place avant même l'achèvement de l'unité, sort renforcé de cet achèvement, et exerce une telle suprématie dans le secteur de l'industrie qu'il agit comme un aimant pour des populations rurales de plus en plus lointaines. Autant de points que l'on retrouverait par ailleurs dans d'autres pays, mais à la différence de la France, ou mieux encore de l'Allemagne qui a marché vers l'unité dans une chronologie parallèle, l'Italie n'a pas les moyens de ses ambitions. Cela lui impose des sacrifices plus lourds, une dépendance plus forte vis-à-vis de l'extérieur, mais aussi de réelles frustrations.

Cela explique également la tentation d'évacuer son désir de puissance par la conquête coloniale, dans un esprit de récupération du passé romain (*Mare Nostrum*) et de renforcement d'une tradition maritime illustrée notamment par Garibaldi. La fondation de la Société géographique italienne en 1867 à Florence oriente les visées italiennes vers l'Afrique, d'autant que l'ouverture du canal de Suez (1869) semble redonner à l'Italie un rôle méditerranéen de premier plan. Elle n'en tirera en fait que fort peu de bénéfices, se heurtant aux grandes puissances européennes, au premier rang desquelles la Grande-Bretagne et la France. La tentation nationaliste reste à l'état endémique, exutoire aux tensions politiques et sociales qui touchent par intervalles la péninsule. De Carduccci à d'Annunzio, l'Italie va donner naissance en quelques décennies à un nationalisme agressif, militariste, conquérant. Mais n'est-ce pas le cas de la majorité des puissances européennes dans le dernier quart du XIXe siècle ?

BIBLIOGRAPHIE

ALBERTONI (Ettore A.), *Histoire des doctrines politiques en Italie*, PUF, « Que sais-je ? », 1981.
BERSTEIN (Serge), MILZA (Pierre), *L'Italie contemporaine, du Risorgimento à la chute du fascisme*, A. Colin, 1995.
CANDELORO (Giorgio), *Dalla rivoluzione nazionale all'unità, 1849-1860*, Milan, Feltrinelli, 1990.
CAPONE (Alfredo), *Destra e sinistra da Cavour à Crispi*, Turin, UTET, 1981.
DE PAOLI (Gianfranco E.), *Vittorio Emanuele II : il re, l'uomo, l'epoca*, Milan, Mursia, 1992.
GALLO (Max), *Garibaldi, la force d'un destin*, Fayard, 1982.
GODECHOT (Jacques), *Histoire de l'Italie moderne (1770-1870). Le Risorgimento*, Hachette, 1971.
GRAMSCI (Antonio), *Il Risorgimento*, Rome, Editori riuniti, 1991.
GUICHONNET (Paul), *L'Unité italienne*, PUF, « Que sais-je ? », 1993.
GUILLAUME (A.), LESCURE (J.-C.), MICHONNEAU (S.), *L'Europe des nationalismes aux nations. Italie, Espagne, Irlande*, SEDES, 1996.
MACK SMITH (Denis), *Cavour*, Londres, Weidenfeld and Nicolson, 1985.
MACK SMITH (Denis), *The Making of Italy (1796-1870)*, Londres, 1971.
MACK SMITH (Denis), *Victor-Emanuel, Cavour and the Risorgimento*, Londres, Oxford University press, 1971.
MORELLI (Emilia), *Mazzini*, Rome, Ed. dell'Ateneo, 1984.
MUSOLINO (Benedetto), *Mazzini e i rivoluzionari italiani*, Cosenza, L. Pellegrini, 1982.
RIALL (L.), *The Italian Risorgimento. State, Society and National Unification*, Londres, Routledge, 1994.
ROMANO (S.), *Histoire de l'Italie du Risorgimento à nos jours*, Seuil, 1977.
ROMEO (Rosario), *Cavour e il suo tempo*, Laterza, 3 t., 1984.
VALSECCHI (Franco), *L'Italia del Risorgimento e l'Europa delle nazionalità : l'unificazione italiana nella politica europea*, Milan, Giuffrè, 1978.

CHAPITRE V

DE LA NATIONALITÉ À L'ÉTAT. LA FORMATION DE L'UNITÉ ALLEMANDE (1815-1871)

L'histoire de l'unité allemande apparaît doublement liée à l'histoire de la France : par ses origines, d'abord, car le sentiment national allemand prit en grande partie naissance en réaction contre les hommes et les idées de la Révolution française ; par sa phase terminale, ensuite, lorsque Bismarck mena de main de maître la guerre contre la France, d'où devait sortir l'Empire allemand. S'il convient, pour autant, de ne pas présenter la question de l'unité allemande comme un simple épisode des tumultueuses relations franco-allemandes, force est de reconnaître que la frontière symbolique du Rhin a longtemps constitué de part et d'autre de ce fleuve mythique le point de rencontre des tensions nationalitaires. Il faut rappeler également la rivalité interne au monde germanique entre la Prusse et l'Autriche, le Nord et le Sud, le protestantisme et le catholicisme, la Petite et la Grande Allemagne. Avant même l'arrivée de Bismarck au pouvoir, les Prussiens jouent la carte d'un nationalisme se nourrissant d'ennemis qui sont autant d'obstacles à éliminer. Une fois au pouvoir, Bismarck ne mettra que quatre années pour éliminer l'obstacle autrichien, et quatre années encore, de Sadowa à Sedan, pour éliminer l'obstacle français. Le XIXe siècle apparaît bien comme le moment de la passation de pouvoir entre une France drapée dans ses vêtements de gloire que sont la République et le legs de la Révolution française, et une Allemagne formée autour d'un noyau prussien qui devient la puissance continentale dominante dès la fin de son processus d'unité.

De l'*Aufklärung* à l'émergence du sentiment national (XVIIIe siècle-1815)

Le Saint-Empire romain germanique

Tout autant que l'Italie, l'Allemagne pourrait être qualifiée, au XVIIIe siècle et encore pour longtemps, de simple expression géographique. L'ensemble des quelque 360 entités politiques formant le Saint-Empire romain germanique (ou plus exactement Saint-Empire romain, ou des Romains, de Nation allemande, traduction de la formule latine de *Sacrum Romanorum Imperium Nationis Germanicae*, ou de la formule allemande de *Heiliges Römisches Reich Deutscher Nation*) manque singulièrement d'unité : par leur histoire, leurs institutions, leur économie, leur culture, ces entités qui vont de la simple ville libre aux royaumes de Prusse ou de Bohême en passant par les duchés d'Autriche et de Wurtemberg, et les électorats de Saxe, Bavière et Hanovre, forment un réseau apparemment inextricable de particularismes. Ces derniers ne sont pas négligeables dans la mesure où ils jouent un rôle important dans la représentation des appartenances identitaires : le mot de *Heimat*, échelon inférieur au *Vaterland*, représente une forte identification à un espace géographique, à une culture, une langue, une religion aussi. Etre Bavarois, c'est partager des valeurs assez fondamentalement opposées à celles d'un Prussien. L'Empire ne connaissant pas de centralisation à la française, ces particularismes auront la vie dure tout au long du XIXe siècle, et même au lendemain de l'achèvement de l'unité. La Diète de Ratisbonne ressemble, en cette fin de XVIIIe siècle, à « un congrès de diplomates sans pouvoir » (P. Ayçoberry). Le morcellement du Saint-Empire n'a pas que des inconvénients, du reste : il permet de jouer avec la censure (ce qui est interdit là, est permis à côté), encourage la tolérance, la diversité de pensée, et offre des refuges aux persécutés. La famille des Habsbourg exerce son autorité sur cet ensemble depuis 1438. A côté de la Diète (*Reichstag*) sans pouvoir qui siège à Ratisbonne, un tribunal d'Empire (*Reichkammergericht*) et un tribunal aulique (*Reichshofrat*) constituent les seules institutions de cet empire. Si 269 Etats sont représentés à la Diète, regroupés en trois collèges (électeurs, princes, villes), ils n'ont de fait pas plus de pouvoir législatif que l'empereur, élu, n'a de réel pouvoir exécutif. Le *Reich* est un géant territorial, mais un nain politique.

Le manque d'unité religieuse est moins un obstacle à l'unité politique qu'une source de disputes théologiques sans conséquences violentes. Pour autant, la dimension religieuse de l'affrontement des Habsbourg, catholiques et champions de la papauté, et des Hohenzollern, protestants et champions de la cause anti-autrichienne, ne peut être ignorée. D'autant que cet affrontement se double d'une opposition culturelle, les protestants se posant en champions de la langue allemande — une position traditionnelle depuis que Luther avait traduit la Bible en *hochdeutsch*. Il faut souligner en contrepoint la vitalité de la librairie, de la culture (universités) et des beaux-arts à travers tout le Saint-Empire : vitalité favorisée par ces clivages politiques, religieux, culturels. Mais Jacques Droz souligne aussi le rôle de frein du luthéranisme, prônant depuis sa fondation la soumission au prince et le respect de la hiérarchie voulue par Dieu. La langue ne constitue que bien imparfaitement un élément unitaire, dans la mesure où les différences dialectales sont marquées. Les lettrés affectent d'utiliser le latin, les gens de Cour et des hautes classes le français, tel le roi de Prusse Frédéric II. En règle générale, l'ensemble germanique se montre ouvert aux influences extérieures : la Prusse a accueilli les réfugiés huguenots qui, en dehors de leur savoir faire artisanal, ont apporté avec eux une véritable culture de l'Etat. Max Weber a souligné tout ce que l'économie capitaliste devait au protestantisme dans sa valorisation de l'individu et de sa réussite sociale. Mais le développement précoce d'une économie capitaliste, notamment dans la vallée du Rhin, s'est accompagné d'une prise de conscience d'un espace plus large, d'une communauté d'intérêts, d'ennemis communs même, comme la France de Louis XIV qui ravage le Palatinat, conquiert l'Alsace et Strasbourg, avant que Louis XV n'annexe la Lorraine. Plus généralement, le protestantisme allemand, luthérien comme calviniste, et le piétisme vont jouer un rôle non négligeable dans l'acculturation du sens communautaire, dépassant l'individualisme du rapport à Dieu, et l'identification de la communauté de pensée à une communauté nationale, tout en conservant le respect de l'obéissance et de la hiérarchie sociale. Les piétistes créeront à Halle, au début du XVIIIe siècle, la première université offrant des cours en langue allemande.

L'Aufklärung

L'*Aufklärung*, greffé sur un esprit anticatholique, met en avant l'idée de Raison. Le rapprochement avec les Lumières des philosophes français a souvent été souligné : on connaît les rapports tumultueux entretenus par Voltaire et Frédéric II. L'accueil réservé aux idées des Lumières a pourtant été contrasté. Certes, on lit les philosophes français, surtout dans les classes dirigeantes, et on copie les mœurs françaises à la Cour et dans la noblesse. Les milieux intellectuels protestants (Klopstcok, Kleist, Lessing, Gellert, Kant) sont particulièrement sensibles à l'idéal de liberté. Mais le rationalisme déiste d'un Voltaire provoque également des réactions négatives dans un peuple resté fondamentalement religieux. On exalte alors le retour aux traditions allemandes. Le mouvement *Sturm und Drang* (tempête et assaut) se développe au sein des milieux littéraires (Klinger, Lenz, Herder, H.L. Wagner, les jeunes Goethe et Schiller) dans le dernier tiers du XVIIIe siècle, par opposition à l'*Aufklärung* et au rationalime ambiant, et met l'accent sur l'idée de sentiment, sur l'exception face à la norme, la révolte face au conformisme, sans que cela débouche sur une analyse politique. L'historien Juste Möser fait l'apologie de la diversité, meilleur contrepoids au despotisme, tandis que Nicolas Vogt, un autre historien, fait de la multiplicité des Etats allemands le meilleur garant de la liberté. Ce romantisme précoce, mélange de religion, de mythes historiques, d'exaltation de la nation allemande, repousse le cosmopolitisme des Lumières, mieux, se construit contre. Il s'agit moins d'une Nation politique que d'une Nation culturelle (*Kulturnation*), construction intellectuelle qui, en l'absence de relais étatiques ou institutionnels, va bientôt reposer sur l'idée de communauté ethnique (*Gemeinschaft*). A la différence du modèle français de la Nation, où l'intégration progressive des peuples dans le royaume est politique avant d'être culturelle, le modèle allemand de la Nation sera profondément marqué par ses origines culturo-ethniques et par le rôle de ses élites intellectuelles et littéraires.

La fragmentation extrême de l'espace politique se retrouve sur le plan économique : il n'y a pas de véritable espace économique allemand, les barrières douanières sont multiples, les échanges limités. La tentation du recours à l'autarcie est d'autant plus grande que l'économie demeure essentiellement agricole. L'industrie textile, souvent rurale (Silésie, Saxe), est la seule qui connaisse un développement important et une première forme de mécanisation (coton). Seul le bon vouloir des princes donne naissance à quelques activités industrielles encore marquées par le système corporatiste. Il existe pourtant des foires renommées (Leipzig, Nüremberg, Francfort), un réseau bancaire déjà performant (Cologne, Francfort), des ports actifs depuis la Renaissance (Hambourg). Au total, le monde allemand apparaît dans une situation de contradiction entre le « haut niveau de la culture et le retard politique, économique et social » qu'on y perçoit (J. Droz). Il est vrai, également, que l'absolutisme ne connaît pas une contestation comparable à celle qui touche la France. La soumission à l'ordre divin n'est remise en cause ni par une bourgeoisie éclairée bien peu influente ni par une élite intellectuelle qui, à de rares exceptions près, approuve l'action de princes mécènes ou de princes censeurs. Après tout, Voltaire lui-même n'a-t-il pas contribué à légitimer le despotisme éclairé d'un Frédéric II de Prusse, même si l'expérience a pris fin sur un constat de désaccord flagrant entre le souverain et le philosophe ? Tout au plus enregistre-t-on en Prusse un début de rationalisation de l'administration (armée, bureaucratie), d'uniformisation législative (*Allgemeines Landrecht*) et de laïcisation du pouvoir. Plus timoré pourtant qu'un Joseph II en Autriche, Frédéric II entend garder à la noblesse toutes ses prérogatives, et conserver le système féodal.

L'onde de choc de la Révolution française

L'onde de choc que provoque la Révolution française, « un des grands événements de l'histoire allemande, et, même, l'un des plus importants » (J. Rovan), va laisser de profondes traces, visibles tout au long du XIXe siècle. La période concernée s'entend ici des années 1789-1815, tant, pour les Allemands, la Révolution forme un bloc incluant l'époque napoléonienne. Dans un premier temps, on peut parler d'un réel enthousiasme pour la Révolution française : sentiment partagé par Kant — on connaît l'anecdote de l'interruption de sa promenade quotidienne à Königsberg —, Schopenhauer, Schelling, Hegel, Klopstcok, Hölderlin, Campe, Guillaume de Humboldt. Kant adhère notamment à l'idée d'Etat de droit, à la liberté comme fondement du consentement à la loi — une position qui influença Hegel. Fichte approuve la politique sociale de la Révolution, le rôle accru dévolu à l'Etat, et dénonce les privilèges. Réactions moins enthousiastes chez les princes, majoritairement hostiles à l'abolition du système féodal et des privilèges afférents, chez les catholiques, choqués par la Constitution civile du clergé que condamne le pape, voire chez les libéraux qui observent avec inquiétude la radicalisation de la Révolution française et sa tentation expansionniste. La bourgeoisie rhénane, pourtant, apprécie le libéralisme économique prôné par les révolutionnaires de 1789-1791 et les réformes des systèmes de poids et mesures, de la monnaie, des taxes et douanes intérieures, etc. Mais elle s'effarouche de l'arrestation de Louis XVI après Varennes, de la montée du républicanisme et des conséquences de la guerre déclarée par la France au roi de Bohême et de Hongrie, c'est-à-dire à l'Autriche, en avril 1792. L'extension de la guerre entre Valmy, auquel Goethe assiste en spectateur, et Fleurus fait passer la France du statut de modèle potentiel à celui de conquérant rejeté, d'autant que les émigrés français, nombreux à Coblence, entretiennent une vision négative de la France révolutionnaire. Cette dernière annexe la rive gauche du Rhin en 1795 (traité de Bâle), tout en reconnaissant à la Prusse des droits en Allemagne du Nord (annexion du Hanovre).

De la réticence à la résistance, le chemin va être rapide, et l'occupation française de la Rhénanie va grandement contribuer à ce changement d'attitude. Si, comme en Italie, il existe un jacobinisme local, notamment à Mayence, illustré par Forster ou Fichte, ou à Coblence avec Görres qui publie à partir de 1796 *Das Rotte Blatt* (*La Feuille rouge*), le projet de rattachement de la province rhénane à la France, qui remplace un projet avorté de république rhénane, fait quasiment l'unanimité contre lui et contribue à détacher l'opinion publique allemande des idéaux de 1789 au profit de l'idéalisation de la germanité. Les sympathisants allemands de la Révolution sont choqués par les prévarications des occupants français : ils en tirent la conclusion qu'il convient de « féconder la liberté à la française par la moralité germanique » (P. Ayçoberry). Mais rapidement, une évolution vers des positions beaucoup plus conservatrices se dessine. Une version allemande, en somme, de la philosophie de Burke dont les *Considérations sur la Révolution française* traduites par Gentz rencontrèrent un vif écho. De Schiller, l'une des personnalités étrangères à qui la Convention a donné la citoyenneté française, à Goethe, au demeurant sceptique quant à l'unité allemande, de Wieland, qui dirige le *Mercure allemand*, à Humboldt, futur fondateur de l'université de Berlin, le retournement est patent dès 1793. Le modèle français de la Révolution apparaît contraire à l'individu, l'Etat un minotaure qui dévore les libertés et établit un nouveau despotisme. Non que les Etats allemands soient hostiles à une réforme en profondeur de leurs institutions : dès 1791, la Prusse élabore un Code civil appelé, une fois transformé en *Landrecht,* à être appliqué jusqu'en 1899. L'influence de la législation napoléonienne n'est pourtant pas niable. Mais le Premier Empire, envahisseur de l'Allemagne et destructeur du Saint Empire, accentue la prise de conscience d'un nationalisme allemand anti-français. Les retournements sont alors spectaculaires, et le Fichte des *Discours à la Nation allemande* (1807-1808) incarne cette volonté de marier le progrès de l'humanité — à cet égard, le peuple allemand apparaît comme une sorte de peuple élu destiné à sauver l'Europe du matérialisme et du rationalisme français — et la formation d'une communauté allemande fondée sur l'appartenance à la race (au sens culturel et historique et non biologique) et une unité plus morale que politique.

Le romantisme contre la Raison

De Gentz à Novalis, de Herder à Jahn, s'exprime un romantisme politique, nationaliste et conservateur qui exalte la germanité, la tradition allemande antilibérale et antirévolutionnaire, le peuple (Volk) et la religion chrétienne — dans un esprit parfois antisémite — comme agents de rénovation patriotique. Le *Volkgeist* (esprit ou génie populaire) est le lien qui unit les Allemands entre eux : la langue et l'histoire jouent un rôle de premier plan dans cette doctrine qui tente de passer des particularismes germaniques à un particularisme allemand, quitte à inventer « des patries imaginaires dont la poésie est la reine » (J. Rovan). Les recherches se multiplient sur les Germains, le personnage mythique d'Arminius, évoqué par Kleist, également auteur d'un *Katechismus des Deutscher*, les principautés allemandes médiévales. Les frères Grimm produisent à la fois des contes et la première grammaire allemande scientifique, avant de s'attaquer à un dictionnaire historique de la langue allemande ; Achim von Arnim et Clemens Brentano s'inspirent des contes et légendes du Rhin, pour produire *Des Knaben Wunderhorn, Le Cor merveilleux de l'enfant*, que Malher mettra plus tard en musique ; le merveilleux et le visionnaire découlent parfois de cette littérature romantique, avec Heinrich von Kleist, voire le fantastique comme dans les contes d'E.T.A. Hoffmann. Mais déjà s'exprime, tant chez Müller que chez Görres, la nécessité d'un Etat confédéral capable de conserver les particularismes tout en les dépassant. Reste à trouver le champion de la cause allemande : ce sera la Prusse qui, bien qu'écrasée à Iéna, démantelée et contrainte d'entrer dans le système d'alliances napoléonien, incarne la sourde résistance du peuple allemand à l'hégémonie française. Mais la majorité des Etats allemands est beaucoup plus réservée, attendant de voir l'évolution du rapport de forces dans l'Europe napoléonienne. La nation idéalisée reste une pure construction intellectuelle n'appelant pas une participation concrète du peuple et encore moins une remise en cause de l'ordre établi.

De la Confédération du Rhin au patriotisme de 1813

Le Saint Empire connaît des modifications territoriales et statutaires considérables. Des territoires sont annexés par la France sous forme de départements : quatre en 1797, correspondant à la rive gauche du Rhin, avec les villes de Mayence, Trèves, Coblence, Aix-la-Chapelle, et cinq en 1810, dans le Nord de l'Allemagne, avec notamment Hambourg et Brême. Une première épuration territoriale se fait avec la suppression des principautés ecclésiastiques, sauf l'archevêché de Mayence, et la réduction à six du nombre des villes d'Empire. Les princes fidèles à Napoléon voient leur territoire agrandi : Bavière, Wurtemberg, Bade. Au lendemain d'Austerlitz, l'Autriche céda le Tyrol et le Vorarlberg à la Bavière, et le Saint Empire fut remplacé le 12 juillet 1806 par une Confédération du Rhin (*Rheinbund*) qui comptait alors seize membres. C'était la fin d'un Empire institué en 962, quatorze ans après la disparition du royaume de France fondé en 987. La Bavière et le Wurtemberg furent érigés en royaume, Bade, Hesse-Darmstadt et Berg en grands-duchés, une foule de petites seigneuries se trouva médiatisée, des enclaves furent supprimées. « Les Allemagnes » conviendrait assez bien pour désigner un ensemble d'Etats dont certains seulement sont membres de cette Confédération napoléonienne. Demeurée en dehors de la Confédération, la Prusse observe une prudente neutralité depuis 1795. Elle en profite pour promouvoir des réformes modérées, comme l'abolition du servage dans les domaines d'Etat ou la suppression de douanes intérieures. Cette neutralité lui vaut d'annexer le Hanovre en 1805. Pourtant, le parti de la guerre, appuyé par les milieux d'affaires, l'entraîna dans un affrontement avec Napoléon : la défaite de Iéna et l'entrée des troupes françaises à Berlin, où l'Empereur proclama le blocus continental, marquèrent la déconfiture de la Prusse qui perdit tous ses territoires à l'ouest de l'Elbe, et la plupart de ses provinces polonaises prises pour former un grand-duché de Varsovie. Parmi les 36 Etats formant une Confédération du Rhin élargie, figurent le royaume de Westphalie que Napoléon offre à son frère Jérôme, le duché de Bavière érigé en royaume, tout comme la Saxe, mais ni la Prusse qui reste en dehors, ni l'Autriche privée de tous les territoires qu'elle possédait dans l'ex-Saint Empire. Le monde germanique se trouve désormais scindé entre 39 entités territoriales, y compris l'Empire français ; l'Autriche se trouve amputée de ses territoires allemands proprement dits ; la plupart des Etats importants de la Confédération sont en fait sous contrôle français, direct (Westphalie, par exemple) ou indirect, par un jeu d'alliances (Bavière, Saxe, Wurtemberg). L'Allemagne entre alors dans l'ère de la modernité, même si les réformes apparaissent projetées du haut vers le bas, dans la tradition confirmée du despotisme éclairé.

Si Hambourg et Leipzig voient leur trafic péricliter, d'autres régions s'en tirent mieux, comme la Saxe ou la Rhénanie qui connaissent un décollage industriel. Les hommes, les produits, les capitaux circulent davantage. Il est clair, pourtant, que pour Napoléon, l'espace allemand constitue un débouché privilégié pour les produits de l'industrie française et que, globalement, l'Allemagne a eu plus à souffrir qu'à tirer bénéfice de l'occupation française, synonyme aussi de pillages et de lourdes contributions financières et humaines à la guerre. Tout au plus facilite-t-elle la prise de conscience de la nécessité de plus d'union douanière, voire de fonctionner, comme l'écrit Fichte en 1800, bien avant Friedrich List, comme un *Etat commercial fermé*. De nombreux Etats instaurent la liberté de culte, émancipent les juifs, réforment le droit et la fiscalité. Le Code civil donne un semblant d'unité aux territoires annexés ou non à l'Empire. En Westphalie, le servage, les corporations et les privilèges sont abolis ; la Bavière de Max-Joseph et de son ministre Montgelas adopte le code pénal et promulgue une constitution prévoyant une représentation nationale, jamais réunie. Dans une sorte de juste-milieu entre conservatisme et progressisme, la présence française introduit un esprit de réforme tout en en limitant la portée, et en veillant à ne pas détruire l'ancien ordre social. Ainsi que le souligne François-Georges Dreyfus, la France devient le principal agent de l'unité allemande, à la fois par son influence juridico-administrative et par le sentiment national qu'elle contribue à éveiller et à fortifier. Pourtant, les intellectuels allemands, loin d'être uniformément antifrançais, font parfois preuve d'une véritable fascination, qui n'épargne pas Goethe, ou d'une résignation admirative, comme celle de Hegel pour Napoléon. Mais le poids grandissant de la fiscalité, de la conscription et du blocus continental, liés à la guerre, et le rejet de la politique religieuse napoléonienne, surtout dans les régions catholiques, nourrissent une hostilité de plus en plus forte envers l'occupant français, comme dans le Tyrol où se produit un véritable soulèvement dirigé par Andreas Hoffer en 1809. Ce réveil identitaire qui touche aussi bien l'Autriche que l'Allemagne proprement dite va se réaliser en osmose et non en opposition avec les princes allemands : si le mot de liberté apparaît, il doit être compris dans un sens de libération et non dans un sens de libéralisation. L'Autriche est alors au diapason, de nombreux Allemands envisageant d'ailleurs la solution autrichienne comme la seule possible, et pour se libérer de « l'ogre corse », et pour reconstruire le monde germanique. Mais la guerre qui reprit en 1809 fut un nouvel échec pour l'Autriche, la Prusse et l'ensemble du monde allemand restant dans une prudente neutralité.

Le mouvement national suscite un réel enthousisame dans les classes moyennes, en particulier au sein de la jeunesse étudiante et de l'élite universitaire, regroupée dans le *Tugendbund*. L'université de Heidelberg ou celle de Göttingen sont à la pointe de ce réveil national auquel participent des écrivains comme Schiller, chantre de la lutte contre la tyrannie, Brentano, Arnim. En dehors d'un courant romantique, adepte d'une Allemagne restaurée sur les principes d'une société d'ordres, de fidélité aux dynasties régnantes et de foi chrétienne (Novalis, Schlegel et Arndt), hostile à la rédaction de constitutions écrites, il existe un courant qui insiste sur l'alémanité constitutive d'unité, sur le destin dévolu au peuple allemand, peuple primitif (*Urvolk*), pur, non souillé, devant se réaliser et réaliser enfin l'Europe en vertu de principes contraires à ceux de l'Europe napoléonienne : cette théorie fut développée par Fichte dans ses *Discours à la nation allemande*. Parmi les autres publications, l'*Athenaüm* créé par les deux frères Schlegel, Friedrich fondant par la suite la revue *Europa*, l'un des organes du romantisme européen, et *Le Mercure galant* animé depuis Heidelberg par Görres avec le concours des frères Grimm. Le sol et la race : cette étroite relation est mise en avant pour justifier les fondements historiques de la nation allemande à laquelle on se rattache, *in fine*, par le sang.

Le mouvement est relayé par des politiques qui ont subi l'influence des idéaux de 1789, comme le baron de Stein, Premier ministre de Prusse de 1807 à 1808, qui entend concilier réformes libérales modérées (abolition du servage, établissement d'assemblées municipales élues au suffrage censitaire, remplacement d'une société d'ordres par une société de classes) et patriotisme intransigeant, ou l'un de ses successeurs, Hardenberg, plus ouvert aux réformes économiques et sociales (« introduire les principes démocratiques dans un Etat monarchique »), influencé par Adam Smith, et partisan d'un renforcement de la centralisation. Par des réformes fiscales et administratives, la suppression des monopoles nobiliaires, mouture, brasserie, etc., des corvées et redevances pour les paysans propriétaires, et le principe de la liberté commerciale, il introduisit un germe d'économie capitaliste en Prusse et émancipa également les juifs. Parallèlement à ces réformes qui provoquèrent de vives résistances, en particulier chez les *Junkers*, grands propriétaires terriens, l'armée prussienne fut modernisée en profondeur par Gneisenau, Scharnhorst, Clausewitz, tout comme le système éducatif sous la houlette du ministre des Cultes et de l'Instruction publique, Guillaume de Humboldt. Organisateur de l'université de Berlin (« la nouvelle Athènes ») dont Fichte fut le recteur et où professèrent Schleiermacher, Savigny et

Niebhur, Humboldt s'attaqua aussi aux enseignements primaires et à l'enseignement secondaire, réformés dans un souci d'efficacité et de patriotisme. L'école et l'armée, telles sont les deux institutions privilégiées dans un pays où le sentiment national plus allemand que prussien connaît alors un vif essor. La déroute de la campagne de Russie allait accélérer la volonté prussienne d'en découdre avec la France.

En signant un traité d'alliance avec la Russie en février 1813 avant d'être imitée par l'Autriche en avril, la Prusse de Frédéric-Guillaume III devint le noyau de la guerre de libération (*Befreiungskrieg*) des territoires allemands. Répondant à la mobilisation de tous les hommes de 18 à 45 ans, les volontaires affluèrent dans les régiments de chasseurs, comme celui de Lützow, les publications patriotiques se multiplièrent : le *Cathéchisme du soldat allemand* de Arndt exalte la patrie allemande comme but de cette guerre ; le même publie *Le Rhin, fleuve et non frontière de l'Allemagne*. Mais l'unité nationale exaltée ne correspond pas tout à fait à la réalité : beaucoup d'Etats allemands restent neutres et les paysans demeurent largement en dehors du conflit. En octobre 1813, la « bataille des peuples » ou « des nations » de Leipzig s'acheva par la défaite des armées napoléoniennes, provoquant une véritable déferlante patriotique à travers une bonne partie de l'Allemagne. Sauf quelques places fortes comme Hambourg, l'ensemble de l'Allemagne est libéré à la fin de l'année. Mais la question politique se profile alors derrière la question nationale : qui sera le noyau de l'Etat à construire, Prusse, Autriche ou les deux ? Quelle sera son orientation politique : monarchie absolue, limitée, libérale ? Ces divisions, réelles, sont l'un des obstacles majeurs à l'unité allemande, les clivages demeurant plus forts que le désir unitaire. Divisions prégnantes que sut utiliser un Metternich pour imposer son projet de reconstruction de l'Allemagne.

Romantisme et révolution : les contradictions du modèle unitaire allemand (1815-1835)

La Confédération germanique et le système Metternich

Avant même le congrès de Vienne, l'Autriche avait fait approuver son projet de *Deustcher Bund* ou Confédération germanique par ses alliés, y compris la Prusse. Prestige de la dynastie des Habsbourg, puissance militaire retrouvée, diplomatie active : autant d'atouts dont s'était servi Metternich lors du traité de Chaumont (1er mars 1814). Si l'idée de reformer le Saint Empire fut abandonnée, ni la Prusse ni l'Autriche n'y tenant, la solution confédérale fut maintenue, permettant à Vienne de réaffirmer sa domination sur le monde germanique, tout en préservant les particularismes de chaque partie de l'ensemble. L'Acte du 8 juin 1815 fondant une Confédération forte de 38 Etats, héritage de la période napoléonienne, précise que son but est « le maintien de la sécurité intérieure et extérieure et de l'indépendance et intégrité des Etats particuliers ». Les 38 membres, bientôt 41, sont totalement souverains, à l'exception des Affaires étrangères. Chaque Etat contribue à raison de ses capacités à la formation d'une armée confédérale de dix corps d'armée (trois à la charge de la Prusse, autant pour l'Autriche, un pour la Bavière, les trois autres pour le Wurtemberg, la Saxe et le Hanovre). Pour les finances confédérales, chacun contribue à hauteur fixée par la Diète. Celle-ci, le *Bundestag*, est présidée par l'Autriche, comprend 70 voix et siège à Francfort, l'unanimité étant requise pour toute modification de la Constitution de la Confédération. Toute décision adoptée par la Diète n'est appliquée dans chacun des Etats membres que si son souverain la promulgue sous forme de loi. Réunie seize fois seulement de 1815 à 1850, la Diète cesse de l'être au-delà de cette date. Elle est assistée d'un Conseil restreint largement dominé par l'Autriche et la Prusse et qui, se réunissant théoriquement toutes les semaines à partir de 1819, dirige véritablement la Confédération. Déçue par le refus des autres puissances de lui donner la Saxe dont le souverain s'était compromis jusqu'au bout avec Napoléon, la Prusse obtient des compensations du côté rhénan, avec l'annexion de la Westphalie et des anciens électorats de Trèves et de Cologne, ainsi que de la Sarre au second traité de Paris. De ce fait, elle se trouve scindée en deux grands ensembles, occidental, avec le bloc rhénano-westphalien largement catholique et réceptif aux principes de 1789 (le code Napoléon y sera appliqué jusqu'en 1899), et oriental, luthérien et aristocratique, du Brandebourg avec Berlin à la Prusse orientale. En devenant frontalier de la France, le royaume prussien se tourne davantage vers l'Ouest ; comme dans le cas de l'Autriche, seule une partie de son territoire est incluse dans la Confédération, où l'on trouve aussi le Hanovre britannique, le Holstein danois, le Luxembourg néerlandais. En Allemagne du Sud, trois puissances s'imposent : la Bavière qui, agrandie du Palatinat et de la Franconie — mais elle rend le duché de Salzbourg à l'Autriche — forme un bloc catholique-conservateur avec l'Autriche voisine, le grand-duché de Bade et le Wurtemberg. Quant au centre de l'Allemagne, il demeure morcelé (deux Hesses, Saxe, Hanovre), résistant au processus unitaire enclenché par Berlin, mais marchandant parfois son soutien à Munich ou à Vienne. Au total, deux dynasties apparaissent face à face pour la domination du monde germanique : les Habsbourg d'Autriche et les Hohenzollern de Prusse.

Mais les caractères de la Confédération germanique provoquèrent des réactions négatives chez les patriotes de 1813, déçus par un retour à l'ordre ancien des choses, par l'absence de constitution dans la plupart des Etats, par l'antilibéralisme dont faisaient preuve les souverains allemand et autrichien, par le retour en force de l'Eglise et de la noblesse, par la négation même de l'idée nationale à laquelle s'oppose vigoureusement Metternich. Aucune unité politique ni économique ne se dégage de la constitution de la Confédération germanique, simple « société d'assurance mutuelle contre les troubles intérieurs » (P. Ayçoberry). Dès lors, les luttes politiques vont prendre une dimension nouvelle, intégrant le libéralisme, voire la démocratie, à l'idée unitaire, et être dirigées contre des régimes et des princes perçus comme les obstacles principaux à l'unité. Comme à travers toute l'Europe, « l'ordre » conservateur et le « mouvement » libéral vont s'affronter en permanence. Le premier dispose des puissantes machines politico-militaires que sont l'Autriche et la Prusse, bien décidées à faire taire le second. Pour cela, le « système » metternichien va briser par tous les moyens l'expression d'un sentiment national allemand que le chancelier autrichien ne saurait tolérer. Metternich sait que la naissance d'une Allemagne unie se ferait autour de la Prusse et limiterait donc *de facto* l'influence autrichienne sur le monde germanique. De plus, la naissance d'un Etat allemand pourrait provoquer des remous nationalitaires dans l'Empire autrichien, les autres nationalités réclamant elles aussi leur autonomie, voire leur indépendance. Or, dès le lendemain du congrès de Vienne, la question des nationalités se pose avec toute sa virulence dans les Balkans (Grecs, Serbes, Roumains) et dans le monde méditerranéen (Italie, Espagne). Passionnément antirévolutionnaire, Metternich incarne cette rationalité conservatrice, bien peu mystique, héritage aussi de l'*Aufklärung*, assez cosmopolite au fond. Il y a donc pour lui toutes les raisons d'empêcher toute modification aux décisions du congrès de Vienne, spécialement dans le domaine allemand dont l'Autriche entend se porter garant de la stabilité.

Le monde allemand entre traditions et réformes

En Prusse, les années qui suivent le congrès de Vienne sont marquées par la persistance des luttes entre réformateurs modérés — Hardenberg, Humboldt — et conservateurs puissants à la Cour, influencés par la pensée réactionnaire de Louis de Haller. Le roi Frédéric-Guillaume III constitue le principal obstacle à toute réforme libérale : il s'appuie sur une puissante aristocratie prussienne, les *Junkers*, et, en 1817, fonde une Union évangélique allemande qui, pratiquement, constitue une Eglise réformée d'Etat : elle ne sera pas reconnue par les « Vieux Luthériens » qui, longtemps persécutés, verront leurs droits reconnus en 1845. S'il existe un Conseil d'Etat purement consultatif, aucune constitution n'est adoptée, aucune institution représentative ne voit le jour, à l'exception de huit Etats provinciaux consultatifs dont les membres, nommés par le pouvoir, sont dominés par l'aristocratie (1823) ; quant au projet de Parlement prussien, il est rapidement abandonné. Dans le reste de l'Allemagne, lorsque des Constitutions sont concédées par des souverains entre 1814 et 1820 (Saxe-Weimar, Saxe-Cobourg, Hesse-Cassel, Hesse-Darmstadt, Bavière, Bade, Wurtemberg, etc.), elles traduisent davantage un souci d'unification administrative que de libéralisation politique, parfois le vœu de marquer sa différence avec le puissant voisin prussien en réaffirmant ses particularismes. Les Chambres n'ont aucun pouvoir réel, ni initiative législative, ni vote du budget. Ces constitutions, parfois inspirées par une lecture résolument conservatrice de la Charte française de 1814, se contentent de légitimer la souveraineté des princes. Plus que jamais, la bureaucratie forme une caste toute puissante. L'heure est au retour à une religion combattante, chez les catholiques (ultramontanisme bavarois, soutenu par Vienne) comme chez les protestants (piétisme ultraconservateur des frères de Gerlach), dirigée contre les Lumières et le libéralisme. On note cependant que la Bavière est le premier Etat allemand à reconnaître la liberté de culte et que le Hesse-Darmstadt garantit la liberté de la presse.

Hegel participe à ce mouvement de rehiérarchisation de la société allemande, en faisant l'apologie, au nom de la raison, de tout ce qui réunit les individus épars, de la famille à l'Etat, considéré comme le garant de la liberté, sous la direction d'un prince détenteur de toute souveraineté, aidé de fonctionnaires comme relais indispensables de sa volonté. L'Etat a le droit, voire le devoir de recourir à la force face aux autres Etats, dans une conception de l'histoire fondée sur la violence comme moteur essentiel. Si la philosophie allemande domine l'Europe, depuis Kant, l'école historique allemande prend son essor, produisant des travaux de grande qualité en même temps qu'elle étaye les fondements du patriotisme et du nationalisme allemands. En 1819, le baron de Stein préside à la fondation de la Société d'étude d'histoire ancienne allemande qui publie le premier volume des *Monumenta germaniae historica*, vaste collection des documents concernant l'histoire de l'Allemagne depuis ses origines. Le fondateur de la critique historique et rénovateur de la science historique qu'est Léopold von Ranke peut être considéré comme le père de l'histoire allemande : nommé professeur à l'université de Berlin en 1825, il va y développer un enseignement quasi officiel de l'histoire, publier de nombreuses études dont la première s'intitule *Histoire des populations romaines et germaniques de 1494 à 1535* (1824) et un *Journal historique et politique*. Son rayonnement joua un grand rôle dans la formation de la génération confrontée à la question de l'unité allemande. La littérature, et en particulier la poésie, joue le rôle de vecteur et de langue vernaculaire entre Allemands : en témoignent les recueils de Heinrich Heine, alliant mélancolie ou nostalgie (*Sehnsucht*), tradition du voyage (*Wanderung*) et amour/regret du pays (*Heimweh*), ou encore ceux de Heinrich Hoffmann, dont le *Deutschland, Deutschland über alles* publié en 1841 devint, mis en musique sur un air de Haydn, l'hymne allemand. La musique est illustrée par la personnalité de Richard Wagner, dont la présentation du *Vaisseau fantôme* à Dresde en 1843 marque une révolution dans l'art lyrique, à la fois dans l'écriture musicale et dans la thématique qui empruntera beaucoup aux mythes de l'Europe du Nord, et spécifiquement du monde germanique. Il convient de rappeler, en la reliant à ces aspects majeurs de la culture allemande, la force de l'édition allemande, qu'illustre la fondation par Karl Baedeker en 1827 d'une maison dont les guides de voyage, publiés à partir de 1839, connaîtront un succès international.

Le rôle des jeunes élites

Face au « parti de l'ordre » qui a su reprendre les rênes du pouvoir, le « mouvement » ne concerne qu'une élite urbaine. Cette bourgeoisie intellectuelle (*Bildungsbürgertum*) est le produit du système universitaire. Gare pourtant à une vision déformée de la force réelle et de l'orientation politique du « mouvement ». Tant chez les étudiants que chez les enseignants, on trouve des partisans de l'« ordre », tel Léopold von Ranke. La naissance des associations étudiantes liées à une université se situe dans un moment de renaissance du mouvement associatif, secret d'abord (voir le *Bund* de Karl Hoffmann, qui exprime des positions démocratiques et même républicaines), public ensuite, issu du patriotisme de 1813, prolongé par la naissance de sociétés gymniques, la grande œuvre de Friedrich Ludwig Jahn, « der Turnvater » (le père de la gymnastique). A côté des *Korps*, associations étudiantes plus tournées vers les traditions universitaires et d'esprit conservateur, on trouve des *Burschenschaften*, associations d'étudiants libéraux particulièrement actives à Iéna, d'où est parti le mouvement, Heidelberg, Tübingen, Halle, Giessen. La devise de la *Burschenschaft* de Iéna : « Honneur, Liberté, Patrie » illustre aussi l'engagement patriotique de ces associations volontiers antiprussiennes, antifrançaises, anti-autrichiennes et parfois antisémites, qui paradent aux couleurs noir, rouge et or, exaltent le glorieux passé de l'Allemagne, en appellent à l'unité et condamnent les gouvernements despotiques qui règnent sur les Etats allemands. La fête de la Wartburg (18 octobre 1817) célébra le tricentenaire de la Réforme luthérienne et l'anniversaire de la bataille de Leipzig dans une grande communion de patriotisme, en présence de centaines d'étudiants membres des *Burschenschaften* et de quelques dizaines de professeurs venus de toutes les universités allemandes. On y procéda à un autodafé des livres d'auteurs antilibéraux (particulièrement ceux de Haller et de Kotzebue), mais aussi des actes du congrès de Vienne, source de tous les malheurs de l'Allemagne, et du code Napoléon. Cette fête, « orgie jacobine » pour ses adversaires, illustra publiquement le lien qui unissait le combat pour l'unité et le rejet de l'absolutisme. L'année suivante, l'Association générale des *Burschenschaften* fut fondée à Iéna. Pour autant, ce mouvement patriotique, voire nationaliste n'est ni révolutionnaire ni démocratique. Il n'appelle pas au soulèvement du peuple allemand, ne réclame pas le suffrage universel. La plus révolutionnaire de ces associations (les « noirs », du nom de leur couleur) est née à l'université de Giessen où enseigne Karl Follen, l'un des universitaires les plus radicaux.

Limité en Prusse, où la police de Berlin exerçait une étroite surveillance des milieux universitaires, le mouvement étudiant se développa suffisamment dans le reste de la Confédération pour inquiéter Metternich. En mars 1819, l'assassinat de Kotzebue, écrivain à la solde du tsar, par l'étudiant en théologie Karl Sand de l'université de Iéna, provoqua un basculement : au sein du mouvement étudiant, d'abord, divisé sur l'appréciation du geste qui valut à son auteur d'être condamné à mort. Ensuite au sein de la Confédération. Berlin et Vienne décidèrent à Teplitz (juillet-août 1819) d'écraser le mouvement étudiant. Les décrets de Carlsbad, approuvés par le *Bundestag*, permettaient aux polices de contrôler les universités (y compris le contenu des cours) placées sous la surveillance d'un *Kurator*, d'en épurer les éléments « révolutionnaires », étudiants comme enseignants ou administrateurs, renforçaient la censure de la presse, établissaient le droit d'intervention militaire de la Confédération dans un Etat membre, créaient à Mayence une commission fédérale chargée de surveiller les menées subversives. Des dizaines d'étudiants furent arrêtés et emprisonnés, d'autres réussirent à s'enfuir pour gagner la France ou la Suisse, voire la Grèce où ils s'engagèrent dans la cause philhellène. Karl Follen s'enfuit en France d'où il fut expulsé, puis en Suisse et aux Etats-Unis. Cette violente répression confondit dans la même condamnation des hommes n'ayant aucun rapport avec le mouvement étudiant, mais qui du fait de leur passé de patriotes ou de leurs idées libérales furent réduits au silence — comme Arndt, révoqué de son poste de professeur à l'université de Bonn ou Jahn interdit de séjour dans toute ville universitaire — ou à l'exil tel Görres, professeur à Heidelberg, qui s'exila notamment à Strasbourg. L'affrontement entre libéraux et conservateurs se déroule à l'échelle européenne : au même moment, la France, l'Italie, l'Espagne, le Portugal sont touchés par des luttes similaires qui provoquent l'intervention militaire de l'Autriche ou de la France. La surveillance étroite des libéraux allemands ou étrangers vaudra à Victor Cousin d'être arrêté en 1824 par la police prussienne, alors qu'il venait rencontrer les philosophes dont il avait entrepris d'introduire les théories en France, et de passer quelques mois en prison d'où il ne sortit que grâce à l'intervention de Hegel. Devenu clandestin, le mouvement étudiant se radicalisa, avec Arnold Rüge, animateur à partir de 1821 d'une *Jünglingbund* républicaine finalement démantelée. Rüge fut emprisonné de 1824 à 1830.

1830, l'espoir déçu

La révolution de Juillet 1830 déclencha une onde de choc en Europe : soulèvements en Italie, insurrection à Varsovie, naissance de la Belgique. En Allemagne, l'influence des Trois Glorieuses fut plus diffuse. Si des troubles se produisirent (Saxe, Hesse-Cassel, Brunswick, d'où s'enfuit le duc régnant, Hanovre, avec octroi d'une Constitution), ils demeurèrent d'une portée limitée. L'idée d'une Allemagne libre et unie refit surface, mais les classes dirigeantes, noblesse et haute bourgeoisie, inquiètes de la tournure sociale que prenaient les revendications dans un contexte de crise économique, restèrent solidaires pour maintenir l'ordre, par la force si nécessaire. Pourtant, la résurgence de la *Burschenschaft*, le combat pour la liberté de la presse — dans le Palatinat, on crée le *Press und Vaterlandverein* —, le succès de la fête populaire de Hambach, en mai 1832, où 20 à 30 000 patriotes viennent réclamer l'unité et la liberté, attestent de la vigueur retrouvée du courant libéral et national. Les organisateurs de cette Fête nationale des Allemands, les journalistes Wirth, de la *Deustche Tribüne*, et Siebenpfeiffer, en appellent à la constitution d'une Union des Etats libres d'Allemagne dans le cadre d'une Confédération républicaine de l'Europe, une idée que Kant avait déjà développée. La réaction ne se fit guère attendre : poursuite contre les meneurs, vote des six articles par le *Bundestag* en juillet 1832 pour limiter le pouvoir des *Lantage* et restreindre les libertés de réunion et de presse, interdiction d'arborer les couleurs noir, rouge et or. Des divergences se produisirent au sein des mouvements libéraux : les modérés se résignèrent, alors que les radicaux du *Vaterlandsverein* de Francfort et de la *Burschenschaft* de Heidelberg tentaient une insurrection à Francfort où siégeait le *Bundestag* : ce fut un échec (avril 1833). Au Wurtemberg, le roi supprima le *Landtag*, outré de la demande des libéraux d'instaurer un authentique régime parlementaire. En Hesse, autre échec, celui du pasteur Friedrich Weidig et du jeune poète et écrivain Georg Büchner, qui dirigeait le *Messager des campagnes hessoises*. Etudiant à Strasbourg en 1832, Büchner avait adhéré à la Société des droits de l'Homme, républicaine et insurrectionnelle : de retour en Allemagne, il chercha à mobiliser les masses rurales par des slogans simples (« Paix aux chaumières ! Guerre aux palais ! »), mais dut s'enfuir en Suisse pour échapper à la police. La répression s'abattit sur les étudiants — les *Burschenschaften* furent interdites en 1834 — et en particulier sur Fritz Reuter, de Iéna, condamné à trente années de forteresse, expérience qu'il relata dans *Sur mes prisons*, version allemande du cas de Silvio Pellico. L'exil s'impose pour les plus radicaux comme les promoteurs du mouvement « Jeune-Allemagne » (rappelons l'émergence, au même moment, des mouvements « Jeune-Italie », puis « Jeune-Europe », sous l'impulsion de Mazzini) que sont Heinrich Heine, installé à Paris dès 1831, Ludwig Börne, Georg Herwegh, ou encore Karl Gutzkow, fondateur de la *Revue allemande*. Le mouvement *Junges Deutschland* fondé vers 1830 est à la fois libéral et national, mais aussi francophile, et s'inspire assez largement du saint-simonisme. L'émigration allemande à Paris fonde alors l'Association des réprouvés.

De nouvelles conférences permirent à Metternich de redéfinir les modalités répressives contre les universités, la presse et les Chambres. Les voyages d'apprentissage furent interdits aux apprentis-compagnons, tout écrivain membre de la Jeune-Allemagne ne pouvait exercer d'activité littéraire publique, le mouvement étant déclaré contraire à la religion, à la morale et à l'ordre social par la Diète de Francfort. Le Hanovre, séparé de tout lien avec la couronne d'Angleterre à partir de 1837 pour cause de loi salique (début du règne de la reine Victoria), s'enfonça dans la réaction, tout comme la Bavière. Passé 1835, la solution unitaire s'éloigna de nouveau, l'Autriche réussissant à préserver l'ordre défini au congrès de Vienne. Quant aux princes allemands, preuve de la non-existence de l'Allemagne en tant que puissance politique, ils fournirent des prétendants idéaux aux Etats apparus de fraîche date : c'est un Saxe-Cobourg qui devint roi des Belges en 1831 sous le nom de Léopold Ier, après le refus de la Grande-Bretagne de voir le duc de Nemours, fils de Louis-Philippe, régner à Bruxelles, et Otton de Bavière, fils du roi Louis Ier, recueillit la couronne du royaume de Grèce en 1832 — un Saxe-Cobourg-Gotha, Albert, cousin du roi des Belges, épousa la reine Victoria en 1840.

La construction de la nation allemande : économie et société (1815-années 1860)

Le Zollverein

L'Allemagne n'échappe pas à la règle : comme dans le cas de l'Italie, il existe un parallélisme chronologique entre la naissance de l'Etat et le développement d'une économie nationale. Dans le cas allemand, plus encore que dans le cas l'italien, l'extrême fractionnement de l'espace politique au lendemain du congrès de Vienne bride la constitution d'un espace économique durant plusieurs décennies. Cela n'empêche nullement l'Allemagne, agrégat de puissances économiques très inégales, de relancer rapidement ses productions de charbon et de fer, multipliées par près de quatre et par plus de deux entre 1800 et 1820. Le niveau global, comparable à celui de la France vers 1820, reste très inférieur à celui du Royaume-Uni. C'est la Prusse qui, tout « naturellement », va être le moteur d'une union douanière allemande. Alors que la chose était théoriquement prévue par l'Acte fondateur de la Confédération germanique, l'Autriche fit tout pour en retarder la mise en place. Avant même de songer à l'union douanière du territoire allemand, la Prusse la réalisa chez elle dès 1816 en abrogeant toutes les douanes intérieures subsistant sur son territoire, et en harmonisant le régime douanier en 1818-1819. Le reste de l'Allemagne est partagé quant à la solution prussienne d'union douanière : les Etats du Nord subissent l'influence de la Prusse et n'ont donc guère le choix ; les Etats du Centre et du Sud (Bavière, Wurtemberg, Bade etc.) se regroupent dans une Ligue de Darmstadt qui doit harmoniser les taxes entre ses différents membres, sans succès. Coincés entre une France protectionniste à l'Ouest, une Autriche qui considère l'Allemagne du Sud comme un débouché naturel pour ses produits, et leurs propres divergences, les Etats du Sud sont bientôt contraints de reconnaître la supériorité économique de la Prusse. D'autant que celle-ci s'avère servie par la complémentarité entre sa partie orientale restée massivement agricole, à l'exception de la Silésie, et sa partie occidentale traditionnellement tournée vers l'industrie et les échanges.

L'économiste libéral Frédéric List, fondateur dès 1819 d'une Association générale allemande pour le commerce et l'artisanat, va durablement influencer la pensée de ses contemporains. Partisan déclaré de l'union douanière entre tous les Etats allemands ou Zollverein, il ne la conçoit qu'en relation avec un strict protectionnisme vis-à-vis des autres Etats. Ses positions, jugées ultralibérales au Wurtemberg, lui valent la prison, puis l'exil aux Etats-Unis. Mais ses idées trouvent de puissants relais dans les milieux industriels, bancaires et du négoce. Grâce à une série de conventions signées entre les Etats riverains, les grands fleuves allemands deviennent libres à la circulation, de l'Elbe (1821) à la Weser (1823), du Rhin (1831) à l'Ems (1843). L'impulsion décisive va venir de l'Etat prussien. Le rôle du ministre des Finances Motz, ancien directeur des contributions d'un département du royaume de Westphalie au temps du roi Jérôme, fut déterminant pour rétablir l'équilibre financier du royaume. Dès 1828, la Prusse signa un traité d'union douanière avec la Hesse-Darmstadt, s'attirant la réplique de la Bavière et du Wurtemberg qui conclurent un accord similaire entre eux. Puis, dix-sept petits Etats du centre de l'Allemagne, dont la Saxe, le Hanovre et la Hesse-Cassel, soutenus par la Grande-Bretagne, formèrent un troisième bloc, l'Association commerciale d'Allemagne centrale, clairement dirigée contre l'hégémonie prussienne. Mais Berlin opère alors un rapprochement avec le bloc Bavière-Wurtemberg : un traité est signé en 1829 prévoyant l'unification douanière entre les signataires. Puis l'Association commerciale d'Allemagne centrale se désagrège, et la Saxe et la Hesse-Cassel rejoignent le système prussien. En 1833, la Prusse obtient l'accord des deux Hesse, du Wurtemberg, de la Saxe et de la Bavière pour créer un *Deutscher Zollverein* (Union douanière allemande) opérationnel le 1er janvier 1834. En l'espace d'une vingtaine d'années, le Zollverein va progressivement s'élargir à l'ensemble des Etats allemands, parmi lesquels le grand-duché de Bade et Francfort (1836), le Brunswick et le duché du Luxembourg (1842), puis le Hanovre (1854) après la dissolution d'une union douanière rivale dont il avait été l'initiateur, le *Steuerverein*. Les vœux de List, réaffirmés dans son *Système national d'économie politique* (1841), qui sonne comme un manifeste d'économie autarcique, dirigiste et anti-libre-échangiste, se sont réalisés. En contrepoint, l'œuvre de l'économiste prussien Karl Rodbertus plaide pour une intervention de l'Etat dans la fixation d'une échelle des salaires, et même pour la nationalisation des moyens de production, dans un esprit social-chrétien. Dès le début des années 1840, le Zollverein couvre près de 450 000 km^2 et regroupe un marché de 25 millions d'individus qui peuvent désormais commercer entre eux à parité douanière, tout en étant protégés des produits extérieurs — l'adversaire désigné étant ici le Royaume-Uni — par un solide protectionnisme que garantit une armada de fonctionnaires.

Trois points découlent de la formation du Zollverein :

- tout d'abord, le renforcement de l'identité allemande, la constitution de l'espace économique allemand apparaissant comme un événement majeur vers l'unité politique du pays ; ainsi le réseau ferroviaire prussien sera raccordé au réseau saxon en 1859 et au réseau bavarois en 1860 ; lorsque la Prusse signera des accords commerciaux libre-échangistes avec des Etats extérieurs au monde allemand comme la Belgique, la Grande-Bretagne ou la France en 1862, l'ensemble du Zollverein se verra contraint de suivre, malgré quelques récticences ; le lien entre l'économique et le politique apparaît également lorsqu'on rapproche de la naissance du Zollverein la formation, la même année, d'une association très engagée dans la lutte pour la formation d'un Etat allemand, la *Neues Deutschland* (Nouvelle Allemagne). Il faut toutefois nuancer le propos en précisant que le désenclavement économique du pays ne fait pas disparaître pour autant les particularismes politiques auxquels les souverains et leurs sujets restent généralement très attachés et ce d'autant plus que la Prusse tend à jouer le « gendarme » de l'Allemagne ;
- la confirmation du rôle moteur de la Prusse, ensuite, illustrée par l'adoption du thaler, la monnaie prussienne, comme monnaie courante du Zollverein en 1857 ou encore par l'institution, dix ans plus tard, d'un parlement douanier dont le siège est à Berlin ; le Zollverein, renouvelé pour douze ans en 1841, renforce d'une part le poids de l'Etat en Prusse, véritable moteur de l'économie — même si des Etats tentent encore de résister à l'hégémonie grandissante de Berlin comme le Hanovre et le Brunswick qui signent en 1834 un traité d'union douanière, le *Steuerverein* —, et la validité de la solution prussienne pour la résolution de la question allemande ; il est clair que, dès les années 1840-1850, la Prusse entend bien, tôt ou tard, toucher les retombées politiques de son hégémonie économique ;
- complémentaire de cette affirmation, enfin, l'exclusion de l'Autriche qui, désireuse d'être membre de l'union douanière, se heurta au veto prussien, y compris au lendemain des révolutions de 1848 et de la reculade d'Olmütz ; en 1852, Vienne tenta sans succès de négocier avec les Etats d'Allemagne du Sud une organisation rivale du Zollverein, mais ni Schwarzenberg ni von Brück, ministre du Commerce, ni même François-Joseph n'y pourront rien : écartée de l'espace économique allemand, l'Autriche ne peut prétendre exercer le même poids politique au sein du monde germanique, et se trouve contrainte, en échange de facilités industrielles et commerciales, de signer un accord avec la Prusse (1853) par lequel elle renonce à entrer de force dans le Zollverein.

Les duchés danois seront intégrés au Zolleverein dès 1867 au lendemain de la défaite de l'Autriche à Sadowa et l'Alsace-Lorraine dès 1872. Les derniers à y entrer seront les villes de Brême et de Hambourg en 1888, soit deux ans avant la suppression d'un Zollverein qui n'avait plus lieu d'être : mais son maintien durant près de vingt années après l'achèvement de l'unité politique en 1871 montre que l'unification économique du pays restait à faire, et cela prit du temps.

L'essor de l'économie

La constitution du Zollverein a accompagné et facilité l'essor de l'économie. Les investissements industriels ont pratiquement doublé des années 1820 aux révolutions de 1848 ; l'indice de la production industrielle (base 100 en 1870) passe de 12 à 30 entre 1820 et 1848 ; le produit national brut augmente de près de 50 % entre 1830 et 1850 ; la navigation fluviale traditionnelle est doublée par un réseau routier en pleine expansion. L'achèvement du canal Louis en 1846, long de 173 km et entrecoupé de cent écluses, relie le Danube au Main. Le réseau ferré, inférieur à 1000 km au moment du Zollverein, atteint pratiquement les 6000 km en 1848, le transport de passagers étant multiplé par dix et celui des marchandises par cent pendant la même période. La première ligne de voyageurs est ouverte en 1835 entre Nuremberg et Fütrh, en Bavière. Après une période initiale de dépendance vis-à-vis de la production étrangère — rails britanniques surtout —, le chemin de fer tire littéralement la production de matières premières (celles de charbon et de minerai de fer sont multipliées par trois entre 1840 et 1850) et l'industrie lourde (doublement de la production d'acier). L'entreprise Borsig, installée à Berlin, produit cinq cents locomotives entre 1837 et 1854 et, pour éviter d'acheter son fer forgé en Angleterre, met en œuvre sa propre fonderie. La circulation des hommes et des marchandises est prolongée par celle des idées : en ce sens, le chemin de fer a constitué le plus efficace moyen de lutte contre les particularismes locaux et de contacts entre Allemands. Des entreprises prennent un essor remarquable, ce que résume le nom de la maison Krupp, installée à Essen dans la Ruhr, c'est-à-dire en Prusse rhénane : fondée par Friedrich en 1810, la petite fonderie ne compte que quatre ouvriers à sa mort en 1826, mais déjà 122 en 1846 sous la direction d'Alfred. Là encore, la Prusse va imposer son savoir-faire, et, globalement, sa puissance économique représente les deux-tiers de l'ensemble du Zollverein, à comparer avec son poids démographique de l'ordre de 40 %. C'est dire si la bourgeoisie d'affaires prussienne, dont l'influence grandit, va soutenir un régime qui lui garantit la prospérité et se montrer fort prudente, pour ne pas dire rétive, face à toute tentative de libéralisation et plus encore de démocratisation du régime.

La crise qui débute vers 1845-46 en Allemagne eut des conséquences économiques et sociales dramatiques. Faillites, chômage, émeutes de la faim et de la misère touchèrent villes et campagnes de nombreux Etats allemands, de la Silésie — révolte des tisserands dès 1844 — à la Bavière en passant par la Ruhr. L'absence de lois sociales est quasi totale : une loi de 1839 limite théoriquement le travail des enfants, mais il faudra attendre 1853 et l'adoption d'une seconde loi accompagnée de la création d'un corps d'inspecteurs du travail, au pouvoir limité, pour qu'elle soit mieux appliquée. Pourtant, très vite la croissance reprend, et les deux décennies des annnées 1850 et 1860 correspondent à une phase de croissance économique qui, sans être totalement linéaire (il y eut deux brèves crises en 1866 et surtout en 1857 dont Hambourg et les villes du Nord eurent à souffrir), permettent un remarquable essor. Celui-ci ne prendra fin qu'avec la grave crise boursière et bancaire qui débute en 1873, affectant l'ensemble de l'Europe. La production de charbon de la Ruhr passe de 2 à 12 millions de tonnes entre 1850 et 1870, soit la moitié de la production allemande, alors que le nombre de mineurs est multiplié par quatre ; la Sarre et la Saxe (lignite) fournissent également du combustible à la sidérurgie qui connaît un intense développement : la renommée des aciers Krupp devient internationale et s'affirme davantage à chaque exposition universelle ; les grandes manufactures textiles se multiplient en Westphalie et en Silésie. La modernisation des techniques (fonte au coke, procédé Bessemer, mécanisation des filatures, machines à vapeur) augmente la productivité. De 1848 à 1870, l'indice de la production industrielle passe de 30 à 100, et le nombre d'ouvriers travaillant dans la grande industrie passe de 5 % à près de 40 % de la population active. La longueur du réseau ferroviaire fait plus que tripler de 1850 à 1870, de 6000 à 20 000 km. De grandes compagnies maritimes sont formées comme la Hamburg-Amerika en 1847 ou la Norddeutscher Llyod à Brême en 1857, alimentées en navires par les grands chantiers maritimes de la mer du Nord, Bremerhaven, dont la construction est entreprise à partir de 1827, et Hambourg. La chimie allemande devient la première du monde, avec les travaux pionniers de Justus von Liebig dans les engrais et la chimie alimentaire, avant que ne soient créées l'entreprise Bayer en 1863 et la Badische Anilin und Soda Fabrik (B.A.S.F.) en 1865 à Ludwigshafen.

Les bourses et les chambres de commerce se multiplient, les premiers cartels témoignent d'un phénomène de concentration, les sociétés anonymes sont autorisées, de grands établissements bancaires apparaissent comme la Darmstädter Bank fondée en 1853, le Diskontogesellschaft en 1856, la Berliner Bank ou le Creditanstalt de Leipzig, sans oublier le rôle de la branche allemande des Rothschild établie à Francfort. Dès 1858, un Comité des Houilles de la Ruhr veille à l'harmonisation des prix de vente du charbon. Au total, le produit national brut progresse plus rapidement encore que lors des vingt années précédentes : près de 60 % de hausse entre 1850 et 1870. Le Zollverein est renouvelé en 1853 et 1864, et une monnaie unique, le thaler d'union, démarque du thaler prussien, y circule à partir de 1857. Corollaire de cette industrialisation, l'urbanisation qui se nourrit d'un exode rural commençant également à alimenter une émigration massive (un quart du total européen de 1850 à 1870), essentiellement à destination des Etats-Unis. Phénomène d'autant plus marqué que la démographie allemande reste vigoureuse tout au long du siècle : de 25 millions environ en 1815, la population passe à 38 millions en 1860, avec un taux de natalité de 37 ‰. Le poids de la population urbaine augmente de 20 à 38 % de 1820 à 1870, alors que dans le même temps Berlin passe de 200 000 à 600 000 habitants, Hambourg de 110 000 à 450 000, Cologne, Leipzig, Francfort-sur-le-Main dépassant largement les 100 000 habitants. La naissance d'un véritable prolétariat urbain, dont la croissance est facteur de l'abandon des campagnes et des besoins de l'industrie, aboutit à la formation de quartiers ouvriers parfois misérables où s'entassent des ruraux déracinés en haillons (Lumpen). L'Allemagne connaît ses premiers grands conflits sociaux : en 1868, plus de dix mille mineurs en grève dans la région de la Ruhr, en particulier à Essen, obtiennent la journée de huit heures et la maintien des salaires. Le Reichstag de la Confédération d'Allemagne du Nord reconnut l'année suivante le droit de grève, alors que naissait le parti social-démocrate au congrès d'Eisenach, avec à sa tête Wilhelm Liebknecht et August Bebel. Peu à peu, en jouant la carte du suffrage universel et de la propagande dans les milieux ouvriers, le parti social-démocrate allemand va devenir une force politique représentée au Reichstag et pesant de tout son poids sur la politique de Bismarck. La paysannerie connaît des situations variables. La disparition du féodalisme et l'accès à la propriété foncière ont eu des conséquences très différentes entre la Prusse, où les *Junkers* continuent à dominer le monde rural, le Hanovre, pays de petite et pauvre paysannerie, le Wurtemberg et la Bavière qui abritent une paysannerie plus aisée. Pour autant, l'endettement, souvent conséquence d'une trop grande parcellisation, nourrit l'exode rural et l'émigration, tout en favorisant la concentration foncière et la lente émergence d'une agriculture capitaliste à partir du milieu du XIXe siècle.

La formation de la Confédération d'Allemagne du Nord en 1866 permit d'accroître les échanges entre les vingt-deux Etats membres. Une seule monnaie de compte, le mark dont la valeur équivaut à un tiers de thaler, un seul code de commerce, prussien, un seul système de mesure, le système métrique : autant de mesures qui favorisent une harmonisation économique renforcée par une législation libéralisant la constitution de sociétés anonymes tout en supprimant les corporations, dernier obstacle au « laisser faire ». Le rôle de Rudolf von Delbrück fut déterminant dans l'évolution de la politique commerciale prussienne, puis allemande. Au nom de la Prusse, il conclut des accords commerciaux avec la France, la Grande-Bretagne, la Belgique, l'Italie, et obtient des autres membres du Zollverein qu'ils adhèrent à ces traités. Dans le cas de l'accord avec la France (1862), les effets sont importants, puisque les échanges avec le Zollverein vont tripler en l'espace d'une vingtaine d'années, y compris après la guerre franco-prussienne de 1870-1871. Devenu président de la chancellerie fédérale en 1867 grâce à la protection du chancelier Bismarck, Delbrück va travailler à l'évolution des institutions du Zollverein : celui-ci est désormais géré par un *Zollparlament* dont les membres sont élus par tous les Etats allemands, même ceux qui se sont pas membres de la Confédération d'Allemagne du Nord comme la Bavière. Bien que le résultat des élections à ce Parlement douanier témoigne de la résistance persistante des Etats du Sud (Bavière, Wurtemberg) à l'intégration politique sous domination prussienne — le parti catholique bavarois fait campagne sur l'anti-prussianisme —, le *Zollparlament* renforce au total l'intégration économique de l'Allemagne.

Du *Vormärz* aux révolutions de 1848

Les idées politiques au temps du Vormärz

La période du *Vormärz* (l'Avant-mars) s'étend des années 1830 à 1848. Lorsque Frédéric-Guillaume IV arrive sur le trône de Prusse en 1840, il a la lourde tâche de succéder à son père, Frédéric-Guillaume III, héros de la résistance à Napoléon à Leipzig et initiateur de l'union douanière, qui a régné en despote près d'un demi-siècle. Sa santé mentale fragile forcera Frédéric-Guillaume IV à abandonner la réalité du pouvoir à son frère Guillaume dès 1858. Entre-temps, il aura dû faire face à la révolution de 1848 et aux pressions autrichiennes, mais aussi, dès son intronisation, au regain de tension avec la France. Liée à la question d'Orient, cette tension, largement provoquée par le bellicisme de Thiers, est illustrée par la publication de poèmes nationalistes de part et d'autre du Rhin (Nicolas Becker et Alfred de Musset). Du côté allemand, renaît alors une francophobie fédératrice quelque peu éteinte depuis 1815. Surnommé le roi romantique, cultivé, Frédéric-Guillaume IV, tout en réaffirmant ses prérogatives, veut paraître tolérant : il amnistie les condamnés politiques, assouplit la censure, rappelle Arndt d'exil, fait donner des chaires aux frères Grimm, s'entoure de conseillers libéraux et réunit en 1842 des représentants de toutes les diètes provinciales à Berlin. La partition entre libéraux et radicaux évolue sensiblement durant les années 1840. Du côté libéral, on intègre l'idée que l'Etat allemand se fera autour d'une Prusse dotée d'une constitution : mais loin de revendiquer des institutions démocratiques, on se tourne vers un bicaméralisme à l'anglaise et le maintien de larges prérogatives provinciales au sein d'un Etat fédéral. Cette tendance liant autonomie locale et nationalisme libéral conquiert une audience dans les classes bourgeoises, en particulier en Rhénanie où elle dispose de journaux comme l'éphémère *Gazette Rhénane* ou la vénérable *Gazette de Cologne*. Elle est particulièrement représentée par Camphausen, banquier rhénan et financier du système ferroviaire prussien, Hansemann, riche homme d'affaires, apôtre du parlementarisme, ou Frédéric Christophe Dahlmann, un historien enseignant à Göttingen, d'où il fut révoqué pour cause de libéralisme, puis à Bonn. Il joua un rôle de premier plan dans les Congrès germaniques de Francfort (1846) et de Lübeck (1847) qui plaidèrent pour la constitution d'un Parlement allemand. Idées identiques chez les chefs libéraux du pays de Bade, Welcker et Bassermann, mais sans que l'on se résolve à la solution prussienne pour l'unité allemande. Rappelons également l'inauguration en 1842, près des sources du Danube, d'un monument dédié à la mémoire des grands Allemands.

La question sociale n'est pas absente du débat. On prend en compte l'idée, notamment du côté des Eglises, que si l'on veut construire un Etat allemand, il faut y intégrer l'ensemble des groupes sociaux. Du côté des catholiques, la fondation du mouvement *Deutsch Katholizismus* est contemporaine de l'idée d'un parti catholique allemand, à la naissance duquel s'activent Görres, les frères Reichensperger et le jeune abbé von Ketteler, futur évêque de Mayence, apôtre du catholicisme social (*La Question ouvrière et le christianisme*, 1863) et des associations ouvrières, et adversaire du *Kulturkampf*. Du côté des protestants, se côtoient des luthériens comme Julius Stahl, partisan d'un strict conservatisme, mais basé sur une constitution, et le pasteur Wichern qui entreprend par le biais de la Mission intérieure une action d'évangélisation de la classe ouvrière pour lutter contre l'influence du socialisme. La crise économique et sociale de 1846 va étendre le champ d'intervention de ces actions qui visent à renforcer la cohésion sociale et nationale. Mais au niveau des rapports entre Etats, les tensions demeurent parfois vives : l'arrestation en 1837 de l'archevêque de Cologne sur ordre du gouvernement prussien relativement à la question des mariages mixtes — Mgr von Droste zu Vischering, reniant sa promesse, refusait de consacrer les mariages mixtes si les époux ne s'engageaient pas à élever leurs enfants dans la foi catholique — provoqua les vives protestations de la Bavière et de l'Autriche catholiques.

Du côté des radicaux, on évolue vers l'idée d'une république centralisée et démocratique, avec une seule assemblée élue au suffrage universel, que revendiquent par exemple Hecker ou Struve, chefs du « parti » démocratique badois, et l'on subit l'influence du socialisme naissant. Ce courant restera largement minoritaire, même en 1848, et son influence réelle s'exercera davantage au sein de l'Allemagne unifiée : mais les jalons jetés dans les années 1830-40 sont fondamentaux pour comprendre l'évolution de la gauche allemande. La gauche hégélienne illustre ce courant que l'on pourrait qualifier d'antilibéral, de progressiste et de rationaliste, avec des hommes comme Moses Hess, l'un des fondateurs du socialisme allemand ; Arnold Rüge, éditeur des *Hallische Jahrbücher* (les *Annales de Halle pour l'art et la science allemande*) auxquelles collaborent Feuerbach et Strauss, une activité qui le force à s'exiler à Paris en 1843 où il retrouve Börne, Heine, Marx etc. ; Wilhem Weitling, d'origine ouvrière et fondateur de la Ligue des justes, qui tente de concilier christianisme et communisme ; ou Max Stirner, que sa critique radicale de la société bourgeoise poussera à définir une société anarchiste, basée sur l'individualisme libertaire (*L'Unique et sa propriété*, 1845). Ce courant critique également la religion, avec David Friedrich Strauss qui publie près de trente ans avant Renan une *Vie de Jésus* (1835) ; Ludwig Feuerbach, élève de Hegel avant de critiquer ce dernier (*L'Essence du christianisme*, 1841) ; ou encore Bruno Bauer (*Le Christianisme dévoilé*, 1843). Apôtre du matérialisme, Ludwig Feuerbach exerce une influence décisive sur Karl Marx et Friedrich Engels, avant de subir à son tour leurs critiques virulentes. Marx, d'abord proche de la gauche hégélienne, évolue vers un matérialisme de plus en plus radical. Rédacteur en chef de la *Rheinische Zeitung* en 1842 (la *Gazette rhénane*, à laquelle collabore notamment Stirner), il est contraint à l'exil à Paris où il fonde les *Annales franco-allemandes* (1844, un seul numéro) qui tentent de fédérer les révolutionnaires français et allemands. Trois ans avant le *Manifeste du Parti communiste* écrit en collaboration avec Engels, Marx développe un socialisme internationaliste très critique vis-à-vis des nationalismes en général, et du nationalisme allemand en particulier. De la *Sainte Famille* à *L'Idéologie allemande*, le processus d'élaboration du matérialisme historique se développe, dépassant les clivages nationaux et rejetant les socialistes « petit-bourgeois », Bruno Bauer ou Max Stirner, chrétiens, Marx prenant le contrôle de la Ligue des justes, rebaptisée Ligue des communistes, ou proudhoniens dont il dénonce les insuffisances théoriques et le refus de la voie révolutionnaire (*Misère de la philosophie*). Pour les marxistes, les notions de patrie et de nation sont des leurres élevés pour tromper les prolétaires, et leur faire oublier que leurs intérêts sont communs, quelle que soit leur nationalité. Ils répugneront donc à soutenir les luttes nationales, sauf à considérer qu'une Allemagne unie permettrait le dépassement des clivages régionaux, en attendant l'abolition des clivages sociaux.

Les révolutions de 1848

Le monde germanique fut rudement secoué par la grande crise économique qui débuta vers 1846. Déjà la Prusse avait réprimé une révolte de la misère des tisserands silésiens en 1844 dans la région de Breslau : la violence de la répression marqua durablement le mouvement ouvrier, les milieux intellectuels dénonçant la misère frappant ces artisans (voir *Le Livre des pauvres* de Bettina von Arnim, sœur de Brentano et épouse d'Achim von Arnim). Face à la misère des ouvriers et des paysans au chômage, se développe une assistance multiforme, associant l'Etat prussien, les Eglises et les classes possédantes, tous intéressés au maintien de l'ordre social. Evoluant d'une crise de subsistances à une crise de consommation, la période 1846-1848 aboutit à la multiplication des faillites et des chômeurs, et finalement à une crise globale du système de production et du réseau bancaire. Crise suffisamment forte pour contraindre le roi Frédéric-Guillaume IV, pourtant revenu de ses avancées libérales mais réduit à l'emprunt, à convoquer en février 1847 une Diète « réunie », purement consultative, composée de deux Chambres réunissant des délégués des huit *Landtage* provinciaux de la noblesse dans l'une, des villes et des campagnes dans l'autre. Moment crucial dans l'histoire de l'unité allemande : les revendications des libéraux, exprimées dans une pétition des droits, unissent le projet réformateur (une monarchie constitutionnelle avec gouvernement responsable devant le Parlement) et le projet unitaire (la Prusse réformée comme moteur de l'unité allemande). Sur les deux points, le roi refusa son accord, à la fois par conviction personnelle et par crainte de la réaction autrichienne. L'échec de 1847, quelques mois avant la révolution de 1848, témoigne de la faillite de la solution pacifique, réformiste et nationale. Car dès lors, la révolution ou plutôt « les révolutions de 1848 », pour reprendre le titre de l'ouvrage de Jacques Droz, vont s'ancrer dans des cadres territoriaux empêchant ou rendant difficile une action commune au niveau national. Mais le mouvement est lancé et rien ne l'arrête. A l'automne 1847, des congrès politiques se tiennent dans le pays de Bade : à Heppenheim, les libéraux évoquent la nécessité d'un gouvernement commun et d'un Parlement réunissant au moins les Etats membres du Zollverein, alors qu'à Offenburg l'opposition radicale décline un programme comprenant l'abolition des privilèges, le suffrage universel, une assemblée unique, la liberté d'association et de la presse, et un impôt progressif sur le revenu, le tout dans un cadre républicain.

Durant l'hiver 1847-1848, l'agitation sociale se développe, en particulier dans les campagnes. A Mannheim, une réunion de démocrates en appelle à de profondes réformes politiques. La victoire de la révolution de février 1848 à Paris attise la lutte au début du mois de mars. Les mouvements populaires, surtout ruraux, se multiplient ; en

Hesse, Bade, Wurtemberg, Saxe, Hanovre, les libéraux s'emparent du pouvoir ou obtiennent des réformes du système électoral, du régime de la presse, du droit d'association, et du régime de la propriété de la terre. Partout, les régimes conservateurs sont contraints de reculer, de gré ou de force comme en Bavière où règne depuis 1825 Louis Iᵉʳ. Philhellène et bâtisseur de monuments néoclassiques, ce souverain fait aussi entrer la Bavière dans le Zollverein et construire les premières voies ferrées ; mais sa liaison avec Lola Montez et son hostilité aux revendications des libéraux provoquent des manifestations qui le forcent à abdiquer le 20 mars en faveur de Maximilien II Joseph. A Cologne, la Ligue des communistes fait acclamer un projet mêlant suffrage universel, armée populaire, instruction gratuite. Berlin connaît une agitation croissante à partir du 6 mars. Les libéraux poussent à la convocation d'un Parlement et ne cachent pas leur intention de transformer la Confédération germanique en Fédération allemande sous direction prussienne. On apprend que Vienne est aux mains des révolutionnaires et Metternich renvoyé. Après avoir longtemps tergiversé, Frédéric-Guillaume IV est obligé de lever la censure et annonce la réunion d'un *Landtag*. Mais la foule qui vient acclamer le roi le 18 mars est repoussée par la troupe qui, paniquant, ouvre le feu, tuant deux cents manifestants. Dès lors, la révolution va se concentrer sur deux scènes principales : à Berlin, d'une part, où les libéraux venus de Prusse rhénane forment un gouvernement, avec Camphausen à sa tête et Hansemann aux Finances, et où le *Landtag* décide l'élection d'une Assemblée au suffrage universel à deux degrés ; à Francfort, d'autre part, où les 574 délégués des différents Etats ou Diètes forment un *Vorparlament* (ou Parlement préparatoire) qui siège du 31 mars au 4 avril et prépare l'élection au suffrage universel direct d'un Parlement national, chargé d'établir une constitution unitaire. La nomination de Camphausen aux affaires du 29 mars au 20 juin illustre le pouvoir grandissant de la bourgeoisie d'affaires dans cette première phase de la révolution. Les libéraux veulent aller vite : ils craignent l'action des républicains — ceux-ci tentent un coup de force le 24 avril sous la direction de Hecker dont les partisans sont écrasés dans le pays de Bade — et veulent profiter du triomphe de la révolution à Vienne qui paralyse l'Autriche. La question polonaise se pose de nouveau avec le soulèvement des Polonais de Posnanie qui forment un Comité national en liaison avec celui de Galicie.

Le 18 mai, les députés élus au Parlement du 1ᵉʳ au 8 se réunissent dans l'église Saint-Paul de Francfort. Près des trois quarts de ses membres appartiennent à la *Bildungsbürgertum* (fonctionnaires, magistrats, professeurs, journalistes etc.). Sur le plan politique, la gauche se divise entre démocrates, dont le chef est Robert Blum, et révolutionnaires ; la droite, plutôt catholique et conservatrice avec Radowitz, est tentée de regarder vers Vienne ; le centre gauche forme un petit groupe d'appoint, alors que l'imposant centre droit (le « parti du Casino », du nom de son lieu de réunion) domine le Parlement, avec Heinrich von Gagern qui le préside, et de nombreux intellectuels parmi lesquels des historiens comme Dahlmann, Gervinus ou Droysen. Gagern, nommé Premier ministre de Hesse-Darmstadt en 1848 pour lutter contre les menées des révolutionnaires, incarne le courant libéral cherchant à contrer les radicaux tout en promulgant des réformes modérées que les princes acceptent de mauvais cœur. Ce groupe se prononce pour une monarchie assortie d'une constitution modérée, le suffrage censitaire et une unité allemande autour de la Prusse (la Petite Allemagne). Le Parlement adopte au mois de décembre une Déclaration allemande des droits de neuf articles, nomme un régent d'Empire, l'archiduc Jean d'Autriche, et un ministère d'Empire dirigé par le prince de Leiningen, et travaille à la rédaction de la constitution. Reste à discuter la forme de l'Etat allemand à créer. Face aux partisans, minoritaires, du maintien de la Confédération, deux clans s'affrontent. Les partisans de la Petite Allemagne, dont les adeptes, Prussiens en tête, sont nombreux dans le camp libéral et dans la confession protestante, souhaitent la constitution d'une Allemagne excluant à la fois les peuples non allemands, mais aussi l'Autriche. Les partisans de la Grande Allemagne, majoritairement catholiques et de sensibilité conservatrice, veulent intégrer l'Etat autrichien et des peuples non germaniques, mais appartenant à la Prusse ou à l'Autriche. D'un côté, un strict pangermanisme à dominante prussienne, de l'autre, l'idée très austrophile de Mitteleuropa. Mais les tensions nationalitaires qui embrasent alors l'ensemble de l'Europe centrale et orientale vont aviver le nationalisme allemand : face aux menaces, ou ressenties comme telles, du panslavisme, face à la question italienne, à la question hongroise, en bref à la question des nationalités qui prend une place dominante dans les relations internationales du Printemps des peuples de 1848 jusqu'à la fin de l'année 1849, le Parlement de Francfort est tenté lui aussi de définir ses revendications territoriales, au nom de la langue, de l'histoire, de la race, au sens culturel et non biologique. Ce phénomène n'épargne pas la gauche socialisante qui brandit le patriotisme allemand, en particulier lors du bref affrontement qui, en 1848, opposa le Danemark et la Prusse au sujet du Schleswig. Ce duché danois à population germanophone demanda à intégrer, comme le Holstein, la Confédération, ce que refusa le roi du Danemark, Frédéric VII, qui, au contraire, décida de l'intégrer à son royaume. L'armistice signé sous la pression russe et anglaise rétablit le *statu quo* (Protocole de Londres, 1852), qu'avalisa finalement le Parlement de Francfort, au grand dam des patriotes allemands. Robert Blum, qui mourra sur les barricades de Vienne, incarne l'antiprussianisme ambiant qui règne à Francfort lorqu'il déclare : « Il faut décider si la Prusse se dissoudra dans l'Allemagne ou si l'Allemagne deviendra prussienne. » De fait, le fossé entre le Parlement, dominé par les Etats du Sud, et la Prusse ne sera jamais comblé, une des raisons essentielles de l'échec du mouvement national et unitaire allemand.

Le temps de la réaction

Dès la fin de l'année 1848, l'heure est à la réaction et au reflux des idées libérales. En Allemagne, les princes régnants ont laissé passer l'orage, faisant mine de se rallier au mouvement national sans œuvrer le moins du monde à l'unité allemande. Loin d'être abattus, les particularismes demeurent. En Prusse, le fossé semble se creuser entre d'un côté la capitale, où sont actifs des libéraux avancés, des socialisants, des coopérativistes (Comité central des travailleurs dirigé par Stephan Born qui fonde ensuite un parlement des travailleurs), ou encore Cologne, où Marx et Engels animent la *Nouvelle Gazette rhénane*, l'Association démocratique et l'Association des travailleurs, et de l'autre les campagnes, où l'influence des *Junkers,* qui créent un

Junker Parlament dénonçant les réformes, reste déterminante. Quant à la petite et moyenne bourgeoisie, elle ne cache pas sa peur des désordres révolutionnaires, avivée par la véritable guerre civile qui oppose radicaux et conservateurs à Francfort et par la tentative de Gustav Struve de proclamer la république dans le pays de Bade en septembre. Dès le mois de juin, les conservateurs prussiens se sont rassemblés dans un « parti » qui dispose d'un organe, la *Neue Preussiche Zeitung*, plus connue sous le nom de *Kreuzzeitung* (Gazette de la croix) dans laquelle un jeune politicien, Otto von Bismarck, se fait connaître en publiant des articles d'une grande virulence anti-révolutionnaire. Le *Landtag* prussien élu début mai ne cache pas sa volonté d'instaurer une Assemblée unique et un gouvernement parlementaire, ce que refuse le roi. Les ministères qui se succèdent (Camphausen, puis Hansemann) sont placés en position difficile entre le *Landtag* et le souverain. La réaction se dessine avec l'arrestation de membres de la Ligue des communistes, et l'échec, à Berlin, des démocrates réclamant la solidarité avec les insurgés viennois. Le 1er novembre 1848, un nouveau gouvernement est nommé avec le baron de Manteuffel à l'Intérieur : il n'hésite pas à exiler le *Landtag* hors de Berlin et à proclamer l'Etat de siège. Un mois plus tard, le 5 décembre, alors que le *Landtag* est dissous, Frédéric Guillaume IV est assez habile pour octroyer une constitution respectant les grandes conquêtes du printemps : suffrage universel, droit d'initiative pour les Chambres, Cabinet responsable devant ces dernières, tout en se réservant les droits de veto, de dissolution et de légiférer par ordonnance. En reconnaissant les droits de l'Eglise catholique, enseignement, associations, la constitution, dont l'entrée en vigueur était fixée au 31 janvier 1850, évacuait une cause potentielle de fracture.

Vis-à-vis de la question unitaire, le roi se montra d'une extrême prudence. D'une part, l'Autriche, où l'absolutisme avait été restauré en la personne de François-Joseph, plaidait pour la solution de la Grande Allemagne qui, à défaut de conserver la Confédération, lui permettrait de garder la haute main sur le monde germanique ; d'autre part, le Parlement de Francfort s'enlisait dans la discussion opposant Petits Allemands et Grands Allemands ; enfin le roi de Prusse savait que, militairement parlant, l'Autriche, qui ne tolèrerait pas la solution de la Petite Allemagne, écraserait sans problème l'armée prussienne avec le possible soutien d'Etats d'Allemagne du sud prussophobes. Fin 1848, le Parlement de Francfort se prononça à une nette majorité pour la Petite Allemagne. Après la publication d'une *Loi fondamentale sur les droits fondamentaux du peuple allemand* le 27 décembre et le vote de l'exclusion de l'Autriche du Reich le 13 janvier, le projet de constitution fut adopté le 27 mars 1849 : il prévoyait un empereur héréditaire mais sans pouvoir, une Chambre haute nommée par les Etats et une Chambre basse élue au suffrage universel direct et secret. Mais la Bavière, la Saxe, le Wurtemberg, le Hanovre refusèrent de le voter. Le lendemain, la couronne de *Kaiser der Deutschen*, empereur des Allemands, fut offerte au roi de Prusse, à une très faible majorité. Le refus de Frédéric-Guillaume IV d'accepter un « collier de servitude offert par des maîtres boulangers », une couronne faite « de crasse et de glaise », ne constitua pas une surprise. Revenu de ses vélléités libérales, le roi de Prusse se voulait un roi héréditaire et refusait de devoir sa couronne à des députés élus par le peuple, malgré l'avis contraire de son gouvernement et du *Landtag* prussien. La condition qu'il évoqua pour son éventuelle acceptation, l'accord des autres souverains allemands, était évidemment de pure forme. Dû au ministre Radowitz, le projet d'Union restreinte (Prusse, Saxe, Hanovre) dont Frédéric-Guillaume IV s'ouvrit à Vienne en mai 1849 ne résista pas à la réaction qui triomphait en Europe, accompagnée du retour de pouvoirs autoritaires.

L'échec du Parlement de Francfort était patent. Si le projet constitutionnel élaboré par ce dernier avait suscité un réel espoir au sein des classes moyennes et populaires, la désillusion nationale rejoignit la désillusion sociale. La terrible crise économique ne laissait pas de répit aux ouvriers qui manifestèrent en Saxe (avec Stefan Born), à Berlin, en Rhénanie (avec Marx et Engels). Les mouvements insurrectionnnels de type républicain gagnèrent Dresde, où un gouvernement provisoire fut formé avec le soutien de Bakounine et de Richard Wagner, mais aussi la Ruhr, le Palatinat bavarois, le Pays de Bade durant le printemps 1849. Partout, l'ordre est brutalement rétabli, suivi d'une impitoyable répression où s'ilustrent les troupes prussiennes : « Par un tragique renversement l'unité allemande se réalise dans la répression, et c'est l'armée prussienne qui s'en fait l'instrument » (P. Ayçoberry). En Prusse, l'Assemblée est supprimée, le suffrage universel remplacé par l'instauration de trois classes électorales favorisant les milieux aisées. Quant au Parlement de Francfort, réfugié à Stuttgart et réduit à 154 membres radicaux, il se voit signifier l'interdiction de se réunir par le roi du Wurtemberg qui prononce sa dissolution le 18 juin. En juillet 1849, le temps des révolutions est clôt, marqué par la capitulation de la place forte de Rastatt que tenaient les démocrates badois. En l'espace de quelques mois, la Prusse dut passer sous les fourches caudines autrichiennes : elle accepta le retour au *statu quo* en septembre 1849 et vit une alliance dite des « quatre rois » (Saxe, Hanovre, Bavière et Wurtemberg) se mettre en place, prévoyant à terme l'entrée de l'Autriche dans un Reich dont elle aurait la direction. Le roi Frédéric-Guillaume IV contre-attaqua en réunissant un parlement à Erfurt, auquel les alliés de la Prusse participèrent. Mais l'affaire de l'électorat de Hesse-Cassel cristallisa l'antagonisme austro-prussien tout en mettant en évidence les divisions internes au monde allemand. Lorsque le souverain de Hesse-Cassel, participant au mouvement de réaction qui touchait l'ensemble de l'Europe, s'avisa de supprimer la constitution qu'il avait octroyée, les Etats de son pays s'y opposèrent. L'électeur en appela alors à l'Autriche, et aux Etats du Sud (Bavière, Saxe, Wurtemberg) qui constituèrent une alliance militaire, réclamant la dissolution du parlement d'Erfurt et le rétablissement de la Confédération germanique. De son côté, la Prusse prit fait et cause pour les Etats de Hesse-Cassel et, avec ses alliés, décida d'intervenir militairement. La confrontation directe entre Prussiens et Bavarois paraissait imminente lorsque, menacé d'une intervention militaire par François-Joseph, Frédéric-Guillaume IV capitula devant les exigences autrichiennes. En signant le 29 novembre 1850 l'*Olmützer Punktaktion*, son ministre des Affaires étrangères, Manteuffel, mit fin au conflit provoqué par l'affaire de Hesse-Cassel, consentant au rétablissement de la Confédération germanique et reconnaissant *de facto* la suprématie autrichienne. L'expression de « reculade d'Olmütz » prend alors tout son sens.

En apparence, la question de l'unité allemande n'a enregistré aucun progrès : les choses rentrent dans l'ordre antérieur à 1848 et renvoient l'Allemagne à la situation de 1815. Quant aux causes de cet échec, elles sont multiples. Le dualisme Prusse-

Autriche a été le principal obstacle, non surmonté, à l'unité allemande : en douterait-on que Sadowa en témoignerait *a posteriori*. Mais le manque d'unité politique entre « partis » et entre membres de la Confédération a constitué un autre obstacle majeur : les particularismes ont résisté à l'idéal unitaire et l'idée allemande n'a pas surpassé les rivalités internes. Il faudra encore près d'un quart de siècle et une guerre contre un ennemi commun pour que le Reich voie le jour. Enfin, la jonction entre les milieux bourgeois, intellectuels ou d'affaires, et les classes populaires ne s'est pas faite : la crainte du désordre social d'un côté, les effets de la crise économique de l'autre n'ont-ils pas relégué au second plan la question nationale dont la solution n'apparaissait pas comme une réponse prioritaire aux problèmes de l'heure ? Ces multiples fractionnements de la société allemande (idéologiques, économiques, sociaux, culturels, historiques etc.) ont fait bloc et n'ont pas été surmontés : les résistances étaient supérieures au mouvement. Tiraillé entre le Nord et le Sud, entre des cultures dont les antagonismes semblent plus forts que les affinités, le monde allemand ne se résout pas à passer de la pluralité à l'unité qui implique des renoncements alors jugés inacceptables. Le cas de l'Allemagne montre également que la somme des questions à résoudre en même temps (unité territoriale, démocratie politique, égalité sociale) est en soi un obstacle : la France s'est d'abord faite nation, sous l'Ancien Régime, puis démocratie politique, à partir de la Révolution française, mais non sans réactions et sans luttes populaires, avant de tenter de résoudre, tout au long du XIXe siècle, la question sociale. Au milieu de ce même siècle, le monde allemand hérita des trois problèmes en parallèle : la charge était trop lourde.

La solution prussienne et le système Bismarck (1850-1871)

La Prusse de Bismarck : l'État au service de l'unité allemande

La « reculade d'Olmütz » apparaît comme une défaite pour la Prusse, mais à court terme seulement. Désormais, le fossé entre les deux pôles du monde germanique est profond : la rancune anti-autrichienne se développe dans une partie majoritaire de la classe politique prussienne. Travailler au renforcement de la puissance prussienne, c'est travailler au succès de la solution unitaire prussienne qui ne pourra se faire que contre l'Autriche. La guerre, on l'a vu, est d'abord commerciale : l'élargissement du Zollverein au Hanovre et à l'Oldenbourg, son renouvellement en 1853 pour douze ans, l'adoption du thaler en 1857 sont autant de victoires pour la Prusse. Toutes les menaces et les pressions autrichiennes sur Berlin, mais aussi ses efforts pour « débaucher » la Bavière ou la Saxe, n'y feront rien : l'Empire autrichien restera en dehors du Zollverein, obtenant seulement des droits réduits pour l'entrée de ses marchandises. Sur le plan politique, Frédéric-Guillaume IV maintient l'existence d'une constitution, à la différence de François-Joseph. Ce texte d'essence conservatrice reconnaît la responsabilité ministérielle et garde un suffrage universel dont les effets sont tempérés par la division de la population entre trois classes électorales. En 1854, la Chambre haute du *Landtag* prussien est transformée en Chambre de la noblesse, dont les membres nommés à vie sont héréditaires. La politique extérieure fournit également à la Prusse l'occasion de contrecarrer les ambitions autrichiennes. La Prusse doit d'abord régler la question de Neuchâtel, en attente depuis la formation d'un gouvernement républicain cantonal en 1848 : Frédéric-Guillaume IV décide d'abandonner toute suzeraineté sur le canton en 1856. Dans sa rivalité avec la Russie, qui se manifeste à nouveau lors de la guerre de Crimée, l'Autriche ne peut obtenir le soutien de la Diète fédérale qui adopte une attitude de neutralité armée. Mais elle signe cependant un traité d'alliance défensive avec la Prusse en 1854, dans le cas où la Russie pénétrerait dans les Balkans. Quant à la solution « Grande Allemagne », elle ne trouve plus guère de défenseurs, ni en Prusse, naturellement, ni même dans le reste de l'Allemagne.

L'homme qui a manœuvré en coulisse pour contrer Vienne s'appelle Otto von Bismarck. Jeune encore, il est né en 1815 et appartient donc à la génération postérieure aux guerres contre Napoléon, fils de *Junker* élevé dans une stricte discipline, il entreprend des études à Göttingen puis à Berlin où, son droit fini, il entre dans l'Administration prussienne (1836). Bref passage : trois ans plus tard, Bismarck reprend le domaine familial et se consacre à son exploitation. Conservateur, il défend ses idées au *Landtag* de 1847 où il est élu, puis au lendemain des révolutions de 1848, à la Diète de Francfort où il représente la Prusse de 1851 à 1859, avant d'être nommé ambassadeur à Saint-Péterbourg (1859-1862), puis, brièvement, à Paris. Pour Bismarck, l'Autriche est l'ennemie privilégiée : moins d'ailleurs pour l'Allemagne que pour la Prusse, dont il entend bien qu'elle soit le noyau du futur Etat allemand. Ce patriote prussien fait d'abord passer les intérêts de la cause prussienne avant ceux de la cause allemande, auxquels il ne s'intéressera vraiment que lorsqu'ils correspondront avec ceux de son pays. L'influence de Bismarck grandit lorsque, le roi étant atteint de maladie mentale, une régence est confiée à son frère Guillaume en 1858. Celui-ci prépare avec le ministre de la Guerre von Roon une vaste réforme militaire, visant à doter la Prusse d'une armée puissante de 300 000 hommes, en particulier par l'allongement du service militaire à trois ans, avec un armement modernisé. Mais le Landtag, largement dominé par la gauche libérale et le centre gauche, vainqueurs des élections de 1858 et de 1862, s'y oppose en refusant de voter les crédits nécessaires et même l'ensemble du budget. C'est le *Konflikt*, impasse constitutionnelle dont la résolution passe par une alternative simple : l'abdication du roi ou le gouvernement autoritaire du roi appuyé par un ministère fort, prêt à se passer du Parlement. Devenu Guillaume Ier à la mort de son frère (1861), le nouveau roi trouve en Bismarck l'homme de la situation. Rappelé de son ambassade parisienne, ce dernier est nommé président du ministère et ministre des Affaires étrangères (septembre 1862). Au nom de la puissance d'Etat (le *Machtstaat*), Bismarck passe outre l'opposition du *Landtag* : la réforme est réalisée malgré l'opposition des libéraux.

Le chef du gouvernement renforce le patriotisme prussien en s'appuyant à la fois sur la bourgeoisie d'affaires, quitte à flatter ses tendances libérales, dont il sait le rôle moteur dans la prospérité économique du pays, et sur la bourgeoisie intellectuelle dont il comprend la contribution à l'enracinement du sentiment national. Une fois encore, les historiens sont au premier rang dans cette affaire, avec Ranke, l'historien "officiel" du régime qui tient solidement la chaire de l'université de Berlin, mais aussi de jeunes confrères comme Theodor Mommsen, né en 1817, ou Treitschke, né en 1834, disposant de revues comme les *Annales prussiennes* ou la *Revue historique* fondée par Heinrich von Sybel, et qui sont à la fois des organes scientifiques et des publications patriotiques. L'étude du passé germanique et romain les amène à propager un idéal unitaire joint à un réalisme modal : la *Realpolitik* est née, intégrant le rapport de forces jusqu'à la guerre considérée comme inévitable. Mais le patriotisme est également entretenu par un réseau associatif plus populaire et festif : sociétés de tir et gymniques qui organisent la grande fête de Koburg en 1860, chorales réunies pour la première *Deutsches Sängerfest* de Nuremberg en 1861 etc. Bismarck noue aussi des rapports avec le milieu socialiste : il rencontre en Ferdinand Lassalle un homme qui, bien qu'engagé dans le mouvement révolutionnaire — ce qui lui valut d'être emprisonné en 1848-1849 — partage sa foi dans l'action de l'Etat et un patriotisme que le leader socialiste expose dans *La Guerre d'Italie et la mission de la Prusse* (1859). Lassalle sera le fondateur de la première grande organisation ouvrière, l'Association générale des travailleurs allemands (A.D.A.V., Leipzig, 1863), qui entend agir sur le plan politique en réclamant le suffrage universel direct. Lorsque qu'éclate la guerre d'Italie, Bismarck y voit une chance pour la Prusse en cas de défaite autrichienne. Mais l'opinion publique allemande, dans sa grande majorité, n'accepte pas l'intervention de la France aux côtés du Piémont contre l'Autriche. Celle-ci, quant à elle, fait barrage pour empêcher la Prusse de prendre la tête d'une armée confédérale dont la victoire éventuelle aurait considérablement renforcé le prestige de Berlin dans le monde allemand. Sans intervenir dans le conflit, la Prusse va donc mobiliser près de 400 000 hommes à proximité de la frontière française, afin de faire pression sur Napoléon III. Mais Bismarck, de culture protestante et très attaché à la tradition nationale-libérale d'Allemagne du Nord, se méfie des Etats allemands catholiques du Sud qu'il voit comme des satellites de l'Autriche et de la papauté. Il a tiré les leçons de la guerre d'Italie : l'Autriche n'est pas invincible, la solution de l'unité allemande sera militaire (« par le fer et par le sang », s'écrie-t-il lors de son premier discours ministériel devant le *Landtag*) et le rôle des hommes de charisme et d'autorité, jouissant de la confiance du souverain mais non prisonniers de la représentation parlementaire — il songe à Cavour — est déterminant.

Mettant en application ses idées, Bismarck montre sa détermination lorsque une nouvelle révolte polonaise éclate en 1863 : la Prusse et la Russie concluent un accord pour réprimer ensemble les insurgés polonais. Le ministre prussien songe à renforcer l'unité des Etats allemands du Nord, majoritairement protestants. Le *Deutsche Nationalverein*, fondé en 1859 par des libéraux et des radicaux assemblés à Francfort, fut l'un des instruments de vulgarisation de ce projet situé dans la continuité de l'idée de Petite Allemagne, alors que les partisans de la Grande Allemagne se regroupèrent dans le *Deutsche Reformverein*, subventionné par Vienne pour contrer l'influence prussienne. Au lendemain de la guerre d'Italie, l'Autriche, plus isolée que jamais, tente de composer avec la Prusse : François-Joseph et le régent Guillaume se rencontrent à Teplitz, tandis que Vienne, une fois encore en vain, demande son admission au sein du Zollverein. Prussiens et Autrichiens présentent chacun leur plan permettant à la Confédération d'évoluer institutionnellement : Berlin joue la carte de l'union restreinte à quelques Etats pour ne pas effrayer Vienne, tout en comptant sur l'« effet Zollverein » de la dynamique unitaire ; l'Autriche, sûre de son influence, convoque un congrès des princes allemands à Francfort en 1863, auquel le roi de Prusse ne prend pas part, et propose une direction de cinq membres (dont elle-même, la Bavière et la Prusse) à la tête de la Confédération, et un Parlement ou Conseil fédéral qui adopterait des décisions à la majorité des deux-tiers de ses membres, ce qui serait une façon de limiter l'influence de la Prusse. Cette dernière, par la voix de Bismarck, propose alors une solution d'égalité entre les deux puissances, et l'élection du Parlement au suffrage universel direct, ce qui redonnerait au camp prussien l'avantage du nombre. Aucun de ces plans n'aboutit : bien plus, la Prusse confirme son veto à l'entrée de l'Autriche dans le Zollverein lors du renouvellement de 1864, et l'union douanière, qui multiplie les accords commerciaux avec des puissances extérieures, continue à considérer l'Autriche comme un pays étranger.

De la guerre des Duchés à l'éviction de l'Autriche

L'année 1864 fut marquée par un événement en apparence mineur, mais majeur par ses conséquences. Pour la seconde fois, le roi Frédéric VII de Danemark avait résolu d'incorporer le duché du Schleswig à son pays, ce que son successeur Christian IX avait confirmé (1863). Mais les Landtage des deux duchés du Schleswig et du Holstein, auxquels il convient d'associer un troisième petit duché, celui de Lauenburg, proclamèrent leur indépendance et demandèrent leur association à la Confédération germanique. La Diète de Francfort, prenant le parti du duc Frédéric d'Augustenborg, prétendant aux deux duchés, souscrivit à cette demande que ne pouvaient officiellement soutenir Vienne et Berlin, signataires du protocole de Londres (1852) qui avait mis fin à la première crise de 1848. Mais dès décembre 1863 des troupes de la Confédération occupèrent le Holstein. Les deux chancelleries demandèrent au nouveau roi du Danemark de se contenter d'une union personnelle avec les duchés. Le refus, prévisible, de Christian IX provoqua un affrontement d'autant plus souhaité par Bismarck qu'il lui permit de tester l'armée prussienne issue de la réforme de von Roon, alors que l'Autriche suivit sans enthousiasme. A l'issue d'une brève campagne marquée par une farouche résistance danoise, notamment sur mer où la flotte austro-prussienne essuya un revers devant Héligoland, Christian IX céda les duchés par le traité de Vienne (30 octobre 1864). La Convention de Gastein du 14 août 1865 les répartit entre les deux vainqueurs : l'Autriche reçut le Holstein, alors que la Prusse héritait du Schleswig et du Lauenburg qu'elle achetait, ainsi que de Kiel avec le droit de creuser un canal traversant le Holstein et joignant la mer du Nord à la Baltique.

La gestion des duchés va fournir à Bismarck le prétexte pour attaquer l'Autriche. Profitant de la proximité entre Berlin et le Schleswig-Holstein et de l'éloignement de Vienne, il y appuie le mouvement pangermaniste, et dénonce la mauvaise gestion de l'Autriche. Les duchés deviennent l'enjeu essentiel de la rivalité austro-prussienne.

Pour Vienne, être présent au Holstein, c'est renforcer sa présence dans la Confédération ; pour la Prusse, les duchés lui fournissent un débouché en mer du Nord. Pourtant, l'opinion publique prussienne demeure hostile à une guerre contre l'Autriche, un sentiment partagé par le roi qui répugne à entreprendre une guerre fratricide. Mais, avec beaucoup de réalisme politique, Bismarck pense qu'une guerre contre l'Autriche, puissance catholique et conservatrice dont le prestige a subi les effets de la défaite de 1859, permettra de fédérer les Etats protestants du Nord de la Confédération, au nom du patriotisme allemand. Il lance donc délibérément la Prusse dans des préparatifs militaires au début de l'année 1866. Bon nombre des princes allemands sont pourtant très réservés (Bavière, Hesse, Saxe, Hanovre), par crainte de voir l'hégémonie prussienne s'affirmer davantage encore. Le réflexe est parfois inverse en Prusse, où le patriotisme local ne vibre guère à l'idée d'être allié, et lié, par la suite, à des puissances catholiques, tandis que de son côté le courant démocrate dénonce l'autoritarisme bismarckien et renâcle à approuver ce qui apparaît comme une guerre civile. Quant aux grandes puissances, Bismarck les amadoue : la Grande-Bretagne ne verrait pas d'un mauvais œil une diminution de la puissance autrichienne en Europe centrale ; la France de Napoléon III — Bismarck rencontre ce dernier à Biarritz en octobre 1865 — estimant avoir droit à quelque compensation territoriale, Bismarck, malgré son mépris pour cette politique de « pourboire » (Luxembourg ?), se montre réceptif sur ce point, tout en ne promettant rien ; quant à la Russie, sa rivalité avec Vienne, avivée depuis la guerre de Crimée et la crise polonaise de 1863, l'a rapprochée de la Prusse. La signature d'un traité d'alliance en avril 1866 entre la Prusse et le royaume d'Italie, à qui la Vénétie est promise en échange de son aide militaire, apparaît bien comme une provocation dirigée contre l'Autriche, et en tout cas comme une violation de l'acte fondateur de la Confédération germanique.

L'occupation militaire du Holstein par les troupes prussiennes provoqua la convocation de la Diète confédérale par l'Autriche : celle-ci eut le soutien du Bade, de la Bavière, du Wurtemberg, de la Saxe, du Hanovre et des Hesse. La Prusse, qui demandait sans succès l'exclusion de l'Autriche, se retira de la Confédération et déclara la guerre à François-Joseph. Mais Vienne obtint le vote de la mobilisation générale contre la Prusse, grâce à l'appui de la majorité des Etats membres de la Confédération germanique (neuf voix contre six) ainsi que la neutralité de la France, contre la promesse de donner la Vénétie à l'Italie, quelle que soit l'issue de la guerre. Il s'agit donc bien d'une guerre interne au monde germanique, à l'exception de l'Italie : guerre attendue depuis longtemps par les deux pays qui se disputaient l'hégémonie sur la Mitteleuropa. L'affrontement sera bref, la supériorité de l'armée prussienne organisée par Moltke éclatant à la fois contre l'Autriche, dont les troupes sont écrasées à Sadowa (ou Königgrätz, 3 juillet 1866) en Bohême, et contre la Bavière et le Hanovre. Malgré la défaite de l'allié italien à Custozza et à Lissa, la Prusse dont les armées s'approchèrent à 60 km de Vienne contraignit l'Autriche à signer l'armistice dès le 22 juillet. La paix de Prague du 23 août reconnut à la Prusse le droit d'annexion qui fut effective le 20 septembre, des duchés danois, du Hanovre, de la Hesse-Cassel, de Nassau et de Francfort. Bismarck dut modérer les appétits annexionistes de Guillaume Ier et notamment s'opposer à son désir d'amputer une partie du territoire autrichien, ce qui aurait donné à Vienne un prétexte de revanche. Quant à

Napoléon III, qui s'était opposé à toute annexion prussienne au sud du Main, il n'obtint rien tout en apparaissant comme une menace, habilement exploitée par Bismarck, contre l'unité allemande. Sa demande tardive d'annexion du Luxembourg, partie prenante de la Confédération germanique et du Zollverein, ou encore de retour à la frontière de 1814 (le premier traité de Paris laissait à la France les villes de Sarrelouis, Sarrebruck et Landau), ne fut pas reçue par un Bismarck sûr de son fait, appuyé par un Landtag aux accents très patriotiques. Tout ce que Napoléon III obtint fut la réunion d'une conférence à Londres au printemps 1867, qui proclama l'indépendance et la neutralité du grand-duché du Luxembourg. Revers, donc, pour l'Empereur des Français dont le projet d'annexion se heurta au veto de Londres comme à celui de Berlin. Quant à la Confédération germanique, elle est dissoute et remplacée par deux ensembles : au nord du Main, la Confédération d'Allemagne du Nord, groupant vingt-deux Etats sous la domination prussienne ; au sud, les quatre autres Etats, la Bavière, le Bade, le Wurtemberg et la Hesse-Darmstadt doivent former une Confédération d'Allemagne du Sud — celle-ci ne vit jamais le jour.

La Confédération d'Allemagne du Nord, officiellement constituée en avril 1867, est présidée par le roi de Prusse, souverain héréditaire, qui dirige la diplomatie et commande les armées ; il nomme un chancelier fédéral, Bismarck, qui gouverne effectivement. Deux assemblées complètent ces institutions : le Reichstag, composé de 297 députés élus au suffrage universel direct, mais qui peut être dissous par le souverain ; et le *Bundesrat*, Conseil fédéral dont les 43 membres parmi lesquels 17 Prussiens sont nommés par les différents souverains, et qui peut appliquer son veto aux lois votées par le Reichstag. Chaque Etat membre conserve de larges prérogatives, ce qui relève du domaine fédéral se limitant à la politique extérieure et à la défense, aux droits de douane et à la fiscalité indirecte, aux chemlins de fer qui sont unifiés et aux postes et télégraphes. Ce texte constitutionnel élaboré par Bismarck lui-même institue donc un régime fédéraliste, seul capable d'assurer une union entre des Etats qui conservent une large part de leurs particularismes. Quant au drapeau de la Confédération, il associe le rouge du Brandebourg et des villes hanséatiques au blanc et noir du royaume de Prusse. Resserrant encore les liens entre Confédération de l'Allemagne du Nord et Etats du Sud, Bismarck mit également sur pied un Zollparlament ouvert à tous sauf à l'Autriche, ce qui permit d'élargir le Zollverein à l'ensemble de l'espace allemand. Les conséquences de la guerre austro-prussienne sont donc capitales. D'une part, l'Autriche est définitivement écartée du monde germanique sur lequel elle entendait exercer le rôle de puissance dominante (*Machtstellung*) et contrainte de se replier sur l'Europe danubienne et balkanique. Elle devient une double couronne, les Hongrois obtenant la parité avec l'Autriche au sein de l'Empire. D'autre part, la Prusse apparaît bien comme le tuteur de l'Allemagne et, aux yeux des autres pays européens, comme une puissance politique et militaire de premier ordre dont les ambitions unitaires étendues à l'ensemble de l'espace allemand ne font plus mystère. Une partie de l'intelligentsia française est touchée par une sorte de fascination pour le modèle prussien : si la culture allemande avait toujours suscité un réel enthousiasme (madame de Staël, Victor Cousin, Jules Michelet, Edgar Quinet), le modèle étatique prussien, mêlant autoritarisme et volonté d'ériger une culture nationale, exerça une large influence sur un Victor Duruy ou un Ernest Renan.

L'achèvement de l'unité : la France, ennemi héréditaire du peuple allemand

De la solution médiane de 1866 — ni Grande Allemagne dont l'idée disparaît à jamais ni Petite Allemagne avec la résistances des Etats du Sud —, Bismarck ne se satisfait que temporairement. Il savoure le chemin parcouru en moins de cinq ans, et bénéficie d'un prestige qui lui rallie bon nombre d'intellectuels et de politiques. La majorité du parti libéral qui se scinde en deux, les plus nombreux formant le parti national-libéral, donne son appui au chancelier, en votant une loi de finances qui met fin au contentieux antérieur, tout comme le *Freikonservativepartei*, issu du *Wochenblatt*, favorable à un rapprochement avec la Grande-Bretagne, et même les catholiques par la voix de Mgr Ketteler, évêque de Mayence. De plus, Bismarck exploite le sentiment francophobe qu'a provoqué la demande maladroite de compensations territoriales de Napoléon III. Celui-ci apparaît prêt à remettre en cause la frontière « naturelle » du Rhin, une limite à laquelle la sensibilité allemande attache une grande importance. Ayant échoué devant l'habileté diplomatique de Bismarck, l'empereur des Français est alors tenté de jouer le rôle de protecteur d'une Allemagne du Sud catholique et assez largement antiprussienne. Quant à s'allier à la France ou même à soutenir la politique allemande de la France, il y avait un pas que la plupart de ces Etats se refusèrent à franchir. Inquiet de la puissance et des ambitions territoriales de la Prusse de Bismarck, Napoléon III joua parallèlement la carte autrichienne : il rencontra François-Joseph à qui fut proposé un traité d'alliance, mais les Hongrois firent pencher la balance dans le sens d'une réponse négative. Après 1859 et 1866, l'Autriche ne tenait pas à risquer une troisième défaite qui aurait pu provoquer son éclatement. De 1867 à 1869, la tension franco-prussienne, révélatrice d'un sourd affrontement pour dominer l'Europe continentale, ne cesse de monter. La Cour, à Paris comme à Berlin, nourrit un clan belliciste alimenté par des motifs divers : à Berlin, Bismarck sait que la meilleure façon d'accélérer et d'achever l'unité allemande est de fédérer l'ensemble de l'Allemagne contre un ennemi héréditaire comme l'apparaît la France des Napoléon ; à Paris, la montée de la contestation du régime s'exprime aux élections législatives de 1869, malgré l'approbation massive des réformes contitutionnelles par le plébiscite du 8 mai 1870.

L'engrenage menant à la guerre part d'une crise diplomatique. Agitée par de nombreux mouvements révolutionnaires et des coups d'Etat à répétition, l'Espagne se trouve en 1868 aux mains du général Prim y Prats qui a participé à la révolution chassant la reine Isabelle. Hostile à la solution républicaine, le général se met en quête d'un souverain pour l'Espagne, dont il offre la couronne au prince Léopold de Hohenzollern-Sigmaringen. Ce prince catholique, frère du roi Carol de Roumanie, est aussi le cousin du roi de Prusse : ce dernier n'est guère favorable à la candidature de Léopold, mais Bismarck le pousse à accepter. En France, très impliquée dans les affaires espagnoles (voir l'affaire des mariages en 1846 où la France s'était alors opposée à l'Angleterre), la candidature Hohenzollern, annoncée le 3 juillet 1870, est ressentie comme une véritable provocation : l'Allemagne est accusée de vouloir reconstituer l'empire de Charles-Quint. Berlin cède alors et la candidature du prince

Léopold est retirée le 12 juillet. Mais les choses n'en restent pas là. A Paris, le « parti » de la guerre — l'impératrice, le duc de Gramont, ministre des Affaires étrangères, le maréchal Lebœuf, ministre de la Guerre — veut pousser l'avantage et obtenir des garanties de la Prusse de renoncer à toute vélléité d'installer une dynastie allemande sur le trône d'Espagne. C'est en ce sens que l'ambassadeur Benedetti rencontre Guillaume Ier en cure à Ems. Ce dernier, tout en se refusant à donner satisfaction à la demande française, répète à Benedetti qu'en ce qui le concerne, l'affaire est close. Bismarck entre alors en scène : la dépêche annonçant la position ferme mais courtoise de l'empereur est reformulée par lui le 13 juillet, en des termes diplomatiquement blessants : « Sa Majesté le roi a alors refusé de recevoir encore une fois l'ambassadeur de France, et elle a fait dire à celui-ci par l'aide de camp de service que Sa Majesté n'avait plus rien à communiquer à l'ambassadeur », tout en suscitant une réaction patriotique en Allemagne. Les réactions attendues se produisent. A Paris, le « parti » de la guerre, la *Camarilla*, saute sur l'occasion : le 14 juillet, les relations diplomatiques sont rompues ; le 15, faisant suite au discours du président du Conseil Emile Ollivier disant accepter la guerre « d'un cœur léger », les crédits de guerre sont votés par une très large majorité du Corps législatif, et le 19 la guerre est déclarée à la Prusse.

Celle-ci apparaît donc comme l'agressée, et peut d'autant mieux fédérer l'ensemble des Etats allemands sous sa bannière. Quant à Napoléon III, les tentatives qu'il fait pour obtenir le soutien militaire de l'Autriche ou de l'Italie restent sans effet : la première ne tient guère à se retrouver face à l'ensemble de l'Allemagne, les Etats du Sud épousant la cause prussienne, et la seconde ne reçoit aucune certitude quant au sort de Rome, toujours défendue par des troupes françaises. La première phase de la guerre (août-septembre 1870) démontre de nouveau la supériorité militaire de la Prusse. L'encerclement de l'armée de Bazaine dans Metz, qui tombera le 27 octobre, puis celui de Napoléon III en personne à Sedan, où il est obligé de capituler et de se rendre le 2 septembre, provoquent la colère des Parisiens : Gambetta et les républicains annoncent la déchéance de l'Empereur et proclament la République le 4 septembre 1870. Un gouvernement de la Défense nationale va alors prendre en main la guerre qui entre dans sa deuxième phase avec le début du siège de Paris et de la guerre en province. Mais avant même la signature d'un armistice et la capitulation de Paris (28 janvier 1871), Guillaume Ier et Bismarck travaillent à l'achèvement de l'unité allemande. Successivement, le grand-duché de Bade, la Hesse, la Bavière du roi Louis II qui propose à Guillaume Ier de prendre le titre de Deutscher Kaiser, et enfin le Wurtemberg adhèrent à la Confédération d'Allemagne du Nord en novembre 1870. L'adhésion arrachée à la Bavière est motivée par des concessions plus symboliques que réelles lui donnant l'illusion de partager la direction du Reich avec la Prusse, tout en gardant une certaine autonomie dans ses affaires internes. Dès le 10 décembre, le nom de Deutsches Reich est adopté par le Reichstag et le 18 janvier 1871, alors que Paris résiste toujours, Bismarck fait proclamer l'Empire allemand dans la galerie des glaces du château de Versailles, et acclamer son empereur, Guillaume Ier.

Conclusion : d'un Empire à l'autre

La période du *Zwischenreich* (« entre-deux-empires »), loin d'être un simple interrègne, est capitale dans l'histoire de l'Allemagne. Ce n'est pas seulement l'unité allemande qui la marque, même si elle en constitue le fondement, mais aussi le passage à une économie industrielle, de profondes mutations sociales dans le monde rural comme dans le monde urbain, l'affirmation d'une vie politique moderne. En ce sens, l'unité politique du pays apparaît bien, ainsi que dans le cas de l'Italie, comme l'aboutissement d'un long processus unitaire entamé au lendemain de l'écroulement de l'Europe de Napoléon Ier et achevé avec l'effondrement de son héritier. La naissance du second Empire allemand constitue l'achèvement du processus unitaire allemand. A la IIIe République née de l'effondrement militaire d'un pays amputé d'une partie de son territoire (traité de Francfort, 10 mai 1871), répond l'Empire allemand né de la victoire éclatante de la Prusse et de ses alliés, avec un territoire agrandi de l'Alsace-Lorraine, au statut de terre d'Empire, propriété indivise de l'ensemble des *Länder* du Reich. Seuls le parti lassallien et le parti social-démocrate allemand ont protesté, dès le 5 septembre 1870, contre l'idée d'annexer l'Alsace et la Lorraine, ce qui valut à W. Liebknecht et à A. Bebel d'être emprisonnés. A l'intérieur de l'Empire, Bismarck va devoir gérer lui-aussi la question des nationalités : Danois, Polonais et Alsaciens-Lorrains. Mais le patriotisme allemand s'exprime à plein, de la bouche de politiques qui chantent les louanges de Bismarck et d'historiens qui exaltent le destin retrouvé de la Grande Allemagne. L'Europe entière, celle des Etats puissants et constitués de longue date mais celle aussi des nations qui aspirent à devenir des Etats — Tchèques, Roumains, Polonais, Slaves du Sud —, prend conscience d'un bouleversement radical dans l'équilibre européen. Les traités de 1815 ont définitivement volé en éclats avec l'unité allemande et l'unité italienne. Cette ferveur patriotique qui vire facilement au nationalisme ne peut pour autant cacher que, comme dans le cas de l'Italie, unité n'est pas synonyme d'uniformité. L'intégration des peuples allemands dans l'Empire n'a pas été l'œuvre d'une centralisation politique, menée sur la longue durée, mais plutôt celle d'un pays, la Prusse, et d'une volonté, celle de Bismarck. Comme Victor-Emmanuel en Italie, Guillaume garde son nom de souverain prussien en devenant empereur de tous les Allemands. Il marque ainsi la persistance d'une « prussiannité » confirmée par le rôle de capitale dévolu à Berlin. L'intégration sera donc longue et difficile : les catholiques prussiens, notamment, comme August Reichensperger et Ludwig Windthorst, sont méfiants vis-à-vis d'un Reich à dominante protestante et forment un grand parti, le *Zentrum*, dès le mois de décembre 1870, afin de défendre les intérêts de leur religion. Aux élections du 3 mars 1871, les nationaux-libéraux triomphent avec un tiers des voix, devant le *Zentrum* et les conservateurs, alors que les libéraux sont en déroute et que la social-démocratie émerge à peine. Dès le 16 avril, la constitution impériale entre en vigueur, reprenant à peu près les termes de celle de la Confédération d'Allemagne du Nord : on y retrouve un Bundesrat et un Reichstag, un empereur et un chancelier non responsable, l'influence de la Prusse y est déterminante, mais l'autonomie, y compris fiscale, des Etats est soigneusement préservée. Mais la politique de Guillaume Ier et de Bismarck sera de plus en plus centralisatrice : l'un des premiers décrets impériaux instituera une monnaie unique sur tout le territoire impérial, le mark, dès le mois de décembre 1871. Le jeune Reich va devoir se construire en tant qu'Etat. Bismarck ne sera pas que l'homme de l'unité : il sera aussi celui de l'union entre Allemands qui vont devoir apprendre à vivre ensemble.

BIBLIOGRAPHIE

AYÇOBERRY (Pierre) et FERRO (Marc) (dir.), *Une histoire du Rhin*, J.-P. Ramsay, 1981.
AYÇOBERRY (Pierre), *Cologne entre Napoléon et Bismarck*, Aubier, 1981.
AYÇOBERRY (Pierre), *L'Unité allemande*, PUF, « Que sais-je ? », 1982.
BOTZENHART (Manfred), *Reform, Restauration, Krise : Deutschland 1789-1847*, Francfort, Suhrkamp, 1985.
DANN (Otto), *Nation und nationalismus in Deutschland, 1770-1990,* Munich, C.H. Beck, 1994.
DREYFUS (François-Georges), *L'Allemagne contemporaine, 1815-1990*, PUF, Nouvelle Clio, 1991.
DREYFUS (François-Georges), *L'Unité allemande*, PUF, « Que sais-je ? », 1993.
DROZ (Jacques) *et alii*, *Réaction et suffrage universel en France et en Allemagne (1848-1850)*, Société d'histoire de la révolution de 1848, 1963, Bibliothèque de la révolution de 1848.
DROZ (Jacques) et TONNELAT (Ernest), *Les Révolutions allemandes de 1848*, PUF, 1957.
DROZ (Jacques), *Histoire des doctrines politiques en Allemagne*, PUF, « Que sais-je ? », 1969.
DROZ (Jacques), *L'Allemagne et la Révolution française*, PUF, 1949.
DROZ (Jacques), *L'Europe centrale, évolution historique de l'idée de Mitteleuropa*, Payot, 1960.
DROZ (Jacques), *Le Libéralisme rhénan, 1815-1848*, F. Sorlot, 1940.
DROZ (Jacques), *Le Romantisme allemand et l'Etat. Résistance et collaboration dans l'Allemagne napoléonienne*, Payot, 1965.
DUMONT (Louis), *L'Idéologie allemande. France-Allemagne et retour*, Gallimard, 1991.
FRANÇOIS (Etienne) (dir.), *Sociabilité et société bourgeoise en France, en Allemagne et en Suisse (1750-1850)*, Paris, 1986, Travaux et mémoires de la Mission historique française en Allemagne.
GALL (Lothar), *Bismarck*, Fayard, 1984.
HAU (Michel), *Histoire économique de l'Allemagne — XIXe-XXe siècles*, Economica, 1994.
HENDERSON (William Otto), *The Zollverein*, Londres, F. Cass, 1984.

KREBS (Gilbert), *Aspects du Vormärz. Société et politique en Allemagne dans la première moitié du XIXᵉ siècle*, Université de la Sorbonne nouvelle-Institut d'allemand d'Asnières, 1989.

PIÉTRI (Nicole), *Evolution économique de l'Allemagne du milieu du XIXᵉ siècle à 1914*, SEDES, 1982.

POIDEVIN (Raymond), *Histoire de l'Allemagne*, Hatier, 1992.

ROVAN (Joseph), *Histoire de l'Allemagne, des origines à nos jours*, Seuil, 1994.

SCHULZE (Hagen) (édit.), *Nation-building in Central Europe*, Leamington Spa, GB et Berg, New-York, St. Martin's press, 1987.

SIEMANN (Wolfram), *Die deutsche Revolution von 1848-49*, Francfort, Suhrkamp, 1985.

SPERBER (Jonathan), *Rhineland radicals. The Democratic Movement and the Revolution of 1848-1849*, Princeton University Press, 1991.

« Le nationalisme allemand, 1850-1920 », *Revue d'Allemagne et des pays de langue allemande*, t. 28, n° 1, janv.-mars 1996, Strasbourg, Société d'études allemandes.

CHAPITRE VI

LA FRANCE DE 1848 À 1871 : LA NATION ENTRE CONSERVATISME ET DÉMOCRATIE

On peut trouver quelque paradoxe, au moins apparent, à grouper au sein d'un même chapitre deux régimes qui, bien que se succédant, font figure de régimes antagonistes. Cela reviendrait à associer la victime et le bourreau : l'homme fort du Second Empire, Napoléon III, n'est autre que ce premier président démocratiquement élu au suffrage universel masculin qui, par le coup d'Etat du 2 décembre 1851, a balayé la République et a conservé par la force un pouvoir légalement acquis. En ce sens, il y a au moins continuité de personne. Dire qu'il y a continuité politique et idéologique ne peut donc être qu'une provocation : provocation nécessaire, pourtant, pour situer le débat autour de ce milieu de XIXe siècle français. Si l'existence de la nation française est un fait accompli et reconnu par toutes les familles politiques dès les lendemains de la Révolution française et du Premier Empire, il n'en va pas de même de la nature de l'Etat et de l'émergence de la démocratie. Or, la IIe République pose, ou repose, ces deux questions centrales et complémentaires : l'Etat doit-il intervenir davantage dans le social et l'économique, dépassant son rôle traditionnel (maintien de l'ordre à l'intérieur, guerre à l'extérieur, prise en charge des infrastrucures non rentables : routes, canaux, voies ferrées, etc.) pour devenir « instituteur du social », « providence », voire « régulateur de l'économie » (Pierre Rosanvallon), alors que la crise frappe durement le pays et que la République apparaît précisément comme le produit des souffrances provoquées par la crise ? Les conditions de naissance de la IIe République ont profondément marqué sa brève existence, et posé aux républicains le problème de la conquête du pouvoir. Cela amène au second point, la démocratie : monstre égalitaire pour les uns (Guizot), évolution logique des sociétés pour les autres (Tocqueville), forme naturelle de gouvernement pour les républicains — mais s'agit-il de la démocratie politique ou de la démocratie sociale ? —, elle se pose, en complément à la question de l'Etat, au cœur du débat vers 1850, alors que le suffrage universel jusque-là favorable aux républicains modérés (les « bleus » : Lamartine) puis aux réactionnaires, républicains ou non (le « parti de l'ordre »), devient un instrument de conquête légale du pouvoir par les « rouges », les démoc-socs ou républicains socialisants, voire par les socialistes. Les années 1848-1870 sont aussi celles où s'enracinent en France les grandes oppositions : monarchie contre république, droite contre gauche, laïcité contre cléricalisme, alors que se profilent le syndicalisme et le socialisme comme vecteurs de la parole ouvrière. Dans le même temps, et après quarante années de non-intervention, à l'exception de l'expédition d'Espagne où elle agit au nom de la Sainte-Alliance et de la Belgique aidée en plein accord avec l'Angleterre, la France va se trouver réintroduite dans le concert des nations, à l'occasion de guerres et de congrès, jusqu'à la catastrophe finale. « L'Empire, c'est la paix », avait proclamé le prince-président. L'Empire, ce fut la guerre, qui fut fatale au régime.

La IIe République (1848-1852)

Le Printemps de Paris : la république, démocratique ou sociale ?

Dix-huit ans après la révolution de Juillet, la monarchie du même nom s'effondre pour des causes relativement identiques : crise économique et sociale, blocage de la vie politique, rupture aggravée entre le pays réel et le pays légal. Avec Louis-Philippe, la monarchie disparaît : mais que mettre à sa place ? Le débat, aussi vigoureux qu'en juillet 1830, tourne rapidement à l'avantage des républicains. Bien que divisés, ceux-ci sont sur leurs gardes : ils repoussent l'abdication de Louis-Philippe en faveur de son petit-fils et proclament la République aussi bien à la Chambre des députés qu'à l'Hôtel de Ville. Mais dès le départ, une certaine ambiguïté est perceptible, à deux niveaux. Les opposants déclarés ou non à la république, monarchistes légitimistes ou orléanistes adoptent un profil bas, semblant se rallier à Marianne, mais conservent de forts bastions électoraux dans les provinces. Exploitant, voire provoquant la peur de désordres sociaux et politiques qu'ils lient consubstantiellement à la République, ils forment le « parti de l'Ordre », mot-clef qui a une connotation alors plus sociale que politique. De Thiers à Montalembert, avec le soutien de la majorité de la hiérarchie catholique, ils se rallient à la République par opportunisme comme d'autres se sont ralliés à la monarchie de Juillet en 1830. « Républicains du lendemain », ils attendent des jours meilleurs, prêts à exploiter, notamment électoralement puisque le suffrage universel a été instauré, les défaillances du régime.

Du côté des « républicains de la veille », deux camps se distinguent, complémentaires dans la victoire, mais assez rapidement divisés lorsque la République dut affronter les difficultés. Les républicains modérés, les « bleus », groupés autour de Lamartine et du *National*, sont majoritaires dans le nouveau gouvernement (Dupont de l'Eure, Garnier-Pagès, Marie, Arago, Crémieux, Marrast). Ils veulent surtout promouvoir des réformes politiques qui vont l'être rapidement : suffrage universel masculin, liberté de la presse et liberté de réunion, qui entraînent la multiplication des journaux et des clubs, abolition de l'esclavage, due à Victor Schoelcher, abolition de la peine de mort en matière politique ; mais ils sont beaucoup plus réticents quant aux réformes sociales. Les « démoc-socs » sont minoritaires au gouvernement, où Ledru-Rollin et Flocon les représentent avec l'appui de la *Réforme*. Ils ne sont pas socialistes, mais entendent promouvoir des réformes à caractère social, avec l'appui des socialistes membres du gouvernement, Louis Blanc et l'ouvrier Alexandre Martin dit Albert : création des ateliers nationaux, fondation de la Commission du Luxembourg, qui doit débattre de la question essentielle du droit au travail, limitation de la journée de travail à 10 heures (Paris) ou 11 heures (province). La scène hautement symbolique de l'Hôtel-de-Ville, le 25 février, lorsque Lamartine, confronté à une manifestation populaire, repoussa le drapeau rouge pour affirmer la supériorité historique et nationale du drapeau tricolore, illustre cet affrontement encore verbal entre des conceptions divergentes de la République. Preuve s'il en était besoin qu'il existe une véritable culture politique au sein du peuple, et même une conscience de classe qui s'exprime par la défense de symboles porteurs d'idéaux. Mais dès sa naissance, la démocratie est confrontée à la violence, avec laquelle ses adversaires tenteront, dans un cercle vicieux, de l'identifier comme ils le firent avec la République.

Toutes ces réformes sont adoptées entre fin-février et début-mars dans un climat d'enthousiasme républicain que traduisent des manifestations pacifiques et patriotiques comme le défilé des délégations reçues par le gouvernement ou la plantation d'arbres de la liberté. Mais une première échéance se profile : les élections à l'Assemblée constituante, prévues pour le 9 avril. L'enjeu est de taille : ces élections apparaissent comme un révélateur de la popularité de la République en province, car, comme 1830, 1848 a été une révolution essentiellement parisienne et urbaine dans une France majoritairement rurale et paysanne. Pour les préparer, le gouvernement provisoire envoie des commissaires de la République en province, comme Emile Ollivier à Marseille. Or, dès la mi-mars, la situation se dégrade socialement, économiquement, politiquement : les démonstrations des oppositions de plus en plus violentes qui existent entre les forces en présence sont nettement perceptibles. Socialistes ou communistes (Blanqui, Raspail) mènent une véritable guerre contre le gouvernement de Lamartine afin d'obtenir davantage de mesures sociales et le report des élections. La persistance de la crise et du chômage provoque des révoltes en province, la plus grave du 26 au 28 avril à Rouen. Les classes populaires, rurales comme urbaines, protestent aussi contre les « 45 centimes », c'est-à-dire une augmentation des impôts directs de 45 % annoncée le 16 mars. Mais elles soutiennent aussi la République comme en témoigne la contre-manifestation populaire du 17 mars à Paris en riposte à la manifestation dite des « bonnets à poil » de la veille, expression d'une opposition bourgeoise de droite, provoquée par la dissolution des compagnies d'élite de la garde nationale. Une autre manifestation est organisée le 16 avril, à l'appel des clubs socialistes, pour obtenir un report des élections déjà repoussées au 23 avril ; mais le gouvernement soutenu par la garde nationale ne céda pas.

Les élections législatives au suffrage universel du 23 avril se déroulent le dimanche de Pâques dans un climat alliant souvent solennité et gaucherie, comme en témoigne le récit de Tocqueville. Elles confirment l'apogée de la popularité du gouvernement de Lamartine : sur 900 députés élus à la Constituante, environ

500 sont des républicains modérés, contre 300 monarchistes plus ou moins ralliés. Raspail, Blanqui, Cabet sont battus, mais aussi Thiers. L'Assemblée proclame officiellement la République le 4 mai, nomme une Commission exécutive, en attendant de fixer constitutionnellement les modalités de l'élection présidentielle. Mais dès le 15 mai, l'Assemblée est envahie par des militants socialistes, à l'occasion d'une manifestation en faveur de la Pologne, qui proclament sa dissolution. L'échec est complet et la journée se termine par l'arrestation de Raspail, Barbès, Blanqui, Albert. Ont-ils été victimes d'une machination ? Reste que la situation continue à se dégrader, à Paris notamment : l'effervescence populaire est portée à son comble lorsque l'Assemblée commence à discuter du sort des ateliers nationaux. Le 21 juin, le décret de dissolution est adopté par la Commission exécutive, puis publié le 22 : cela provoque le début de l'insurrection qui va ensanglanter l'est de Paris du 23 au 26 juin. Les pleins pouvoirs sont donnés au ministre de la Guerre, le général Cavaignac, le frère de Godefroy, qui entend bien combattre pour la légalité et la défense de la République. Ces journées de juin apparaissent à la fois comme une véritable lutte de classes, témoignant de la force des antagonismes sociaux en présence, et comme la conséquence de l'absence d'organes représentatifs (syndicats), l'illustration d'un déficit démocratique. Au lourd bilan de l'insurrection — peut-être 3000 morts, de nombreux fusillés sans jugement, six généraux tués ainsi que Mgr Affre, archevêque de Paris —, il faut ajouter environ 15 000 personnes arrêtées dont 4000 déportées sans jugement en Algérie. Louis Blanc dut fuir en Angleterre pour échapper à la mise en accusation. Juin 1848 marque bien la fin de la première époque de la IIe République : celle de l'idéal fraternitaire, libérateur, pacifique. L'influence de l'insurrection de juin 48, exploitée par les adversaires de la République, fut considérable dans les campagnes, hostiles aux « partageux ». Si cette insurrection a fourni l'un des modèles utilisés par Marx pour élaborer sa théorie (voir *Les luttes de classes en France*), l'analyse strictement historienne des événements a abouti à une perception un peu différente : il y eut aussi des ouvriers, des artisans dans le camp du maintien de l'ordre, et les insurgés ne venaient pas tous du *lumpen-proletariat.* Mais incontestablement, juin 1848 constitue l'un des moments les plus marqués de la lutte sociale en France, brutal reflet de l'affrontement entre deux conceptions idéologiques qui dépassent le seul cas de la République pour aboutir à celui du rôle de l'Etat et du sens de la démocratie.

La Constitution et l'élection présidentielle

L' « ordre » triomphe donc comme en témoignent les décrets de juillet-août 1848 permettant la fermeture des clubs et la suppression des journaux « avancés ». La République a montré aux yeux des classes moyennes et des possédants qu'elle pouvait être le garant de l'ordre social. Durant l'été et l'automne, l'Assemblée travaille à l'élaboration de la constitution, votée le 4 novembre : la République, forme définitive de gouvernement, est une et indivisible, basée sur la souveraineté du peuple, la séparation des pouvoirs et le suffrage universel. Mais le droit au travail n'est pas explicitement proclamé. Les constituants se rallient au monocaméralisme, avec une

Assemblée législative de 750 membres élus pour trois ans au suffrage universel direct. Mais l'Assemblée ne peut être dissoute que par elle-même, et ses membres sont inviolables. Le pouvoir exécutif appartient à un président élu pour 4 ans au suffrage universel direct, mais n'est pas immédiatement rééligible. Il choisit ses ministres, non responsables devant l'Assemblée, que le président ne peut pas dissoudre. Il y a donc deux forces en présence, face à face, sans aucune passerelle ni aucun arbitrage en cas de conflit, ce qui rappelle sensiblement la Constitution de l'an III qui devait aboutir au 18 Brumaire. Les élections présidentielles du 10 décembre 1848 sont les premières du genre en France. Elles jettent un éclairage sur l'état politique du pays en soumettant pour la première fois des candidats à une ratification nationale. Mais sur quelles bases vote-t-on : idéologiques ou en fonction de la personnalité des candidats ? Changarnier, c'est l'armée, du moins une partie, et les légitimistes purs et durs ; Lamartine incarne la République libérale d'avant juin ; Raspail, le socialisme ; Ledru-Rollin, la République démocratique et sociale ; Cavaignac, la République de l'ordre. Reste le cas de Louis-Napoléon Bonaparte, élu député en juin, mais qui, devant les réactions hostiles, avait préféré démissionner, avant d'être réélu en septembre lors d'élections partielles. Napoléon, c'est d'abord un nom et un passé dont la propagande bonapartiste ne se prive pas d'user et d'abuser : en ce sens, c'est d'abord le candidat des paysans, de la France de la « légende dorée » véhiculée par les récits des vieux soldats et par l'imagerie populaire ; c'est encore le candidat d'une partie non négligeable des classes populaires urbaines, sensibles elles aussi au mythe, mais également à l'image qu'a su se donner l'auteur de l'*Extinction du paupérisme* ; c'est enfin le candidat des adversaires de la République et du parti de l'Ordre (le comité de la rue de Poitiers), coalition hétéroclite d'orléanistes , de légitimistes et de catholiques à qui il promet la liberté de l'enseignement et le rétablissement du pape à Rome. Beaucoup, tel Thiers qui pense que « c'est un crétin qu'on mènera », souhaitent faire élire une marionnette dont ils tireraient les fils. On dit ce neveu à l'ascendance paternelle incertaine bien médiocre politique, homme peu intelligent, sorti de l'anonymat par ses deux coups d'Etat ratés de 1836 et 1840. Si les résultats de l'élection du 10 décembre constituent une énorme surprise, c'est moins en raison du succès de Louis-Napoléon Bonaparte que par l'ampleur de sa victoire : 75 % des suffrages se sont portés sur son nom. De plus, la participation massive des électeurs donne une légitimité incontestable à son élection. Derrière lui, deux candidats surnagent : Cavaignac, qui recueille environ 20 % des suffrages, avec des scores élevés en Bretagne pourtant « blanche », et en Provence bientôt « rouge » ; et Ledru-Rollin qui en obtient un peu plus de 5 %. Avec 0,5 %, Raspail coule, Lamartine s'effondre avec 0,1 % des voix et Changarnier est laminé. Pour Karl Marx, observateur attentif de la situation française, décembre 48 représente une sorte de juin 1848 ou de coup d'Etat des paysans qui prennent leur revanche sur Paris, sur les gouvernants républicains, sur le pouvoir central : Louis-Napoléon Bonaparte est présenté comme le candidat de la jacquerie. Une analyse serrée de la répartition géographique des votes bonapartistes montre que le président élu a rassemblé sur son nom des suffrages d'origines très différentes mais qui tous ont été sensibles au prestige du nom et aux symboles qu'il véhicule dans un monde où l'information est encore largement constituée par la rumeur.

Conflit constitutionnel et luttes politiques (1849-1851)

Un climat de réaction antirépublicaine marque les débuts de la présidence bonapartiste : en accord avec le parti de l'ordre, le locataire du palais de l'Elysée nomme des monarchistes dans son premier gouvernement comme Odilon Barrot ou Falloux, et écarte systématiquement les républicains des ministères, des préfectures, de l'armée. L'exécutif se trouve ainsi aux mains d'adversaires déclarés de la République. L'Assemblée constituante ayant terminé son œuvre décida de se séparer, non sans avoir protesté contre l'attaque de Rome par des troupes françaises commandées par le général Oudinot. Le 13 mai, l'élection de l'Assemblée législative confirma le laminage des républicains modérés (de 80 à 100 élus), la résistance d'un fort courant républicain de gauche, montagnards ou démoc-socs de Ledru-Rollin (de 180 à 200 élus), rejoints par Schoelcher, Hugo ou Lamennais, et surtout le triomphe du parti de l'ordre (de 450 à 500 élus). Une alliance se forma entre l'exécutif et le législatif contre les « rouges » ou montagnards, jugés d'autant plus dangereux qu'ils formaient un bloc important à l'Assemblée. Lorsque les démoc-socs organisèrent le 13 juin 1849 une manifestation insurrectionnelle pour protester, au nom de la constitution, contre l'attaque de Rome, la troupe intervint, une trentaine de députés furent arrêtés, et Ledru-Rollin s'enfuit en Angleterre. Des lois répressives contre les clubs (juin) et la liberté de la presse (juillet) suivirent. La droite conservatrice triomphait : sans oser s'attaquer à la République en tant que régime — c'eût été violer la constitution —, elle voulait en écarter toute interprétation sociale, voire même démocratique. Mais de plus en plus, l'accord entre le président et l'Assemblée devenait boiteux, le premier entendant choisir seul ses ministres comme il le fit avec le ministère du 31 octobre 1849 constitué d'hommes du « parti de l'Elysée », la seconde voulant garder le premier sous son influence : entre la fin de l'année 1849 et le début de l'année 1850 débute un conflit bientôt permanent entre les deux pouvoirs.

Au sein de l'œuvre de l'Assemblée législative, la loi Falloux de mars 1850 occupe une place importante. En organisant la liberté de l'enseignement secondaire, elle supprime le monopole universitaire instauré par Napoléon Ier. Cela représente une victoire pour les congrégations enseignantes ainsi que pour ceux qui, tel Montalembert, se battaient pour cette cause depuis la monarchie de Juillet. Ce renforcement du rôle de l'Eglise en matière d'enseignement avait déjà été affirmé avec le vote de la loi Parieu de janvier 1850 donnant un droit de contrôle au clergé sur les écoles publiques, les municipalités pouvant choisir un congréganiste comme instituteur dans ces mêmes écoles, et les préfets révoquer des instituteurs « mal pensants ». Pour Thiers, ces derniers sont « des antisociaux, 37 000 socialistes et communistes ; je demande que l'action du curé soit forte, beaucoup plus forte qu'elle ne l'est parce que je compte beaucoup sur lui pour propager cette bonne philosophie qui apprend à l'homme qu'il est ici pour souffrir ; l'enseignement primaire ne doit pas être forcément à la portée de tous ; j'irai même jusqu'à dire que l'instruction est, suivant moi, un commencement d'aisance et que l'aisance n'est pas réservée à tous ». De l'autre côté, Victor Hugo, adversaire de la loi Falloux, défend « un immense enseignement public donné et réglé par l'Etat, partant de l'école de village et montant de degré en degré jusqu'au Collège de France, plus haut encore jusqu'à l'Institut de France ; les portes de la science toutes grandes ouvertes à toutes les intelligences ». Ce débat vigoureux, passionné et emphatique révèle le poids considérable de l'enseignement dans le débat politique français, depuis la Révolution française : dans la France du XIXe siècle convertie au suffrage universel, la question scolaire est abordée comme un enjeu politique et social essentiel.

Malgré la politique répressive menée par l'Assemblée et le gouvernement, les élections partielles du printemps 1850 furent favorables aux « rouges ». L'Assemblée décida donc de réviser la loi électorale sans toucher au principe du suffrage universel : pour être électeur, la loi du 31 mai 1850 imposa la condition de résidence dans le canton depuis trois ans et l'absence de toute condamnation, même pour un délit politique. Sur 9 500 000 électeurs potentiels, quelque 3 millions se trouvèrent ainsi rayés des listes électorales, ceux que Thiers appelait « la vile multitude » : ouvriers peu qualifiés, travailleurs itinérants, qui vont associer cette loi à la République. Le président Bonaparte va faire jouer discrètement puis de plus en plus ouvertement sa différence, afin de cultiver sa popularité au détriment de celle de l'Assemblée : en faisant comprendre son opposition à la loi du 31 mai, en voyageant en province (juillet, septembre 1850), en courtisant toujours plus l'armée au nom du passé (au cours de la revue passée à Satory en octobre 1850, des régiments crient : « Vive l'Empereur ! »), et en destituant les officiers hostiles comme en janvier 1851 Changarnier, commandant en chef de l'armée de Paris, coupable d'avoir rappelé aux officiers leur obligation de neutralité politique. Il place ses amis à tous les postes stratégiques de l'administration civile ou militaire comme Saint-Arnaud, ministre de la Guerre, qui rappelle le devoir d'obéissance absolue aux ordres, Maupas, préfet de police, Magnan, chef de l'armée de Paris, et s'entoure de Morny, son demi-frère, et de Persigny, son compagnon habituel de coup d'Etat. Dès la fin 1850, Louis-Napoléon Bonaparte commence sa campagne pour la révision de la Constitution afin de briguer un second mandat. Il profitè de la division des monarchistes qui, malgré la mort de Louis-Philippe en août 1850, n'arrivent pas à se mettre d'accord : l'échec de la fusion dynastique entre partisans du comte de Chambord et orléanistes sert les desseins du président. La lutte est ouverte, désormais, entre l'Elysée et le Palais-Bourbon. Mais le président a aussi des partisans parmi les députés et introduit des brèches au sein du parti de l'ordre. Toute l'année 1851 est marquée par des bruits de coup d'Etat dont Hugo comme Tocqueville se font l'écho. Fin juillet, l'Assemblée repousse la révision par 446 voix pour et 278 contre alors qu'il faut obtenir les 3/4 des votants. La Législative se divise un peu plus encore en novembre sur le vote de la proposition des questeurs, un texte rappelant qu'en cas de menace contre l'Assemblée, son président a le droit de requérir la force — l'allusion aux projets supposés de Louis-Napoléon Bonaparte est claire. Mais la majorité des républicains voit dans ce texte une possibilité de coup d'Etat monarchiste orchestrée par Thiers ; quant aux monarchistes, ils se divisent également, les légitimistes se rapprochant des bonapartistes face aux orléanistes, plus libéraux.

Le coup d'État et le rétablissement du Second Empire

La date du 2 décembre fut choisie par le président par référence au 2 décembre 1805, jour de la bataille d'Austerlitz. En premier lieu, l'armée occupa l'Imprimerie nationale, puis un affichage massif sur les murs de Paris annonça la dissolution de l'Assemblée et le rétablissement du suffrage universel, ainsi que la proclamation de l'état de siège. Enfin, la police procéda à l'arrestation préventive des meneurs virtuels de la réaction contre le coup d'Etat, environ 80 personnes au total, avec une majorité de députés dont Cavaignac et Thiers. Parmi les autres députés, une bonne moitié se résigna par peur ou approbation, une partie tenta la résistance légale, une minorité joua la résistance populaire. Les protestataires constitutionnels se réunirent à la mairie du Xe arrondissement, où ils prononcèrent la déchéance du président : mais 220 d'entre eux furent arrêtés dont Tocqueville, Barrot, Falloux. Ceux qui tentèrent d'organiser la résistance populaire, comme Hugo ou Schoelcher, formèrent un Comité de résistance et tentèrent de soulever le peuple le 3 décembre. Mais ils se heurtèrent à la méfiance et à la passivité des ouvriers qui ne croyaient plus à une République qui les avaient désarmés en juin 1848 et privés du droit de vote en mai 1850. Position ouvrière que Vallès résume ainsi dans *Le Bachelier* : « Jeune bourgeois, est-ce ton père ou ton oncle qui nous a fusillés en juin 1848 ? » Il y eut une tentative vite avortée de résistance estudiantine dans le quartier Latin. Des barricades furent érigées dans le faubourg Saint-Antoine, là où le député Baudin fut tué par la troupe. Le même jour, boulevard Bonne-Nouvelle, la troupe nerveuse et se croyant la cible de tireurs ouvrit le feu au jugé, faisant plusieurs centaines de victimes. Le soir du 4, la résistance au coup d'Etat s'éteignit à Paris. En province, la résistance s'organisa à partir du 3 et gagna du terrain les 4 et 5 décembre dans les régions « rouges » : le Centre et le Centre-Est (Nièvre, Loiret) et surtout le Midi (Sud-Ouest : Gers, Lot-et-Garonne, et Sud-Est : Var, Basses-Alpes, Drôme). Les insurgés formèrent des colonnes mal armées et mal commandées, mais combattant avec courage les troupes de ligne, et se dirigeant des petites-villes ou des bourgs vers les villes de préfecture. Digne sera momentanément occupée. Les affrontements furent parfois sanglants comme à Crest, et ce n'est que le 10 décembre que toute résistance cessa. Vint le temps de la répression, marqué par des arrestations massives — près de 27 000 personnes y compris celles qui n'avaient pas participé à l'insurrection — qui décapitèrent le parti républicain. Des commissions mixtes hâtivement formées prononcèrent des peines nombreuses : 3000 personnes furent transportées en Algérie « plus » (avec détention en enceinte fortifiée) ou en Algérie « moins » (sans), et quelque 200 à Cayenne ; 370 furent expulsées, 1200 internées, plus de 7500 placées sous surveillance, et près de 250 déférées en conseil de guerre.

Parallèlement, le 20 décembre, un plébiscite fut organisé pour soumettre à ratification populaire la nouvelle constitution annoncée lors du coup d'Etat : 7 500 000 votants l'approuvèrent contre 640 000 qui la repoussèrent, résultat prévisible au regard de la situation morale, politique et militaire du pays. Les principales dispositions d'un texte largement inspiré par la constitution de l'an VIII prévoyaient la mise en place d'un chef de l'exécutif élu pour dix ans au suffrage universel, doté de l'initiative des lois, avec des ministres responsables devant lui. Le reste du pouvoir législatif était divisé entre trois assemblées : le Conseil d'Etat (des spécialistes de droit constitutionnel) pour préparer les lois, le Corps législatif (moins de 300 membres élus pour six ans au suffrage universel) pour les voter, et le Sénat (membres nommés à vie par le président parmi les fidèles du régime) comme gardien de la constitution (voir ci-dessous pour d'autres précisions). La nette primauté de l'exécutif liée à un législatif divisé et limité illustre le caractère dictatorial du régime mis en place, qui se manifesta également par différentes mesures comme le baillonnement de la presse par le système de l'autorisation préalable et des avertissements, ou l'obligation de tous les fonctionnaires et élus de prêter serment d'obéissance à la constitution et de fidélité au président, ce qui poussa nombre d'entre eux à démissionner. Lors des élections au Corps législatif de février-mars 1852, huit opposants seulement furent élus, dont cinq légitimistes, et trois républicains — Cavaignac et Carnot à Paris, Hénon à Lyon — qui ne ne siégèrent pas par refus de prêter serment.

Le « prince-président », nouveau titre pris par Louis-Napoléon Bonaparte, est servi par la conjoncture : l'année 1852 se caractérise par une nette reprise économique. Cela explique aussi pourquoi, malgré les remous provoqués par la nationalisation des biens de la famille d'Orléans en janvier, le grand patronat se rallia massivement au régime. La rente remonte, les affaires redémarrent avec le soutien de l'Etat qui accorde des avantages aux grandes compagnies de chemin de fer (Rothschild, Pereire, Talabot) et encourage l'épargne des classes moyennes par la création d'obligations à revenus fixes et de banques d'affaires comme le Crédit mobilier. Le 28 mars 1852, l'état de siège fut levé. En septembre-octobre, le prince-président effectua un long voyage en province, notamment dans les régions insurgées en décembre 1851, comme le Centre, le Midi (Marseille) et le Sud-Ouest. A Bordeaux, où le préfet de la Gironde, Haussmann, organisa un accueil triomphal, Louis-Napoléon Bonaparte prononça le 9 octobre un grand discours dont la postérité a retenu la formule-choc : « l'Empire, c'est la paix », message à destination intérieure, avec l'annonce du rétablissement de l'Empire, et extérieure, visant à rassurer les chancelleries qui pourraient s'émouvoir de voir de nouveau un Bonaparte sur le trône de France. Le discours est suivi de multiples manifestations « spontanées » réclamant le rétablissement de l'Empire. Le 7 novembre, le Sénat promulgue un senatus-consulte en ce sens. Deux semaines plus tard, le 20 novembre, un nouveau plébiscite est organisé, au résultat plus unanime encore que le premier : 7 800 000 oui contre 250 000 non. Le 2 décembre, date-fétiche, le Second Empire était proclamé avec à sa tête un Napoléon qui, par déférence pour le duc de Reichstadt, se voulut le troisième de la dynastie.

Conclusion : une parenthèse ?

La IIe République apparaît parfois comme une parenthèse dans l'histoire du XIXe siècle français, à cause de sa briévété, à cause également du sentiment d'échecs multiples qui semble en ressortir : échec de la démocratie politique marqué par la mauvaise gestion du suffrage universel ; échec de la démocratie sociale illustré par le traumatisme des journées de juin ; échec, enfin, à empêcher le coup d'Etat. Ces échecs faits d'un mélange d'utopie — l'esprit tant raillé des quarante-huitards — et d'incapacité à situer clairement la position idéologique suivie — quelle république ? — sont patents : mais ne reflètent-ils pas aussi la vigueur des luttes politiques entre partisans et adversaires de la République au sein de la société française ? On peut aussi voir dans 1848 un laboratoire pour l'apprentissage de la démocratie comme le suggère Maurice Agulhon, apprentissage qui, malgré ses multiples échecs, n'a pas empêché l'idée républicaine de triompher finalement en 1870. On resituera alors 1848 dans une longue période qui, partie des années 1770-80, devait aboutir un siècle plus tard au triomphe d'une forme de démocratie alliant République, suffrage universel et droits de l'Homme, non sans avoir écarté différentes tentatives réactionnaires ou, à l'inverse, révolutionnaires. La IIᵉ République, telle une scansion à mi-parcours, est un temps privilégié pour étudier les affrontements idéologiques, politiques et sociaux qui traversent le XIXᵉ siècle français.

Le Second Empire (1852-1870)

Né d'un coup d'Etat, mort des suites d'un désastre militaire et d'une révolution, le Second Empire est une période traversée de multiples contradictions. « L'Empire, c'est la paix » : mais la France a participé à trois guerres (Crimée, Italie, Mexique) avant de succomber face à l'Allemagne. Elle a obtenu la Savoie et le comté de Nice, mais perdu l'Alsace et la Lorraine. La dictature imposée par Napoléon III, l'Empire autoritaire, a cédé la place à une pratique politique et sociale plus ouverte, l'Empire libéral : mais comment juger de la pratique du suffrage universel face à l'emploi de la candidature officielle et à l'absence de liberté d'expression ? Le régime porte la marque d'un puissant développement économique et des liens puissants existants entre une partie du patronat et les milieux politiques. On a parlé d'affairisme, de nouveaux riches, de fortunes douteuses, un sentiment conforté à la lecture du cycle romanesque de Zola, *Les Rougon-Macquart*. Reste enfin la personnalité de l'empereur, Napoléon le Petit pour Hugo, Badinguet pour l'opposition de gauche, homme imprévisible, versatile et calculateur. De fait, l'historiographie du Second Empire montre que les historiens de la période ont rarement échappé à une attitude polémique face à ce régime : si le Second Empire a eu des défenseurs, il a durant toute la IIIᵉ République, au moins jusqu'à la Première Guerre mondiale, été maltraité par les historiens républicains. Le Second Empire, n'était-ce pas la mise à mort de la République, la proscription et la déportation au départ, puis la guerre de 70, la perte de l'Alsace-Lorraine et la Commune à l'arrivée ? Depuis, les positions ont évolué : des historiens de l'économique d'abord, puis du social, du politique et du culturel, notamment anglo-saxons, ont montré en quoi le Second Empire était aussi un régime de la modernité, celle des entrepreneurs, de nouvelles formes d'art et d'architecture (l'acier), des villes (Haussmann). Et sur le plan politique avec la pratique d'une forme de démocratie directe, le plébiscite. Bien évidemment, le débat reste largement ouvert.

Napoléon III : portrait d'un empereur

Né en 1808, il est le fils d'Hortense de Beauharnais (fille d'Alexandre de Beauharnais, premier mari de Joséphine, et sœur d'Eugène) et de Louis Bonaparte, frère de Napoléon Ier et roi de Hollande dont la paternité est discutée. Après l'écroulement de l'Empire en 1815, il s'exile au bord du lac de Constance avec sa mère, fait des études secondaires, puis entre dans une académie militaire. Il s'affilie au carbonarisme italien et participe activement aux mouvements révolutionnaires de 1831 au cours desquels son frère aîné Napoléon-Louis trouve la mort. Obligé de regagner la Suisse, il y vit de menus emplois. En 1832, la mort du duc de Reichstadt à Vienne en fait le chef dynastique de la famille. Il tente en 1836 de soulever les garnisons de Strasbourg : c'est un échec qui lui vaut d'être expulsé de France. Il se rend alors aux Etats-Unis, revient en Suisse, puis s'installe en Angleterre en 1837. Il publie les *Idées napoléoniennes* en 1839 et l'année suivante entreprend un deuxième coup de force à Boulogne. Ce second échec lui vaut d'être emprisonné au fort de Ham, où il écrit *De l'extinction du paupérisme*. Il s'évade en 1846 en empruntant les vêtements d'un maçon, Badinguet, et gagne l'Angleterre où il se trouve lorsque éclate la révolution de 1848. La Seconde République l'a mené, on l'a vu, de la députation à la présidence, avant qu'il ne réussisse son coup d'Etat. En 1853, il épouse Eugénie de Montijo, fille d'un grand d'Espagne, avec laquelle il aura un fils en 1856, Eugène Louis Napoléon. Mais d'autres membres de la famille de Louis-Napoléon s'occupent également de politique comme Jérôme Bonaparte, son oncle, ancien roi de Westphalie que Napoléon III nomme président du Sénat mais écarte de la « vraie » politique. Le fils de celui-ci, le prince Jérôme, dit « Plon-Plon », élu député en 1848 et 1849, siège avec la Montagne et se prononce contre la politique de son cousin ; mais celui-ci le fait sénateur et même ministre (Algérie et Colonies, 1858) ; homme de gauche, anticlérical, il soutient l'Italie, le droit de grève, le libéralisme politique, mais est peu apprécié finalement de Napoléon III pour son caractère fantasque. Pierre Bonaparte, fils de Lucien Bonaparte, siège à l'extrême-gauche en 1848, puis, hostile au coup d'Etat, se retire de la vie politique ; mais à la suite d'une polémique de presse, il tue le 10 janvier 1870 le journaliste Victor Noir, venu en tant que témoin.

Les idées napoléoniennes sont difficiles à cerner avec précision. Le « sphinx » cultive le goût du secret et peut se montrer aussi versatile qu'entêté. Il a une vraie culture scientifique et technique et connaît des langues étrangères : mais ce sont précisément les connaissances opposées à celles qui font un « honnête homme » au XIXe siècle. Il ne faut pas oublier que cet homme s'est battu pour la liberté en Italie, puis a tenté par deux fois de prendre le pouvoir par la force avant de comprendre le poids du suffrage universel. Important aussi est le fait que de 1815 à 1848, il n'a pas vécu en France, sauf les années de prison. Pas reconnu par « le monde », pas plus par les intellectuels et les politiques, il se veut proche du peuple : celui des campagnes d'abord mais aussi celui des villes touché par cette paupérisation qu'il dénonce et qui lui donne une couleur populiste. Son modèle ? Napoléon Ier qui, en dehors de la gloire militaire, a su faire plier l'Eglise, se rallier la bourgeoisie et la paysannerie par une sorte de despotisme éclairé. Mais Napoléon III se veut libéral. Quelques idées surnagent, exprimées soit dans ses ouvrages, soit dans ses discours. L'homme se réclame clairement des institutions du Consulat et de l'Empire. Il est partisan d'un exécutif fort, ce qui explique la comparaison parfois faite entre les institutions du Second Empire et celles de la Ve République, surtout par l'utilisation de cette forme de démocratie directe qu'est le plébiscite. Il se veut au-dessus des partis et a souffert de la tutelle que le parti de l'Ordre voulait exercer sur lui et dont il s'est débarrassé à grand-peine. Il affecte un certain mépris pour les régimes dirigés par un pouvoir législatif trop puissant à son goût, comme la IIe République. Pour lui, plus encore que la paix, l'Empire, c'est l'ordre, celui du « parti des honnêtes gens ». Il a peu de sympathie pour la classe politique en général dont il n'est pas issu et qui le méprisera constamment. Il se sent finalement fragile, et par l'origine de son pouvoir, et par le peu de ralliés sincères qu'il provoque. C'est un pessimiste qui croit au progrès malgré, voire contre les hommes, et qui parle de la « légitime satisfaction des besoins des peuples ».

Sur le plan international, Napoléon III veut pleinement réintégrer la France dans le concert des Nations. Il appuie volontiers les mouvements libéraux et nationaux, notamment en Italie, et s'intéresse également aux colonies : il se proclame roi d'Algérie. Il aura des visées sur le continent américain ainsi que l'illustre sa politique mexicaine. Mais, là encore, se pose le problème de sa reconnaissance par les cours européennes qui lui sont gré d'avoir aboli la République, mais ne sont guère enthousiasmées de retrouver un Bonaparte sur le trône de France, avec le bruit de bottes que cela suppose. Sur le plan économique et social, il est pour l'intervention de l'Etat comme moteur du développement industriel ou des transports, mais se prononce pour le libre-échange comme en témoigne sa lettre à Fould de 1860, sorte de manifeste de ses idées économiques. Napoléon III rejoint les saint-simoniens comme Michel Chevalier, alors que la grosse majorité des patrons sont attachés à un strict protectionnisme. Quant au plan social, il ne veut pas remettre en cause la liberté totale des propriétaires d'entreprises, mais après 1860, reconnaît pourtant le droit de grève (1864) et tente de favoriser l'éclosion d'une législation ouvrière. Enfin, sur le plan religieux, il entretient des rapports assez difficiles avec le clergé. Il soutient celui-ci et est soutenu par celui-ci dans sa politique nettement cléricale des premières années de règne : l'Eglise comme garant de l'ordre. Mais sa politique italienne va lui aliéner une bonne partie du clergé et des fidèles.

Les institutions et leur fonctionnement

La constitution du 14 janvier 1852 resta la base du régime, mais fut souvent modifiée, à commencer par le rétablissement de l'Empire en novembre 1852. L'article premier proclame que « La constitution reconnaît, confirme et garantit les grands principes proclamés en 1789 et qui sont la base du droit public des Français ». L'exécutif est fort, cumulant en plus de larges prérogatives (traités, guerre, etc.) le droit d'initiative des lois. Les ministres ne sont responsables que devant l'empereur, ne sont pas solidaires — pas de notion de ministère — et ne peuvent être membres d'aucune assemblée. Fractionné, le législatif est réduit à peu de choses. Le Corps législatif dont le nom même, aux antipodes d'Assemblée nationale, est révélateur d'une dévalorisation de sa fonction, ne possède pas le droit d'initiative et ne siège au maximum que trois mois par an. Il ne peut voter d'amendement sans autorisation du Conseil d'Etat, ne peut interpeller le gouvernement ni voter une adresse. Le compte rendu intégral de ses débats est interdit. De plus, le Sénat peut annuler les votes du Corps législatif s'il les trouve inconstitutionnels ou « contraires à la religion, à la morale, à la liberté des cultes, à la liberté individuelle, à l'égalité des citoyens, à l'inviolabilité des propriétés, à l'inamovibilité de la magistrature » : autant dire que le Corps législatif est sous surveillance et que les députés n'ont qu'à enregistrer les lois voulues par Napoléon. Quant au Conseil d'Etat, formé de spécialistes de droit constitutionnel nommés par l'empereur, il donne son avis, tranche, ajoute, modifie les lois votées par le Corps législatif, tel un véritable bras agissant de l'exécutif en matière législative. Le régime se veut une démocratie autoritaire et personnelle, exigeant le serment d'obéissance et de fidélité pour les représentants et les fonctionnaires. Dans le vocabulaire bonapartiste, démocratie n'est pas synonyme mais plutôt antonyme de liberté à laquelle Napoléon III préfère le mot d'unité.

L'empereur aime à s'entourer de fidèles, pour certains vieux compagnons d'armes, d'autant que la plupart des talents des régimes précédents sont ou déconsidérés (Guizot), ou dans l'opposition (Thiers), ou en exil (les républicains). Il considère que les ministres avec portefeuille, sans portefeuille ou d'Etat sont de simples rouages, des instruments chargés d'appliquer la politique qu'il définit. Il veut donc des hommes souples, fidèles et soumis : les Persigny, Morny, Fould, Rouher, Fortoul, Ducos, Billault, Walewski, Baroche, Magne, Abbatucci etc., sont totalement dévoués, et bien payés pour leur dévouement. Ils sont généralement en poste pour de longues durées, mais changent parfois de ministère : le nombre total de ministres ayant servi l'Empire est assez faible par rapport à la durée du régime. Le renouvellement se tarit, entraînant un vieillissement du corps ministériel, sans parler de la pratique, établie avec l'assentiment de Napoléon III, d'une politique de népotisme généralisé. Mais ces hommes, dont un certain nombre ont déjà « servi » sous la monarchie de Juillet et/ou la République conservatrice, ne sont pas dépourvus de qualités d'administrateur.

Deux cas apparaissent plus atypiques. Tout d'abord, celui d'Emile Ollivier, un quarante-huitard convaincu, député républicain de Paris dès 1857, mais qui se rallie à la politique d'ouverture voulue par Napoléon et Morny vers 1860-61. Rapporteur du projet de loi autorisant la grève, il rompt avec le parti républicain tout en combattant la politique de Rouher, avant de prendre la direction du Tiers-Parti en 1869 et d'accepter de former le ministère du 2 janvier 1870. Le second cas est celui de Victor Duruy. Issu d'un milieu modeste, reçu premier à l'agrégation d'histoire, spécialiste de l'Antiquité, il fut le « consultant » de l'empereur lorsque celui-ci rédigea son *Histoire de Jules César*. Ministre de l'Instruction publique de 1863 à 1869, Duruy entreprit de grandes réformes et, partisan de la laïcité, défendit l'Université face à l'Eglise. En 1867, une loi imposa à chaque commune la création d'une école de filles, prolongement de la loi Guizot de 1833 ; Duruy développa la gratuité grâce à la création de la Caisse des Ecoles, mais échoua sur la question de l'obligation, modifia les programmes des lycées, introduisant l'histoire contemporaine et rétablissant la philosophie, développa les cours pour adultes, l'enseignement secondaire spécial sans latin ni grec et les cours secondaires pour jeunes filles, malgré l'hostilité de l'Eglise, et fonda l'Ecole pratique des hautes études.

Napoléon III a profondément renouvelé le personnel administratif et les fonctionnaires dans leur ensemble. Il s'est attaché à obtenir une totale fidélité de ces rouages indispensables de la politique impériale. Néanmoins, beaucoup de fonctionnaires restent attachés aux régimes précédents et se rallient par opportunisme ou obligation. Au contact et à l'écoute des populations, ils doivent surveiller et informer ; en cas de révolte, voire de « mauvais » vote, ils sont tenus pour responsables. Parmi les plus concernés, figurent les procureurs généraux qui rédigent des rapports annuels sur l'état d'esprit des populations, mais aussi les commissaires de police, les juges de paix et l'ensemble des magistrats, les officiers de gendarmerie, sans oublier les recteurs et les enseignants, particulièrement surveillés par le ministre Fortoul qui va jusqu'à leur interdire le port de la barbe, « symbole d'anarchie ». Au premier rang de ces fonctionnaires dévoués, le préfet, l'œil et l'oreille de l'empereur dans les départements. Le rôle des préfets, « empereurs au petit pied », est essentiel dans la structure de l'administration impériale : ils nomment vingt-six autres catégories de fonctionnaires, y compris les instituteurs à partir de 1854. Pas toujours très compétents, massivement ralliés à « l'ordre », peu d'entre eux démissionnent après le 2 Décembre, mais certains se heurtent parfois aux notabilités locales orléanistes ou légitimistes. Deux cent vingt préfets seulement seront « utilisés » pour toute la durée de l'Empire dans un pays qui compte 86 départements avant l'annexion de la Savoie et du comté de Nice et 89 ensuite.

Le plus célèbre est le baron Haussmann qui a commencé une carrière administrative sous la monarchie de Juillet. Après la révolution de 1848, il est nommé préfet du Var, puis de l'Yonne, enfin de la Gironde de 1850 à 1852. Lorsque le prince-président effectue son « tour de France » avant le rétablissement de l'Empire, il est frappé par la chaleur de l'accueil de Bordeaux et appelle Haussmann à la préfecture de la Seine en 1853 : il y restera jusqu'en janvier 1870, relevé de ses fonctions par Emile Ollivier. A la jonction de la politique et de l'affairisme, Haussmann apparaît parfois symbolique du personnel politique et administratif du Second Empire tel que Zola le décrit, par exemple : mais il reste cependant assez largement atypique au milieu d'individus souvent plus pâles et moins entreprenants.

L'Empire autoritaire (1852-1860)

La césure entre Empire autoritaire et Empire libéral autour de 1860 peut, à certains égards, sembler artificielle : on ne change pas de souverain ni même de régime, du moins pas brutalement. Il s'agit plus de modifications régulières qui, affectant à l'origine le fonctionnement du régime, arrivent à en modifier la nature. Alain Plessis distingue la première législature — 1852-57 — marquée à la fois par un strict contrôle du pays et un essor économique remarquable, des années 1858-63 qui correspondent à une détérioration de la situation économique et politique, et de la période 1863-70 avec ses réformes politiques qui n'évitent pas au régime l'effondrement final. Pour Jacques Rougerie, il y aurait néanmoins une première grande période de bonapartisme fort, suivie d'une autre période où Napoléon III aurait tenté d'appliquer ses idées économiques et politiques. De fait, tant le coup d'éclat du traité de libre-échange de 1860 que la politique italienne à partir de 1859 ou encore la libéralisation progressive des institutions plaident en faveur d'une mutation. Cependant l'Empire garde une forte dose de césarisme et d'autoritarisme, bien qu'obligé de compter avec une opposition « dynastique » qui pousse aux réformes libérales. Mais il se développe aussi, prudemment, une opposition plus radicale, républicaine d'abord, socialiste ensuite, qu'il faut mettre en évidence pour comprendre le 4 septembre 1870 et la Commune de 1871, à moins de croire au phénomène de génération spontanée dont Pasteur démontra précisément l'aspect chimérique en 1862...

Un pays sous contrôle

Au lendemain du coup d'Etat, tout un corpus de lois contre les libertés est mis en place. La presse est muselée en février 1852 par le système des avertissements (deux entraînent la suspension et trois la suppression), le droit de réunion est interdit en mars, la censure dramatique rétablie en décembre. Début 1853, plus de 6 000 personnes sont encore emprisonnées. En 1854, l'obligation du livret ouvrier, moyen de contrôle des déplacements des travailleurs itinérants de l'industrie, est rappelée. Les élus et les fonctionnaires se font les relais de cette surveillance : police et gendarmerie surveillent attentivement les cabarets, les enseignants et les étudiants, les colporteurs et les vagabonds. Mais le régime pratique aussi le retournement des formes de propagande en sa faveur : on assiste à une multiplication des journaux et des petites publications, des gravures à bon marché rappelant les conquêtes du Premier Empire et réactivant la Légende dorée. Important aussi est le rôle des voyages en province : plus que ses prédécesseurs, Napoléon III parcourt la France, y compris les régions ouvrières (Lyon, Lille), la presse rappelant à profusion les aides financières apportées par leurs majestés impériales aux sociétés de secours mutuels, organisations charitables, etc. L'Eglise fait preuve d'un zèle actif pour soutenir Napoléon III — on parle d'un retour de la terreur blanche —, quitte à ne pas être dupe, tel Louis Veuillot, le directeur laïc du journal *L'Univers* : « Les gens [au pouvoir]... ne sont point des chrétiens, mais ce sont de bons diables ! » L'Eglise est associée à toutes les cérémonies officielles, et l'implication des évêques dans leurs diocèses et des prêtres dans leurs paroisses est particulièrement visible dans les domaines éducatif et électoral, même si le clergé reste divisé entre libéraux et gallicans d'une part (Lacordaire, Mgr Dupanloup), et conservateurs et ultramontains (Mgr Pie) d'autre part. Néanmoins, on peut parler d'un soutien massif au régime.

Quid des anciens gouvernants ? Ils sont dans l'opposition comme Thiers, Montalembert, Falloux, Rémusat, Molé ou Guizot. Mais ce dernier exprime un sentiment de soulagement partagé par beaucoup devant la purge entreprise : « Nous n'avons pas su garder le gouvernement libre, sachons supporter le pouvoir nécessaire ; il a aujourd'hui une mission de flagellation, d'expiation et de répression de l'anarchie que nul autre que lui ne saurait accomplir. » Il y eut bien une tentative de fusion entre les deux branches des monarchistes, mais les légitimistes restaient intransigeants dans leur « émigration de l'intérieur ». De plus, les questions du drapeau (blanc pour les légitimistes, tricolore pour les orléanistes) et du suffrage universel (les orléanistes étant plutôt contre, et les légitimistes plutôt pour) ne furent pas résolues. Quelle opposition alors ? Celle des salons, inopérante, vient de l'ancienne aristocratie qui retrouve ses réflexes du Premier Empire (critique du mariage de Naploléon III) ou se contente de jeux de mots (le « Second, en pire » ; le « premier vol de l'Aigle » à propos de la nationalisation des biens de la famille d'Orléans). L'opposition est parfois plus ouverte dans les salons légitimistes de l'Ouest ou du Midi. A l'autre bord, l'anticléricalisme reste vivace (ainsi *Le Siècle* qui bataille avec *L'Univers*), mais s'exprime parfois avec le soutien du régime qui préfère voir se concentrer le débat dans ce domaine et en tirer parti. L'opposition républicaine se réduit à des complots facilement désamorcés comme celui de l'Opéra-Comique en 1853, et à l'action clandestine de sociétés secrètes, comme la « Marianne », souvent noyautées par la police. Les républicains éprouvent de réelles difficultés pour s'imposer dans le monde ouvrier, étroitement surveillé par les autorités. Les révoltes ouvrières, peu nombreuses, ont un caractère plus social que politique, comme celle des ardoisiers de Trélazé en 1855. On diffuse les livres interdits imprimés en Belgique comme *Les Châtiments* où Victor Hugo fustige « Napoléon le Petit » ; on participe en foule mais en silence aux obsèques de Lamennais mort en 1854. Protestation symbolique, qui montre pourtant que toute opposition n'est pas réduite. Mais 1848 a laissé des rancunes tenaces dans le camp républicain ; de plus, ceux de l'intérieur et les exilés n'ont pas toujours la même position. Ainsi sur la question du serment : faut-il refuser de le prêter, position des exilés, et rester à l'écart de toute institution, ou accepter et combattre le régime dans le peu d'espace politique concédé ?

Elections, loi de sûreté générale, amnistie : les années 1857-59 sont dominées, sur le plan de la politique intérieure, par ces trois événements. Les élections législatives de 1857 ont été provoquées par Napoléon III qui, au lendemain de la guerre de Crimée et du traité de Paris, dissout le Corps législatif un an avant son terme et veut démontrer l'enracinement du régime. A ces élections préparées par une intense activité des fonctionnaires, les candidats officiels recueillent 90 % des voix. Mais on enregistre plus de 35 % d'abstentions, car la consultation apparaît sans véritable enjeu et le vote pour l'opposition est parfois impossible devant les fraudes officielles. Les républicains progressent pourtant : ils sont près de la victoire à Lille, emportent 1 siège à Lyon et 5 sur 10 à Paris (Ollivier, Darimon, Favre, Picard, Hénon). L'empereur, mécontent et profitant de l'attentat d'Orsini, fait adopter une loi de sûreté générale promulguée le 27 février 1858 qui témoigne de la crispation du moment : elle permet d'arrêter tous les suspects (quiconque a été condamné pour délit politique depuis 1848) et de les déporter ou de les exiler sans jugement. Cette loi, à l'origine de 430 nouvelles déportations en Algérie, sera assez vite abandonnée : dès l'année suivante, le régime affirme son aspect libéral en promulguant une loi d'amnistie concernant les 1800 condamnés politiques qui n'avaient pas encore été amnistiés.

Beaucoup d'exilés acceptèrent cette clémence du régime et rentrèrent en France. D'autres la refusèrent avec hauteur, parmi lesquels Victor Hugo — « S'il n'en reste qu'un, je serai celui-là » —, Louis Blanc, Victor Schoelcher ou Edgar Quinet : « Je ne suis ni un accusé, ni un condamné, je suis un proscrit. J'ai été arraché de mon pays, pour être resté fidèle à la loi, au mandat que je tenais de mes concitoyens. Ceux qui ont besoin d'être amnistiés, ce ne sont pas les défenseurs des lois ; ce sont ceux qui les renversent. On n'amnistie pas le droit et la justice. » Cette loi n'est pas en fait dictée par la seule humanité de Napoléon III, ni par sa volonté de démontrer qu'il tient bien la situation en mains : il s'agit aussi d'introduire une faille dans le camp républicain entre ceux qui acceptent et ceux qui refusent l'amnistie, et ce fut le cas, épisode douloureux de l'histoire du parti républicain. Néanmoins, cette mesure couplée aux premières réformes institutionnelles de 1860 amorce la mutation de l'Empire autoritaire en Empire libéral.

L'essor économique

La présentation du Second Empire comme une période de révolution industrielle, de profondes mutations économiques, doit être replacée dans le contexte d'un pays qui, par ses activités humaines et ses productions, demeure massivement rural. A un secteur agricole dominant et à un secteur artisanal traditionnel, tous deux peu innovants, avec des exceptions, se superpose une minorité entreprenante et innovatrice du secteur industriel et commercial. La prospérité, revenue dès 1852, forme la base du credo économique et social napoléonien : en bon politique, Napoléon III sait que sa légitimité tient aussi au sentiment d'aisance et de progrès qui doit se répandre au sein de toutes les classes de la société. En plein accord avec les saint-simoniens, il préconise l'intervention de l'Etat comme aiguillon et même initiateur de grands travaux, par l'emprunt (le premier en 1854), l'encouragement à l'épargne (création du Crédit mobilier) et le crédit (Crédit foncier de France), au détriment de la dette publique et de l'équilibre budgétaire. Des lois favorisent la constitution de sociétés commerciales (1856) et surtout la naissance des sociétés à responsabilité limitée (1863 et 1867). Le régime bénéficie d'une conjoncture favorable due en grande partie au gonflement de la masse monétaire provoquée par les découvertes d'or aux Etats-Unis et en Australie, et dont profite aussi la Banque de France pour augmenter son encaisse métallique. Mais le rôle des ministres des Finances comme Bineau, Magne ou Fould, ou des gouverneurs de la Banque de France — qui multiplie ses succursales en province — comme Rouland, ne fut pas négligeable, sans oublier celui des ministres en charge des grands secteurs de l'économie comme de nouveau Magne, ou Béhic, ancien directeur des Forges de Vierzon, tous deux à l'Agriculture, au Commerce et aux Travaux publics, ni l'entregent d'affairistes comme Morny ou Haussmann. Ces années (1852-1858/60 suivant les domaines) de forte hausse de la production, en volume comme en revenus, sont dominées par la sorte d'apothéose que constitua l'Exposition universelle de 1855. Le bâtiment connaît une remarquable croissance, et le volume global des exportations augmente de 50 %. La France entreprend la construction du canal de Suez dont les travaux débutent en 1859 et qui sera inauguré dix ans plus tard par l'impératrice Eugénie. Le chemin de fer reprend son essor, favorisé par la grande loi de 1859 qui fait de l'Etat le garant des obligations émises par les compagnies de chemin de fer. Celles-ci ont été encouragées à la fusion (création du P.L.M.) et ont vu la durée de leur concession augmenter : de quelque 3250 km en 1851, le réseau ferroviaire français passe à près de 16 500 km en 1869, entraînant une multiplication par quatre du nombre de voyageurs et par dix du trafic de marchandises. Le désenclavement et la circulation des hommes s'accélèrent. L'ère des grands magasins s'ouvre avec le Bon Marché de Boucicaut, qui inspira à Emile Zola *Au Bonheur des Dames*, suivi par les Grands Magasins du Louvre, le Printemps et la Samaritaine.

Par la suite, le Second Empire, dont la croissance a été moins forte qu'à l'époque du premier décollage économique autour de 1840, connaît jusqu'au bout une prospérité certaine, avec cependant un tassement que traduit le ralentissement des investissements publics comme privés. Le taux de croissance industrielle des années 1865-70 est plus de trois fois inférieur à celui des années 1850-55. Au milieu d'un climat d'affairisme troublé par quelques scandales dus à une spéculation boursière et immobilière effrénée, quelques faillites retentissantes se produisent, comme celle en 1866 du Crédit mobilier, engagé dans la création d'une nébuleuse d'entreprises (transports maritimes, gaz, immobilier, chemins de fer, mines et banques, en France et à l'étranger). Dans une société bourgeoise que Labiche, Dumas-fils, Proudhon, et plus tard Zola, décrivent fascinée par l'argent, des fortunes se font et se défont à des vitesses prodigieuses, comme celle de Jules Mirès, fondateur de la Caisse générale des chemins de fer, et mécène du premier livre de Jules Vallès, intitulé… *L'Argent* ! L'époque est à la concentration, aux présences croisées dans les conseils d'administration et dans les cercles du pouvoir : un Schneider comme un Morny savent ainsi évoluer avec aisance dans ces deux mondes parallèles et fabriquer leur propagande par une mainmise sur la presse. A côté des établissements traditionnels (Rothschild), le réseau bancaire s'étoffe de banques par actions (1859 : Crédit industriel et commercial, 1863 : Crédit Lyonnais, 1864 : Société générale), alors qu'est légalisé l'emploi du chèque bancaire en 1865. Mais les effets financiers de la désastreuse guerre du Mexique, engagée en partie du fait des intérêts de Morny dans la dette mexicaine, pèseront de tout leur poids sur l'économie du régime. De plus, le « coup d'Etat douanier » (Alain Plessis) que la France et l'Angleterre signèrent le 24 janvier 1860 provoqua des réactions passionnées. En abaissant sensiblement les droits de douane sur une série de produits agricoles et industriels, ce traité, dû à Richard Cobden et à Michel Chevalier, pleinement soutenu par l'Empereur, suscita les vigoureuses protestations d'une partie non négligeable du patronat, notamment dans le secteur textile du Nord et de Normandie, alors que les producteurs agricoles se frottaient plutôt les mains, notamment du côté des céréaliers et des viticulteurs, traditionnellement exportateurs vers l'Angleterre. Ce libre-échange fut mal accueilli car, dans un système traditionnel alliant libéralisme productif et protectionnisme douanier, on craignait que la puissance industrielle britannique pénètre la France au détriment de ses propres industries. Ce fut en partie le cas, poussant de nombreuses entreprises à la modernisation, à la concentration ou à la spécialisation pour éviter la faillite. Ainsi de l'industrie charbonnière en plein essor, et de la sidérurgie portée par l'empire Schneider au Creusot et ses 10 000 ouvriers — « Schneiderville » — ou celui des de Wendel en Lorraine, et qui sut défendre ses intérêts au sein du Comité des Forges. Par la suite, le traité de 1860 fut étendu à la Belgique, à l'Italie, au Zollverein, à la Suède, à la Suisse, à l'Espagne, au Portugal et à l'Autriche. La deuxième Exposition universelle, organisée en 1867, fut de nouveau l'occasion pour le régime de témoigner de la bonne santé économique de la France.

Les arts et les lettres, le mouvement des idées

Superficielle par le nombre mais dominante par la culture, la bourgeoisie a largement participé à la « fête impériale ». L'opérette triomphante, avec Meilhac et Halévy pour les livrets et Offenbach pour la musique (*La Vie parisienne*, *La Belle Hélène*, *La Périchole*), est interprétée comme le symbole de la culture impériale et, par prolongement, d'une société soucieuse de rire d'elle-même, de trouver au théâtre (Emile Augier, Alexandre Dumas-fils : *Le Demi-Monde*, *La Question d'argent*) une satire du temps et de ses passions : argent, réussite, intrigues. On rit aussi avec Labiche, le roi du vaudeville. Certains se réjouissent de la mort du romantisme qui se prolonge pourtant jusque vers 1860 : *Les Contemplations* et *La Légende des siècles* de Victor Hugo en témoignent, mais également *Les Misérables*, *Les Travailleurs de la mer*, et *L'Homme qui rit*. Et que dire de l'oeuvre de Théophile Gautier qui, en dehors de poésies romantiques, produit le *Roman de la momie* et *Le Capitaine Fracasse* ? D'autres, annonçant le XIXe siècle comme « l'âge de la matière » et affirmant que « l'utile est le dieu de ce siècle » (Feydeau, 1863), se rallient au réalisme, basé sur l'observation et la reproduction de la réalité. Flaubert, dont *Madame Bovary* (1856) lui vaut un retentissant procès pour immoralité, publie ensuite *L'Education sentimentale* (1869). Les Goncourt (*Germinie Lacerteux*), Alphonse Daudet (*Lettres de mon moulin*, *Le Petit Chose*), Ernest Feydeau, le père de Georges, et le jeune Zola, furent les meilleurs représentants du roman réaliste. La poésie parnassienne, représentée par Leconte de Lisle et le jeune Mallarmé, et le symbolisme de Baudelaire (*Les Fleurs du mal*, 1857, également victime d'un procès pour « outrage à la morale publique et aux bonnes moeurs ») illustrent le foisonnement d'écoles qui éclosent dans le Paris littéraire, alors que Verlaine publie les *Poèmes saturniens* et les *Fêtes galantes*. De semblables oppositions se retrouvent dans le domaine des arts graphiques et de la sculpture. La vie de cour, brillante, notamment à Compiègne et aux Tuileries, a été représentée par Winterhalter dans un esprit quelque peu mièvre qui épouse la nature du sujet. A côté d'un art académique, produit par l'Ecole des Beaux-Arts, sanctionné par l'Académie des Beaux-Arts et exposé au Salon, scènes d'histoire où s'illustrent Thomas Couture ou Ernest Meissonnier, il existe un art parallèle qui ne trouve guère de lieux d'exposition avant que le Salon des Refusés ne soit organisé en 1863. Si Corot bénéficie de l'admiration de Napoléon III, si Delacroix triomphe à l'Exposition universelle de 1855, certains, comme Courbet ou Manet, refusés par les organisateurs, organisent leur propre exposition parallèle. Artiste engagé, producteur de toiles suscitant autant d'enthousiasme que de critiques virulentes (*L'Enterrement à Ornans*, *L'Atelier de l'artiste*), Courbet représente le réalisme en peinture, exprimant le désir d'« être à même de traduire les mœurs, les idées, l'aspect de mon époque selon mon appréciation, en un mot faire de l'art vivant ». Edouard Manet, habitué de l'exclusion des Salons, provoque par deux fois un scandale par le thème et le traitement du *Déjeuner sur l'herbe* et d'*Olympia*, attirant à lui tout un groupe de jeunes peintres (Degas, Pissaro, Monet, Bazille, Renoir) et le soutien de Zola. Entre réalistes et romantiques, Fantin-Latour se fait le chroniqueur pictural des artistes et des écrivains de la période, alors que Félix Tournachon, dit Nadar, photographie les célébrités de son temps. Dans le domaine de la sculpture, le Second Empire est marqué par le règne de Carpeaux, qui bénéficie de nombreuses commandes officielles et réalise notamment le « Groupe de la Danse » pour la façade de l'Opéra de Paris. La réalisation de ce dernier, commencée en 1862, est confiée à Charles Garnier, l'un des représentants du « style » Napoléon III fait d'un éclectisme alliant un fond de classicisme à une innovation fantaisiste que l'on retrouve dans les restaurations de Viollet-le-Duc (ainsi de celle du château de Pierrefonds entreprise à la demande de l'empereur). L'époque est également marquée par les innovations techniques dues aux tenants du « rationalisme » architectural que sont Baltard (Halles de Paris) ou Labrouste (grande salle de la Bibliothèque nationale) avec l'emploi du métal pour alléger la structure des bâtiments. Le romantisme musical perdure à travers l'œuvre de Berlioz qui produit les *Troyens* en 1855-1858, mais est davantage apprécié à l'étranger qu'en France. Le public français admire plutôt Meyerbeer ou Auber (*Manon Lescaut*), consacre Gounod (*Faust*, *Mireille*, *Roméo et Juliette*) et découvre le jeune Bizet. Baudelaire s'emploie en vain à faire connaître et apprécier du public français l'œuvre de Wagner.

A l'origine, la période n'a pas été la fête de la pensée. Beaucoup d'intellectuels, d'écrivains, d'artistes sont réduits au silence ou condamnés à l'exil. Il régne durant une décennie ce que l'historien Rodolphe Reuss a appelé « un marasme intellectuel et moral », caractérisé par « le livre proscrit, la parole enchaînée, la pensée bâillonnée ». Si Hugo est connu, ses *Châtiments* sont vendus et lus clandestinement. Pourtant, l'époque est fondamentale dans le renouvellement des doctrines philosophiques et scientifiques : la notion de progrès s'impose et on peut croire alors que *L'Avenir de la science* (titre d'un ouvrage rédigé par Renan en 1848 et publié en 1890) serait radieux. L'influence d'Auguste Comte, mort en 1857, et du positivisme est considérable sur les savants, et aussi les politiques, de la période. Ernest Renan publie une retentissante *Vie de Jésus* (1863) faisant suite à son cours rapidement supprimé du Collège de France dont la leçon inaugurale commençait ainsi : « Un homme incomparable, si grand que (bien qu'ici tout doive être jugé du point de vue de la science positive) je ne voudrais pas contredire ceux qui, frappés du caractère exceptionnel de son œuvre, l'appellent Dieu. » Les *Essais de critique et d'histoire* (1858) d'Hippolyte Taine se veulent une application du positivisme à la science historique, les faits étant déterminés par la race, le milieu et le moment. Claude Bernard applique à la médecine expérimentale la volonté de comprendre le comment à partir d'une méthode et d'hypothèses. Louis Pasteur entreprend de multiples travaux de chimie mettant à bas la théorie de la génération spontanée tout en permettant la découverte des causes de nombreuses maladies infectieuses. Face à ces adeptes du scientisme, contemporains de Darwin (*De l'origine des espèces par voie de sélection naturelle*, 1859), se dressent l'Eglise arc-boutée sur ses dogmes ou un Gobineau dont l'*Essai sur l'inégalité des races humaines* (1853-1855) peut être lu comme la perversion des théories scientistes. Du côté des économistes, l'époque reste partagée entre les tenants du libéralisme absolu comme les disciples de Frédéric Bastiat (mort en 1850) et les partisans d'une intervention de l'Etat comme les saint-simoniens ou Charles Dupont-White. Frédéric Le Play, dont l'œuvre principale, *La Réforme sociale en France*, fruit d'une longue enquête sur les ouvriers, paraît en 1864, se fait l'apôtre du principe de soumission à l'autorité de l'Eglise, du patron, du chef de famille, de l'Etat, et fonde ce qu'il est convenu d'appeler le paternalisme.

Jamais peut-être l'influence de Proudhon, mort en 1865, n'a été aussi forte sur le mouvement ouvrier français. Pourtant, Proudhon soutient un bref moment l'auteur du coup d'Etat du 2 décembre, qualifié de « dictateur révolutionnaire ». Mais il prend très vite ses distances et produit sous l'Empire ses plus importants ouvrages (*De la justice dans la révolution et dans l'Eglise*, *De la capacité politique des classes ouvrières*). Alors que le fouriérisme se perpétue dans le communautarisme (en 1859, Godin entreprend la construction du familistère de Guise) et que le saint-simonisme est « compromis » par son soutien au régime (avec Michel Chevalier, les Pereire, Talabot, Ferdinand de Lesseps), le proudhonisme s'impose au sein de l'élite ouvrière sensible au mutuellisme, à l'autonomie ouvrière, à l'idée de coopération, à la petite production, face à la concurrence grandissante de la grande industrie, tout en restant imperméable au marxisme. Le discours proudhonien, très hostile à l'argent, dénonce « la dissolution d'une époque qui a pris pour Décalogue la Bourse et ses œuvres, pour philosophie la Bourse, pour politique la Bourse, pour morale la Bourse, pour patrie et pour Eglise la Bourse » (Proudhon, *Manuel du spéculateur à la Bourse*, 1857) : il rencontre l'approbation d'un milieu ouvrier qui voit dans le travail la source du profit honnête. L'Association internationale des travailleurs, fondée en 1864, eut bientôt une active section française, grâce notamment à Tolain, ouvrier ciseleur, membre de la délégation ouvrière participant à l'Exposition universelle de Londres en 1862, et l'un des signataires du Manifeste des Soixante. Le régime ne toléra pas longtemps la section française de l'AIT, dissoute dès 1868, alors qu'un socialisme révolutionnaire se développait au sein du mouvement ouvrier, avec les blanquistes, Eugène Varlin, ouvrier relieur, Benoît Malon, apôtre du communisme.

La politique extérieure

Napoléon III est à l'origine d'une véritable politique coloniale, combinant un aspect de politique extérieure (rivalité face à l'Angleterre, présence française dans le monde) et un aspect économique (exploiter les richesses des territoires conquis, trouver des débouchés aux capitaux français). Pour l'empereur, la politique coloniale est aussi une politique de prestige, un prolongement de sa politique européenne. La notion d'empire colonial est clairement exprimée, avec le soutien de l'Eglise et de ses missionnaires : c'est le début du temps des « bons pères » qui vont évangéliser les populations indigènes. Parmi le personnel politique, Ducos et surtout Chasseloup-Laubat, ministre de la Marine et des Colonies pendant huit ans de 1859 à 1867, ont été des serviteurs efficaces de la politique impériale. De nouveaux territoires sont colonisés dans le Pacifique : la Nouvelle-Calédonie en 1853, où le bagne de l'île de Nou est installé en 1864, et Clipperton en 1858. Faidherbe, nommé gouverneur du Sénégal en 1854, affirme la présence française en Afrique occidentale, au moment où Français et

Anglais commencent une longue rivalité du côté de l'Egypte. En Algérie, le nombre de colons est massivement augmenté par les transportations ou déportations de juin 1848 (4000 personnes) et de décembre 1851 (3000 personnes). La guerre se poursuit avec la conquête de la Kabylie en 1857, alors qu'on entreprend la construction de voies ferrées et le développement des cultures irriguées. L'intérêt de Napoléon pour cette colonie le poussa à se faire proclamer roi d'Algérie et à créer un éphémère ministère de l'Algérie et des Colonies en 1858. L'idée de royaume arabe et de politique arabe, renforcée par la présence française en Egypte, semble renvoyer aux visées de Napoléon Iᵉʳ. Lors d'un voyage à Alger en 1860, l'empereur annonça sa volonté de faire progressivement des Arabes des citoyens français et de leur garantir la propriété de leurs terres. Mais l'idée se heurta à l'hostilité des milieux militaires et des colons. De plus, la famine de 1868 provoqua la mort d'environ 300 000 autochtones. Enfin, l'intervention d'un corps expéditionnaire en Syrie et au Liban en 1860 pour protéger la communauté maronite massacrée par les Druzes, suivie de l'envoi de missions, marqua le début de l'influence française au Proche-Orient

La politique française fut également très active en Extrême-Orient. C'est à l'influence chinoise et à celle de l'Empire d'Annam que s'attaque la France, mais tout autant à l'influence anglaise, les puissances européennes commençant à se partager les dépouilles des Empires chinois et annamite comme elles se partageaient celles de l'Empire ottoman. Au départ, des prétextes identiques, massacres de soldats ou de missionnaires, justifient l'envoi de navires de guerre. Mais très vite, les puissances occidentales font savoir leur volonté d'obtenir des franchises commerciales. En 1859, des troupes françaises prennent Saigon et en quatre ans occupent la moitié de la Cochinchine et imposent leur protectorat au Cambodge. En 1867, toute la Cochinchine est aux mains des Français qui explorent également le Mékong et la Chine méridionale, le Yunnan et le Tonkin. A l'évidence, l'œuvre coloniale du Second Empire, malgré ses hésitations et son manque de moyens financiers, prélude à celle de la IIIᵉ République. La superficie de l'empire colonial a triplé. Mais l'esprit de colonisation, pourtant, reste peu développé chez les Français, et au total peu de capitaux se dirigent vers les entreprises coloniales ou sont limités à une simple exploitation commerciale, comme l'arachide du Sénégal. Sauf en Algérie, le nombre de colons reste faible également, alors que les préjugés demeurent entiers envers les populations soumises, avec quelques exceptions notoires comme Faidherbe en Afrique, qui s'intéressa à leurs coutumes, à leurs langues — il apprit le ouolof - et à leur art. Mais en France, à la différence de l'Angleterre, l'intérêt pour les colonies n'est pas chose acquise et, au Corps législatif, les discussions vont bon train entre anti- et pro-colonisation : elles se poursuivront sous la IIIᵉ République.

Quant à la politique européenne, elle est dominée par les guerres de Crimée (1854-56) et d'Italie (1859-60), cette dernière étant considérée comme l'un des tournants du régime. La guerre de Crimée s'enracine dans une vieille question, celle des détroits du Bosphore et des Dardanelles, avec la rivalité entre une Turquie soucieuse d'en garder le contrôle, et une Russie qui, mêlant arguments religieux (protection des chrétiens orthodoxes de l'Empire ottoman) et économiques, souhaiterait accroître son influence dans la région : en contrôlant les Détroits, elle pourrait mettre en rapport la mer Noire et la mer Méditerranée. Sur ce dernier point, la Russie se heurte à une opposition farouche et unie de l'Angleterre et de la France, hostiles à l'idée de voir surgir un troisième larron dans leur *Mare Nostrum.* C'est pourquoi les deux puissances apportent leur soutien à l'Empire ottoman et, en mars 1854, déclarent en commun la guerre au tsar Nicolas Ier qui avait attaqué la Turquie l'année précédente. La guerre de Crimée fournit à la France l'occasion de briser l'alliance des puissances européennes en s'alliant avec l'Angleterre, un cas de figure plutôt rare. Le Piémont participe aussi au conflit, espérant ainsi en tirer des bénéfices dans sa politique d'unité italienne. La guerre, très dure, sera marquée par de sanglantes batailles (l'Alma, Malakoff), par les ravages du choléra qui tuera de nombreux soldats et officiers (Saint-Arnaud et lord Raglan, les deux commandants alliés) et par le long siège de Sébastopol. Elle mettra également en évidence la mauvaise organisation matérielle de l'armée française et les mauvaises conditions de vie des soldats. Pour la première fois, on utilise le télégraphe électrique et des anesthésiques dans les opérations chirurgicales, mais les pertes sont très élevées. Après la médiation de l'Autriche et les longues négociations du congrès de Paris, les belligérants signent le traité de Paris en mars 1856. Il neutralise la mer Noire, place sous la garantie des puissances l'intégrité de l'Empire ottoman, proclame l'autonomie des principautés danubiennes (Moldavie, Valachie, Monténégro et Serbie) et la liberté de navigation sur le Danube. La Russie cède le sud de la Bessarabie à la Moldavie. Cavour profite du congrès de Paris pour plaider en faveur de l'unité italienne, provoquant la colère de l'Autriche. Pour Napoléon III, le règlement du conflit apparaît comme un triomphe personnel, même si le succès s'avère plus symbolique que concret pour la France. Les traités de Vienne ne sont pas fondamentalement modifiés, mais la position diplomatique française se trouve renforcée. L'Empire semble alors à son apogée, d'autant qu'au même moment naît le prince impérial.

La question italienne a resurgi au lendemain de 1830 et surtout de 1848 avec la révolution en Lombardie et à Venise, finalement écrasée par l'Autriche, et à Rome, où le pape fut rétabli par l'intervention française de 1849. Le roi Victor-Emmanuel II et son ministre Cavour, président du Conseil de 1852 à 1859 et de 1860 à sa mort, surent utiliser la menace de républicains comme Garibaldi pour faire de la solution piémontaise la clef de la question de l'unité italienne. Le programme de Cavour est résumé dans la formule : « Indépendance, Unité, Maison de Savoie ». Mais l'enjeu est tout autre pour Napoléon III. Si la guerre de Crimée a fait l'unanimité, y compris chez les catholiques, la question italienne provoque des réactions beaucoup plus partagées. D'abord, les milieux financiers ne voient pas tous d'un très bon œil la préparation d'une seconde guerre trois ans après la fin de la précédente. Ensuite, cette guerre est porteuse d'un risque de conflit européen, au vu de ses conséquences virtuelles : que devient dès lors l'affirmation selon laquelle « l'Empire, c'est la paix » ? Les catholiques, eux, sont hostiles : soutenir le Piémont, cela revient à affaiblir le pape Pie IX, rétabli par Oudinot en 1849. Quelle autre capitale que Rome peut être envisagée par ces nationalistes, même si Cavour, à la différence de Garibaldi, se montre prudent sur la question ? L'Italie unifiée n'englobera-t-elle pas nécessairement les Etats de l'Eglise ? C'est pourquoi l'Eglise, et notamment les ultramontains, critique ouvertement cette intervention de la France en Italie, d'autant que l'adversaire est l'Autriche, puissance catholique s'il en est et qui a toujours soutenu la papauté. Mais pourquoi cet attachement de Napoléon III à la cause italienne ? Il s'agit d'un intérêt ancien, datant du temps où il combattait avec les patriotes de 1831. L'empereur met en avant le désir exprimé par les Italiens eux-mêmes : l'un d'entre eux, Orsini, n'a-t-il pas tenté de l'assassiner le 4 janvier 1858, devant l'Opéra, avec l'espoir de provoquer une révolution qui ferait tache d'huile en Italie ? Napoléon III reçoit deux lettres d'Orsini écrites avant son exécution — « Que votre Majesté [...] délivre ma patrie, et les bénédictions de 25 millions de citoyens la suivront dans la postérité » — qui furent publiées tant en France qu'en Italie. Mais surtout, l'empereur espère rééquilibrer l'Europe en créant un Etat fort dans le Sud, face à l'Autriche, et donc renforcer ainsi la position de la France. Enfin, l'intervention a un prix. A la suite d'une entrevue avec Cavour à Plombières en juillet 1858, un accord a été conclu : la France s'engage à aider le Piémont à conquérir toute l'Italie du Nord (Lombardie, Vénétie, duchés de Parme et de Modène, nord des Etats pontificaux), sans toucher au royaume de Naples ni à Rome, et, en échange, recevra la Savoie et le comté de Nice. Un traité d'alliance offensive et défensive est signé en janvier 1859.

La guerre, déclenchée par une provocation piémontaise, fut courte (10 mai-8 juillet 1859). Elle se limita à deux batailles décisives remportées par les Franco-Piémontais sur les Autrichiens, Magenta (4 juin) et Solferino (24 juin). Les pertes importantes de soldats sur le champ de bataille furent à l'origine de la prise de conscience de Henri Dunant, spectateur de Solferino, qui fonda la Croix Rouge (1863) et fut à l'origine de la Convention de Genève (1864). Le manque d'organisation inquiétant des troupes françaises fut souligné par des généraux eux-mêmes comme Bourbaki ou Canrobert qui dénoncèrent le manque de couvertures, de tentes, de services de santé, d'intendance, etc. Au terme de ces deux batailles, l'armistice fut signé à Villafranca le 8 juillet 1859. Pourquoi cet arrêt des hostilités décidé par Napoléon III avant la libération de la Vénétie ? Les causes sont à la fois militaires — l'armée française a été durement éprouvée —, politiques — danger de propagation d'une révolution qui chasserait de nouveau le pape de Rome, voire imposerait la république, alors qu'en France s'amplifie la protestation des milieux catholiques — et diplomatiques — la Prusse, inquiète des buts de guerre français, menace de mobiliser sur le Rhin. Le Piémont reçoit donc la Lombardie, mais pas la Vénétie ; de ce fait, Napoléon III ne peut revendiquer la Savoie et Nice car le contrat n'a pas été rempli. Mais en 1860, les patriotes italiens occupent et annexent la Toscane, les duchés de Parme et de Modène et la Romagne pontificale, avec l'accord de la France qui obtient dès lors la Savoie et Nice, annexées après référendum au traité de Turin. La même année, Garibaldi, soutenu par Mazzini, tous deux républicains, organise le corps des Mille ou des Chemises rouges et conquiert le royaume de Naples ; mais les troupes de Victor-Emmanuel arrivent à temps pour annexer les territoires au jeune royaume d'Italie auquel ne manquent que la Vénétie et Rome. Pour Napoléon III, la guerre d'Italie s'achève par un triomphe personnel : la France agrandie compte 89 départements et a démontré sa force à deux reprises, contre la Russie et contre l'Autriche. Cependant, l'animosité des milieux catholiques s'amplifie à l'égard du régime et les critiques se font plus vives : une évolution qu'il faut replacer dans le contexte d'une poussée de l'opposition libérale, voire républicaine, et de l'affirmation d'un mouvement ouvrier.

L'Empire libéral (1861-1870)

Le fait que le régime impérial ait entrepris un virage libéral pose un problème préliminaire d'interprétation : faut-il voir dans cette évolution la marque d'une volonté venue d'en haut et prouvant un enracinement tel du régime qu'il pouvait se permettre de laisser plus de champ libre à ses opposants ? Sont-ce au contraire les difficultés du régime qui l'ont poussé à cette évolution, comme une sorte de fuite en avant ? Pour en juger, il faut à tout prix respecter la chronologie et ne pas juger l'évolution du Second Empire en fonction de son effondrement final. Mais ces années 1861 à 1870 sont passionnantes en ce qu'elles montrent comment, progressivement, un régime ayant apparemment bien en main la situation et reposant sur une assise populaire réelle, va lentement « lâcher du lest » dans une spirale peut-être de moins en moins contrôlée. Pour autant, il serait erroné de parler de rupture entre deux périodes de l'histoire du Second Empire : il s'agit bien d'une évolution dont l'origine est peut-être à rechercher aussi dans le poids du passé proche (l'acculturation d'une culture politique démocratique) et dans la prégnance de la question des origines du régime.

Des bases rétrécies ?

Au tournant de 1860, le régime perd le soutien actif de certains groupes, sans que pour autant ceux-ci versent dans l'opposition ouverte : ainsi de la hiérarchie catholique, mécontente de la politique italienne de Napoléon III. Celui-ci réagit en supprimant *L'Univers* en janvier 1860, tient parfois un discours assez nettement anticlérical, et attaque des Sociétés comme celle de Saint-Vincent-de-Paul dont la puissance et les orientations lui déplaisent. Mais des députés pourtant élus comme candidats officiels se rallient au camp catholique. Les résistances émanent également d'une partie du patronat, touchée par le « coup d'Etat douanier » de 1860 et qui dispose aussi de « ses » députés pour faire entendre son mécontentement. Plus largement, la situation de croissance économique forte et continue tend à s'éroder, et la modernisation des grandes villes entreprise par Napoléon III (Paris, mais aussi Lyon, Marseille, Bordeaux, etc.), si elle fournit du travail à de nombreux ouvriers dans la longue durée — Paris sous le Second Empire a un aspect de chantier permanent —, mécontente une partie importante de la population urbaine : les classes populaires dont les logements sont détruits pour être remplacés par des immeubles de rapports aux loyers inaccessibles. C'est alors l'exode vers des banlieues de plus en plus lointaines, d'autant qu'en 1860 Paris a été agrandi par l'adjonction d'une douzaine de communes limitrophes (Belleville, Charonne, Vaugirard, Passy, etc.) et porté ainsi à 20 arrondissements. Jules Ferry dénonce le financement de ces grands travaux au moyen de manœuvres financières troubles dans *Les Comptes fantastiques d'Haussmann* (1867). Les grandes villes vont basculer, sur le plan électoral, dans l'opposition républicaine. Il convient enfin de rappeler que débute en 1861 l'intervention au départ commune des Anglais, des Espagnols et des Français contre le Mexique du président Juarez qui, ravagé par une guerre civile opposant conservateurs catholiques et libéraux anticléricaux, n'honore plus ses dettes. L'implication de hautes personnalités du milieu politico-financier dans les créances du Mexique, comme Morny, a pesé lourd dans le déclenchement de cette intervention. Les Français se retrouvent bientôt seuls, Anglais et Espagnols se retirant de l'expédition, d'autant que les Etats-Unis, sortis de la guerre civile, rappellent qu'il entendent faire respecter la doctrine de Monroe. Cette intervention qui s'achève en déroute militaire et par l'exécution de l'archiduc Maximilien, frère de François-Joseph et éphémère empereur du Mexique, obérera sur les finances françaises.

Le temps des réformes

L'évolution libérale du régime se traduit par une succession de réformes concernant le fonctionnement des institutions. Le décret du 24 novembre 1860 concède trois choses : le Corps législatif et le Sénat pourront désormais rédiger et voter une adresse en réponse au discours du trône ; le compte rendu des débats des Chambres pourra être publié *in extenso* par les journaux, à commencer par le *Journal officiel* ; des ministres sans portefeuille viendront discuter les projets de loi du gouvernement devant le Corps législatif. Dès 1861, Emile Ollivier, député républicain, commence à se rapprocher du pouvoir. La même année, le gouvernement renonce à l'emploi de crédits extraordinaires ou supplémentaires sans l'accord du Corps législatif, et accorde à ce dernier le droit de voter le budget par section (et plus par ministère : accroissement du pouvoir des députés). L'opposition revigorée prépare activement les élections législatives de 1863. Elle obtient deux millions de voix au total sur 7 300 000 votants, et 32 députés élus dont des monarchistes, légitimistes ou orléanistes comme Thiers dont c'est la grande rentrée politique, des catholiques, des protectionnistes et 17 républicains dont 8 à Paris qui totalisent 63 % des voix. Des candidats républicains gagnent aussi à Marseille, Lyon, Lille, Bordeaux, Toulouse. Mais les campagnes, soigneusement « quadrillées », votent massivement bonapartiste. Au vu des résultats, Napoléon III renvoie le dur Persigny et écoute davantage Morny, partisan de l'ouverture contre les « mamelouks » : ainsi Victor Duruy devient-il ministre de l'Instruction publique ou Baroche ministre de la Justice et des Cultes. Parallèlement et non sans arrière-pensées, l'empereur réactive sa fibre ouvriériste en finançant l'envoi d'une délégation d'ouvriers français à l'Exposition internationale de Londres en 1862, parmi lesquels Tolain, également à l'origine du Manifeste des Soixante. Ce texte, publié en 1864, réclame une représentation autonome des ouvriers au Corps législatif, distincte du parti républicain, ce qui ne peut que satisfaire le régime. La même année, alors qu'est fondée l'Assocation internationale des travailleurs, Napoléon III accorde le droit de grève par une loi dont le rapporteur est Emile Ollivier. Mais il refuse les « libertés nécessaires » réclamées par Thiers dans un retentissant discours : suppression de la loi de sûreté générale, liberté de la presse et des élections, droit d'interpellation, droit de renverser le ministère, c'est-à-dire évolution vers le parlementarisme.

A la mort de Morny en 1865, Rouher devient tout puissant : or, il est partisan d'un régime autoritaire. Se dresse contre lui un groupe de députés se disant bonapartistes et libéraux, le Tiers Parti dont le principal chef devient Emile Ollivier, partisan de la fusion de l'ordre et de la liberté. Malgré Rouher et les mamelouks, Napoléon III poursuit sa politique de libéralisation du régime. En 1866, le Corps législatif est autorisé à discuter des amendements, même repoussés par le Conseil d'Etat, et la limitation de durée de la session à trois mois est supprimée. L'année suivante, Napoléon III annonce dans *Le Moniteur* une nouvelle évolution : « Je crois qu'il est possible de donner aux institutions de l'Empire tout le développement dont elles sont susceptibles, et aux libertés publiques, une extension nouvelle, sans compromettre le pouvoir que la nation m'a confié. » Au Corps législatif, l'interpellation remplace l'adresse : tout acte du gouvernement peut donc être discuté. En 1868, une loi supprime le régime des avertissements, et une autre établit la liberté de réunion, avec autorisation si le sujet est politique ou religieux. L'opposition s'engouffre dans ces brèches : ainsi annonce-t-elle des réunions portant sur des questions économiques ou sociales, non soumises à autorisation. La presse connaît un essor remarquable : plus de 140 titres apparaissent parmi lesquels *La Lanterne* d'Henri Rochefort qui tire bientôt à 120 000 exemplaires et dont le premier numéro du 30 mai 1868 annonce que la France contient « trente-six millions de sujets sans compter les sujets de mécontentement » ou *Le Réveil*, journal d'orientation socialiste de Charles Delescluzes, condamné pour la souscription Baudin, malgré la vigoureuse plaidoirie d'un jeune avocat républicain, Léon Gambetta. Eugène Ténot publie *Paris en décembre 1851* puis *La Province en décembre 1851*, deux études qui retracent l'histoire du coup d'Etat et de la résistance du point de vue républicain. La période est également caractérisée par l'essor d'une opposition ouvertement révolutionnaire, prônant l'insurrection pour renverser l'Empire et trouvant trop timide l'action des députés républicains comme Jules Favre ou Jules Simon. Cette opposition révolutionnaire, qui se développe notamment au sein de la jeunesse des Ecoles, rejoint celle d'une élite ouvrière refusant la position de Proudhon pour se rallier à celle, plus radicale, de Blanqui ou de Varlin. Ce climat d'effervescence intérieure se greffe sur une situation extérieure tendue : à l'échec sanglant du Mexique s'ajoutent la montée de la puissance prussienne démontrée à Sadowa et la lancinante question romaine : Rome est menacée par les troupes garibaldiennes, mais celles-ci subissent une sanglante défaite face aux troupes franco-pontificales à Mentana en novembre 1867.

Les élections législatives de 1869 représentent donc un test important pour le régime : pour la première fois, l'oppostion peut disposer d'une propagande efficace, bien qu'inférieure à la puissance de la machine gouvernementale. Sur 7 800 000 suffrages, l'opposition en remporte 3 350 000 soit 43 %. Parmi les 292 élus, on compte 216 gouvernementaux et 74 opposants dont 25 républicains et 49 libéraux. Le Tiers Parti d'Emile Ollivier enregistre un sensible progrès. Mais si les républicains triomphent dans toutes les grandes villes et font le plein à Paris et Lyon, ils mordent peu dans les campagnes. De plus, ils sont divisés entre modérés et radicaux ou irréconciliables, souvent plus jeunes, et s'affrontent parfois entre eux : ainsi Gambetta est-il élu contre Carnot à Belleville avec un programme qui annonce les grands principes de la IIIe République. Plus que jamais, c'est le centre bonapartiste et libéral du Tiers Parti qui paraît en mesure de peser sur l'avenir du régime. Ce « juste-milieu » nouvelle manière veut naviguer entre une tendance trop libérale et anticléricale (il obtient le départ de Baroche et de Duruy) et une tendance trop autoriraire (l'empereur se sépare de Rouher). De nouvelles concessions sont promulguées avec le senatus-consulte de septembre 1869 qui accorde au Corps législatif l'initiative des lois, partagée avec l'empereur, et le vote du budget par chapitre, le droit d'élire son président et son bureau, de voter un ordre du jour ; les ministres sont dits responsables ; les séances du Sénat deviennent publiques. Quelque temps après, Napoléon III charge Emile Ollivier de former un ministère : celui-ci, constitué le 2 janvier 1870, regroupe toutes les familles politiques, à l'exception des républicains intransigeants. Le ministère pousse à de nouvelles réformes, accordées par le senatus-consulte du 20 avril 1870 : le Sénat perd son pouvoir constituant et devient une sorte de Chambre haute sur le modèle de l'ancienne Chambre des pairs ; les deux Chambres peuvent présenter des propositions de lois ; l'empereur gouverne avec le concours de ministres, mais il garde le droit de déclarer la guerre, d'accorder une amnistie, de faire un virement de crédits, de définir les circonscriptions électorales, de provoquer des plébiscites, ce qui lui confère un véritable pouvoir constituant. Ces ultimes réformes mettent en place un régime quasi-parlementaire, sinon dans la loi, du moins dans l'esprit, qui aura à peine le temps de fonctionner. Face à une tension quasi insurrectionnelle à Paris avec l'assassinat de Victor Noir par le prince Pierre Bonaparte, suivi le 12 janvier 1870 d'une immense manifestation lors des obsèques, face aux attaques de la presse (Rochefort : « J'ai eu la faiblesse de croire qu'un Bonaparte pouvait être autre chose qu'un assassin »), face aussi à la poussée des grèves dures et parfois violemment réprimées (à La Ricamarie, à côté de Saint-Etienne, une quinzaine de morts en juin 1869 ; à Aubin dans l'Aveyron ; au Creusot entre 1869 et 1870), Napoléon III recourt au plébiscite en demandant aux Français d'approuver le 8 mai 1870 l'ensemble des réformes constitutionnelles accordées depuis 1860. Au vu des protestations de l'opposition de gauche, il est clair qu'il s'agit en fait d'un plébiscite pour ou contre l'Empire. Le résultat — 7 350 000 oui, 1 500 000 non et 1 900 000 abstentions — constitue un net succès, au demeurant logique et prévisible : mais il sert la propagande du régime. Emile Ollivier élabore de grands projets avec le soutien de Napoléon III allant du retour au protectionnisme à la liberté de l'enseignement supérieur, en passant par la décentralisation, tout en faisant preuve d'autorité (arrestation de Rochefort), voire d'intransigeance (dissolution de l'Internationale et arrestation de ses dirigeants en juin 1870). Le régime apparaît plus fort que jamais.

La guerre contre l'Allemagne et l'effondrement de l'Empire

L'effondrement du Second Empire n'est donc pas programmé en cette année 1870. A cet égard, la situation apparaissait bien plus révolutionnaire en février 1848, voire en juillet 1830. Le prestige international de Napoléon III est intact. Mais il n'a pas obtenu une réforme de la conscription qui aurait permis de mieux former les soldats : la loi Niel de 1868, du nom du ministre de la Guerre qui fit entre autres adopter le fusil Chassepot, n'aboutit qu'à la formation d'une hypothétique garde nationale mobile. Or, face à la France, une nouvelle puissance s'affirme : la Prusse de Guillaume Ier et de Bismarck. Leur ambition avouée de réaliser l'unité allemande se heurte à des adversaires : l'Autriche, vaincue à Sadowa, puis la France, qui peut être l'élément mobilisateur permettant de rassembler les Allemands autour de la Prusse, même les plus réticents comme la Bavière. Avec le ministre de la guerre Roon et le chef d'état-major Moltke, Bismarck met sur pied une puissante armée, alors que depuis 1866, les relations se dégradent lentement entre les deux puissances. Du côté français, l'orgueil de l'empereur a été touché par l'attitude hautaine de la Prusse vis-à-vis des demandes de compensations après sa victoire contre l'Autriche — Bismarck parla ironiquement de « pourboires ». Animosité renforcée par l'affaire du Luxembourg que Napoléon III voulait acheter au roi de Hollande, ce à quoi s'opposa avec succès la Prusse. De son côté, celle-ci voulait réduire la puissance française sur le Rhin et, pour Bismarck, l'unité allemande ne pouvait naître « que par une guerre nationale contre le peuple voisin qui était notre séculaire agresseur ». En France, le maréchal Lebœuf, ministre de la Guerre, célèbre pour avoir affirmé qu'il ne manquait pas « un bouton de guêtre » à l'armée française, le duc de Gramont, ministre des Affaires étrangères, l'impératrice et les mamelouks forment un « parti de la guerre » qui verrait d'un bon œil le déclenchement d'une guerre contre la Prusse : cela rétablirait l'autorité impériale, anihilerait les réformes à venir et ferait taire l'opposition républicaine. Mais la France est isolée : ni Florence ni Vienne ne sont prêtes à la suivre, alors que la Prusse a obtenu la promesse de la neutralité anglaise et de l'intervention russe si l'Autriche bougeait.

Le prétexte de la guerre est fourni par la candidature Hohenzollern : les Espagnols ont chassé leur reine en 1868 et le gouvernement provisoire propose la couronne à un prince prussien, Léopold de Hohenzollern. Emois et protestations de la France qui exige et obtient le retrait de la candidature, début juillet 1870. L'ambassadeur de France en Prusse, Benedetti, en reçoit personnellement confirmation du gouvernement prussien. Mais à Paris, le parti de la guerre exige l'assurance qu'un tel projet ne se renouvelle pas. Benedetti présente cette requête à Guillaume Ier, surpris et choqué. Bismarck, qui se voyait peu avant vaincu dans cette affaire, renverse la situation et, à partir d'une dépêche du roi, dite dépêche d'Ems, publie un texte insultant pour la France au regard des conventions diplomatiques, insistant sur le fait que le roi n'avait pas jugé bon de recevoir une seconde fois Benedetti. Indignation en France et soutien unanime des Allemands vis-à-vis de Bismarck. En France, seuls une dizaine de députés, dont Thiers, refusent de voter les crédits militaires. Lorsque la guerre est déclarée à la Prusse le 19 juillet, le chef du gouvernement, Emile Ollivier, déclare l'accepter « d'un cœur léger ». La nouvelle de la guerre déclenche un élan de patriotisme à travers toute la France, malgré des manifestations pacifistes dans quelques grandes villes, notamment Paris.

La guerre fut brève : si face aux 500 000 soldats allemands, la France n'en disposait effectivement que de moins de 250 000, son infériorité fut surtout manifeste sur le plan matériel (les canons Krupp furent supérieurs) et stratégique. Les défaites de Wissembourg le 4 août, puis de Froeschwiller (malgré les charges des cuirassiers à Reichshoffen) et de Forbach le 6 août, permirent aux Allemands de pénétrer en Alsace et en Lorraine. Le 9 août, Ollivier est renvoyé et remplacé par le général Cousin-Montauban, comte de Palikao. L'essentiel des troupes, commandé par le maréchal Bazaine, se laisse enfermer et assiéger dans Metz. Fin août, Napoléon III décide de venir le secourir en prenant personnellement le commandement des 130 000 hommes du camp de Châlons. Mais il est à son tour bloqué dans Sedan du 30 août au

2 septembre et forcé de capituler, après de vaines et meurtrières charges de cavalerie. L'empereur des Français et quelque 100 000 soldats sont prisonniers des Allemands. La nouvelle connue à Paris le 4 septembre, la foule envahit le Corps législatif et Gambetta fait acclamer la déchéance de Napoléon III puis proclamer la République à l'Hôtel de Ville. L'impératrice et le prince impérial s'enfuient en Angleterre. Les députés de Paris forment un gouvernement de la Défense nationale avec Léon Gambetta, Jules Ferry, Jules Favre, Jules Simon et Adolphe Crémieux, sous la présidence du général Trochu, gouverneur militaire de Paris. Les efforts de Gambetta, secondés par Freycinet, n'y feront rien. Dans un climat de défaite militaire (capitulation de Metz) et de journées insurrectionnelles (31 octobre), Paris subit un terrible siège qui s'achève par la capitulation le 28 janvier 1871, une dizaine de jours après la proclamation du IIᵉ Reich dans la galerie des Glaces à Versailles, et une dizaine de jours avant que ne soient organisées des élections législatives qui donneront une large majorité aux monarchistes. Cette période d'interrègne, où il existe un « chef du pouvoir exécutif de la République française » — en l'occurrence Thiers — mais pas de République constitutionnellement définie, est propice à l'exacerbation d'un sentiment de patriotisme avivé par l'opinion que « les généraux ont trahi », doublé d'un mouvement de revendications sociales attisé par la crainte de mesures réactionnaires que prendrait l'Assemblée nouvellement élue, voire le rétablissement de la monarchie. Climat tendu, donc, à Paris, où les socialistes révolutionnaires occupent le pavé. L'inutile provocation de Thiers le 18 mars (récupérer les canons regroupés sur la butte Montmartre, alors que l'on vient d'apprendre que la France cédait l'Alsace et la Lorraine, ce qui sera officialisé par la signature du traité de Francfort le 18 mai) agit comme un détonateur : c'est le début de la Commune dont on peut seulement souligner ici que ce fut un mouvement autant patriotique que révolutionnaire. Dernière révolution du temps de l'utopie ou première révolution du temps de la lutte des classes, la brève durée de la Commune (18 mars-28 mai), conclue par la Semaine sanglante qui apparaît comme l'affrontement ultime de deux conceptions sociales et politiques de la démocratie, s'inscrit dans un avant englobant novembre 1831, juin 1832 ou juin 1848, et un après qui en passera par l'association (syndicats, partis) et le respect des formes d'expression politique (presse, réunion, élections) ou sociale (grève) définies par la République libérale qui va s'affirmer dans la décennie suivante.

Conclusion : la nation et la question démocratique

La rapidité et la netteté de l'effondrement du Second Empire ont pour longtemps influencé la vision des historiens sur la période. Jusqu'à ce que l'écroulement de la IIIᵉ République en juin 1940 montre que les régimes apparemment les plus solides n'étaient pas à l'abri de tels avatars. Et que dire de la disparition de la IVᵉ République en 1958 après 12 années d'existence, engluée dans la question algérienne ? Cela doit, sur le long terme, relativiser le côté subit de l'effondrement de l'Empire. Tout jugement sur la période se doit de prendre en compte sa globalité. De celle-ci, on retiendra évidemment le début et la fin qui forment un couple étrange, entre coup d'Etat originel et révolution finale, sorte de retour à l'envoyeur : la République écrasée le 2 décembre resurgit et s'impose. C'est sur ce point que l'on peut présenter le Second Empire comme une parenthèse — l'ultime expérience d'une monarchie personnelle et autoritaire —, d'un point de vue d'histoire politique ou d'histoire constitutionnelle. On n'aurait garde pour autant d'oublier l'œuvre du Second Empire qui, malgré son autoritarisme ou peut-être grâce à lui, apporta un certain nombre de droits que la République ne fera qu'améliorer (grève, réunion, association). On peut être sensible aussi, sur le plan de l'urbanisme, à la permanence de la ville haussmannienne, notamment à Paris, avec ses larges avenues mais aussi ses parcs (bois de Boulogne et de Vincennes, Buttes-Chaumont). Et bien sûr au développement économique du pays, en particulier de l'industrie et des échanges. Quant à l'évolution libérale du régime, avec ses limites et ses ambiguïtés, elle s'effectue à l'opposé de celle d'un régime comme la Restauration dont la légitimité n'était pas vraiment contestée mais qui interpréta la Charte dans un sens de plus en plus restrictif. La question de la motivation de Napoléon III — a-t-il agi par conviction ou par nécessité ? — est moins oiseuse qu'il n'y paraît, car la réponse conditionne en grande partie la compréhension du Second Empire et renvoie à une seconde question qui complète la première : jusqu'où Napoléon III aurait-il été dans ce processus de réformes, face à une opposition de plus en plus forte et sachant que la réforme appelle la réforme ? Qu'en est-il de l'opposition républicaine et de la logique finale de cette libéralisation sapant progressivement le côté autoritaire ou césariste du régime ? Et, en fin de compte, de la légitimité du souverain ? On pourra conclure que le Second Empire fut un temps d'apparence de démocratie, un bon observatoire pour comprendre que le suffrage universel sans libertés ne saurait être une garantie de régime démocratique. L'épisode du siège de Paris et de la Commune, paroxysme du déficit démocratique, a montré au personnel politique républicain issu de la lutte contre le Second Empire, à commencer par Gambetta, que le temps de la démocratie est advenu, sans laquelle la République à construire n'aura pas plus de validité que le régime renversé, voire que les républiques précédentes. C'est donc tout naturellement que la IIIe République s'appliquera à élargir les libertés et à « fabriquer » de la citoyenneté.

BIBLIOGRAPHIE

AGULHON (Maurice), *1848 ou l'apprentissage de la République (1848-1852)*, Seuil, 1992.

AGULHON (Maurice), *La République au village*, Plon, 1979.

AGULHON (Maurice), *La République de Jules Ferry à François Mitterrand*, Hachette, 1990.

AGULHON (Maurice), *Marianne au combat. L'imagerie et la symbolique républicaines de 1789 à 1880*, Flammarion, 1979.

AUDOIN-ROUZEAU (Stéphane), *1870. La France dans la guerre*, A. Colin, 1989.

BARJOT (Dominique), CHALINE (Jean-Pierre), ENCREVÉ (André), *La France au XIXe siècle, 1814-1914*, PUF, 1995.

BELTRAN (Alain) et GRISET (Pascal), *La Croissance économique de la France 1815-1914*, A. Colin, 1994.
BÉNICHOU (Paul), *Le Temps des prophètes, doctrines de l'âge romantique*, Gallimard, 1977.
BERTIER DE SAUVIGNY (Guillaume de), *Au soir de la monarchie. La Restauration*, Flammarion, 1983.
BINOCHE-GUEDRA (Jacques), *La France d'outre-mer (1815-1962)*, Masson, 1992.
CARON (François), *Histoire économique de la France (XIXe-XXe siècles)*, A. Colin, 1981.
CARON (Jean-Claude), *Générations romantiques. Les étudiants de Paris et le Quartier latin, 1814-1851*, A. Colin, 1991.
CARON (Jean-Claude), *La France de 1815 à 1848*, A. Colin, 1993.
CARON (Jean-Claude), *La Nation, l'Etat et la démocratie en France de 1789 à 1914*, A. Colin, 1995.
CHARLE (Christophe), *Histoire sociale de la France au XIXe siècle*, Seuil, 1991.
CHAUVAUD (Frédéric), *De Pierre Rivière à Landru. La violence apprivoisée au XIXe siècle*, Brepols, 1991.
CHEVALIER (Louis), *Classes laborieuses et classes dangereuses à Paris pendant la première moitié du XIXe siècle*, coll. Pluriel, 1984.
CHOLVY (Gérard) et HILAIRE (Yves-Marie), *Histoire religieuse de la France contemporaine de 1800 à nos jours*, Privat, 1985.
CORBIN (Alain), *Le Miasme et la jonquille : l'odorat et l'imaginaire social, XVIIIe-XIXe siècles*, Aubier, 1982.
CORBIN (Alain), *Le Village des cannibales*, Aubier, 1990.
CORBIN (Alain), *Les Filles de noce : misère sexuelle et prostitution, XIXe-XXe siècles*, Aubier, 1978.
CRUBELLIER (Maurice), *Histoire culturelle de la France*, A. Colin, 1974.
CRUBELLIER (Maurice), *L'Enfance et la Jeunesse dans la société française 1800-1950*, A. Colin, 1979.
FURET (François) et OZOUF (Jacques), *Lire et écrire, l'alphabétisation des Français de Calvin à Jules Ferry*, Edit. de Minuit, 1977.
FURET (François) et OZOUF (Mona) (dir.), *Le Siècle de l'avènement républicain*, Gallimard, 1993.
FURET (François), *La Révolution (1770-1880)*, Hachette, 1990.
GARRIGUES (Jean), *La France de 1848 à 1870*, A. Colin, 1995.
GIRARD (Louis), *Les Libéraux français, 1814-1875*, Aubier, 1985.
GIRARD (Louis), *Napoléon III*, Fayard, 1986.
GUESLIN (André), *L'Etat, l'économie et la société française aux XIXe et XXe siècles*, Hachette, 1992.
GUIRAL (Pierre), *Thiers*, Fayard, 1986.
HIGGS (David), *Nobles, titrés, aristocrates en France après la Révolution, 1800-1870*, Liana Lévi, 1990.
HUARD (Raymond), *Le Suffrage universel en France, 1848-1946*, Aubier, 1991.
JACQUET-FRANCILLON (François), *Naissances de l'école du peuple, 1815-1870*, Éditions de l'atelier, 1995.

JARDIN (André) et TUDESQ (André-Jean), *La France des notables 1815-1848*, Seuil, 2 vol., 1973.
JARDIN (André), *Alexis de Tocqueville*, Hachette, 1984.
JARDIN (André), *Histoire du libéralisme politique*, Hachette, 1985.
LE GOFF (Jacques) et RÉMOND (René), *Histoire de la France religieuse*, t. 3, Seuil, 1988.
LEFRANC (Georges), *Les Gauches en France, 1789-1972*, Payot, 1973.
LEQUIN (Yves), *Histoire des Français*, t. 2 : *La société*, A. Colin, 1984.
LEQUIN (Yves), *Histoire des Français*, t. 3 : *Les citoyens et la démocratie*, A. Colin, 1984.
LEQUIN (Yves), *La Mosaïque France. Histoire des étrangers et de l'immigration*, Larousse, 1988.
LÉVÊQUE (Pierre), *Histoire des forces politiques en France*. t. 1 : *1789-1880*, A. Colin, 1992.
MAYEUR (Françoise), *Histoire générale de l'enseignement et de l'éducation en France*, t. 3 : *De la Révolution à l'Ecole républicaine*, Nouvelle librairie de France, 1981.
MAYEUR (Françoise), *L'Education des filles en France au XIXe siècle*, Hachette, 1979.
MÉNAGER (Bernard), *Les Napoléon du peuple*, Aubier, 1988.
MEYER (Jean), TARRADE (Jean), REY-GOLDZEIGUER (Annie), THOBIE (Jacques), *Histoire de la France coloniale*, t.1 : *Des origines à 1914*, A. Colin, 1991.
MOLLIER (Jean-Yves), GEORGE (Jocelyne), *La Plus Longue des Républiques (1870-1940)*, Fayard, 1994.
MOSS (Bernard H.), *Les Origines du mouvement ouvrier français, le socialisme des travailleurs qualifiés (1830-1914)*, Les Belles Lettres, 1985.
NICOLET (Claude), *L'Idée républicaine en France*, Gallimard, 1982.
NOIRIEL (Gérard), *Le Creuset français, histoire de l'immigration en France*, Seuil, 1992.
NOIRIEL (Gérard), *Les Ouvriers dans la société française, XIXe-XXe siècle*, Seuil, 1986.
NOIRIEL (Gérard), *Population, immigration et identité nationale en France — XIXe-XXe siècles*, Hachette, 1992.
NORA (Pierre) (dir), *Les Lieux de mémoire*, Gallimard, 1984-1992, 7 vol.
ORCEL (Michel) et BODDAERT (François), *Ces Imbéciles croyants de liberté. 1815-1852*, Hatier, 1990.
PESSIN (Alain), *Le Mythe du peuple et la société française du XIXe siècle*, PUF, 1992.
PETIT (Jacques-Guy), Ce*s peines obscures, la prison pénale en France (1780-1875)*, Fayard, 1990.
PINKNEY (David), *La Révolution de 1830*, PUF, 1988.
PLESSIS (Alain), *De la fête impériale au mur des fédérés, 1852-1871*, Seuil, 1973.
PROCACCI (Giovanna), *Gouverner la misère. La question sociale en France (1789-1848)*, Seuil, 1993.
PROST (Antoine), *Histoire de l'enseignement en France (1800-1967)*, A. Colin, 1968.
RÉMOND (René), *L'Anticléricalisme en France, de 1815 à nos jours*, Fayard, 1985.

RÉMOND (René), *Les Droites en France*, Aubier, 1982.
RIALS (Stéphane), *Révolution et contre-révolution au* XIXe *siècle*, DUC-Albatros, 1987.
RIOUX (Jean-Pierre), *La Révolution industrielle.(1780-1880)*, Seuil, 1989.
ROSANVALLON (Pierre), *L'Etat en France de 1789 à nos jours*, Seuil, 1990.
ROSANVALLON (Pierre), *La Monarchie impossible. Les Chartes de 1814 et de 1830*, Fayard, 1994.
ROSANVALLON (Pierre), *Le Moment Guizot*, Gallimard, 1985.
ROSANVALLON (Pierre), *Le Sacre du citoyen. Histoire du suffrage universel*, Gallimard, 1992.
ROTH (François), *La Guerre de 70*, Fayard, 1990.
ROUGERIE (Jacques), *Paris libre 1871*, Seuil, 1971.
SANSON (Rosemonde), *Le 14 juillet, fête et conscience nationale (1789-1975)*, Flammarion, 1976.
SCHMIDT (Nelly), *Victor Schœlcher*, Fayard, 1994.
SERMAN (William), *La Commune de Paris*, Fayard, 1986.
SIRINELLI (Jean-François) (dir.), *Histoire des droites en France*, Gallimard, 1992.
VAN TIEGHEM (Philippe), *Le Romantisme français*, PUF, « Que sais-je ? », 1989.
VERGER (Jacques), *Histoire des universités en France*, Payot, 1986.
VIGIER (Philippe), *La Monarchie de Juillet*, coll. « Que sais-je ? », PUF, 1982.
VIGIER (Philippe), *La Seconde République*, coll. « Que sais-je ? », PUF, 1992.
WEILL (Georges), *Histoire du parti républicain en France (1814-1870)*, Slatkine-Reprints, 1981.

CHAPITRE VII

LA QUESTION D'ORIENT ET LES BALKANS DE 1815 À 1914. NATIONALITÉS, MINORITÉS ET MODÈLES NATIONAUX

Les Balkans forment l'une des grandes péninsules européennes du monde méditerranéen, entre Adriatique et mer Egée. La mer Noire borde le nord-est des Balkans jusqu'aux Détroits (Bosphore, Dardanelles), mettant en contact l'ancien Pont-Euxin et le bassin oriental de la Méditerranée. La péninsule balkanique est entourée de centaines d'îles dont les plus célèbres sont les îles Ioniennes, les Sporades, les Cyclades, la Crète, Rhodes et ce qui est devenu le Dodécanèse, et enfin les grandes îles qui bordent la côte d'Asie Mineure comme Samos, Chio, Lesbos. Région qui fut l'un des berceaux de la civilisation européenne, le point d'aboutissement d'un certain nombre de grandes migrations, une région-clef de contacts et de mélanges d'hommes, de langues, de cultures. On a coûtume de rattacher à cette région où la montagne — balkan en turc — domine largement les pays roumains (Transylvanie, Moldavie, Valachie) qui furent étroitement mêlés à son histoire. De celle-ci, l'Europe occidentale a longtemps eu une connaissance indirecte. L'exotisme des Balkans, zone de mélange entre l'Europe et l'Asie, le christianisme et l'islam, la modernité triomphante du XIXe siècle et le conservatoire du passé, éclate lors de la période romantique — alors que triomphe l'orientalisme — lorsque la jeunesse européenne s'enrôle sous la bannière philhellénique, pour se poursuivre avec les romans d'aventure de Jules Verne (*Le Pilote du Danube*, *Le Château des Carpathes*), avant de s'achever dans le roman fantastique (*Dracula*, de Bram Stoker, 1897) ou la dérision (*« Y a du monde aux Balkans »*, *les aventures des Pieds Nickelés*, 1913). Quant à la puissance dominante de la région, l'Empire ottoman, sa vision tient également d'un mélange d'exotisme allié à la cruauté des moeurs, vision qui ne semble guère avoir évolué depuis Molière et son « Grand Mamamouchi » (*Le Bourgeois gentilhomme*). Peu d'Européens, au fond, connaissent les Balkans, monde mystérieux où vivent ensemble des communautés distinctes mais dont Elias Canetti, notamment, a su montrer la complémentarité, et même le respect réciproque. Mais un monde qui ne connaît pas non plus l'Europe :

« L'Europe, là, c'était le reste du monde. Quand quelqu'un remontait le Danube vers Vienne, on disait : il va en Europe ; l'Europe commençait là où finissait autrefois l'Empire ottoman. » (*La Langue sauvée. Histoire d'une jeunesse (1905-1921)*. Hormis les Bulgares qui peuplent Roustchouk, la petite ville natale de Canetti, on trouve des Turcs, des Juifs sépharades, des Grecs, des Albanais, des Arméniens, des Tziganes, des Roumains, des Russes : cette énumération illustre pourquoi, avec l'Autriche-Hongrie, les Balkans fournissent le meilleur laboratoire d'étude de la question des nationalités en Europe.

Peuples, religions, cultures

La région des Balkans est habitée en majorité par des peuples d'origine indo-européenne, dont les langues appartiennent au groupe slave, et plus précisément aux langues slaves méridionales — ce que l'on a traduit par le mot de « yougoslaves », dès 1873 (*jug* signifiant sud dans la langue serbo-croate). On trouve dans ce groupe les Slovènes, les plus septentrionaux des Slaves du Sud, restés catholiques dans leur grande majorité sous l'influence de l'Autriche voisine — mais c'est la Réforme luthérienne qui a produit les premiers textes en langue slovène — et qui utilisent un alphabet latin ; les Croates, géographiquement situés entre les Slovènes et les Serbes, ressortent eux aussi du catholicisme, et utilisent un alphabet latin pour écrire leur langue qui est très proche de celle des Serbes ; ceux-ci, massés dans la partie centre-occidentale des Balkans, se séparent des Croates sur deux points : l'utilisation d'un alphabet cyrillique et la religion orthodoxe. A ces trois peuples, il convient d'ajouter les Bulgares, regroupés dans la partie orientale des Balkans : bien que n'appartenant pas ethniquement au groupe slave — les Bulgares sont d'origine turco-mongole —, ils ont adopté la langue slave des populations autochtones, devenue le bulgare, proche du russe par l'utilisation de l'alphabet cyrillique. Les Bulgares se sont convertis à la religion orthodoxe. Les autres langues appartiennent au groupe illyro-balkanique comme l'albanais et le roumain. Héritiers des Daces mais aussi des Romains, les Roumains ont connu un sort assez différent de celui des autres peuples de la région : si les principautés de Valachie et de Moldavie acceptèrent la domination des Ottomans auxquels elles versaient un tribut en espèces et en nature, et fournissaient un contingent militaire, elles ne furent ni administrativement dirigées ni même occupées par les Turcs, qui n'y construisirent donc pas de mosquée. Ce sont des Roumains, chrétiens orthodoxes, qui régnèrent sur les principautés — le voïvode, titre porté par le prince —, de plus en plus souvent imposés, il est vrai, par l'administration de la Porte. Celle-ci finit par exiger la nomination de phanariotes (Grecs d'Istanbul) qui prirent alors le titre d'hospodar. La question de la Transylvanie, soumise à l'autorité des Habsbourg, mais peuplée d'un fort contingent de Hongrois, tend à pousser les Roumains vers la Russie, avec qui est partagée une même foi religieuse. Mais la Roumanie adopte l'alphabet latin vers 1860, et connaît également une influence politique et culturelle française non négligeable. Peuplant les parties montagneuses et côtières du sud-ouest des Balkans, les Albanais constituent un peuple montagnard d'excellents cavaliers (certains se mettront au service des Ottomans dans les troupes de bachi-bouzouks) et dont une moitié environ de la population s'est convertie à l'islam. Leur langue adoptera elle aussi les caractères latins en 1908. Les Grecs, enfin, ont su conserver une relative autonomie, grâce en partie à l'influence sur le gouvernement de la Porte de leurs compatriotes installés dans le quartier du Phanar dans la capitale ottomane. Des nombreux dialectes grecs, celui du Péloponnèse servira de base à la langue nationale, au lendemain de l'indépendance du pays. On trouve également de nombreuses minorités installées dans la région, des Allemands, des Juifs, des Tziganes, des Arméniens, sans oublier les Turcs — administrateurs, soldats, imams, commerçants —, achevant de donner aux Balkans un cosmopolitisme dont témoigne, par exemple, la ville de Salonique.

Lointains descendants des populations nomades de Mongolie et du Turkestan, les Turcs se divisèrent en de nombreux rameaux, dont les Seldjoukides qui s'imposèrent auprès des califes abbassides de Bagdad (XIe siècle) avant de s'infiltrer et de s'installer dans l'Empire byzantin. Mais ce furent les Ottomans — du nom du fondateur éponyme de la dynastie, Osmân — qui, installés en Anatolie, intervinrent de plus en plus fréquemment dans les rivalités entre Byzantins — parfois à la demande de certains d'entre eux —, formant un véritable Etat au XIVe siècle. Les empereurs byzantins sont de fait les vassaux des sultans ottomans, qui ne prirent pourtant Constantinople, longtemps protégée par ses hautes murailles, qu'en 1453, alors que la plus grande partie des Balkans était déjà conquise. Le sultan, qui est aussi calife et « protecteur de La Mecque et Médine, et gardien des routes de pélerinage », vit en son Palais, et est appuyé par le Divan, à la fois conseil et sorte de cour suprême qui regroupe les hauts dignitaires de l'Empire, à commencer par le grand vizir, équivalent d'un Premier ministre et chef des armées. Les janissaires forment le noyau « dur » de l'armée impériale, fantassins célibataires veillant spécialement à la sécurité du sultan dont ils forment la garde privée, témoins et de plus en plus souvent acteurs des complots qui ensanglantent le Palais. Le Divan se réunit à côté de la porte de Félicité ou Sublime Porte — expression consacrée par les diplomates européens pour désigner le gouvernement turc — qui sépare les appartements privés du sultan, dont son harem, et les lieux publics du Palais. La bureaucratie, de plus en plus spécialisée et héréditaire, est nombreuse. Les provinces conquises par les Turcs et intégrées à l'Empire ottoman sont divisées en *beylerbeylick* ou *eyâlet*, remplacés par des *vilayet* lors de la réforme administrative de 1864, avec à leur tête des pachas ; les *vilayet* sont divisés en *sandjak*, ou *livas*, confiés à des beys. Mais la superficie même de l'Empire ottoman, la complexité de la mosaïque des peuples qui y vivent, les rivalités personnelles et politiques qui se déroulent au Palais, laissent parfois une grande latitude à certaines régions — isolées, montagneuses — quant à leurs obligations théoriques, notamment fiscales, envers le sultan.

L'Eglise d'Orient est en théorie soumise au patriarche de Constantinople depuis le schisme de 1054. Le patriarche fait figure de chef de la communauté chrétienne aux yeux du sultan. Refusant le Saint-Esprit et le purgatoire — et naturellement l'autorité du pape —, le clergé orthodoxe célèbre la liturgie en grec, et forme un Synode qui assiste le patriarche ; les prêtres ont le droit d'être mariés, et seuls les moines peuvent être nommés évêques ; il subsiste par ailleurs, héritage de l'Empire byzantin, un fort développement du monachisme, très visible notamment en terme de puissance économique et culturelle. Mais, au cours du siècle et au fil des indépendances nationales, des Eglises autocéphales, avec ou sans patriarcat, vont se constituer en Bulgarie, en Grèce, en Roumanie, en Serbie. Minoritaires, les catholiques se trouvent dans les régions restées longtemps sous domination vénitienne (une partie de la Dalmatie), ou autrichienne (Slovénie, Croatie, Transylvanie). Les luthériens, peu nombreux, vivent dans une partie de ces mêmes régions. Les Arméniens, fidèles au rite dit d'Antioche, sont regroupés dans les villes, tout comme les Juifs qui sont pour la plupart des séfarades, descendants des Juifs espagnols chassés de la péninsule Ibérique, et rejoints plus tard par des askénazes fuyant les persécutions du Saint Empire romain germanique et d'Europe centrale. Quant à l'Islam, il s'est surtout répandu en Albanie, en Bosnie, en Bulgarie et en Macédoine, ainsi qu'en Thrace. Religion dominante, l'Islam n'a pas cherché à anéantir les « peuples du livre », mais les a soumis à l'impôt (la *djizya* ou capitation), en échange du droit de pratiquer leur religion ; mais les *zimmî* (protégés, non-musulmans) ne peuvent accéder à aucune fonction officielle, réservée aux *moslem*. C'est le Coran qui sert de code de lois, la charia étant appliquée par des juges, les cadis, placés sous l'autorité des ulémas, docteurs de la loi, avec à leur tête le *cheykk ül-islam*, tout-puissant personnage dont les *fetvâ* — décisions juridico-religieuses — font trembler jusqu'aux vizirs. En classant les populations en communautés selon leur appartenance religieuse (système du millet : chrétiens, arméniens, juifs), l'Empire ottoman a d'une part renforcé le poids du religieux au détriment du politique comme élément de cohésion, et d'autre part donné aux clergés un rôle majeur dont les bourgeoisies locales émergentes mettront du temps à s'affranchir.

Éveil de sentiments nationaux

Les nationalismes balkaniques ne sont pas apparus *ex nihilo* au début du XIXe siècle. Tout un ensemble de facteurs ont concouru à éveiller un sentiment national dans une partie croissante — mais qui reste minoritaire — des peuples vivant sous la domination musulmane. Depuis le siège de Vienne en 1683 et les accords de Karlowitz de 1699, l'Empire ottoman avait non seulement été stoppé dans sa progression en Europe, mais avait même dû abandonner des territoires, comme la Hongrie ottomane, la Transylvanie et le Banat passés sous domination autrichienne, ou plus tard la Crimée conquise par les Russes, décidés à être les protecteurs attitrés des chrétiens orthodoxes des Balkans. Désormais, le Danube et la Save forment une frontière fluviale qui met la Bosnie et la Serbie — avec Belgrade — à la portée des ambitions autrichiennes. Si l'on enregistre un mouvement d'islamisation croissante des populations balkaniques sous domination ottomane, on voit aussi apparaître de puissantes familles qui, profitant de l'affaiblissement du pouvoir central, s'érigent de larges *pachaliks* ne reconnaissant que symboliquement l'autorité du sultan. La réaction de la Porte — comme l'imposition de Grecs phanariotes à la tête des principautés valaque et moldave pour contrecarrer la poussée de l'influence russe, notamment sur les familles des riches boyards — ne produisit que de faibles effets : les hospodars se heurtèrent parfois aux intérêts des boyards sans pour autant imposer de véritables réformes. Incontestablement, le XVIIIe siècle avait renforcé ce sentiment d'affaiblissement territorial et politique de la Sublime Porte, alors que s'affirmaient les ambitions montantes de deux puissances régionales, l'Autriche et la Russie. On peut aussi avancer le rôle de la religion. Analysant la situation des Balkans à la fin du XVIIIe siècle, alors que l'esprit des Lumières ou de l'*Aufklärung* commence à pénétrer, timidement, dans les milieux cultivés des villes, Georges Castellan conclut : « L'antagonisme culturel Islam-Chrétienté n'avait pas diminué ; il s'était compliqué de tensions nouvelles entre mentalités traditionnelles et esprit moderne », en précisant qu'il convient de relativiser la violence de cet affrontement culturel, et de bien distinguer le phénomène de conversion (plutôt le fait des élites) de celui d'ottomanisation, partagé par une grande partie de la population. Une tradition de brigandage subsista à travers les Balkans, celle des *Hadjuk* au Monténégro ou en Bosnie, ou des *Klephtes* dans le Péloponnèse : pour autant, il ne saurait être question de voir dans ces déserteurs, qui n'hésitent pas à attaquer marchands ou moines chrétiens, des patriotes, avant le XIXe siècle tout au moins.

La petite couche sociale de commerçants et le clergé furent à l'écoute des idées nouvelles de l'*Aufklärung*, puis furent sensibles à la résonnance de la Révolution française et peut-être plus encore de l'Empire napoléonien. Les plus entreprenants, parmi lesquels de nombreux Grecs, furent à l'origine d'échanges croissants entre la Turquie et l'Europe chrétienne, et constituèrent un embryon de classe marchande capitaliste, entretenant des réseaux économiques mais aussi culturels avec des compatriotes, souvent membres de leur famille, installés dans les grandes villes d'Europe (Vienne, Kiev, Saint-Pétersbourg, Buda, Leipzig, Marseille...). Les bouleversements politiques et territoriaux qui s'ensuivirent prouvèrent que rien n'était figé. Après tout, Napoléon Ier n'avait-il pas créé des Provinces illyriennes (1809-1813, capitale Laybach, *i.e.* Ljubljana) englobant notamment l'ex-Dalmatie vénitienne, l'Istrie et la Croatie du Sud ? Mais si la revendication d'indépendance semblait aller de soi pour une minorité éclairée, il n'en allait pas de même pour la majorité des populations rurales, promptes à la révolte en cas de crise économique ou de pression fiscale insupportable, mais rétives à suivre un mouvement dont elles ne pouvaient réellement comprendre les tenants et les aboutissants. De plus, sur le plan culturel, tout restait souvent à faire : à commencer par l'invention de langues écrites, et par la construction d'une histoire envisagée comme source d'unité. Que dire, également, de la notion de frontière, pourtant capitale dans ce processus de nationalisme naissant ? L'imbrication de peuples d'origines différentes, la présence de minorités, le poids des migrations internes rendait difficile, sinon impossible, la fixation de frontières reconnues par tous : le sultan sut profiter de ces différends et éventuellement les attiser pour prolonger la domination de « l'homme malade de l'Europe » — l'Empire ottoman — sur les Balkans. Que faire, dès lors, du modèle européen, en particulier français ou britannique, de l'Etat-nation ? Comment faire coïncider nation et Etat au sein de frontières, sans englober — ou exclure — des minorités ? Mais, en ce domaine, gare à l'anachronisme et au déplacement de perspective : si la question des nationalités se pose dès le XIXe siècle, si les guerres balkaniques de 1912-1913 ont révélé l'importance de ces tensions internes dans la péninsule, il n'en reste pas moins que ce sont alors les grandes puissances (la bande des quatre : Russie, Autriche-Hongrie, Grande-Bretagne, France, rejoints par l'Allemagne) qui mènent le jeu, essentiellement en fonction de leurs intérêts réciproques, et non en fonction d'autres considérations. Elles pratiquent le clientélisme sans état d'âme, même si elles s'émeuvent à l'occasion, comme Gladstone aux Communes, des massacres de chrétiens par les « infidèles » confinés au rôle de méchants que sont les Turcs. De fait, rien ne pouvait se faire et rien ne se fit sans la volonté des grandes puissances européennes.

L'éveil de la Serbie et l'indépendance de la Grèce (1804-années1830)

La fin du XVIIIe siècle agit comme une période de répit pour l'Empire ottoman. Vaste mais peu peuplé (14 millions d'habitants dont 5 dans sa partie européenne au début du XIXe siècle), l'Empire ottoman profite des guerres européennes plutôt qu'il n'en souffre. Les puissances menaçantes — Autriche, Russie — étaient trop occupées à lutter contre l'expansion européenne de la Révolution. Celle-ci ne concernait pas que l'Europe : l'expédition d'Egypte, qui se termina pas un désastre militaire pour Bonaparte, préluda même à un bref rapprochement entre Russie et Turquie, avec l'aide de l'Angleterre, face à l'ennemi commun. L'intervention de Londres dans les affaires de la Méditerranée orientale va devenir un aspect permanent de la politique extérieure britannique, dans la mesure où la constitution d'un vaste empire colonial, avec l'Inde, oblige l'Angleterre à peser de tout son poids sur la politique ottomane. La question des Détroits et celle de l'Egypte sont essentielles aux yeux du Foreign Office. Mais par la suite, la constitution du vaste Empire français modifia l'équilibre en place. La Porte se rapprocha de la France et prit ses distances avec la Russie. Les Alliés tentèrent sans succès d'assiéger Istanbul, tout en soutenant la révolte des Serbes. La présence française, plus pressante dans l'Adriatique avec la constitution des Provinces illyriennes, s'affirma à Istanbul même où le général Sébastiani fut chargé de veiller à la défense de la ville contre les velléités anglaises ou russes. Mais l'intérêt réel de Napoléon pour l'Orient s'éteignit lorsqu'il dut affronter les coalitions de ses adversaires et surtout après la désastreuse campagne de Russie. Les Balkans restèrent à l'écart des dernières guerres, et lors du congrès de Vienne, on en revint pratiquement au *statu quo ante bello* : les frontières européennes de l'Empire ottoman étaient toujours marquées par le Danube et la Save. Pourtant, le grignotage de l'Empire se poursuivit : l'Angleterre s'érigea protectrice des sept îles Ioniennes, dont Corfou, formant une république ; la Russie conserva la partie nord de la Moldavie — la Bessarabie, ce qui confortait sa position sur la route de Constantinople ; quant à l'Autriche, elle récupéra les Provinces illyriennes, dont elle fit un Royaume de Dalmatie soumis à Vienne.

La Serbie autonome

C'est au nord et au sud des Balkans que devaient naître les premiers mouvements nationaux, avant même la fin de la domination napoléonienne dans le cas des Serbes. Ceux-ci formaient deux communautés assez distinctes. La majorité se trouvait en territoire ottoman, surtout dans le pachalik de Belgrade, devenue ville-frontière : en très grande majorité, il s'agissait de paysans vivant en état de paix avec une minorité musulmane concentrée dans les villes, à qui ils payaient l'impôt. Une partie, chassée de ses terres par l'expansion ottomane, vivait en territoire autrichien, où elle formait une communauté soudée dans sa religion orthodoxe et l'espoir d'une aide russe. L'Eglise de Serbie tenait lieu de lien entre les différentes communautés serbes (on en trouvait une en Hongrie, par exemple). Les liens culturels avec la Russie étaient encouragés par le clergé, alors que parallèlement, l'influence de l'*Aufklärung* se traduisait par la naissance d'un premier journal rédigé en langue serbe dès 1791, à Vienne. Quelques intellectuels favorisèrent la renaissance de l'identité serbe comme Dositej Obradović qui passa de l'état de moine à celui de promoteur des Lumières, et fut l'un des fondateurs de la prose serbe, avant de faire une carrière politique au côté de Karageorges. Déjà germait l'idée d'une unité des Slaves du Sud, par-delà les différences culturelles et religieuses qui les séparaient. La zone de tension était localisée, depuis le début du XVIIIe siècle, autour de Belgrade, siège d'une importante forteresse ottomane. Zone troublée où sévissaient des chefs de guerre, janissaires pour la plupart, opérant pour leur propre compte, accroissant la pression fiscale sur les paysans. Le brigandage s'y développa, sans que le sultan puisse rétablir l'ordre, alors qu'il était occupé à chasser l'armée de Bonaparte d'Egypte. Les notables serbes (*knez*, ou chefs de villages) décidèrent alors de se révolter et choisirent en février 1804 l'un d'entre eux comme chef : Djordje Petrović, plus connu sous le nom de Karageorges ou Karadjordje. Fils de paysans, enrichi dans le commerce des porcs, il s'était engagé dans la lutte contre les Turcs au sein de l'armée autrichienne. Karageorges unit des forces disparates et mal armées pour une lutte de libération avec l'appui diplomatique de l'Autriche et de la Russie : le contexte européen rendait difficile une aide militaire, alors que Napoléon dictait sa loi à l'Europe. En 1806, les Serbes prirent Belgrade, mais au rapprochement turco-russe, s'ajoutèrent des querelles de personnes : la proclamation de Karageorges comme prince héréditaire des Serbes ne suscita pas l'unanimité. Le prince se tourna alors vers Vienne, puis vers Napoléon. Non seulement l'aide escomptée ne vint pas, mais de plus le tsar Alexandre signa le traité de Bucarest avec le sultan, ne prévoyant qu'une autonomie fort limitée pour la Serbie au sein de l'Empire ottoman. Une solide armée turque procéda à une reconquête méthodique, achevée par la reprise de Belgrade en 1813 et l'exil de Karageorges en Russie.

En dépit de l'échec de cette première tentative de création d'un Etat serbe indépendant, de nouveaux soulèvements éclatèrent en 1815, révélant un nouveau chef : Milos Obrenović. Lui aussi est d'origine paysanne, et bien qu'opposé à Karageorges, a combattu sous ses ordres. Mais le contexte était différent. Sollicitée, l'Autriche de Metternich, pilier de la monarchie absolue et de l'hostilité à tous les mouvements de révolte contre l'ordre établi au congrès de Vienne, fussent-ils dirigés contre la Porte, se refusa à toute aide. Quant à la Russie, son revirement de 1812 en faisait un allié plus que douteux. Milos, habile négociateur, obtint du sultan d'être reconnu chef suprême des Serbes, sans qu'une véritable autonomie n'accompagne cette reconnaissance. Pourtant, Milos allait mener une politique de longue haleine, favorisée par la situation troublée des Balkans — insurrection grecque — et les tensions internationales qui en découlaient. Sur le plan intérieur, il n'hésita pas à faire assassiner Karageorges, revenu d'exil, et à se faire proclamer prince héréditaire, déclenchant une longue et violente rivalité entre les Obrenović et les Karadjordjević. Milos se garda bien de s'engager aux côtés des insurgés grecs, tout comme il resta à l'écart du conflit russo-turc de 1828. La convention d'Akkerman — qui réactivait le traité de Bucarest de 1812 — puis le traité d'Andrinople (1829) qui officialisa l'indépendance de la Grèce furent le prélude à la reconnaissance par la Porte, l'année suivante, de l'hérédité du titre de prince de Serbie au profit de Milos Obrenović. La Serbie acquérait un statut d'autonomie comparable à celui des principautés moldave et valaque : reconnaissance de la suzeraineté turque, paiement d'un tribut, présence de garnisons turques, notamment à Belgrade, tout en bénéficiant du protectorat russe. Quelques conquêtes de territoire portèrent la superficie de la jeune Serbie à 37 000 km^2, soit un peu plus que la Belgique et un peu moins que la Grèce, deux royaumes qui venaient d'accéder à l'indépendance. La Serbie n'accéda pas à ce statut et, jusqu'au congrès de Berlin de 1878 demeura une principauté rattachée à l'Empire ottoman, mais dont l'autonomie fut totale à partir de 1856. La fin du règne de Milos fut moins glorieuse. Jugé trop autoritaire par ses pairs — les grandes familles serbes —, il fut contraint d'accepter la nomination d'un Conseil d'Etat et la rédaction d'une constitution promulguée par le sultan, visant à limiter ses pouvoirs (1838). L'année suivante, il fut renversé et remplacé sucessivement par ses fils Milan, puis Michel, également renversés, avant que le fils de Karageorges, Alexandre Karadjordjević ne s'empare du pouvoir en 1842. La Serbie autonome connut alors une période calme, propice au développement économique et culturel. Sur ce dernier point, la période est dominée par la personnalité de Vuk Karadzić, écrivain, historien, ethnographe et philologue qui publia une grammaire et un premier *Dictionnaire serbe* (1818), avant de produire des recueils de contes, de proverbes et de chants, et de traduire le Nouveau Testament.

La Grèce indépendante

La Grèce occupe alors, dans l'imaginaire et la culture européens, une place que seule l'Italie peut lui disputer. Elle est le berceau de la civilisation et, comme telle, ses poètes, ses artistes, ses philosophes font l'objet d'une connaissance partagée par toutes les élites. Les noms d'Athènes et de Sparte, des Cyclades, du mont Olympe, etc., évoquent un passé dont la connaissance transmise et partagée depuis la Renaissance joue en faveur d'une proximité culturelle que la Révolution n'a pas entamée, bien au contraire. Ce peuple dont une grande part forme une diaspora allant de la Russie à l'Italie, de Vienne à Istanbul, est réputé pour ses marins et ses commerçants, même si la majeure partie de la population vit de la terre. Plus que la Thrace, la Macédoine, la Thessalie ou l'Attique, plus faciles d'accès, et assez rapidement incorporés dans le *vilayet* de Roumélie, le Péloponnèse montagneux est resté le refuge de la tradition, où sévissent notamment les klehptes, réfractaires à la domination ottomane. Ce n'est d'ailleurs qu'en 1715 que les Turcs asseoient leur domination sur cette partie de la Grèce reprise aux Vénitiens. Parmi les régions les plus insoumises figure notamment le Magne, fief de clans vivant dans des villages dominés par de hautes tours fortifiées. Il existe des Conseils dans les villages et un Sénat péloponnésien où siègent des délégués chrétiens à côté des musulmans ; des milices de chrétiens (Armatoles) commandées par des chefs turcs sont organisées. Quant aux Cyclades, elles ont conservé d'importants privilèges fiscaux et administratifs, et fournissent par ailleurs d'excellents marins à la marine ottomane. Beaucoup de Grecs se sont ralliés à l'Empire et occupent de ce fait une place importante dans la capitale (les Phanariotes). Ils occupent également par tradition une place dominante dans le haut clergé orthodoxe, le patriarche de Constantinople étant toujours grec et bénéficiant du statut de pacha à trois queues. Pourtant, ce fut au sein de la diaspora ouverte aux influences des Lumières que devait naître une première pensée patriotique.

Dès la fin du XVIIIe siècle, des insurrections sporadiques secouent la Grèce : Monténégrins, Maniotes, Souliotes surtout de 1790 à 1803, réduits par les forces d'Ali de Tebelen, pacha de Ioannina. Des intellectuels propagent les idéaux de liberté et d'indépendance révélés par la Révolution française. Constantin Rhigas parcourt la Grèce en tous sens pour y promouvoir une association de patriotes fondée à Vienne, l'Hétairie politique, visant à soulever la Grèce et à obtenir son indépendance. Il compose des chants patriotiques, traduit la *Déclaration des droits de l'Homme* et établit une carte de la Grèce. Arrêté à Trieste par les Autrichiens et livré aux Turcs, Rhigas fut exécuté en 1798. Son *Chant de guerre* (« Allons, enfants de la Grèce ») fait figure de *Marseillaise* locale. Quant à son projet d'Etat grec, il s'étendait à la quasi-totalité de la péninsule balkanique, et même à une partie de l'Asie Mineure. L'idée fut reprise par Adamantios Koraïs, sous l'influence duquel fut créée en 1812 à Athènes une Hétairie des Philomuses qui se proposa de fonder à travers le pays un réseau d'écoles, de bibliothèques, de revues au service du patriotisme grec. Coraï avait parcouru une grande partie de l'Europe, fait sa médecine à Montpellier avant de s'établir à Paris où il assista à la Révolution française à laquelle il adhéra avec enthousiasme. Comme Rhigas, il crut au Napoléon « libérateur » de l'Italie pour arriver à ses fins, l'indépendance de la Grèce. Créateur du grec moderne, éditeur des auteurs grecs de l'Antiquité et traducteur, il a joué un rôle essentiel de lien entre la Grèce et l'Occident où il a contribué au développement du philhellénisme. Enfin, à Odessa une société secrète, l'Hétairie des amis, fut organisée en 1814 par des marchands. Alexandre Ypsilanti, proche du tsar Alexandre Ier, en devint le chef. La famille des Ypsilanti, d'origine phanariote, avait donné plusieurs hospodars à la Valachie et à la Moldavie. Pourtant, Alexandre et ses deux frères, soutenus par les Russes, se rallièrent à l'idée d'indépendance : Démétrios prit la tête de l'armée des insurgés grecs en 1821 et Nicolas commanda le « bataillon sacré » où servaient les fils de grandes familles.

Le congrès de Vienne s'était contenté de réaffirmer le rôle de la Russie protectrice des Grecs orthodoxes : mais ni l'Autriche de Metternich ni la Russie du tsar Alexandre ne souhaitaient allumer un foyer insurrectionnel en Grèce. Pourtant, le rôle de l'Hétairie d'Odessa, bientôt installée à Istanbul, le soutien d'une partie du clergé orthodoxe — notamment Germanos, archevêque de Patras, qui proclama la guerre de libération —, l'aide précieuse des marins de Miaoulis et de Kanaris et celle des klephtes commandés par Kolokotronis, la neutralité bienveillante du tsar, conseillé par son ministre des Affaires étrangères, Capo d'Istria, originaire de Corfou, le financement de l'entreprise assurée par les riches négociants grecs de la diaspora facilitèrent le déclenchement de l'insurrection au printemps de 1821. L'échec fut complet dans les principautés danubiennes, Alexandre Ypsilanti dut s'enfuir en Autriche où il fut emprisonné sur ordre de Metternich. Mais l'espoir soulevé en Epire et en Morée fut relayé par le fait que le pacha de Ioannina, Ali de Tebelen, s'allia au mouvement par hostilité au sultan. Là encore, ce fut un échec et le pacha fut tué en 1822. Mais le mouvement était lancé : le Magne se souleva et bientôt tout le Péloponnèse, ce qui provoqua un massacre quasi général des Turcs y résidant, en particulier à Tripolis. L'insurrection fit tache d'huile, atteignant Athènes et Thèbes. Dès janvier 1822, un congrès réuni à Epidaure proclama l'indépendance et élut Alexandre Mavrokordhatos président du Conseil exécutif. Mais la contre-attaque turque fut sanglante : pendaison de Grégoire, patriarche de Constantinople ; massacres de Chio en avril 1822, thème pris par Delacroix dans l'une de ses plus célèbres toiles ; long siège de Missolonghi défendue par les frères Botzaris, au cours duquel le poète anglais Byron trouva la mort (1824). Isolés, les Grecs connaissent de sérieux revers militaires, aggravés par des discordes politiques entre les chefs de l'insurrection. Les klephtes, par tradition hostiles à un pouvoir central et très attachés à leur liberté, souhaitent une véritable autonomie au sein d'une Grèce indépendante, alors que la majorité des élites du pays songe plutôt à un Etat centralisé. Kolokotronis va jusqu'à faire sécession. Quant aux grandes puissances, réunies au congrès de Vérone en 1823, elles se refusent à toute intervention et s'alignent sur la position de l'Autriche, au nom des principes de la Sainte-Alliance.

Mais un vaste mouvement de sympathie pour la cause hellénique se développe en Europe et aux Etats-Unis, appuyé par des célébrités comme Goethe, Chateaubriand ou Shelley : de nombreuses sociétés philhelléniques se créent, envoyant armes et argent aux Grecs, et même des volontaires s'équipant à leurs propres frais. Hormis Byron, on peut citer le colonel Fabvier, ancien officier des armées napoléoniennes, ou lord Cochrane, un amiral britannique qui se battit successivement pour l'indépendance du Chili, du Brésil et de la Grèce. Des centaines de jeunes Européens vinrent également se battre, par idéal libéral et romantique, attirés par un nom — la Grèce — chargé d'histoire et de mythes transmis par le biais de l'enseignement. Aux *Massacres de Chio* exposé par Delacroix au salon de 1824 répond trois ans plus tard l'*Apothéose d'Homère*, dû à son grand rival Ingres : le présent et le passé s'unissent pour célébrer la Grèce. Mais la situation militaire des Grecs insurgés devint franchement catastrophique lorsque le sultan fit appel au pacha d'Egypte, Méhémet-Ali, à qui furent offertes la Crète et la Morée en cas de victoire. Celui-ci envoya en Grèce une puissante flotte et une armée moderne commandées par son fils Ibrahim-Pacha : après la Crète, Navarin (1825), Missolonghi (1826) et Athènes (1827), bien que défendue par Fabvier, tombèrent. Mais les massacres et les représailles qui suivirent provoquèrent l'indignation de l'opinion publique européenne. L'accord se fit entre Anglais, protecteurs des îles Ioniennes depuis 1815, soucieux d'écarter la Russie de la Grèce continentale ; le tsar Nicolas Ier qui, à l'inverse, voit la Grèce à venir comme un protectorat russe ; et la France de Charles X, désireuse de rentrer dans le concert des nations. Le sultan Mahmûd II venait de réduire à néant les janissaires, massacrés jusqu'au dernier pour cause d'insubordination et de rébellion : il ne disposait donc pas de forces conséquentes. Il avait bien essayé d'empêcher l'alliance des grandes puissances en concédant à la Russie un droit de protectorat sur les populations chrétiennes de Serbie, Moldavie et Valachie, et en autorisant les navires russes à naviguer dans les eaux ottomanes (convention d'Akkerman, 1826). Mais par le traité de Londres de juillet 1827, les trois puissances s'engageaient à créer un Etat grec autonome demeurant au sein de l'Empire ottoman et à envoyer une force militaire commune, malgré l'opposition résolue de l'Autriche. La flotte des trois puissances infligea une cinglante défaite à celle d'Ibrahim-Pacha (Navarin, 20 octobre 1827). Mais déjà les Anglais se montraient réticents à aller plus loin, alors que la Russie, désireuse de réduire l'Empire ottoman, lui déclarait la guerre, tandis que les forces françaises du général Maison occupaient la Morée. Le conflit prenait donc une teinte internationale : pour la première fois, trois puissances européennes intervenaient pour soutenir une insurrection nationale. La diplomatie et la guerre agirent en parallèle, forçant le sultan Mahmûd à signer le traité d'Andrinople en septembre 1829.

Les Russes obtenaient des avantages commerciaux et maritimes et se voyaient reconnaître autorité pour administrer la Moldavie et la Valachie. Le traité de Londres du 3 février 1830 officialisa la naissance d'un Etat grec, au territoire limité au nord par la ligne s'étirant du golfe d'Arta à celui de Volos, mais incluant Eubée et les Cyclades, et restant sous la suzeraineté ottomane, bien que dirigé par un roi. L'Angleterre avait pesé de tout son poids, et pour limiter l'influence française dans le nouvel Etat grec, et pour éviter le démembrement de la Turquie. De leur côté, les Grecs réunis en Asssemblée nationale en 1827 avaient promulgué une constitution de type libéral et républicain, et avaient nommé président Capo d'Istria, ancien ministre et protégé du tsar, l'armée et la flotte grecques passant parallèlement sous commandement anglais. Véritable homme d'Etat, Capo d'Istria heurta pourtant rapidement une bonne partie des Grecs en raison, d'une part, de ses liens jugés trop étroits avec la Russie, et d'autre part, d'un caractère autoritaire qui le conduisit à s'ériger en véritable dictateur, au milieu, il est vrai, d'une situation anarchique. Il se heurta au clan des libéraux, dirigé par Mavrokordhatos, n'hésita pas à dissoudre l'Assemblée, à faire emprisonner Pétros Mavromikhalis, l'un de ses principaux adversaires, et à repousser le souverain désigné par les puissances européennes, Léopold de Saxe-Cobourg — qui avait décliné l'offre. Son assassinat par la famille des Mavromikhalis en 1831 ouvrit une époque d'anarchie politique et de vendetta. La convention de Londres de 1832 fit de la Grèce un royaume totalement indépendant, reconnu par le sultan, et un nouveau souverain fut trouvé en la personne d'Otto de Bavière, second fils du roi Louis Ier connu pour son philhellénisme, illustré par les nombreux bâtiments néoclassiques construits à Munich sous son règne. Devenu Otton Ier, mais mineur et donc assisté d'un Conseil de régence, le nouveau roi des Grecs débarqua en son royaume en 1833.

L'autonomie des principautés danubiennes

Quant aux principautés danubiennes, leur position géo-stratégique les place dans une situation inconfortable tout en favorisant leur désir d'accéder à l'indépendance en s'appuyant sur le grand frère russe. L'antagonisme entre le pouvoir incarné par les phanariotes imposés par la Porte et les boyards se renforça dès la fin du XVIIIe siècle, alors que la puissance turque paraissait décliner. On vit ainsi un Cantacuzène, le grand boyard Jean, descendant d'une illustre famille byzantine, élaborer dès 1796 un projet de constitution républicaine. Un véritable sentiment national roumain naquit au sein des élites urbaines, en Moldavie et en Valachie, avec l'espoir de susciter l'intérêt des grandes puissances. La Russie, après avoir attaqué la Turquie et occupé les principautés (1806), avait finalement signé le traité de Bucarest avec Istanbul (1812), évacuant les territoires occupés, tout en conservant la Bessarabie. En 1814-1815, le congrès de Vienne confirma l'annexion, tout en reconnaissant la suzeraineté turque sur les principautés. Mais la révolte des Serbes, puis celle des Grecs avaient suscité l'enthousiasme des Moldo-Valaques. Dès 1818, l'école princière de Saint-Sava, fondée par le Père Gheorghe Lazar, dispensa un enseignement en langue roumaine. Un petit notable, Tudor Vladimirescu, membre de l'Hétairie, prit la tête d'un soulèvement en 1821, avec l'appui de paysans révoltés contre les boyards. Bucarest, capitale de la Valachie, fut bientôt occupée, alors qu'Alexandre Ypsilanti et les membres de la Philiki Hetairia (Hétairie des Amis) se rendaient maîtres de la Moldavie, tout en appelant l'ensemble des peuples chrétiens à la révolte contre le sultan. Mais le désaccord fut rapide entre les deux chefs de la révolte. La Russie, qui avait condamné le soulèvement au congrès de Laybach, alors que l'Europe semblait atteinte d'une véritable contagion libérale, se garda bien d'intervenir, brisant les derniers espoirs des insurgés. Ypsilanti, accusant Vladimirescu de trahison, le fit arrêter et assassiner, avant de s'enfuir en Hongrie devant l'arrivée des troupes turques qui réoccupèrent les principautés. Pour autant, cet échec à court terme ne fut pas sans conséquences positives. Tout d'abord, la Porte accepta le principe de l'élection de princes locaux, mettant fin au système phanariote. Puis, pressé par la révolte grecque, le sultan accepta de signer la convention d'Akkerman qui autorisait les boyards à élire les princes de Valachie et de Moldavie pour sept années, sous la double acceptation de Saint-Pétersbourg et d'Istanbul. La guerre russo-turque qui éclata en 1828 renforça encore le poids de la Russie, le tsar devenant le véritable protecteur des principautés, garantissant leur totale autonomie administrative et commerciale (traité d'Andrinople, 1829). Des Règlements organiques, promulgués en 1830 avec l'aide des autorités russes, donnèrent aux deux principautés une véritable organisation étatique (princes élus à vie, gouvernement, Assemblée générale de députés) basée sur le pouvoir politique et économique des boyards. Deux d'entre eux furent les premiers princes : Mihail Sturdza en Moldavie (1834-1849) et Alexandre Ghica en Valachie (1834-1842).

Au début des années 1830, la carte des Balkans a donc, comme celle du reste de l'Europe, connu de significatives modifications. Partout, le mouvement des nationalités est entré dans une effervescence accrue par la révolution des Trois Glorieuses :

Allemagne, Italie, Pologne, Suisse et bien sûr Belgique, à l'ouest ; dans la péninsule balkanique, Serbie autonome et Grèce indépendante sont le produit de luttes nationalitaires, mais aussi du jeu subtil des chancelleries des grandes puissances. Commencent alors à se dessiner et l'affaiblissement de l'Empire ottoman et le début de la rivalité austro-russe qui tourne à l'avantage de Saint-Pétersbourg, mais aussi l'intervention politique et économique de la France et surtout de l'Angleterre. Ce qui n'est pas encore la question d'Orient témoigne de l'importance des enjeux économiques et politiques dans la stratégie des puissances en Méditerranée orientale, alors que le sort des populations locales n'est finalement que secondaire et se règle en dehors de leur accord et parfois même de leur présence. Dès cette époque, l'Autriche se méfie des phénomènes irrédentistes et exemplaires que pourrait provoquer la constitution d'Etats nouveaux auprès de ses minorités. La Russie accentue sa descente vers le sud de la mer Noire et jette un regard plus qu'intéressé sur le contrôle des Détroits qui lui assurerait la maîtrise de l'axe mer Noire-mer Egée. La France entend bien, au nom d'une vieille tradition qui remonte à François Ier et à Louis XIV, rétablir une sorte de lien privilégié avec l'Empire ottoman, moderniser son armée notamment, rôle que l'Angleterre forte d'une marine sans égale et d'ambitions commerciales redoutables entend bien reprendre à son compte.

Principautés et États : la question d'Orient et l'émancipation des Balkans (vers 1830-vers 1875)

L'instabilité chronique des Balkans est d'une part le fait d'une puissance déclinante, l'Empire ottoman, et de l'autre celui de l'émergence d'Etats neufs qui, pour des raisons politiques et économiques, s'appuient sur des puissances devenant *de facto* protecteurs intéressés de ces populations théoriquement indépendantes. Ainsi voit-on à Athènes les partis ou clans en présence qualifiés de « parti » français, « parti » anglais, « parti » bavarois, « parti » russe. Quant à l'Empire ottoman, il est également attaqué sur sa frange occidentale, avec la conquête de l'Algérie par la France à partir de 1830. Mais le sultan Mahmûd II et son successeur Abdülmecîd ne restèrent pas inactifs. La période des *tanzîmât* ou réformes qui s'ouvre alors fait entrer l'Empire, progressivement, dans l'ère de la modernité. Mahmûd réforma en profondeur l'armée avec l'appui de conseillers militaires européens, et modernisa les institutions gouvernementales en créant des ministères et des ambassadeurs calqués sur ceux des grandes puissances. En 1839, Abdülmecid promulgua un grand édit qui faisait de chaque sujet du sultan, quelle que soit sa religion, un égal devant la loi, les obligations militaires et l'impôt ; le grand vizir Rechîd Pacha fit publier un Code civil en 1840, largement influencé par le Code français. Pour autant, le sultan restait détenteur d'un pouvoir absolu dans un Empire théocratique basé sur le Coran et la *charia*, et la population demeurait classée dans des communautés religieuses. Il ne s'agit donc ni d'une laïcisation de l'Etat ni d'une démocratisation de la vie politique. Le territoire fut divisé en trente-six *eyâlet*, eux-mêmes divisés en *sandjak* et *câzâ*. Cependant, les résistances des « Vieux-Turcs » hostiles à ces réformes — on citera aussi l'adoption du costume européen et du fez —, l'éloignement des provinces, le manque d'argent, l'absence de véritable réseau d'écoles primaires et secondaires et de facultés, freinèrent l'application de ces réformes. De plus, la Turquie devait faire face à une situation extérieure tendue.

La question d'Orient

L'ennemi le plus pressant était alors le pacha d'Egypte, Méhémet-Ali dont l'armée elle aussi modernisée par des officiers européens avait montré son efficacité en Grèce sous la commandement d'Ibrahim-Pacha. Celui-ci ne pouvant recevoir le gouvernement de la Morée comme prévu, son père réclama la Syrie. Aucun accord ne se faisant, les troupes égyptiennes s'emparèrent de villes syriennes (Acre, Damas, Alep). La première crise internationale liée à la question d'Orient commençait. Les troupes du sultan vaincues et Constantinople menacée, la Porte dut reconnaître à Méhémet-Ali la possession de la Syrie et celle de l'*eyâlet* d'Adana à Ibrahim (traité de Kütahya, 1833). Les puissances occidentales étaient divisées : la France, par la voix de Thiers, prenait fait et cause pour l'Egypte ; mais l'Angleterre s'inquiétait d'autant plus de la montée en puissance de l'Egypte, remettant en cause la stabilité de l'Empire ottoman, que la Russie obtenait la fermeture de la mer Noire à toute flotte de guerre étrangère et devenait le protecteur de l'intégrité territoriale ottomane (traité d'Unkiar-Iskelesi, 1833). Les intérêts économiques en jeu sont énormes, alors que s'ébauche la politique proche-orientale et asiatique des grandes puissances, avec la nécessité de contrôler de grands axes terrestres ou maritimes. Un deuxième affrontement entre le sultan et Méhémet-Ali se traduisit par l'écrasement des armées ottomanes en juin 1839, et, Mahmûd mourant brusquement, son fils Abdülmecîd, âgé de seize ans, lui succéda. Quatre grandes puissances (Angleterre, Autriche, Russie, Prusse) s'unirent alors pour contraindre Méhémet-Ali à revenir au *statu quo* territorial, moyennant la reconnaissance de l'hérédité de son trône, et un morceau de la Syrie (traité de Londres, juillet 1840). Mais la France fit bande à part : Thiers, revenu aux affaires et écarté du traité par Palmerston, apporta son soutien au pacha d'Egypte, au risque de la guerre. La tension fut à son comble lorsqu'on apprit que des troupes anglo-autrichiennes avaient débarqué en Syrie pour en chasser Ibrahim Pacha. Le roi Louis-Philippe, soucieux d'éviter la guerre, obtint la démission de Thiers et son remplacement par un anglophile convaincu, Guizot. Méhémet-Ali fut contraint d'évacuer la Syrie. Un second traité signé à Londres en juillet 1841 par les cinq grandes puissances mit fin à la crise, en précisant que les Détroits restaient fermés à toutes les flottes de guerre en temps de paix. Ainsi la Russie se trouvait-elle confinée en mer Noire, alors que l'Angleterre, forte d'une marine inégalable, se trouvait maîtresse de la Méditerranée orientale. De plus en plus, l'Empire ottoman était un objet dont la diplomatie européenne disposait à son gré.

La Serbie entre vendetta et modernisation

La principauté autonome de Serbie était dirigée d'une main de fer par Milos Obrenović, sans constitution ni réelle assemblée, la Skouptchina n'étant qu'une réunion de notables nommés par le prince (*kniaz*). Mais ce dernier sut mettre en place une administration copiée sur le modèle autrichien, et, bien que — ou parce que — illettré, donna une réelle impulsion à l'enseignement, à la presse, propagandiste du prince, au théâtre. La diaspora serbe de Hongrie — la Matica Srpska fut fondée à Pest en 1827 — et d'Autriche où vécut Vuk Karadzić relayait cette renaissance culturelle. De plus, le prince avait le droit de nommer le métropolite de Serbie, en l'occurrence l'archevêque de Belgrade. Milos maintint une pression fiscale forte sur la paysannerie, et s'attribua personnellement une grande partie des terres vacantes ou communautaires. Il sut parallèlement se rendre populaire par des lois agraires qui protégeaient les paysans contre les exactions des grands propriétaires. Sous la pression de ses adversaires, Milos se décida à promulguer une constitution en 1835. Mais les protestations des puissances conservatrices (Autriche, Russie, Turquie) suffirent pour qu'il décide d'abroger le texte, inspiré de la Charte, la même année. Une seconde constitution, élaborée en étroite concertation avec les Puissances protectrices de la Serbie, fut promulguée en 1838, flanquant le prince d'un Conseil étroit de dix-sept membres, alors que la Skouptchina était supprimée. Très vite en désaccord avec son Conseil, Milos abdiqua au mois de juin en faveur de son fils Milan.

Mais la vie politique connut alors un regain de violence : la mort de Milan atteint de tuberculose laissa la place à son jeune frère encore mineur, Michel, accompagné d'un conseil de régence. Les adversaires des Obrenović, partisans d'une véritable constitution comme Vučić-Perišić ou Garašanin, se regroupèrent autour du fils de Karageorges, le prince Alexandre qui, à la suite d'une révolution de palais, parvint au pouvoir en 1842. Avec l'aide du Conseil, le nouveau prince modernisa la Serbie (enseignement, poste et télégraphe, Code civil) et s'attaqua au système de la *zadrouga* (clan possédant collectivement des biens, terres ou bâtiments, par opposition à la propriété privée individuelle) tout en encourageant les créations culturelles (Musée national, Bibliothèque nationale et Société scientifique serbe). Le Printemps des Peuples de 1848 provoqua peu d'ondes de choc en Serbie. Pourtant, les années précédentes, les Serbes avaient noué des contacts avec les partisans de l'Illyrisme, et notamment le Croate Ljudevit Gaj, fondateur de la *Gazette nationale illyrienne* et artisan de la formation d'une langue serbo-croate. Mais le soutien des Croates aux Autrichiens lors de la répression anti-hongroise rendit difficile la position des Serbes, qui ne purent non plus compter sur le soutien de la Russie alliée de l'Autriche dans sa politique de réaction. Le lent travail de sape des partisans des Obrenović qui reprochaient à Alexandre de ne pas avoir su profiter de la guerre de Crimée pour obtenir l'indépendance de la Serbie, allié à la pression des libéraux aboutit à la convocation en 1858 d'une Skouptchina, qui s'empressa de déposer le prince régnant et de rappeler le prince Milos. Le vieil homme revenu aux affaires proclama l'hérédité de sa fonction et provoqua une vague de réactions parfois violentes dans son pays — suppression de la constitution de 1838 — que sa mort arrêta en 1860. Son fils Michel revint sur le trône. Menant une politique de réformes autoritaires, passant outre le Conseil, Michel s'entoura de ministres compétents tel Garašanin, nommé président du Conseil en 1861, renforça l'armée, et obtint le départ des dernières garnisons ottomanes. Mais le prince fut assassiné en 1868 par les partisans des Karadjordjević, nouvel épisode de la vendetta politique serbe. Les Obrenović réussirent cependant à garder le pouvoir et, avec l'appui de l'armée, à faire nommer prince le cousin de Michel, Milan, assisté d'un conseil de régence présidé par Jovan Ristić. Le nouveau gouvernement et la Skouptchina s'attelèrent à un programme de réformes institutionnelles qui aboutit à la Constitution de 1869 dont Ristić fut l'artisan essentiel : l'assemblée recevait le pouvoir législatif, le prince gardant le droit de dissolution. Comme dans la plupart des Etats balkaniques, la vie politique serbe allait être marquée par d'incessants conflits de pouvoir entre le prince et l'assemblée d'une part, entre les différents partis d'autre part.

Le Monténégro

Coincé entre la Bosnie au nord et l'Albanie au sud, peuplé de tribus serbes mais séparé de la Serbie par le *sandjak* de Novi Pazar, le Monténégro était dirigé depuis le XVIIe siècle par l'évêque de Cetinje, toujours choisi dans la famille des Petrović. Grâce au soutien de la Russie et de l'Autriche et à un farouche esprit de résistance, les tribus montagnardes avaient réussi à conserver une réelle autonomie, tout en faisant partie de l'Empire ottoman. Demeuré très archaïque dans son organisation administrative et politique, le Monténégro connut une première forme de modernisation sous l'égide de l'évêque Petar Ier qui régna près de cinquante ans sur le pays (1782-1830). Son successeur, l'évêque poète Petar II, continua dans la même voie, avec le soutien des Russes qui, par l'intermédiaire de conseillers, tentaient en fait de contrôler le pays : un Sénat fut créé, ainsi que des embryons de réseau scolaire, d'armée et de système fiscal. Il revint à Danilo II d'achever le processus avec la bénédiction du tsar : proclamé prince, mais restant laïc, il nomma un évêque de Cetinje et promulgua un Code civil. Après plusieurs tentatives de soulèvement sévèrement réprimées par les garnisons turques, Danilo obtint enfin un succès militaire au printemps 1858, qui conduisit les puissances à se déclarer protectrices de la principauté. Danilo fut assassiné en 1860, mais son successeur, son neveu Nicolas, sut imposer son autorité et régna jusqu'en 1918.

La Grèce du roi Otton

La Grèce du roi Otton était un petit Etat affaibli par la longue guerre d'indépendance et divisé par des rivalités sanglantes entre factions politiques. Voilà qui explique en grande partie la tentation continue des gouvernements grecs de projeter l'avenir du pays dans la reconstitution d'une mythique Grèce antique, englobant la Macédoine et la Thrace, rejetant la Turquie hors d'Europe. Le jeune souverain assisté de son Conseil de régence débarqua avec une armada de fonctionnaires et d'officiers bavarois : la « bavarisation » de l'administration se heurta à bien des résistances. L'anarchie politique régnait, les caisses du royaume étaient vides. Chaque grande puissance disposait d'agents et d'un « parti » défendant ses intérêts. La réorganisation administrative du pays se superposa au maintien de structures claniques, alors que le brigandage se perpétuait dans les montagnes du Péloponnèse. Quant à l'Eglise orthodoxe, elle fut réorganisée non sans mal par l'un des trois régents, von Maurer, qui élabora un projet limitant la puissance foncière du clergé (propriétaire d'un quart des terres) : les quatre cinquièmes des monastères furent supprimés, et les revenus de l'Eglise soumis à l'impôt ; parallèlement, le projet prévoyait la création d'un synode indépendant du patriarcat de Constantinople. Les fortes résistances qui se manifestèrent de part et d'autre ne s'éteignirent qu'après de longues négociations, avec intervention de la Russie, qui aboutirent en 1850-52 : le métropolite d'Athènes présiderait le synode au lieu du roi, l'Eglise orthodoxe s'érigeant de ce fait en pouvoir religieux face au pouvoir politique.

En 1835, Otton déclaré majeur fut solennellement proclamé roi de Grèce à Athènes où il avait transféré sa capitale — à la place de Nauplie. Bien que peu populaire, le très catholique roi Otton régna près de trente ans sur son royaume orthodoxe. L'homme fort de son cabinet fut l'ex-régent Joseph von Armansperg dont la politique autoritaire suscita d'autant plus d'oppositions que l'administration et l'armée continuaient à être aux mains des Bavarois. La pacification du pays ne suffit pas à éviter une crise en 1837, provoquant le départ d'Armansperg. La même année fut inaugurée l'Université d'Athènes, qui avait entre autres missions celle d'élaborer une langue nationale. Le problème de l'accession des paysans à la propriété foncière n'était pas réglé : les terres libérées par le départ des Turcs avaient été accaparées par l'Etat ou de puissants notables, et la grande majorité des paysans se trouvaient dans l'obligation de louer des terres, à de dures conditions. Plus grave fut la crise de 1843-1844, consécutive à la situation de banqueroute du pays : l'armée, hostile à toute réduction de son budget qui absorbait près de la moitié des dépenses publiques se rebella et força Otton à nommer l'un des siens, le russophile Metaxas, chef du gouvernement, à chasser tous les Bavarois de l'administration et à convoquer une Assemblée constituante. Celle-ci, réunie sous le regard des puissances créditrices (France et Angleterre), élabora une constitution votée en mars 1844 : le roi gardait le droit de veto et de nommer les ministres de son choix, mais cohabitait avec une Chambre des députés élue au suffrage censitaire et un Sénat dont il nommait les membres, inamovibles. Le successeur d'Otton, qui n'avait pas d'héritier, devrait obligatoirement être orthodoxe. Devenue monarchie constitutionnelle, la Grèce vécut au rythme d'une instabilité ministérielle chronique, même si des noms s'imposaient régulièrement dans la classe politique : Kolettis, héros de l'insurrection de 1821, soutenu par Paris, ou Mavrokordhatos, l'ancien président du Conseil exécutif de 1822, soutenu par Londres. Le sort des Grecs demeurés en territoire ottoman apparaissait parfois meilleur, et les grands négociants de la diaspora grecque mirent peu d'empressement à rejoindre le jeune royaume. Dès lors, les gouvernements qui se succédaient mirent en avant la

Megale Idea (Grande Idée), c'est-à-dire la reconquête de tous les territoires grecs : le nationalisme de type irrédentiste comme exutoire aux difficultés intérieures. La Société des amis de l'instruction basée à Athènes collectait des fonds pour ouvrir des écoles grecques dans les territoires restés sous le « joug ottoman ». Des bandes de klehptes faisaient des incursions militaires en territoire turc pour tenter de fomenter des insurrections. Mais Londres voyait d'un mauvais oeil cette agitation : prenant prétexte du pillage de la maison d'un commerçant britannique installé au Pirée, Pacifico, Palmerston envoya une flotte bloquer le port, jusqu'à l'obtention des excuses du gouvernement grec.

L'Angleterre et la France anihilèrent toute tentative irrédentiste, y compris pendant la guerre de Crimée, alors que des Grecs tentaient de soulever l'Epire voisine et la Thessalie ; la défaite de la Russie en sonna le glas. Les relations se détériorèrent lentement entre le roi d'un côté, la classe politique et l'armée de l'autre : après un attentat contre la reine et une violente insurrection à Nauplie, un coup d'Etat militaire mit fin au règne d'Otton en 1862, un triumvirat s'emparant du pouvoir (Canaris, Roufos, Voulgharis) avec l'accord des puissances. Otton fut remplacé par Guillaume-Georges, second fils du roi du Danemark, qui prit le nom de Georges Ier et épousa une princesse russe, la grande-duchesse Olga, nièce du tsar Nicolas Ier. Soucieuse de calmer la tension, l'Angleterre céda en 1864 les îles Ioniennes qui étaient sous son protectorat depuis 1815. Cela permit au nouveau souverain, qui inaugurait un long règne de cinquante ans, de bénéficier d'une certaine popularité. Une nouvelle constitution votée en 1864 fit de la Grèce une monarchie parlementaire, avec une Assemblée élue au suffrage universel : le pays sortit de la violence politique et connut une véritable modernisation économique. Koumoundoúros, Charilios Trikoupis, Théodore Dhilighiannis (ou Delyannis), marquèrent la vie politique grecque, dans un climat d'instabilité ministérielle quasi permanente. La Grande Idée demeurait en toile de fond, malgré une faiblesse militaire persistante. En 1866, la Crète se révolta de nouveau et une assemblée populaire proclama son union (*Enosis*) avec la Grèce. Koumoundoúros chercha en vain à former une alliance avec la Serbie. Malgré un nouveau courant de philhellénisme qui se développa à travers le monde, les Crétois furent vaincus par Omer Pacha dont la répression fut brutale. Pour autant, la révolte ne fut pas vaine, les insulaires obtenant le droit d'avoir des fonctionnaires chrétiens et la reconnaissance du grec comme langue officielle.

Naissance de la Roumanie

L'idée d'unité roumaine demeurait très minoritaire : quelques sociétés secrètes et quelques journaux comme *Romania*, fondé à Bucarest en 1837, la relayaient dans les milieux cultivés. La diaspora roumaine installée en Occident édifia des projets de Roumanie indépendante, avec une constitution inspirée par les idéaux de 1789. Sans soulever le même enthousiasme que la cause grecque dans les années 1820 ou la cause polonaise au début des années 1830, la cause roumaine, représentée à Paris par les fils de grandes familles moldo-valaques venus y suivre des études universitaires

(Cuza, Ghica, Brătianu, Balcescu), reçut un bon accueil dans les milieux intellectuels, notamment de la part de Lamartine, de Gérando, partisan de la création d'une république roumaine fédérative (incluant la Transylvanie, sous domination hongroise) et des deux « idoles » de la jeunesse étudiante qu'étaient alors Michelet et Quinet, tous deux professeurs au Collège de France. La Révolution de février 1848 provoqua une onde de choc qui atteignit la Transylvanie et les principautés danubiennes : en Moldavie, le prince Sturdza soutenu par le tsar réagit brutalement en faisant arrêter les meneurs de la révolte, alors qu'en Valachie, la révolution victorieuse formait un Comité révolutionnaire (Balcescu, Rosetti, Brătianu) qui s'installait à Bucarest au mois de juin, forçant le prince Bibescu à la démission. Une Assemblée nationale proclama l'abolition des privilèges féodaux et de la peine de mort, la distribution de terres aux paysans, tout en imposant le drapeau bleu-jaune-rouge et en réclamant l'union avec la Moldavie. Mais l'intervention commune des troupes russes et turques mit brutalement fin à l'expérience, les deux puissances s'entendant pour rétablir les Règlements organiques dans un sens restreint : plus d'assemblées, hospodars nommés pour sept ans, choisis conjointement par le tsar et le sultan, et occupation militaire *sine die*.

Alors que la situation paraissait sans issue pour les patriotes roumains, la guerre de Crimée survint opportunément. La Russie exerça une pression sur le sultan afin qu'il reconnaisse explicitement les droits de ses sujets orthodoxes, en particulier sur l'accès aux Lieux saints. L'occupation de la Moldavie par la Russie dès 1853 fut l'un des motifs qui déclencha la guerre avec la Turquie soutenue, cette fois, par l'Angleterre et la France, et par l'Autriche, en échange du droit de faire pénétrer ses troupes dans les provinces danubiennes, et le Piémont, soucieux de faire avancer la cause italienne. Les partisans de l'union moldo-valaque reprirent espoir, alors que les troupes autrichiennes occupaient les principautés. Vaincue, la Russie dut signer le traité de Paris du 30 mars 1856 qui, entre autres clauses, confirmait l'égalité juridique des chrétiens et des musulmans que le sultan Abdülmecid avait proclamée dans son rescrit impérial (*khatt-i-hümayun*) de février, prévoyait l'organisation d'un contrôle international assurant la libre navigation sur le Danube (statut arrêté en 1861), fermait la mer Noire à tout navire de guerre, garantissait l'intégrité territoriale des principautés danubiennes par les Puissances victorieuses — évinçant la Russie —, redonnait à la Moldavie le sud de la Bessarabie, et confirmait la séparation de la Moldavie et de la Valachie, évacuées par les troupes autrichiennes. Mais des élections, prévues par le traité de Paris, donnèrent une nette majorité aux unionistes dans les deux principautés en 1857.

Dès lors, les deux Divans élus élaborèrent séparément un projet d'union. L'intervention de Napoléon III, favorable à la formation d'une Roumanie monarchique, fut décisive : une conférence des grandes puissances réunie à Paris donna son accord à la formation d'un Etat baptisé « Provinces unies de Moldavie et de Valachie », à condition que soit maintenue la suzeraineté ottomane, et que chaque principauté conserve son prince et son assemblée. La nouvelle déception roumaine fut de courte durée : les assemblées élues dans chaque principauté, en vertu de la convention de 1858, élirent en janvier 1859 le même prince, Alexandru Ion Cuza qui prit le titre de prince de Roumanie. Les grandes puissances, de nouveau réunies à Paris, acceptèrent cette union réalisée *de facto*, y compris l'Autriche après sa défaite en Italie, et la Turquie en 1861, mais seulement pour la durée du règne du prince. Le prince Cuza put s'exclamer : « Roumains, l'union est accomplie, la nationalité roumaine est fondée. »

L'ex-étudiant parisien s'appuya sur la bourgeoisie libérale, partisane de réformes modérées, alors que les boyards se retrouvaient dans le camp des conservateurs. Le cens électoral élevé leur permettait d'avoir la majorité dans les assemblées. Celles-ci furent réunies dans un unique Parlement qui siégea dans la nouvelle capitale, Bucarest (1862). Le gouvernement de Kogălniceanu s'attaqua à un programme de réformes : création d'une armée nationale, nationalisation d'une partie des terres monastiques, fondation du Conseil d'Etat et de la Chambre des comptes, promulgation d'un Code pénal et d'un Code civil, création de deux universités à Bucarest et Iasi. Malgré la résistance acharnée des boyards à l'Assemblée, qui fut dissoute en 1864 avant qu'une modification de la Constitution massivement approuvée par plébiscite ne réduise son rôle, une réforme agraire fut menée à terme permettant à des centaines de milliers de paysans d'accéder à la petite propriété. Quant à l'Eglise orthodoxe, elle fut déclarée autocéphale en dépit des protestations du patriarche de Constantinople. La coalition des mécontents s'unit pour renverser le prince Cuza en 1866. Son succcesseur fut le prince Charles de Hohenzollern-Sigmaringen qui, malgré les réticences autrichiennes et russes, fut plébiscité par les Roumains et couronné sous le nom de Carol Ier. La Constitution adoptée à l'occasion donna naissance à la Principauté de Roumanie — reconnue par le sultan qui en restait le suzerain — et faisait du roi le chef de l'exécutif, alors qu'un Sénat et une Chambre des députés élue au suffrage censitaire se partageaient le législatif. Le pays se modernisa, mais la vie politique n'alla pas sans mal entre un roi ouvertement pro-prussien — en 1866 lors de la guerre austro-prussienne et surtout en 1870, alors qu'une manifestation pro-française contraignit le Premier ministre Ghica à la démission — et une bourgeoisie plutôt francophile. Les tensions politiques opposaient les conservateurs comme Lascar Catargiu, au pouvoir de 1870 à 1875, et les nationaux-libéraux comme les frères Dimitrie et Ion Brătianu. Alors que les tensions sociales entre paysans et grands propriétaires étaient loin d'être résolues, la Roumanie connut également ses premiers mouvements syndicaux dans les ports de la mer Noire ou dans les ateliers de chemin de fer. L'Association générale de tous les travailleurs de Roumanie fut fondée en 1872 à Bucarest, alors qu'en 1875 éclatait la grande grève des mineurs, durement réprimée.

La question bulgare

La Bulgarie, par sa position, était un lieu de rencontres de peuples et de cultures. Coincée entre les provinces danubiennes devenues Roumanie, la Serbie et l'Empire ottoman, elle avait, comme la Moldavie et la Valachie, particulièrement subi l'influence culturelle hellénique, en particulier par le biais du clergé orthodoxe. La proximité de Constantinople, de bonnes terres, la mer Noire : autant de facteurs qui jouèrent en faveur d'un développement économique limité, mais réel, tant agricole qu'artisanal. Comme ailleurs, des éléments de la bourgeoisie et du clergé touchés par les Lumières — Paisij de Hilendar dont l'*Histoire des Slaves bulgares* publiée en 1762 ouvre la Renaissance bulgare ; Sofronij de Vraca, auteur du premier ouvrage imprimé de la littérature bulgare moderne en 1806 — travaillèrent dès la fin du XVIIIe siècle à faire renaître l'identité culturelle bulgare. Tout autant que les Ottomans, les Grecs étaient visés. En réaction, des écoles primaires bulgares furent ouvertes : publié en 1824, l'*Abécédaire au poisson* de Petar Beron fut une révolution linguistique et pédagogique. Puis, Vasil Aprilov, un imprimeur, ouvrit la première école secondaire à Gabrovo en 1835. Une presse bulgare vit le jour, surtout à l'étranger : Autriche, Russie, Serbie, et le clergé et la liturgie furent progressivement « bulgarisés », non sans résistance de la minorité grecque. En première ligne dans ce combat, la diaspora bulgare d'Istanbul, incarnée notamment par l'évêque Ilarion Makariopolski, était soutenue par Saint-Pétersbourg. Le sultan céda, et en 1870 autorisa la création d'une Eglise autocéphale, l'Exarchat bulgare. Le prolongement politique de cette victoire religieuse fut l'œuvre de patriotes comme Georgi Rakovski. Formé à Paris mais installé à Belgrade, puis à Bucarest, il travailla sans relâche à l'indépendance de la Bulgarie, par des journaux (*Le Cygne du Danube*), des projets d'insurrection, la formation d'une Légion des volontaires bulgares et devint une sorte de chef spitiruel de l'émigration patriotique bulgare. S'inscrivant dans la montée du panslavisme, d'autres patriotes formèrent, avec le soutien des Russes et des Serbes, un Comité central de la révolution bulgare en 1869 : parmi ces partisans d'une République bulgare, Vasil Levski, Ljuben Karavelov, Christo Botev, le plus grand poète bulgare du XIXe siècle et un militant socialiste, ou encore Stefan Stambolov qui commençait alors une longue carrière politique. Mais la révolte de 1872-1873 se solda par l'arrestation et la pendaison de Levski par les autorités ottomanes et celle de 1875-1876, déclenchée en parallèle à celle de Bosnie-Herzégovine et du Monténégro, par la mort de Botev tué au combat. C'était pourtant le début d'une vaste conflagration dont les Balkans allaient sortir profondément modifiés.

Quel modèle national pour les nations balkaniques ?

Pour toutes les nations balkaniques, Etats nouveaux ou en construction, se pose la question du modèle national. Ces cultures renaissantes sont en effet soumises à des pressions divergentes et contradictoires. D'une part, elles souhaitent affirmer leur spécificité, leur autonomie, mais, pour arriver à leurs fins, elles ont besoin de l'aide de puissances extérieures qui cherchent évidemment à imposer leur modèle politique et idéologique : ce qui est vrai des plus proches (Russie, Autriche) l'est aussi des plus lointaines (Angleterre, France). Sentiment d'autant plus fortement ressenti qu'il existe parfois un hiatus entre les nationalistes de l'intérieur qui mènent le combat en première ligne et les nationalistes de l'extérieur qui, installés dans les grandes villes des Etats « amis » — Vienne, Saint-Pétersbourg, Belgrade —, sont parfois plus au fait des réalités diplomatiques, du froid réalisme des grandes puissances, tout en produisant une réflexion plus avancée sur le modèle national, les conditions d'une renaissance culturelle, les problèmes économiques et sociaux. Second point, le modèle national mis en avant n'est pas toujours le même. S'il existe une très forte affirmation d'un sentiment identitaire qui se construit sur des bases ethno-culturelles, le but étant de former une nation érigée en Etat, il n'en reste pas moins que, comme dans le cas de l'Europe occidentale, deux modèles s'affrontent. L'un est clairement issu de la Révolution française : il s'agit de construire un Etat-nation centralisé, à l'intérieur de frontières intangibles. Ce modèle trouve des relais dans la bourgeoisie libérale, notamment en Bulgarie et en Roumanie, pays s'appuyant sur une vieille tradition historique, un très fort sentiment d'altérité à la fois par rapport à leurs voisins et par rapport à la puissance longtemps suzeraine (l'Empire ottoman) et dont les peuples vivent sur un territoire assez clairement délimité ; avec pour la Roumanie, la difficulté supplémentaire de la Transylvanie, sous domination autrichienne, puis hongroise. L'autre modèle est métissé du modèle français et du modèle allemand, issu du romantisme, et exalte l'aspect culturel comme ciment de la nation : modèle plus prégnant sur des Etats amputés d'une grande partie de leurs territoires « historiques » comme la Grèce qui développe de manière récurrente un irrédentisme, facteur de cohésion sociale et nationale (la Grande Idée), ou la Serbie, dont le territoire autonome depuis 1817 ne rassemble qu'une partie de la nation serbe, également présente en Bosnie, au Monténégro, en Hongrie, etc. Garašanin, chef du gouvernement serbe, fut l'un des promoteurs du panserbisme, avec le « programme national » serbe ou Nacertanje, visant d'une part à regrouper tous les Serbes, et d'autre part tous les Slaves du Sud dans un seul Etat sous direction serbe. Ce projet, dont la vigueur ne devait pas se démentir jusqu'en 1914, trouva des appuis en jouant également la carte du yougoslavisme, réactivé par l'évêque Strossmayer, leader du Parti national croate, et fondateur de l'Académie et de l'Université de Zagreb. Par tradition, enfin, il semblerait que l'organisation clanique des peuples grec ou serbe se heurte à une trop forte centralisation. A cela s'ajoute la tentation de la Russie d'activer soit le panslavisme, soit l'orthodoxie — soit les deux — comme un levier pour rassembler dans son orbite les revendications des nations balkaniques.

Reste que former un Etat, c'est définir un territoire délimité par des frontières. Or, l'imbrication des peuples sur des territoires partagés rend difficile, dès cette époque, la délimitation de frontières acceptées par tous : les plus lucides des patriotes comme le Grec Rhigas ou les Bulgares Levski et Botev avaient développé, à un siècle de distance, l'idée de fédération balkanique liée à l'instauration de la démocratie. Le développement de l'illysrime ou yougoslavisme, solution fédérative, est l'une des réponses à ce problème crucial, mais limité aux Slaves du Sud : la révolution de 1848 mit un frein à l'espoir d'une fédération yougoslave. Les années 1850-1870 virent une montée des revendications nationalitaires et un développement des structures politiques ou militaires, plus ou moins secrètes, chargées de les propager. Si l'Autriche freina constamment la propagation de ces idées — notamment par pression sur la Serbie où s'activaient un Comité serbe et la Jeunesse serbe unifiée —, la Russie joua un jeu plus ambigu. Elle s'efforça, par le biais du panslavisme, mais aussi d'une aide financière, de contrôler ces différents mouvements, notamment en Bulgarie. Toutefois, l'action commune de ces différents peuples contre la Turquie continuait à se révéler difficile, tant les positions étaient parfois éloignées : si la Serbie et le Monténégro s'entendirent sans difficulté, il n'en fut pas de même de la Serbie et de la Grèce dont les projets se heurtaient sur la question de la Thrace ou de la Macédoine, voire de l'Albanie ou de la Bulgarie. La Russie pesant de tout son poids, l'accord se fit pourtant en 1867 entre la Serbie et la Grèce qui, en cas de guerre victorieuse contre la Turquie, recevraient pour l'une la Bosnie et l'Herzégovine — mais que dirait alors l'Autriche ? — et pour l'autre l'Epire et la Thessalie. Encore fallait-il qu'un élément déclenche un conflit entre la Porte et les Etats chrétiens des Balkans.

La guerre russo-turque et le congrès de Berlin

La fin des années 1860 et le début des années 1870 furent marqués par une agitation en Bosnie-Herzégovine. Sa proximité avec l'Autriche lui avait valu de servir à plusieurs reprises de champ de bataille avec la Turquie et, depuis le début du XIXe siècle, elle était devenue l'objet principal de l'irrédentisme serbe. Mais la Bosnie s'était assez largement islamisée et restait un pays très archaïque par ses structures sociales et politiques, dominées par des beys hostiles à tout projet de réforme, fût-il en provenance d'Istanbul. Il fallut toute l'énergie d'Omer Pacha, un général d'origine croate converti à l'islam, pour rétablir l'autorité du sultan au milieu du siècle. Périodiquement, des jacqueries éclataient, à connotation à la fois sociale — pauvres paysans contre riches propriétaires qui exigeaient de lourds prélèvements — et religieuse — paysans majoritairement orthodoxes contre propriétaires le plus souvent convertis à l'islam. L'irrédentisme serbe s'en mêla, et dès 1874-1875 de violentes émeutes éclatèrent en Herzégovine, à la fois dans les campagnes et dans les villes, avec le soutien ouvert du Monténégro et plus discret de la Russie. Celle-ci, depuis le grand congrès slave de Moscou (1867), soutenait l'idée de fédération des peuples slaves, et dès 1870 avait dénoncé le traité de Paris de 1856. Le traité de Londres signé l'année suivante lui avait donné satisfaction en avalisant la remilitarisation de la région. Une nouvelle insurrection bulgare se produisit en 1876. La réaction turque consista à envoyer des troupes de bachi-bouzouks pour rétablir l'ordre, ce qui fut fait de façon particulièrement violente (10 000 à 15 000 morts). La presse occidentale s'empara des massacres, avec le renfort de politiques tel Gladstone qui publia *Les Horreurs de la Bulgarie* ou le soutien d'écrivains comme Hugo qui parla « d'atrocités bulgares ». Le gouvernement anglais de Disraeli, favorable *a priori* à une intervention en faveur du sultan, fit marche arrière. Mais à Istanbul, au même moment, une révolution de palais motivée par des manifestations populaires chassa le sultan Abdülaziz, accusé d'avoir laissé massacrer les populations musulmanes des Balkans sans réagir, puis son successeur Murad V, avant qu'Abdülhamid II ne s'impose pour ce qui devait être l'un des plus longs sultanats (1876-1909). Il ouvrit son règne en promettant des réformes qui aboutirent à la constitution de décembre 1876 : la Turquie se dota d'institutions comparables à celles des puissances européennes, avec une Chambre des notables dont les membres seraient nommés à vie par le sultan, une Assemblée de députés élus, chargée de voter le budget, et la reconnaissance des grandes libertés individuelles. Mais les panslaves et les panserbes n'avaient pas désarmé. En juillet, la Serbie et le Monténégro étaient passés à l'offensive en Bosnie-Herzégovine, tandis que le tsar et l'empereur d'Autriche-Hongrie se rencontraient pour délimiter des zones d'influence dans les Balkans. Les troupes ottomanes contre-attaquèrent, menaçant de prendre Belgrade : la Russie s'interposa pour imposer à la Turquie l'armistice du 3 novembre 1876 — on en revint au *statu quo ante bello.*

Ne voulant pas être en reste, Vienne s'associa à Saint-Pétersbourg pour demander la réunion d'une conférence à Istanbul. Mais Abdülhamid pouvait compter sur l'appui de Londres, hostile au démembrement de l'Empire ottoman. Le sultan fit capoter la conférence, annonçant que s'il acceptait d'octroyer une constitution, il se refusait à tout dépècement de son empire. La Russie, agitée par un vigoureux courant panslave, déclara la guerre à la Turquie en avril 1877, obtenant de l'Autriche, à qui avait été promise la Bosnie-Herzégovine au traité de Budapest (janvier 1877), sa neutralité. Prévue pour être courte et triomphale, la guerre s'éternisa. La Roumanie se déclara indépendante, rompant tout lien avec la Turquie, et associa ses troupes à celles de la Russie. La Serbie fit attendre sa réponse, n'acceptant d'entrer dans le conflit qu'en décembre, alors que la Grèce hésitait encore, tiraillée entre son opinion publique et les pressions britanniques. Mais, la Russie ayant fait sauter toutes les poches de résistance turques en Bulgarie, un armistice fut signé en janvier 1878 : si les troupes du tsar menaçaient Andrinople, la flotte britannique stationnait devant Constantinople pour en garantir l'intégrité. L'agitation s'étendant dans la capitale ottomane, le sultan résolut de dissoudre le Parlement. On entrait dans la phase diplomatique de cette guerre balkanique, qui aboutit au traité de San Stefano (mars 1878). Les principaux points prévoyaient l'indépendance de la Serbie, du Monténégro et de la Roumanie et les modifications territoriales suivantes : création d'une grande Bulgarie, incluant un accès à la mer Egée et la Macédoine, doublement du territoire du Monténégro, léger agrandissement de la Serbie (région de Nis), échange entre la Russie qui annexait la totalité de la Bessarabie alors que la Roumanie recevait en compensation la région marécageuse de la Dobroudja et des bouches du Danube, tandis que l'Autriche recevait le droit d'occuper le sandjak de Novi Pazar. Vienne et Londres refusèrent d'accepter les termes d'un traité qui faisait clairement de la Russie la maîtresse des Balkans. Ils protestèrent vigoureusement, relayant les clameurs des petits Etats balkaniques qui, hormis la Bulgarie, avaient tous des motifs de mécontentement. L'Allemagne de Bismarck, non impliquée dans le conflit, proposa ses bons offices et la Russie se rallia à l'idée d'un congrès qui s'ouvrit à Berlin en juin 1878. Après d'intenses manœuvres diplomatiques, les points suivants furent arrêtés : les trois Etats serbe, roumain et monténégrin étaient effectivement reconnus indépendants ; la Russie conservait la totalité de la Bessarabie, et la Roumanie, la Dobroudja ; la Serbie recevait quelques kilomètres carrés supplémentaires, alors que le Monténégro en perdait, mais se voyait octroyer un accès à la mer Adriatique. Quant à la Grande Bulgarie, elle disparaissait au profit de deux entités de part et d'autre du Balkan : au nord, la Principauté de Bulgarie, autonome mais sous suzeraineté turque, avec Sofia comme capitale ; au sud, la Roumélie chrétienne, administrée par un gouvernement chrétien, mais choisi par Istanbul. Quant à l'Autriche-Hongrie, qui n'avait pas participé au conflit, le congrès de Berlin lui reconnut le droit d'occuper militairement, en sus de Novi Pazar, toute la Bosnie-Herzégovine, alors que l'Angleterre recevait un droit identique à Chypre, promis par la Porte en échange de son soutien diplomatique.

L'importance de cette guerre balkanique de 1877-1878 et du congrès de Berlin qui s'ensuivit est considérable. On y voit une fois de plus le sort des Balkans réglé par les grandes puissances, sans tenir compte des désirs des populations. Ensuite, la Russie apparaît comme frustrée du résultat du Congrès, dans la mesure où, ayant fait l'essentiel de l'effort militaire et malgré des compensations dans le Caucase (région de Kars), ses ambitions régionales évidentes dans le traité de San Stefano sont sérieusement réduites à Berlin. De là une exacerbation du nationalisme russe, et une lente dégradation des rapports entre Saint-Pétersbourg et Vienne. L'Autriche-Hongrie, quant à elle, pousse davantage ses pions en direction des Balkans, et en ce sens 1878 apparaît comme un tournant majeur dans l'histoire d'un pays qui a été évincé d'Europe centrale par la Prusse (Sadowa, 1866) et a vu par la même occasion son projet de Mitteleuropa sous domination autrichienne balayé. En passant au sud du Danube, même s'il ne s'agit que d'une occupation militaire, Vienne s'arroge le droit d'intervenir dans la région, et pousse parallèlement la Serbie à devenir un client de Saint-Pétersbourg — on sait ce que cette situation produira en 1914. L'Angleterre, enfin, continue à soutenir la Porte et montre que par sa présence militaire — flotte de guerre en Méditerranée orientale — et économique, elle entend bien s'opposer à tout éclatement trop brutal des équilibres géo-politiques existants. Il convient également de signaler que, bien que non concerné par le conflit et le traité, le jeune royaume d'Italie va dans les années suivantes commencer à développer des thèses irrédentistes visant la côte dalmate jusqu'à l'Albanie, et s'ajouter aux autres puissances dans le « jeu » diplomatique balkanique. Quant à la France, vaincue en 1871 et isolée dans son républicanisme par la diplomatie active de Bismarck, elle est hors du coup et perd une bonne partie de son influence dans cette région du monde. A l'inverse, l'Allemagne commence une ascension qui va la conduire à devenir un partenaire économique et politique de premier plan pour l'Empire ottoman, au grand dam de Londres. La présence turque recule cette fois ostensiblement en Europe, et ce d'autant plus que le cas de la Grèce, qui avait elle aussi des prétentions territoriales, n'a pas été réglé, des négociations devant s'ouvrir entre Athènes et Istanbul.

La « poudrière de l'Europe » : les Balkans et la rivalité austro-russe (1880-1914)

Réduites à l'Epire, la Thessalie, la Crète, la Thrace, la Macédoine et l'Albanie, les possessions balkaniques ottomanes apparaissent de plus en plus résiduelles et continuent d'être l'objet des convoitises, mais aussi des rivalités, des Etats chrétiens. Car ceux-ci, récents (Bulgarie, Roumanie) ou moins récents (Serbie, Grèce), vont rapidement se heurter sur la question des frontières et devenir de ce fait les clients — voire les pions — des grandes puissances régionales, à savoir l'Autriche-Hongrie et la Russie essentiellement. Une opposition qui se focalise sur les territoires qui restent à partager : les Grecs, à qui les peuples voisins ne contestent pas la revendication de la Thessalie, voudraient également s'étendre, au nom de la Grande Idée, vers la Thrace où ils se heurtent au nationalisme bulgare, et vers la Macédoine qui constitue un enjeu de taille entre les nationalismes grec, bulgare et serbe. La Serbie lorgne également vers l'Albanie dont les nationalistes souhaitent accéder à l'indépendance, et agrandir leur territoire vers l'Epire, revendiquée par Athènes. Beaucoup de raisons de frictions, donc, dans un espace qui va, en l'espace d'une génération, devenir l'une des grandes zones de tension de l'Europe. De cet espace, l'Empire ottoman apparaît de moins en moins comme le tuteur, sa fragilité économique en faisant un Etat de plus en plus dépendant des puissances européennes. Mais les Etats chrétiens des Balkans sont également des « clients » de ces puissances, et se tournent vers des modèles politiques (impérialisme) et économiques (capitalisme) occidentaux. Illustration de ce dernier point, « l'invasion » des produits industriels des pays voisins, en provenance d'Autriche-Hongrie dans le cas de la Serbie, mais aussi des capitaux de toute l'Europe : les richesses minières ou pétrolières (Roumanie) sont contrôlées par des sociétés à capital étranger, ainsi que la construction de voies ferrées, comme le célèbre Orient-Express inauguré en 1883, reliant Paris à Constantinople, en passant par Munich, Vienne, Belgrade et Varna, la construction navale, l'armement. Dans des pays manquant cruellement de capitaux, le passage d'une économie d'échanges à une économie de marché se fit aux conditions posées par les grandes banques européennes, en accord avec les Etats prêteurs (Angleterre, France, Allemagne, Autriche-Hongrie). De ce fait, l'endettement devint énorme, et son remboursement immobilisa couramment la moitié des revenus de l'Etat. Les conseillers de toute nature (politiques, financiers, militaires) ainsi que les affairistes douteux abondèrent dans les Balkans : ils incarnaient aussi un modèle occidental qui, par le biais des relations économiques, allait profondément influer sur les cultures nationales.

Celles-ci, incontestablement, se développent dans les villes et donnent leurs premiers « grands » noms : aujourd'hui encore, le poète Eminescu est considéré comme une gloire nationale en Roumanie, tout comme le romancier Ivan Vasov (*Sous le joug*) en Bulgarie ou le poète grec Kostis Palamas. Mais, à la veille de la Première Guerre mondiale, environ la moitié de la population reste analphabète. Les influences artistiques de l'Occident sont visibles dans l'architecture ou dans la peinture — ainsi du réalisme ou de l'impressionnisme qui donnent naissance à des écoles locales. Cette occidentalisation est également visible dans les capitales de ces Etats qui tendent à devenir des petits Vienne, Paris, Berlin ou Londres, sous l'impulsion des bourgeoisies locales. Par le vêtement, par la culture (presse, bibliothèque, opéra, théâtre), par le quotidien, incluant la gastronomie ou le mobilier, les bourgeoisies de Belgrade, Bucarest, Sofia ou Athènes se font les vecteurs d'un modèle culturel occidental, incluant l'idée d'un Etat-nation fort, centralisé, administratif, et, avec des degrés variables, l'idée de nationalisme qui secoue alors de manière récurrente les grandes puissances européennes. Les causes en sont d'ailleurs les mêmes : la pression démographique associée à la grande crise économique de la fin du siècle pousse les populations rurales à l'exode, dans des pays qui sont restés massivement agricoles (environ les trois quarts de la population encore à la fin du siècle), puis à l'émigration (voir le cas des Grecs aux Etats-Unis, un thème que le cinéaste Elia Kazan reprendra dans *America, America*, à propos des Grecs d'Asie Mineure fuyant les persécutions turques), tout en nourrissant un discours nationaliste partisan ou gouvernemental, plutôt de type populiste dans les villes — ainsi les Radicaux de Pasić en Serbie —, et plutôt de type agrarien dans les campagnes — l'Union populaire agrarienne dirigée par Stambolijski en Bulgarie. Mais l'époque voit aussi apparaître une classification politique traditionnelle avec, malgré des variations d'un pays à l'autre, la formation de partis libéraux rassemblant plutôt la petite et la moyenne bourgeoisies urbaines, non sans relents nationalistes parfois, et de partis conservateurs réunissant les suffrages des propriétaires fonciers (comme les boyards roumains par exemple) et des partisans de l'Eglise, sans oublier l'essor des premiers partis socialistes comme le Parti social-démocrate bulgare fondé par Blagoev en 1891 ou le Parti social-démocrate roumain créé en 1893. Tous connurent des divisions et des scissions faisant écho à celles qui opposaient bolcheviks et mencheviks dans le Parti social-démocrate russe.

La Bulgarie d'Alexandre Ier et de Ferdinand

Blessés par le traité de Berlin qui avait anéanti la Grande Bulgarie instituée par le traité de San Stefano, les Bulgares développent un fort sentiment irrédentiste vis-à-vis de la Roumélie, la Principauté jouant le rôle de « Piémont des rêves unitaires » (Georges Castellan). En attendant, sous l'égide de la Russie, puissance occupante temporaire, elle se donne en 1879 une constitution dite de Tarnovo plutôt libérale (une Assemblée législative élue au suffrage universel, la sobranié) et un prince en la personne d'Alexandre de Battenberg, officier prussien et neveu de la tsarine, qui devient Alexandre Ier et règne de 1879 à 1886. Il fit sien le *credo* de l'unification des deux « Etats » bulgares. Partisan d'un régime autoritaire, se heurtant au Parlement dominé par les libéraux, Alexandre Ier n'hésita pas à suspendre la constitution en 1881, à jouer des rivalités entre les deux grands partis, conservateurs et libéraux, à renvoyer des ministres russes imposés par Saint-Pétersbourg. Mais il dut rétablir la constitution dès 1883, devant les protestations soulevées par son autoritarisme. Il encouragea les nationalistes de Roumélie, regroupés dans un Comité révolutionnaire secret qui, en 1885, sous la direction de Stojanov, chassa le gouverneur et mit à sa place un gouvernement provisoire qui proclama l'Union avec Sofia. Alexandre entérina la mesure en venant se faire acclamer à Plovdiv, suscitant le courroux du tsar. Ce dernier, brouillé avec Alexandre, abandonna la Bulgarie, alors que l'Autriche poussait la Serbie à la guerre. Belgrade n'acceptait pas de se voir supplanter dans son rôle de leader de la cause slave. Milan attaqua donc la Bulgarie, mais la situation tourna bientôt à la déroute militaire pour les Serbes, contraints de signer un armistice (février 1886). Deux mois plus tard, une convention internationale réunie à Istanbul reconnut l'union de la Bulgarie et de la Roumélie. Pour autant, la Russie ne lâcha pas la pression sur Alexandre, le contraignant à l'abdication en septembre, malgré le soutien des autres puissances et du président de l'Assemblée, Stambolov, nommé président d'un conseil de régence. Hostile aux Russes, il réussit à faire élire par l'Assemblée le candidat de Vienne et de Berlin, le prince Ferdinand de Saxe-Cobourg-Gotha, orientant son pays vers l'alliance austro-allemande. Le tout-puissant Stambolov, de fait véritable maître du pays, finit par ulcérer Ferdinand qui obtint sa démission en 1894 (il fut assassiné l'année suivante) et se rapprocha de Saint-Pétersbourg. La Bulgarie finit par dénoncer en 1903 le traité commercial qui la liait à l'Autriche-Hongrie. Comme son prédécesseur, Ferdinand travailla à renforcer son pouvoir personnel et à profiter, voire à créer des rivalités et des fractionnements de partis — rappelons la formation en 1899 de l'Union agrarienne dont le jeune Stambolijski devient l'un des leaders. Surtout, le prince entretint l'espoir d'un retour à la Grande Bulgarie du traité de San Stefano, incluant la Thrace et la Macédoine, avec le soutien de plus en plus affirmé de la Russie. Lorsque la révolution des Jeunes-Turcs triompha à Istanbul en 1908, Ferdinand proclama l'indépendance de son pays, devenu le royaume de Bulgarie, et prit le titre de tsar sous le nom de Ferdinand Ier.

La Serbie de Milan Ier à Pierre Ier

La Serbie oscilla au gré des événements et des révolutions de palais entre l'influence occidentale et le maintien d'une étroite alliance avec la Russie, tout en poursuivant son dessein de réunion de tous les Serbes. L'occasion lui en fut fournie par les révoltes de Bosnie-Herzégovine, puis de Bulgarie : mais la défaite militaire des Serbes contre les Turcs (1876) fut sans appel, alors que la victoire des forces russo-serbes lors de la guerre des Balkans (1877-1878) n'aboutit qu'à d'infimes agrandissements territoriaux, à peine compensés par la reconnaissance de la totale indépendance de la Serbie. Le puissant voisin autrichien avait obtenu d'administrer la Bosnie-Herzégovine, la Serbie perdant un accès éventuel à l'Adriatique, alors qu'un nouvel Etat, la Bulgarie, concurrençait ses prétentions territoriales vers la Macédoine. Par contrainte plus que par choix, le prince Milan choisit de se rapprocher de Vienne : un accord secret signé en 1881, connu en 1893 seulement, reconnaissait l'abandon de tout irrédentisme de Belgrade en direction des populations serbes de l'Empire austro-hongrois et l'interdiction de signer un traité avec une quelconque puissance — en fait, la Russie. En échange, Vienne appuyait les revendications serbes sur la Macédoine et la transformation de la Principauté en royaume, ce qui fut fait dès 1882. Le roi Milan Ier apparaissant comme le protégé de François-Joseph, la Serbie vécut au rythme des tensions entre partisans de Vienne et partisans de Saint-Pétersbourg. L'autoritarisme de Milan, ses compromissions dans un énorme scandale financier qui faillit amener le pays à la banqueroute, la destitution du métropolite en place, la dissolution de l'Assemblée, enfin, provoquèrent à la fois une tentative de régicide et un soulèvement rural appuyé par les radicaux, mais brutalement écrasé par l'armée (1883). Le sort des armes fut moins favorable lorsque la Serbie, hostile à l'union de la Bulgarie et de la Roumélie, voulut l'empêcher par la force (guerre de 1885) alors que la crise conjugale au sein de la famille royale conduisait la reine Natalie, soutenue par la Russie, à fuir le royaume avec son fils Alexandre, l'héritier du trône. Le divorce prononcé en 1888 provoqua une telle réaction d'indignation dans un pays resté profondément religieux que le roi fut contraint d'accepter la réunion d'une Constituante : nettement dominée par les radicaux de Pasić, elle élabora une nouvelle constitution de type parlementaire qui poussa Milan à abdiquer en faveur de son fils Alexandre (1889). Ce dernier étant mineur, une régence fut organisée sous la direction de Ristić. Avec le triomphe du parti radical de Pasić aux élections législatives, le clan des russophiles revenait en force au pouvoir, à la grande inquiétude de Vienne qui obtint pourtant de Ristić la prolongation du traité secret de 1881 jusqu'en 1895.

Mais les querelles familiale, dynastique et politique se poursuivirent : elles opposèrent entre eux les ex-époux royaux, puis Alexandre, toujours mineur, fit un coup de force en 1893, renvoyant les régents et le cabinet libéral, et se proclamant majeur. Resté sous la coupe de son père Milan, véritable homme fort du pays, il abolit la constitution de 1888 pour rétablir celle de 1869, et favorisa l'armée placée en position d'arbitre. Décidant d'épouser sa maîtresse, veuve, malgré l'opposition de ses parents, Alexandre passa outre les protestations soulevées par ce mariage morganatique, expulsa ses parents et obtint du tsar qu'il fut son témoin. Toutes ces années furent marquées par une instabilité ministérielle continue et par la domination électorale des radicaux, de plus en plus hostiles au souverain — tout comme la population. L'annonce de la grossesse de la reine parut de nature à apaiser les tensions : mais on découvrit alors que la nouvelle était fausse, uniquement destinée à reconquérir l'opinion publique. L'armée décida d'éliminer le couple royal, froidement assassiné en 1903, et de faire appel au représentant des Karadjordjević, Pierre, petit-fils de Karageorges et fils du prince Alexandre exilé en 1858. Ancien élève de Saint-Cyr et combattant de la guerre de 1870 contre la Prusse, c'est un francophile avéré, mais aussi un patriote qui a combattu les Turcs en Bosnie lors de l'insurrection de 1875. Par son mariage avec la fille du prince Nicolas, il a resserré les liens entre la Serbie et le Monténégro. Appelé par la Skouptchina et proclamé roi sous le nom de Pierre Ier de Serbie, il prenait en main les destinées de son pays dans une situation difficile. Les radicaux obtinrent sans peine le rétablissement de la constitution de 1888, et dominèrent la vie politique avec Pasić, Premier ministre à cinq reprises. La tension avec l'Autriche-Hongrie alla croissant, d'autant que Vienne, pour affaiblir la Serbie, dénonça en 1906 le traité de commerce qui unissait les deux pays — 90% des exportations serbes étaient écoulées sur le marché autrichien —, et bloqua notamment l'entrée sur son territoire des porcs serbes, principale production animalière du pays (« guerre des cochons »). Les liens avec la Russie et avec son allié français qui joua un rôle important dans la modernisation de l'armement serbe n'en furent que plus étroits, alors que le nationalisme serbe connaissait une exacerbation se traduisant par l'activité de sociétés comme Défense nationale ou L'Union ou la mort, militant pour la formation d'une Grande Serbie allant de la Croatie à la Macédoine.

La Grèce du roi Georges : la question crétoise et l'avènement de Venizélos

La Macédoine était également convoitée par la Grèce. De la guerre russo-turque de 1877-1878, la Grèce avait retiré la promesse des puissances de renégocier sa frontière avec la Turquie : grâce à l'appui de Paris et de Londres, elle obtint en 1881 la Thessalie, plaine très fertile favorable à la culture céréalière, et, malgré les protestations des Albanais, une partie de l'Epire, ce qui lui permit d'augmenter d'un tiers la superficie de son territoire. Conscients de l'infériorité militaire de leur pays vis-à-vis de la Turquie, voire d'autres Etats balkaniques, les Grecs entreprirent de moderniser leur armée, en demandant l'aide de la France. Trikoupis, Premier ministre de 1882 à 1885 et de 1887 à 1890, travailla à moderniser la Grèce par une politique de grands travaux — ainsi débuta en 1882 le percement de l'isthme de Corinthe ouvert en 1893. L'urbanisation progresse, et de 1860 à 1885, la population urbaine passe de 5 à 28 % du total. La fin du siècle fut marquée par un réveil de l'irrédentisme grec, avec, au premier chef, l'union avec la Crète. Or, paralysée par ses difficultés financières persistantes et par le peu de soutien des grandes puissances, la Grèce ne paraissait pas encline à se lancer dans une guerre. La création de l'Etat bulgare, tournant ses aspirations vers la Macédoine, aviva le nationalisme grec : en 1886, il fallut tout le poids des grandes puissances, faisant le blocus des ports grecs, pour empêcher la Grèce d'attaquer la Turquie dans le but d'obtenir une compensation à l'union des provinces bulgares. Une nouvelle révolte éclata en Crète en 1889, à nouveau violemment réprimée. La Société nationale créée en 1895 à Athènes entretenait l'idée de révolte en Crète, par l'envoi de fonds et d'armes, et bientôt de volontaires. Les Crétois proclamant une fois encore leur volonté d'union avec la Grèce (Enosis) en 1896, la population musulmane se livra à des massacres de chrétiens avec la complicité de l'administration ottomane. Le gouvernement dirigé par Dhilighiannis prit alors la décision de donner satisfaction à son opinion publique survoltée en envoyant un corps expéditionnaire : c'était une déclaration de guerre à la Turquie (1897). Le conflit révéla cruellement les faiblesses de l'armée grecque et seule l'intervention des puissances évita un désastre pour Athènes. Les conséquences de la défaite furent cependant limitées, la Grèce ne perdant que très peu de territoire, mais devant payer une lourde indemnité à la Porte. Mieux, grâce à l'appui de Londres et de Paris, la Crète passait sous administration grecque, obtenant une réelle autonomie, un fils du roi de Grèce, le prince Georges, étant nommé haut-commissaire. Pourtant, la Grèce semblait renouer avec ses vieux démons : la crise financière nécessita la mise en place d'une Commission internationale contrôlant les finances de l'Etat grec, et la violence politique se réveilla avec l'assassinat de Dhilighiannis en 1905. La résurgence de l'Enosis fut d'autant plus forte que l'idée était véhiculée par un jeune politicien appelé à devenir une figure marquante de l'histoire contemporaine de la Grèce : Eleftherios Venizélos, crétois de naissance et chaud partisan de l'union. Hostile au prince Georges, il suscita une révolte contre celui-ci en 1905 et obtint l'année suivante la nomination d'un de ses amis, Alexandhros Zaimis, comme haut-commissaire en Crète. Une nouvelle fois, une Assemblée crétoise prononça l'Enosis en 1908, et nomma un Comité exécutif qui gouverna l'île au nom du roi de Grèce, dans une situation de crise internationale marquée par l'annexion de la Bosnie-Herzégovine par l'Autriche-Hongrie et la prise du pouvoir par les Jeunes-Turcs à Istanbul. Une situation confuse commença alors : protestations diplomatiques et menaces militaires des Jeunes-Turcs, réticences des puissances placées devant le fait accompli, coup d'Etat militaire à Athènes en 1909, suivi de la nomination de Venizélos au poste de Premier ministre en 1910. La même année, le parti libéral qu'il dirigeait obtint une écrasante victoire aux élections législatives. C'était le début d'une longue carrière au plan national : ayant fait voter une constitution qui restreignait le pouvoir de l'exécutif, Venizélos s'attacha à faire de son pays une démocratie, un Etat de droit, tout en entreprenant une réforme agraire radicale pour mettre fin à la question de la terre, et en reconnaissant les syndicats. Il imposa l'impôt sur le revenu et s'attacha au développement de l'enseignement. Mais l'attention portée au développement de la Marine et de l'Armée, avec la collaboration traditionnelle de la France et de l'Angleterre, était la confirmation du rôle régional que la Grèce entendait bien jouer.

La Roumanie du roi Carol Ier

Ce rôle tenait également à cœur à la Roumanie du prince Carol. Germanophile, mais soucieux de ne pas mécontenter le puissant voisin russe, le prince dut cohabiter avec les libéraux dirigés par Ion Brătianu et Mihail Kogălniceanu. Ce dernier, ancien Premier ministre du prince Cuza, mais aussi historien de renom, fondateur de la *Dacie littéraire* puis de *L'Etoile du Danube*, est un patriote hostile à l'influence russe, très sourcilleux quant à l'indépendance du pays. Sa participation à la guerre de 1877-1878 aux côtés des Russes avait valu à la Roumanie de voir reconnue son indépendance par les Puissances, et au prince de devenir le roi Carol Ier. Mais l'échange de la Dobroudja en contrepartie de la partie sud de la Bessarabie annexée par la Russie ne fut guère appréciée par l'opinion publique. Pas plus que ne fut appréciée l'obligation contenue dans le traité de Berlin de placer sur un pied d'égalité les différentes confessions religieuses, alors que l'article 7 de la constitution de 1866 réservait la nationalité roumaine aux seuls chrétiens : de ce fait, musulmans et plus encore juifs, de plus en plus nombreux à fuir les pogroms russes, ne pouvaient ni accéder à la citoyenneté roumaine ni même acquérir des biens fonciers. Ce n'est que lorsque la constitution fut amendée dans le sens imposé par le traité de Berlin (tout en réservant l'accession à la propriété foncière aux seuls citoyens roumains) que Londres et Paris reconnurent la Roumanie indépendante (1880) et que le roi put être couronné. Cependant, loin de se diluer, l'antisémitisme roumain redoubla d'intensité dans les villes et dans les campagnes, même si la Roumanie ne connut pas les mêmes violences que la Russie voisine. Les visées irrédentistes des nationalistes roumains s'exercèrent dans trois directions : vers la Transylvanie sous domination hongroise, ce qui rendait illusoire un quelconque espoir de rattachement ; vers la Bessarabie du sud, que « l'allié » russe tenait fermement ; vers le littoral de la mer Noire, enfin, où la création de la Bulgarie avait sérieusement compromis les ambitions de la Roumanie, d'autant plus que l'Etat bulgare apparaissait comme le protégé de Saint-Pétersbourg. Par affinité comme par stratégie, Carol choisit le rapprochement avec Vienne — malgré la question transylvaine — et en 1883 signa avec l'Autriche-Hongrie un traité secret d'alliance défensive dirigé contre la Russie, auquel les autres membres de la Triple-Alliance (Allemagne, Italie) adhérèrent. Pays resté largement francophile, la Roumanie se trouvait ainsi liée, en cas de conflit, aux intérêts austro-allemands par la volonté de son roi. Sur le plan économique, la Roumanie vécut la fin du siècle et les années précédant la Grande Guerre dans une sorte de paradoxe, voire de contradiction : alors que la classe politique, et notamment Brătianu, souhaitait faire du pays une puissance économique régionale en s'appuyant sur ses richesses minières et pétrolières (4e rang mondial en 1913) et sur les capitaux étrangers, qui détenaient 80 % de l'industrie, la Roumanie restait un pays essentiellement agricole et confronté au lancinant problème, partagé par la totalité des Etats balkaniques, de la propriété de la terre. La moitié des terres cultivées était détenue par quelques milliers de grands propriétaires fonciers, exploitant d'immenses domaines en faire-valoir indirect, avec des méthodes traditionnelles, une main-d'œuvre bon marché et une culture privilégiée, le blé. La grande révolte paysanne qui éclata en Moldavie en 1907 vit des milliers de paysans sans terre se soulever, massacrer des prêteurs juifs, attaquer les grands domaines, puis se diriger vers les villes. Le Premier ministre, Dimitrie Sturdza, chef du parti libéral, confia à l'Armée le soin de la répression qui fit plusieurs milliers de victimes.

Les enjeux des nationalismes balkaniques : Albanie, Macédoine, Bosnie-Herzégovine

A l'aube du XXe siècle, plusieurs facteurs de déstabilisation de la région balkanique se profilaient à l'horizon et s'accumulaient en un mélange détonant. Avec tout d'abord le sort des territoires encore sous contrôle ottoman, la Macédoine et l'Albanie. La nation albanaise formait une entité importante, répartie entre l'Albanie proprement dite, du rivage de l'Adriatique aux montagnes de l'intérieur, l'Epire, la Macédoine, le Monténégro et la Serbie. A cela s'ajoute l'émigration vers Istanbul, les pays voisins et le monde entier : mouvement traduisant l'existence d'une grande pauvreté. Les « fils de l'aigle » s'étaient massivement convertis à l'islam (environ 70 % de la population), et l'on connaît le rôle des bachi-bouzouks dans l'armée ottomane. Les quelques grandes villes comme Prizren, Janina, Scutari et le port de Durazzo accueillaient des populations très mélangées. La structure tribale de la population alliée au relief montagneux facilitait la résistance à toute innovation sociale ou à toute réforme administrative, ainsi que le maintien de rapports féodaux entre grands propriétaires fonciers et paysans sans terre. Les convoitises des Etats voisins ou des puissances se fondaient sur des sympathies religieuses : les Autrichiens et les Italiens étaient en rivalité pour « protéger » la minorité (10 %) catholique, alors que la Grèce portait son attention sur les chrétiens-orthodoxes (20 %). Cela ne facilitait pas le renouveau culturel albanais (la Rilindja) dans le pays même, alors que ses prémices émergeaient au milieu du siècle au sein de la diaspora avec Vegilharxhi, fondateur à Bucarest en 1850 d'une Association culturelle albanaise, et en Calabre, où vivaient les Arbëresh (Albanais d'Italie), le poète et linguiste Girolamo de Rada. En Albanie même, des intellectuels s'employèrent à collecter les chants et légendes populaires, démarche commune aux différents peuples des Balkans confrontés au risque de disparition de leur culture. Mais le public concerné par ces publications dans un pays où la langue n'était pratiquement pas enseignée était des plus réduits. Sur la plan politique, la domination des musulmans au milieu de voisins chrétiens (Serbie, Grèce) qui ne cachaient pas leur volonté annexionniste et l'indifférence des Puissances au sort de l'Albanie (au congrès de Berlin, Bismarck déclara : « Il n'y a pas de nationalité albanaise »), ne facilitèrent pas l'affirmation d'une question nationale albanaise. Pourtant, dès 1878, les notables regroupés dans la Ligue de Prizren réclamèrent l'autonomie administrative, tout en souhaitant rester au sein de l'Empire ottoman : la Porte ne voulut rien entendre, et s'empressa de réprimer les patriotes albanais de la Ligue de Prizren dont le leader, Abdül Frashëri, fut jeté en prison. Ses deux frères continuèrent le combat par le biais de la Société des lettres albanaises, l'ouverture d'écoles albanaises, et la publication d'ouvrages historiques : Naïm Frasheri produisit une *Histoire de l'Albanie* (1895) puis une *Histoire de Skanderbeg* (1898) et Samir bey Frashëri le manifeste du patriotisme albanais, *L'Albanie, ce qu'elle est, ce qu'elle a été, ce qu'elle sera* (1899). L'agitation nationaliste ne cessa pas, trouvant des relais dans les colonies albanaises italienne ou américaine, et aboutissant à la création en 1905 d'un « Comité pour la libération de l'Albanie » qui prônait le recours à la guérilla, alors que les tensions régionales s'accumulaient.

Plus que toute autre région, la Macédoine symbolisait la complexité de la question nationalitaire dans les Balkans. Il n'est pas seulement anecdotique que la gastronomie française se soit emparée de ce nom pour désigner une salade mélangée de légumes ou de fruits, faite de nombreux composants, ou que le mot ait pris un sens familier désignant un « assemblage disparate de morceaux hétérogènes ». Zone de contacts et de mélanges, l'ancien royaume de Philippe, le père d'Alexandre le Grand, avait tour à tour été conquis par les Bulgares, les Serbes et les Turcs. Carrefour des grands axes de communication entre le Nord et le Sud, des Carpathes au Péloponnèse, mais aussi entre l'Est et l'Ouest, de Constantinople à Vienne, la Macédoine représentait un réel enjeu stratégique. Montagneuse et pauvre à l'intérieur, la région bénéficait pourtant d'une plaine côtière plus fertile où se trouvait la grande ville, Thessalonique. Celle-ci résumait d'une certaine manière l'extrême imbrication des peuples et des religions, dont une très importante communauté juive, vivant pourtant dans une harmonie suffisante pour éviter les violences intercommunautaires. Serbes, Grecs et Bulgares, conscients de l'inéluctable démembrement de « l'homme malade de l'Europe », fourbissaient leurs arguments culturels — et militaires — pour revendiquer l'héritage macédonien. Au début du XXe siècle, musulmans et chrétiens (de l'Eglise grecque ou de l'Eglise bulgare) formaient deux groupes à peu près égaux. Grâce à une intensive et précoce propagande relayée par un réseau scolaire subventionné par les associations patriotiques, la Grèce exerça longtemps une domination culturelle et politique au sein de la population chrétienne de Macédoine. Mais lorsque fut créée l'Eglise bulgare (1870) alimentée financièrement par la Russie, puis la Principauté de Bulgarie (1878) qui réalisa son union avec la Roumélie (1885), le rapport de force évolua. Désormais, la confrontation entre hellénisme et slavisme était ouverte, notamment par le biais de l'Eglise et de l'école. La Bulgarie, faisant de la question macédonienne le nœud de sa politique extérieure, renversa la situation à son profit, d'autant que la Grèce devait aussi batailler sur le front de la Crète. Quant à la Serbie, dont les prétentions se limitaient à la partie nord-occidentale de la Macédoine, elle ne fut pas en reste, et ouvrit elle aussi son réseau d'écoles et d'églises. Les Roumains, enfin, géographiquement éloignés et historiquement non fondés à réclamer des territoires, entendaient bien être présents dans la région, au nom de la solidarité avec les Aroumanes, encore appelés Tsintsares ou Vlaks. Bucarest finança également des écoles à leur intention à partir de 1900. Il paraît difficile, dès lors, de parler d'une nationalité macédonienne. Pourtant, le cri de guerre de l'Organisation révolutionnaire intérieure macédonienne (O.R.I.M.) fondée en 1893 et présidée par Goce Delcev, un instituteur bulgare, était : « *La Macédoine aux Macédoniens* », et son but était l'autonomie, non le rattachement à tel ou tel voisin. Mais, alors que les pionniers de la renaissance macédonienne entendaient jouer la carte linguistique et culturelle, l'O.R.I.M., une génération plus tard, préconisait la lutte armée clandestine, avec les *comitadji*, combattants volontaires. Remarquablement organisée, l'O.R.I.M. mena une terrible guérilla contre les Turcs — qui ripostèrent par de violentes représailles —, avec le soutien financier de la Bulgarie qui abritait sur son territoire une Organisation extérieure macédonienne militant ouvertement pour le rattachement de la Macédoine à la Principauté bulgare. Inquiets, les Grecs financèrent leurs propres combattants, les andartes, qui menèrent eux aussi une guérilla sans pitié contre les Turcs. Sabotages, exécutions, attentats — le consul de Russie à Monastir est assassiné en 1903 —, la Macédoine connut une longue période de violences et de terrorisme qui culmina avec l'insurrection de la Saint-Elie (1903) et la proclamation d'une « République de Krusovo ». La répression ottomane fut sans pitié, provoquant la fuite en Bulgarie de ceux des chefs de l'O.R.I.M. qui n'avaient pas été tués — ce fut le sort de Goce Delcev. Les deux principales puissances intéressées par le sort de la Macédoine (la Russie et l'Autriche-Hongrie) ne réussirent pas à s'entendre pour rétablir l'ordre et la violence continua, d'autant plus qu'elle s'exerçait désormais également au sein de l'O.R.I.M. entre partisans du rattachement à la Bulgarie et autonomistes. Les premiers s'imposèrent, profitant du recul pris par la Serbie, minée par une situation politique intérieure conflictuelle, et par la Grèce, absorbée par la question crétoise.

Déjà ancienne, la question de la Bosnie-Herzégovine opposait les Serbes aux Autrichiens. Depuis le traité de Berlin, le territoire était demeuré sous la suzeraineté ottomane, l'Autriche se contentant d'y installer des garnisons, ainsi que dans le *sandjak* de Novi Pazar, enfoncé comme un coin entre Serbie et Monténégro. La Double-Couronne installa un gouverneur à Sarajevo, sous la tutelle du ministre des Finances, le Hongrois Benjamin von Kallay, bon connaisseur de la province et des Serbes. Pendant plus de vingt ans, il s'employa à moderniser la Bosnie-Herzégovine avec la mise en place d'une administration calquée sur le modèle autrichien, au prix d'une lourde fiscalité et sans hésiter à favoriser la minorité catholique au détriment de la majorité orthodoxe. De ce fait, le nationalisme croate, représenté par Mgr Stadler, archevêque de Sarajevo, se trouva opposé au nationalisme serbe, encouragé par Belgrade. Conscient du danger d'affrontement interne, Kallay tenta de développer l'idée d'une nationalité bosniaque qui, placée au dessus des clivages confessionnaux, aurait pu permettre de rallier toutes les religions, y compris musulmane, au sein d'une communauté nationale : ce fut un échec, à la fois par manque d'identification des populations concernées et par la préférence de Vienne pour la traditionnelle division entre groupes ethno-religieux. Peu à peu, économiquement et politiquement, la Bosnie fut incorporée de fait au territoire de l'Empire austro-hongrois. En ce sens, l'annexion ne fut que la fin d'un processus, mais provoqua néanmoins une vague de réactions qui devait marquer le début d'une situation pré-conflictuelle dans les Balkans.

1908, l'année-tournant

1908 apparaît bien comme une date essentielle dans l'histoire des Balkans. On peut en effet considérer qu'à cette date se mettent en place les éléments qui devaient conduire à la déflagration de 1914. L'élément décisif vint de la puissance déclinante qu'était l'Empire ottoman. Le long règne d'Abdülhamid II (1876-1909) avait suscité bien des espoirs, avec la promulgation d'une constitution créant un Parlement élu. Cependant, le sultan gardait l'essentiel des pouvoirs, et dès 1877, Abdülhamid ajourna le Parlement qui ne fut plus jamais réuni. La constitution était donc enterrée, laissant place à un autoritarisme croissant du sultan. Pour gouverner, ce dernier s'appuya sur la hiérarchie religieuse, tout en poursuivant l'œuvre de modernisation du pays et de son armée, avec le soutien intéressé des grandes puissances et notamment de l'Allemagne, de plus en plus présente. Guillaume II se rendit à Constantinople en 1889 et 1898 pour resserrer les liens politiques et économiques avec son pays : le financement du Bagdadbahn, dont la construction démarra en 1903, fut assuré par la Deutsche Bank. Cela aggrava lourdement la dette du pays et maintint la pression fiscale à un haut niveau. Des réformistes, pour la plupart exilés, notamment à Paris, se regroupèrent au sein du mouvement « Jeunes-Turcs » — un mouvement créé en 1865 à Constantinople. Au sein du mouvement, plusieurs tendances cohabitaient, dont le Comité Union et Progrès fondé en 1890 et dirigé par Ahmed Riza : il prônait le rétablissement de la constitution de 1876 et développait un programme de modernisation basé sur la souveraineté du peuple, influencé par le fonctionnement des démocraties occidentales, et la volonté de laïciser l'Etat. En Turquie même, les officiers regroupés au sein de la Société de la Liberté adhérèrent à cette idée, comme Mustafâ Kemâl (« le parfait »), le futur fondateur de la Turquie moderne, ou Enver Pacha, tout en développant un fort nationalisme avivé par le sentiment de déclin de l'Empire. Ce dernier fut mis à l'index lorsque l'Europe apprit les massacres dont furent victimes en masse les Arméniens en 1893-1895. De plus en plus, les Puissances imposaient leurs solutions à la Porte, en Crète comme en Macédoine. Ce fut précisément de Macédoine que partit la révolution des Jeunes-Turcs lorsque les 23 et 24 juillet 1908, le IIIe corps d'armée s'insurgea et obtint du sultan le rétablissement de la constitution de 1876. Dès lors, les événements s'enchaînèrent. L'Autriche-Hongrie pensa que le moment était venu d'annexer la Bosnie-Herzégovine. Présentant ce projet comme un but encore lointain, elle obtint l'assentiment de la Russie (rencontre des deux ministres des Affaires étrangères, Aerenthal et Isvolski) qui, selon les termes d'un accord verbal, recevrait le soutien de l'Autriche afin d'obtenir le droit de passage dans les Détroits pour sa flotte de guerre, annulant l'interdiction faite par la Convention de Londres en 1841. Mais parallèlement, Aerenthal négociait avec la Bulgarie qui, souhaitant rompre tout lien avec Istanbul, cherchait des appuis. Quasi simultanément, l'Europe apprit la proclamation de l'indépendance de la Bulgarie et du tsar Ferdinand Ier (5 octobre 1908), puis, le jour suivant, l'annexion de la Bosnie-Herzégovine par l'Autriche-Hongrie et l'union de la Crète avec la Grèce.

La Russie, traditionnelle protectrice des populations slaves orthodoxes, reçut ces nouvelles comme un camouflet, et les nationalistes russes qui, ulcérés depuis 1905 par la défaite contre le Japon, avaient reporté leurs espoirs dans les Balkans, poussèrent le gouvernement à la guerre, en osmose avec Belgrade, écartée de son projet de Grande Serbie. Mais la menace d'une intervention allemande et la tiédeur de la France à s'engager pour une cause qui lui paraissait alors bien étrangère, obligèrent la Russie, et par conséquence la Serbie, à reculer devant le fait accompli. L'année suivante, un traité tripartite (Autriche, Bulgarie, Turquie) entérinait la nouvelle carte des Balkans, la Porte recevant une compensation financière et récupérant le *sandjak* de Novi Pazar. Les conséquences de cette double amputation furent importantes : en Serbie, on se jeta dans les bras de la Russie, une alliance à laquelle Pierre Ier, roi depuis 1903, était tout disposé ; en Turquie, le sultan fut vivement critiqué par les Jeunes-Turcs, dont les partisans avaient largement remporté les élections législatives. Mais leurs adversaires conservateurs, partisans d'Abdülhamid et d'un Etat basé sur l'Islam, disposaient aussi de régiments fidèles à leur cause. Un risque de guerre civile se profila, lorsque les militaires fidèles au sultan occupèrent le Parlement et chassèrent les députés d'Union et Progrès. C'est alors que l'armée de Macédoine marcha sur la capitale en avril 1909, déposant le sultan, remplacé par son frère, Mehmed V. Le plus dur restait à faire pour les Jeunes-Turcs, maintenir l'unité de l'Empire alors qu'à la tribune du Parlement ses différents peuples défendaient des intérêts divergents. Or, le mouvement Jeune-Turc était profondément nationaliste, et donc peu enclin à satisfaire les aspirations des minorités nationales de l'Empire. La situation restait explosive en Albanie, où les indépendantistes passèrent à l'insurrection dans le Kosovo dès 1910 puis dans tout le pays en 1912, sous la direction d'Ismaïl Kemâl et de Hasan Prishtina. Des violences endémiques continuèrent à frapper la Macédoine, d'autant que la révolution jeune-turque pouvait laisser croire à une évolution rapide de la situation. Enfin, au même moment, la Grèce voisine connaissait un coup d'Etat militaire, provoqué par la crise crétoise, tandis que, de son côté, le prince Nicolas Ier se proclamait roi du Monténégro. Une nouvelle puissance se manifesta alors, l'Italie. Directement intéressée par la question albanaise, Rome se voyant devenir le « protecteur » d'une future principauté établie sur la rive opposée de l'Adriatique, l'Italie dut pourtant ménager les susceptibilités de l'Autriche, attentive à tout ce qui concernait la côte dalmate. Mais elle sut elle aussi profiter de l'affaiblissement de l'Empire ottoman pour satisfaire ses ambitions coloniales. En septembre 1911, alors que la France et l'Allemagne se disputaient le Maroc, elle lançait ses troupes à l'assaut de la Tripolitaine et de la Cyrénaïque, puis, pour faire pression sur Constantinople, occupait Rhodes et le Dodécanèse, tout en positionnant sa flotte face aux Dardanelles.

Les guerres balkaniques

Les deux guerres balkaniques de 1912 et 1913 sont traditionnellement présentées comme une sorte de prélude annonçant la Première Guerre mondiale. Comme toute l'histoire des Balkans, elles peuvent se lire à un double niveau : ce sont incontestablement des guerres régionales traduisant des antagonismes politiques, économiques ou culturels anciens qui, libérés de la compression ottomane, trouvent à s'exprimer, en osmose avec l'affirmation de nationalismes d'autant plus forts qu'ils sont le fait de nations jeunes, confrontées à des difficultés internes redoutables, soucieuses de s'assurer des avantages de toutes natures, tout en satisfaisant des opinions publiques parfois désabusées par l'évolution de leur pays. On pourrait ajouter l'inadéquation entre la forme d'Etat-nation prise par ces nouveaux pays, avec une administration centralisée, et l'existence de nombreuses minorités tentées de regarder au-delà des frontières vers un Etat voisin capable de les protéger. Ce protecteur peut être plus lointain et plus puissant, et cela nous amène au deuxième niveau d'interprétation de ces guerres balkaniques. Il convient de replacer ces dernières dans la situation de « marche à la guerre » qui caractérise alors l'Europe des grandes alliances diplomatiques et militaires, Triple-Entente et Triple-Alliance : comportement ouvertement impérialiste, tentation permanente à se poser comme protectrices intéressées de ces petits Etats dont elles sont par ailleurs les banquières et dont elles contrôlent de ce fait une grande part de l'économie, rivalité géo-stratégique avivée par la pression d'opinions publiques parfois désinformées, solution de recours, enfin, pour certaines puissances, chassées d'Europe centrale (Autriche-Hongrie) ou d'Extrême-Orient (Russie), et prêtes à en découdre pour affirmer leur suprématie, voire assurer leur survie dans un cas — régime tsariste ébranlé par la révolution de 1905 — comme dans l'autre — Empire austro-hongrois confronté de plus en plus rudement à la question des nationalités, facteur d'implosion. Par deux fois pourtant, en 1897 puis en 1903 à Mürzsteg, Nicolas II et François-Joseph s'étaient rencontrés et entendus pour maintenir un *statu quo* dans les Balkans — c'est-à-dire pour se partager la région en deux zones d'influence — et pour contraindre la Porte à régler le problème macédonien. Mais, depuis, la situation avait évolué. En bref, la région connaissait une situation véritablement explosive justifiant l'expression de « poudrière balkanique ».

La Serbie et la Bulgarie se préparèrent à un éventuel partage des restes des possessions ottomanes dans les Balkans en signant au printemps 1912 une alliance militaire défensive, avec partage de la Macédoine. Puis la Grèce de Venizélos en fit de même avec Sofia, malgré l'épineuse question du sort de la Macédoine, source de désaccord entre les deux pays. Enfin, le Monténégro signa une alliance du même type avec les Bulgares et les Serbes, donnant alors naissance à un véritable front commun des Etats chrétiens des Balkans, baptisé Ligue balkanique. La première guerre balkanique éclata en octobre 1912, avec la déclaration de guerre du Monténégro à la Turquie, rejoint bientôt par les trois autres Etats chrétiens. Les quatre alliés opérèrent sur plusieurs fronts contre une armée ottomane affaiblie par la guerre menée contre l'Italie en Tripolitaine et en Cyrénaïque l'année précédente et par la necessité de maintenir des unités sur la frontière russe et dans les régions arabes. Mais la Porte s'empressa de signer le traité de Lausanne avec l'Italie, reconnaissant à cette dernière la possession de la Tripolitaine et de la Cyrénaïque. Les Grecs puis les Bulgares s'emparèrent de Thessalonique, tandis que les Serbes occupaient le *sandjak* de Novi Pazar et les villes albanaises de Durazzo et de Scutari : l'Empire ottoman, conseillé par l'Angleterre, accepta l'armistice. Une première tentative de traité de paix échoua à Londres en janvier 1913 lorsque Enver Pacha et des officiers jeunes-turcs, outrés des prétentions des vainqueurs, renversèrent le gouvernement pour le confier au général en chef de l'armée, Mahmud Sevket. La guerre reprit, de nouveau défavorable à la Turquie qui, au lendemain de la chute d'Andrinople, dut reprendre les négociations et accepter l'abandon de toutes ses possessions balkaniques à l'ouest de la ligne Midia-Enez (Enos), de la Crète et des îles de la mer Egée (traité de Londres, 30 mai 1913). A Athènes, l'assassinat du roi Georges Ier par un déséquilibré ne remit pas en cause la stabilité politique du pays, son fils Constantin lui succédant. Mais très vite, la discorde s'installa entre les vainqueurs : Serbes et Grecs s'allièrent contre les Bulgares qui réclamaient Thessalonique, et malgré les efforts de la Russie, la tension s'accrut rapidement jusqu'à aboutir à la seconde guerre balkanique (juin-juillet 1913), ponctuée des mêmes atrocités réciproques que lors du premier conflit. La Bulgarie, isolée, attaqua la Grèce et la Serbie unies, tout en devant faire face à l'armée ottomane commandée par Enver Pacha, qui réussit à reprendre Edirne, et bientôt à l'armée roumaine qui fonçait vers Sofia. Ferdinand Ier demanda l'armistice fin juillet, et une seconde conférence de paix se réunit à Bucarest où fut signé le traité du même nom le 10 août 1913. La plus grande partie de la Macédoine revenait à la Grèce, avec notamment Thessalonique, la Serbie annexant la partie nord : en doublant pratiquement la superficie de son territoire (de 48 300 à 87 000 km^2) , elle devenait une puissance régionale dont les visées panslaves allaient rapidement inquiéter l'Autriche-Hongrie ; le Monténégro s'étendait vers l'Albanie et obtenait la moitié du *sandjak* de Novi Pazar ; la Roumanie recueillait la Dobroudja du sud, tandis que la Bulgarie, qui ne conservait qu'une infime partie de la Macédoine, recevait la Thrace occidentale, ce qui lui donnait un accès à la mer Egée ; de ses possessions européennes, la Turquie ne sauvait que la Thrace orientale et Andrinople. Enfin, un Etat d'Albanie voyait le jour. Pendant la première guerre balkanique, l'Albanie, restée neutre mais considérée comme territoire ottoman par les pays de la Ligue balkanique, avait été prise en tenailles entre les Serbes au nord et les Grecs au sud. C'est dans ces conditions qu'une Assemblée nationale proclama l'indépendance de l'Albanie en novembre 1912 et confia à Ismaïl Kemâl la direction d'un gouvernement au sein duquel cohabitaient musulmans et chrétiens. Les grandes puissances, hostiles à l'indépendance de l'Albanie, ne reconnurent le nouvel Etat qu'au terme de la seconde guerre balkanique, mais à l'intérieur de frontières réduites, ce qui alimenta durablement l'irrédentisme albanais. Le premier prince ou *mbret* désigné — car l'Albanie est qualifiée de « principauté souveraine héréditaire et neutre sous la garantie des grandes puissances »— fut un Allemand, Guillaume de Wied, qui n'arriva qu'en mars 1914 dans son pays. Il composa un gouvernement tiraillé entre des intérêts divergents, sous influence des chancelleries, et qui dut affronter à la fois la tentative de sécession de l'Epire encouragée par le gouvernement grec, et une situation sociale explosive dans les campagnes, alors que le phénomène du banditisme se perpétuait et que les grands féodaux gardaient une véritable indépendance. Le nouveau *mbret* ne résista guère devant ces intrigues, aggravées par le déclenchement de la Première Guerre mondiale et fut déposé dès septembre 1914.

Les dernières modifications territoriales des Balkans semblaient sonner le glas de la solution yougoslave, préconisée par les partisans de l'illyrisme. On sait le rôle joué par les Croates et notamment par Ljudevit Gaj, puis par Josip Strossmayer, évêque de Zagreb, dans cette affaire. Mais les intérêts serbes et croates convergeaient vers la Bosnie, devenue une pierre d'achoppement entre les deux communautés. Pourtant, face à l'impérialisme autrichien, un courant yougoslave se développa à Belgrade, dans les milieux étudiants et intellectuels (association Slovenski Jug) et en Croatie. Là, les partisans, tels Ante Trumbić ou Frano Supilo, d'une coalition croato-serbe s'ajoutant comme une troisième composante à la Double-Couronne dominèrent le Parlement de Zagreb, et trouvèrent des appuis à Belgrade. Alors que les Croates continuaient à militer pour une solution yougoslave, les Serbes se réfugiaient dans un panserbisme anti-autrichien privilégiant l'idée de Grande-Serbie, bien que le roi Pierre Ier tentât de favoriser un panslavisme soutenu par Saint-Pétersbourg. On vit même l'armée austro-hongroise intervenir à Agram (Zagreb) pour mettre fin au pillage des magasins serbes par les Croates en 1902. Il y eut pourtant un sursaut unioniste lorsque des députés croates et serbes de la Diète de Zagreb, réunis à Fiume en 1905, relancèrent la solution yougoslave, au-delà des frontières de l'Empire austro-hongrois et de la Serbie. Mais Vienne, inquiète d'un possible irrédentisme serbe, s'évertua à faire échouer le projet et à combattre une multitude de « complots » sécessionistes à l'origine desquels elle n'était pas toujours étrangère. En 1906, elle prit même la décision de suspendre la Diète croate (le Sabor) et de rompre tout accord commercial avec la Serbie — ce fut le début de « la guerre des cochons ». L'annexion de la Bosnie-Herzégovine en 1908 donna un brutal coup d'arrêt à la solution yougoslave, mais faisait aussi de Belgrade le centre du panslavisme et l'unique espoir d'une solution politique pour les Slaves du Sud. Les nationalistes serbes se regroupèrent dans des associations secrètes dont celle de la Main Noire, dite aussi « l'Union ou la Mort », dirigée par le chef du service de renseignements en personne et recrutant parmi les étudiants. L'un d'eux, Gavrilo Princip, fut désigné pour assassiner à Sarajevo le prince héritier de la couronne des Habsbourg, l'archiduc François-Ferdinand : réalisé le 28 juin 1914, cet assassinat devint le détonateur de la conflagration générale qui devait ensanglanter l'Europe durant plus de quatre années. Début juillet 1914, François-Joseph fit clairement connaître ses intentions à Guillaume II auquel il écrivit que « la paix ne pourra devenir une certitude que lorsque la Serbie disparaîtra des Balkans en tant que facteur de puissance. La politique de paix poursuivie par tous les monarques d'Europe sera compromise tant que ce foyer d'agitation criminelle restera impuni ». La voix de Tisza, Premier ministre hongrois hostile à la guerre par crainte de ses conséquences — l'explosion de l'Empire en cas de défaite autrichienne, l'accroissement du nombre de Slaves en cas de victoire —, demeura isolée.

Conclusion : le syndrome de la balkanisation

Le XXe siècle a créé à partir d'une expression usuelle, les Balkans, un substantif : balkanisation, et un verbe : balkaniser, qui traduisent en la résumant l'histoire politique de cette région de l'Europe. La définition du verbe telle que la donne le *Grand Dictionnaire encyclopédique Larousse* (« diviser en pays autonomes un Etat, afin de profiter des divisions ainsi créées pour en diminuer la puissance ») fournit comme une illustration des rapports politiques et diplomatiques qui ont mis face à face des nations aspirant à former des Etats, au nom du principe des nationalités et sous la pression des mouvements patriotiques et/ou nationalistes. Mais la pression venait aussi des grandes puissances jouant le rôle de protectrices intéressées, soucieuses de conforter leurs zones d'influence, voire de créer des sortes d'*hinterlands* politiques, militaires et économiques. La région est d'autant plus sensible qu'elle est frontière entre deux mondes, l'Europe et l'Asie, le christianisme et l'islam, que sa possession a été le révélateur de l'état des forces en présence tout au long de l'Histoire, mais qu'elle détient aussi des richesses économiques et se trouve située dans une zone stratégiquement importante du bassin méditerranéen (Détroits, mer Egée-mer Adriatique, axes routiers et ferroviaires Est-Ouest et Nord-Sud). En ce sens, l'histoire des Balkans telle qu'elle s'est déroulée au XIXe siècle ne s'est pas arrêtée en 1914. Si la Première Guerre mondiale peut également être considérée comme un tournant dans l'histoire de la région, elle n'y représente pas une coupure aussi importante qu'ailleurs. Les années de l'entre-deux-guerres ont vu resurgir les mêmes questions, les mêmes affrontements et les mêmes jeux d'alliances locales et d'interventionnisme des grandes puissances. Que dire de la Seconde Guerre mondiale, et, après la longue parenthèse de la guerre froide, du retour de la guerre ethnique au début des années 1990 ? Les noms de Serbie, de Bosnie, de Croatie, de Kosovo, de Macédoine sont brutalement réapparus sur le devant de la scène, révélant la vigueur de tensions que l'on croyait réglées et de passions que l'on croyait éteintes. S'il est une région d'Europe où l'Histoire, et singulièrement celle du XIXe siècle, apogée des nationalités et des nationalismes, permet de comprendre le présent, à défaut d'empêcher le retour des conflits, c'est bien celle des Balkans.

BIBLIOGRAPHIE

• Généralités

ANCEL (Jacques), *Peuples et nations des Balkans : géographie politique*, 1930, nlle édit., Ed. du CTHS, 1992.
CASTELLAN (Georges), *Histoire des Balkans, XIVe-XXe siècles*, Fayard, 1991.
CASTELLAN (Georges), *Le Monde des Balkans*, Vuibert, 1994.
GARDE (Paul), *Les Balkans*, Flammarion, 1994.
PRÉVÉLAKIS (Georges), *Les Balkans : cultures et géopolitique*, Nathan, 1994.
TODOROV (Nicolaj), *Histoire des peuples balkaniques, XVe siècle-1945*, Ed. de l'Académie bulgare des Sciences, 1983.

• Nationalités et diplomatie

Centro italo-romeno di studi storici, *La Stampa italiana e la « polveriera d'Europa », 1905-1919*, Milan, Unicopli, 1988.
JELLAVICH (Barbara), *Russia's Balkan entanglements, 1806-1914*, Cambridge, Cambridge University Press, 1991.
JELLAVICH (Charles et Barbara), *The Establisment of The Balkan national States (1804-1918)*, Seattle, University of Washington Press.
KIRALY (Bela K.), STIKES (Gale), *Insurrection, wars and the Eastern crisis in the 1870's*, New-York, Colombia University press, 1985.
KOS (Franz-Josef), *Die Politik Österreich-Ungarns während der Orientkrise 1874-75 - 1879*, Cologne, in Komm. bei Böhlau Verlag, 1984.
Les Relations internationales entre la France et les pays yougoslaves du XVIIIe au XXe siècle, colloque de Ljubljana, Ljubljana, Centre culturel Charles Nodier, 1987.
MELVILLE (Ralph) et SCHRÖDER (Hans-Jürgen), *Der Berliner Kongress von 1878 : die Politik des Grossmächte und die Probleme der Modernisierung in Südosteuropa in der zweiten Hälfte des 19. Jahrhunderts*, colloque de Mayence, Wiesbaden, F. Steiner, 1982.
MILLMAN (Richard), *Britain and the Eastern question, 1875-1878*, Oxford, Clarendon Presse, 1979.
MOISUC (Viorica), CALAFETEANU (Ion) (dir.), *L'Affirmation des Etats nationaux indépendants et unitaires du centre et du sud-est de l'Europe, 1821-1923*, Editura Academiei Republicii socialiste România, 1980.
REUTER (Petter W.), *Die Balkanpolitik des französichen Imperalismus, 1911-1914*, Frankfurt am Main, Camp. Verlag, 1979.
SCHULTE (Bern-Felix), *Vor dem Kriegsausbruch 1914 : Deutschland, die Türkei und der Balkan*, Düsseldorf, Droste, 1980.

• Slaves du Sud

BANAC (Ivo), *The National Question in Yugoslavia. Origins, history, politics*, Cornell University Press, Ithaca, 1984.

CASTELLAN (Georges), *La Culture serbe au seuil de l'indépendance (1800-1840)*, PUF, 1967.
GARDE (Paul), *Vie et mort de la Yougoslavie*, Fayard, 1992.
PÉROCHE (Grégory), *Histoire de la Croatie et des nations slaves du Sud, 395-1992*, éd. F.-X. de Guibert, 1992.

• Empire ottoman

MACCARTHY (Justin), *The Arab World, Turkey and the Balkan (1878-1914)*, Boston, G. K. Hall, 1982.
MANTRAN (Robert), *Histoire de la Turquie*, PUF, coll. « Que sais-je ? », 1988.
MANTRAN (Robert) (dir.), *Histoire de l'Empire ottoman*, Fayard.

• Grèce

CONTOGEORGIS (Georges), *Histoire de la Grèce*, Hatier, 1992.
DERTILIS (Georges B.) (dir.), *Banquiers, usuriers et paysans : réseaux de crédit et stratégies du capital en Grèce. 1780-1930*, La Découverte, 1988.
VACALOPOULOS (Apostolos), *Histoire de la Grèce moderne*, Horvath, 1975.

• Bulgarie

CASTELLAN (Georges), TODOROV (Nicolaj), *La Bulgarie*, PUF, coll. « Que sais-je ? », 1976.
DUJCEV (Ivan), VELKOV (Velizar), MITEV (Iono), PANAYOTOV (Lubomir), *Histoire de la Bulgarie des origines à nos jours*, Roanne, Horvath, 1977.
TODOROV (Nicolaj), *Précis d'histoire de la Bulgarie*, Sofia press, 1975.

• Roumanie

BERINDEI (Dan), *L'Union des principautés roumaines*, Bucarest, 1967.
CASTELLAN (Georges), *Histoire de la Roumanie*, PUF, coll. « Que sais-je ? », 1994.
CONSTANTINESCU (Miron), DAICOVICIU (Constantin), PASCU (Stefan), *Histoire de la Roumanie des origines à nos jours*, Roanne, Horvath, 1970.
DURANDIN (Catherine), *Histoire de la nation roumaine*, Ed. Complexe, 1994.
DURANDIN (Catherine), *Histoire des Roumains*, Fayard, 1995.

• Albanie

CASTELLAN (Georges), *L'Albanie*, PUF, coll. « Que sais-je ? », 1980.
DANIEL (Odile), *Albanie, une bibliographie historique*, Ed. du CNRS, 1985.
PUTO (Arben) (présent.), *La Question albanaise dans les actes internationaux de l'époque impérialiste, recueil de documents*, Tirana, éd. 8 Nënton, 1985-1988.

• Minorités ethniques et religieuses

ANABIS (Dimitris T.), *Les Minorités dans les Balkans*, Groupement pour les droits des minorités, 1993.

ASSÉO (Henriette), *Les Tsiganes, une destinée*, Gallimard Découvertes, 1994.

BENBASSA (Esther), *Juifs des Balkans. Espaces judéo-ibériques, XIVe-XXe siècles*, La Découverte, 1993.

COOPER (Henry R.), Jr, édit., *Four hundred years of the South Slavic protestant reformation, 1584-1984*, Chicago, Society for Slovene studies, 1985.

NORRIS (Harry Thirwall), *Islam in the Balkan : religon and society between Europe and the Arab world*, London, Hurst, 1993.

PLASCHKA (Richard Georg), *Nationalismus, Staatsgewalt, Widerstand. Aspekte nationaler und sozialer Entwicklung in Ostmittel — und Südosteuropa*, Munich, R. Oldenbourg, 1985.

POPOVIC (Alexandre), *Les Musulmans des Balkans à l'époque post-ottomane : histoire et politique*, Istanbul, éditions Isis, 1994.

YERASIMOS (Stéphane), *Questions d'Orient : frontières et minorités, des Balkans au Caucase*, La Découverte, 1993 Bukarest, Kriteron verlag, 1983.

CHAPITRE VIII

CULTURES NATIONALES OU CULTURE EUROPÉENNE ?

La vie culturelle de l'Europe n'échappe pas au jeu complexe de grandes évolutions, qui passent au-dessus des frontières nationales. Au-delà du génie propre à chaque Etat, il est donc possible de distinguer de grandes tendances qui traversent tout le continent. Mais en même temps, l'Europe du XIXe siècle vit à l'heure des cultures nationales. Chaque Etat organise son système scolaire, sa recherche scientifique, sa production du livre ou des arts... Il est donc légitime de parler, question de point de vue, d'une culture européenne au singulier si l'on privilégie les grandes évolutions et mutations communes, mais également de cultures européennes au pluriel si au contraire le regard s'attarde sur les diversités et les spécificités propres à chaque pays, résultats de longues histoires. Ajoutons que l'originalité et l'unité culturelle de l'Europe, aperçues des autres continents à distance, se renforcent.

La période est d'une fécondité extraordinaire, productrice d'une profusion incomparable marquée au sceau d'un incessant renouvellement. La production des arts n'a d'égale que la production et le renouvellement scientifique du temps. La montée du nationalisme n'y est pas pour rien.

En effet, celui-ci a été l'un des grands moteurs du dynamisme culturel dont témoigne alors toute l'Europe.

– Tout d'abord les grands Etats constitués — républiques, monarchies parlementaires ou absolutistes — découvrent dans les productions artistiques et intellectuelles un moyen de magnifier leur propre régime. Besoin de prestige et utilitarisme, joints à une prudente et inégale volonté de vulgarisation des connaissances qui est dans l'air du temps, autant d'éléments qui se conjuguent désormais pour faire entrer de plain-pied la culture dans le domaine des préoccupations des gouvernements.

– Par ailleurs, la culture (notamment la poésie, la littérature, la musique, l'histoire...) n'a cessé au cours de la période, d'offrir des références recherchées aux communautés qui n'avaient pas jusque-là d'Etat à elles et qui aspiraient à s'en donner un. Ces communautés se sont efforcées de découvrir leurs racines culturelles, y trouvant la justification de leurs pressantes revendications nationales.

Le fait culturel devient donc un phénomène central. L'économie a besoin d'une « culture unifiée » (Ernest Gellner y voit la racine profonde du nationalisme), la culture a besoin de l'Etat, et l'Etat a besoin de la culture. La production artistique est de plus en plus subventionnée sur fonds publics, l'intervention de l'Etat tend ainsi à remplacer ou à suppléer le mécénat privé.

Le triomphe de la culture écrite

Ce siècle est le temps d'un processus culturel décisif, celui de l'alphabétisation d'ensemble des sociétés européennes. En 1914 cependant, la géographie de l'alphabétisation des peuples européens présente bien des inégalités. En Europe occidentale, les sociétés sont alphabétisées à plus de 90 % ; en revanche, l'Europe méridionale est en retard, ainsi l'Espagne comporte-t-elle encore 50 % d'analphabètes ; l'Europe orientale est davantage à la traîne, la Russie tsariste a 75 % d'illettrés, mais en Hongrie, grâce à une législation scolaire, les analphabètes passent de 68 % (1870) à 32 % (1910). L'Autriche n'a que 16 % d'analphabètes, mais les inégalités sont profondes entre les peuples (3 % pour les Allemands, 60 % pour les Serbo-Croates).

L'alphabétisation est devenue une affaire de gouvernement

L'école est un instrument de contrôle sur les masses. L'Etat y diffuse l'amour de la patrie et une préparation morale au devoir militaire. Les besoins de l'essor économique engagent les gouvernements à mettre en place une législation scolaire, et des ministères de l'Instruction publique sont créés. Les gouvernements s'intéressent d'ailleurs essentiellement à l'instruction élémentaire. Depuis 1809, la Prusse a à cet égard une antériorité, elle est devenue un modèle auquel se réfère par exemple, en 1871, Renan. Dès 1847, dans le royaume de Piémont-Sardaigne est créé un secrétariat à l'Instruction publique ; en revanche, parce que l'instruction est considérée comme relevant du domaine privé, en Angleterre le *Board of Education* n'est mis en place qu'en 1899. En France, la loi Guizot de 1833 puis les républicains de 1882 à 1886 organisent la démocratisation de l'enseignement primaire. Progressivement, la gratuité et l'obligation s'imposent dans les différents pays. Ainsi, en Autriche en mai 1868, un gouvernement libéral établit-il l'école élémentaire obligatoire et laïque, législation condamnée par le Pape Pie IX.
Qu'en est-il en Russie, immense empire autocratique ? Examinons un instant le cas particulier de ce pays. Une constatation : là aussi l'Etat a été obligé de s'occuper de l'école pour créer ou pour contrôler. Au moment des réformes d'Alexandre II le

retard était fort important, l'abolition du servage en 1861 entraîna dans la foulée la réforme scolaire impulsée par Golovine, ministre de l'Instruction publique (en fonction de 1861 à 1866). En 1856, il n'existait que 8 000 écoles dans tout l'Empire, autant dire que la masse paysanne n'était que très faiblement scolarisée. La responsabilité des créations fut confiée aux *zemstvos*, assemblées locales créées en 1864, qui accomplirent effectivement leur tâche. Au point qu'en 1880, on pouvait dénombrer 22 700 écoles. Il avait été décidé que les écoles rurales donneraient leur enseignement dans la langue régionale. La réforme avait mis ces écoles hors de la main du clergé orthodoxe, qui aurait souhaité en faire des lieux d'instruction religieuse. La situation suivit un cours inverse sous le règne répressif d'Alexandre III. L'ère des réformes ayant pris fin, la répression va bon train, Pobedonostsev, conseiller du tsar, lutte contre les écoles des *zemstvos* pour les remplacer par des écoles paroissiales ; de 1882 à 1894, elles passent de 4500 à 32 000, et elles ne distribuent qu'un enseignement religieux. En dépit des 7 millions d'enfants scolarisés en 1914, la Russie tsariste reste un vaste village illettré.

Dans l'ensemble de l'Europe néanmoins, pour les humbles, progressivement, l'apprentissage de la lecture et de l'écriture passe de plus en plus par le système scolaire. L'alphabétisation massive en marche ouvre un vaste espace social à la diffusion de la presse et du livre.

Les enseignements secondaire et universitaire restent élitistes

Les élites européennes « anciennes ou nouvelles » (aristocratie ou bourgeoisie) réclament pour leurs enfants une formation dont ceux-ci ont besoin pour faire carrière. Même dans les pays les plus libéraux et ouverts, le secondaire et à plus forte raison les universités restent fermés aux enfants du peuple. Les effectifs sont donc faibles. En France, en 1870 dans les universités, on ne trouve que 9500 étudiants ; en 1913, 42 000 seulement. Aux mêmes dates, en Allemagne, on passe de 26 000 à 76 900. L'enseignement donné dans les lycées français, les *public schools* anglaises, les *gymnasien* allemands ou autrichiens ou encore les *ginnasi-licei* italiens reste classique, comme le prouve la place tenue dans les programmes par l'enseignement du latin et du grec. Ces établissements ont pour fonction de former le clergé, les fonctionnaires, dont le nombre s'accroît dans tous les Etats, et de préparer aux métiers intellectuels. La formation classique donne sa spécificité à la *Bildungsbürgertum* (bourgeoisie cultivée) allemande sous l'Empire, des exercices sportifs et le culte des vertus militaires et des héros prussiens lui inculqueront le respect de l'autorité.

Les nécessités industrielles, commerciales et techniques font apparaître progressivement à côté des filières classiques des établissements dans lesquels la modernité est introduite peu à peu (*Grammar school* en Angleterre, *Realschulen* et *Realgymnasien* en Allemagne...). L'enseignement dispensé dans ces établissements réputés non nobles ne donne toutefois pas accès aux universités. Aussi a-t-il été nécessaire de créer des établissements supérieurs, type instituts, pour les sciences appliquées. Par ailleurs, le modèle universitaire humboldtien a introduit une nouvelle conception du rôle de l'Université dans la société et dans l'Etat. Wilhelm von Humboldt (1767-1835), en 1807, après Iéna, avait convaincu le roi de Prusse que l'Université par sa grandeur pouvait être un élément de redressement et de prestige pour le royaume. Dans le mouvement national, le rôle des étudiants et des professeurs, minorités agissantes, a été très grand en Allemagne, en Italie, en Pologne, en Grèce..., au moins dans la première moitié du siècle.

Dans la société européenne, on peut donc distinguer trois niveaux d'instruction d'inégale importance selon les pays : une minorité très instruite nourrie de culture classique, une masse plus ou moins alphabétisée et une autre masse qui échappe encore à l'alphabétisation. Les progrès de l'alphabétisation homogénéise les populations, là où le processus est fort avancé, ils ouvrent toutes grandes les portes aux mobilisations propagandistes.

Les grandes aires linguistiques et littéraires

Les espaces culturels et linguistiques ne coïncident pas forcément avec les frontières politiques. Ainsi, le rayonnement culturel français a eu à l'époque des Lumières une extension européenne. Progressivement, les nationalismes littéraire et linguistique font reculer au XIXe siècle cette influence française. Désormais les peuples donnent la primauté à leur littérature nationale. En dépit de ce recul, les auteurs français continuent à être lus, et l'influence française reste forte en Europe orientale (Pologne, Russie, Balkans). En Italie, la langue toscane devient la langue littéraire, même si les dialectes continuent à être utilisés dans la vie courante. En Allemagne, l'unité culturelle s'est appuyée sur la langue et l'imprimé, au-delà même du morcellement politique et des différences religieuses. Cette aire culturelle germanique dépasse en 1871 les frontières de l'Etat allemand, qui exerce donc une influence littéraire et linguistique extérieure. Dans le même temps, les populations de l'Europe centrale et orientale s'efforcent de développer leurs propres langues en les adaptant au monde moderne (Polonais, Tchèques, Slovaques, Hongrois, Grecs...), ce qui limite d'autant l'influence du français et de l'allemand. Dans les Balkans, les populations à majorité religieuse orthodoxe sont placées sous une forte influence culturelle russe ; jusqu'en 1830, Roumains, Serbes, Bosniaques importaient les ouvrages religieux et scolaires dont ils avaient besoin de Russie. En Serbie cependant, Dositej Obradović (1742-1811), créateur de la prose serbe, est l'initiateur de sa littérature nationale. La Grèce est un cas particulier, l'influence française y est forte et la langue grecque a été modernisée. Adamantios Koraïs, qui avait résidé à Paris, a réédité les grands auteurs de l'Antiquité et fondé la langue littéraire grecque moderne. Dans une Russie qui se donne une riche littérature nationale, Tourgueniev (1818-1883) lance cette profession de foi linguistique et nationaliste : « Dans les jours de doute, dans les jours de lourdes réflexions sur le destin de ma patrie, toi seule, mon soutien et mon appui, oh grande, puissante, juste et libre langue russe ! Comment croire qu'une telle langue n'ait pas été donnée à une grande nation. »

Phénomène significatif, dans les pays d'Europe occidentale l'histoire littéraire se construit et se développe alors dans une perspective de recherche de l'identité nationale. En Allemagne, et ceci est fort compréhensible dans ce pays où l'unité a d'abord été culturelle, l'histoire de la littérature est particulièrement riche. Elle s'est efforcée, avant comme après la fondation du Reich, de saisir l'originalité allemande par rapport aux littératures française et italienne. Certains, comme Adolf Bartels, cherchent l'originalité littéraire germanique dans la race et l'instinct populaire. Mais en France et en Italie, l'histoire littéraire se développe également sous le signe du nationalisme. En Italie, dans *Historia della litteratura italiana,* Francesco de Sanctis insiste sur la continuité et s'efforce de suivre le processus de la formation d'une tradition nationale dans la littérature italienne. En France, c'est plutôt dans le classicisme qu'elle dit rencontrer le génie national. En Angleterre, l'histoire littéraire s'est constituée tardivement, à la fin du XIXe siècle, comme si la construction de l'empire colonial avait absorbé toute l'attention et détourné la curiosité de cette question ; de plus l'identité nationale, à la différence de l'Allemagne, y allait de soi.

Les livres et les journaux offrent aux populations qui cherchent à retrouver leurs racines nationales les instruments d'une homogénéité culturelle et linguistique renforcée. Toutefois ce nationalisme n'empêche pas les échanges de pays à pays. Ainsi, Thomas Carlyle introduit la littérature allemande en Angleterre (1823-1824). Le grand éditeur allemand Brockhaus s'installe à Paris en 1837. En 1900, une douzaine de libraires allemands tiennent boutique à Paris ; l'éditeur écossais Nelson vient dans la capitale française au début du XXe siècle. En Allemagne, on lit Zola. Plus significatif : en Espagne, 80 % des feuilletons publiés par la presse sont d'origine étrangère, française pour presque la totalité, les romans publiés entre 1880-1890 sont pour moitié des traductions du français, en dépit d'une hispanisation qui s'affirme. Signalons qu'en Russie *le Paradis perdu* de Milton a donné naissance à deux versions éditoriales, l'une destinée au public cultivé, l'autre aux paysans, chez lesquels elle est devenue une véritable lecture pieuse.

Le triomphe du livre

Les progrès techniques de production du livre (mise au point de la rotative au milieu du siècle, utilisation du papier cellulosique à partir de 1840...), la baisse du prix en même temps qu'une certaine hausse du pouvoir d'achat, ajoutés à l'alphabétisation, font entrer le livre dans un processus d'industrialisation et de massification. Mutation décisive dans l'histoire du livre qui a ses conséquences culturelles. Cet âge est celui d'une production massive pour une consommation elle-même massive.

La production et la diffusion se développent en fonction des conditions propres à chaque pays. Partout les éditeurs font la course au public pour étendre leurs affaires. La production éditoriale française renforce sa concentration sur Paris aux dépens de l'édition provinciale. Le système français qui produit d'abord pour le marché hexagonal peut se définir comme « national-libéral » (Estivals). En dépit d'une grande productivité littéraire (10 000 titres de romans), la compétitivité de l'édition française reste faible. Au système français s'oppose le système allemand. Dans ce pays, la production s'est développée dans une structure politique morcelée, qui a rendu nécessaire un lieu de rassemblement commun à toute la profession : les foires de Leipzig. Deux fois par an, éditeurs, libraires viennent de toute l'Allemagne pour faire les uns connaître leurs productions, les autres conclure des accords et effectuer des règlements. Autre conséquence, la profession a connu précocement une organisation très poussée avec la création à Leipzig du *Börseverein* (1824), dont l'un des objectifs était l'harmonisation d'une réglementation disparate dans un espace politico-culturel diversifié. Le morcellement explique également la précocité de la science bibliographique, à l'origine on y trouve les compilations de catalogues des foires pour réaliser des bibliographies rétrospectives. Ainsi, le livre en Allemagne a été le symbole de l'unité intellectuelle et culturelle et a préparé l'unité politique, il a été le véritable support de l'identité nationale caractérisée par la communauté linguistique et culturelle. L'organisation de la librairie autour de Leipzig préfigure l'organisation politique autour de Berlin. En Italie, le morcellement politique a entraîné de façon un peu semblable l'apparition de centres éditoriaux divers (Milan, Florence, Turin, Naples et Milan surtout), mais dans la péninsule une organisation unifiante comparable à Leipzig ne sera pas créée. Au Royaume-Uni, l'édition est concentrée à Londres ; l'originalité ici est l'existence précoce de la fonction éditoriale, l'éditeur y prend vite l'allure d'un capitaliste à la recherche de moyens financiers pour des publications à grands tirages. Le livre reflète l'avance industrielle de l'Angleterre. En Europe centrale existe un phénomène éditorial original : des associations privées se sont organisées, les *Matica*, qui publient des livres et des revues dans la langue nationale (serbe, tchèque, croate, morave...).

Au-delà de ces différences nationales, un fait général : l'accroissement considérable de la production imprimée. Par exemple en France les tirages moyens jusqu'en 1840 étaient de 2000 exemplaires, en 1900 ils s'élèvent à 10 000 ; de même le nombre des titres se multiplient : en France toujours, ils passent de 4000 en 1800 à plus de 24 000 en 1913 ; aux mêmes dates, en Allemagne, de 4 185 à 34 871. Partout sur le plan littéraire, le roman devient le genre dominant aux dépens de la poésie et du théâtre.

Les modes de production de masse et de consommation de masse introduisent nécessairement une nouvelle organisation de la diffusion du livre pour une diffusion de masse. Si le colportage de librairie tend à disparaître à des périodes diverses selon les pays, en revanche apparaissent à partir du milieu du XIXe siècle en raison de l'essor du réseau de chemin de fer, les bibliothèques de gare, en Angleterre, en France (où elles sont créées par Louis Hachette à partir de 1853), en Allemagne également... L'offre de livres par des réseaux de librairies de plus en plus serrés s'accroît :

Densité des réseaux de librairie en Allemagne (nombre d'habitants par libraire)

1840	32 981
1855	25 970
1875	15 850
1895	10 034
1910	8 743

Densité des réseaux de librairie en France (nombre d'habitants par librairie)

1840	18 246
1851	15 508
1860	10 571
1879	4 935
1910	7 881

Ainsi s'affirme la pénétration du livre en profondeur dans la société européenne, mais ce triomphe est menacé par l'irruption d'autres médias, le cinéma à partir de 1895 et surtout la grande presse quotidienne.

L'âge d'or de la presse

Le journal a été un instrument de la banalisation de l'imprimé. Son essor a été favorisé par l'abaissement du prix unitaire et de l'abonnement. L'introduction de la publicité a permis cet abaissement du prix. Le feuilleton a été la recette employée pour fidéliser le public (il apparaît en France à partir de 1836). La presse comme les feuilles volantes ont connu au cours du Printemps des Peuples en 1848 une brève expansion, qui reçut rapidement un coup d'arrêt en raison du rétablissement de la censure. Jusqu'en 1870, en Allemagne, le morcellement politique a empêché la création de grands journaux nationaux ; se sont surtout développés des journaux de villes ; en 1874, une loi a unifié le régime de la presse dans le Reich. Le démarrage en France de la presse à grand tirage se situe dans la décennie 1870-1880. Par la suite, les grands organes de la presse parisienne (*Le Matin*, *le Journal*, *le Petit Journal*, *le Petit Parisien*) sont doublés par une presse provinciale et locale très nombreuse (240 titres) ; le total des tirages dépasse vers 1900 les 10 millions d'exemplaires. La presse a joué un rôle important dans les deux graves crises traversées par la IIIe République : la crise boulangiste et l'affaire Dreyfus. Le Royaume-Uni a une ancienne tradition journalistique. Le *Daily Telegraph* domine depuis 1855. Mais le *Daily Mail* fondé en 1896, vendu un demi penny, voit ses tirages monter rapidement à 200 000 exemplaires, ce journal est lui-même concurrencé en 1900 par le *Daily Express*, ce dernier ayant adopté les méthodes de la publicité américaine. L'Autriche-Hongrie après 1867 connaît un essor de la presse quotidienne. A cette date, est fondé le *Nouveau quotidien viennois* (*Neue Wiener Tagblatt*) par Maurice Szeps, parent de Clemenceau ; ce journal libéral n'est cependant pas le quotidien de la monarchie qui dispose de son propre organe, la *Nouvelle Presse libre* (*Neue Frei Press*). A Budapest, on compte vingt-deux quotidiens d'information. Notons que partout se développe une presse socialiste contestataire, manifestation d'un courant d'opinion qui grandit.

La presse illustrée populaire, les périodiques familiaux comme le *Musée des familles* en France ou le *Gartenlaube* en Allemagne, ce dernier tirant en 1875 à 382 000 exemplaires, forment d'autres catégories de l'imprimé de masse. A l'occasion de la guerre de Crimée en 1856 naît le reportage photographique. Un nouveau métier également apparaît bientôt, celui de reporter, inventé par la presse britannique (à l'occasion notamment de la guerre franco-prussienne de 1870). La collecte de plus en plus pressée des informations a rendu nécessaire la création des agences de presse, dont le modèle a été l'agence Havas fondée à Paris par Charles Havas dès 1835. Mais chaque grande nation aura vite son agence : agence Reuter pour le Royaume-Uni, agence Wolff dans le Reich...

Retenons cependant qu'en dépit du triomphe du livre et de la presse, dans les nations industrielles européennes, pourtant les plus avancées dans le domaine de l'alphabétisation, le monde rural et le monde ouvrier restent encore largement exclus de la civilisation de l'imprimé, en dépit de l'existence bien réelle d'une lecture ouvrière et d'une lecture paysanne. Partout en tout cas, avec une précocité et une profondeur inégales selon les pays, les bouleversements économiques et sociaux avec le transfert d'importantes populations rurales vers les villes ainsi que la progression rapide de l'imprimé, fragilisent les cultures orales traditionnelles.

Les grands cycles culturels

L'histoire culturelle des pays européens est rythmée par de grands courants d'idées et de la sensibilité, un peu à la façon des grands cycles économiques. Ils créent des climats dans lesquels se meuvent les créateurs et imprègnent les productions artistiques et littéraires à travers les frontières, leur conférant une coloration particulière, avec certains décalages de nuances et de chronologie selon les pays. Ces cycles ne concernent bien entendu que la culture « cultivée ».

La révolution romantique

La première moitié du siècle est dominée par « la révolution » romantique en réaction au classicisme raisonnant à la française. Cette réaction de rejet à l'égard de la culture française est la première manifestation d'un nationalisme culturel dans un pays comme l'Allemagne.

Le romantisme, mouvement littéraire et artistique, s'impose à des dates diverses à toute l'Europe. Il est une révolte de la sensibilité contre la raison desséchante, une révolte de l'individu qui aboutit à l'exaltation du Moi. Il témoigne également d'un mal de vivre dans une société en proie aux bouleversements politiques et économiques. Le Moi devient souverain, il faut le saisir à sa source car il a été perverti par les excès de la pensée discursive. En Allemagne, les créateurs vont très loin dans le sens de l'approfondissement du Moi, ils portent attention aux rêves, ils débouchent sur les mystères de l'inconscient, voire sur un certain mysticisme.

Le romantisme est le refus d'un monde triste et banal offert notamment par une urbanisation galopante. Pour échapper à ce monde décevant existent des voies diverses qui ont été empruntées par les créateurs. D'abord le refuge dans l'Histoire, avec une redécouverte, du passé médiéval notamment. Autre refuge, celui de l'exotisme : l'Orient exerce alors ses mirages. La nature offre également la possibilité de fuir un monde urbain envahissant tout en permettant à l'artiste placé devant la grandeur des manifestations naturelles la prise de conscience de sa propre individualité. Ainsi le romantisme est-il le temps de la découverte de la mer, symbole de l'éternité et de l'infini, et du littoral maritime, qui désormais attire et ne repousse plus, mais aussi du pittoresque de la montagne avec les débuts de l'alpinisme. Enfin le monde des sorciers, des châteaux hantés, des vampires a été un autre refuge imaginaire, celui-ci pour un certain romantisme de type fantastique.

Mais le romantisme n'est pas seulement un mouvement artistique et littéraire, une esthétique que l'on rencontre surtout dans la poésie, la musique et la peinture, il existe en effet aussi un romantisme politique et social. Dans la première moitié du XIXe siècle, il a nourri l'esprit réformateur d'une partie de la bourgeoisie européenne. Dans le mouvement romantique s'enracinent le libéralisme politique et les aspirations nationales. Il fait du Peuple le moteur de l'histoire. Jusqu'en 1848, il entretient une mentalité révolutionnaire. En Allemagne par exemple, le mouvement de la Jeune Allemagne mêle le courant littéraire à la revendication politique en tentant d'échapper à la répression. Il est à l'origine d'un nationalisme culturel que l'on retrouve dans la plupart des pays et qui se manifeste notamment par la recherche historique. Le romantisme a propagé l'idée qu'il était possible de changer la société de l'Ancien Régime, d'organiser une société plus libre. Le socialisme utopique s'enracine dans ce contexte réformateur et optimiste. Le Printemps des Peuples en 1848 marque l'apogée de ce courant réformateur généreux. Il existe cependant un romantisme contre-révolutionnaire, en Allemagne notamment.

Sur le plan artistique et littéraire une réaction se dessine avant même le milieu du siècle. Déjà Balzac dans la *Peau de chagrin* (1831) exprimait une critique ironique : « Le public est las des bardes nuageux et des sylphes [...] il est rassasié de l'Afrique, de l'Orient, des supplices, des pirates et de l'histoire de France Walter Scottée... » L'échec du lyrisme généreux et romantique des révolutions de 1848 sonne comme une condamnation d'un certain idéalisme, désormais les esprits sont ramenés à un peu plus de réalisme, descendent de l'utopie à la pratique.

Le retour de la Raison

A partir du milieu du siècle, les progrès scientifiques créent un contexte nouveau. Se développe une réaction contre la sensibilité et le subjectif. La science devient la valeur sûre. En France, Claude Bernard crée la théorie de la méthode expérimentale (*Introduction à la médecine expérimentale*, 1862) ; Renan écrit en 1848 dans *l'Avenir de la science* : « Un jour viendra où la raison éclairée par l'expérience ressaisira son légitime empire, le seul qui soit de droit divin, et conduira le monde non plus au hasard, mais avec la vue claire du but à atteindre... Organiser scientifiquement l'humanité, tel est donc le dernier mot de la science moderne, telle est son audacieuse, mais légitime prétention... » Auguste Comte (1798-1857) publie en 1844 son *Discours sur l'esprit positif*, puis un *Catéchisme positiviste*, mais il avait déjà décrit en 1842 dans son *Cours de philosophie positive* en une large perspective historique les trois phases du « développement de l'intelligence humaine » : théologique, métaphysique et positive. L'idée de progrès dépasse la seule connaissance scientifique, elle est associée à l'essor des techniques et aux promesses du bien-être matériel vers lequel l'humanité s'avance à grands pas. Conception qui gagne aussi bien l'Allemagne que la Grande-Bretagne. Il y eut même en Allemagne un courant scientifique matérialiste avec Karl Vogt (1817-1895), Ludwig Büchner (1824-1899), Rudolf Virchow (1821-1902), ce dernier étant le père de la pathologie cellulaire. Les thèses de ces savants s'appuyaient sur l'usage « de la balance, du scalpel, du creuset... ». Ils associaient la matière et la force, et déclaraient que l'hypothèse d'un Dieu était inutile. Le livre de Büchner, *Force et Matière* (*Kraft und Stoff*), paru en 1855, traduit et édité en France en 1865 et 1869, obtint un grand succès auprès de la *Libre Pensée* française. Il eut d'ailleurs un grand succès également auprès des intellectuels russes, l'ouvrage figure dans une scène du livre de Tourgueniev *Pères et Enfants* (scène où un jeune homme donne cette œuvre symbole d'une génération nouvelle à lire à son père).

Le mouvement positiviste exerça son influence sur la création artistique et littéraire. Le roman y a été particulièrement réceptif avec le courant réaliste, qui privilégie l'observation minutieuse. A la saga naturaliste des Rougon-Macquart de Zola correspond celle des *Buddenbrook* (1901) de Thomas Mann en Allemagne, histoire du déclin d'une grande famille protestante et négociante liée au patriciat de Lübeck. Le positivisme littéraire a traversé toute l'Europe, il atteint non seulement le roman, mais également le théâtre : par exemple le *Théâtre libre* d'Antoine en France. En Allemagne, l'Association de la scène libre (*Verein Freie Bühne*) dispose d'un périodique *Freie Bühne* (*La scène libérée*), qui publie la pièce d'Ibsen *Les Revenants* (1887), et surtout la pièce de Gerhart Hauptmann *Les Tisserands* (*Die Weber*) dont la première représentation fut interdite par le régime précisément en raison de son réalisme ; la pièce peignait la pauvreté des tisserands en Silésie (1892). Dans le Reich, le mouvement naturaliste s'essouffle à la fin du siècle. Le Norvégien Ibsen s'inscrit également dans ce courant. On peut y rattacher le réalisme de la création littéraire russe si original qui décrit de façon critique la société et la vie russes (Tourgueniev, Tolstoï, Dostoïevski) ou encore le *vérisme* italien.

Dans le domaine de la peinture, cet esprit fait triompher le réalisme jusqu'à l'arrivée de l'impressionnisme où la préoccupation nouvelle est l'observation directe du sujet. Ainsi s'expliquent la place du paysage et la manière nouvelle de le traiter avec l'étude soucieuse des formes et de la lumière (Corot et l'école « internationale » de Barbizon à partir de 1846). John Ruskin (1819-1900), théoricien du mouvement préraphaélite en Angleterre, écrit dans la même logique en 1853 : « Le préraphaélisme n'a guère qu'un principe : la vérité la plus absolue, la plus intransigeante dans toutes les œuvres. Et il l'obtient en travaillant, jusqu'au moindre détail, d'après nature, et seulement d'après nature. Tout fond de paysage préraphaélite est peint en plein air, jusqu'à la dernière touche, d'après un paysage réel... » L'impressionnisme lui-même est réaliste par ses thèmes, mais il s'en éloigne par l'abstraction colorée oublieuse des formes ; par ailleurs sa technique repose sur des bases scientifiques, une meilleure connaissance du fonctionnement de l'œil. Les peintres analysent et décortiquent la réalité. L'impressionnisme produit des toiles innombrables entre 1870-1890, méprisées par l'art officiel.

La science, la technique ouvrent donc des perspectives radieuses à l'humanité. Ce courant de confiance en la raison et en la science, cette mystique du progrès continu et ininterrompu, débouchent sur le scientisme, véritable religion de la science. Elle impose l'idée que l'humanité n'a plus besoin de la religion pour expliquer les mystères du monde, lesquels seront progressivement élucidés grâce à la raison et à la connaissance scientifique.

La réaction antipositiviste

A la fin du siècle, à son tour, cette confiance en la science est sérieusement mise en question, remplacée par sa critique et la mise en avant de ses limites. L'optimisme scientiste laisse la place à un mal de vivre, à une crise intellectuelle et morale. Fini le temps des « tranquilles certitudes ».

Cette réaction, on la rencontre en France avec le philosophe Henri Bergson qui enseigne au Collège de France (sa thèse, *Essai sur les données immédiates de la conscience,* est de 1889). Dans ses ouvrages, il réhabilite l'intuition, met en cause le déterminisme avec la notion de l'élan vital et démolit les prétentions du rationalisme dans un style fluide et poétique (*L'Evolution créatrice,* de 1907). Freud à Vienne publie en 1900, *L'Interprétation des Rêves*, la raison désormais apparaît comme une parcelle seulement de l'être humain, noyée dans l'océan de l'inconscient. La conception de l'homme maître de lui et de l'univers se trouve durement atteinte. En Italie, Benedetto Croce fonde *La Critica* en 1903 et reproche au positivisme « de laisser insatisfait le besoin religieux de l'homme », il cherche à créer une contre-réforme de la dialectique.

Cette réaction est marquée également par une sorte de néo-romantisme qui s'affirme à travers le culte de l'énergie individuelle ou collective, dont les grands prêtres sont, en Allemagne, Nietzsche, en France Maurice Barrès, en Italie, Gabriele d'Annunzio. Nietzsche (1844-1900) symbolise cette révolte radicale contre le monde scientifique, le progrès technique ; sa révolte le pousse à souhaiter la ruine de la civilisation de son temps. Ce fils de pasteur est un démolisseur aux allures prophétiques qui va annonçant la catastrophe vers laquelle court la civilisation. Il souhaite un âge nouveau, viril et héroïque. Il annonce un changement complet de valeurs (*Umwertung aller Werte*).

L'incapacité de la science à établir des règles de vie, l'ébranlement des valeurs établies par le succès même de la connaissance scientifique, le matérialisme industriel et scientifique débouchent sur un certain malaise intellectuel et moral. S'exprime alors le besoin d'un « supplément d'âme », qui prépare un retour du religieux.

Les Églises et la foi

La société européenne connaît un long processus de laïcisation. Les Eglises voient même surgir devant elles des religions de substitution : le culte de la science ou le culte de la nation (pour certains, il ne s'agit pas seulement d'une métaphore). Autant de graves menaces. Cependant le processus de laïcisation est inégal selon les pays. Il s'est surtout affirmé dans les Etats industrialisés, où les masses urbaines et ouvrières sont déchristianisées. La pratique religieuse s'est réfugiée dans les campagnes, où la foi apporte dans un monde menacé une certaine sécurité. Cela a été un peu la fonction de la dévotion mariale qui dans le catholicisme connaît alors une nouvelle vigueur (proclamation du dogme de l'Immaculée Conception en 1854 par Pie IX). Signe des temps, dans la très catholique Espagne, on a pu noter, dans le diocèse de Barcelone, que le nombre d'enfants baptisés au cours de la première semaine diminue de moitié en 1900-1910. Dans un monde difficile, les forces religieuses ont cependant renoncé à abdiquer.

La géographie religieuse de l'Europe reste fort diversifiée. Le catholicisme est majoritaire en France et dans les pays méridionaux (Espagne, Portugal, Italie). Le protestantisme avec ses différentes variétés (luthérienne, calviniste, anglicane...) est surtout implanté dans l'Europe du Nord. L'Allemagne avec une grande majorité protestante (65 %) possède une forte minorité catholique. La religion orthodoxe est établie en Europe orientale à l'exception de la Pologne catholique et dans les Balkans (où cependant les Croates sont catholiques) Il faut compléter cette schématique géographie en citant deux fortes minorités, une minorité israélite avec deux communautés importantes, l'une en Autriche-Hongrie (plus de 2 millions, soit 4 % de la population), l'autre en Russie (5 millions), enfin une minorité islamique circonscrite dans les Balkans (Albanie, Bulgarie). Cette diversité religieuse sert souvent de base à une affirmation ou à des revendications nationales. Le voyage de Guillaume II en Terre sainte à l'automne 1898 (à partir du 17 octobre) accompagné des représentants officiels de la Chrétienté évangélique a bien pour but premier de souder autour du souverain le Reich en utilisant la mobilisation religieuse dans une opération qui prend des allures de croisade.

Les religions et leurs Eglises, organisations de masse, ont été des vecteurs efficaces du nationalisme, celui-ci utilisant la capacité de mobilisation populaire qu'elles pouvaient éventuellement offrir. Il est bien clair que le catholicisme a été porteur du développement du nationalisme polonais ou irlandais par exemple. La religion donnait également aux mouvements nationalistes une dimension spirituelle. Dans la France républicaine, les exclus de 1789 se sont forgé un sentiment national sous la protection de la croix, la patrie étant vénérée par eux comme la fille aînée de l'Eglise.

Mais dans le même temps, les Eglises en raison de leurs prétentions universalistes sont entrées très souvent en conflit avec l'Etat national jaloux de son autorité et de son indépendance. Les rapports entre l'Eglise et l'Etat, très vieille question, constituent un des problèmes majeurs du temps. Cette question s'est posée surtout pour l'Eglise catholique, monarchie centralisée. D'autant que Rome s'efforçait de défendre les intérêts des communautés catholiques minoritaires, ce qui du point de vue de l'Etat apparaissait comme une politique de division. Le cas de la France républicaine et laïque est évidemment original. Les tensions anciennes se sont trouvées réactualisées avec l'arrivée au pouvoir des républicains en 1879, et après une courte pause grâce à l'appel au ralliement au régime lancé aux catholiques français par Léon XIII, elles reprirent avec l'affaire Dreyfus. Elles aboutissent à la loi de Séparation de l'Eglise et de l'Etat en décembre 1905 et à la rupture diplomatique avec le Vatican. Mais les rapports de la papauté se sont crispés avec bien d'autres pouvoirs politiques. En Allemagne, il y a eu l'épisode du *Kulturkampf* de 1871 à 1878 ; c'est aussi le cas de l'Italie, où le jeune royaume a commis l'irréparable en occupant Rome en 1870 pour en faire sa capitale. C'est également le cas de l'Autriche, pourtant puissance au vieux passé catholique ; un gouvernement libéral s'attaqua aux dispositions du concordat de 1855 pour réaliser une certaine laïcisation de l'Etat (état civil, mariage civil, contrôle des établissements scolaires) ; en 1874, le concordat sera définitivement aboli et l'Eglise catholique perd alors la place privilégiée qu'elle détenait par rapport aux autres confessions.

La question des rapports avec le pouvoir politique s'est également posée pour les autres confessions. Dans l'Empire allemand, où les Églises évangéliques (25, autant que d'Etats) sont très liées à la monarchie, soumises à son autorité, les pasteurs sont des sortes de fonctionnaires royaux ; en Angleterre, la « religion établie », l'anglicanisme, a le souverain comme chef religieux. Certains estiment que le joug du pouvoir politique est trop pesant. John Henry Newman (1801-1890) souhaite la rupture des liens avec l'Etat. Toutefois, en dépit de ces critiques, l'anglicanisme reste une Eglise d'Etat ; dans l'Empire russe, l'Eglise orthodoxe est un pilier du régime, une théocratie dans laquelle l'empereur est un chef religieux. La dévotion des paysans pousse le monde rural à la soumission aux autorités spirituelles et temporelles, étroitement alliées. Ainsi, dans bien des pays subsiste l'union du trône et de l'autel.

Quelles sont les attitudes des Eglises face aux nouveaux et grands problèmes du temps : les progrès des sciences et la montée du rationalisme, les antagonismes sociaux ? Face à ces réalités nouvelles et troublantes, elles sont traversées par deux courants inverses : un courant libéral, qui demande que l'on tienne compte des évolutions, un courant traditionaliste de repli ou de rejet devant la modernité, qui cherche à préserver l'ordre ancien.

La papauté tente de faire triompher dans l'Eglise catholique, dans un premier temps, une ligne dure de refus du monde moderne. Pie IX le condamne en 1864 par l'encyclique *Quanta cura* et le *Syllabus*, catalogue qui dénonce toutes les nouveautés présentées comme les « erreurs » du temps. Léon XIII, dont le pontificat dure de 1878 à 1903, adopte une ligne plus conciliante. Mais d'une façon générale la résistance au modernisme reste majoritaire et l'adaptation se fait lentement et très partiellement. En France, un catholicisme libéral s'est constitué autour de Félicité de Lamennais (1782-1854), prêtre breton, qui fonde en 1830 le journal *L'Avenir.* Il réclame la suppression du concordat de 1801 qui soumettait l'Eglise à l'Etat, la liberté de la presse, un suffrage élargi, et préconise l'association des travailleurs. Les catholiques libéraux allient libéralisme à ultramontanisme. Deux conceptions alors antagonistes puisque Lamennais et les siens seront condamnées en 1832 par la papauté. Ce courant catholique libéral survit en France à l'intérieur de l'Eglise. En Belgique, les catholiques se sont alliés aux libéraux en 1830 et un long combat entre catholiques et anticléricaux s'instaure entre 1850 et 1880. En Irlande, en Pologne, les catholiques luttent à la fois contre l'oppression politique et religieuse.

Face à la question sociale et aux conditions d'exploitation du monde ouvrier naissant, l'Eglise est restée longtemps muette. Quelques personnalités laïques ou ecclésiastiques cependant se sont émues de la misère ouvrière et tentèrent d'élaborer une doctrine. Ainsi Mgr Ketteler (1813-1877), évêque de Mayence, fait paraître en 1864, *La Question sociale et le christianisme.* C'est seulement en 1891 que Léon XIII, dans l'encyclique *Rerum Novarum,* définit les grandes lignes d'un catholicisme social en condamnant les excès du libéralisme, en rejetant le socialisme, et en conseillant la création d'associations professionnelles. Mais le modernisme restait sous haute surveillance, la condamnation du *Sillon* de Marc Sangnier qui s'efforçait de concilier les différents aspects du modernisme : aspiration sociale et démocratie (1910), révèle à nouveau la méfiance de la papauté à l'égard des nouveautés.

Le protestantisme n'échappe pas à l'apparition d'un courant rénovateur. En Allemagne, de violentes controverses ont eu lieu autour de la Bible. Un travail de critique biblique a été conduit dans les facultés de théologie, notamment à Tübingen. Est alors posée non seulement la question du libre examen théologique, mais surtout celle de la critique historique du livre sacré ; à la faveur de ces débats s'est constitué un protestantisme libéral. La parution en 1835 de la *Vie de Jésus* de David Friedrich Strauss (1808-1874) fait éclater de violentes polémiques. L'ouvrage affirme le droit de soumettre la religion à la critique scientifique, il est lu hors de l'Allemagne. Guillaume II condamne le christianisme social, les pasteurs à ses yeux ne devant pas s'occuper de politique. En revanche, au début du XXe siècle, se développe un courant traditionaliste qui prône une véritable politique d'ordre moral. Les calvinismes suisse et français est traversé par le *Réveil.* Dans l'Angleterre victorienne puritaine, l'ébranlement de l'assurance dogmatique ne touche pas seulement l'Eglise anglicane, mais aussi les Non-Conformistes. L'œuvre de Darwin révéla que la lecture littérale de la Bible était insoutenable. La lutte entre le monde religieux et les hommes de science se développa surtout entre 1860 et 1880. L'Eglise anglicane fut elle aussi travaillée par un courant rénovateur, qui posait non seulement la question du rapport au pouvoir politique, mais aussi la question de la misère ouvrière en cherchant à développer un apostolat dans les quartiers ouvriers.

Au total, les Eglises, toujours sur la défensive, sont contraintes à des ouvertures en direction du monde moderne, ouvertures qui se révèlent limitées. La cohésion de chacune d'entre elles a été ébranlée par les débats internes, provoquant parfois des déchirements. Elles rencontrent une résistance de plus en plus grande face à leur volonté d'encadrer toute la société, le mouvement de laïcisation et de sécularisation en marche leur contestant cette prétention.

Notons que ces mêmes Eglises montrent leur vitalité hors d'Europe, à travers l'action missionnaire qui précède ou accompagne le mouvement de colonisation. Les missions catholiques et protestantes tentent d'évangéliser l'Asie et l'Afrique. Dès 1840, Grégoire XVI, par une encyclique, relance l'œuvre de la Propagation de la Foi.

Compétition scientifique et renouvellement de la science

L'univers change brusquement, suite aux progrès de la connaissance scientifique. Les anciens cadres d'explication s'en trouvent brusquement brisés. En effet, la nouvelle vision scientifique du monde introduit une époque où les valeurs établies disparaissent, où les points de repères anciens s'effacent. L'Europe est engagée dans le mouvement et le changement. A partir du milieu du siècle, progressivement, l'homme de la rue, lui, sent confusément qu'il entre dans un monde de fer, de moteurs, de machines et bientôt d'électricité.

La compétition scientifique entre les États

L'essor remarquable de la connaissance scientifique a ses raisons. La science devient une activité nationale, entre les Etats s'instaure une concurrence scientifique. Ceux-ci découvrent l'impact économique de la science, les applications et les nouveaux produits qu'elle offre à l'industrie. Derrière les découvertes se profilent des enjeux économiques. Par ailleurs, certaines sciences touchent à la défense nationale (la chimie avec la production des explosifs par exemple). Ainsi la demande scientifique des Etats comme celle des industries sont-elles de plus en plus pressantes. Dans les laboratoires s'accumule un formidable réservoir d'inventions.

Les savants restent dans leur pays, la science se nationalise. Les visites à l'étranger sont courtes, même si le besoin des échanges s'impose. Les congrès scientifiques et les revues savantes qui se multiplient témoignent de ce phénomène. Paris, Bruxelles, Londres sont les capitales favorites de ces rencontres. De 1880 à 1913, 587 congrès ont lieu à Paris, 210 à Londres et 240 à Bruxelles. La langue utilisée reste le français, héritage du temps des Lumières. La vie intellectuelle et scientifique en dépit de la montée des intérêts nationaux a besoin d'entretenir un minimum d'échanges au-delà des frontières.

Ajoutons que les progrès techniques ont favorisé également la recherche scientifique : les techniques fournissent aux savants des instruments de mesure et d'observation plus précis, des pompes à faire le vide, des microscopes plus puissants. Les progrès de la géologie, de la paléontologie doivent beaucoup aux ingénieurs qui creusent des mines, construisent des routes. L'enseignement, la recherche s'organisent sur le plan national, chaque pays cherche à avoir ses laboratoires et ses équipes scientifiques, lesquelles croissent en nombre. En Allemagne, Liebig, à Giessen, met sur pied un laboratoire universitaire de chimie en 1825. En France, en 1882, est créé par souscription l'Institut Pasteur.

Le renouvellement de la vision du monde

Les sciences mettent en cause bon nombre de vérités admises depuis longtemps. Les sciences de la matière et de la vie en particulier renouvellent la vision du monde. La conception fixiste de la création du monde et des espèces vole en éclats. La géologie, science nouvelle, recule dans le temps la création du monde et porte une rude attaque contre la conception de la création divine. La biologie découvre que la vie a un passé, qu'elle s'est développée dans le temps ; elle apporte des lumières sur la croissance individuelle de l'être vivant, ainsi que sur l'évolution des espèces. Après 1900, la génétique se développe. Le principe de l'évolution est imposé par Darwin avec son ouvrage *De l'origine des espèces* (1859), où il montre que le moteur de l'évolution est la sélection naturelle, l'élimination des faibles pour le grand bien de l'espèce. Les découvertes de l'homme fossile confirment cet évolutionnisme, l'homme de Néanderthal est découvert en 1856. Ainsi un véritable « séisme intellectuel » remet en cause la vision biblique traditionnelle. Désormais, il fallait admettre que la Terre s'était transformée à travers les âges, que cette évolution avait été longue, que les espèces avaient connu des transformations.

La science reste cependant l'affaire de l'Europe occidentale. L'origine des vingt-six premiers lauréats du prix Nobel (attribué à partir de 1901) l'atteste : seize sont allemands, britanniques, français, alors que deux seulement sont russes et trois appartiennent aux pays méditerranéens.

La pensée sociale

La destruction de l'ordre politique et social ancien constitue un double bouleversement qui suscite un développement sans précédent de la pensée sociale. Un très grand nombre de penseurs s'efforce de manière diverse de répondre à la question : comment organiser ou réorganiser la société ? Deux réponses possibles existaient : refuser les nouveautés et revenir par delà « les révolutions » à l'ordre ancien, ou bien tout au contraire innover et imaginer un système social nouveau qui tienne compte des évolutions. Ainsi le mouvement de la société est-il à l'origine d'un puissant essor de la pensée sociale. La richesse idéologique de ce siècle produite essentiellement par l'Angleterre, la France et l'Allemagne peut s'ordonner autour de quatre grandes familles de pensée : le traditionalisme, le libéralisme, le socialisme et le nationalisme.

Le traditionalisme

Celui-ci refuse avec vigueur l'héritage de la Révolution française. Plus concrètement, il rejette les valeurs de 1789 : la souveraineté populaire, les libertés. A ses yeux, la Révolution a été une œuvre impie, puisqu'elle a détruit l'ordre naturel, c'est-à-dire l'organisation du monde et de la société telle que Dieu l'avait voulue. Il dénonce à la fois la destruction des communautés traditionnelles (naturelles) au sein desquelles vivaient les individus (la famille, les corporations, les régions, l'aristocratie), mais dénonce aussi la société industrielle, qui coupe l'homme de ses liens avec la nature, qui produit des masses qui ne se préoccupent que de leurs intérêts matériels. Il dénonce le matérialisme comme le mal du siècle. Le traditionalisme est donc une double critique à l'encontre de la double révolution qui traverse la société européenne.

La critique contre-révolutionnaire avait été amorcée en Angleterre par Edmund Burke (1729-1797), avec son livre *Réflexions sur la Révolution française*, composé à chaud, qui n'avait qu'une peur : la contamination des idées venues de France. Le procès de la Révolution est poursuivi par Joseph de Maistre (1753-1821), sujet du roi de Piémont-Sardaigne, qui prône un retour à l'Ancien Régime. La société parfaite selon ses vœux est hiérarchisée, connaît l'unité religieuse, est soumise à l'autorité monarchique et pontificale (il publie en 1819 *Du Pape*). Il s'oppose à l'orgueil antidivin de la raison révolutionnaire qui s'acharne à détruire l'édifice voulu par Dieu et s'insurge violemment contre la prétention de reconstruction de la société. L'homme, écrit-il, « n'est qu'un outil de Dieu ». Louis de Bonald (1754-1840), contraint à l'émigration, poursuit le plaidoyer pour les principes monarchiques et catholiques, et s'oppose au volontarisme constitutionnel des révolutionnaires. En France, ce courant traditionaliste sera intégré à la fin du siècle dans le nationalisme de Barrès et de Maurras, en perdant toutefois dans ces systèmes de pensée sa dimension religieuse et providentialiste. L'Eglise restant simplement une institution unifiante.

Le courant traditionaliste existe également en Allemagne avec le romantisme politique allemand, qui s'insurge contre la conception artificielle, abstraite, mécanique du contrat social libéral. « Les constitutions ne peuvent être faites, elles doivent croître comme un arbre » (Eichendorff). Il est une réaction contre « l'émergence du monde capitaliste rationalisé ». En Russie, il prend une allure originale. Ici, la tradition est incarnée par le courant slavophile, qui s'oppose à l'introduction des idées libérales occidentales. Il prône une monarchie patriarcale et une Russie dont le peuple doit vivre dans le cadre de ses communautés traditionnelles sous la protection de l'Eglise orthodoxe.

Le libéralisme

Il a une double origine. Il est d'abord le résultat de la pensée et surtout de la pratique politique et économique anglaises, ce qui permet de dire que l'Angleterre en a été le laboratoire. Il prend racine également dans la philosophie des Lumières et l'expérience de la Révolution française.

Le libéralisme est né et s'est construit contre l'absolutisme de l'Ancien Régime européen. Dans les différentes variétés du libéralisme politique, on retrouve un certain nombre de principes communs : la nature humaine est la même quels que soient la race et le lieu ; l'idée que tout homme a des droits naturels qu'il apporte avec lui dès sa naissance ; le rôle limité de l'Etat, l'individu restant le moteur de l'essor social : l'Etat ne doit pas intervenir trop lourdement de façon à ne pas entraver la liberté individuelle et l'initiative privée ; enfin, il professe une distinction et un équilibre entre les grands pouvoirs (exécutif, législatif — sa préférence va à un système bicaMériste avec chambre haute —, et judiciaire).

Benjamin Constant (1767-1830), Alexis de Tocqueville (1805-1859) (*De la démocratie en Amérique*) en France, John Stuart Mill (*De la liberté*, 1859) en Angleterre, ont développé certains de ces aspects. Le philosophe allemand Hegel (1770-1831) a été le théoricien de l'Etat libéral. Sa réflexion a porté à la fois sur l'expérience de la Révolution française et sur les réalités allemandes. Il distingue fortement l'Etat et la société civile, cette dernière permettant pour l'individu le passage de la sphère familiale à la sphère de l'Etat. La société civile est le lieu du travail, de la production, mais c'est aussi le lieu des conflits d'intérêts. Au-dessus de la société civile, heureusement, il y a l'Etat, qui joue le rôle d'arbitre entre les intérêts opposés des groupes antagonistes. L'Etat est à la fois la Raison, le Bien, qui évite les débordements et les excès. Ainsi, l'Etat libéral à la fois industriel et administratif qui unifie est-il justifié. Pour Hegel, l'Etat prussien déifié est l'Etat Idéal.

Chez certains la liberté individuelle prend un sens bien particulier. Elle se résume à la seule liberté de la propriété privée. Dans ces conditions, le rôle de l'Etat est clair, ce sera de préserver la propriété ; l'Etat est ainsi refoulé dans une conception défensive et conservatrice de la propriété. Cette vision s'affirme alors que le prolétariat tend de plus en plus dans la société à réclamer sa part. Thiers dans son ouvrage *De la propriété* fait de belle manière l'éloge de la propriété en ces termes : « C'est par la propriété que Dieu a civilisé le monde et mené l'homme du désert à la cité, de la cruauté à la douceur, de la barbarie à la civilisation. »

Ainsi, progressiste et novateur, dans une première phase, face aux systèmes absolutistes de l'Ancien Régime, au moment où il tend à devenir après le milieu du siècle la pensée dominante, le libéralisme se durcit et devient la doctrine de l'ordre établi au cours de la deuxième moitié du siècle. Ce renversement s'explique par le fait qu'il privilégie d'une part le gouvernement par les élites, la propriété, les lois du marché et, d'autre part, s'accommode d'une société inégalitaire. C'est justement cette dureté sociale qui est critiquée par le socialisme.

Le socialisme

Il s'efforce d'imaginer et de préparer une organisation de la société, où le prolétariat, nouvel agent de l'histoire, aurait sa vraie place. Il pose ce que l'on appelle à partir de 1840 « la question ouvrière ». Le mot socialisme apparaît à partir de 1830. Les pionniers du socialisme avant 1848 ont dans la diversité ébauché une analyse critique et profonde du libéralisme et du capitalisme. L'invective de Proudhon est la plus percutante : « La propriété, c'est le vol », mais l'analyse de Fourrier prolongée et reformulée par Considérant peut apparaître comme un bon résumé : « La société tend à se diviser de plus en plus distinctement en deux classes, un petit nombre possédant tout, maître absolu de tout dans le domaine de la propriété du commerce et de l'industrie, et le grand nombre ne possédant rien, vivant dans une dépendance absolue des détenteurs du capital et des instruments de travail, obligés de louer contre un salaire précaire et toujours décroissant ses bras, ses talents et ses forces aux seigneurs féodaux de la société moderne… » (*Manifeste* de 1843).

Marx reprendra ces analyses en les approfondissant et en les intégrant dans une large vision historique. Mais il est aussi l'héritier de la pensée de Hegel qui a été son maître. Marx prend le contre-pied de celui-ci sur deux points. Il critique chez Hegel la conception de l'Etat libéral impartial, défenseur du bien commun. L'Etat, dit-il, est le produit de la société, il est l'instrument au service de la classe dominante. Aussi l'Etat bourgeois actuel doit-il être remplacé par l'Etat prolétarien. Il critique également Hegel pour son idéalisme. Celui-ci avait développé la notion de dialectique, expliquant le fonctionnement de la pensée par le jeu des contradictions et leur dépassement ; on ne définit bien le jour que par rapport à la nuit, le blanc par rapport au noir… Marx reprend cette notion en l'appliquant à la société, la société progresse par l'affrontement de forces antagonistes, autrement dit la lutte des classes (notion qu'il n'a pas inventée et que l'on retrouve avant lui) ; dans l'Antiquité, elle a opposé le maître et l'esclave, au Moyen Age le seigneur et le serf, et aujourd'hui elle met face à face le bourgeois et le prolétaire. La première partie du *Manifeste* (1848) commence de façon significative par cette phrase : « L'histoire de toute société jusqu'à nos jours, c'est l'histoire de la lutte des classes. »

L'accent est mis sur le rôle des rapports de production qui se développent au cours des différentes phases de l'évolution des sociétés. Ces rapports de production, Marx les analyse comme déterminant en dernier ressort l'évolution de la conscience des hommes, de leurs idées, de leurs croyances, de leurs activités artistiques, comme également des formes de l'Etat.

Il est hors de question ici de suivre pas à pas toute la pensée socialiste dans ses différentes moutures ; plus simplement nous allons essayer d'observer le jeu du nationalisme et de l'internationalisme à l'intérieur du mouvement socialiste.

Les premiers socialistes mêlent à la fois nationalisme et internationalisme. D'un côté, ils expriment la nécessité de l'union de tous les opprimés, du « parti des industriels » (Saint-Simon), de « l'Union ouvrière » (Flora Tristan, c'est le titre même de son ouvrage paru en 1843, édité à 22 000 exemplaires), du parti des travailleurs d'une façon plus générale, notion d'ailleurs souvent noyée dans la notion plus large et plus floue de Peuple. D'un autre côté, ils adhèrent au mouvement d'émancipation des nations du printemps de 1848 et se mobilisent pour les nations opprimées, comme la Pologne. L'union et la dimension internationale trouvent leurs racines naturelles dans les idées d'association, de coopération que mettaient en avant les pionniers de la pensée socialiste.

La dimension internationale de l'action et de la lutte n'échappe pas par exemple aux socialistes comtois (Fourrier, Considérant, Proudhon) pourtant attachés si fortement à la petite cellule de base, « la monade démocratique ». A partir de cette cellule appelée phalanstère ou commune, ils imaginent un monde international reconstruit sur le mode confédéral ou fédéral. En 1842, Victor Considérant (1808-1893) s'efforce de définir une politique européenne réaliste, il prône un rapprochement avec l'Allemagne du *Zollverein* pour construire une Europe des peuples qui laisserait aux deux extrémités, hors de son projet démocratique, l'Angleterre capitaliste et la Russie tsariste autocratique.

De façon plus précise, l'aspiration à l'unité ouvrière se concrétise de manière tâtonnante dans une série d'associations internationalistes qui se constituent après 1840 en un foisonnement d'initiatives. C'est en février 1840 à Londres qu'est créée la première organisation démocratique ouvrière internationale par des Allemands avec des exilés français. A Londres encore, en 1844, des Allemands, des Polonais, des Français, des chartistes anglais fondent en octobre les *Democratic Friends of all Nations*. En février 1846, Marx et Engels créent à Bruxelles le Comité de correspondance communiste. Dans une lettre à Proudhon, Marx explique ses intentions : « Mettre les socialistes allemands en rapport avec les socialistes français, de tenir les étrangers au courant des mouvements socialistes [...] d'informer les Allemands en Allemagne des progrès du socialisme en France et en Angleterre [...] C'est là un pas que le mouvement social aura fait dans son expression littéraire afin de se débarrasser des limites de la nationalité. » (5 mai 1846). En juin 1847, La ligue des communistes adopte le slogan : « Prolétaires de tous les pays unissez-vous ! » Ainsi, le fameux Manifeste de Marx et de Engels, puis la constitution à Londres de la première internationale sous le nom d'Association internationale des travailleurs (A.I.T.), le 28 septembre 1864, ont été préparés par tout un courant formé.

Au départ, l'A.I.T. renfermait les différents courants revendiquant l'internationalisme : syndicalistes, chartistes, proudhoniens, anarchistes, communistes... L'organisation a cherché à réunir toutes les tendances. Mais son développement se heurte très vite au fait national. Les partis ouvriers nationaux avec leurs spécificités idéologiques s'organisent et se développent progressivement : en France (proudhoniens), Espagne (anarchistes), Allemagne (sociaux-démocrates), Angleterre (réformistes).... Autant de forces centrifuges. L'Internationale est reconstituée en juillet 1889 au Congrès de Paris, mais cette IIe internationale reste divisée, dominée d'ailleurs par le puissant parti social-démocrate allemand ; elle dispose de peu de moyens, ne représente pas véritablement une force, mais elle entretient un mythe, elle est un idéal à atteindre. Charles Andler, en 1911, suite à un voyage en Allemagne, lucidement, met en garde les socialistes français sur l'état d'esprit, les aspirations de leurs frères germaniques : « Tous ceux qui, séjournant en Allemagne à l'automne 1911, à l'époque de la négociation marocaine, ont pu interroger des ouvriers ou des intellectuels socialistes et lire les journaux du socialisme allemand, ont constaté un singulier désarroi. Ils ont dû être frappés de la rareté des manifestations pour la paix et des sympathies multiples que des socialistes affichaient pour le coup d'Agadir. Nous saurons désormais qu'il y a un socialisme prêt à voter ces crédits, résolu à ne plus harceler la diplomatie allemande et disposé à souligner sa solidarité avec la dynastie... » (cité par Hélène Barbey-Say).

Le nationalisme fait donc des ravages à l'intérieur du mouvement socialiste, tant l'environnement créé par les grands courants nationalistes a été prégnant. L'Internationale ne pourra pas empêcher la guerre, en dépit des efforts de Jaurès. Les partis socialistes allemands et français voteront les crédits militaires.

En Italie, à la veille de la Première Guerre mondiale, à la faveur de la guerre de Libye se dessine un « socialisme national » : le syndicalisme révolutionnaire de tendance sorélienne devient un nationalisme de gauche, il approuve l'impérialisme de la nation prolétaire. En 1915, des socialistes basculent dans le courant favorable à l'entrée en guerre de l'Italie, le courant interventionniste. Benito Mussolini, qui s'était fait une réputation d'intransigeance socialiste, à la tête du courant révolutionnaire dans le parti socialiste, directeur de *l'Avanti* depuis 1912, passe dans le camp interventionniste. Ce qui lui vaudra d'être exclu du parti.

En France, la CGT avait développé dans *La Bataille syndicale* une virulente littérature pacifique et antimilitariste ; la SFIO avait dès 1907 proposé à Stuttgart à l'Internationale socialiste « la grève générale et l'insurrection » pour empêcher la guerre. Or, l'une et l'autre finiront, on le sait, par se rallier à l'union sacrée au lendemain de l'assassinat de Jaurès, sur le thème : défendre la démocratie républicaine face à l'agression perpétrée par le régime absolutiste de Guillaume II. L'attachement à l'Etat-nation a brisé le rêve internationaliste et la Défense nationale a primé.

La pensée socialiste avait négligé dans ses analyses théoriques le phénomène nouveau et puissant du nationalisme, ou en tout cas en avait été fort embarrassée. Balançant entre deux considérations : le nationalisme comme outil entre les mains des forces sociales conservatrices, le mouvement nationaliste comme force explosive de libération à laquelle il faut reconnaître l'autodétermination. Marx lui-même n'avait proposé aucune clarification conceptuelle de la nation, pas plus qu'une stratégie opératoire ; pour lui cette question était restée secondaire. Or les revendications nationales à l'intérieur même des partis sociaux-démocrates provoquaient des divisions. L'embarras était maximum dans le parti social-démocrate autrichien, qui vivait dans le cadre de la monarchie autrichienne multinationale. Dans ce parti, les ouvriers allemands majoritaires étaient appelés à côtoyer des ouvriers tchèques, slovènes, voire italiens : à travers cette question était posée celle de l'unité du parti. On développa d'abord l'idée du travailleur sans patrie. On refusa aux juifs l'autonomie culturelle, estimant qu'ils ne représentaient qu'une confession. Otto Bauer (1881-1938) chercha à approfondir le sujet dans *La question des nationalités et la social-démocratie* (1907). Il analyse la nation comme une communauté culturelle et intègre la lutte des nations dans une lutte contre l'uniformité imposée par les modes de production capitalistes, il en fait finalement un élément de la dynamique sociale.

En revanche, c'est bien comme force internationaliste, et donc comme poison « cosmopolite » mortel de la division de la nation, que tous les courants libéraux et nationaux ressentent, dénoncent les organisations socialistes et mènent le combat contre elles. Le nationalisme, qui nie l'existence de la lutte des classes, ou qui plus exactement transfère cette lutte sur le plan des nations et des races, est une tentative de réponse aux progrès du mouvement socialiste et ouvrier dans les différents pays européens. En tout cas, en 1914, le nationalisme de masse contient victorieusement le socialisme de masse.

Le nationalisme

Nous ne présenterons pas ici les doctrines nationalistes, on les trouvera exposées dans les différents chapitres de ce livre. Qu'il nous suffise ici de rappeler deux faits :

1 – Le nationalisme d'après 1870, celui « du nationalisme des nationalistes » (Girardet), qui constitue les idéologies des nouvelles droites dans les grands pays européens, n'est plus celui d'avant 1848. En effet, il n'est plus un instrument d'émancipation à l'égard de la société d'Ancien Régime comme au moment du Printemps des Peuples, il est devenu un instrument d'intégration et de mobilisation des populations à une politique impérialiste.

2 – Ce nouveau nationalisme ne s'est pas bâti exclusivement sur « l'irrédentisme », autrement dit la question des minorités nationales, mais il s'est nourri des bouleversements sociaux et économiques que produisait le déracinement des populations. Il a prospéré également sur le fond de la crise intellectuelle et morale qui traverse la fin du siècle, dont il est en quelque sorte à la fois le produit et le miroir.

Les hauts lieux culturels du prestige national

Dans la deuxième moitié du siècle, les lieux culturels ouverts au public se multiplient, signe d'une plus grande socialisation. La culture de l'élite est mise à la portée d'un plus grand nombre. Ces lieux, souvent aux allures monumentales, centres de pèlerinages culturels, sont fréquentés sinon par le grand public, du moins par un public élargi. Partout, les architectes sont à l'œuvre, bouleversant par leurs constructions les espaces urbains, utilisant les nouveaux matériaux que sont le fer et le béton. Ils édifient des musées, des bibliothèques, des théâtres et opéras, véritables temples du savoir et de la culture, des gares qui abritent les allers et venues de foules en mouvement qui peuvent acheter dans les kiosques des livres et des journaux, des hôtels de ville, des palais et des parlements pour les assemblées élues (par exemple le Parlement de Londres en 1840 de style gothique avec ses onze tours, le Reichstag à Berlin avec des murailles baroques et quatre tours d'angle, à Vienne le Parlement inspiré du Parthénon et le Neues Rathaus néogothique...), mais aussi des grands magasins, des banques et des bourses, symboles d'un capitalisme triomphant...

Un des grands chantiers urbains de l'Europe est la *Ringstrasse* à Vienne, ceinture de constructions dressées à l'emplacement des fossés et des anciennes murailles jetées bas en 1857, véritable musée des formes architecturales. Otto Wagner (1841-1918), formé à l'académisme, sera ici le pionnier d'une architecture nouvelle. Mais à côté de Vienne, il serait possible de citer un grand nombre de chantiers urbains, à commencer par Budapest pour rester à l'intérieur de la double monarchie austro-hongroise, qui passe de 200 000 habitants vers 1850 à plus de 900 000 en 1913 ; ici comme ailleurs, le monumentalisme triomphe. Budapest peut s'enorgueillir d'avoir le plus grand Parlement du monde en 1902, « éclectique mélange de styles médiéval magyar, français de la Renaissance, néogothique de Westminster, avec un plan horizontal néo-baroque et quantité de polychromes à l'intérieur » (Lukacs).

Ces chantiers urbains qui surgissent, l'édification de ces hauts lieux culturels ne sont pas dépourvus d'arrière-pensées de prestige dans la tête des dirigeants. Les Etats et les régimes y trouvent matière à leur propre glorification.

Musées

Le XIXe siècle, a-t-on dit, est l'âge d'or des musées. Deux exemples donnent la mesure du phénomène : en Grande-Bretagne en 1850 existaient 59 musées, en 1914 ils sont 295 ; en France, en 1800, on en dénombre une vingtaine, en 1900, 600. Mais le mouvement est général. Certes, il y a musée et musée : musées nationaux des grandes capitales logés dans des ensembles architecturaux monumentaux au style composite ; musées locaux et provinciaux moins riches et aussi moins fréquentés. Naturellement, cet engouement a ses raisons : il bénéficie de l'idée nouvelle de protection et de conservation des monuments (Guizot crée par exemple en 1830 la charge d'Inspecteur des monuments historiques), mais aussi de la volonté de vulgarisation et d'éducation, préoccupation constante de ce siècle. Les arrière-pensées ne sont pas toujours absentes. En France, les musées ont été un instrument politique : les œuvres d'art sont attribuées aux municipalités républicaines et pas aux municipalités cléricales.

Le musée est surtout une mise en scène où s'expose en spectacle, au grand jour, l'identité nationale (ou le cas échéant régionale). Ce n'est pas un hasard si toutes les grandes capitales veulent posséder le plus beau et le plus riche. A Londres, s'ouvre le Bristish Museum en 1847, mais dès 1838 la National Gallery de style corinthien est achevée, le Victoria Museum de style roman et Renaissance est construit de 1891 à 1909. A Berlin la Prusse possédait le Vieux Musée (1823-1828) et le Nouveau Musée (1843-1855). Le projet du Vieux Musée a été préparé depuis 1816, au lendemain de la guerre de Libération, pour y loger le retour des œuvres enlevées par Napoléon : cette création a donc à l'origine une affirmation nationale particulièrement forte. Par la suite, il accueille des collections princières, affirmant ainsi l'unité culturelle germanique. Mais le Reich unifié se devait pour des raisons de prestige de construire des musées à la dimension de la réussite germanique. Guillaume Ier fit construire la Galerie Nationale de Berlin à la manière d'un temple corinthien (1876), Guillaume II, le Musée Kaiser Frédéric (1897-1903) de style baroque. Les Etats allemands de leur côté avaient voulu avoir chacun dans leur capitale leur propre musée (Dresde, Munich, Darmstadt...). A Vienne, on érigea le Musée d'histoire de l'art et le Musée d'histoire naturelle entre 1872 et 1881. En Russie, à Saint-Pétersbourg, les collections de la dynastie étaient présentées au musée de l'Ermitage composé de quatre palais construits de 1754 à 1850 par Catherine II et Nicolas Ier, bâtiments enfermés eux-mêmes dans l'enceinte du palais impérial. A Paris, la création du Louvre remontait au temps de la Révolution (1793), mais la capitale possédait bien d'autres musées : l'Hôtel de Cluny acquis par l'Etat en 1843, le Trocadero, musée de la statuaire, construit pour l'exposition de 1878 ; le palais du Luxembourg où en 1818 fut créée une galerie royale destinée aux artistes vivants.

Dans *L'Assommoir* (1877), Zola décrit la visite du Louvre effectuée par une noce ouvrière venue se distraire dans les salles, les réactions naïves d'un public populaire qui entre pour la première fois dans un musée. Mais les artistes et les écrivains, public cultivé, ont laissé de nombreux témoignages de leurs visites. Si Eugène Fromentin écrit que « le musée de Bruxelles a toujours mieux valu que sa renommée », Théophile Gautier lors d'un voyage en Espagne en 1840 apprécie, lui, le musée de Madrid.

Bibliothèques

Les grandes bibliothèques publiques sont édifiées parallèlement aux musées. Leur mise en place est favorisée soit par les Etats soit par les initiatives privées. Le Royaume-Uni avait une vieille tradition de bibliothèques associatives, de plus la loi de 1850 autorisa les villes de plus de 10 000 habitants à établir un impôt d'un demi penny par livre sterling pour ouvrir des bibliothèques municipales avec entrées gratuites ; en 1886, on dénombre 125 bibliothèques municipales, en 1908, 584. Dans le monde germanique, le morcellement politique explique leur origine princière (ou universitaire). En France, depuis 1803, les bibliothèques ont été laissées par l'Etat à la gestion municipale. Le fer, matériau architectural nouveau, a été utilisé pour la salle de la Bibliothèque nationale (1854), de même que dans la bibliothèque Sainte-Geneviève (1850). A côté des grandes bibliothèques chargées de conserver la production éditoriale (Bibliothèque nationale en France) et des bibliothèques savantes, partout se diversifie un réseau de plus en plus serré de bibliothèques publiques et populaires.

Théâtres et opéras

Les arts du spectacle eurent également leurs temples. Le théâtre est le grand divertissement de l'élite comme des classes populaires. Ce n'est pas un hasard si les pouvoirs exercent à l'égard de cette activité une censure vigilante. Ne pas oublier que la révolution belge en 1830 est née d'une représentation au théâtre de la Monnaie à Bruxelles. Dans la deuxième moitié du XIXe siècle, l'opéra suscite passion et engouement. En France, Charles Garnier (1825-1898) commence en 1861 la construction de l'Opéra de Paris qu'il n'achève qu'en 1875 avec un luxe voyant, une débauche de marbres, de bronzes et de sculptures dorées. Il fut inauguré dans la nuit du 5 au 6 janvier 1875. L'Opéra avec son grand foyer, son escalier grandiose, ses promenoirs, rivalise avec les demeures princières. Cet éclat est une revanche sur l'Allemagne victorieuse de

1870, car ni Munich, ni Berlin n'ont rien d'aussi fastueux. L'inauguration, c'est en somme Sedan vengé.

A Vienne, l'opéra fut érigé entre 1861 et 1869 par des architectes viennois, le projet de Charles Garnier ayant été écarté. Il s'insère dans l'ensemble monumental, immense chantier, de la Ringstrasse, son style est d'inspiration Renaissance. Mais le grand temple de l'opéra a été construit à Bayreuth de 1872 à 1876. Le contexte profondément germanique des célébrations annuelles qui s'y déroulaient n'empêchait pas la présence d'un public européen. Thomas Mann qualifia avec ironie Bayreuth de « Lourdes musical ».

Richard Wagner (1813-1883) et la *Gesamtskunstwerk*

Ecrivain, compositeur, chef d'orchestre, Wagner est une personnalité d'une robuste vitalité et doté d'une grande puissance créatrice, avide de luxe et de gloire. Si Goethe résume l'humanisme classique du XVIIIe siècle, Wagner résume le romantisme et le nationalisme du siècle suivant.

Wagner donna à l'opéra une dimension d'apothéose. Son ambition a été de créer une œuvre d'art complète (*Gesamtskunstwerk*) intégrant toutes les formes artistiques : musique, poésie, chant, danse, architecture, peinture et théâtre, en une fusion harmonieuse. L'opéra ne doit plus être un divertissement superficiel, tout au contraire sa mission est d'offrir le déroulement d'une action sacrée où l'âme d'un peuple peut communier. Wagner cherche à retrouver la profondeur mystique du drame grec.

Il exalte le passé germanique, et par son germanisme il prolonge le romantisme nationaliste. Son œuvre a un retentissement profond sur le peuple allemand, il popularise les mythes germano-scandinaves (la *Tétralogie*), les légendes médiévales (*Lohengrin, Tannhäuser*) et la figure de Siegfried. Avec lui, surtout après 1870, l'art passe au service de l'impérialisme allemand et entre dans le champ de la politique. Il avait d'ailleurs écrit en 1867 *Deutsche Kunst und Deutsche Politik*, liant les deux domaines. Il donne une image de la puissance allemande dans son pays et aux yeux du monde. Il affirme que la race aryenne est la plus pure parmi les races indo-européennes et devient ainsi le héraut du pangermanisme.

Expositions universelles

Après 1850, les expositions deviennent la grande affaire des Etats. Affaire de prestige national, ce qui explique en ces occasions la construction de bâtiments audacieux, tels le Crystal Palace à Londres et la Tour Eiffel à Paris. Il s'agit de présenter les produits industriels, les produits artistiques en un immense spectacle étalé sous les yeux de grandes foules nationales et étrangères. Ces expositions sont à la fois un hymne au progrès humain en général annonçant un âge nouveau, magique et heureux grâce à la science et à la technique, et en même temps une vitrine destinée à l'amour-propre national. Glorification à usage interne et externe.

L'Angleterre donne le signal en 1851 avec une exposition groupant 27 000 exposants, dominée par le Crystal Palace dressé selon les plans de Joseph Paxton (1801-

1865), œuvre qui fit l'admiration des visiteurs, véritable « cathédrale laïque de verre et d'acier ». Le contexte politique dans lequel ces expositions sont organisées ne doit pas être négligé. Par exemple, celle de 1855 en France est une date importante dans l'histoire du Second Empire. Celui-ci cherche alors à faire oublier l'autoritarisme, qui a mis fin aux rêves républicains, la guerre de Crimée et à affirmer la solidité définitive du nouveau régime. L'exposition est une nécessité politique intérieure et elle permet d'affirmer avec éclat à l'Europe entière que la France entend jouer les premiers rôles. S'étendant sur 12 hectares, elle réunit à côté des productions industrielles 700 peintres français, 150 anglais, 115 belges, 75 prussiens, 35 espagnols, 16 portugais... En 1878, l'exposition doit marquer le redressement de la France après la défaite de 1870 ; avec celle de 1889, il s'agit pour les républicains au pouvoir de célébrer dignement le centenaire de la Révolution. La haute silhouette de la Tour Eiffel qui la domine entre désormais dans le paysage parisien ; celle de 1900, au cours de laquelle sont vendues 48 millions d'entrées est le symbole de la Belle Epoque. En attendant les expositions coloniales, qui seront une autre façon de célébrer la grandeur nationale (l'exposition coloniale de Marseille de 1906 est l'une des premières). A Vienne, après la défaite de Sadowa de 1866, on a fait de gros efforts pour préparer en 1873 une gigantesque exposition universelle, qui devait effacer cette humiliation.

Les expositions universelles témoignent de la montée du sentiment national ou plutôt de son utilisation par les gouvernants à des fins politiques, mais en même temps de l'internationalisation de la vie industrielle et économique.

Art officiel et avant-garde

Du milieu du siècle à la Première Guerre mondiale, « les cultures officielles de l'Europe furent traversées par des mouvements modernistes contestataires touchant les arts » (Arno Mayer). La révolution culturelle qui traverse le siècle, incarnée par des mouvements d'avant-garde fort nombreux et successifs, venait blesser de plein fouet les styles et l'esthétique traditionnels, la modernité choquait les goûts anciens de l'élite européenne, que ce soit les noblesses terriennes ou de fonction ou encore la haute et moyenne bourgeoisie. Les unes et les autres s'effarouchaient vite devant la hardiesse scandaleuse des tentatives des créateurs de l'avant-garde.

Dans la peinture, ceux-ci font des expériences multiples : les uns privilégient la couleur, les autres refusent de donner un contenu figuratif et s'intéressent surtout à l'émotion que doit produire l'œuvre (l'expressionnisme par exemple), d'autres encore procèdent à la déconstruction de l'objet pour effectuer ensuite un réassemblage (cubisme). Paul Cézanne (1839-1906), dont les toiles furent refusées par le jury du Salon de 1860 à 1880, apparaît un peu comme le père de toutes les voies qui seront empruntées après lui. Il est à la fois l'héritier du romantisme, du réalisme, de l'impressionnisme, mais en même temps il a inventé des formes de représentations inconnues, analysant l'objet, le détruisant pour le reconstruire autrement, il annonce ainsi le cubisme ; par l'usage des couleurs et des à-plats il annonce le fauvisme et l'expressionnisme.

Dans les immenses chantiers ouverts au cœur d'un monde urbain en pleine rénovation, les architectes n'ont pas inventé un nouveau style. Ils puisent dans le riche trésor des styles accumulés au cours des siècles de production artistique. Ils ont le choix entre un néo-héllénisme, un néo-gothique, une Renaissance à l'italienne ou à la française, ou encore un néo-baroque. Selon les tempéraments nationaux, l'Angleterre est plutôt gothique au cours du règne de Victoria, l'Allemagne de Guillaume II quant à elle est plutôt sensible au goût antiquisant. Pareillement, il existe une peinture officielle, qui perpétue le style des maîtres anciens : peinture religieuse, sujets mythologiques, scènes officielles et portraits à la gloire des élites... Cependant on assiste à un recul de la peinture d'histoire, de la peinture sacrée dans une société qui se laïcise.

La résistance aux nouveautés trouve de nombreux points d'appui : académies qui fixent le goût, enseignements donnés dans les écoles des Beaux-Arts, politiques des musées, jurys des Salons, commandes de l'Etat ou des villes... Autant d'autorités qui pèsent de manière multiforme sur la production pour faire triompher l'art officiel. Les avant-gardes obtiennent difficilement des commandes pour leurs œuvres. Dans la France républicaine, le sous-secrétaire d'Etat Dujardin-Beaumetz a de 1905 à 1912 fait triompher son goût très classique en dépit d'un Paris haut-lieu de l'avant-garde de la peinture. En Allemagne, Guillaume II se mêle d'établir une tutelle sur la vie culturelle, surveille les honneurs distribués aux artistes. Le Kaiser, en 1901, lors de l'inauguration de la *Siegesallée* (Allée de la victoire), 32 statues de marbre blanc des anciens monarques Hohenzollern, prononce un véritable manifeste culturel, félicitant les artistes qui se sont inspirés de l'art antique, condamnant en revanche « les tendances modernes », et affirmant qu'il convient de représenter la beauté et que les artistes qui représentent la misère commettent « un péché contre l'Allemagne ». Ainsi, à l'échelle de l'Europe s'exerçait une immense censure politique et morale sur la production artistique.

L'Art nouveau

A la fin du siècle, un phénomène artistique de caractère international tente une rénovation et une adaptation de la production artistique aux conditions nouvelles. Les préoccupations de ce mouvement sont à la fois d'ordre esthétique et social : il cherche à allier le beau et l'utile, à transformer le paysage urbain, les demeures et les objets domestiques. Il a été la première tentative « pour concilier les aspirations esthétiques du passé avec les phénomènes nouveaux de l'ère des techniques » (K.-J. Sembach).

Le mouvement part d'Angleterre. William Morris (1834-1896) lui donne sa véritable impulsion. Romantique tardif, nourri de culture médiévale, il a des sympathies socialistes, est préoccupé par le rôle social de l'art. Il fonde en 1861 *Arts and Crafts Movement*. Cet homme curieux, architecte d'abord, décorateur ensuite, devient un véritable chef d'entreprise. A son atelier, il adjoint un magasin de meubles et d'objets décoratifs. Cherchant à renouveler les formes du cadre de la vie quotidienne, il puise, pour ses tapisseries, ses meubles, ses vases, dans les motifs floraux et met à la mode les formes végétales et naturelles. Il produit des objets nouveaux en série, mais s'efforçant de concilier à la fois la fonction pratique et la forme. A ses yeux, l'art ne doit pas être réservé à une élite, il a une signification sociale, William Morris refuse donc l'art pour l'art. Il a exercé une grande influence sur les arts appliqués. L'art nouveau est devenu surtout un art décoratif soucieux de produire des objets domestiques usuels comme en témoigne l'école de Nancy avec Gallé et les frères Daum.

Ce mouvement gagne toute l'Europe vers 1890. Sous des appellations différentes : *Jugendstil* en Allemagne, *Modern style*, style Nouille en France, *Sezession* à Vienne, *Stile nuovo* en Italie, *Modernismo* en Espagne... A Paris, s'illustrent Mucha et Hector Guimard (1867-1942) avec les entrées du métropolitain « libellules déployant leurs ailes » qui surprennent ; en Espagne Antonio Gaudi (1852-1926), en Autriche Gustav Klimt (1862-1918) l'un des fondateurs de l'Atelier Viennois (*Wiener Werksstätte*), peintre décorateur de la Ringstrasse, en Belgique Henry Van de Velde (1863-1957), qui écrit dans *L'Avenir social*, revue du Parti socialiste belge..., tous insufflent avec militantisme l'esprit de l'art nouveau dans les arts décoratifs. Antonio Gaudi architecte, sculpteur, décorateur catalan, qui participe à Barcelone à une renaissance catalane, sait tirer un parti décoratif d'un élément fonctionnel banal, par exemple, dans la *Casa Milà* (1905-1910), il transforme les extrémités des cheminées en casques de chevaliers médiévaux, il habille le froid béton de mosaïques colorées. Dans la chapelle Güell, à Barcelone, la colonne devient un arbre qui étend ses branches. Mystique et chrétien, il nourrissait par ailleurs une passion gothique. L'art nouveau se diversifie en courant fonctionnaliste et en courant ornementaliste.

La place et le rôle de l'artiste ont changé

Comme les savants jusque vers 1900, les artistes pensaient participer à la création d'un monde meilleur. Ils accordaient depuis le romantisme une grande place à leur rôle social, l'artiste marchait en avant, guidait le peuple ou plus modestement travaillait à l'avènement d'un monde meilleur. Les tenants de l'Art nouveau liaient également l'art, le social et la politique. Par la suite, les obstacles rencontrés par la modernité des groupes d'avant-garde les enferment dans un subjectivisme outrancier qui les éloigne de tout engagement social et politique. La volonté de lier la modernité artistique et la modernité sociale et politique que l'on retrouve au cœur du courant de l'Art nouveau est rompu après 1900. Le travail de l'artiste rencontre également des conditions nouvelles : les arts sont de plus en plus dépendants de la critique exprimée dans des articles, opuscules, brochures, livres et en même temps un marché de l'art s'est constitué, dans lequel l'argent tient une place grandissante.

La peur des foules, le mépris de la culture de masse qui se développent dans les villes expliquent également la réaction qui pousse des créateurs dans les cadres étroits et égoïstes de l'élitisme de l'art pour l'art, et pour certains dans les déviations antidémocratiques (le futurisme italien). L'isolement de l'artiste et son angoisse sont poussés au plus haut point dans la Vienne de 1900, haut-lieu de la modernité européenne. L'échec de l'empire habsbourgeois dans sa poursuite d'une unité harmonieuse, rêve qui apparaît à terme condamné, crée un climat d'insécurité, de nostalgie d'un ordre destiné à s'écrouler. Le déclin de l'Empire est synonyme de décadence de la civilisation occidentale. Les artistes expriment à leur manière cette angoisse, tels Oskar Kokoschka (1886-1980) et Egon Schiele (1890-1918), jeunes peintres qui commencent alors leur carrière et qui ont contribué à la naissance de l'expressionnisme. Les thèmes de réflexion de l'artiste sont tournés vers un subjectivisme exclusif.

Désormais, la modernité, pour les artistes comme pour les écrivains, passe par le repli sur de petits groupes éclatés mais soudés par un projet esthétique commun, souvent autour d'une revue au tirage plus ou moins confidentiel. Ces petites communautés se forment souvent à partir de sécessions de groupes antérieurs, tels *die Brücke* (1905-1913), *Blaue Reiter* (1911), qui, dans une Allemagne passéiste et conservatrice, s'efforcent de créer une contre-culture violente et désespérée, laquelle donne naissance à l'expressionnisme.

Si les cultures nationales rivalisaient d'émulation, force est de constater que la culture de l'élite s'internationalisait en raison d'une mobilité plus grande, à la différence de la culture populaire qui restait enracinée au terroir qui lui avait donné naissance. Au niveau de la production artistique, on retrouve le même phénomène. Les arts de l'Occident, à la recherche de formes nouvelles, allaient puiser leur inspiration en Orient (vers 1830), au Japon (vers 1860), en Afrique (après 1900). Les échanges se multipliaient à travers le continent européen lui-même. Tour à tour dominaient les influences russes (ballets et littérature à travers des traductions) et espagnoles. Les intellectuels et artistes se déplaçaient. Paris était un lieu « cosmopolite », on y rencontrait la présence d'Espagnols (Picasso), de Hongrois (Mihaly Munkasy, installé à Paris en 1872 ; à sa mort en 1900, la Hongrie lui fit des funérailles grandioses), d'Italiens (Modigliani), de Russes (Chagall, Soutine), de Néerlandais (Van Gogh, Van Dongen). Autre exemple, à l'autre extrémité de l'Europe : Budapest, la plus jeune des grandes métropoles européennes. A partir de 1900, les expositions d'art y sont multipliées, révélant l'intérêt croissant des Hongrois pour l'art de l'Europe occidentale. En 1907, furent exposées des toiles de Cézanne, de Gauguin. Ce foyer culturel hongrois a connu également sa phase Modern style, donnant l'exemple d'une ville ouverte à la modernité. De même, Bruxelles après 1870 sert de relais aux révolutions picturales parisiennes pour les peintres hollandais, qui trouvent ainsi la possibilité de sortir d'un certain provincialisme dans lequel les Pays-Bas étaient enfermés.

Dans la société européenne, à la veille de la Première Guerre mondiale il est possible de distinguer trois niveaux culturels, avec des nuances selon les pays :

1 – Les cultures traditionnelles surtout régionales, rurales et paysannes, qui ont tendance à s'affaiblir et qui sont progressivement menacées d'asphyxie. Elles restent vivantes dans les grandes masses paysannes mal alphabétisées de l'Europe méridionale et de l'Est. Dans les pays où l'évolution est plus avancée, cette condamnation à terme stimule la passion des recherches « folkloriques ».

2 – La culture « cultivée » des élites européennes, aristocratiques et bourgeoises. Les élites se sont élargies, il est vrai, mais elles restent très minoritaires. Leur culture est marquée par une dualité entre la culture officielle et la culture moderniste d'avant-garde, l'une et l'autre cependant sont transfrontalières.

3 – Enfin, dans les villes où s'entassent les grandes foules s'élabore une nouvelle culture destinée à se développer largement, la culture de masse. Celle-ci progresse grâce à la production d'objets culturels en séries à bas prix donc à grande diffusion : le livre populaire, les journaux à grands tirages en sont les modèles exemplaires ; grâce également à des pratiques nouvelles, l'apparition des grandes liturgies du sport (le Tour de France qui inaugure la Grande Boucle en 1903, le football en Angleterre, les matchs de boxe, l'Olympisme recréé...) ; grâce enfin à des spectacles nouveaux, le café-concert, et surtout le cinéma qui a trouvé d'abord sa place dans les baraques de foires (1895).

BIBLIOGRAPHIE

AIMONE (L.) OLMO (C.), *Les Expositions universelles 1851-1900*, Paris, Belin.

ANDERSON (Benedict), *L'Imaginaire social. Réflexions sur l'origine et l'essor du nationalisme*, La Découverte, 1996. Notamment le chapitre 9 intitulé : « Recensement, carte, musée ».

ASSELAIN (Jean-Charles) *et autres*, *Précis d'Histoire européenne XIXe-XXe siècles*, coll. U, Armand Colin, 1993, p. 73-105.

BARBIER (Frédéric), *L'Empire du livre*, Ed. du Cerf, 1995.

BARBIER (Frédéric) et BERTHO LAVENIR (Catherine), *Histoire des médias de Diderot à Internet*, Armand Colin, 1996.

CHARLE (Christophe), *Les Intellectuels en Europe au XIXe siècle. Essai et histoire comparée*, Le Seuil, 1996.

CRUBELLIER (M.), *Histoire culturelle de la France, XIXe-XXe siècles*, Armand Colin, 1978.

GENET-DELACROIX (Marie-Claude), *Art et État sous la IIIe République. Le système des Beaux-Arts, 1870-1940*, Publications de la Sorbonne, 1993.

GERBOD (Paul), *L'Europe culturelle et religieuse de 1815 à nos jours*, PUF, 1989.

HARRISSON, WHITE, *La Carrière des peintres au XIXe siècle, du système académique au marché des impressionnistes*, Flammarion, 1991.

JEANBLANC (Helga), *Des Allemands dans l'industrie et le commerce du livre à Paris (1811-1870)*, Paris, 1995.

JEANBLANC (Helga), *L'Apocalypse joyeuse, Vienne 1880-1938*, Centre Pompidou, 1986.

LUKACS (John), *Budapest 1900*, Paris, 1994.

MAYER (Arno), *La Persistance de l'Ancien Régime, l'Europe de 1848 à la Grande Guerre*, Flammarion, 1990.

MICHEL (Bernard), *Nations et nationalismes en Europe centrale*, Aubier, 1995.

ORY (Pascal), *Nouvelle histoire des idées politiques*, coll. Pluriel, Hachette, 1987.

ORY (Pascal), *Les Expositions universelles de Paris*, Ramsay, 1982.
POMMIER (Ed.), *Naissance des Musées de province*, *in* P. Nora, *Les Lieux de Mémoire*, t. 2 : *La nation*, Paris, Gallimard, 1987, p. 451 *et sq.*
POULOT (Dominique), « L'invention de la bonne volonté culturelle : l'image du musée au XIXe siècle », *Le Mouvement social*, n° 131, 1985.
PROCHASSON (Christophe), *Les Années électriques 1880-1910*, La Découverte, 1991.
RUSSEL (F.), *L'Architecture de l'Art nouveau*, Londres, Academy Edition, 1979.
SCHAER (Roland), *L'Invention des musées*, Gallimard, coll. Découvertes, 1993.
SCHORSKE (C.), *Vienne fin de siècle. Politique et culture*, Seuil, 1983.
SEMBACH (Klaus-Jürgen), *L'Art nouveau*, Cologne, 1993.294295
WITTMANN (Reinhard), *Geschichte des deutschen Buchhandels*, C.H. Beck, München, 1991.

CHAPITRE IX

LE TEMPS DES NATIONALISMES. L'ALLEMAGNE ET L'ITALIE DE 1871 À 1914

Au lendemain de 1871, avec la réalisation de l'unité, le mouvement national aussi bien en Allemagne qu'en l'Italie peut avoir l'impression d'avoir atteint ses objectifs. Cependant très vite pour certains, dans l'un et l'autre pays, l'unité réalisée apparaît comme les résultats d'un programme minimum. Dans leurs habits neufs d'Etats unifiés, les deux pays vivent une phase nouvelle de leur histoire. Si leurs destins présentent de fortes similitudes, notamment la montée d'un nationalisme qui engendrera dans l'un et l'autre pays une volonté expansionniste, les deux Etats sont loin de peser le même poids sur la scène européenne. L'Allemagne devient la grande puissance économique du continent européen, joue les premiers rôles dans la politique européenne ; de plus, la science et l'érudition allemandes alliées au prestige militaire attirent tous les regards. Il n'en va pas de même pour l'Italie, en raison de son déséquilibre régional, d'une industrialisation tardive (due partiellement au moins à la puissance financière allemande), de ses échecs coloniaux..., qui reste de ce fait un Etat de seconde zone. Si en Allemagne se fortifie un nationalisme agressif nourri par la fierté d'une grande réussite, en Italie en revanche le sentiment national, non moins agressif, prend ses racines dans de très profondes et douloureuses frustrations.

Le Reich : l'ère bismarckienne (1871-1890)

Les Allemands désignent la période qui suit la guerre franco-allemande du terme « d'ère des fondateurs » (*die Gründerjahre*). Le Reich connaît alors un essor remarquable ; néanmoins se pose en raison des diversités allemandes traditionnelles d'ordre politique, économique et religieux la question de la cohésion interne du nouvel Etat.

Une priorité, le renforcement de l'unité de l'Empire

Bismarck, créateur de l'Empire, maître d'œuvre de l'Allemagne nouvelle pendant les vingt années (1871-1890) durant lesquelles il reste au pouvoir, a une obsession : consolider son œuvre, dont rien ne doit remettre en cause la construction si péniblement acquise. Au cours de cette période, le chancelier de fer s'imposa comme l'arbitre de l'Europe. Dans l'élan du succès, il résista à ceux qui souhaitaient la construction d'un Etat unitaire centralisé, de même il chercha à rassurer les sentiments particularistes en réalisant l'unité par le haut et en préservant partiellement la souveraineté de chacun des Etats entrés dans la nouvelle fédération.

Pour renforcer l'unité et éviter les désaccords entre la Prusse (deux tiers de la population, soit 24,7 millions d'habitants) et les autres Etats de l'Empire (25 Etats en tout), Bismarck a dû organiser le gouvernement impérial. Lui-même était à la fois chancelier d'Empire et président du Conseil de Prusse. A l'origine, les ministres prussiens venaient présenter les projets de loi devant le *Reichstag* (397 élus pour trois ans d'abord, pour cinq ans ensuite). Pour éviter cette confusion, il a créé des ministres d'Empire (ministère de la Marine, des chemins de fer, des postes et Télégraphes, des Finances...). Il mit également sur pied des finances impériales. Le gouvernement fédéral pour faire face à ses dépenses disposait surtout du produit des douanes, ce qui poussa le chancelier à s'engager dans une politique douanière protectionniste.

Sur le plan intérieur, l'unité nationale dans le cadre de cet Etat fédéral a-t-elle été menacée par les particularismes régionaux ? Ceux-ci étaient inscrits dans la longue tradition du passé germanique, reconnus dans la constitution impériale fédérale, qui faisait progresser la centralisation mais sans uniformité. Les gouvernements des Etats conservaient des compétences (instruction, cultes ou travaux publics). Les dynastie locales subsistaient, mais elles étaient éclipsées par l'éclat et le prestige du souverain impérial. Lors du jubilé de Guillaume II, en juin 1913, les rois, les grands ducs, les princes et les comtes de la fédération formèrent au cours de la cérémonie un parterre soumis et prestigieux mettant en valeur la splendeur impériale. Certes les royaumes de Bavière (5 millions d'habitants), de Saxe (2,6 millions), du Würtemberg (1,8 million) sauvegardèrent leur propre armée ou leur service postal particulier, et conservèrent une vie locale très vivace. Certes les Etats étaient dotés de constitutions propres, ici démocratiques (Bade), là au contraire archaïques et absolutistes (Mecklembourg). Mais la vie désormais s'organisait progressivement dans le cadre impérial et les particularismes paraissaient dépassés. La réussite économique nationale, les conditions nouvelles de la vie politique détournaient les regards des populations de l'étroit cadre régional. Aussi, en dépit des craintes qu'il pouvait nourrir, les particularismes n'ont pas été un trop grand obstacle à l'action unitaire de Bismarck, n'ont pas bloqué la « machine » bismarckienne. L'Allemagne sous la poigne du chancelier s'homogénéisait en se « prussifiant ».

Plus encombrantes étaient les minorités qui vivaient à l'intérieur du Reich. Elles étaient au nombre de trois principales : les Danois du Slesvig, les Polonais, les Alsaciens et Lorrains. A leur égard, l'administration de Bismarck ne s'embarrassa pas de scrupules : elle tenta d'éliminer ces particularismes qui portaient atteinte à l'unité, par la force, si nécessaire. On utilisa la manière forte notamment à l'égard des Polonais qui subissaient des expulsions (30 000 en 1885), l'interdiction de l'enseignement de leur langue (1887) : seul le catéchisme resta enseigné en polonais, l'allemand étant la seule langue de l'administration ; les Polonais devaient faire face également à une colonisation allemande (1886) et à diverses tracasseries qui visaient à les obliger à déguerpir. De la même manière, les Danois du Slesvig du Nord refusaient de devenir Prussiens et s'efforçaient de résister à une pression constante faite d'expulsions, d'amendes, de poursuites en justice ; ils devaient également faire face à une colonisation allemande venue de l'intérieur. La germanisation s'accentuera d'ailleurs après Bismarck, notamment entre 1897-1901.

De même, l'Allemagne bismarckienne tenta d'étouffer le particularisme alsacien. L'Alsace dut subir une longue germanisation. Rappelons que l'annexion de l'Alsace avait été l'un des objectifs de guerre contre la France ; la question de l'appartenance de cette région à l'ensemble allemand avait été posée dès 1859 par le *Nationalverein*, et avec plus de force encore après 1866. En Allemagne, le mouvement d'opinion favorable à l'annexion en 1870 était très vif. Des historiens célèbres comme Théodore Mommsen (1817-1903), connu pour une grande *Histoire Romaine* qui commence à paraître en 1856, Heinrich von Treitschke (1834-1896), professeur à Berlin depuis 1874, député national-libéral, avaient pris publiquement position : l'annexion devait « effacer tout ce qui s'était passé depuis le XVIIe siècle ». En dépit des socialistes August Bebel et Wilhelm Liebknecht qui prêchèrent pour la paix contre la guerre et contre l'annexion des deux provinces.

L'annexion réalisée, quel était le statut à donner à cette terre ? Fallait-il confier ce nouveau territoire à l'un des Etats de l'Empire, à la Prusse par exemple ? Pour éviter de susciter des troubles au sein de l'unité fédérale, Bismarck choisit une autre solution. Il fit triompher l'idée que l'Alsace deviendrait terre d'Empire, autrement dit qu'elle n'appartiendrait à aucun Etat en particulier. Sur place, le chancelier dut compter avec une forte opposition protestataire. En juillet 1879, un semblant d'autonomie sera cependant accordé, parallèlement à la nomination d'un *Statthalter*, fonctionnaire nommé par l'empereur représentant direct de celui-ci.

L'Alsace sous l'annexion allemande (1871-1914)

Le traité de Francfort (10 mai 1871) a constitué une rupture, a troublé les individus et les familles. Sur 1 542 000 personnes, une petite minorité s'est ralliée avec empressement à l'Allemagne, en revanche environ 160 000 Alsaciens émigrèrent pour conserver la nationalité française.

La germanisation a pris des formes diverses. Il y eut une importante immigration allemande au point qu'en 1910 celle-ci formait un sixième de la population (40 % de la population strasbourgeoise), environ 400 000 immigrés. Les nouveaux arrivants étaient des fonctionnaires, des militaires (en raison de la situation stratégique), puis arrivèrent des industriels... Tous ont été de fervents agents de la germanisation, laquelle se manifestait surtout sous la forme linguistique. Les hauts fonctionnaires allemands ont adopté une attitude d'hostilité à la langue française. L'allemand devint la langue administrative (une exception de cinq années fut accordée pour quelques communes francophones), et fut imposé dans l'état civil (prénoms français refusés), dans la publicité et les enseignes, comme dans la toponymie... Dans cette perspective, l'enseignement fut naturellement un enjeu. Dès 1871, l'obligation scolaire était proclamée et la langue allemande devint la langue d'enseignement unique. Au niveau du secondaire, qui connut un essor remarquable, le *gymnasium* a fourni son modèle. Enfin, dès 1871, l'Université napoléonienne était dissoute et remplacée par une Université impériale. La nouvelle Université fut inaugurée avec faste le 1er mai 1872. De nouveaux locaux à l'architecture majestueuse furent construits. En septembre 1886, Guillaume Ier effectua une visite au nouveau Palais de l'Université. Dès lors, l'Université devenait le symbole de la germanisation de la vie intellectuelle en Alsace.

Chez les annexés, deux attitudes : les *protestataires* refusent le compromis avec l'Etat allemand, et tentent d'organiser une résistance, les *autonomistes*, dans le cadre du Reich, revendiquent la possibilité de gérer eux-mêmes les affaires du Reichsland. Selon les aléas de la conjoncture (politique allemande, attitude de l'opinion française, tension entre l'Allemagne et la France) l'un ou l'autre courant l'emporte. La dure politique de germanisation jusqu'en 1874 a pour conséquence l'envoi de 15 députés protestataires au Reichstag pour les quinze sièges réservés à l'Alsace-Lorraine. A partir de cette date, une relative libéralisation était introduite. En 1877, la Délégation d'Alsace-Lorraine, assemblée de notables, reçut le droit de voter des lois relatives à la province. A la fin du siècle, progressivement des éléments nouveaux intervenaient : le pays participait à l'essor économique que connaissait l'Empire, les industriels de la métallurgie comme du textile étaient satisfaits, les catholiques alsaciens étaient choqués de la politique anticléricale menée en France, autant de faits qui provoquèrent l'affaiblissement de la résistance. Suite au progrès d'un certain loyalisme, à partir de 1890, les autonomistes l'emportèrent, mais à la veille de la guerre la situation se tendit à nouveau et l'esprit de résistance réapparut. La Délégation a été remplacée par un Parlement avec deux chambres en 1911 ; en dépit de cette politique plus ouverte, la population ne manifesta aucune sympathie à l'égard de l'Allemagne, ce qui consacrait l'échec de la germanisation.

Par ailleurs, le sort des populations de langue allemande qui vivaient en dehors de l'Empire posait naturellement un grave problème au mouvement national. Ces groupes d'importance inégale, étaient plus ou moins étroitement mêlés à d'autres populations (dans les pays Baltes, en Hongrie, ou en Suisse). Mais c'est surtout la population allemande d'Autriche qui était l'objet de l'attention principale. Là, vivaient environ 7 millions d'Allemands laissés en dehors de l'Empire en raison de la forme « petite Allemagne » qu'avait prise la réalisation de l'unité. Or, l'attitude de Bismarck en ce qui concerne l'*Anschluss* a été claire, il ne souhaitait pas l'éclatement de l'Autriche-Hongrie, ce qui aurait été la conséquence immédiate d'une annexion de ces populations. Son objectif n'était donc pas de s'emparer des Allemands d'Autriche. Le chancelier adoptait d'une façon générale une attitude prudente ; à ses yeux, l'Empire allemand était achevé (« saturé »). Le Bismarck d'après 1870 n'était pas agressif : une seule peur chez lui, qu'un conflit vienne remettre en cause sa construction. Il défendait donc le *statu quo*, ne cédant pas aux voix qui s'élevaient pour réclamer ce rattachement.

Le suffrage universel habilement concédé par le chancelier aux nationaux-libéraux a été un facteur de désagrégation des particularismes en poussant à l'organisation de grands partis dépassant les frontières locales. Mais Bismarck en permanence eut beaucoup de mal à dégager au Reichstag une majorité nette, il devait sans cesse négocier avec les partis. Au point qu'il envisagea un temps de supprimer le suffrage universel. L'éventail politique comprenait les conservateurs recrutés dans la noblesse des grands propriétaires prussiens et luthériens, les nationaux-libéraux divisés en tendances diverses, formés d'industriels, de commerçants, de professeurs attachés au libre-échange, parti sur lequel Bismarck s'est appuyé jusqu'en 1878, le parti catholique (*Zentrum*), organisation originale dans une Allemagne à majorité protestante, enfin les sociaux-démocrates, qui ne disposaient en 1871 que de deux députés, mais qui ne cessèrent de progresser.

Ces deux derniers partis subirent les assauts du chancelier de fer, qui voyait en eux de dangereux ferments de division contre l'unité nationale. Le parti catholique était né en 1871 d'une grande crainte. En effet, pour les catholiques allemands, la fondation de l'Empire manière petite Allemagne avec l'expulsion de l'Autriche catholique signifiait l'hégémonie du protestantisme prussien, situation qu'ils redoutaient. En s'appuyant sur l'Eglise, ils se préparèrent ainsi à la résistance. Parti interclasses, puisqu'il s'adressait à tous les catholiques de toutes les couches de la société. Or, ce parti catholique, appelé « *guelfe* » par les bismarckiens, a dû faire face à une violente politique menée de façon offensive par Bismarck : le *Kulturkampf*. Ce « combat pour la civilisation », qui dura de 1871 à 1878, visait à limiter le pouvoir de l'Eglise et à une laïcisation de l'Etat : les jésuites furent expulsés, des règlements limitèrent le pouvoir des évêques... Face à la résistance des catholiques, Bismarck fut finalement contraint de faire marche arrière et d'aller au compromis, d'autant qu'il avait besoin de l'appui du centre dans sa lutte contre les sociaux-démocrates. Un concordat, plus tard, en 1887, a même été passé avec la papauté. S'il a été conduit à composer avec l'Eglise, le chancelier en revanche a mené une lutte permanente contre les « rouges » qui menaçaient à ses yeux non seulement l'ordre social, mais également l'unité nationale en tant que force internationaliste.

Jusqu'en 1875, le socialisme allemand a été divisé : il était représenté par l'Association générale des travailleurs allemands (*Allgemeiner Deutscher Arbeiterverein*) fondée par Lassalle et le Parti social-démocrate des travailleurs (*Sozialdemokratische Arbeitpartei*) créé en 1869 par Bebel et Liebknecht. Ces deux partis réussirent à s'entendre et à s'unifier au congrès de Gotha en 1875. L'unité permit la construction d'un parti dynamique et puissant. Bénéficiant de cette unification aux élections de 1877, les socialistes obtinrent un demi-million de voix. Ce résultat inquiéta Bismarck, qui prit prétexte d'un attentat contre l'empereur (11 mars 1878) pour faire voter le 2 juin 1878 une loi d'exception. Cette loi interdisait les associations, les réunions et les journaux socialistes. Bilan de la répression : 150 journaux et 1000 brochures saisis. Ces mesures n'empêchèrent pas l'essor du courant social-démocrate ; en effet, celui-ci obtint en février 1890 1 500 000 voix (soit 19,7 % des suffrages) ; à cette date en effet le parti avait été à nouveau autorisé et de ce fait, il avait pu sortir de la clandestinité et participer aux élections.

En 1878, Bismarck donna un coup de barre à droite en se détournant des nationaux-libéraux, dont il craignait les revendications en faveur d'un système parlementaire à l'anglaise ; il écartait ainsi définitivement les velléités libérales du régime.

Désormais, il s'appuya sur les Junkers, les hobereaux, les grands industriels, la cour, autant de forces conservatrices.

Politique extérieure : force et fragilité de la construction bismarckienne

En politique extérieure, le chancelier s'est également efforcé d'assurer la pérennité de son œuvre. Il a redouté en permanence une revanche de la France, la crise boulangiste (1886-1889) avait d'ailleurs ravivé ses craintes. Sa politique a donc visé constamment à isoler la France sur le plan diplomatique. Pour détourner cette dernière de la tentation d'une revanche, il a adopté une attitude conciliante à l'égard de Jules Ferry et de ses ambitions coloniales. Le calcul était le suivant : faire oublier aux Français la perte de l'Alsace et de la Lorraine grâce à l'aventure coloniale, dans laquelle lui-même refusa longtemps d'engager l'Empire. Pousser la France vers l'expansion coloniale présentait à ses yeux un autre avantage : les ambitions françaises pouvaient aboutir à une brouille avec l'Angleterre. On le vit ainsi appuyer Paris dans l'affaire tunisienne aux dépens de l'Italie. Une sorte de détente entre la France et l'Allemagne s'instaure de 1880 à 1885, elle prendra fin avec la chute de Ferry.

Pour assurer l'isolement de la France sur le plan diplomatique, le chancelier a été obligé de mettre sur pied des constructions de plus en plus difficiles et fragiles étant donné les intérêts antagonistes des grandes puissances, notamment des deux grands Empires : l'Autriche-Hongrie et la Russie. Il réalisa d'abord l'alliance des trois empereurs (Allemagne, Autriche-Hongrie, Russie) en 1872-1873, puis la Duplice, traité d'alliance défensive entre Berlin et Vienne en 1879, et obtint la signature de la Triplice (la Triple-Alliance) en mai 1882 (Allemagne, Autriche, Italie) ; l'alliance des trois empereurs fut renouvelée en 1884 pour trois ans en dépit de la vive rivalité dans les Balkans entre la Russie et l'Autriche-Hongrie ; Bismarck par crainte d'un rapprochement entre la Russie et la France chercha alors un accord secret avec la première, qui fut signé le 18 juin 1887. Ce traité de « contre-assurance » (*Rücksversicherungsvertrag*), lorsqu'il fut connu en dépit de son caractère secret inquiéta naturellement l'Autriche. Cette tentative de rapprochement avec l'empire Russe n'était pas du goût de Guillaume II, favorable à un rapprochement avec l'Autriche, aussi ce traité a-t-il contribué à la rupture entre le vieux chancelier et le jeune souverain.

A considérer les constructions diplomatiques bismarckiennes, on remarque une constante : l'Autriche-Hongrie y figure presque toujours, ce qui tend à prouver que Bismarck privilégiait l'alliance avec cet Empire, et qu'il ne souhaitait pas un éclatement de l'Empire danubien pour réaliser l'Anschluss. Cette vision fut léguée par le chancelier à ses successeurs et ce n'est pas un hasard si en 1914 l'Autriche-Hongrie s'est trouvée aux côtés du Reich.

Le nouveau cours (*Neue Kurs*) et la *Weltpolitik* (1890-1914)

Avec la démission de Bismarck le 20 mai 1890, acceptée par le nouvel empereur Guillaume II, s'ouvre une nouvelle phase dans l'histoire du Reich.

La revendication d'une « place au soleil »

Bismarck a dû démissionner la mort dans l'âme. En dépit de la fermeté du chancelier vieillissant, têtu et crispé sur ses positions, le contexte de la politique intérieure et extérieure du Reich avait progressivement changé.

Sa politique faisait de plus en plus l'objet de critiques. On lui savait gré d'avoir réalisé l'unité, mais son projet apparaissait trop étriqué et trop autolimité. On lui reprochait sa vision purement européenne, de ne pas suffisamment accompagner la puissance nouvelle de l'Allemagne au dehors, de croire que l'Empire pouvait se contenter d'une existence de rentier (*Rentnerdasein*)... La critique s'était faite plus vive après 1880, à un moment où la concurrence économique et coloniale entre les pays européens s'exaspérait. Le changement de tête au sommet de l'Etat accéléra le mouvement.

L'année 1888, pour l'Allemagne, est l'année des trois empereurs. Guillaume Ier meurt en mars 1888 ; lui succède son fils Frédéric III, malade, qui ne régne que 99 jours. Monte alors sur le trône Guillaume II, âgé seulement de 29 ans. Brillant, curieux et cultivé, instable et brouillon, prompt à la fanfaronnade, exalté, comédien, ayant reçu le don de la parole, le nouvel empereur est impatient d'exercer à plein ses pouvoirs, d'autant qu'il croit à sa mission et à celle de l'Allemagne. Ambitieux, il veut être son propre chancelier. La personnalité du nouvel empereur ajoutée à la réussite économique fait que la question nationale se trouve projetée soudainement sur le plan de la politique extérieure. Fini le temps du profil bas avec comme seule perspective la consolidation de l'unité intérieure. Dans ces conditions, l'entente avec Bismarck ne pouvait durer.

Désormais, l'Allemagne participe à la compétition coloniale, aspire à devenir une grande puissance maritime. Jusque-là puissance continentale et agrarienne, consciente de son récent dynamisme économique, elle ambitionne de sortir du seul horizon européen. A la politique diplomatique bismarckienne prudente succède donc une ambitieuse et revendicative politique mondiale (*Weltpolitik*).

Le discours prononcé le 6 décembre 1897 devant le Reichstag sous les bravos par Bernhard von Bülow (1849-1929), secrétaire d'Etat, marque un véritable tournant, une rupture avec la classique politique extérieure bismarckienne. A propos des intérêts du Reich en Chine, Bülow lance la célèbre formule : « l'Allemagne veut une place au soleil ». Il l'argumente en ces termes : « Nous devons exiger que le missionnaire allemand, et l'entrepreneur allemand, les marchandises allemandes, le drapeau allemand et les bateaux allemands en Chine soient considérés à l'égal de ceux des autres puissances [...] Nous ne voulons mettre personne à l'ombre, mais nous exigeons notre place au soleil... » Le Reich réclame sa juste place dans le monde des grandes puissances. L'Allemagne revendique une position mondiale (*Weltstellung*), entend faire valoir ses droits : le nouvel horizon est donc bien une politique mondiale (*Weltpolitik*). D'ailleurs, Guillaume II, le 18 janvier 1896, avait déjà saisi l'occasion de l'anniversaire de la fondation de l'Empire pour déclarer : « L'Empire allemand est devenu un empire mondial (*Weltreich*). Partout jusque dans les parties les plus reculées de la terre habitent des millions de nos compatriotes. Les richesses allemandes, le savoir allemand, l'industrie allemande traversent les océans... A vous, Messieurs, incombe le grave devoir de m'aider à relier très fortement ce grand empire allemand à notre patrie. » Ainsi, au niveau de l'Etat, au moins dans les discours, sont repris quelques-uns des thèmes développés par le pangermanisme ou que le pangermanisme avait repris à son compte dans une propagande agressive. L'Allemagne ne veut plus être à la remorque des autres nations, elle refuse d'être considérée comme un traînard (*Nachzügler*).

« Je mets l'accent principal, notait von Bülow toujours à la fin de l'année 1897, sur la politique étrangère », précisant que « seule une politique extérieure réussie peut aider à réconcilier, à apaiser, à rassembler, à unir ». Une politique réussie de prestige pouvait à ses yeux calmer les tensions sociales internes, la montée de la sociale-démocratie restant la grande préoccupation. Comme secrétaire d'Etat des Affaires étrangères (il sera également chancelier de 1900 à 1909), il souhaitait de bons rapports avec la Russie et l'absence de conflit avec la Grande-Bretagne, un programme qui en raison de la construction de la flotte de Tirpitz équivalait à une véritable quadrature du cercle.

La construction d'une flotte de guerre, instrument de la Weltpolitik

Dans un grand nombre d'écrits impérialistes, le programme de la *Weltpolitik* restait flou et donnait souvent lieu à des formulations vagues. L'amiral Alfred von Tirpitz (1849-1930) a donné un contenu programmatique à cette notion. Son ascension politique commence au moment où il est nommé comme expert en décembre 1895 pour une étude sur la construction d'une flotte de guerre. Au printemps 1897, il devient secrétaire d'Etat à la Marine. Sa conviction : la liberté pour une politique mondiale du Reich passe par la construction d'une puissante flotte. Elle lui donnera les mains libres. Sa stratégie est claire : gagner l'opinion nationale pour contraindre le Reichstag à lui accorder les moyens budgétaires de son vaste projet. La construction de cette flotte, grande tâche nationale, est l'idée qu'il entreprend de faire passer. A cet effet, il organise une campagne de grande envergure. Le ministère de la Marine est transformé en un foyer de propagande. Les officiers sont mobilisés au service de cette campagne, des savants également ; la *Ligue pangermaniste* offre son aide, de même la *Société coloniale* enfin est mise sur pied *l'Association pour la flotte allemande*, qui eut bientôt un million d'adhérents. L'industrie lourde naturellement applaudit, les chambres de commerce soutiennent également le plan de l'amiral.

Celui-ci en mars 1898 obtient satisfaction, puisque le Reichstag vote 400 millions de marks pour un projet de construction de 16 gros bateaux de guerre, des garde-côtes et plusieurs dizaines de croiseurs. Au cours du débat, le chancelier Hohenlohe affirme : « L'Empire allemand ne doit pas dépendre de la bonne volonté des autres nations. » La construction de la flotte est donc voulue et présentée comme l'instrument de la liberté d'action du Reich. Une seconde loi navale sera votée le 12 juin 1900. Les effectifs de la Flotte passent de 6 000 hommes en 1875 à 35 073 en 1903 et à près de 80 000 en 1914. A cette date, la flotte allemande est la deuxième du monde.

Ainsi, l'Allemagne se donnait « une cuirasse navale », qui inquiéta immédiatement l'Angleterre où se développa un vif sentiment anti-allemand. La presse allemande, il est vrai, ne se gênait pas pour présenter cette construction comme dirigée contre la Grande-Bretagne. En 1902 l'Anglais George Peel fait paraître *The Enemies of England*, où il nomme la Hollande, l'Espagne et la France comme les adversaires de la Grande-Bretagne dans le passé, mais il désigne l'Allemagne comme l'adversaire nouveau et présent.

La réussite économique

L'ambition d'une politique mondiale n'a été annoncée officiellement qu'en 1897, mais l'Allemagne à cette date avait déjà acquis un potentiel économique de très grande puissance. Elle connaissait d'ailleurs une rapide croissance démographique. La population était passée de 42 millions d'habitants en 1875 à près de 65 en 1914. L'émigration, grâce au développement économique, était stoppée après 1900, la main-d'œuvre d'origine rurale trouvant désormais des emplois sur place. Un formidable mouvement urbain prit son essor : Berlin passa de 419 000 habitants (1850) à près de 4 millions (1913) ; aux mêmes dates, Munich, de 110 000 à près de 600 000 ; Leipzig, de 63 000 à près de 600 000 ; Hambourg, de 132 000 à près d'un million...

L'unification avait donné un élan économique et une prospérité inégalés jusque-là, qui transformaient l'Allemagne au pas de course. Elle devenait la concurrente de l'Angleterre ; la croissance annuelle dans la chimie, dans la production de houille, dans le textile se révélait plus forte que celle de sa rivale dans la période 1880-1913. Dès 1886, l'Angleterre s'inquiéta de la pénétration des produits allemands sur son propre marché intérieur (instruments de musique, jouets, soieries, papier...), l'offensive commerciale des produits *made in Germany* se poursuivit à la fin du siècle, tant en ce qui concerne les biens de consommation, que les biens de production. La presse britannique dans la décennie 1890-1900 dénonçait le danger allemand. En 1897 la *Saturday Review* écrit : « *Germaniam esse delendam* » (L'Allemagne doit être détruite). Cette rivalité industrielle et commerciale était d'autant plus vive qu'elle s'inscrivait dans une rivalité plus large, coloniale et maritime. De façon méthodique, le commerce allemand chercha à développer ses marchés. Les commis-voyageurs allemands étaient redoutés. Le 11 septembre 1897 la *Saturday Review* note encore : « le commis voyageur allemand est en lutte avec le colporteur anglais » sur tous les points du globe.

Après 1880, l'Allemagne avait doublé la France dans les différentes productions industrielles. Elle passait au premier rang de l'exportation de machines, occupait les premiers rôles dans l'industrie textile et chimique. Cette croissance insérait de plus en plus l'Allemagne dans l'économie mondiale par le biais des exportations et des investissements à l'étranger. Etat agricole, le Reich se muait en une « colossale machine » industrielle prenant la tête du progrès technique, tout en évoluant à vive allure vers le capitalisme industriel et financier. En 1914, juste derrière la France, il est la troisième puissance financière du monde. Son activité industrielle est caractérisée par un degré élevé de concentration. Les cartels et les *Konzerne* se sont mis en place dans l'industrie textile, l'électricité, l'industrie chimique, l'industrie métallurgique. Le *Rheinisch-Westfällische Köhlensyndikat* par exemple contrôle la production charbonnière de la Rhur.

Cela toutefois reste à nuancer. Seulement 10 millions d'ouvriers sur une population active de 27 millions en 1914 étaient employés dans l'industrie et la manufacture, soit 30 %. C'est dire que les secteurs traditionnels de l'artisanat et de la petite et moyenne entreprise subsistaient (notamment dans les secteurs du textile, de l'habillement, du cuir). De même, le secteur agricole continuait à tenir une place importante dans l'économie du pays. La grande propriété permettait à l'élite agraire de peser non seulement dans l'économie, mais aussi dans les choix politiques (douaniers notamment). Existaient 23 566 domaines supérieurs à 100 hectares. L'Empereur lui-même était le plus grand propriétaire terrien avec plus de 100 000 hectares. La noblesse, de façon variable selon les régions dominait parmi les grands propriétaires. Dans l'Empire existait cependant une petite et moyenne propriété paysanne.

Par ailleurs, l'évolution n'a pas été continue, l'industrialisation allemande se développe selon des phases de rapide ou lente croissance. La fondation de l'Empire accélère un essor déjà perceptible avant 1870, la guerre arrêtant un instant le mouvement en avant, mais l'issue victorieuse donne une vigoureuse reprise marquée par une vague de créations d'entreprises (entre 1870-1873, 857 sociétés par actions voient le jour) ; les 5 milliards de francs du tribut payé par la France favorisent les investissements. Le cœur de ce développement est formé par l'industrie lourde et la construction liée à l'essor de l'urbanisation.

Dans les années qui suivent, cette expansion connaît un ralentissement qui dure jusque vers 1894-1895. Les signes les plus visibles de cette période de dépression, plus exactement de refroidissement sont : une baisse générale des prix (l'indice des prix de gros de 118 en 1873 passe à 79 en 1879), une baisse plus faible des prix agricoles, qui touche les grands propriétaires de l'est de l'Elbe, l'instauration d'une protection douanière, la formation de groupements de défense d'intérêts, comme par exemple la Fédération des agriculteurs (*Bund Landwirt*) ou encore les Ligues paysannes (*Bauervereine*)... Ainsi, l'Allemagne ressent le marasme de la « grande dépression » qui affecte l'économie européenne. Après 1895, jusqu'à la Première Guerre mondiale, l'économie allemande repart de l'avant, les industries lourde, chimique, électromécanique sont alors les activités les plus porteuses.

Un débat sur la politique douanière avait eu lieu, de grande signification pour les choix économiques nationaux. En 1879, Bismarck, en raison des besoins de sa politique fiscale et de la double pression de l'industrie lourde et des agrariens — on a pu parler symboliquement de l'alliance du seigle (*Roggen*) et de l'acier (*Eisen*) — avait mis en place une politique douanière protectionniste en tournant le dos aux nationaux-libéraux libre-échangistes. Après lui, son successeur Caprivi a essayé entre 1891 et 1894, par des traités de commerce avec la Russie, la Roumanie, de réduire les tarifs sur les produits agricoles, mais habilement il mit en œuvre des mesures non tarifaires (prescriptions sanitaires...). En 1902, ces traités furent d'ailleurs abolis, un système douanier renforcé fut mis en place. Les agrariens ont été les bénéficiaires de cette politique, le recul agricole a été freiné, mais l'industrie allemande à l'abri de la protection douanière a de son côté pu maintenir de hauts prix intérieurs. Ainsi, ces grands secteurs économiques ont-ils lourdement pesé sur la politique économique nationale et imposé leurs choix.

Les conséquences sociales et politiques de l'essor économique sont de grande portée. Au cours de la période, le salaire réel s'est accru. Le niveau de vie a augmenté pour la masse de la population. Celle-ci, entraînée et dominée par ses élites nobles et bourgeoises, est matériellement satisfaite, moralement fière de la réussite, aussi supporte-t-elle sans trop renâcler, en dépit de la revendication ouvrière, le déficit démocratique du pays.

Organisations et publications impérialistes

Les plaidoyers pour une grande politique allemande en Europe et pour une politique coloniale et maritime dans le monde se sont multipliés au tournant des deux siècles. Ces idées, un vocabulaire nouveau ont été diffusés par les organisations nationalistes. Celles-ci, ligues et associations, devinrent de véritables organisations de masse. La plus ancienne a été la Société coloniale (*Deutsche Kolonial Verein*) créée en 1882, qui aura, en 1914, 42 000 membres, suivie de la Ligue pangermaniste (*Allgemeine Deutsche Verband*) créée en 1891, puis de la Ligue navale (*Flottenverein*) en 1898, qui aura 1 300 000 adhérents en 1913. Il convient de citer également les associations d'anciens combattants et la Ligue militaire (*Wehrverein*), dont les effectifs s'élèveront à 1 500 000 membres. Il existait également le *Bund Jugendeutschland*, réunissant les associations d'étudiants et des mouvements de jeunesse. Au centre de cette constellation d'organisations de propagande se trouvait le noyau dur constitué par la Ligue pangermaniste, dont les dirigeants influençaient les autres organisations par leur présence. Toutes les ligues développèrent une active et puissante propagande impérialiste par l'intermédiaire de très nombreuses revues et journaux.

Leurs écrits avaient été précédés après 1871 par un certain nombre de publications qui déjà réclamaient une expansion et plus précisément une expansion coloniale : ainsi la brochure de Friederich Fabri en 1879, *L'Allemagne a-t-elle besoin de colonies ?* Friedrich Ratzel, le père de la géographie politique, écrivait en 1884, dans un ouvrage intitulé *Contre les discutailleurs du Reich* : « Les grandes puissances ont toujours été des puissances coloniales. En Bosnie comme aux Indes. Seules l'Allemagne et l'Italie échappent à cette règle parce que leur unité s'est opérée plus tardivement. » Cependant, jusqu'au début des années quatre-vingt, ces écrits avaient rencontré fort peu d'écho. Par la suite, surtout au tournant des deux siècles, les publications de brochures, d'études, d'opuscules de propagande, se multiplièrent. Cette abondante littérature célébrait la haute mission qui incombait au peuple allemand dans le monde.

Dans la littérature impérialiste qui se déployait au début du XXᵉ siècle et qui plaidait pour la plus Grande Allemagne, quelques auteurs sont à citer : Paul Rohrbach, par exemple, qui avait voyagé en Russie, en Perse, en Turquie entre 1897 et 1902 développa un impérialisme ethnique, en prophétisant que la pensée allemande serait la force d'avenir (*Das deutsche Gedanke in der Welt*, 1912). A l'époque wilhelminienne, le nationalisme culturel devint agressif. Un pédagogue et un critique comme Rudolf Hildebrand, qui appartenait au mouvement linguistique militant de la langue allemande (il était membre de la *Sprachverein*) exigeait l'élimination des mots étrangers et affirmait la supériorité de la culture allemande, il annonçait même une direction culturelle germanique en Europe. Il traitait comme des ennemis les auteurs et les institutions qui ne se préoccupaient pas du point de vue national et réprouvait à la fois l'Eglise catholique, les cosmopolites et les socialistes (comme alliés des Français). En même temps, il luttait contre la forme républicaine de l'Etat et privilégiait une forme germanique construite elle sur la famille. En 1911, Otto Richard Tannenberg faisait paraître *La plus grande Allemagne* (*GrossDeutschland*), ouvrage où il défendait les thèses pangermanistes. Il y revendiquait l'annexion de tous les territoires où existait une trace germanique de la Belgique à la Pologne en passant par la Suisse. Il préconisait un partage des colonies françaises en commun avec l'Angleterre. De même, mais sur un registre moins jusqu'au-boutiste, Friedrich Naumann affirmait que l'Allemagne se trouvait devant une « mission mondiale et historique » à remplir.

Friedrich Naumann (1860-1919)

D'abord pasteur, soucieux de questions sociales, il défendit ensuite une politique impérialiste, critiqua la politique de Bismarck comme trop étroite. Il fut élu député libéral en 1907. Cet impérialiste-libéral dès 1900 n'excluait pas une guerre défensive pour échapper à l'emprise de l'Angleterre, en avançant ce diagnostic : « La guerre mondiale future sera la guerre de ceux qui veulent assurer leur salut contre l'Angleterre. » Il a même un temps préconisé une alliance avec la France, qu'il n'appréciait pas particulièrement, contre l'Angleterre. Favorable à la colonisation, il approuva le plan de construction de la flotte de guerre de Tirpitz. En 1899, il considérait que six grandes nations dans le monde avaient le droit de conduire une politique mondiale. Dès 1900, il s'était préoccupé des rapports de l'Allemagne et de l'Autriche-Hongrie, excluant un éclatement de cet Empire. Il récidiva en 1915 avec la publication d'un ouvrage intitulé *Mitteleuropa*. Sa vision de l'histoire de peuples luttant entre eux pour leur existence devait beaucoup au darwinisme social. L'Allemagne, à ses yeux, était dans une phase ascendante. Il imaginait et milita pour une fédération d'Etats (*Staatenbund*) au centre de l'Europe dominée par l'Allemagne.

La Ligue pangermaniste

Parmi toutes les organisations impérialistes, la Ligue pangermaniste a été certainement la plus remuante. Elle avait été créée à Berlin le 9 avril 1891, peu de temps donc après le départ de Bismarck. Son premier objectif était l'expansion coloniale comme le prouve la présence à la tête du mouvement du docteur Carl Peters (1856-1918), explorateur connu de l'Afrique orientale, promoteur d'une politique coloniale allemande, premier président. Très vite la Ligue élargit ses vues, elle revendiqua une politique extérieure d'expansion en Europe et dans le monde, préconisant une politique de force, se comportant en groupe d'agitation et de pression. Ses effectifs ont été peu nombreux, au plus haut en 1901 le chiffre des adhérents atteindra 22 000. En revanche, on y trouve des personnalités influentes, des parlementaires, des écrivains, des érudits et des industriels ; parmi ces derniers Alfred Hugenberg président de 1909 à 1918 du Directoire de la firme industrielle Krupp. Peters a été remplacé en 1894 par Ernst Hasse, professeur de statistique à l'Université de Leipzig, député au Reichstag. Des historiens ont appartenu également à la Ligue : Georg Below, Karl Lamprecht, et même momentanément le sociologue Max Weber. A la mort de Hasse en 1908, Heinrich Class, un publiciste, lui succéda : il devait rester président jusqu'en 1939.

Hasse avait publié en 1897 un petit livre, *Deutsche Weltpolitik*, dans lequel il précisait ses objectifs et ses revendications. Il écrivait que l'Allemagne n'était pas encore un Etat national puisqu'il existait hors des frontières du Reich des groupes de nationalité allemande, qui parlaient allemand. L'Allemagne devait devenir cet Etat national qui engloberait les 25 millions d'Allemands vivant encore en dehors des frontières du Reich, séparés des 60 millions de l'Allemagne créée par Bismarck. Il s'agissait, on le voit, de revendications qui mettaient en cause le *statu quo* bismarckien. Il n'excluait pas la guerre si les autres puissances ne tenaient pas compte de l'assentiment de l'Allemagne dans les affaires mondiales, pour obtenir la garantie d'avantages égaux. Sa vision était celle d'un combat pour l'existence (*Kampf ums Dasein*). Dans la pensée de Hasse l'idée de peuple (*Volk*) jouait un rôle central, il le définissait comme « l'Unique réalité qui dispose de la durée. Etats, constitutions, conditions sociales sont affectés de changements permanents, le Peuple est la seule réalité appelée à durer au-delà des changements. Avec une condition cependant, seul celui qui est grand, puissant et libre. Dans les conditions de vie du XXe siècle, pour le peuple allemand une *Weltpolitik* forte est la seule garantie de gagner le combat pour l'existence... ».

Dès sa session en septembre 1894, la Ligue posa d'ailleurs la question : quels sont les moyens qui renforceraient les liens entre les Allemands qui vivent à l'étranger et la mère patrie ? Elle signalait les plaintes qui montaient de toutes les parties de la terre contre le manque d'énergie du Reich. L'un des moyens proposés était déjà l'accroissement de la construction maritime. Le pangermanisme posait entre autres la question du rattachement de l'Autriche. L'option était l'existence d'une *Weltmacht*, puissance mondiale qui ne devait en nulle occasion se plier au *Diktat* des autres puissances. « Nous n'avons pas à recevoir notre part par la grâce et la bonne volonté d'un autre peuple » : la Ligue n'hésitait pas à préconiser une politique de force. Hors d'Europe, le pangermanisme revendiquait la création d'un empire colonial en Afrique du Sud, voire en Amérique latine. A la question centrale qui était posée : qui doit dominer le monde ? le mot d'ordre répondait : *Deutschland Wach auf !* (Allemagne réveille-toi !).

La Ligue développait des idées qui n'étaient pas originales, ou qui ne lui appartenaient pas en propre, mais elle contribuait à les faire résonner au loin, à les populariser par une propagande bruyante. Il faut se souvenir qu'au commencement des années quatre-vingt, les idées de *Weltpolitik* ou de *Weltmacht* n'avaient encore que fort peu d'écho, même dans les milieux des armateurs et marchands du grand port de Hambourg.

Si les buts confus de la politique extérieure allemande et de la *Weltpolitik* étaient présentés par le gouvernement souvent sur un ton brutal, cela l'était encore davantage par les groupes de pressions qui n'avaient pas l'habitude d'utiliser un langage diplomatique. La ligue ne ménageait pas ses critiques aux représentants du « nouveau cours », leur reprochant d'avoir une vision trop européenne et trop modérée.

La pénétration dans l'Empire ottoman : un succès de la Weltpolitik

Au registre de l'impérialisme allemand figurait l'Empire ottoman. Ici, la garantie des intérêts du Reich ne réclamait aucunement un partage ou une annexion. La pénétration allemande pouvait prendre un caractère « informel », même si des publicistes comme Rohrbach se complaisaient à imaginer « la création d'un grand domaine commercial autour du *Bagdadbahn* ». Les agitateurs de la *Weltpolitik* jusqu'à la Première Guerre mondiale présentèrent ce projet comme la réalisation de prestige la plus importante du Reich. La Sublime Porte de son côté s'accrochait à l'idée que cette ligne de chemin de fer présentait un espoir pour l'Empire ottoman menacé d'éclatement. Les contacts avec l'Empire allemand naturellement ne restèrent pas ignorés des autres capitales européennes, elles s'en inquiétèrent ; de leur côté, elles souhaitaient aussi obtenir des concessions pour la construction de voies ferrées. Au milieu de cette concurrence, qui contenait un potentiel de conflits, l'Allemagne l'emporta. Elle profita des difficultés de l'Angleterre avec les Boers en Afrique et avec la Russie en Asie. Lors de son voyage en Palestine en octobre 1898, Guillaume II avait été reçu à Constantinople. Des nationalistes allemands rêvaient d'une politique palestinienne qui aurait été en contradiction avec la politique d'amitié avec le sultan. Un accord fut finalement trouvé le 20 novembre 1899, un groupe financier allemand obtenant une concession pour la construction d'un chemin de fer ; le 5 mars 1903 un traité était signé. La tâche à laquelle se trouvait confrontée la Société du Bagdadbahn était immense, mais les perspectives fructueuses. La ligne s'étendait sur 4 000 kilomètres, du Bosphore au golfe Persique ; le long de la voie, les richesses du sous-sol pouvaient être exploitées, des magasins et dépôts étaient à créer, le matériel nécessaire étant introduit sans droits de douane. La pénétration pacifique de la Turquie semblait donc acquise.

Les puissances européennes suivaient avec attention l'évolution des affaires. La France, qui contrôlait la banque ottomane, craignait pour ses intérêts. Delcassé pensa à une certaine internationalisation du capital de la société avec une forte participation française ; la Grande-Bretagne voyait d'un mauvais oeil la percée allemande en direction du golfe Persique car elle présentait une menace sur les Indes ; la presse britannique s'agitait. La Russie, qui attendait l'effondrement de l'homme malade, estimait dangereuse la construction du chemin de fer qui permettrait au sultan d'acheminer aisément ses troupes aux frontières de l'Empire pour les défendre.

Par ailleurs, du côté allemand, il fut vite évident que les besoins financiers de la construction dépassaient les possibilités de la banque germanique. L'Allemagne tenta de lancer des emprunts sur les places européennes en fermant les marchés boursiers mais la France et l'Angleterre tentèrent d'asphyxier le projet. Finalement, à la veille de la guerre, l'Allemagne dut faire des concessions. Un traité fut signé en août 1911 avec la Russie par lequel celle-ci obtenait l'assurance de la renonciation de l'Allemagne à toute visée politique ; des accords furent signés également avec la France le 15 février 1914 et avec l'Angleterre le 15 juin 1914.

Ainsi, la *Weltpolitik* aboutissait à des succès comme le montre l'affaire turque, mais le Reich, malgré ses prétentions, avait dû, comme en 1905 et 1911 au cours des crises marocaines, passer des compromis avec les autres grandes puissances et remiser à l'ombre les revendications excessives. L'Allemagne constatait qu'elle était contrainte de reculer devant des confrontations ruineuses ou trop aventurées. Cette constatation amère affligeait les ligues nationalistes, durement frustrées.

Après 1871, l'Allemagne a oublié le chemin libéral emprunté par le mouvement national avant 1848. Elle n'est pas une monarchie parlementaire, le suffrage universel y est dévoyé notamment en Prusse par un système qui donne le pouvoir aux agrariens et aux hommes d'affaires : elle a selon la formule judicieuse d'une motion sociale-démocrate un régime « d'absolutisme militaire d'apparence constitutionnelle » (1910).

Le militarisme est allé d'ailleurs en s'affirmant au cours du siècle, marque d'une spécificité allemande. Il ne faut pas oublier que le Reich s'était construit à la suite de trois guerres. A la caste militaire d'origine prussienne, étaient venus se joindre un grand nombre d'officiers issus de la bourgeoisie. Dans le pays, une grande considération en effet existait à l'égard des officiers, qui jouissaient d'un très grand prestige social. Les militaires avaient leur propre philosophie à l'égard de la guerre. Au début du XXe siècle, ils s'étaient ralliés à une conception qui faisait de la guerre une nécessité comme école de vertu, une nécessité également, dans la lignée de Clausewitz, comme méthode pour atteindre les objectifs, quand les moyens politiques ne suffisent pas.

A l'image des autres pays, il n'y a pas eu de véritable contrepoids à la passion nationaliste. L'irruption de la poussée impérialiste allemande, contenue par Bismarck, donnant son libre cours aventuriste sous Guillaume II, a été incontestablement un facteur d'instabilité en Europe. Ce qui explique l'image du double visage de l'Allemagne et de l'Allemand, qui s'est formée alors. En France, l'opposition entre une Allemagne rêveuse et idéaliste, érudite, admirée, et une Allemagne brutale, guerrière, sans goût et sans finesse, exécrée, est un lieu commun littéraire. Le mythe des deux Allemagnes, est également exprimé dans un récit du romancier anglais Joseph Conrad, *Lord Jim*, paru en 1900. Ce roman met en scène deux personnages germaniques de caractère très différent : l'un est un capitaine, officier de marine, brutal, perfide, au visage de fer, de commerce fort désagréable, l'autre un marchand aisé, intelligent, érudit, dont la conversation est remplie de finesse ; le personnage, en raison de sa participation à la révolution de 1848, avait été contraint à l'exil, ce qui ne l'avait pas empêché par la suite de parvenir à la fortune.

Le royaume d'Italie : le temps des humiliations (1870-1900)

Après 1870, dans le royaume d'Italie, le mouvement national se trouve face à trois graves problèmes : consolider l'unité difficilement réalisée — mais les obstacles internes ne manquent pas — répondre aux populations de langue italienne qui vivaient en dehors du royaume sous la coupe de l'Autriche-Hongrie, enfin, conduire ou non une grande politique internationale et d'expansion coloniale. La pression démographique et les fantasmes de grandeur se faisaient de plus en plus pressants. Or, l'Italie, en dépit de réels progrès économiques à la veille de la Première Guerre mondiale, n'avait pas les moyens de ses rêves et de ses ambitions, ce qui déboucha sur de graves échecs et désillusions.

La difficile cohésion nationale

Beaucoup d'éléments contribuaient à affaiblir l'unité du royaume. Tout d'abord les bases sur lesquelles reposait le régime demeuraient étroites. L'analphabétisation d'une grande partie de la population conduisait à restreindre le droit de vote. Jusqu'en 1882, le vote censitaire réduit le nombre des électeurs à 2 % seulement de la population ! Par la suite, le suffrage sera, il est vrai, progressivement élargi : en 1908, le nombre des électeurs s'élèvera à près de 3 millions et le suffrage universel sera établi tardivement à la veille de la Première Guerre mondiale par la loi du 30 juin 1912. De plus, la papauté qui se considérait prisonnière au Vatican après la prise de Rome en septembre 1870 interdit aux catholiques de participer à la vie politique, selon la formule *Ne ellettori, ne eletti*. A la fin du siècle, un certain nombre de catholiques passeront outre l'interdiction pontificale pour contrer l'élection éventuelle de socialistes.

La constitution était bicamériste, sur le modèle anglais, avec un Sénat et une chambre des députés (la *camera*), mais le régime n'avait d'aspect parlementaire que superficiel. Il évolua d'ailleurs dans le sens de l'autoritarisme sous l'impulsion du Roi Humbert Ier (1878-1900) qui avait succédé à Victor Emmanuel II ; le nouveau souverain accentua en effet l'aspect autoritaire et militaire du régime. En fait, au niveau du gouvernement et de la chambre, seule une petite oligarchie décidait et dirigeait : grands propriétaires, industriels et hommes d'affaires. Le grand défaut du système politique était l'existence d'un personnel politique qui préférait les combinaisons parlementaires et d'intérêts et les rivalités de personnes paralysaient tout véritable débat. Il en résultait que les bases du régime demeuraient fort étroites, alors que celui-ci précisément devait faire face à de très graves difficultés.

L'unité était menacée par le déséquilibre économique qui, loin de se résorber, s'accroissait entre un Nord industriel et un Sud qui restait agricole où se maintenait un misérable niveau de vie. Tardivement, après 1880, le royaume amorça sa « révolution industrielle » et se donna une industrie sidérurgique. Ainsi, les hauts-fourneaux de Terni étaient créés en 1884, soutenus par les banques (*Banca Generale* et *Credito Mobiliare*). De même, le groupe Ansaldo à Gênes, fondé en 1845, se développait grâce à des capitaux bancaires ; il se transformera en 1903 en société anonyme. A partir de 1904-1907 l'industrie automobile connut un réel essor (70 sociétés de construction) ; la Fiat, la plus importante d'entre elles, faisait travailler 4000 à 5 000 ouvriers en 1912. A Turin, à côté du textile, qui occupait un personnel de 110 000 personnes, s'étaient développées au début du XXe siècle la métallurgie et la chimie. Ici comme ailleurs, le capitalisme industriel était étroitement lié au capitalisme financier. Derrière la *Banca Commerciale*, fondée en 1896, se profilait la toute-puissance financière de l'Allemagne. Les groupes industriels et commerciaux, en essor dans les premières années du XIXe siècle, poussaient à l'expansion impérialiste.

Dans le Sud, la grande propriété terrienne avait maintenu son emprise, notamment grâce à la vente publique des biens du clergé, 700000 hectares, après 1866. La petite propriété fut pratiquement éliminée. Ici, la rente foncière poursuivait sa progression, pendant que les salaires des travailleurs agricoles restaient stationnaires. La politique douanière protectionniste qui a prévalu au cours de la période a surtout favorisé le Nord et le Centre du royaume aux dépens du Sud. Ce dernier en effet était obligé d'acheter les produits fabriqués dans le Nord à des prix élevés, qui se trouvaient supérieurs à ceux des produits fabriqués dans les pays industriellement avancés. Cette misère du Sud et le trop-plein d'hommes a été un des arguments utilisés par la propagande nationaliste, l'expansion coloniale étant présentée comme le seul remède possible.

La fragilité économique sécrétait la fragilité sociale. De graves problèmes sociaux compromettaient la cohésion du pays. Misère paysanne du Sud, misère ouvrière du Nord, toutes deux étaient à l'origine de fortes tensions sociales. On assiste à des révoltes, à une crise sociale et politique à la fin du siècle (agitation des *Faisceaux des travailleurs* en Sicile en 1893, soulèvement de Milan en mai 1898 écrasé au canon, accompagné de mouvements dans la péninsule notamment dans le Midi, grandes grèves de 1904). Le roi Humbert Ier est assassiné le 29 juillet 1900 par un anarchiste, qui cherchait à venger l'écrasement sanglant de Milan.

A la fin du siècle la tension sociale est donc grande, des groupes sociaux et des zones géographiques se sentaient profondément rejetés, en marge de la nation, et comme exclus de toute décision.

Les populations irrédentes

L'irrédentisme constitua une autre question brûlante. Hors du royaume existaient des populations de langue italienne. Elles vivaient dans trois régions principales : dans le Tyrol méridional (la haute vallée de l'Adige) avec la ville de Trente ; en Istrie avec la ville de Trieste, débouché de l'Autriche, mais dont les deux tiers des habitants étaient italiens (la ville comptait 150 000 habitants) ; en Dalmatie, au milieu d'une population slave des colonies italiennes étaient installées dans les ports (Zara, Spalato et Fiume), cette présence italienne le long de la côte dalmate était un héritage de l'ancienne colonisation vénitienne. Au total, si le royaume avait en 1914 plus de 35 millions d'habitants, les minorités italiennes représentaient environ 800 000 personnes, donc un faible poids démographique, mais posaient néanmoins de façon extrêmement sensible la question de l'achèvement de l'unité. L'irrédentisme continuait à opposer l'Italie à l'Autriche-Hongrie, car ces populations vivaient sous l'autorité de cet Empire.

Cette question a constamment embarrassé les gouvernements italiens. Adoptant une attitude prudente, ils n'ont donc pas cherché à encourager l'ardeur patriotique de ces populations. Ce sont les revendications des minorités elles-mêmes et également l'agitation de l'opinion à l'intérieur du royaume qui ont véritablement posé la question.

Ainsi, en 1876, réapparut l'affaire du Trentin. En effet, en Italie était diffusée une carte murale scolaire sur laquelle le Trentin figurait comme territoire italien. L'Autriche-Hongrie protesta et utilisa cette affaire pour interdire dans ce territoire toute société où l'irrédentisme aurait pu être développé. Devant les mesures autrichiennes, la presse italienne s'enflamma. En 1878, des manifestations eurent lieu dans les villes (Milan), aux cris de « *A bas l'Autriche, Vivent Trente et Trieste !* ». La signature par le gouvernement italien du traité de la Triplice avec l'Allemagne et l'Autriche-Hongrie en 1882 provoqua un mouvement irrédentiste ; celle-ci en effet a été ressentie dans la péninsule comme une trahison et suscita une grande indignation. En septembre, un jeune étudiant tenta à Trieste d'assassiner l'empereur François-Joseph. L'Autriche en profita pour poursuivre l'irrédentisme, la presse qui l'encourageait fut interdite. A Trieste, la minorité italienne s'efforça alors de s'organiser, elle créa l'association *Pro Patria* à finalité culturelle avouée, son objectif étant de développer la culture italienne (grâce à des bibliothèques itinérantes par exemple), mais en 1890 les autorités autrichiennes décrétèrent sa dissolution. Elle devait renaître sous la forme de la *Ligue nationale*, qui organisa en 1896 une grande manifestation à Trieste en l'honneur de Dante.

Dans le royaume, des associations de soutien à l'action des populations placées sous le joug autrichien se constituèrent. En 1885, à Milan fut créé un *Cercle Garibaldi pour l'Italie irrédente* ; en 1889, a été fondée l'*Association Dante Alighieri*, dont l'objectif était de défendre « l'italianité » chez les Italiens d'Autriche, comme d'ailleurs dans la diaspora de l'émigration italienne. Notons cependant que jusqu'à la fin du siècle l'irrédentisme rencontra un écho assez faible auprès des masses. Cela s'explique par le fait que la presse italienne avait encore de faibles tirages et que les gouvernements adoptaient, comme nous l'avons vu, une attitude prudente.

A la veille de la Première Guerre mondiale, l'agitation irrédentiste devint plus vive pour plusieurs raisons. La pression allemande et la pression slave sur les Italiens de l'Empire n'avaient cessé de s'accroître, à la fois politiquement et démographiquement. Par ailleurs, dans le royaume, le nationalisme connaissait un nouvel essor. L'irrédentisme était inscrit en toutes lettres à son programme, il lui donnait une nouvelle dimension. Toutefois, insistons sur le fait que l'irrédentisme n'a pas été le seul rivage du grand rêve nationaliste italien. Il est un élément parmi d'autres.

De son côté, le banditisme menaçait l'unité italienne. Une enquête parlementaire en 1867 s'efforça de prendre la mesure du phénomène, qui s'aggravait à l'époque de l'unité italienne. La Mafia en Sicile — l'île était plongée dans un analphabétisme supérieur à 80 % —, à partir du banditisme rural, avait su à la fin du siècle étendre son expansion au secteur bancaire. Mais surtout elle avait habilement suscité autour d'elle la solidarité des insulaires siciliens contre l'Etat central italien. Elle savait mobiliser à son profit un sentiment particulariste insulaire. De ce fait, elle avait la possibilité de dresser l'île contre l'Etat national, son administration, ses juges. Vers 1900, aucun candidat ne pouvait être élu en Sicile sans son appui ; dès 1876, d'ailleurs le procureur général de Palerme avait dû constater qu'elle jouait un rôle important dans les élections.

Les déboires de l'impérialisme italien

L'Italie n'arrivait pas à jouer les premiers rôles en Europe. Au cours de la période, elle n'a pas cessé d'avoir une diplomatie hésitante et sinueuse. Elle rompit avec la France en raison de l'affaire de Tunisie, qui resta longtemps une profonde blessure, et signa la Triplice en dépit des terres irrédentes qui l'opposaient à l'Autriche-Hongrie (1882). L'effervescence nationaliste de part et d'autre des Alpes, échauffée par les presses nationales, fut à son comble en 1893 ; du côté français, on dénonçait l'invasion barbare des travailleurs immigrés italiens, du côté italien les incidents racistes anti-italiens perpétrés en France (affaire d'Aigues-Mortes par exemple). Une campagne de presse italienne envisagea même l'éventualité d'une guerre. La brouille entre les *deux sœurs latines* dura une quinzaine d'années.

Par la suite, l'Italie décida de prendre quelque distance avec la Triplice en se rapprochant de la France en juin 1902 dans un traité secret où elle promettait sa neutralité en cas de guerre franco-allemande. Ce rapprochement avait été préparé par un accord économique en 1898, qui mettait fin à la guerre douanière entre les deux pays, guerre lancée en 1887 par le gouvernement italien. L'annexion de la Bosnie-Herzégovine en 1908 provoqua une tension avec l'Autriche-Hongrie. Cependant en 1912, l'Italie renouvela la Triplice. L'Italie jouait donc sur les deux tableaux en essayant de cette façon de sortir de l'isolement. Finalement, en 1915, l'antagonisme des intérêts avec la double monarchie austro-hongroise dans l'Adriatique et les Balkans devait faire triompher sa logique : l'Italie bascula dans le camp de l'Entente.

Au début du XXe siècle, dans sa volonté d'expansion, l'Italie entreprit d'assurer le développement de sa marine. Elle aspirait à devenir la grande puissance en Méditerranée. De fait, à partir de 1900, le commerce maritime italien était appelé à se développer sensiblement. Mais les grandes déceptions vinrent de l'expansion coloniale, à laquelle une démographie galopante semblait condamner l'Italie. L'argument démographique a été utilisé dès 1880 par la propagande coloniale. A partir de 1880, les sorties annuelles devenaient toujours supérieures à 200 000 ; de 1896 à 1915, période au cours de laquelle le mouvement s'amplifia (moyenne annuelle de 650 000 à partir de 1906) l'émigration a concerné plus de 10 millions d'Italiens. Ces sorties étaient vivement déplorées par les nationalistes comme une perte de substance préjudiciable à la grandeur nationale.

L'impérialisme italien a connu une première grande période sous l'impulsion de Francesco Crispi (1818-1901). Ce Sicilien, président du Conseil à deux reprises, a dominé la politique du royaume de 1887 à 1896. Celui que l'on a surnommé le « Bismarck italien » nourrissait un patriotisme ardent et « oratoire ». Chassée de Tunisie, l'Italie de Crispi reporta ses espoirs d'expansion vers l'Afrique orientale sur les bords de la mer Rouge ainsi qu'en direction des provinces libyennes. Au cours de son premier ministère, l'Erythrée devint colonie italienne. En avril 1896, Crispi qui redoutait une progression française dans la région, décida de mettre la main sur l'Ethiopie. Entreprise hasardeuse, qui aboutit à l'humiliante défaite de l'armée italienne à Adoua où les troupes de l'empereur Ménélik lui infligèrent des dommages irréparables (plus de 5000 morts). Crispi dut démissionner. Cet échec provoqua dans le royaume une crise du colonialisme qui devait durer près de dix années, l'Italie renonça un temps aux mirages de l'expansion.

Le siècle s'achevait avec la mort de Giuseppe Verdi (1813-1901), « le Wagner italien ». Verdi et Wagner ont été au XIXe siècle en Europe les grands maîtres du théâtre lyrique. Le premier, musicien le plus populaire du Risorgimento incarnait la gaieté et la lumière. Il voulut être enterré à Milan, où il avait fondé une maison de retraite pour les musiciens âgés. Ses obsèques donnèrent lieu à des funérailles nationales sans équivalent jusque-là en Italie, leur ampleur rappelant celles de Victor Hugo à Paris en 1885. On joua et chanta les airs les plus populaires de *Nabucco*.

Le temps du renouveau du nationalisme (1900-1914)

Après la crise sociale et politique de la fin du siècle, Giovanni Giolitti (1842-1928), président du Conseil à trois reprises de 1902 à 1914, au pouvoir presque sans interruption au cours de cette période, tenta de pratiquer un réformisme politique et social d'apaisement. Ce réformisme modéré ne suffira pas à répondre aux attentes sociales les plus impatientes.

Aussi un syndicalisme révolutionnaire, un socialisme anarchiste se développèrent-ils, ces tendances étant les caractéristiques du mouvement social italien d'alors. Des couches combatives de travailleurs se manifestaient dans les zones de concentration agricole (Emilie) ou dans les villes industrielles du Nord (Milan ou Turin). La découverte de la violence, l'idée de la grève générale ont marqué ce socialisme révolutionnaire italien, inspiré en partie par les idées de Georges Sorel (1857-1922) ; les œuvres de ce dernier ont eu une large influence grâce à des traductions qui ont circulé dans la péninsule.

Après 1900, dans le contexte de déception suscitée par le réformisme giolittien un nouveau nationalisme s'est formé. Celui-ci n'hésitait pas à critiquer le *Risorgimento*, auquel il reprochait l'inachèvement de l'unité nationale. Ce nationalisme trouvait son terreau naturel dans la frustration collective qu'éprouvait l'Italie à rester un Etat de seconde zone, mais aussi dans les grandes difficultés sociales qui persistaient dans le royaume : revendications ouvrières, gonflement de l'émigration, misère persistante du Sud. Il a donc des causes profondes qui dépassent très largement le seul irrédentisme.

Organisations et publications nationalistes

Le poète Gabriele d'Annunzio (1863-1938) a été le chantre de l'impérialisme italien. Avec ses poèmes patriotiques, il a exprimé à la manière de Barrès le culte de l'énergie et un certain romantisme de l'action. Dans les *Odes navales* (1892-1893) déjà il chantait la grandeur de la marine italienne en renaissance. Dans les *Laudi* (1903), il exaltait l'Empire. Dès 1900, il invitait Victor Emmanuel III à ouvrir aux « vertus » italiennes « les portes des domaines futurs ». Il exhortait l'Italie à voguer « vers le monde » et cherchait à secouer « la veulerie » des classes dirigeantes. Il chanta la guerre de Libye. Il voulut donner à l'Italie une morale plus virile d'inspiration nietzschéenne. Le personnage fut entouré d'un véritable culte. Dans une certaine mesure, il prolongeait le lyrisme mazzinien et il a pu incarner les rêves de la petite bourgeoisie italienne.

Enrico Corradini a été la grande tête pensante de ce nouveau mouvement national. Ecrivain et journaliste, il a d'abord publié des romans et des pièces de théâtre, puis à partir de 1897, il se lança dans l'action politique. Il a été influencé par le nationalisme français et il s'est beaucoup inspiré des idées d'Alfredo Oriani (1852-1906). Ce dernier, médiocre romancier, essayiste, avait exprimé une révolte contre la politique et le milieu culturel des années 1900. Il avait eu une attitude très critique à l'égard du *Risorgimento,* « révolution inachevée » usurpée par une minorité bourgeoise, il en avait appelé à une vaste rénovation populaire. Il était également hostile au positivisme du temps, prophète de l'expansionnisme italien, il prônait la violence libératrice. Corradini reprit donc ces idées avec le petit groupe qu'il animait. Dans *Giulio Cesare* (1902), drame, il exaltait la légende de la Rome antique ; Dans *La Guerra Lontana* (1911), il cherchait à démontrer la nécessité vitale de la colonisation pour l'Italie. On retrouve chez lui la conception de « la lutte pour la vie » aux couleurs du darwinisme social. Il assignait à l'Italie une grande mission : porter la civilisation en Afrique et sur la planète. Il admirait les héros solitaires du passé italien (Mazzini, Garibaldi). Surtout, il créa en novembre 1903 une revue publiée à Florence, *Il Regno* (Le Royaume), organe avec lequel il visait à susciter un sursaut de l'Italie hors de

« l'état d'abaissement dans lequel se trouvait la nation » ; au régime politique terne et désolant de Giolitti, il opposait le mythe de la Rome antique, des *condottieri*, des navigateurs et des grands artistes du Moyen Age et de la Renaissance. Cette revue paraîtra jusqu'en 1905.

Corradini souhaitait une « réforme intérieure révolutionnaire » (1911) pour renouveler le personnel du gouvernement. Il n'hésitait pas à développer le principe de la guerre salvatrice et féconde. L'Italie, nation prolétaire, devait se faire une place au soleil ; à la lutte des classes, il substituait la lutte des nations et ne se satisfaisait pas du *statu quo* européen. Il participa également à la création le 3 décembre 1910 de l'*Associazione Nazionaliste Italiana* (l'Association nationaliste italienne), soutenue par la Banque Commerciale Italienne. Peu de temps après, en mars 1911, il fonda avec un groupe de nationalistes un hebdomadaire de quatre pages, l'*Idea Nazionale*, qui tout à la fois défendait un régime fort et l'armée, militait pour l'expansion coloniale, le nationalisme économique, une politique de grandeur qui devait profiter au prolétariat « producteur des richesses ». En 1914, à la tête de cet organe se trouvait un des dirigeants du groupe industriel de l'Ansaldo, Pio Peronne. Corradini et le cercle qui gravitait autour de lui étaient hostiles à la démocratie et au socialisme internationaliste ; à ce dernier ils opposaient un « socialisme national ».

La situation sociale particulière de l'Italie, où se mêlaient tout à la fois la misère de groupes sociaux et régionaux, la pression démographique et la question de l'émigration, a eu pour conséquence l'apparition d'un impérialisme « national et prolétaire », issu des milieux de gauche et du syndicalisme. Un impérialisme socialiste, qui pensait pouvoir résoudre par l'expansion la question de l'émigration et les problèmes sociaux angoissants du sud de la péninsule, a donc existé. Ce courant nationaliste de gauche a été personnifié notamment par Arturo Labriola, socialiste napolitain, syndicaliste, qui se rapprocha de Corradini vers 1910. La guerre de Libye divisera le mouvement ouvrier italien.

Avec le futurisme, à la veille de la guerre, apparaît une autre sensibilité nationaliste, à l'origine mouvement littéraire et esthétique, qui cherche à traduire la vitesse et la violence du monde moderne. Le maître à penser de ce courant a été Filippo Marinetti (1876-1944). Celui-ci publia en 1909 dans le *Figaro* un premier Manifeste suivi de beaucoup d'autres. Le programme futuriste se voulait conquérant, guerrier (Marinetti parlera de la guerre comme de « l'hygiène du monde »). Impérialiste, il préconisait la restauration de la Rome impériale en utilisant des idées et un vocabulaire très proches de ceux des autres courants nationalistes. Jusqu'en 1914, les futuristes eurent cependant fort peu d'influence. Les 15 et 16 septembre 1914, Marinetti et les futuristes organisèrent cependant à Milan une des premières manifestations en faveur de l'intervention aux côtés de l'Entente, donnant ainsi le signal de l'agitation interventionniste dans la péninsule.

A travers ces différents courants nationalistes s'est élaboré un corps de doctrine, dont le fascisme sera le grand héritier.

La guerre de Libye (1911-1912)

Avec le renouveau du nationalisme après 1900, l'impérialisme italien reçut lui-même une impulsion nouvelle, qui aboutit à la guerre de Libye. Ce territoire connaissait une pénétration économique italienne continue depuis 1900 : le centre d'impulsion en était la *Banco di Roma*, représentant la finance catholique et vaticane. La présence italienne ne cessait de se renforcer à Tripoli. Une campagne de presse favorable à l'intervention se développait. En septembre 1911, sous la pression, Giolitti décida la guerre contre la Turquie : 100 000 hommes furent débarqués, et pour faire céder le sultan, la flotte italienne s'avança dans la mer Egée, bombarda Beyrouth et menaça les Dardanelles. Le sultan céda. Le 15 octobre 1912, par le traité de Lausanne, la Turquie reconnaissait la souveraineté italienne sur la Cyrénaïque et la Tripolitaine, les deux provinces libyennes.

Devant cet « acte autonome de la politique italienne », l'opinion publique exulta. L'Italie enfin réalisait son expansion. D'Annunzio, Corradini, célébrèrent de leurs plumes l'événement, le deuxième écrivant dans *La conquista di Tripoli* qu'il s'agissait « de la plus grande des actions humaines ». De son côté, Marinetti envoyé spécial en Tripolitaine célébra l'aventure à sa manière en composant un roman « africain », *Mafarka.*

En revanche, l'opinion internationale se révéla fort critique ; de plus, très vite, apparut le revers de la médaille, le coût de l'opération. Enfin et surtout, on prit rapidement conscience que cette conquête n'était pas la recette miracle annoncée et proclamée : elle n'apportait aucun remède aux graves problèmes économiques et démographiques. En outre, la pacification des territoires se révéla difficile à assurer et à maintenir. Au total, un semi-échec qui nourrit un peu plus le sentiment d'injustice de la nation prolétaire. Enfin, à la veille du premier conflit mondial, l'aventure libyenne avait eu pour conséquence d'épuiser les forces militaires du royaume.

Les impatiences revendicatives de l'Allemagne et de l'Italie, à la recherche du temps perdu, ont été incontestablement un facteur d'instabilité au sein des nations européennes en concurrence. Les deux pays ont joué les trouble-fête. L'Allemagne plus que l'Italie. La première disposait de capacités d'action supérieures, d'une flotte et d'une armée modernes, de la puissance économique, de positions stratégiques en Afrique et dans le Pacifique ; seule, elle avait eu la possibilité de nouer autour d'elle un système d'alliances.

BIBLIOGRAPHIE

• Allemagne

ANDLER (Charles), *Collection de documents sur le pangermanisme 1800-1888*, 1915.
BEAUFILS (M.), *Wagner et le wagnérisme*, Aubier, 1980.
CHÉRADAME (André), *La Colonisation et les colonies allemandes*, Paris, 1905.
CARRÉ (Jean-Marie), *Les Ecrivains français et le mirage allemand (1800-1940)*, Paris, 1947.

DANN (Otto), *Nation und Nationalismus in Deutschland 1770-1990*, Münichen, C.H. Beck, 1994.
DIGEON (C.), *La Crise allemande de la pensée française (1870-1914)*, PUF, 1959.
DÜHRING (K.), *Die Judenfrage*, 1881.
FRÖLICH (Michael), *Imperialismus, Deutsche Kolonial-und Welpolitik (1880-1914)*, Deutsche Geschichte der neuesten Zeit, DTV, 1994.
GUILLEN (Pierre), *L'Allemagne, L'Empire allemand 1871-1918*, Hatier, t. 2, 1984.
KNOPPER (Françoise) (textes réunis par), *Naissance et évolution du libéralisme allemand (1806-1849)*, P.U. du Mirail, 1994.
KOCKA (Jürgen) (dir.), *Bürgentum im 19 Jahrhundert, Deustchland im europeanischen Vergleich*, Münich, 1988, 3 vol.
KORINMANN (Michel), *Quand l'Allemagne pensait le monde*, Fayard, 1992.
KREBS (Gilbert), POLONI (Bernard), *Volk, Reich und Nation 1806-1918*, Institut allemand de la Sorbonne, 1994.
LEINER (W.), *Das Deutschlandbild in der französischen Litteratur*, Darmstadt, 1989.
STERN (Fritz), *L'Or et le fer, Bismarck et son banquier Bleichröder*, Fayard, 1990.
THALMANN (Rita), « L'Allemagne, une nation retardataire ? », in *Matériaux pour l'histoire de notre temps*, juillet-septembre 1996, n° 43, p. 2-8.
VOGLER (Bernard), *Histoire culturelle de l'Alsace*, Bibliothèque Alsacienne,1994.
« Le nationalisme allemand, 1850-1920 », *Revue d'Allemagne et des pays de langue germanique*, t. 28, n° 1, janvier-mars 1996.

• Italie

ALBERTONI (E. A.), *Histoire des doctrines politiques en Italie*, PUF, coll. « Que sais-je ? ».
CAROCCI (G.), *Giolitti e l'età giolittiana*, Turin, 1962.
GALLO (Max), *Garibaldi*, Fayard, 1982.
GENTILE (E.), *1889-1914*, t. 2, *Storia dell'Italia contemporanea*, Naples, 1977.
GUICHONNET (P.), *La Monarchie libérale, 1870-1922*, Paris, Hatier, 1969.
JEMOLO (A.-C.), *L'Eglise et l'Etat en Italie du Risorgimento à nos jours*, Paris, 1960.
MIÈGE (Jean-Louis), *L'Impérialisme colonial italien de 1870 à nos jours*. Paris, SEDES, 1968, 419 p.
MILZA (Pierre), BERNSTEIN (Serge), *L'Italie, la Papauté, 1870-1970*, Masson, 1970.
MILZA (Pierre), BERNSTEIN (Serge), *L'Italie contemporaine, du Risorgimento à la chute du fascisme*, A. Colin, coll. « U », 1995.
PARIS (R.), *Les Origines du fascisme*, coll. « Question d'histoire », Flammarion, 1968.
PARIS (R.), « Nationalisme et irrédentisme en Italie de l'unité à la Première Guerre mondiale », in *Matériaux pour l'histoire de notre temps*, juillet-septembre 1996, n° 43, p. 38-43.
ROMANO (S.), *Histoire de l'Italie du Risorgimento à nos jours*, Paris, Seuil, 1977.
TOBIA (B.), *Una patria per gli Italiani. Spazi, itinerari, monumenti nell'Italia unita (1870-1900)*, Bari, 1991.
VAUSSARD (M.), *De Pétrarque à Mussolini, Evolution du sentiment nationaliste italien*, Armand Colin, 1961.

CHAPITRE X

LE TEMPS DES NATIONALISMES. LA FRANCE DE 1871 À 1914

Après 1871, le nationalisme en France, en dépit de « l'Année terrible », en dépit de la profonde blessure de la défaite devant la Prusse et de la perte de l'Alsace et de la Lorraine, est loin de se résumer à la seule idée de la revanche, même si la perte des deux provinces « colore de façon originale le nationalisme français » (R. Girardet). L'essor qu'il connaît alors comme dans les autres grandes puissances européennes est dû à d'autres causes, qui ont pour noms : bouleversements sociaux, crise intellectuelle et morale, grande rapidité des mutations qui marquent cette période. Ensemble de phénomènes qui génèrent des inquiétudes et des angoisses.

Se développe tout d'abord un nationalisme républicain propagé par l'Etat lui-même, héritier des valeurs de 1789. Ce nationalisme en recherche d'une meilleure cohésion de la communauté nationale devient une méthode de gouvernement. Mais de façon tout à fait antagoniste apparaît et se développe un autre nationalisme, qui défend la Nation comme valeur prioritaire et qui s'identifie à l'Armée et à l'Eglise, considérées comme les gardiennes des grandes valeurs traditionnelles ; ce nationalisme nouveau, militant et activiste, s'en prend au premier. Deux conceptions de la nation, l'une officielle, l'autre contestataire, s'affrontent, stimulent à leur façon le sentiment national, s'efforcent de l'accaparer et de mobiliser le pays autour de leurs idéaux.

Parallèlement aux questions de l'origine, de l'essor, du contenu idéologique de l'une et de l'autre formes du nationalisme français, se posent celles de leur enracinement respectif dans l'opinion et dans l'ensemble de la société française.

Deux France en une

Au lendemain de la défaite de 1870, la France se trouvait isolée, s'affaiblissait sur le plan démographique, reculait sur le plan économique et cependant, elle avait la conviction profonde d'être encore la Grande Nation. Les uns entonnaient l'air du Progrès et de la Grandeur, le thème de la France Phare d'un monde meilleur, les autres celui de la décadence, voire de la dégénérescence, décrivaient une France assaillie par des hordes barbares venues de l'étranger. Qui croire ? Encore faut-il distinguer les réalités, celles que l'historien peut saisir et les représentations que les Français s'en faisaient ou plus exactement qu'on leur présentait dans les discours, les livres et la presse multipliés à l'envie.

Forces et faiblesses de la France

Les réalités françaises, sur tous les plans, offrent un tableau fortement contrasté :

Les réalités démographiques

La population française stagne. La France, nation la plus peuplée au temps de la révolution et du premier Empire, fait dans la deuxième moitié du siècle « la grève des ventres ». De 1890 à 1914, elle ne gagne que 1 300 000 habitants contre 16 millions à l'Allemagne et 5 à l'Italie dans le même temps. Réalité inquiétante, certaines années les décès dépassent les naissances (1895, 1900), du coup la population vieillit. En 1897, le docteur Jacques Bertillon lance un cri d'alarme dans une enquête intitulée *Le Problème de la dépopulation*. Ce vieillissement explique la loi de trois ans pour le service militaire (1913). La main-d'œuvre devient rare, le pays commence à faire appel pour ses besoins industriels à des travailleurs étrangers (belges et italiens). Cette situation démographique semble bien traduire un manque collectif de confiance en l'avenir.

Les réalités économiques et sociales

Sur le plan économique, la France, qui avait pris du retard sur le vaisseau britannique, se fait doubler par la puissance de l'industrie allemande dans les années 1880. Elle perd la place de seconde puissance économique de l'Europe. Depuis 1870, elle traverse la grande dépression avec tout un cortège d'indicateurs inquiétants : ralentissement de la croissance, crise agricole frappant durement le monde rural qui reste dominant (56 % de la population, les paysans formant encore plus de 40 % de la population active), krachs boursiers et financiers agrémentés de quelques scandales…, avec la baisse des prix et le chômage. Dans les premières années du XXᵉ siècle, le pays entre dans une nouvelle phase A, le mouvement de reprise s'amorçant à partir de 1896. Dans les années 1906-1913, l'activité connaît un taux de croissance inconnu jusque-là (4 à 5 %). Le retard industriel « se réduit très nettement par rapport à la Grande-Bretagne, et même par rapport à l'Allemagne, il est stabilisé ou diminue légèrement » (Asselain). Le développement industriel à la française continue à allier la grande entreprise à l'atelier. Le capitalisme français s'est consolidé, il a la possibilité de drainer l'épargne soit vers l'investissement industriel, soit vers des spéculations extérieures.

Si le pouvoir d'achat a globalement augmenté, si l'alimentation des familles ouvrières s'est améliorée, la Semeuse républicaine a été loin de répartir les richesses également. La société française reste donc profondément inégalitaire et fortement hiérarchisée, toile de fond sur laquelle se déroulent les crises sociales et politiques. Les républicains modérés ou radicaux ont mis en place les grandes libertés publiques, mais ils n'ont pas bâti la république sociale réclamée à grands cris par une contestation politique et syndicale violente.

Les réalités diplomatiques

Sur la scène diplomatique la France a payé cruellement le coût de la politique internationale de prestige du Second Empire. Pendant vingt ans, elle a subi la dure loi du système diplomatique bismarckien, qui visait justement à l'isoler. Or en 1914, elle a réussi à constituer autour d'elle pour sa sécurité l'un des deux grands systèmes diplomatiques existant en Europe : illustration d'une France humiliée à une France sécurisée.

En 1890, la disparition du chancelier de la scène politique européenne rend le jeu diplomatique plus souple. Le pays sort progressivement de l'isolement en faisant des choix souvent difficiles parmi les différentes cartes jouables. La France a d'abord éludé la tentation d'une entente bien hypothétique avec l'Allemagne, qui lui a été proposée par les représentants du « nouveau cours » ; une entente continentale à trois têtes Allemagne-Russie-France avec comme objectif : freiner la puissance navale britannique. Guillaume II explore cette possibilité auprès du gouvernement français notamment lors de la guerre des Boers (1898) et au moment de Fachoda (1898). Les gouvernements français ont su écarter également le danger d'un axe anglo-allemand, qui était exploré à l'initiative de l'Angleterre (1901).

Le premier grand succès diplomatique a été le rapprochement avec la Russie, d'abord sur le plan militaire, puis sous la forme d'un traité, résultat de plusieurs années d'efforts patients. En 1890, des contacts entre états-majors des deux pays eurent lieu ; en 1891, c'est la visite de l'escadre française à Cronstadt ; c'est enfin le 18 août 1892 l'accord obtenu et signé, le texte disant clairement : « Si la France est attaquée par l'Allemagne, ou par l'Italie soutenue par l'Allemagne, la Russie emploiera toutes ses forces disponibles pour attaquer l'Allemagne. Si la Russie est attaquée par l'Allemagne ou par l'Autriche-Hongrie soutenue par l'Allemagne, la France emploiera toutes ses forces disponibles pour attaquer l'Allemagne. » L'entente franco-russe eut un grand retentissement dans l'opinion française qu'elle sécurisait, on parla dans la presse du rouleau compresseur russe, on célébra la Grande Alliance. En octobre 1893, la visite de la flotte russe à Toulon fut l'occasion de grandes festivités, la Russie devint à la mode.

L'autre événement décisif fut le choix imposé avec une certaine lucidité par Delcassé, ministre des Affaires étrangères de juin 1898 à juin 1905 : le rapprochement historique avec l'Angleterre. En dépit de ceux qui souhaitaient trouver des accommodements avec l'Allemagne. En dépit des heurts des intérêts français avec la puissance anglaise dans le monde et d'une tradition anglophobe séculaire. Il ordonna au capitaine Marchand, à Fachoda, de se retirer. Grâce à ce recul, le nouveau ministre des Affaires étrangères Delcassé put progressivement déblayer les contentieux qui existaient entre les deux pays et aboutir à l'entente cordiale de 1904. La crise marocaine de 1905 montra le bien-fondé du choix qui avait été fait. A Algésiras (1906), conférence qui régla la première crise marocaine, l'Allemagne fut isolée et l'Angleterre soutint la position de son alliée, l'Entente avait fonctionné. La France, sur le front marocain, face à Guillaume II avait pu tenir bon.

Les réalités culturelles

Si l'instruction élémentaire a été démocratisée, il n'en reste pas moins qu'une très infime minorité peut prétendre accéder aux études secondaires et supérieures. Il en résulte qu'une élite seule dispose du savoir, s'impose et décide. Certes la diffusion du livre et de la grande presse rencontre un public qui s'élargit sans cesse, mais cela favorise les campagnes de presse et les manipulations de l'opinion. Certes les citoyens (et non les citoyennes) votent, mais s'ils ont écarté les anciens notables, ils s'en sont donnés d'autres. Dans la balance du régime malgré les crises et des contestations violentes pèse la stabilité retrouvée.

La langue française et la culture française exercent toujours leur rayonnement mais sont en recul. L'anglais gagne du terrain, les langues nationales dressent leurs barrières, bref la culture française se heurte à la concurrence des nationalismes culturels des autres pays. La France reste cependant un pays de culture. Paris en 1900, foyer culturel à l'aura internationale, brille d'un vif éclat. La capitale attire les peintres, les sculpteurs, les architectes, les écrivains et les intellectuels et se situe à la pointe de la modernité avant-gardiste, notamment dans le domaine de la peinture, où les écoles se font et se défont au rythme d'expériences de plus en plus hardies. Les salons, les expositions, les cafés sont des lieux où bouillonne cette effervescence créatrice. La capitale est le lieu favori des nombreux congrès scientifiques internationaux. L'éclairage de la Tour Eiffel avec l'électricité au cours de l'exposition universelle de 1900 fait de Paris la ville Lumière, au deux sens du terme.

Le double discours de la grandeur et de la décadence

En quels termes ou images les Français perçoivent-ils la situation de leurs pays ? Une certitude au moins, leur perception est évidemment très médiatisée, de plus en plus, avec les progrès rapides des moyens de communication de masse. Les registres de l'angoisse, de l'humiliation, de la décadence sont d'une particulière richesse, de même que ceux de la grandeur.

Le discours de la grandeur

Le discours républicain développe un optimisme aux multiples registres : l'optimisme démocratique appuyé sur les valeurs de 1789, présentées comme l'une des grandes conquêtes des libertés de l'histoire de l'Humanité ; l'optimisme pédagogique avec l'école conçue comme libératrice grâce au savoir ; l'optimisme scientifique justifié par les réalisations de la science : le soleil levant sur les pièces de monnaie et sur les timbres-poste à l'arrière-plan de la Semeuse est le symbole de l'aurore d'un monde nouveau préparé par le Progrès. Le spectacle grandiose des Expositions universelles en apporte la preuve concrète. Celle de 1889, exposition du centenaire de la Révolution, et surtout celle de 1900, visitée par plus de 50 millions de personnes, qui coïncide justement avec l'aube d'un siècle nouveau. Au cœur du Jura rural, *l'Union républicaine* (radicale) écrit de façon dithyrambique : « Notre patrie offre au monde une grande fête, celle destinée à glorifier les arts, l'agriculture, l'industrie et le commerce dans un tournoi pacifique éclairé par les espérances que le XXe siècle verra éclore. » Le discours républicain s'enracine dans cet optimisme-là, il tend à montrer que la République est le meilleur des régimes possibles, la France jouissant d'un modèle offert au monde.

Le thème du renouveau grâce à l'expansion coloniale est souvent repris après 1900, utilisé en opposition à l'humiliation de la défaite. Charles Roux en inaugurant l'exposition coloniale de Marseille le 4 septembre 1906 déclare : « La défaite nous oblige alors à renoncer pour longtemps à toute ambition coloniale, à penser toujours à nos provinces perdues sans en jamais parler, comme disait Gambetta, et cependant, nous avions soif de nous relever, à nos yeux et aux yeux du monde de la diminution morale et matérielle que nous avions subie ! Des hommes d'Etat perspicaces entrevoient pour notre race un nouvel avenir au-delà des mers... » Même type de propos dans la bouche de Delcassé au Sénat : « Un jour on l'a cru abattue [la France], le lendemain elle prouvait sa vitalité surabondante en fondant au-delà des mers un empire magnifique... » La France est grande, elle a une mission civilisatrice à accomplir. Au thème de la décadence de la civilisation, s'oppose l'idée de la supériorité de « notre civilisation » qui doit être communiquée aux populations conquises sur les autres continents.

Le discours insécuritaire et de la décadence

Sur le registre des angoisses sont inscrites des peurs mêlées. On a pu montrer par exemple que le mot le plus utilisé par la droite dans les années 1880 est celui de « menace » (Antoine Prost). Ce sentiment d'insécurité est accru par la pensée que le pays est envahi d'espions, une certaine presse développe une véritable espionnite, les mêmes journaux donnent le chiffre de 200 000 Allemands vivant en France et qui sont autant d'espions. La propagande antisémite propage l'image d'une France envahie par la juiverie internationale, elle comptabilise cette présence dans l'administration, l'armée, le corps préfectoral..., de quoi faire frémir les bons patriotes. Les nationalistes de droite lancent leur cri « Au secours la France est menacée ! ». Ils dénoncent le complot judéo-maçonnique. Mais la crainte, c'est aussi celle des bourgeois avec la peur du « rouge » et du « grand soir », la peur du syndicaliste, du gréviste et de l'anarchiste. Le souvenir de la Commune est toujours très présent. Les grèves ravivent cette peur. Le bourgeois s'effraye de la criminalité menaçante, des valeurs traditionnelles qui disparaissent, de l'audace scandaleuse de l'avant-garde artistique.

Le discours du déclin et de la décadence, signe d'un sentiment national inquiet, n'est pas fait non plus pour rassurer et susciter la confiance dans l'avenir. Dans le vocabulaire, où surgit fréquemment le qualificatif de « petit » (*le Petit Journal*, *Le Petit Parisien*, *le Petit Marseillais*, *La Petite Gironde*, *La Petite République*... pour s'en tenir aux seuls titres des journaux), ne peut-on pas lire une certaine résignation ? Ce vocable étant, notons-le, en pleine contradiction avec celui de la Grande Nation. Le déclin de la race est mis en avant par ceux qui dénoncent la baisse de la natalité. Les médecins agitent le fléau de l'alcoolisme, de la tuberculose. La race est attaquée dans son intégrité physique par la dégénérescence, mais aussi dans son intégrité morale, car elle perd son âme dans la jouissance d'un monde matérialiste. La morale bourgeoise a fait son œuvre. La France est « malade » de 1789. Le thème de la décadence de l'Occident avait été traité par Gobineau déjà au milieu du siècle, quelques décennies plus tard il est cultivé par les doctrines nationalistes de droite. La nouveauté est que cette mélancolie romantique d'une certaine élite est descendue jusque dans la littérature populaire, notamment la grande presse. Décadence annoncée et proclamée sans doute pour mieux revendiquer un réveil et discourir sur l'énergie.

A lire une certaine littérature de gauche, l'image de la France n'est pas mieux soignée. Le tableau brossé par *L'Assiette au beurre* est loin d'être flatteur : la corruption règne partout, la France est peuplée de coquins... La qualité des caricatures de dessinateurs de grande qualité donne à la contestation anarchisante qui s'y exprime une redoutable efficacité. Le quotidien de la CGT, *La Bataille syndicaliste*, créé en avril 1911, dénonce la classe bourgeoise fainéante, les « requins de la bande à Etienne » de la colonisation en Tunisie et au Maroc, vitupère contre un capitalisme insatiable et dominateur.

Tant au niveau des réalités qu'au niveau des représentations que peut avoir l'opinion, la France apparaît donc comme un pays contrasté, signe d'une destinée peut-être incertaine. Cependant à la veille de 1914, elle est sans aucun doute sur le plan matériel plus assurée et sur le plan moral plus sécurisée qu'au lendemain de Sedan. Au bilan, il est possible d'énumérer : un régime politique solidifié, une économie plus prospère, une situation diplomatique inversée laissant l'Allemagne avec pour seule alliée une Autriche-Hongrie affaiblie, un patriotisme républicain unifiant ou du moins dominant.

Le patriotisme et le nationalisme républicains

Les républicains au pouvoir, opportunistes de 1879 à 1898, radicaux ensuite, aspirent, dans une société française conflictuelle, à assurer la cohésion de la nation autour des grands principes hérités de la Révolution. Dans ce but, l'Etat républicain et ses gouvernements, ont été poussés à développer une religion civile, le patriotisme. La République est le régime qui sert le mieux la France, donc les républicains sont les seuls vrais patriotes. Ainsi un patriotisme officiel va-t-il s'enraciner progressivement dans la société française.

Pour réaliser cette éducation patriotique, le régime disposait de deux instruments privilégiés : l'Ecole et l'Armée. Notons immédiatement qu'existait un lien entre les deux institutions. L'Ecole magnifiait l'Armée, préparait les jeunes au service national et le cas échéant au sacrifice suprême pour la défense de la mère patrie. Un patriotisme militaire se logeait dans l'enseignement donné par l'instituteur au village. L'Ecole jouait ainsi le rôle d'une véritable préparation au service militaire. Sans parler des bataillons scolaires que Paul Bert (1833-1886), collaborateur de Jules Ferry, tenta de créer en 1882, aidé par Jean Macé (1815-1894), fondateur de la Ligue de l'enseignement et auteur en 1885 d'un *Manuel de tir à l'usage des écoles primaires, des lycées et des bataillons civiques*.

L'école de la République et le patriotisme

Les républicains ont fait porter leurs efforts sur l'école primaire. Les lois de Jules Ferry (1881-1882) établissant la gratuité, l'obligation et la laïcité, auxquelles il faut ajouter la loi-cadre de Goblet (1886), avaient pour but de soustraire la jeunesse des mains de l'autorité religieuse, d'étendre cette entreprise éducative au plus grand nombre et de libérer l'instituteur de toute pression locale dans sa tâche éducative. En achevant l'effort séculaire pour développer la scolarisation, les républicains ont démocratisé l'école élémentaire. En 1914, plus de 5 millions d'élèves fréquentent les écoles élémentaires. En revanche, les lycées, qui s'ouvrent timidement aux jeunes filles (loi Camille Sée, 1880) et l'enseignement supérieur restent très élitistes (170 000 élèves dans l'enseignement secondaire, et 42 000 étudiants dans les universités).

Or, à travers ce réseau scolaire sont enseignés un patriotisme et un nationalisme officiels, élevés à la hauteur d'une véritable idéologie dominante. Maîtriser la lecture, et l'écriture, savoir calculer en répétant les mécanismes, connaître l'histoire naturelle, la géographie et l'histoire de sa patrie, oui, mais aussi apprendre l'amour de son pays. L'école primaire a joué un rôle on ne peut plus déterminant dans l'implantation et la diffusion de ce nationalisme républicain au sein de la société française.

L'Ecole de la République enseigne un patriotisme intégré à toute une morale laïque, laquelle prône le travail, la discipline, la solidarité et l'entraide entre les hommes… Les instructions données aux maîtres, les manuels d'histoire ou de lecture, comme aussi les livres de lecture destinés aux enfants hors de l'école (ainsi *Le Tour de France par deux enfants*, 1877) développent de façon précise ou diffuse ces thèmes. Ils offrent aux enfants les modèles des grands hommes du passé comme du temps présent (Michelet, Victor Hugo, Pasteur notamment).

Le tour de France par deux enfants (1877)

Ce best-seller de la littérature de jeunesse publié en 1877 atteint en 1900 six millions d'exemplaires. Il était destiné aux élèves du cours moyen. Derrière le pseudonyme de Bruno se cache Madame Fouillée, spécialiste des ouvrages pédagogiques, compagne du philosophe Alfred Fouillée (1838-1912). Le périple des deux enfants qui quittent l'Alsace pour rester Français est le motif qui permet à l'auteur de diffuser une morale républicaine et patriotique et de faire aimer la France en la montrant à travers le voyage région après région. Livre de géographie, livre d'histoire, manuel d'histoire naturelle, il est tout cela à la fois. Orné de 200 petites gravures instructives, il revêt un caractère encyclopédique. Hormis le marteau-pilon du Creusot, il ne montre qu'une France rurale (l'industrie et l'ouvrier en sont absents), ce qui révèle en toute clarté le lectorat visé : la jeunesse rurale. Il dresse également le tableau d'une France où la pratique religieuse est évacuée, surtout dans l'édition remaniée de 1906. Bref, une histoire simple et didactique.

La France, dans cette littérature scolaire, est présentée comme une personne, incarnant une sorte de maternité collective. Elle est une mère à laquelle est due une piété filiale. Elle se substitue à la Vierge chrétienne au manteau qui protège ses enfants. Dans les textes destinés aux enfants, l'équivalence dans le vocabulaire entre mère et enfant d'un côté, patrie et jeune d'un autre côté est fréquente. De même que l'enfant a des devoirs envers ses parents, le jeune a des devoirs envers la patrie.

L'enseignement de l'histoire, au cœur de cette éducation civique, trouve naturellement sa place. Elle magnifie sous la plume de Lavisse, « l'instituteur national », les bienfaits de la République par contraste avec l'obscurantisme et les misères endurées par le peuple au temps de l'Ancien Régime. A la République démocratique qui a apporté le suffrage universel sont opposés les rois fainéants, dévergondés ou incapables. Le *Lavisse*, publié par Armand Colin, présente une histoire sainte nationale avec ses héros. Ce manuel d'histoire, dont la première édition date de 1876 et fut remanié en 1882, fut suivie de beaucoup d'autres. Il s'adresse en ces termes aux élèves du cours moyen :

> « Enfant, Tu vois sur la couverture de ce livre les fleurs et les fruits de la France. Dans ce livre, tu apprendras l'histoire de la France. »
>
> « Tu dois aimer la France, parce que la nature l'a fait belle et parce que son histoire l'a faite grande. »
>
> L'ouvrage se termine par les lignes suivantes : « En défendant la France, nous nous conduisons comme de bons fils. Nous remplissons un devoir envers nos pères, qui se sont donnés tant de peine depuis des siècles pour créer notre patrie.

« En défendant la France, nous travaillons pour tous les hommes de tous les pays, car la France, depuis la Révolution, a répandu dans le monde les idées de justice et d'humanité.
« La France est la plus juste, la plus libre, la plus humaine des patries. »

Tout l'esprit patriotique est résumé là en termes simples et clairs.

Hors de l'école

Dans le rôle de diffusion de l'idéologie patriotique, l'enseignement de l'école est prolongé par des associations à vocation culturelle et populaire. La Ligue de l'enseignement créée par Jean Macé en novembre 1866, dont la devise était *Pour la patrie, par le Livre et par l'Epée* en est un bel exemple. Les amicales laïques ou encore les sociétés de gymnastique — on en dénombre 800 en France regroupant plus de 300 000 membres —, diffusent de la même façon l'idéal républicain ; de même, les bibliothèques populaires installées dans les écoles de village, gérées par les instituteurs.

Les images ont fourni également des supports à la propagande du patriotisme républicain. A partir de 1879, les républicains popularisèrent par exemple le tableau de Pils représentant Rouget de Lisle chantant pour la première fois *la Marseillaise* à Strasbourg. Ils en firent faire d'innombrables copies. L'exhibition de bustes, l'érection de statues ont joué également leur rôle. *Marianne au combat* ou *Marianne au pouvoir* (Agulhon), guerrière ou apaisée, agrémentée de ses attributs qui changent au gré des attitudes des républicains au pouvoir, modérés ou radicaux, était chargée de susciter l'adhésion, voire l'affection.

La place de l'Armée

L'Armée tient une grande place dans la nation. Elle est présente dans de nombreuses villes de garnison. Les manifestations militaires hors des casernes sont fréquentes : défilés, retraites, musiques militaires. La presse locale annonce et rapporte ces manifestations. L'Armée participe aux défilés du 14 juillet décrété fête nationale depuis 1880 par les républicains. La musique militaire joue *Sambre et Meuse*, sur son passage, on se découvre. L'armée est le symbole de la nation ; Emile Faguet (1847-1916) en 1900 écrit que « la nation se définit par son armée comme le hérisson se distingue des autres espèces par ses dards ». Ainsi la patrie se confond-elle avec l'Armée. Le militarisme reste inséparable du patriotisme. Les revues politiques et littéraires avant l'affaire Dreyfus consacrent des articles à *Notre Marine, Notre Artillerie...* L'Armée est sacrée et pure, opposée à une France de décadence et de scandales ; alors que toutes les valeurs se dégradent, elle seule est une institution stable.

En 1871, l'armée de la défaite était à reconstruire. Thiers y pensa aussitôt. La loi du 27 juillet 1872 établit le principe du service obligatoire avec des cas d'exemption d'une durée de cinq ans. La loi de juillet 1889 ramène le service à trois ans. En 1905, celui-ci est rabaissé à deux ans. La France avait alors 570 000 hommes sous les drapeaux, encadrés par 23 000 officiers. Devant la montée de la militarisation allemande, à fin d'équilibrer les effectifs d'outre-Rhin, en août 1913, la durée du service a été portée à trois ans avec comme objectif de hisser les effectifs à 750 000 hommes (l'Allemagne en ayant, elle, 850 000). Et pourtant lors des législatives de 1914, les partis qui avaient fait de l'abolition de la loi de trois ans l'un de leurs thèmes de campagne reçurent l'assentiment d'une majorité de l'opinion.

Si l'Armée a fait l'objet de toutes les attentions au lendemain de la défaite, la dernière décennie du siècle est marquée cependant par une certaine désaffection. Le souvenir de la défaite s'estompe. Un antimilitarisme provocateur apparaît, c'est le temps de l'anarchisme qui exècre le patriotisme. Une série de romans antimilitaristes sont publiés à partir de 1890 ; ces romans firent scandale car ils dépouillaient l'Armée de son auréole. La première de ces parutions fut *Sous-Offs* de Louis Descaves. La caserne y est décrite comme un lieu sordide où les appelés sont livrés à des officiers qui sont des brutes. Le sommet blasphématoire est atteint par le *Joujou patriotique* de Remy de Gourmont (1901), qui ose flétrir et ridiculiser la Revanche. Attentat scandaleux qui déclencha un tollé général dans la grande presse. Ces œuvres, minoritaires, traduisent tout de même un affaiblissement patriotique dans les milieux cultivés : les enfants de la bourgeoise, habitués à une vie facile, trouvent fort rude le temps du service militaire. Le résultat est que le moral de l'armée est mauvais, d'autant qu'elle est mise en cause dans l'affaire Dreyfus. Le nombre des candidats à Saint-Cyr chute.

Mais un redressement a lieu après 1905. La montée des dangers face à l'Allemagne fait que la nation se resserre autour de son Armée. Jaurès lui-même est amené à réfléchir sur ces questions dans *L'Armée nouvelle* (1911). « Agathon », pseudonyme des deux écrivains nationalistes Henri Massis et Alfred de Tarde, écrit en 1913 dans son enquête sur *Les jeunes gens d'aujourd'hui, le goût de l'action, la foi patriotique, une renaissance catholique, le réalisme politique* : « Le sentiment qui est au fond de toutes les consciences juvéniles, celui qui unanimement s'accorde avec les directions profondes de leur pensée, c'est la foi patriotique... », témoignage qui s'applique surtout à la jeunesse privilégiée. Pour les autres, la jeunesse rurale en particulier, il est certain que l'enseignement de l'instituteur a commencé à porter ses fruits.

A la veille du premier conflit mondial, livres et articles de presse rédigés à la gloire de l'Armée se multiplient, en dépit d'un courant syndicaliste et socialiste antimilitariste et pacifique qui dit « guerre à la guerre ! ». Tous exaltent de manière enfiévrée les vertus de la guerre « régénératrice », « rédemptrice », « de caractère divin ». Dans *L'Opinion*, journal poincariste, on écrit : la guerre, « un mot nouveau, tout neuf ». Les pages les plus significatives de cette littérature sont celles de *L'Appel aux armes* de Psichari (1913), petit-fils de Renan.

D'un nationalisme à l'autre

« Le nationalisme des nationalistes » qui forme « une nouvelle droite », est un aspect du malaise qui traverse la société française dans la seconde moitié du XIXe siècle. La terre qui meurt, l'industrialisation accélérée, la monstruosité des villes, l'angoisse et la peur devant les grandes mutations qui bousculent la vie quotidienne, l'irruption des masses sur la scène sociale et politique, le bouleversement des valeurs constituent le terreau naturel dans lequel ce nationalisme prend racine. Il faut y ajouter l'antisémitisme et l'Alsace-Lorraine. Nous souhaitons suivre ici avec plus de précision le rôle joué par la montée du racisme et la perte des deux provinces dans la naissance de ce nationalisme.

L'antisémitisme : les racines anciennes et nouvelles

Tous les courants du nationalisme sont marqués par la haine de l'étranger, des « cosmopolites », des « métèques ». L'antisémitisme est au cœur de ces doctrines. Sans l'antisémitisme, on ne peut comprendre l'affaire Dreyfus. Le phénomène n'est pas nouveau. La nouveauté est la vague qui déferle sur la France depuis le milieu du siècle, plus encore depuis les années 1880. Mais cette vague vient de loin.

L'antisémitisme catholique ancien est réactivé. En 1840 avait éclaté l'affaire de Damas, un enfant juif enlevé, baptisé, caché et placé dans un couvent. L'Eglise catholique s'en prend traditionnellement au judaïsme. Le journal *La Croix* fondé par les Assompsionnistes en juin 1883 se glorifiait d'être le journal le plus antisémite de France. Ce quotidien tirait à partir de 1892 à 170 000 exemplaires. Dans *L'Univers* de Veuillot comme dans la revue *Association catholique*, organe du catholicisme social, on trouve des diatribes contre les juifs. L'édition et la presse catholique étaient imprégnées de ce thème et le diffusaient. Le clergé rural était loin d'y être insensible.

Sur le plan intellectuel, des antécédents existent. Gobineau (1816-1882) avait mis en avant l'idée de l'inégalité des races dans son *Essai sur l'inégalité des races humaines* (1853-1855). Il hait tout particulièrement le mélange des races, qui selon lui conduit l'Occident au déclin. Renan de son côté avait adopté l'idée de l'infériorité de la race juive et de la supériorité de la race aryenne, conception qu'il avait empruntée à l'Allemagne ; dans *Histoire générale des langues sémitiques* (1855), il écrivait : « Je suis donc le premier à reconnaître que la race sémitique, comparée à la race indo-européenne, représente réellement une combinaison inférieure de la nature humaine. » Le même écrivait d'ailleurs en 1871 dans la *Réforme intellectuelle et morale* déjà citée : « La nature a fait une race de travailleurs de la terre, c'est le Nègre. La nature a fait une race de maîtres et de soldats, c'est la race européenne. »

Il faut noter également l'existence d'un antisémitisme dans la gauche socialiste que l'on peut repérer chez Fourier, Proudhon, antisémitisme basé sur l'anticapitalisme. En 1844, Alphonse Toussenel, fouriériste, publiait par exemple un ouvrage au titre significatif, *Les juifs, Rois de l'époque*.

Après 1880 apparaissent deux grandes nouveautés. Tout d'abord se développe un racisme qui se veut scientifique. L'argumentation raciste n'est pas nouvelle, nous l'avons rappelé plus haut ; s'y ajoute désormais une prétention scientifique qui professe un déterminisme selon lequel l'individu est déterminé dans tout ce qu'il fait, intellectuellement et moralement, par sa race. Deux pensées ont contribué fortement à cette évolution. Celle d'Hippolyte Taine d'abord (1828-1893), qui professe dans une vision conservatrice, hostile à toute révolution, un déterminisme rigoureux faisant de la race, du milieu et du moment, le triple conditionnement des individus (*De l'intelligence*, 1870). Celle de Jules Soury ensuite. Ce dernier, professeur de psychologie physiologique, a été le maître à penser du déterminisme. Il a publié de nombreux ouvrages par lesquels il a popularisé sa conception de la nature humaine. Selon lui n'existe aucune liberté de l'individu, aucun libre arbitre. Le monde est gouverné par des lois fatales, auxquelles on ne saurait échapper. Soury écrit : « Tous les êtres vivants sont des automates. » L'homme est mu par des instincts qui viennent de sa race, il est prédestiné. L'aryen est courageux, le sémite veule, ils le sont par leur nature. Il en tire toutes les conséquences : puisqu'il n'y a pas de choix, il n'y a plus de morale, en raison de l'impossibilité de choisir entre le bien et le mal. Dans le monde n'existent donc que des forces, des forces qui luttent entre elles. Les forts naturellement l'emportent : « *Malheur aux vaincus !* » s'écrie-t-il. Or il y a des races fortes et des races faibles, courageuses ou veules.

La deuxième nouveauté est la vigueur nouvelle et l'abondance de la littérature antisémite. De nombreux ouvrages paraissent en effet et la presse se déchaîne. Parmi les ouvrages qui ont exercé une grande influence, il faut citer *La France juive* d'Edouard Drumont, véritable best-seller paru en 1886 (200 éditions différentes). Drumont (1844-1917), catholique, antirépublicain, voyant et prophète, utilise toutes les ressources de l'imprimé pour débusquer l'ennemi sous toutes ses formes. Il est aussi le fondateur de la *Libre parole* en 1892, quotidien qui atteindra 100 000, puis 200 000 exemplaires. Il combine habilement, dans un style violent, l'antijudaïsme avec une haine d'essence populiste contre la finance juive. L'anticapitalisme qu'il professe lui fait développer le thème du travailleur ruiné par la Banque sémitique. Il lui arrive de citer Proudhon et Marx (sur lequel curieusement il ne pointe pas son doigt antisémite vengeur). L'objectif : dénoncer le fait que la France est « enjuivée », les juifs sont partout dans l'Administration, l'Armée ; la République laïque selon lui est en fait l'œuvre des juifs. Il fabrique ainsi une forte synthèse explicative de tous les malheurs du temps. L'antisémitisme est « comme la leçon de morale, écrit-il, sans laquelle l'histoire ne serait qu'une accumulation de faits incompréhensibles... » ; chez lui l'antisémitisme donne donc tout son sens à l'histoire.

Ces idées véhiculées pénètrent dans les différentes couches de la population. D'autant que, depuis 1880, la France subit les effets de la dépression économique qui engendre une longue crise avec chômage, contexte qui suscite la xénophobie.

L'arrivée en France des juifs chassés d'Europe orientale peut donner une apparence de justification à l'argument de l'invasion. En fait, en 1866, 90 000 Français seulement se réclament du culte israélite. Au moment de l'affaire Dreyfus, il n'y a pas plus de 100 000 juifs en France (pour 39 millions d'habitants). La nouveauté dans leur présence est une certaine concentration sur Paris (un tiers environ), avec un recul en Alsace. Cette poussée sur la capitale peut donner l'impression que le juif pullule (Drumont), et offre une certaine consistance à la littérature antisémite.

Et le rôle de la Revanche ?

Le souvenir de la défaite de 1870 et l'amputation qui a suivi ont laissé des traces profondes. Le souvenir de la blessure prend des formes différentes et varie en intensité selon la conjoncture diplomatique.

Au moment du traité de Francfort, le 10 mai 1871, l'Alsace avait une population de 1 628 000 habitants. Sa cession à l'Allemagne avait été imposée par Bismarck lors des préliminaires de la paix de Versailles du 26 février 1871. Le traité prévoyait que les Alsaciens et les Lorrains avaient deux ans pour faire leur choix, rester ou partir pour conserver la nationalité française. Plus de 150 000 Alsaciens choisiront de quitter leur pays pour conserver la nationalité française. Un grand nombre de conscrits, pour échapper au service militaire allemand, ont été amenés à déserter. En 1879, 10 000 sur les 40 000 étaient normalement incorporés dans l'armée allemande.

Le traumatisme de la défaite a été d'autant plus grand que celle-ci a été une surprise. L'humiliation dans les années qui suivent est forte, elle s'estompera avec le recul du temps à la fin du siècle, pour être ravivée après 1900 en raison de l'aggravation des tensions avec l'Allemagne.

Le choc de la défaite doublé de celui du spectre de la guerre civile de la Commune engendrent toute une réflexion sur les causes de pareils faits chez les intellectuels. Il suscite une curiosité à l'égard de la Prusse victorieuse. Ainsi Renan (1832-1892), maître à penser de son temps, archéologue et philologue, historien des origines du christianisme, dans *La Réforme intellectuelle et morale*, rédigé à chaud au lendemain de la défaite, en 1871, écrit-il : « La France a donc là une pointe d'acier enfoncée en sa chair, qui ne la laissera plus dormir [...]. La victoire de l'Allemagne a été la victoire de l'homme discipliné sur celui qui ne l'est pas, de l'homme respectueux, soigneux, attentif, méthodique sur celui qui ne l'est pas ; ç'a été la victoire de la science et de la raison ; mais ç'a été en même temps la victoire de l'ancien régime, du principe qui nie la souveraineté du peuple et le droit des populations à régler leur sort. Ces dernières idées, loin de fortifier une race, la désarment, la rendent impropre à toute action militaire... » Il propose de prendre la Prusse comme modèle pour assurer le redressement de la France. Finalement, Renan développe une pensée élitiste : face à la Prusse la faiblesse de la France a été selon lui justement l'absence d'une élite ; il est hostile au suffrage universel, montre une attitude méprisante à l'égard de la « foule ignorante ». De son côté, Ernest Lavisse (1842-1922), au lendemain de la défaite, part pour l'Allemagne pour essayer de percer le mystère de la victoire allemande et les causes de la défaite française. Il en ramène une thèse en 1875 qui porte comme sous-titre *Essai sur l'une des origines de la monarchie prussienne.*

Les deux provinces perdues posent par ailleurs la question de la définition même de la nation. S'élève alors un vif débat entre les historiens français et allemands à ce sujet. Les premiers face aux Allemands récusent la notion purement linguistique de la nation. Conception qui est ancienne en Allemagne au moins depuis 1830, idée que la patrie allemande est partout, où *klingt* (résonne) la langue allemande, parce qu'elles parlent l'allemand, l'Alsace et la Lorraine sont donc allemandes... L'historien allemand Théodore Mommsen (1817-1903), spécialiste de l'Antiquité, avait repris cette thèse. Son collègue français Fustel de Coulanges (1830-1889) lui répond avec vigueur dans une lettre de 1870 : « Vous croyez avoir prouvé que l'Alsace est de nationalité allemande parce que sa population est de race germanique et parce que son langage est l'allemand. Mais je m'étonne qu'un historien comme vous affecte d'ignorer que ce n'est ni la race, ni la langue qui fait la nationalité [...] La langue n'est pas non plus le signe caractéristique de la nationalité. On parle cinq langues en France, et pourtant personne ne s'avise de douter de notre unité nationale. On parle trois langues en Suisse : la Suisse en est-elle moins une seule nation et direz-vous qu'elle manque de patriotisme ? D'autre part on parle anglais aux Etats-Unis ; voyez-vous que les Etats-Unis songent à rétablir le lien national qui les unissait autrefois à l'Angleterre ? Vous vous targuez de ce qu'on parle allemand à Strasbourg ; en est-il moins vrai que c'est à Strasbourg que l'on a chanté pour la première fois *la Marseillaise* ? [...] Ce qui distingue les nations, ce n'est ni la race, ni la langue. Les hommes sentent dans leur cœur qu'ils sont une même communauté d'idées, d'intérêts, d'affections, de souvenirs et d'espérances. Voilà ce qui fait la patrie. Voilà pourquoi les hommes veulent marcher ensemble, ensemble travailler, ensemble combattre, vivre et mourir les uns pour les autres. La patrie, c'est ce que l'on aime. »

De son côté, dans la même lignée, Ernest Renan, le 11 mars 1882, au cours d'une conférence en Sorbonne essaie de répondre à la question *Qu'est-ce qu'une nation ?* Il la définit comme « le consentement mutuel, le désir de vivre ensemble, la volonté de continuer à faire valoir l'héritage que l'on a reçu indivis [...] Une volonté commune dans le présent, avoir fait de grandes choses ensemble, vouloir en faire encore, voilà les conditions essentielles pour être un peuple [...] ».

Le souvenir et la blessure de 1871 ont été entretenus par la littérature. Pas seulement par les poèmes patriotiques et martiaux de Déroulède, les *Contes du lundi* d'Alphonse Daudet (1873) avec notamment le récit si émouvant de *La dernière classe* ; *l'Année terrible* de Victor Hugo, les romans régionalistes du duo Erckmann-Chatrian que l'on retrouve fréquemment dans les bibliothèques populaires, mais aussi toute une série de romans moins connus entretiennent la nostalgie. Le souvenir sera ravivé avec une vigueur nouvelle après 1900. Alors paraissent de nombreux romans qui évoquent les provinces perdues. René Bazin publie *les Oberlé* (1901), Maurice Barrès, *Colette Baudoche* (1909), mais également des auteurs moins connus comme Paul Acker, *Les Exilés*, Jeanne Régamey, *Jeune Alsace*, qui parmi d'autres entretiennent la nostalgie. De la même façon, la coiffe de la petite Alsacienne et la flèche de la cathédrale de Strasbourg sont popularisées par une abondante iconographie. « Le folklore alsacien et lorrain conquiert une place importante dans la mythologie nationale » (Raoul Girardet). Il connaît une grande popularité avec les œuvres de Hansi, en fait Jean-Jacques Waltz, publiées à Paris à la veille de la guerre, avec notamment *L'Histoire racontée aux petits enfants. Mon village*, qui montre, textes et images à l'appui, l'Alsace sous la domination allemande. Les pères y font le serment suivant : « Nous jurons, tant pour nous que pour nos enfants et leurs descendants, de revendiquer éternellement le droit des Alsaciens et des Lorrains de rester membres de la Nation française... » Si Remy de Gourmont dans le *Joujou Patriotique* écrivait de façon provocatrice en 1901 : « Personnellement, je ne donnerai en échange de ces terres oubliées l'Alsace et la Lorraine, ni le petit doigt de ma main droite, il me sert à maintenir ma main quand j'écris, ni le petit doigt de ma main gauche, il me sert à secouer la cendre de ma cigarette » ; à la veille de la guerre, réchauffant le sentiment patriotique, le thème des deux provinces perdues est redevenu à la mode.

Parallèlement, la curiosité à l'égard de la réussite allemande, une réussite qui au fil des années ne s'affirme pas seulement sur le plan militaire, ne faiblit pas. En témoignent les touristes français qui font le voyage en Allemagne de 1870 à 1914. La défaite n'a pas freiné le mouvement des voyageurs vers l'Allemagne. Bien au contraire, ces voyages se poursuivent en dépit des aléas des relations entre les deux pays. Les visiteurs rapportent des récits dont beaucoup sont publiés. Si le mouvement est faible dans les années qui suivent immédiatement la défaite, ce qui s'explique par une littérature qui exalte le patriotisme et présente l'image repoussante d'une Allemagne militaire, les années quatre-vingt ont vu un engouement plus grand, puis plus modéré. En dépit de la montée du nationalisme et de la renaissance du mythe alsacien, des crises marocaines, le mouvement, loin d'être freiné après 1900, s'est accentué. Il est au plus haut en 1912. La curiosité, l'envie de comprendre l'emportent sans doute sur toutes les autres considérations.

Il est clair que la défaite de Sedan et que la perte de l'Alsace et de la Lorraine restent une blessure grave au cœur de la société française, pendant toute la période, avec une intensité variable. Mais il est non moins vrai que la naissance du nouveau nationalisme ne s'est pas constitué et n'a pas grandi uniquement sur ce terrain-là. Il a d'autres causes plus profondes et plus complexes.

Naissance de l'autre nationalisme : les affrontements

De 1871 à 1914, le régime traverse deux très graves crises à la faveur desquelles le nouveau nationalisme prend corps, s'éloigne et prend ses distances avec le nationalisme républicain : la crise boulangiste d'abord (1886-1889), l'affaire Dreyfus ensuite (1894-1899).

La crise boulangiste

Depuis dix ans les républicains opportunistes dirigeaient le pays. Ces républicains étaient modérés, socialement conservateurs. La politique qu'ils conduisaient suscitait des mécontentements dans le pays. La crise boulangiste tire son origine d'une immense déception à l'égard de la République, dont les classes populaires avaient beaucoup attendu. Cette déception est double.

La première est d'ordre institutionnel. Le législatif semble disposer de trop de pouvoir, l'exécutif paraît trop faible, ce dont témoigne l'instabilité ministérielle. Depuis 1879, il y a eu 14 ministères et 78 hommes politiques qui ont fait partie des différentes combinaisons gouvernementales ! Tout cela est brocardé par les journalistes, les chansonniers, les caricaturistes. La critique a d'abord été d'origine radicale contre la constitution de 1875, mise en place par une chambre à majorité monarchiste. Le sentiment que le pays n'est pas gouverné, que le pouvoir est accaparé par une petite minorité, que la République est impuissante et incapable de préparer la revanche, s'insinue et sert de terreau à l'aspiration à un régime fort. Dans l'opinion monte une opposition contre les députés, qui sécrète un certain antiparlementarisme.

La seconde déception est d'ordre social. Depuis 1882, une crise économique de longue durée, « la grande dépression », provoque un climat social alourdi (grève de Decazeville en 1886, grève des ouvriers du bâtiment à Paris en 1888). Le mécontentement surgit chez les ouvriers, mais aussi au sein des classes moyennes ouvertes désormais aux grands courants d'opinion grâce à la presse.

De surcroît, à l'automne 1887 éclatait le scandale des décorations. Des hommes politiques attribuaient des décorations moyennant rétribution ; le gendre de Jules Grévy, président de la République, Daniel Wilson, était compromis. Il vendait la Légion d'honneur pour subventionner une entreprise de presse. L'affaire ébranla un peu plus le régime et renforça la vague antiparlementaire. L'Etat était atteint, Jules Grévy dut démissionner, le 2 décembre 1888 (il est aussitôt remplacé par Carnot). Autant d'éléments qui se combinaient pour créer une situation de crise, qu'un homme providentiel pouvait chercher à utiliser. Or, cet homme providentiel existait : le général Boulanger.

Georges Boulanger est né en en 1837 à Rennes ; entré à Saint-Cyr à 17 ans, il parcourt une carrière militaire rapide. Il participe à des campagnes en Algérie (1857), en Italie, en Cochinchine (1861), en Tunisie. En 1870, il est lieutenant-colonel. Une chance pour lui, blessé, il ne prend pas part à la semaine sanglante du printemps 1871 qui écrase la Commune. Il devient en 1880 le plus jeune général de sa promotion. Plusieurs fois blessé, on exaltera le soldat courageux dans la propagande qui se développera autour de lui. L'homme est ambitieux, habile, charmeur, aime le panache, les beaux chevaux et les beaux uniformes.

Le 8 mai 1886, grâce aux recommandations de Clemenceau auprès de Freycinet, chef du gouvernement, Boulanger devient ministre de la Guerre. Il sait au cours de son passage au gouvernement par des mesures habiles améliorer la vie des soldats, ce qui le rend populaire dans l'Armée. L'affaire Schnaebelé, ce fonctionnaire français enlevé en avril 1887 pour raison d'espionnage par la police allemande sur les frontières de l'Est, lui donne la possibilité de tenir un discours de fermeté face à Bismarck, qui fait relâcher le commissaire français. Boulanger apparaît alors comme celui qui a été capable de faire reculer le chancelier de fer : il acquiert une grande popularité et devient le général Revanche. Cette popularité inquiète les hommes au pouvoir, ils cherchent à se débarrasser d'un personnage devenu encombrant. Suite à la constitution d'un nouveau gouvernement, le général est dessaisi de ses fonctions ministérielles le 17 mai 1887.

A partir de ce moment, il se drape dans le vêtement du chef d'un vaste mouvement d'opposition. D'autant que le gouvernement en fait un martyr en le limogeant, puis en le mettant à la retraite. Ce mouvement prend forme en 1888. Le signe en est la constitution le 18 mars d'un *Comité républicain de Protestation nationale*. Le boulangisme, — l'œillet rouge est adopté comme signe du ralliement — est un phénomène de communication. La publicité de l'époque (placards, chansons, images d'Epinal, la presse bon marché...) est largement utilisée pour populariser le personnage. On entre dans l'ère de la publicité politique et de la propagande à grande échelle. De 1888 à 1889, plus de 3 millions de portraits, de brochures, de photographies seront distribués. Un journal voit le jour, *La Cocarde*, dont le plus fort tirage est de 400 000 exemplaires. Mais le mouvement peut compter encore sur *L'Intransigeant,* de l'ancien communard Rochefort (Henri Rochefort, né en 1831, pamphlétaire, élu député en 1869, avait pris part en effet à la Commune. Condamné et déporté, il est rentré à Paris en 1880 grâce à l'amnistie), et aussi de *La Presse*. Le boulangisme est la première tentative pour fabriquer à grande échelle auprès des masses la figure d'un homme providentiel.

Boulanger rallie sur son nom tous les mécontentements. D'autant que dès le départ, il a joué habilement de l'ambiguïté ; à l'origine, il a eu comme protecteur le duc d'Aumale (un des fils de Louis-Philippe), qui le fera général ; mais il connaissait Gambetta, était lié également avec les républicains et les radicaux, notamment Clemenceau. C'est sur recommandation de ce dernier qu'il était devenu ministre de la Guerre. Ambitieux, il a su tisser avec habileté des relations politiques utiles.

Dans le mouvement d'opposition au régime qui le soutient, on trouve le plus grand mélange : des socialistes, des radicaux, des bonapartistes, des patriotes, en particulier Paul Déroulède qui avait fondé en 1882 La Ligue des Patriotes, organisation qui milite pour une réforme constitutionnelle ayant pour objectif de rétablir l'autorité de l'Etat (le mouvement atteindra 182 000 adhérents), ainsi que des monarchistes, qui espèrent que le général rétablira la royauté ! Boulanger est donc le lieu géométrique de tous les espoirs, des espoirs les plus contradictoires. Existent donc des boulangismes : un boulangisme radical qui met l'accent sur la réforme de la Constitution de 1875 entâchée du péché originel d'avoir été votée par une Chambre monarchiste, un boulangisme socialiste qui aspire à la réforme sociale, un boulangisme patriotique qui met l'accent sur la Revanche, Déroulède en est le prophète, un boulangisme royaliste, qui attend la Restauration. Toutefois, progressivement, les soutiens se déplaceront de la gauche vers la droite. Les campagnes électorales seront financées en effet par les monarchistes, qui espèrent grâce à ce nouveau Monck rétablir de manière inespérée la royauté en France.

L'objectif est donc de faire disparaître un régime malade. Il s'agit de donner à la République un autre système de gouvernement. Car, pour les partisans de Boulanger, elle a été confisquée par une poignée de parlementaires opportunistes, compromis, qui exercent sur le pays une véritable dictature. Les boulangistes veulent une démocratie appuyée sur le suffrage universel, mais dirigée par un chef d'Etat doté d'autorité. Boulanger pense que le pays est en attente d'un gouvernement fort. Depuis le printemps 1888, le programme tient en trois mots, « Dissolution, Révision, Constituante ».

Boulanger se présente à toutes les élections partielles. C'est un journaliste bonapartiste, Thiébaud, qui eut l'idée d'utiliser les élections législatives partielles pour faire la démonstration par le suffrage de la popularité du général. Boulanger entreprend selon le mot de Barrès un « *steaple chase* ». La stratégie visée est un plébiscite obtenu par des élections à répétition.

Le début de l'année 1889 place la popularité du général au plus haut de sa courbe. Le 27 janvier 1889, suite à la mort d'un député radical de Paris, a lieu une élection législative partielle. Paris est alors un bastion de la République, un bastion de gauche : la ville est passée au radicalisme par refus de Napoléon III et de l'ordre moral de 1873. Les amis du général le pressent de se présenter, ce qu'il fait. Il a pour adversaires un conseiller municipal de Paris, Jacques, radical modéré, favori de cette élection et un candidat socialiste, Boulé, ouvrier terrassier, présenté par les guesdistes et les blanquistes. Les radicaux mirent au défi Boulanger de venir se présenter. Tous les adversaires de Boulanger soutiennent Jacques et le général au départ semble donc avoir fort peu de chance de l'emporter. Or, après une campagne fort active : 100 000 affiches placardées, tracts et chansons distribués en grand nombre dans la capitale, le général est élu très nettement avec 245 236 voix (57 % des suffrages exprimés). En position de force, ses partisans lui conseillent de marcher sur l'Elysée.

Maurice Barrès, dans *L'Appel au soldat* (1900), décrit la soirée du 27 janvier 1889, à l'heure où les résultats tombent : « Au premier étage du restaurant Durand s'achevait dans le plus grand désordre un dîner de vingt-cinq couverts, présidé par Déroulède. Dans la salle du rez-de-chaussée, dans les escaliers et dans les couloirs, c'était une cohue de dévouements bruyants qui, à travers les rues, noires d'une foule pressée, avaient couru [...] pour apporter les chiffres de la victoire. Chaque résultat partiel augmentait la majorité du chef et faisait déborder la joie dont était comblé, depuis les premiers chiffres, le cœur des grands lieutenants... Ils discutaient bruyamment et de la manière la plus compromettante l'opportunité d'un coup de main... Le général demanda quelques minutes de solitude. Demeuré avec ses intimes dans un cabinet, il subit leur assaut, leur instante prière de réaliser par un acte le vœu plébiscitaire de la Seine... Déroulède développa que tout homme a dans sa destinée deux courbes, une ascendante, une descendante, "Vous êtes arrivé au point d'intersection, au sommet, mon Général !"

« A tous leurs plans d'action immédiate, Boulanger répondit :

« Et si j'échouais ?... Vous dites que je réussirai ; je le crois ; mais pourquoi voulez-vous que j'aille conquérir illégalement un pouvoir où je suis sûr d'être porté dans six mois par l'unanimité de la France ? (Des élections législatives en effet devaient avoir lieu à l'automne)... Si le prince Louis-Napoléon avait eu la patience d'attendre un nouveau verdict populaire, il eût épargné à sa mémoire les massacres de décembre. L'Empire est mort du Deux-Décembre. »

Suite à ce refus d'entrer dans l'illégalité, le mouvement éclate très vite en raison de toutes ses contradictions, d'autant que le gouvernement a eu le temps de s'organiser devant le danger. Il modifie la loi électorale en interdisant les candidatures multiples, s'emploie à discréditer Boulanger, fait courir le bruit de son arrestation prochaine. Celui-ci s'enfuit en Belgique. Privé de son chef le mouvement s'effrite, et les élections du 22 septembre 1889 sont catastrophiques (44 élus seulement).

Cette crise a eu des conséquences politiques importantes. Elle a obligé les républicains dans leur diversité (opportunistes, radicaux) à faire face, donc à se rassembler. Finalement, le régime en sort victorieux et renforcé. Les socialistes sont obligés, audelà du populisme boulangiste, de réviser leur stratégie et de s'organiser : l'épisode a donné un coup de fouet au mouvement ouvrier. Cette crise enfin a été le moment où se constitue le premier noyau du « parti national ». L'aspiration à un pouvoir fort, l'antiparlementarisme, l'antisémitisme, l'exaltation du sentiment national : autant d'ingrédients contestataires dispersés dans la nébuleuse boulangiste, mais que l'on retrouve dans le nationalisme fin de siècle, notamment au cours de l'autre grave crise : l'affaire Dreyfus.

L'affaire Dreyfus (1894-1899)

Le climat antisémite

L'affaire Dreyfus prend racine dans l'exacerbation d'un nationalisme de droite, conservateur et antisémite. Depuis 1880, l'antisémitisme ambiant multipliait les slogans hostiles aux juifs et tentait d'imprégner les esprits par leur diffusion à travers divers canaux. On a pu montrer que les deux thèmes de l'espionnage militaire et de la trahison juive ont été développés à satiété dans la presse catholique, dans certains romans, dans une presse qui cultivait le militarisme, voire dans les chansons (au caf'conc, on chantait la *Marche des espions*, où il était question de la horde des espions qui envahissait la France). Une véritable psychose de l'espionnage avait été créée, et le traître était désigné d'avance. Aussi, le 1er novembre 1894, la *Libre Parole*, le journal de Drumont, pouvait-il titrer triomphalement : *Haute trahison, Arrestation de l'officier juif A. Dreyfus*. Le journal qui développait le thème de l'espionnage juif depuis 1892 tenait donc sa preuve, enfin ! Tout était bon alors pour vitupérer contre les juifs, jusqu'à la Tour Eiffel, élevée pour l'Exposition de 1889. Qualifiée de tour juive, qui plus est d'un juif allemand, cet « antimonument » était dénoncé « comme un perchoir commémoratif de la vanité juive » ! Le centenaire de la République est présenté comme une fête juive par *La Croix*.

Les épisodes

L'Affaire est marquée par des rebondissements et des coups de théâtre. Rappelons brièvement les faits : le père du capitaine Dreyfus est un industriel de Mulhouse, qui avait choisi après 1870 la nationalité française. Or Alfred Dreyfus est accusé d'être le traître ayant livré des documents confidentiels à l'Allemagne ; les soupçons se sont portés immédiatement vers lui, car il incarne tous les archétypes de la trahison véhiculés dans la presse. Il est l'exemple qui confirme toutes les thèses propagées depuis des années par les antisémites. Pour eux, l'affaire est exemplaire, elle vaut toutes les preuves. *La Libre parole* révèle l'Affaire dès le 29 octobre 1894, avant le jugement qui a lieu seulement en décembre. Quand intervient la condamnation, la presse unanime est satisfaite. Même de futurs dreyfusards montent au créneau pour dire leur satisfaction ; face à l'état de l'opinion, Dreyfus est complètement isolé.

C'est de la famille que survient la première réaction, de Mathieu notamment, frère du condamné, qui ne cesse de combattre admirablement pour la révision du procès. Il engage un jeune journaliste, Bernard Lazare. Celui-ci, de tendance anarchiste, est de ce fait sans sympathie particulière pour l'Armée. Dès l'été 1895, il travaille à une brochure qui doit établir l'innocence du condamné et du déporté au bagne de l'île du Diable.

Pendant que Lazare travaille à son dossier, des informations nouvelles proviennent de l'Armée elle-même. Le lieutenant-colonel Picquart, nommé à la tête du 2e Bureau, étudie avec curiosité le dossier et arrive à la conviction qu'un autre coupable possible existe : le commandant Esterhazy (son écriture ressemble à celle du fameux bordereau, pièce accusatrice de Dreyfus dans le dossier). Avec courage, Picquart fait part de ses convictions à ses supérieurs et les confie au *Matin* (10 novembre 1896). Or, la hiérarchie militaire ne souhaite pas rouvrir le procès et en conséquence Picquart est envoyé en exil en Tunisie.

De son côté, Bernard Lazare réussit à faire publier à Bruxelles en novembre 1896, *Une Erreur judiciaire : la Vérité sur l'affaire Dreyfus*, éditée à 3 500 exemplaires (il publiera deux autres brochures en 1897 et 1898 chez Stock). Lazare adresse sa brochure à des journalistes ; il obtient fort peu d'écho. Cependant, dès novembre 1896, il rencontre Emile Zola et Jean Jaurès qui le reçoit d'ailleurs assez froidement. La presse s'empare des données jetées dans le public. Un premier noyau de dreyfusards (appelés révisionnistes parce qu'ils demandent la révision du procès) se constitue. Des intellectuels s'engagent, parmi eux Lucien Herr, bibliothécaire à l'Ecole Normale Supérieure, Daniel Halevy, Charles Péguy…

Mathieu publie une lettre où il établit la culpabilité de Esterhazy, qui se révélera être le véritable traître ; la réplique de la presse antisémite ne se fait pas attendre : Esterhazy est présenté comme la victime des juifs ! Il sera acquitté par le Conseil de guerre (11 janvier 1898).

Le véritable tournant de l'Affaire est la publication par Zola dans *l'Aurore* d'une lettre ouverte au président de la République intitulée *J'accuse !* (13 janvier 1898), tirée à 300 000 exemplaires. L'article a un retentissement exceptionnel et vaudra à son auteur un an de prison. Clemenceau se jette dans la bataille. Des rebondissements surviennent. En effet, le 7 juillet 1898, le ministre de la Guerre Cavaignac brandit en séance le fameux faux d'Henry qui accuse la « canaille », mais quelques jours plus tard le capitaine Cuinet découvre que ce document est un faux ; en août 1898, le colonel Henry, qui reconnaît être l'auteur de ce « faux patriotique », se suicide. Dès lors, les nationalistes sur la défensive s'efforcent de changer de terrain en déplaçant l'Affaire de la question de la culpabilité ou de l'innocence de Dreyfus à celle de la nécessité de sauver l'honneur de l'Armée, donc de sauver la cohésion de la nation.

L'Affaire n'est pas seulement une bataille d'intellectuels. Des manifestations se développent également dans la rue. Les deux camps d'ailleurs s'organisent. Les antidreyfusards, à l'origine les plus actifs, provoquent une agitation. C'est d'abord la tentative avortée de coup de force Déroulède sur l'Elysée en février 1899 ; il tente ce que n'avait pas voulu faire en dépit de ses conseils Boulanger dix ans plutôt. Les manifestations se multiplient dans les jours qui suivent l'article de Zola. On se bat au Quartier latin. Les professeurs dreyfusards sont chahutés. Des manifestants au cours d'émeutes violentes crient « Mort aux juifs ! Mort à Dreyfus ! » dans les grandes villes : Nantes, Bordeaux, Tours, Poitiers, Toulouse... A Marseille, les boutiques des juifs sont attaquées. Cette agitation des nationalistes aux allures factieuses a pour conséquence de mobiliser davantage les républicains. Elle révèle en tout cas que l'antidreyfusisme était un mouvement de masse appuyé sur un antisémitisme diffus répandu dans la société française.

Les antidreyfusards bénéficient pour leur propagande de l'existence de ligues anciennes ou nouvelles : la Ligue des Patriotes de Déroulède qui avait vu le jour en 1882 ; La Ligue de la Patrie Française organisée en janvier 1899. François Coppée, Jules Lemaître, Barrès, 23 académiciens en font partie, elle eut peut-être 100 000 adhérents et voulut être une réplique à la Ligue des Droits de l'homme ; la Ligue antisémitique fondée par Drumont en 1890.

Les dreyfusards organisent des meetings, à Paris notamment. La Ligue pour la défense des Droits de l'homme est créée par le sénateur Trarieux, ancien ministre de la Justice, en février 1898. Elle collecte de l'argent pour établir la vérité. Son recrutement reste limité : 10 000 adhérents. Toutefois, elle acquit une grande audience et joua un rôle important pour obtenir la révision du procès qui eut lieu à Rennes en septembre 1899. De nouveau jugé coupable mais avec des circonstances atténuantes, Dreyfus fut condamné à dix ans de réclusion puis grâcié par le président Loubet.

Les antidreyfusards semblent avoir dominé la grande presse, notamment les quatre grands : *Le Journal*, *Le Petit Journal*, *Le Matin*, *Le Petit Parisien* ; *Le Progrès* de Lyon est l'un des rares journaux de province a être pour la révision dès le début. Un petit journal de la Bresse louhanaise, *L'Indépendant de Saône-et-Loire*, créé en 1887, pourtant radical et feuille républicaine militante, est d'abord antidreyfusard sans excès, il passera après 1898 dans le camp dreyfusard, mais de façon tout à fait modérée. En revanche, les dreyfusards ont eu le soutien d'un jeune éditeur, Pierre-Victor Stock, qui à 35 ans se lança avec ardeur dans le combat pour la révision du procès. Il venait de se mettre à son compte en juin 1896 et entra en relation avec Bernard Lazare et la Ligue des Droits de l'homme, de même Mathieu Dreyfus devint un habitué de son bureau. Il publia quelque 126 ouvrages, surtout des brochures pour la défense du condamné tirées à des milliers d'exemplaires. Il a fait également imprimer une image d'Epinal, *Histoire d'un innocent*, reproduite à plusieurs dizaines de milliers d'exemplaires. Le bureau de l'éditeur a été ainsi l'un des centres nerveux du dreyfusisme.

L'affrontement n'a peut-être pas affecté aussi profondément l'ensemble de la population qu'on a pu le croire. A-t-elle divisé chaque famille (pensons au fameux dessin de Caran d'Ache du *Dîner familial : Ils en ont parlé !*) ? Les manifestations ont été surtout urbaines. Il semble que la France rurale soit restée davantage à l'écart. Dans le Jura, département républicain et radical, si le boulangisme a été peu présent, la bataille autour de Dreyfus a été vécue avec calme (la présence de ligues ou de conférences a été très réduite) ; toutefois on note qu'un curé rural a tenté d'ameuter ses ouailles dans une pétition contre ceux « dont le cri de ralliement est : *Vive Dreyfus ! A bas l'Armée ! Guerre à Dieu !* ».

Epilogue : le 12 juillet 1906, la Cour de cassation casse le jugement de Rennes et réhabilite Dreyfus, qui est réintégré dans l'Armée, de même que Picquart.

Les conséquences

Elles sont importantes, cette crise achève la modernisation de la vie politique française.

L'affaire Dreyfus révèle la puissance du courant nationaliste ; celui-ci, antérieur à la crise, achève de prendre les formes qu'il gardera en tant qu'idéologie au XXe siècle, un nationalisme de droite aux couleurs révolutionnaires d'agitation, de refus de la République, qui prend de plus en plus ses distances avec le patriotisme républicain. Du boulangisme, il a hérité l'antiparlementarisme, son populisme, son goût de l'agitation, et son sens de la propagande par la presse… Barrès (et d'autres) lui apporte l'antisémitisme (rappelons que Boulanger n'était pas antisémite, même si dans son entourage gravitaient des antisémites).

La gauche dans sa diversité, gauche républicaine et gauche socialiste, a été lente à se mettre en mouvement, cette crise lui a révélé la nécessité de la formation pour la lutte de partis politiques structurés : le parti radical se formera en 1901, la SFIO en 1905. L'idée d'un complot fomenté par l'Armée et l'Eglise et l'urgence de la défense républicaine ont redonné une jeunesse nouvelle à la mobilisation républicaine.

Le régime sort renforcé de l'Affaire, du moins veut-il en faire la démonstration par des actes symboliques. L'inauguration de la statue de Jules Dalou, *Triomphe de la République*, le 19 novembre 1899, au-delà du nom même de l'œuvre, est une affirmation de la victoire du régime sur l'agitation nationaliste ; la foule immense qui déferle lors de cette manifestation démontre de façon éclatante que le régime républicain a désormais des racines populaires profondes. De même, la réunion spectaculaire sous la présidence du président de la République du banquet des 20 777 (sur 36 000) maires de France dans le cadre de l'Exposition universelle est et veut être une preuve symbolique de la solidité du régime.

La victoire politique, elle, sera consacrée par les élections législatives de mai 1902. Dans la lutte, la défense républicaine s'était constituée, elle trouva sa traduction électorale dans la formation du Bloc des Gauches, qui obtint une majorité écrasante (366 élus contre 220 à la droite) ; cette victoire électorale est à considérer comme la première manifestation de la dynamique dite de l'union de la gauche (« *Pas d'ennemis à Gauche !* »).

Par ailleurs, l'idée du complot a contraint les républicains à l'offensive contre l'Eglise en s'attaquant aux congrégations qui échappaient au contrôle de l'Etat. D'abord sous le gouvernement de Défense républicaine de Waldeck-Rousseau : en 1900 la congrégation des Assomptionnistes est dissoute puis une loi de 1901 sur les congrégations autorise la fermeture des écoles non autorisées. Ensuite, après la victoire électorale de 1902 du bloc des Gauches sous le ministère d'Emile Combes (1902-1905) à l'origine de la loi de séparation des Eglises et de l'Etat qui fut votée en décembre 1905. Quant à l'Armée, les républicains ont tenté de républicaniser ses cadres en assurant la promotion d'officiers républicains au détriment d'officiers monarchistes, dont beaucoup étaient issus de vieilles familles aristocratiques. Dans cette perspective, le général André, ministre de la guerre, au sein du gouvernement Combes fit tenir des registres sur les attitudes politiques des officiers grâce à des renseignements communiqués par les loges maçonniques. Lorsque cette pratique fut révélée, elle suscita un grand scandale, « le scandale des fiches », à l'origine de la chute du gouvernement Combes.

Enfin, l'Affaire a montré l'impossiblité d'une jonction de la gauche républicaine et socialiste avec le « parti national », solution que Barrès avait envisagée, comme elle avait pu exister un instant dans la confusion à l'époque du boulangisme. La cassure est dès lors nette. Elle s'explique par des idéaux inconciliables, d'un côté la gauche qui croit aux droits de l'homme, à l'universalité de la loi, de l'autre côté un nationalisme xénophobe, raciste, pour lequel un homme ne vaut pas un homme, qui oppose à l'universalité le particularisme. Deux visions du monde sont donc en présence. Les nationalistes font de l'unité de la nation la valeur suprême, ils sont conduits à écarter les revendications sociales ; de ce fait, ils deviennent les alliés de toutes les droites et de tous les conservatismes. De là, la rupture avec le mouvement ouvrier.

A la sortie de la crise, si les dreyfusards sortent vainqueurs et si le régime républicain se trouve renforcé, le nationalisme de droite n'a pas pour autant disparu.

Le nationalisme activiste et « révolutionnaire » : les doctrines

Le nationalisme nouveau, au fur et à mesure qu'il s'éloigne du nationalisme républicain, se définit en construisant des systèmes doctrinaux. Ce nationalisme français n'est pas isolé, il appartient à tout un courant de pensée qui traverse l'Europe affectée d'une crise intellectuelle et sociale. Dans la France républicaine, il peut être interprété comme une réaction d'opposition à un régime dominant et centralisé. Maurice Barrès et Charles Maurras, les deux grands théoriciens de ce nouveau nationalisme, ont cependant trouvé dans le traditionalisme de la première moitié du siècle des éléments qu'ils ont incorporés à leurs systèmes ; de même, ils ont retenu certaines des leçons des maîtres de la génération précédente, Taine ou Renan par exemple. Dans leur originalité respective, ces doctrines ont également en commun d'être « une méditation sur la décadence » (R. Girardet).

Maurice Barrès (1862-1923)

Maurice Barrès a été le chantre du nationalisme pendant l'affaire Dreyfus. Zeev Sternhell, dans son *Maurice Barrès et le nationalisme français*, a montré de façon convaincante que Barrès exprimait le malaise intellectuel de l'époque. Dans l'évolution de la pensée barrésienne, on peut distinguer deux grandes étapes, dans lesquelles apparaît cependant un axe commun : le rejet global du monde de son temps.

1 – La première période est marquée par un nationalisme romantique qui « exprime les sentiments qui donnent du prix à la vie », le « refus de la décadence », le refus de la société industrielle et du conformisme bourgeois. La révolte individualiste romantique a été assez vite transposée au plan de la révolte nationale. Ce malaise pousse Barrès à une révolte généralisée contre tout ce qui est. Dans *Les Déracinés*, il décrit une jeunesse avide de faire sa place. Les sept jeunes Lorrains déracinés se retrouvent sur le tombeau de Napoléon pour rêver de gloire. Anticapitaliste, antilibéral, Barrès aspire à un pouvoir fort ; il y a également un socialisme barrésien. C'est la phase boulangiste et post-boulangiste. L'engagement de Barrès dans le boulangisme date d'avril 1888. Boulanger remporte alors ses premiers succès. L'écrivain passe au service du général et arrive au boulangisme en rejoignant son aile gauche, d'origine radicale. « Son boulangisme sera résolument républicain, se réclamera de 1789, de 48 et de la Commune et sera d'un anticléricalisme militant. De plus, il sera caractérisé par un souci social certain » (Z. Sternhell). Dans le boulangisme, Barrès voit une révolte de la jeunesse contre des politiciens repus. Au cours de ce premier engagement dominent l'antiparlementarisme et la révolte contre l'ordre établi, il n'y a pas ou peu d'allusion à l'Alsace et à la Lorraine. La perte des deux provinces ne semble donc pas déterminante à l'origine de cet engagement.

En janvier 1889, Barrès quitte Paris et s'installe à Nancy, pour faire campagne pour le général. Il abandonne sa carrière littéraire et construit une doctrine boulangiste qui se veut cohérente, un boulangisme personnel. Il fonde un journal, le *Courrier de l'Est*, dont le n° 1 paraît le 22 janvier 1889 (parution jusqu'en 1892). Dès lors, il est devenu un véritable militant lancé dans le combat. Il s'attaque avec vigueur au parlement, symbole de l'ordre bourgeois et de la démocratie libérale, dénonce les intrigues, les futilités, l'insolence du pouvoir. L'antiparlementarisme reste chez Barrès jusqu'à la fin une constante de sa pensée politique. A l'origine du mal dénoncé existe la Constitution de 1875. L'instabilité ministérielle empêche toute action coordonnée, la rançon en est l'immobilisme et l'instabilité tout à la fois. Pour lui, le régime parlementaire est incompatible avec la démocratie, c'est-à-dire avec le suffrage universel. Dans le régime parlementaire, seule, affirme-t-il, une classe de privilégiés se dispute le pouvoir. A ses yeux, tous les grands problèmes doivent être soumis à la nation par référendum. Il dénonce aussi la corruption des milieux politiques et la collusion avec les milieux d'affaires (scandale de Panama). Le parti révisionniste est « le parti des honnêtes gens » écrit-il. Le boulangisme à ses yeux a le mérite de « nous donner un changement de régime sans révolution », il est une troisième voie entre l'immobilisme opportuniste et la révolution sanglante.

Après l'échec du général, Barrès reste attaché à cette idée : « il faut un homme qui soit l'expression du pays », un seul homme doit personnaliser les aspirations populaires, comprendre l'instinct du peuple et l'incarner. Dans les années qui suivent l'effondrement du mouvement, il tente de théoriser un boulangisme socialisant et antisémite. Il cherche des idées et des perspectives qui permettent au-delà des clivages sociaux d'assurer l'intégration des couches sociales déshéritées. A Nancy, Barrès avait découvert la question sociale : jusqu'à l'affaire Dreyfus, elle occupe une place importante dans sa pensée et l'entraîne vers un populisme qui puise certains éléments dans le radicalisme et chez les socialistes. « Nous sommes la sainte canaille de 1789, de 1830, de 1848… », écrit-il alors. Il fait le procès de la bourgeoisie, qui a accaparé l'héritage de la monarchie. Le boulangisme est présenté comme le dernier rempart qui peut assurer à l'ouvrier sa protection face à l'aristocratie bourgeoise. « Le socialisme de Barrès est surtout une forme de populisme antibourgeois et anti-industriel, il prône la fraternité des déshérités et une certaine forme de xénophobie » (Z. Sternhell). Il écrit en novembre 1889 : « Socialisme ! c'est le mot où la France a mis tous ses espoirs… Soyons donc socialistes ! » Encore : « Le socialisme d'Etat, c'est tout notre espoir. Un homme installé dans la place, un pouvoir fort pourrait imposer ses volontés, ouvrir les murs aux déshérités ». Barrès propose l'organisation d'une caisse de retraite pour les travailleurs, une réforme de l'impôt, la protection des travailleurs français contre la main-d'œuvre étrangère, et la reconnaissance de la personnalité civile des syndicats. Il tente donc de créer un « socialisme national ». Ajoutons qu'il s'attaque aux expéditions coloniales, où « les fils du peuple ont seuls sacrifié leur vie ». Plus tard, il évoluera sur ce point.

Il ajoute à son système l'antisémitisme. Pour Barrès, l'antisémitisme a un objectif stratégique, rendre possible l'unité de la nation contre l'étranger, permettre de dépasser les clivages économiques et sociaux.

2 – Avec l'affaire Dreyfus, entre 1897 et 1902, la pensée de Barrès prend un tournant décisif. Il évolue vers un nationalisme étroit, agressif, mettant en cause les fondements de la République. Plus que jamais, il défend l'idée d'un gouvernement fort, capable de maintenir l'unité de la nation ; surtout, il rompt avec la philosophie des Lumières du XVIIIe siècle et ses grands principes : l'universalisme, le rationalisme, l'individualisme. Il est violemment antidreyfusard.

Dans l'Affaire, Barrès voit désormais « une lutte de race ». La grande nouveauté qu'il apporte dans son raisonnement et son système d'idées est le déterminisme. L'individu est déterminé par des forces profondes auxquelles il ne saurait commander. Elles nous viennent automatiquement de la race, de la nation, de la famille. Dès lors, il peut écrire « je n'ai pas besoin qu'on me dise pourquoi Dreyfus a trahi », comprenons il l'a fait en raison de sa race. L'homme n'est plus acteur de son histoire, il est agi. Etre nationaliste c'est accepter ce déterminisme que nous portons, qui est notre loi et que nous ne pouvons que reconnaître. D'où le culte de la Terre et des morts, qui nous déterminent, qui font ce que nous sommes. Barrès a retenu la leçon de Jules Soury.

A propos de l'Affaire, il applique à la justice implacablement son système, il n'y a pas une justice absolue, une Vérité universelle. « Il n'y a qu'une justice à l'intérieur d'une même espèce », et encore : « je me révolte si la loi n'est pas la loi de ma race ». La conséquence en est que l'humanité est ramenée à un ensemble de groupes placés côte à côte, qui luttent, en un état permanent de guerre, chacun faisant sa loi et sa justice. L'intérêt national étant la valeur fondamentale, Barrès accuse les dreyfusards d'être des criminels qui troublent l'ordre social et la paix publique, qui ébranlent donc la cohésion et l'unité de la nation au nom d'une justice qu'un Français ne devrait pas regarder comme une valeur absolue. Il écrit : « Quand même leur client serait innocent, ils demeureraient criminels. » Pour lui, la culpabilité et la non-culpabilité sont secondaires. Ce qui compte, c'est l'unité de la nation. Mieux vaut maintenir une injustice que de briser la société. Seule prime la raison nationale, conception proche de celle de Charles Maurras. Dès lors, Barrès bascule du côté des forces conservatrices, il n'est plus le révolté du boulangisme ! Sur lui se sont exercées des influences fortes, celles de Drumont, l'homme de la *Libre Parole*, celle de Jules Soury, le théoricien du déterminisme du comportement humain.

Déroulède (1846-1914) ou la république plébiscitaire

Déroulède tient une place à part dans le parti nationaliste, il y représente un tempérament particulier d'homme d'action.

Soldat, il a été blessé en 1870, et sur le plan moral il ne se guérira jamais de la blessure infligée par la défaite. Sa pensée constante, le point fixe de sa pensée, est la Revanche. Il a d'abord été républicain gambettiste, il reste républicain, mais réclame une réforme constitutionnelle, qui donnerait à la France un pourvoir fort capable de préparer la Revanche. Il écarte tout ce qui peut distraire le pays de cet objectif. Il est par exemple constamment hostile, à la différence de Barrès ou de Clemenceau, à la conquête coloniale. Il souhaite, contre le parlementarisme, l'appel permanent au peuple. Il préconise l'élection du Président de la République au suffrage universel, l'utilisation du plébiscite pour arbitrer entre un pouvoir exécutif fort et un pouvoir législatif gardant l'initiative des lois. Au fond, il est favorable à un régime présidentiel.

Il a cru trouver en Boulanger le porte-drapeau de la Revanche et à ce titre le général lui paraît être l'homme indispensable. Déroulède apporte au boulangisme l'appui d'une structure de masse, celle de *La ligue des patriotes*, qu'il avait créée en mai 1882 avec le soutien de Gambetta, dont le but était de « développer les forces morales et physiques de la nation ». Antidreyfusard, hostile au révisionnisme concernant le procès, il ne voit dans l'affaire qu'un complot ourdi par l'étranger contre la Revanche. Croyant bénéficier du fait de son patriotisme militaire d'une grande renommée dans l'armée, il pense avoir la capacité en février 1899, au lendemain de la mort du président de la République Félix Faure, de rallier l'Armée grâce à son verbe et de s'emparer de l'Elysée. Après ce coup d'Etat manqué, il sera expulsé en Espagne et ne pourra rentrer en France qu'en 1905 grâce à une amnistie.

Déroulède a connu une très grande popularité grâce à ses poésies militaires. Cet orateur populaire a été un poète patriotique, il a publié en 1872 les *Chants du soldat* (en 1914, ses *Chants du soldat* auront eu 230 éditions successives) ; suivront également des *Nouveaux chants du soldat, Marches et sonneries, Refrains militaires*, autant de titres significatifs. Ces poésies sont apprises dans les écoles de la République, même si ses œuvres sont écartées des programmes après 1889 en raison de sa participation active au boulangisme. Par ses poèmes, il s'efforce pieusement d'entretenir l'idée de la Revanche. Il a eu une influence également par son journal *Le Drapeau*, qu'il transforme en quotidien en 1901 avec le soutien de Barrès.

Charles Maurras (1868-1952)

Maurras présente un autre aspect du nationalisme doctrinal. On rencontre chez lui un fort tempérament et un système d'idées qui se veut d'une logique impeccable et implacable. Par ailleurs, il achève la jonction du nationalisme avec le traditionalisme en y ajoutant le Roi, ce que ne faisait pas Barrès, promoteur « d'un traditionalisme musclé » (P. Milza).

Le chef de l'Action française, a d'abord été un poète et un esthète, un militant de la littérature et de la poésie avant d'être un militant politique. Jeune poète, il est disciple de Mistral, et ami de Moréas. Ce méditerranéen est un admirateur de l'Antiquité grecque, hostile au romantisme nordique et surtout allemand, ce romantisme qu'il qualifie de « barbarie ». Il ne vient véritablement à la politique qu'avec l'affaire Dreyfus.

Un petit groupe d'intellectuels issu de *l'Union pour l'action morale,* de Paul Desjardins avait pris l'initiative en juillet 1899 de fonder une petite revue d'abord bimensuelle portant le titre d'*Action française*. A l'origine, elle se proposait de dégager la double « noblesse » du « parti réactionnaire » et du « parti socialiste », de préparer par le débat la paix entre eux. Toujours cette idée de dégager des convergences. Ce n'est qu'un peu plus tard que Maurras imposera sa vision et son système d'idées monarchiste à la revue, dont il deviendra le maître à penser. Cette revue se transformera en quotidien en mars 1908.

Maurras ne s'était pas impliqué complètement dans le boulangisme, même s'il avait pris contact avec Barrès à cette époque, même s'il collabora en 1894-1895 à *la Cocarde*. Son premier véritable écrit politique, *Trois idées politiques,* date de 1898 : il y dénonce tout à la fois le romantisme et la révolution comme expressions de la passion. Au cœur de son système de pensée, il y a cette idée que la France est au bord du gouffre, par la faute du régime républicain et de la démocratie. En 1913, il écrit de façon lapidaire : « Le mal qui nous arrive à tous les peuples qui tombent en démocratie. » A la différence de Barrès, il a des prétentions scientifiques et a la conviction d'arriver à ses conclusions par la voie de la raison. Ce n'est pas un hasard si le même Barrès, en dépit d'une réelle amitié,3 tenait Maurras à une certaine distance critique.

Ce dernier tente de faire la synthèse des droites, à un moment où celles-ci paraissent essoufflées ; il cherche à leur offrir une perspective nouvelle, et espère ouvrir à la royauté une possibilité de restauration. Il mêle le traditionalisme, dont il garde la vision d'une France décentralisée, et la conviction du péché mortel que représente 1789, à la xénophobie, à l'antisémitisme, à un nationalisme de défense, le tout fondu dans une démarche intellectuelle qui se veut positiviste. Il écrit en 1900 dans *Le Soleil* : « Comme le parti catholique les royalistes sont catholiques (de raison, de sentiment, ou de tradition) et ils tiennent à la primauté du catholicisme. Comme le parti antisémitique ils sont antisémites. Comme le parti de M. Paul Déroulède, ils souhaitent un pouvoir responsable et fort. Comme les modérés et les décentralisateurs, ils veulent l'autonomie de l'enseignement, les franchises des communes et des provinces [...] Essentiellement, le royalisme correspond aux divers postulats du nationalisme : il est lui-même le nationalisme intégral... ». Ce cocktail d'idées fait que chaque sensibilité conservatrice pouvait y trouver de quoi être satisfaite.

Cherchant à adopter une démarche rationnelle, Maurras engage une *Enquête sur la Monarchie* (1900). A la suite de cette enquête, il proclame : « C'est la raison qui veut le Roi. » Son nationalisme et son monarchisme ne sont pas de cœur, ils sont de raison. La Monarchie est le gouvernement naturel de la France, c'est la grande faute de la Révolution d'avoir détruit cet ordre naturel. Vision de l'histoire qui n'est pas nouvelle, qui est empruntée au traditionalisme de Maistre et de Bonald. Il était donc en désaccord avec Barrès sur la question de l'héritage de 1789, qu'il refuse absolument.

Pour son projet national et royaliste, Maurras a besoin d'une base populaire. Il serait prêt à intégrer un certain socialisme anti-étatique, utopique, et serait assez proche de l'anarcho-syndicalisme, mais à une condition, que celui-ci abandonne ses convictions démocratiques et « cosmopolites ». Il écrit en 1912 que le nationalisme et le syndicalisme sont les deux grandes forces qui gouvernent le monde moderne et lance cette exhortation : « Expliquons le nationalisme aux syndicalistes. Expliquons le syndicalisme aux nationalistes. » Il nie bien entendu la lutte des classes et écrit en 1909 dans *l'Action française* : « Les classes peuvent être hostiles en apparence, elles sont solidaires au fond. Les unes et les autres ont un même intérêt à la prospérité du composé qu'elles forment sous le vocable de Nation. » La création des Cercles Proudhon (1911), les tentatives de liaisons avec le syndicalisme jaune n'aboutiront pas, l'Action française ne réussira pas à mordre sur le prolétariat à la différence de la démocratie chrétienne représentée par A. de Mun, qui réussit dès 1871 une certaine implantation avec ses cercles ouvriers catholiques.

Ce qui caractérise le maurassisme au-delà des idées, c'est la violence verbale : « la Gueuse » (la République), l'utilisation de clichés : « les métèques », le manichéisme et un certain simplisme de la pensée. C'est aussi son activisme avec la présence dans la rue des *Camelots du roi* dont le nom apparaît en 1908. Le système maurrassien n'est d'ailleurs pas à une contradiction près : le rationalisme proclamé est en opposition avec la violence verbale passionnelle, l'anti-étatisme s'accorde assez mal avec une exaltation de l'Etat qui est liée au nationalisme, le positivisme est également en contradiction avec la foi catholique d'un grand nombre d'adhérents. Le mouvement en raison de sa logique avant 1914 a attiré quelques intellectuels, mais son audience reste tout de même limitée : le journal tire à 30 000 exemplaires, le mouvement ne réunit sans doute pas plus de 20 000 adhérents.

Les grands courants de ce nouveau nationalisme ont constitué un corpus d'idées, qui ne sera pas oublié dans l'entre-deux-guerres. On a pu qualifier de façon peut-être un peu aventurée ces systèmes doctrinaux de fascistes ou de préfascistes. Ce qui fait par trop abstraction des racines françaises de leur inspiration (traditionaliste, bonapartiste..), mais il est vrai que ces idées seront reprises dans un autre contexte. Pour l'heure, pour qu'il y ait véritablement fascisme, il manque sans doute une audience plus large, surtout il manque le chômage massif des années vingt en Italie et trente en Allemagne, et la peur du bolchevisme.

Deux nationalismes antagonistes : un fond commun ?

Les deux « versions » du nationalisme en France dans les premières années du XXe siècle s'affrontent violemment, présentent des visions du monde irréconciliables. On s'arrache le patriotisme, on jure de sa propre sincérité en dénonçant l'antipatriotisme de l'autre. Une étude portant sur le département du Jura à travers deux journaux, *La Croix du Jura*, et *l'Union républicaine* (radicale) montre combien ces deux visions sont véhiculées jusque dans les profondeurs du pays. Et cependant à y regarder de près, les deux nationalismes ont quelques références communes : « Il serait erroné d'imaginer une cloison étanche qui les isolerait l'un et l'autre » (Michel Winock).

Un patrimoine minimun

La différenciation s'est faite progressivement, l'écart entre les deux conceptions est le produit d'évolutions dont on a retracé plus haut les différentes étapes. Le cas de la Ligue des patriotes est à cet égard exemplaire. Elle a été créée en 1882 avec l'aide des républicains, Gambetta en particulier, or elle se détachera du tronc républicain pour devenir un rameau du nationalisme antiparlementaire. La synthèse avortée de Barrès est aussi un autre indice de cette origine commune. Le nationalisme républicain et le nationalisme de droite ont donc emprunté des routes divergentes. A l'arrivée, il reste toutefois un minimum de références communes, un patrimoine minimum.

Tout d'abord chacun possède son Panthéon à magnifier, mais dans les deux galeries figurent quelques héros communs à célébrer : Henri IV et surtout Jeanne d'Arc, cette Jeanne dont les nationalistes multiplient les statues dans le pays et que les républicains n'ont pas voulu leur laisser.

Jeanne d'Arc : héroïne républicaine
(Discours de Joseph Fabre au Sénat, 8 juin 1894)

« C'est depuis la Révolution que Jeanne d'Arc est devenue populaire. Les Hoche et Marceau nous ont fait comprendre la grande héroïne, et sa renommée, qui devait monter à son comble au lendemain de nos épreuves de 1870, a grandi à proportion que grandissait en France le sentiment populaire du patriotisme jusqu'alors si imparfait qu'on avait pu voir les Guise, les Rohan, les Condé, les Turenne, les Charette et tant d'autres admettre des pactes d'union faits avec l'ennemi. [...]

« Reste à notre République, à notre Parlement républicain l'honneur d'acquitter envers Jeanne d'Arc la dette de la patrie que la Monarchie n'a pas su payer. [...]

« Il s'est trouvé des gens qui ont dit : la République n'a pas qualité pour fêter Jeanne qui était une cléricale. Et là-dessus on parle de sa piété, de ses visions, de ses voix. Oui, cette Jeanne, qui devant le tribunal ecclésiastique de Rouen devait représenter si magnifiquement les droits sacrés de la conscience [...] était une croyante, une chrétienne pieuse. La voudrait-on libre-penseuse au quinzième siècle ? [...]

« On ergote encore sur ce point que Jeanne était royaliste. Imagine-t-on par hasard qu'elle aurait pu être républicaine ? Représentant les traditions et les intérêts de tous, lien vivant du passé et de l'avenir, le roi personnifiait la France. Etre royaliste alors, c'était être patriote. On nous dit : s'il y a deux fêtes, l'une sera cléricale, l'autre républicaine. [...] A l'objection, je réponds : non. Il y aura deux fêtes républicaines : l'une, la fête de la liberté, intéressant particulièrement ceux qui ont par-dessus tout le culte de l'œuvre de la Révolution ; l'autre, la fête de Jeanne d'Arc et du patriotisme, intéressant tous les Français, qui comprendront qu'il est un jour dans l'année où les partis doivent faire trêve, où tous les cœurs doivent s'unir pour exalter nos gloires nationales.

« [...] Si vous refusez de voter la proposition de loi, les adversaires de la République persisteront à célébrer la fête de Jeanne d'Arc ; le résultat, c'est qu'il y aura une fête cléricale à côté de la fête du 14 juillet, la fête blanche à côté de la fête tricolore. »

Ensuite et surtout, les deux nationalismes sont convaincus de la supériorité de la France sur les autres nations, même si la France qu'ils vénèrent n'est pas la même. Ils ont la même conception morale du devoir patriotique. L'un et l'autre enseignent que le citoyen doit être prêt à mourir pour défendre la Patrie. L'Armée est choyée par l'un et l'autre courants. Les républicains par héritage jacobin, les nationalistes au nom d'une véritable mystique. Le passé militaire, de Bayard aux soldats de l'an II, joint à la Défense nationale de 1870, est exalté en commun. Autant d'éléments qui constituent le socle de la future *Union sacrée*.

Le test des livres de jeunesse

Les lectures proposées aux enfants sont les miroirs des grands choix des adultes, cela est bien connu. La période a multiplié les livres de jeunesse, livres de classe, livres de lectures récréatives ou encore livres de prix. Or, dans cette littérature destinée à la jeunesse se détache un double Panthéon antagoniste. Chaque camp, le camp catholique (éditions Mame, à Tours) et le camp laïque et républicain (éditions de Jules Hetzel, ami de Jean Macé, puis celles de Hachette qui domine le secteur après 1890), offre à la jeunesse ses personnages modèles qui ont illustré le passé national.

Ces éditions concurrentes incarnent donc une double pédagogie patriotique et chaque série d'ouvrages présente sa propre galerie de héros. Dans une perspective d'éducation morale et religieuse, l'édition catholique privilégie les saints et les ecclésiastiques et quelques grands soldats (Jean-Baptiste Vianney, saint Vincent de Paul, Bugeaud, Mac-Mahon...) ; du côté laïque, sont privilégiés Carnot, Jules Ferry, Victor Hugo, Faidherbe, Gambetta, Voltaire, Michelet..., mais on ignore Robespierre, Marat... L'accent est mis sur les défenseurs de la liberté, les hommes de science, ceux qui se sont illustrés dans le droit fil des valeurs de la Révolution de 1789.

En dépit du fossé qui sépare profondément les deux galeries et qui marque très nettement la ligne de partage entre les deux France, existe un Panthéon commun avec quelques héros fédérateurs qui sont : Saint Louis, Henri IV, Bayard, Jeanne d'Arc, Richelieu, parmi quelques-uns.

Finalement, à la veille de la Première Guerre mondiale, le patriotisme républicain est bien implanté dans l'opinion, C'est bien ce discours-là qui a pénétré le plus profondément dans les têtes ; en 1914, des générations d'élèves sont passées entre les mains de l'instituteur, en dépit de la montée en puissance du courant nationaliste contestataire à revendication autoritaire en rupture avec le régime républicain, qui est d'ailleurs très loin d'être adopté par toutes les droites.

Est-ce à dire que la France, sous le coup de cette double propagande qui a déversé et semble avoir imposé dans les têtes les thèmes et les slogans nationalistes, échauffé le sentiment national, enfiévré les esprits, est tout entière vouée et abandonnée au chauvinisme le plus cocardier et le plus guerrier ? Le cas de Peguy qui passe dans le camp nationaliste après 1905 a-t-il valeur d'exemple général ?

On pourrait le penser à en juger par les grandes poussées de fièvres nationalistes qui scandent toute la période, de l'affaire Schnaebelé aux crises marocaines, en passant par la tension avec l'Italie en 1893 ou encore l'excitation patriotique au moment de Fachoda. On serait tenté de le croire, à constater le mépris et l'arrogance des Français à l'égard des autres peuples. On se gausse de la lourdeur allemande. On affiche une condescendance méprisante à l'égard des Italiens, que l'on déteste d'autant plus qu'ils viennent « voler » des emplois aux travailleurs français en émigrant... Nul doute que les manifestations multiples de chauvinisme existent.

Mais il faut tout à la fois distinguer les moments, les grandes poussées patriotiques qui correspondent à de grandes campagnes de presse, distinguer Paris où l'agitation nationaliste est à son comble, emmenée par l'Action française, et la province sans aucun doute beaucoup plus calme, distinguer les villes et la campagne, démêler ce qui est superficiel de ce qui est plus profond, disons plus clairement ce qui est campagne de presse et état réel des esprits.

Il y a tout d'abord dans le pays des voix qui parlent pour la paix. Certains ont cherché à organiser juridiquement la paix au plan international, de Victor Hugo (1802-1885), qui en 1869 a présidé à Lausanne le Congrès de la paix, qui a planté le

« Chêne des Etats-Unis d'Europe », à Léon Bourgeois (1851-1925), radical solidariste, qui représente la France aux conférences de la Paix à la Haye en 1899 et 1907. Si des écrivains chantent les vertus de la guerre, d'autres comme Anatole France et Romain Rolland militent pour le pacifisme.

Dans les couches sociales, le pacifisme a gagné des enseignants, des universitaires ou des instituteurs, parmi ces derniers certains prêtent même l'oreille à l'anarcho-syndicalisme. Mais le pacifisme est devenu également une spécialité du mouvement ouvrier. A l'intérieur de la CGT, l'anarcho-syndicalisme fait triompher des campagnes antimilitaristes et antipatriotiques dans les années qui précèdent le conflit mondial. Au sein des socialistes, l'antimilitarisme violent d'un Gustave Hervé développé dans *La Guerre sociale* est minoritaire, Jaurès défend un pacifisme organisé dans le cadre de l'internationale et en appelle à la solidarité prolétarienne.

Dans ce concert où s'affrontent nationalisme et pacifisme, ce dernier dispose de beaucoup moins de moyens, la presse ouvrière n'a pas de tirages comparables à ceux de la grande presse, les adhérents sont encore peu nombreux. L'internationalisme du mouvement ouvrier représente une faible voix, même amplifiée par la personnalité du grand Jaurès. Par ailleurs, l'idéologie nationaliste ambiante a contribué à l'intégration mentale du monde du travail au sein de la nation. Celui-ci épousera la cause nationale qui l'emportera sur les solidarités du prolétariat international. Dès lors, le terrain était préparé pour l'Union sacrée.

BIBLIOGRAPHIE

• France de 1871-1914

AMALVI (Christian), Les personnages exemplaires du passé proposés à l'admiration de la jeunesse dans les livres de lecture et de prix de 1814 à 1914, *Revue française d'Histoire du livre, n° 84-85, 1994 ; De l'art et de la manière d'accommoder les héros de l'histoire de France*, Albin Michel, 1988.

ANGENOT (Marc), Un juif trahira, *Romantisme, Revue du XIXe siècle*, n° 87, 1995.

BARBEY-SAY (Hélène), *Le Voyage de France en Allemagne de 1871 à 1914*, PUN, 1994.

BECKER (Jean-Jacques), *Comment les Français sont entrés dans la guerre*, Paris, Presses de la fondation nationale des sciences politiques, 1977.

BIRNBAUM (Pierre), *« La France aux Français », histoire des haines nationalistes*, Seuil, 1993 ; *La France de l'Affaire Dreyfus*, Gallimard, 1994.

CARON (François), *La France des patriotes (1851-1918)*, Fayard, 1985.

CARON (Jean-Claude), *La Nation, l'Etat et la démocratie en France de 1789 à 1914*, Armand Colin, coll. U, 1995.

DROUIN (Michel), *L'Affaire Dreyfus de A à Z*, Flammarion, 1994.

GARRIGUES (Jean), *Le Boulangisme*, PUF, coll. Que sais-je ?, 1992.

GIRARDET (Raoul), *Le Nationalisme français, Anthologie (1871-1914)*, Seuil, 1983 ; *La Société militaire dans la France contemporaine (1815-1939)*, Plon, 1953.

GRUYER (Aude), *Le Nationalisme à travers la presse jurassienne (1892-1910)*, mémoire de maîtrise, université de Besançon, 1995.
GUILLEMIN (Henri), *Nationalisme et nationaux (1870-1940)*, Paris, Idées, 1979.
KRUMEICH (Gerd), *Jeanne d'Arc à travers l'histoire*, Paris, 1993.
LEJEUNE (Dominique), *La France de la Belle Epoque (1886-1914)*, Armand Colin, coll. Cursus, 1991.
LEVÊQUE (Pierre), *Histoire des forces politiques en France*, t. 2, Armand Colin, coll. U, 1995.
MARRUS (M.), *Les Juifs de France à l'époque de l'Affaire Dreyfus*, Paris, Complexe.
NÉRÉ (Jacques) *Le Boulangisme et la presse*, Armand Colin, 1964.
NGUYEN (Victor), *Aux origines de l'Action française*, Fayard, 1991.
NORA (Pierre) (dir.), « Lavisse instituteur national », *Les lieux de mémoire*, I, *La République*, Gallimard, 1984.
NOIREL (Gérard), *Le Creuset français. Histoire de l'immigration (XIX-XXe siècles)*, Le Seuil, 1988.
ORY (Pascal) (dir.), *Nouvelle Histoire des idées politiques*, Hachette, 1987 ;
ORY, SIRINELLI (J.-F.), *Les Intellectuels en France, de l'affaire Dreyfus à nos jours*, Armand Colin, coll. U, 1986.
OZOUF (Jacques), Le thème du patriotisme dans les manuels scolaires, *Le Mouvement social*, n° 49, oct.-déc. 1964.
OZOUF (Mona), *L'Ecole, L'Eglise et la République, 1871-1914*, Le Seuil, 1992.
RENAN (Ernest), *La Réforme intellectuelle et morale*, réédition, Complexe, 1990.
RIOUX (J.-P.), *Nationalisme et conservatisme, La Ligue de la Patrie française, 1899-1904*, Beauchesne, 1977.
RUTKOFF (Peter), *Revanche and Revision, The Ligue des Patriotes and the Origins of the Radical right in France 1882-1900*, Ohio University Press, 1981.
SANSON (Rosemonde), *Le 14 juillet. Fête et conscience nationale, 1789-1975*, Flammarion, 1976.
SERMAN (William), *Les Officiers français dans la nation, 1848-1914*, Paris, Aubier, 1982.
SORLIN (Pierre), *La Croix et les Juifs*, Grasset, 1967.
STERNHELL (Zeev), *Maurice Barrès et le nationalisme français*, Complexe, 1985 ; *La Droite révolutionnaire. Les Origines françaises du fascisme, 1885-1914*, Paris, Le Seuil, 1978.
SUTTON (Michael), *Charles Maurras et les catholiques français, 1890-1914. Nationalisme et positivisme*, Beauchesne, 1994.
VALETTE (Jacques), WAHL (Alfred), *Les Français et la France, 1859-1899*, Paris, SEDES, t. 2.
WEBER (Eugène), *L'Action française*, Fayard, 1985.
WINOCK (Michel), *Edouard Drumont et Cie, Antisémtisme et fascisme en France*, Paris, Seuil, 1982 ; *La Fièvre hexagonale. Les grandes crises politiques de 1871 à 1968*, Calmann-Lévy, 1986 ; *Nationalisme, antisémitisme et fascisme en France*, Seuil, 1990.

CHAPITRE XI

LE TEMPS DES NATIONALISMES. ROYAUME-UNI, AUTRICHE-HONGRIE, RUSSIE, (ANNÉES 1870-1914)

Le dernier quart du XIXe siècle et les années d'avant-guerre sont souvent présentés comme l'apogée de l'Europe dont la domination économique, politique, coloniale, culturelle semble sans partage sur le monde. De fait, le « modèle européen » s'impose de gré ou de force à la majeure partie de continents colonisés par les armes ou par les idées. La période est pourtant marquée par la plus grande dépression économique que le vieux continent ait connu au XIXe siècle (1873-1896), par la montée du militarisme et des conflits territoriaux, par l'émergence de nouvelles puissances extérieures comme le Japon en Asie et les Etats-Unis qui deviennent, au tournant des deux siècles, la première puissance économique mondiale.

Le Royaume-Uni à l'épreuve ?

Le « temps des épreuves » (Roland Marx) est-il venu pour la puissante Albion ? Il semble, de fait, que l'hégémonie économique et coloniale de l'Angleterre des années précédentes ne soit plus aussi nette. La puissance britannique a tendance à connaître les lois de la concurrence, que celle-ci vienne d'Europe — l'Allemagne plus que la France — ou d'Amérique — les Etats-Unis. Pour autant, la société « *late victorian* » jouit toujours de sa prospérité et croit à l'intangibilité du système britannique dont le symbole le plus visible est la reine, célébrée en grande pompe lors des jubilés de 1887 et 1897. La mort de Victoria (la « veuve de Windsor ») en 1901 n'affaiblit pas la monarchie : Edouard VII (1901-1910), personnage haut en couleurs, se révèle un francophile avéré, et, comme son successeur George V (1910-1936), respectueux du fonctionnement du système démocratique britannique. L'image d'une « *long garden-party* » apparaît pour autant aussi abusive que celle de la Belle-Epoque en France.

Une puissance érodée

Dans l'absolu, l'économie britannique continue d'enregistrer des succès qui prennent l'allure de records : entre 1870 et 1913, la production de charbon et d'acier triple, tout comme la valeur du commerce extérieur, alors que double le tonnage de la flotte britannique qui passe, non sans résistance, du bois et de la voile à l'acier et à la vapeur. Mais l'Allemagne qui naît en 1871 produit un vigoureux effort qui lui permet de dépasser en 1913 la production sidérurgique de l'Angleterre et de menacer sa suprématie navale ; de l'autre côté de l'océan, les Etats-Unis dépassent eux aussi la production d'acier de l'Angleterre, la rattrapent sur le plan du coton, et apparaissent comme les champions de l'innovation, à commencer par l'énergie (pétrole, électricité) et l'industrie de pointe (automobile, chimie). Mais les noms de Lever, de Courtauld, de Harrods montrent à l'évidence que la vieille Angleterre tient encore son rang, y compris dans les secteurs de pointe. Un chiffre symbolise le déclin relatif du Royaume-Uni : sa production de houille passe de 50 à 25 % de la production mondiale. A ces difficultés qui reflètent aussi des problèmes structurels (innovation, modernisation, coûts de production...) s'ajoutent les difficultés conjoncturelles nées de la grande dépression qui frappe l'ensemble du continent. L'industrie britannique perd des marchés pris par l'Allemagne ou les Etats-Unis : la première fait preuve d'une remarquable politique commerciale et d'une souplesse s'adaptant à la demande — elle arrive à vendre de l'acier aux chantiers navals britanniques... — là où la seconde profite du développement de l'ensemble du continent américain. La baisse générale des prix, qui atteint près de 50 % pour les prix de gros de l'industrie britannique pendant la grande dépression, est grave pour un pays habitué à vendre sans difficulté une production devenue excédentaire. Sortie de la crise, la prospérité britannique s'affirme de nouveau dans les années d'avant-guerre. Mais les exporations allemandes progressent deux fois plus, celles des Etats-Unis près de six fois plus. Pour autant, le fort déficit commercial de l'Angleterre doit être relativisé : sa balance des comptes reste largement excédentaire, son Empire constitue un débouché assuré, son secteur bancaire et assurantiel ainsi que ses placements à l'étranger en font la plus grande puissance financière du monde, ce dont témoignent tant la primauté de la City et de la Bourse de Londres comme place financière que celle de la livre sterling comme monnaie de référence. Pour l'Angleterre, la crise est aussi agricole : ce qui se profilait déjà à l'horizon depuis de longues années — une concurrence accrue, notamment des céréales russes et américaines, ou des viandes d'Argentine ou de colonies britanniques comme l'Australie — s'aggrave avec la dépression agricole qui aboutit à une chute des prix, et par conséquent à la disparition de nombreuses exploitations non rentables. La surface emblavée diminue de moitié entre 1870 et 1914. L'Angleterre paie aussi sa foi dans le libre-échange qui joue à plein, mais en sa défaveur cette fois : l'exode rural redevient massif, nourrissant les quartiers ouvriers des cités noires. L'autre conséquence est une modernisation de l'agriculture qui passe par la constitution de grands domaines gérés de façon nouvelle, les machines remplaçant les hommes, la pomme de terre, le houblon et l'orge, les cultures maraîchères et laitières (villes) s'imposant. Au total, l'agriculture produit moins de la moitié des besoins de la population en 1913 contre plus des trois quarts en 1870. Déclinante, l'économie britannique ? Plus simplement, elle a fait école et doit apprendre les règles de la concurrence internationale. Devenus rentiers — en 1913, les revenus des seuls placements extérieurs représentent l'équivalent du budget de la France —, les Britanniques n'en gardent pas moins un esprit d'innovation et d'entreprise qu'ils doivent désormais partager avec d'autres.

Syndicalisme, travaillisme, socialisme

Malgré la grande dépression économique, les salaires réels connaissent une hausse sensible, doublant entre 1860 et 1914, avec une progression particulièrement forte entre 1880 et 1900. Ce phénomène, qui se double d'une baisse sensible du taux de natalité, ne doit pourtant pas faire oublier la grande disparité de revenus qui existe au sein de la classe ouvrière. La pauvreté, avérée par de nombreuses enquêtes sociales comme celles de Charles Booth ou Seebohm Rowntree, d'un quart à un tiers des classes urbaines témoigne que la question centrale du paupérisme n'a pas été résolue. Il faudra attendre les années précédant la guerre et le retour des libéraux au pouvoir (Asquith, Lloyd George) pour que des mesures sociales importantes (1908, retraites ; 1909 : assurances maladie et chômage) financées par des taxes sur les revenus les plus élevés soient adoptées, dans le cadre de ce qui n'est encore qu'un bien timide Etat-Providence. Une véritable culture ouvrière (presse, loisirs, sports, clubs) voit le jour, marquée d'un indifférentisme religieux croissant. Un syndicalisme de préservation des acquis et de garantie de l'avenir se développe dans les métiers qualifiés, le syndicat représentant « l'expression institutionnelle d'une conscience de soi grandissante de la classe ouvrière » (H.C.G. Matthew) face à un patronat lui aussi organisé (voir la Fédération des employeurs) et bien décidé à imposer des baisses de salaires. On note aussi l'émergence d'un « nouvel unionisme », syndicalisme de travailleurs non qualifiés telle la Docker's Union, souvent touchés par la crise ou laissés pour compte de la prospérité, sensibles à une critique plus radicale de la société et demandant en conséquence des réformes (journée de huit heures, nationalisation de la terre, des mines, des chemins de fer) au moyen d'actions de masse. Les grèves dures et massives se multiplient ainsi dans les années 1880-1890.

Des courants divergents, dépassant les idéaux de John Stuart Mill, mais unis dans une idéologie influencée par le socialisme, naissent dans une chronologie très rapprochée. La Société fabienne de Londres (1883-84) du couple Sydney et Béatrice Webb, apôtres d'un socialisme non violent de réformes progressistes, s'impose surtout dans les milieux bourgeois et intellectuels : Bernard Shaw, Herbert George Wells, John Ruskin, Oscar Wilde, Bertrand Russell, Virginia Woolf s'y affilièrent. Les Fabiens agissent au niveau municipal, par les conférences, la formation d'experts (*London*

School of Economics, sorte d'Ecole des Sciences politiques, ou Ruskin College, sorte d'université ouvrière), les tracts, la presse (l'hebdomadaire *New Statesman*, 1913). Au même moment, surgit un socialisme plus critique vis-à-vis de la politique des libéraux et désireux d'avoir sa propre représentation au Parlement : un mineur, Keir Hardie, fondateur du Parti travailliste écossais en 1888 et du Parti travailliste indépendant (ILP) en 1893, premier député socialiste élu en 1892, incarne ce courant dont le succès populaire fut néanmoins limité. Keir Hardie concilie à la fois l'idéal internationaliste — il est membre du bureau de la IIe Internationale — et l'idéal chrétien — il est évangéliste et se bat pour la tempérance —, tout en rompant avec les libéraux et gardant ses distances avec le marxisme. Le courant marxiste est représenté par Hyndman, fondateur de la Social Democratic Fédération, constituée sur le modèle du parti social-démocrate allemand. Le théoricien William Morris la quitta rapidement pour fonder une Ligue socialiste d'inspiration communiste, mais où s'infiltrèrent rapidement les anarchistes. Recrutant dans le prolétariat l'un de ses adjoints (l'ouvrier mécanicien John Burns, qui fut ministre dans les cabinets libéraux de Campbell-Bannerman et Asquith) et légitimé par le ralliement d'Eleonor Marx, la fille de Karl, qui rejoindra pourtant Morris, Hyndman réussit à mobiliser de nombreux chômeurs, défilant à l'occasion derrière le drapeau rouge, ce qui provoque la peur de la bourgeoisie. Enfin est fondé en 1911 le *British Socialist Party*, apôtre d'un syndicalisme révolutionnaire. Chaque confession religieuse développe également une pensée sociale, sinon socialiste, basée sur l'interprétation des évangiles. Mais la classe ouvrière reste majoritairement hostile à la solution révolutionnaire et, voulant faire bloc, se rallie à la solution parlementaire préconisée par les *Trade-Unions*, d'autant plus que le patronat semble vouloir faire payer aux syndicats le manque à gagner provoqué par les grèves (affaire Taff Vale Railways en 1901). Le rapprochement stratégique entre les *Trade-Unions* et l'ILP aboutit à la création en 1900 du *Labour Representation Committee*, dirigé par Ramsay MacDonald, qui fut l'ossature de ce qui devint le Parti travailliste en 1906, présidé par Keir Hardie. Le Comité, pratiquant une étroite alliance électorale avec le Parti libéral, remporta 29 sièges aux élections de la même année, auxquels il convient d'ajouter quelque 25 autres élus ouvriers. Les liens organiques qui unissent syndicats et Parti travailliste constituent la spécificité du système britannique. Forts du nombre grandissant de leurs adhérents (2 millions vers 1900, plus de 4 millions en 1914) et de la force de leurs mouvements de grèves, les syndicats pèsent de tout leur poids sur un Parti travailliste de plus en plus tenté par une autonomie totale vis-à-vis du Parti libéral. Mais les années 1910 sont aussi marquées par un renouveau du syndicalisme révolutionnaire (voir la *Manchester Syndicalist Education League* de Ben Tillet, Tom Man, James Connolly, James Larkin), hostile aux positions du *Labour Party* et qui réussit à déclencher de gigantesques grèves comme celle de la *National Transport Workers Federation* en 1911 qui, partie des docks et des ports, s'étend aux chemins de fer, ou celle des mineurs en 1912.

La démocratie en marche

La mort de Disraeli (1881) priva le Parti conservateur d'un chef charismatique, apprécié de la reine, et Gladstone, d'un adversaire à sa mesure. Ce dernier, le « Grand Old Man », domine la vie politique de cette fin de siècle. Il dirige trois ministères entre 1880 et 1894, sur la base d'un programme résumable en trois mots : paix, économies, réformes, avant de passer le flambeau à son successeur à la tête du Parti libéral, Rosebery. Mais les conservateurs trouvèrent en Lord Salisbury un chef de premier plan : homme pratique mettant en avant, en bon élève de Disraeli, les notions de propriété et de patriotisme, il fut Premier ministre à trois reprises entre 1885 et 1902. Gladstone fit voter en 1884 une nouvelle loi électorale qui, sans aboutir à un véritable suffrage universel masculin, n'excluait plus que quelques catégories de la population du droit de vote (sans domicile, assistés, domestiques...). Cette loi fut complétée l'année suivante par l'instauration quasi générale du scrutin uninominal à un tour et une répartition des sièges à pourvoir tenant davantage compte de la répartition de la population. La question du droit de vote des femmes se pose avec davantage d'acuité à la veille de la guerre mais, malgré le combat de féministes comme Millicent Garrett Fawcett ou Mrs Pankhurst et ses deux filles qui dirigent l'Union sociale et politique des femmes et prônent des actions spectaculaires, voire violentes (suffragettes), elle reste non résolue en dépit de quelques concessions comme la représentation dans des organismes locaux — comités d'école, bureaux d'assistance... Le droit de vote sera accordé par la loi électorale de janvier 1918 aux femmes de plus de trente ans, alors que la majorité est fixée à 21 ans... Progrès également dans le droit civil, avec le *Married Woman's Property Act* de 1882 qui accorde à l'épouse la pleine propriété de ses biens au sein du mariage. Non résolue non plus, la question du *Home Rule* pour l'Irlande : Gladstone, qui y était favorable, tenta par deux fois de l'imposer (1885-86 et 1894), mais par deux fois échoua, la seconde face à l'hostilité des Lords alors que les Communes avaient approuvé son projet. Enfin, la politique coloniale de Gladstone, anti-impérialiste plutôt hésitant, lui valut de violentes critiques des conservateurs, notamment après la mort de Charles Gordon, assiégé et massacré avec ses troupes dans Khartoum en 1885.

Sur le plan administratif, le grand *Local Government Act* de 1888 crée des conseils élus dans les comtés et les villes de plus de 50 000 habitants ; Londres, érigée en comté, est désormais administrée par un conseil de comté. En 1891, sous le ministère Salisbury, est votée la gratuité totale de l'enseignement primaire. L'âge de la scolarité obligatoire est allongé à 12 ans en 1899, année de la création d'un *Board of Education*. En 1902, une nouvelle loi, due au ministère Balfour, permet la multiplication des écoles secondaires publiques avec l'aide de fonds publics ; on multiplie les bourses, on crée de nombreuses universités avec l'aide de l'Etat (Pays de Galles 1893, Birmingham 1900, Manchester, Liverpool, Leeds, Sheffield 1904). Parallèlement, la presse, abaissant ses coûts et profitant du développement de l'éducation, prend un essor considérable, se livrant à une concurrence sauvage : ainsi du *Daily Mail* d'Alfred Harmsworth fondé en 1896 — un journal fait « par des garçons de bureau pour des garçons de bureau » selon Lord Salisbury, mais qui tire bientôt à un million d'exemplaires — face au *Daily Express* de Pearson fondé en 1900. Le rôle des Communes apparaît décisif dans toutes ces réformes, alors que les Lords semblent freiner, comme dans le cas de l'Irlande, en usant de leur droit de veto. C'est ainsi qu'en 1909 ils s'opposèrent au « budget du peuple » présenté par Lloyd George, chancelier de l'Echiquier du Premier ministre libéral Asquith. Ce budget prévoyait des taxes sur les grandes propriétés et les héritages ainsi qu'un impôt progressif sur les revenus. Forts de leur succès aux élections de 1910, les libéraux votèrent le *Parliament Act* de 1911 qui anihila le veto des Lords, limité à deux ans, et fixa la durée de la législature à un maximum de cinq ans. Le *Home Rule* est de nouveau voté en 1913 par les Communes, mais les Lords font de nouveau jouer leur droit de veto. La même année, le principe de l'indemnité parlementaire est adopté. Autant de mesures qui font du Royaume-Uni l'un des piliers du camp réduit des véritables démocraties.

Le jeu politique, quant à lui, change. Si le bipartisme reste encore la règle, il se complique par l'entrée en lice, dans les années 1880, d'un Parti irlandais (Parnell) qui monnaye son appui en fonction de concessions, et par la lente mais inexorable émergence d'un Parti travailliste, formé définitivement en 1906 avec 40 à 50 députés et dont l'affirmation d'un socialisme réformiste (Ramsay MacDonald) va progressivement empiéter sur le terrain du Parti libéral. Ce dernier, affaibli par la scission des libéraux-unionistes de Chamberlain opposés au *Home Rule,* qui n'hésitent pas à appuyer les gouvernements conservateurs de Salisbury (1886-92 ; 1895-1902) et de Balfour (1902-1905), ne retrouve durablement le pouvoir qu'avec Campbell-Bannerman (1905-08) et Asquith (1908-1916). Salisbury, dernier Premier ministre issu de la Chambre des lords, hostile au *Home Rule* et peu enclin à concéder des réformes sociales, s'intéressa davantage à la politique extérieure, prônant un rapprochement avec la Triple-Alliance, puis le Japon, et surtout coloniale — Birmanie, Rhodésie, Egypte, Soudan où l'incident de Fachoda provoqua en 1898 une très vive tension avec la France dont les ambitions africaines gênaient celles de la Grande-Bretagne. Un courant littéraire représenté par Kipling, Seeley, Froude, la presse populaire, la création de ligues de masse (1884 : *Imperial Federation League* ; 1885 : *Primrose League*, deux millions de membres en 1910) illustrent la vigueur du sentiment impérialiste, d'autant plus attisé que les rivalités avec la France et l'Allemagne se font plus aiguës. Randolph Churchill, père de Winston, représente le type de ces impérialistes convaincus, partisans de la conquête en profondeur par le biais de compagnies à charte soutenues par le gouvernement, voire rachetées dans le cas de faillites (voir l'exemple de Cecil Rhodes et de la Rhodésie). Si Fachoda et la guerre des Boers (1899-1902) ont provoqué un sursaut très net de patriotisme et même de nationalisme, le conflit avec les descendants des colons hollandais a également provoqué de nombreuses interrogations sur la justification de cette guerre entre Blancs et les moyens employés pour la gagner : politique de la terre brûlée, camps de concentration meurtriers pour les Boers.

Les conservateurs, sous l'influence du transfuge Joseph Chamberlain, fondateur de la *Tariff Reform League*, sont partisans d'un protectionnisme qui ne trouve plus, alors, un grand écho dans l'opinion publique. La controverse sur la nécessité de revenir à un protectionnisme limité provoqua un profond divorce au sein du camp conservateur — Winston Churchill rejoignit les libéraux — et la démission de Balfour en

1905. Le libre-échange, passée la grande dépression des années 1873-1896, est de nouveau perçu comme l'indispensable moyen de garantir les bas prix des denrées alimentaires, massivement importées, et même manufacturières. Les libéraux, quant à eux, sont farouchement libre-échangistes et, sous la pression des députés Lib-Lab et des syndicats, adoptent des mesures sociales fondamentales : système de pensions de retraite (*Old Age Pensions Act*) et journée de huit heures pour les mineurs (*Coal Mines Act*) en 1908, secours à domicile pour les chômeurs — ce qui éliminait le rôle des *workhouses* —, bourses du travail en 1909, première garantie d'assurance-chômage et santé en 1911, salaire minimum pour les mineurs en 1912. Parmi les ministres du cabinet Asquith les plus engagés en faveur de ces réformes sociales, figurent Lloyd George et Winston Churchill. Avec la formation du Parti travailliste en 1906 et sa percée électorale la même année, le « *two party system* » a vécu. Désormais, le mouvement syndical ouvrier est représenté à la Chambre des communes et entend bien se battre pour des intérêts qui, au bout du compte, risquent de l'opposer à ceux du Parti libéral. L'électorat tranchera, en consacrant progressivement la défaite des libéraux.

L'épine irlandaise

Elle ne cesse de devenir plus présente et plus pressante dans la politique britannique. La personnalité de Charles Stewart Parnell, un Irlandais d'origine anglaise et de confession protestante, la domine jusque vers 1890. Formant un véritable Parti autonomiste irlandais (*Home Rule Party*) fort de ses 80 députés aux Communes, il fait pression sur les gouvernements qui se succèdent et sait jouer à l'occasion les forces d'appoint. Orateur infatigable, utilisant la tactique de l'obstruction, il prend la direction de l'Irish Land League et se bat, au risque de la prison, pour la réforme agraire. La loi de 1881 donne en grande partie satisfaction aux revendications des paysans irlandais en accordant les « 3 F » — *fixity of tenure, fair rent and free sale*, c'est-à-dire fixité de la tenure, juste loyer et vente libre —, mais est accompagnée de mesures répressives (loi Forster) qui encouragent la violence plutôt qu'elles ne la désarment. En 1882, le secrétaire d'Etat Lord Cavendish est assassiné, mais Parnell, injustement accusé, fait la preuve de son innocence. Il rencontre en Gladstone un partenaire rallié à l'idée de *Home Rule*, mais la tentative de 1885-86 échoue, provoquant de plus la scission des libéraux-unionistes de Lord Hartington et Joseph Chamberlain hostiles à l'autonomie irlandaise. La violence s'installe en Irlande, durement réprimée par le secrétaire d'Etat Balfour. La carrière de Parnell brisée en 1890 par une affaire de divorce et d'adultère, Glasdstone n'en poursuivit pas moins dans la voie du *Home Rule*, enregistrant un second échec en 1893-1894. L'adoption de lois agraires successives (1885, 1891, 1896 et surout 1903 : loi Wyndham qui, à terme, permettait l'accession à la propriété des fermiers irlandais) ne tempéra pas la montée d'un sentiment nationaliste qui s'exprima à la fois dans des mouvements agrariens et coopératifs comme l'*Irish Agricultural Organization Society* d'Horace Plunkett, ou culturels comme la Ligue gaélique de Douglas Hyde. Mais des organisations beaucoup plus radicales virent également le jour comme la Fraternité Républicaine Irlandaise, l'*Irish Socialist Republican Party* de James Connolly (1896) et surtout le *Sinn Fein* (« Nous-Mêmes ») créé par Arthur Griffith en 1902 ; parallèlement, de nombreux syndicats irlandais se développèrent. La tension avec les ulstériens unionistes devint de plus en plus vive lorsque fut voté le *Home Rule* en 1912 : le veto des Lords ne pouvait qu'en retarder l'application jusqu'en mai 1914 où le *Home Rule* fut définitivement adopté par les Communes. Le *Sinn Fein* créa une branche militaire, les Volontaires irlandais, alors que les unionistes se regroupaient dans les Volontaires ulstériens de Carson. Troubles sociaux et confessionnels, grèves, menace de guerre civile, désobéissance de l'armée d'occupation : à la veille de la guerre, la situation était explosive en Irlande, même si les députés irlandais se rallièrent à la position britannique face à l'Allemagne en juillet-août 1914, alors que l'application de l'autonomie se trouvait *de facto* suspendue.

La fin du splendide isolement

Forte de son immense empire colonial auquel elle accorde, pour les parties les plus développées, le statut de dominion (Canada, 1867 ; Australie, constituée en *Commonwealth of Australia* : 1901 ; Nouvelle-Zélande : 1907 ; Union Sud-Africaine : 1910), l'Angleterre se retranche pendant longtemps derrière sa puissance économique et navale dans un « splendide isolement » orgueilleusement revendiqué. Mais l'émergence d'une nouvelle puissance européenne, l'Allemagne, crée une nouvelle donne. Au premier abord, elle paraît favorable à l'équilibre européen que la Grande-Bretagne s'est toujours efforcée de favoriser sur le continent. Mais la France qui en appelle à la revanche, la montée de la puissance économique, diplomatique et militaire de l'Allemagne bismarckienne et l'affirmation de rivalités territoriales et d'influence, notamment dans les Balkans où Russes et Autrichiens s'affrontent indirectement, vont faire prendre conscience, lentement, à la diplomatie anglaise des dangers de l'isolement. L'affirmation de la loi du plus fort, héritage d'un darwinisme social, et de théories sur la supériorité des races « avancées » ne peut cacher l'évolution des rapports de force qui se fait au détriment du Royaume-Uni. Le moindre des paradoxes n'est pas que, jusqu'à la fin du siècle, les deux pays jugés les plus dangereux pour la politique extérieure britannique soient la France, grande rivale en Afrique, et la Russie, grande rivale en Asie centrale et en Méditerranée orientale. Dans le cas de la Russie, l'Angleterre l'éloigne des Détroits en se faisant la protectrice attitré de l'Empire ottoman depuis le congrès de Berlin (1878) ; en Asie, la conquête de l'Afghanistan permet de protéger la frontière septentrionale de l'Inde. Avec la France, le Royaume-Uni « échange » sa domination sur l'Egypte (1882) avec un appui bienveillant au protectorat français sur la Tunisie, au grand dam de la jeune monarchie italienne. Mais la conquête du cœur de l'Afrique, d'Ouest en Est pour la France, du Sud au Nord pour l'Angleterre, provoque des tensions dont la plus sérieuse aboutit à Fachoda. Face à l'Entente franco-russe (1892), la Grande-Bretagne cherche à plusieurs reprises à se rapprocher de l'Allemagne, tout en souhaitant ne pas être partie prenante de la Triple-

Alliance, mais c'est un échec ; en Extrême-Orient, une alliance défensive dirigée contre la Russie est signée avec le Japon en 1902. Le jeu se complique alors du fait de la volonté nouvellement affirmée de l'Allemagne post-bismarckienne de participer au partage du gâteau africain, selon les formes fixées par la conférence de Berlin : ses conquêtes en Afrique centrale (Cameroun, Togo) et australe (Sud-Ouest africain), son influence grandissante dans l'Empire ottoman, son programme de construction navale, son soutien aux Boers forment autant d'éléments qui inquiètent le Royaume-Uni comme le reflète la publication de *Made in Germany* en 1896. Le principe du *Two Power Standard* (le tonnage de la flotte de guerre britannique doit être supérieur à celui des deux flottes suivantes) n'est plus respecté.

C'est dans ce climat qu'est signé l'accord franco-britannique d'avril 1904, appelé aussi Entente cordiale, suivi d'une visite d'Edouard VII à Paris, ville qu'il avait eu l'occasion d'apprécier dans sa jeunesse. La France, quant à elle, passée la poussée d'anglophobie qui suit Fachoda, a pris conscience du danger allemand. Lorsque Berlin fait mine de contrecarrer les ambitions françaises sur le Maroc à deux reprises (1905, 1911), l'Entente cordiale permet à Paris d'imposer ses vues. Parallèlement, la Grande-Bretagne et la Russie entreprennent un rapprochement diplomatique en réglant leurs différends coloniaux en Asie (accord de 1907). Ce qu'on appelle Triple-Entente est donc loin d'avoir la consistance de la Triple-Alliance, et, de plus, le Foreign Office n'abandonne pas ses contacts avec l'Allemagne : des discussions sont entamées, portant sur la modération des ambitions navales et économiques allemandes, mais n'aboutissent pas. Résignée plutôt qu'enthousiaste, la Grande-Bretagne louvoie jusqu'au bout, moins par pacifisme que par volonté de préserver son indépendance d'action. 1914 devait sonner le glas de ce fondement de la politique extérieure anglaise.

La Russie, terre de contrastes

La Russie de la fin du siècle offre une image contrastée. C'est à la fois un pays très peuplé — 122 millions d'habitants en 1897 —, avec un fort taux de natalité (45 ‰) mais un faible taux de population urbaine (13 % en 1900), conquérant et colonisateur en direction de l'Est, plus ouvert vers l'Occident — entente franco-russe, à laquelle se joint l'Angleterre —, une puissance économique en devenir dont les richesses naturelles sont considérables et qui entre dans une ère de modernisation, un pays enfin dont la diplomatie se montre très active, notamment dans les Balkans. Revers de cette image dynamique, le maintien d'un système autocratique, teinté d'une politique réactionnaire menée par Alexandre III et Nicolas II, au moins jusqu'en 1905, une société stagnante, avec une paysannerie libre mais sous la dépendance économique des grands propriétaires et une bourgeoisie au rôle très effacé, subissant le poids d'une Eglise traditionnaliste et d'une armée dont la faiblesse sera révélée par la défaite face au Japon en 1905.

Alexandre III et Nicolas II : le retour à la tradition autocratique

Les intentions d'Alexandre III sont clairement affirmées dès le début de son règne : mettre fin aux réformes entreprises par son père, renforcer l'autocratie et le rôle de la noblesse, encourager le prosélytisme de l'Eglise orthodoxe, museler toute forme de liberté d'expression. Jeune et volontaire, il renvoie le personnel politique ouvert aux réformes comme Loris-Melikov, et s'appuie sur des conseillers (Pobedonostsev) et des ministres (Dimitri Tolstoï, Intérieur ; Ivan Délianov, Instruction publique) qui appliquent avec rigueur la politique de réaction voulue par le tsar. Rétablir l'ordre, telle est la première priorité. Pour y parvenir, une lutte sans pitié est menée contre les différents mouvements révolutionnaires comme la Volonté du peuple ; des « règlements temporaires » qui sont en fait de véritables états de siège locaux sont promulgués entre 1881 et 1883 et sont encore en vigueur dans six provinces en 1894 ; une police politique, l'Okhrana, est créée en 1883 ; la presse est baillonnée grâce à un nouveau statut particulièrement sévère. Des « contre-réformes » sont entreprises visant à anéantir l'ouverture menée sous le règne d'Alexandre II. De manière générale, une lutte sans merci est entreprise contre toute forme d'autonomie pour renforcer la centralisation et la bureaucratie. C'est ainsi que sur le plan de l'enseignement, Délianov fait adopter en 1884 un Statut de l'Université qui supprime l'autonomie des établissements d'enseignement supérieur, instaurée par la Statut de 1863 ; toute forme d'association étudiante est strictement interdite ; les effectifs sont limités, y compris dans l'enseignement secondaire, et notamment pour les femmes qui peuvent néanmoins entreprendre des études médicales. Dans l'enseignement secondaire, on augmente le coût des études et on restaure la place des langues anciennes, dans le but avoué d'écarter les enfants issus des mileux populaires. L'Eglise joue un rôle accru dans le contrôle de l'enseignement primaire. Pour tenter de conserver à la noblesse sa place au sein de la société russe, on crée en 1885 une Banque foncière d'Etat de la noblesse dont le but est, par des prêts avantageux, de lui permettre de garder la terre et de surmonter des difficultés dues à un manque de trésorerie. D'un autre côté, la paysannerie devient l'objet d'un contrôle accru avec l'instauration en 1889 des « chefs ruraux » ou *zemskié natchalniki*. Ces fonctionnaires choisis au sein de la noblesse locale sont chargés d'exercer une étroite surveillance des communautés rurales placées en quelque sorte sous la tutelle de l'Etat. L'année suivante, le système des *zemstva* (assemblées de district) fut modifié pour renforcer le poids de la noblesse et diminuer celui de la paysannerie. Enfin, en 1892, une loi électorale réduisit brutalement le nombre d'électeurs dans les municipalités (de 20 000 à 7000 à Moscou) en augmentant le cens. Cette politique provoque des réactions violentes : des complots sont organisés et, en 1887, le frère aîné de Vladimir Ilitch Oulianov (Lénine) est exécuté pour avoir participé au sein du groupe populiste Narodnaïa Volia à un attentat contre le tsar.

Sur le plan culturel et religieux, une vigoureuse politique de russification et d'orthodoxisation fut menée en Ukraine, dans les pays baltes et en Pologne au détriment des Eglises catholique, ukrainienne et luthérienne. La Pologne n'est plus dénommée que « province de la Vistule », le russe devient langue obligatoire à tous les niveaux d'enseignement — seul le catéchisme se fait en polonais. La Lituanie, placée sous la botte de Mouraviev puis de ses successeurs, connaît une forte émigration ; la Lettonie et l'Estonie sont dégermanisées au détriment des « barons baltes » d'origine allemande, la célèbre université de Dorpat est russifiée. Même situtation en Ukraine, fuie par ses intellectuels qui trouvent refuge en Autriche-Hongrie. Persécutions également au Sud, en Géorgie et en Arménie, et à l'Est dans les provinces peuplées de musulmans comme les Tatars ou les Tchouvaches de la région de la Volga ou les peuples d'Asie centrale, ou encore dans les régions sibériennes peuplées d'animistes. La colonisation reste l'arme la plus efficace : la Sibérie reçoit ainsi près de 2,7 millions de colons entre 1860 et 1897. Il y a sans conteste dans cette volonté d'homogénéité culturelle et religieuse une part croissante de nationalisme dont Alexandre III use. Cette même volonté de russification fit adopter un statut répressif et discriminatoire à l'égard des juifs (1882), contraints de demeurer dans une « zone de résidence » située dans la partie occidentale de la Russie, et uniquement dans les villes. Un *numerus clausus* limita leur entrée à l'université (1887). Dès 1881, on enregistre des pogroms dont la violence allait devenir croissante, avec la complicité des autorités civiles, militaires et parfois religieuses, provoquant une importante émigration de la communauté juive (environ un million) et activant la naissance du sionisme (fondation de colonies agricoles en Palestine). Un recensement de 1897 permet de connaître de manière assez précise les divisions ethniques et religieuses de la population de la Russie : plus de 80 % de chrétiens dont la très grande majorité sont orthodoxes, 13 % de musulmans et 4 % de juifs. Les Slaves sont près de 75 % du total dont 44 % de Russes, 17 % d'Ukrainiens, 6 % de Polonais. Les non-Slaves sont surtout des Turcs (10 %).

La personnalité de Nicolas Boungue, ministre des Finances de 1881 à 1887, a marqué le domaine de la politique économique et sociale. Cet ancien professeur d'économie politique et recteur de l'Université de Kiev, sensible à la paupérisation de la paysannerie, aggravée par l'abolition du servage, tenta d'y remédier en supprimant la capitation et en créant une Banque foncière paysanne. Il fut le premier à œuvrer sur le plan législatif pour limiter la journée de travail dans l'industrie (huit heures pour les enfants de moins de quinze ans, pas de travail de nuit dans le textile pour les femmes et les enfants, création d'un corps d'inspecteurs du travail), ce qui finit par provoquer une coalition de politiques et d'hommes d'affaires qui obtint son départ. C'est que la Russie se lançait au même moment dans une phase de développement économique, notamment industriel, non sans heurts. Les premières années du règne furent marquées par un ralentissement de la consommation et de la production, entraînant des mesures protectionnistes en faveur de l'industrie russe. Les successeurs de Boungue, Vychnegradski, puis Serge Witte favorisèrent le développement des industries sidérurgique, métallurgique et textile et la construction de chemins de fer (40 % de voies supplémentaires sous Alexandre III, avec le début de la construction du Transsibérien). Moscou et Saint-Pétersbourg, villes à industries variées, en profitèrent, mais aussi la Pologne (Varsovie et Lodz), l'Ukraine, l'Oural et la Transcaucasie (minerais et houille) et Bakou dont la spécialisation pétrolière se développa. Le binôme machines de pointe/main-d'œuvre abondante permet aux industriels de produire à bon marché. Reste que la Russie avait un besoin vital de capitaux. Le marché financier allemand se fermant, c'est la France qui prit le relais en assurant le placement d'un premier emprunt russe à Paris dès 1887. Les investissements étrangers s'intensifièrent, permettant un redémarrage de l'industrie russe à la fin des années 1880 et au début des années 1890, avec de forts taux de croissance (8 % par an) et l'émergence d'une classe d'hommes d'affaires rompus aux techniques du capitalisme industriel. Mais au même moment, les campagnes sont touchées par un grave marasme, dû à l'effondrement des cours mondiaux des céréales, et aggravé d'une violente famine en 1891-1892. La pauvreté persistante des campagnes constitue un handicap majeur pour l'économie russe : si elle fournit une main-d'œuvre bon marché à l'industrie, elle restreint sérieusement la consommation en terme de marché intérieur. Or, de nombreux pays ont tendance a mener des politiques de plus en plus protectionnistes, mais grâce à des tarifs très concurrentiels, l'industrie russe réussit à accroître ses exportations. Le bilan du règne d'Alexandre III apparaît contrasté au regard des ambitions proclamées. Si le pays est tenu d'une main de fer, la noblesse ne peut empêcher l'érosion continue de sa position économique, dont témoignent plusieurs indicateurs, notamment la baisse du pourcentage des terres qu'elle possède, l'insuffisante modernisation de ses domaines, le poids persistant de son endettement. La paysannerie reste dans une situation de précarité et de dépendance : société rurale trop souvent archaïque, la Russie entre dans l'ère industrielle tardivement, mais avec entrain, sans avoir pourtant résolu la question paysanne léguée à Nicolas II comme un fardeau.

Parvenant jeune sur le trône de Russie, Nicolas II proclame dès son avènement qu'il est décidé à « maintenir le principe de l'autocratie de façon aussi énergique et immuable que son inoubliable père ». Il ne variera pas durant tout son règne, cédant lorsqu'il n'est pas en position de force, mais reprenant dès que possible ce qu'il a concédé. S'appuyant sur un personnel tout dévoué à la cause autocratique, comme Pleve, ministre de l'Intérieur, et sur une armée choyée, il réaffirme la tutelle de l'Etat sur les *zemstva*, appuie l'Eglise orthodoxe dans une politique hégémonique qui ne recule pas devant les persécutions religieuses (Vieux-Russes, Arméniens, Juifs victimes de terribles pogroms comme celui de Kichinev en 1903), mène une politique de russification répressive, notamment en Finlande, traitée comme en état de siège, et joue d'un nationalisme russe qu'il tente d'utiliser pour dépasser les conflits sociaux et politiques non résolus. Autocrate, Nicolas II l'est et revendique ce titre, sans pour autant se couper des réalités économiques et techniques de son temps. Il soutient Witte, ministre des Finances, dans sa politique d'industrialisation et d'équipement ferroviaire de la Russie, mais reste méfiant face à l'émergence d'une bourgeoisie d'affaires. Terre de nobles et de paysans, de popes et de chrétiens, telle est pour le tsar la Russie éternelle qu'il a pour mission de conserver et de transmettre à son fils, le tsarévitch Alexis, né en 1904. Pour résoudre les problèmes d'hémophilie de ce dernier, seul héritier du trône, la tsarine fait appel à Raspoutine, dont l'influence ira grandissante sur elle. La Russie « prison des peuples » dont Nicolas II, depuis son palais de Tsarskoïé Siélo, se fait le geôlier à la tête de forteresses comme la sinistre citadelle Pierre-et-Paul : l'expression illustre l'importance que prend le fait carcéral, véhiculé par la presse d'opposition ou les témoignages publiés en Occident, dans l'image extérieure de la Russie tsariste.

Le décollage économique

Le dynamisme patronal s'exprime par la volonté de produire plus et au meilleur coût possible, également par la constitution de syndicats patronaux dans la métallurgie (1902) ou les charbonnages (1904). Mais la faiblesse des salaires aggravée par une ponction fiscale importante sur la paysannerie, notamment par le biais d'impôts indirects, ne permet pas de constituer un marché intérieur capable d'absorber la production. L'exportation est la grande arme russe, avec le recours massif aux emprunts étrangers — à ce jeu-là, la France se place en première ligne — multipliés par cinq entre 1890 et 1900. Lorsqu'éclate la Première Guerre mondiale, le total des investissements étrangers représente plus de deux milliards de roubles, soit 30 % des biens industriels du pays, avec des spécialisations : Britanniques et Américains dans le pétrole, Allemands dans la chimie et l'électricité, Français dans le charbon et la métallurgie. La dette extérieure de la Russie approche les 4 milliards de roubles. L'homme du développement industriel est Serge Witte qui détient le ministère des Finances, dont dépendent aussi le commerce et les transports, de 1892 à 1902. Partisan d'une industrialisation conçue comme moteur de toute l'économie, il veut concilier l'intervention de l'Etat, l'appel aux emprunts et l'initiative privée. Cet ancien directeur des chemins de fer russes s'intéresse particulièrement aux voies ferrées dont la longueur double entre 1892 et 1904, passant de 30 000 à 60 000 km, puis 70 000 km en 1914. Symbole de cette politique ambitieuse, l'achèvement du Transsibérien qui atteint d'abord Irkoutsk, puis, après l'accord de la Chine pour un tracé traversant la Mandchourie, le Transmandchourien relie Port-Arthur en 1903 ; l'autre tracé qui part de Vladivostok et longe le fleuve Amour sera achevé en 1916. Grâce à cette construction, la colonisation massive de la Sibérie se poursuit, avec plus de 5 300 000 nouveaux colons entre 1897 et 1914. Witte entreprend également de stabiliser le cours du rouble en le dévaluant d'un tiers et en adoptant l'étalon-or en 1897, tout en maintenant la pression fiscale. Le réseau bancaire se développe (Banque russe pour le commerce extérieur, Banque russo-chinoise, etc.). La stagnation du début du siècle amène Witte à modifier sa politique et à souhaiter une réforme du mir, ainsi qu'une limitation de la propriété nobiliaire.

A partir de 1905 et jusqu'à la guerre, la reprise de la production industrielle touche tous les secteurs, avec une croissance de l'ordre de 5 à 6 % par an. La Russie se hisse au 5e, voire au 4e rang des puissances industrielles. Entre 1890 et 1914, la production de houille passe de 5 à près de 35 millions de tonnes, celle de fonte de 1 à 5 millions de tonnes. Le pétrole de Bakou rivalise avec celui du Sud des Etats-Unis, malgré un recul de la production. De très grandes entreprises voient le jour comme les usines Poutilov ou Morozov, alors qu'émergent des entrepreneurs audacieux comme Mamontov, le « *railway king* » russe, dans un pays où la concentration se poursuit après la crise du début du siècle (1900-1903) qui a vu disparaître plus de 3000 entreprises. Des trusts ou cartels contrôlent la majeure partie de la production de certains secteurs : ainsi Prodameta pour la métallurgie ukrainienne, Prodougol pour le charbon du Donets, Prodvagon pour l'équipement ferroviaire, Nobmaz qui produit les trois quarts du pétrole russe. Il y a bien, à la veille de la guerre, constitution d'un capitalisme plus autonome, moins tributaire de l'Etat et appuyé par un système bancaire en plein essor, saisi lui aussi par la concentration. L'agriculture participe au mouvement : les productions de céréales, de coton et l'élevage sont à la hausse, comme les exportations. Mais l'économie russe reste dépendante d'une conjoncture internationale qui s'avère moins bonne. De plus, l'absence de marché colonial limite les débouchés et la défaite de 1905 face au Japon témoigne des limites de l'industrialisation du pays. Le poids des placements étrangers est considérable : ceux de la seule France (emprunts et investissements) sont passés de 2,5 milliards à 12,5 milliards de francs entre 1890 et 1914. Les capitaux de l'une des principales banques d'affaires russe, la Banque russo-asiatique, sont aux deux tiers français. Derrière la France, qui représente un tiers des investissements étrangers, viennent l'Angleterre (24 %), l'Allemagne (20 %), la Belgique (14 %) et les Etats-Unis (5 %).

L'insoluble question paysanne. La naissance d'un prolétariat ouvrier

La question paysanne est le talon d'Achille de l'Empire. Dans un pays où la population reste à près de 75 % rurale, la non-résolution des problèmes posés par l'abolition du servage en 1861 constitue l'un des élements essentiels qui fragilise le régime. Empereurs comme ministres, notamment Witte, étaient conscients du danger que représentait une masse de quelque cent millions de paysans en 1900, 125 millions en 1914, dont la majorité ne pouvait vivre décemment des produits de sa terre — quand elle en possédait une. Mêmes légèrement réduites, les annuités de rachat dues par les paysans restaient hors de leur portée ; la parcellisation extrême des terres, l'archaïsme des techniques, le poids des décisions de la communauté pour le paiement des impôts, tout concourait à la stagnation de la production, de la mobilité géographique et sociale, de l'évolution des techniques. La diversification des cultures est très faible, 90 % des terres restant consacrées à la culture des céréales. Disettes et famines (1891-1892) restent de règle, tout comme le recours à un revenu complémentaire procuré par un travail artisanal à domicile ou dans des industries, à la morte saison. La terre, dont le prix doubla entre 1900 et 1914, constitue une richesse mal partagée, même si la noblesse, lorsqu'éclate la guerre de 1914, ne possède plus qu'un tiers de ce qu'elle possédait en 1860, ou la moitié de ce qu'elle avait conservé après la réforme de 1861. Résoudre la question paysanne, cela revenait en fait à s'attaquer à la société et à ses équilibres socio-économiques. Comme à la veille de la Révolution française de 1789 — mais la comparaison s'arrête là —, la paysannerie dénonce le poids croissant de la fiscalité indirecte sur le sucre, le thé, le coton et l'alcool dont Witte fit un monopole d'Etat. Le règne de Nicolas II est marqué par de violentes révoltes paysannes, réprimées avec dureté. Witte obtint du tsar de tenir une conférence sur le problème paysan en 1902 ; mais Nicolas II, ulcéré par la montée des soulèvements paysans, notamment en Ukraine et dans la région de la Volga, mit fin à l'expérience, se sépara de Witte et chargea Pleve de réprimer les campagnes avec fermeté. La situation de la paysannerie connut quelques améliorations à partir de 1905 : on abrogea les paiements dus au rachat des terres, les coopératives se multiplièrent (2000 en 1901, 33 000 en 1914), les récoltes furent meilleures, la banque foncière paysanne permit à de nombreux paysans de devenir propriétaires. Le rôle de Stolypine, ministre de l'Intérieur puis président du Conseil, mérite d'être souligné. Réprimant sans pitié les mouvements révolutionnaires après la dissolution de la première Douma, il s'attacha à régler la question paysanne en voulant créer une véritable classe de paysans propriétaires, brisant par cette idée la toute puissance du mir. Les oukases d'octobre-novembre 1906, complétés en 1910 et 1911, donnaient aux paysans des droits équivalents à ceux des autres catégories sociales : liberté d'établissement et de choix professionnel, sortie du mir et achat de terres revendables en dehors du mir, alors qu'était amplifié l'envoi de paysans dans les régions de marches et en Sibérie pour contrer la paupérisation des régions centrales de la Russie européenne (300 000 par an, avec des pointes à 750 000). Selon les historiens, de un quart à près de la moitié des paysans accédèrent au statut de propriétaires individuels. Les réformes de Stolypine, qui ne concernaient pas la propriété nobliliaire, renforcèrent les distinctions sociales au sein de la paysannerie. Les frustrations engendrées sont à retenir pour comprendre les réactions de la paysannerie russe lors des révolutions de l'année 1917.

Si les ouvriers d'usine restent numériquement très faibles dans la société russe, leur nombre connaît une progression rapide entre 1900 (deux millions) et 1914 (autour de trois millions). Progression qui reflète l'industrialisation du pays, et qui entraîne la constitution d'un groupe social nouveau, dont la prise de conscience de son existence et de son importance en fait une classe sociale. Ce n'est pas par hasard que la social-démocratie russe, à commencer par Lénine, fondait ses espoirs sur ce prolétariat urbain, ouvert à une forme plus élaborée d'éducation politique, alors que les expériences tentées en direction de la paysannerie (voir chapitre III) s'étaient soldées par des échecs. Pourtant, tous ne sont pas réceptifs à la propagande marxiste. Beaucoup, notamment dans les grands centres industriels ou miniers, forment un groupe illettré, mal payé, à la merci d'un renvoi que l'abondance de main-d'œuvre rend une arme efficace pour contrer un mouvement de grève. Malgré quelques lois sociales dans les années 1882-1886, les journées de travail durent de 12 à 15 heures. Les salaires restent très bas — de l'ordre de 15 roubles par mois, la moitié pour une femme, le tiers pour un enfant —, alors que le logement en absorbe au minimum un tiers. Mais la combativité ouvrière se manifesta par des grèves qui, après un premier grand mouvement des tisserands en 1885, s'amplifièrent à partir des années 1890 : à Saint-Pétersbourg, 35 000 ouvriers du textile participèrent à celle de 1896. Witte diminua la durée du travail ramenée à 11h30, mais le mouvement s'étendit à Bakou, Nijni-Novgorod, Rostov, Riga, en parallèle avec des émeutes agraires, alors que la crise des premières années du XXe siècle frappait durement l'économie. On célébrait le 1er mai, drapeau rouge en tête des cortèges, au chant de l'*Internationale*. La révolution de 1905 marqua l'apogée de ces grèves, avec la création d'un soviet à Saint-Pétersbourg et une tentative d'insurrection ouvrière à Moscou. La répression qui s'ensuivit n'empêcha pas un regain d'activité syndicale et revendicative : les grèves se multiplièrent pour demander des augmentations de salaires, des droits accrus et plus de démocratie. L'adoption de lois sociales dans les années d'avant-guerre illustre la place des ouvriers dans une Russie en voie d'industrialisation, avec les premières assurances sociales (1903 et 1912), et l'autorisation des syndicats ouvriers locaux — mais pas nationaux — en 1906.

La Russie culturelle

L'image d'une Russie traditionnelle, voire archaïque sur le plan économique ne doit pas faire oublier que le peuple russe a produit quelques-uns des penseurs et des créateurs les plus importants de l'histoire de la culture européenne. Bien sûr, l'enseignement primaire ne touche pas, loin de là, toute la population paysanne et reste largement aux mains de l'Eglise orthodoxe. A la veille de la guerre de 1914, moins d'un adulte masculin sur deux sait lire et écrire en Russie d'Europe. L'enseignement secondaire et l'enseignement supérieur ne concernent qu'une infime minorité de la population. La douzaine d'Universités impériales accueille moins de 100 000 étudiants en 1914. Mais il existe aussi des écoles spécialisées (militaires, commerciales, techniques, pédagogiques, agronomiques) qui se développent sous le gouvernement de Witte. Les 400 000 écoliers du primaire de 1881 sont devenus 4 000 000 en 1900, 7 000 000 en 1914. On élabore un projet qui prévoit la scolarisation de tous les enfants à l'horizon de 1922. La lecture n'est plus réservée à l'élite, et s'appuie sur un réseau de 2500 revues et 1100 journaux en 1912, dont un sixième dans d'autres langues que le russe. Plus généralement, l'école favorise la lente émergence d'une classe bourgeoise lettrée, qui jouera un rôle important dans le processus de démocratisation de la vie politique. La science russe produit des savants renommés dans toutes les disciplines, notamment la physique avec Paul Iablotchkov, Joukovski, pionnier de l'aérodynamique et « père de l'aviation russe » ou Alexandre Popov, inventeur de l'antenne et pionnier de la télégraphie sans fil. Maria Sklodowska, Polonaise de naissance, mais sujet russe, émigre à Paris où elle épousera Pierre Curie avec qui elle découvrira le radium. Le nom du chimiste Mendeleïev est demeuré associé à l'élaboration d'une classification des éléments chimiques, celui du physiologiste Ivan Pavlov à son travail sur le système nerveux, la découverte du réflexe conditionnel, la psychologie des comportements et le sommeil. Parmi les grands noms des mathématiques, émerge, au sein des successeurs de Lobatchevski, celui de Sophie Kovalevskaïa, qui soutint sa thèse à Göttingen en 1874 et devint professeur à l'Université de Stockholm en 1889. Elle était la femme de Vladimir Kovalesvski qui avec son frère aîné Alexandre mena à bien des recherches fondamentales en paléontologie et en zoologie. La bactériologie est illustrée par Elie Metchnikov qui fit la plus grande partie de sa carrière à l'Institut Pasteur de Paris et obtint le prix Nobel de médecine en 1908. Citons enfin la dynastie d'astronomes que constitue la famille Struve, d'origine allemande.

La littérature peut s'enorgueillir de dignes successeurs de Pouchkine, Tourgueniev ou Dostoïevski, avec les noms de Tchekhov, Tolstoï et Gorki. Du premier, la postérité a surtout retenu le théâtre d'un monde de mesquineries et de frustrations, où le rêve et la vie intérieure sont la seule issue possible, avec *La Mouette*, *Oncle Vania*, *Les Trois sœurs* et *La Cerisaie*, pièces écrites entre 1896 et 1904. De l'œuvre du second, issu d'une haute lignée de noblesse, mais ouvert aux idées libérales tout en cultivant un mysticisme de plus en plus ascétique, demeurent *Guerre et paix* et *Anna Karénine*, mais aussi *Confession*, *La Mort d'Ivan Illitch* et *La Sonate à Kreutzer*. A la différence de Dostoïevski qui se rallie à un panslavisme très conservateur, Tolstoï imagine une Russie libre et égalitaire, ce qui lui vaut les persécutions des censeurs et de l'Eglise qui l'excommunie en 1901. Le troisième raconta son enfance vagabonde d'orphelin (*Enfance*, et, après 1914, *En gagnant mon pain* et *Mes Universités*), soutint les idées révolutionnaires (*La Mère*), construisant aussi une œuvre dramaturgique (*Les Petits-Bourgeois*, *Les Bas-Fonds*), avant d'approuver non sans critique et sans ambiguïté la révolution bolchevique puis la politique de Staline. La poésie, très prisée en Russie, connut un renouveau éclatant à l'aube du XXe siècle, à l'époque de « l'âge d'argent », avec Alexandre Blok, André Bély, Ossip Mandelstam, Anna Akhmatova ou encore Boris Pasternak — viendront peu après Serge Essénine et Vladimir Maïakovski qui s'inscrit dans le courant futuriste. La revue *Le Monde de l'Art*, fondée en 1898 par Diaghilev et trois amis peintres, catalyse cette profusion d'auteurs et d'écoles qui éclosent. On note une volonté délibérée de rupture avec toute forme imposée, classicisme ou réalisme, et une tendance au raffinement, à l'individualisme (culte du Moi), au refus de la rationalité, à la métaphysique, qui s'accompagne parfois d'un retour en force du religieux, voire du mysticisme. Dans ce néo-romantisme mâtiné de symbolisme, l'apologie du Beau, du Bien, de « l'art pour l'art », voisine avec le rejet du matérialisme et du radicalisme politique : tendance illustrée par le philosophe mystique Vladimir Soloviev ou la publication du recueil *Jalons* en 1909, critique acerbe du matérialisme dominant au sein de l'intelligentsia. L'historiographie connaît un grand développement, ce dont témoignent les travaux de Michel Rostovtsev, spécialiste des civilisations hellénistiques, de Serge Platonov, auteur d'un *Boris Godounov*, ou encore de Paul Milioukov, l'un des fondateurs du parti constitutionnel-démocrate, qui publia des *Essais sur l'histoire de la culture russe*.

Le principal mouvement pictural rénovateur, la Société des Expositions Artistiques Ambulantes (1870-1923), familièrement les « Ambulants », fut fondé par Kramskoï et quelques autres artistes en réaction à l'enseignement figé délivré par l'Académie impériale des Beaux-Arts de Saint-Pétersbourg. Les Ambulants, dont les tableaux circulaient dans des expositions itinérantes présentées à travers tout le pays, défendaient l'idée d'un art réaliste, en prise avec la société contemporaine dont il serait le reflet, non sans une arrière-pensée sociale. Il s'agit d'une peinture engagée, mais non militante, qui participe à sa manière au combat pour une société plus démocratique et plus égalitaire. Repine, Sourikov, Chichkine, Makovski, Yarochenko peignent des scènes de genre (paysans, ouvriers, processions, migrants), mais aussi l'actualité, comme la révolution de 1905. Puisant dans l'histoire, ils se montrent à la fois dépositaires de la tradition historique et culturelle russe, mais la mettent en avant aux fins d'analogies avec les temps présents : ainsi Répine peignant *Ivan le Terrible et son fils*, dont l'interdiction d'exposition et de reproduction vint d'Alexandre III en personne. Les Ambulants furent soutenus par des mécènes dont les plus célèbres sont Tretiakov, fondateur de la célèbre galerie qui porte son nom, Morozov ou Mamontov. Les mouvements d'avant-garde qui naquirent en Occident (fauvisme, cubisme, abstraction) trouvèrent également des mécènes en Russie — Chtchoukine commanda en 1909 à Matisse la *Danse* et la *Musique*, vastes toiles installées à Moscou en 1911 —, et firent des émules — ainsi Larionov, sa compagne Gontcharova, ou Tatline — dont la plupart s'installèrent en Occident comme Chagall, Kandinsky, Malevitch, Sonia Terk qui épousa Robert Delaunay, ou le sculpteur Zadkine.

La musique et la danse connurent un âge d'or. La seconde est incontestablement marquée par la forte personnalité de Serge de Diaghilev, promoteur des ballets russes : au contraire du XVIIIe siècle où des maîtres de ballets occidentaux s'installaient en Russie, ce furent les chorégraphes russes qui, lors de la tournée de 1909, enthousiasmèrent l'Occident avec des étoiles comme Anna Pavlova ou Nijinski. Cocteau, Apollinaire, Picasso, Satie furent séduits par le modernisme de chorégraphies très éloignées de la tradition classique incarnée par le théâtre du Bolchoï de Moscou ou de Saint-Pétersbourg. A la suite de Glinka qui puise son inspiration dans le folklore de son pays, la musique russe produit des compositeurs de symphonies et d'opéras dont le « groupe des Cinq », avec Moussorgski (*Boris Godounov, Tableaux d'une exposition, Une Nuit sur le mont Chauve*), Rimski-Korsakov (*Schéhérazade, Le Coq d'or*), Borodine (*Le Prince Igor, Dans les steppes de l'Asie centrale*), Cui et Balakirev. Tchaïkovski composa des symphonies, des opéras (*Eugène Onéguine, La Dame de pique*) et des musiques de ballet (*Le Lac des cygnes, La Belle au Bois dormant, Casse-Noisette*). L'alliance entre une technique musicale très maîtrisée et le choix fréquent de sujets puisés dans la culture russe a donné naissance à des œuvres d'une grande force, dépassant leur cadre géographique et historique pour devenir universelles. Le renouveau vint avec Scriabine, plus tourné vers une musique contemplative, moins « démonstrative ». Stravinski lança le spectacle complet, mêlant musique, chorégraphie, parfois récitant et décors, avec trois œuvres majeures écrites entre 1910 et 1913 : *L'Oiseau de feu, Petrouchka, Le Sacre du Printemps*, en collaboration avec Diaghilev. Le recours aux dissonances, aux archaïsmes volontaires, aux ruptures ou superpositions de rythmes provoquèrent des réactions violentes, mais aussi enthousiastes (Debussy, Satie, Ravel). Prokofiev commence à peine sa carrière, alors que Rachmaninov, directeur du théâtre du Bolchoï de 1904 à 1906, écrit surtout pour le piano dont il est un virtuose.

Les courants politiques : libéralisme et socialismes russes

Tout autant que l'Empire ottoman, la Russie fait figure d'« homme malade » de l'Europe pour de multiples raisons. La première est la guerre russo-japonaise (voir ci-dessous) : la défaite, douloureuse surprise pour la Russie, affaiblit incontestablement le régime — on pourrait faire un parallèle avec la défaite de la France en 1870-71 qui avait provoqué la chute de Napoléon III. Des nationalités, comme les Polonais, s'agitent et réclament davantage d'autonomie, voire l'indépendance, conciliant combat national et combat démocratique au sein de partis socialistes combatifs. Dans les pays baltes et en Ukraine, en Géorgie et Arménie, les populations s'exaspèrent de la politique de russification ; en Finlande, le gouverneur russe est abattu en 1904 par un jeune nationaliste. Les étudiants redeviennent l'un des pôles de la contestation de l'autocratie. Les paysans se révoltent face au problème de la terre et à la pression fiscale, les émeutes se multiplient, dans les villes et les campagnes, avec parfois une coloration antisémite qui aboutit à de violents pogroms. Les *zemstvos* sont touchés par un mouvement libéral qui réclame plus de libertés. Le libéralisme, volonté d'établir une monarchie constitutionnelle avec des institutions copiées sur les modèles occidentaux, se répand au sein des classes moyennes, de l'intelligentsia et de la bourgeoisie cultivée, voire des propriétaires fonciers. En 1903, l'opposition libérale se regroupe dans l'Union de Libération, dont l'économiste Pierre Struve dirige le journal — *Libération* — depuis l'étranger. En 1905, après le manifeste impérial d'octobre, est fondé un Parti constitutionnel-démocrate (K.D. ou « Cadets »), dirigé par Paul Milioukov à partir de 1907. Historien et ancien acteur du mouvement étudiant à Moscou, Milioukov vit, comme beaucoup d'opposants, hors de Russie de 1897 à 1905. Parmi les autres figures marquantes du libéralisme, le philosophe Nicolas Berdiaïev et le théologien Serge Boulgakov. Le programme du K.D. demande la mise en place d'une Douma élue au suffrage universel direct, devant laquelle serait reponsable le gouvernement. Bien implanté au sein des professions libérales et enseignantes, le K.D. fédère une quinzaine d'organisations professionelles dans l'Union des Unions.

Mais la fin du siècle voit aussi l'apparition d'une opposition plus radicale, dépassant l'impasse du nihilisme, inspirée par l'idéologie marxiste dont Plekhanov fut le diffuseur en Russie. Les tenants du populisme, héritiers de Tchernychevski comme Pierre Lavrov, tentent de perpétuer un socialisme « à la russe », très en prise sur la question paysanne. Le publiciste et sociologue Nicolas Mikhaïlovski illustre la survie, exprimée dans des revues (*Annales de la patrie*, puis *Richesse russe*), d'un socialisme utopique, influencé par le positivisme d'Auguste Comte, critique vis-à-vis de la société industrielle en gestation et de la solution marxiste. Son influence décrut, même si les socialistes-révolutionnaires lui empruntèrent l'idée d'une réforme en profondeur de la propriété de la terre. L'anarchisme de Bakounine connaît une influence certaine dans les milieux intellectuels, voire nobles comme en témoigne le cas du prince Kropotkine. Prolongé par le léninisme, le marxisme russe, en portant le regard sur la lutte des classes, les contradictions de la société capitaliste, le rôle du prolétariat urbain, change la perspective révolutionnaire. Des cercles marxistes clandestins sont fondés, et, dans les villes, sociaux-révolutionnaires et sociaux-démocrates mènent une lutte incessante pour une Russie socialiste, s'appuyant à la fois sur le prolétariat des grands centres industriels et sur la jeunesse étudiante qui recourait parfois au terrorisme. Se plaçant dans la tradition populiste des années 1860-1880, tout en subissant l'influence du marxisme, les sociaux-révolutionnaires créent le Parti socialiste-révolutionnaire (« S.R. ») en 1901, avec notamment Victor Tchernov et M. R. Gots qui éditent la *Russie révolutionnaire* depuis Genève. Dans son programme défini lors du congrès de 1905-1906, le S.R. ne souhaite pas la dictature d'une classe, mais la République démocratique et la convocation d'une Assemblée constituante, plus d'autonomie pour les régions, la journée de huit heures et la socialisation de la terre, ce qui lui vaut une réelle popularité au sein de la classe ouvrière et de la paysannerie. Par ailleurs, le S.R. n'hésite pas à recourir à la violence terroriste avec son Organisation de combat qui organise des attentats comme ceux qui coûtèrent la vie à deux ministres de l'Intérieur, Sipiaguine en 1902 et Pleve en 1904, et au grand-duc Serge, cousin et beau-frère de Nicolas II, commandant de la région militaire de Moscou, en 1905.

Résolument marxiste, le Parti ouvrier social-démocrate russe (P.O.S.D.R. ou « S.D. »), fondé en 1898 dans la foulée du Bund (organisation socilaiste juive créée l'année précédente), adhère à la IIe Internationale et réalise progressivement l'union des cercles marxistes russes de l'intérieur ou de l'émigration. Il tente, sans y réussir, de fédérer les partis socialistes des minorités religieuses (Bund) ou nationales (Polonais), et n'échappe pas à des rivalités de tendances et de personnes. Influencé par Plekhanov — actif au sein du mouvement populiste avant de prendre la tête de la social-démocratie, traducteur du *Manifeste* de Marx et Engels, fondateur dès 1883 du mouvement Emancipation du travail —, Lénine devient l'un des promoteurs du marxisme en Russie. Né dans un milieu bourgeois, marqué par l'exécution de son frère en 1887, il connaît la prison, l'exil en Sibérie, l'émigration, notamment en Suisse où il fréquente Plekhanov, et en Allemagne où il rencontre Karl Liebknecht. Il devient le directeur de l'*Iskra* (l'*Etincelle*), organe du Parti ouvrier social-démocrate. Après *Le Développement du capitalisme en Russie* (1899), *Que faire ?*, publié en 1902, expose sa théorie du rôle moteur d'un parti de révolutionnaires professionnels, recrutés au sein du prolétariat dont il prône la dictature. Il impose son point de vue au congrès de 1903 (Bruxelles-Londres) où s'opposent majoritaires (bolcheviks) et minoritaires (mencheviks, avec Martov, soutenu alors par Trotski). Mis en minorité quelque temps après, Lénine assiste à l'échec de l'insurrection de 1905 qui le renforce dans ses convictions. Au Ve congrès du P.O.S.D.R (Londres, 1907), son courant redevient majoritaire. Mais mencheviks comme bolcheviks sont affaiblis par leurs rivalités internes. Vivant principalement à Paris de 1908 à 1911, fondateur à Longjumeau d'une Ecole formant les cadres de la révolution à venir, Lénine participe à la création de la *Pravda* en 1912, s'installe à Cracovie, puis se réfugie en Suisse lorsqu'éclate la guerre en 1914. Parmi les autres personnalités de la social-démocratie russe figurent Martov, fondateur de l'Union de lutte pour la libération de la classe ouvrière dès 1895, puis chef de file des mencheviks que Plékhanov rejoindra après avoir soutenu Lénine ; Trotski, également rallié aux mencheviks, qui prit la tête du soviet de Saint-Pétersbourg en 1905 ; Staline qui, fidèle à Lénine, fut nommé à la tête du Politburo de la fraction bolvchevik en 1912 ; Kamenev, directeur de la *Pravda* à Saint-Pétersbourg en 1914 ou encore Zinoviev, militant clandestin infatigable auprès des ouvriers de la capitale, tous deux bolcheviks. Parallèlement, la Pologne donne naissance à un Parti social-démocrate dirigé par Rosa Luxemburg puis Félix Dzerjinski, qui, en accord avec le Bund, situe le combat sur le plan social et non nationalitaire, alors que le Parti socialiste polonais de Limanowski — où Pildsudski fait ses premières armes — s'attache davantage à la défense de la cause polonaise.

La révolution de 1905

C'est dans ce contexte que surgit la première grande fracture dans le système autocratique. Les années 1902-1904 sont scandées par de nombreuses manifestations, grèves, formations de comités et de conférences, actions plus ou moins violentes qui, audelà de divergences dans les méthodes et les objectifs, se rejoignent dans la contestation de l'autocratie et la volonté de réclamer plus de libertés. Les attentats se multiplient, la répression s'accroît. Le consensus se fait sur la nécessité de réunir une Assemblée que certains veulent constituante : cela reviendrait à limiter les pouvoirs du tsar, qui s'y oppose catégoriquement. Le 22 janvier 1905, un long cortège de 150 000 manifestants converge en direction du Palais d'hiver, à Saint-Pétersbourg, dont Nicolas II est absent. A la tête du cortège, le pope Georges Gapon, agent de l'Okhrana, qui a créé un syndicat, l'Union des ouvriers d'usine russes de Saint-Pétersbourg, pour noyauter le mouvement ouvrier. Les manifestants qui défilent avec des icônes et des portraits de Nicolas II veulent soumettre sans violence leurs doléances au « tsar-père du peuple » : amélioration des conditions de travail des ouvriers et réunion d'une Assemblée constituante. Les troupes cosaques tirent, faisant plusieurs centaines de morts et plusieurs milliers de blessés. Cet événement, traité abondamment par la peinture, la presse et plus tard le cinéma (Eisenstein, *Potemkine*) et la musique (Chostakovitch, 11e symphonie, *L'Année 1905*), marque le début d'un processus où alternent phases d'ouverture et phases de réaction. Devant la persistance des grèves et des revendications démocratiques tout au long du printemps, alors qu'apparaissent les premiers soviets d'ouvriers, et surtout de l'été 1905, marqué par la mutinerie de l'équipage du cuirassé Potemkine — le drapeau rouge flotte sur la rade d'Odessa —, Nicolas II se résoud à promulguer un manifeste impérial (19 août) annonçant la convocation d'une Douma consultative. La déception qui s'ensuivit remobilisa l'opposition qui organisa une grève générale très suivie au mois d'octobre, avec l'apparition à Saint-Pétersbourg d'un soviet des députés ouvriers disposant d'un organe de presse, les *Izvestia*. Le tsar rappela Witte aux affaires et publia un second manifeste dit « d'octobre » qui accordait toutes les libertés civiles et prévoyait l'élection d'une Assemblée législative, mais non constituante.

On semblait s'acheminer vers l'établissement d'une monarchie constitutionnelle : l'opposition libérale s'en satisfaisait, alors que sociaux-révolutionnaires et sociaux-démocrates réclamaient une constitution. Les soviets d'ouvriers, mais également de soldats, se multipliaient avec l'appui des partis socialistes. A leur tour, les provinces (Finlande, Estonie, Lettonie, Lituanie) s'agitèrent, réclamant plus d'autonomie et une administration locale, voire l'indépendance et la république. Mais, profitant de la division de l'opposition, Nicolas II fit arrêter les membres du soviet de Saint-Pétersbourg, dont Trotski déporté en Sibérie, puis écraser les ouvriers de Moscou solidaires de ceux de la capitale et rétablir l'ordre à travers l'Empire. Quelques concessions linguistiques, scolaires ou religieuses furent accordées qui, conjuguées à une plus grande liberté d'expression, virent se multiplier les journaux autochtones. L'heure était à la réaction contre les libéraux, les Juifs, les socialistes, avec le concours de bandes armées, les Centuries noires, adeptes de l'expédition punitive. Le nationalisme panslave se réveilla, alliant refus de toute modernité, antilibéralisme et xénophobie affirmée, se rattachant à l'orthodoxie et au soutien à la cause slave comme valeurs suprêmes. A la suite de Danilevski, auteur à succès de *La Russie et l'Europe*, et de Pobedonostsev, ex-précepteur d'Alexandre III, des théoriciens avaient perpétué le panslavisme comme l'écrivain et moine Constantin Leontiev (*L'Orient, la Russie, les Slaves*). L'antisémitisme atteignit son paroxysme. Peu nombreux, concentrés dans quelques provinces (Lituanie, Pologne) et dans quelques professions surtout artisanales et commerciales (l'achat de terres, le barreau, la fonction publique leur sont interdits), victimes du *numerus clausus* dans l'enseignement secondaire et supérieur, les Juifs russes émigrèrent massivement vers l'Europe de l'Ouest et les Etats-Unis. Ceux qui restèrent furent victimes à intervalles réguliers de pogroms, que les autorités laissaient se dérouler quand elles ne les encourageaient pas. *Les Protocoles des Sages de Sion*, ouvrage antisémite et faux unanimement reconnu, fut publié dans une première version dès 1905, avec la bénediction de la censure russe.

Après sa démission en 1903 — il s'opposait à la rupture avec le Japon —, Witte fut rappelé par Nicolas II et poussa à des réformes politiques, tout en plaçant un emprunt en France, ce qui évita à la Russie de connaître la banqueroute. La campagne pour l'élection de la Douma s'engagea. La loi électorale établit le suffrage universel indirect (hommes de plus de 25 ans), mais la représentation était fonction des classes sociales et des nationalités : ainsi les Ukrainiens avaient 62 députés, les Biélo-Russes 12. Au total, les Russes ou Grands-Russiens disposaient de 265 députés et l'ensemble des autres nationalités de 89. Les élections furent un succès pour le K.D. qui enleva plus du tiers des sièges, et les plus modérés des sociaux-révolutionnaires : mais la majorité de ces derniers et les S.D. boycottèrent les élections. Très vite, les divisions internes à la Douma entretenues par le gouvernement et l'absence de majorité nette au sein de l'Assemblée, rendirent toute coopération impossible et bloquèrent la situation. Prenant de court l'assemblée, Nicolas II promulgua en mai 1906 des lois fondamentales : elles lui reconnaissaient le titre d'autocrate, le commandement des armées, le contrôle de la diplomatie et des affaires religieuses, le droit de paix et de guerre, en bref un exécutif très étendu. C'était lui également qui convoquait la Douma, élue pour cinq ans, la dissolvait et pouvait exercer un droit de veto, tout en gardant le droit de légiférer par *oukaze* entre les sessions. La compétence de la Douma s'arrêtait au vote des lois et d'une partie du budget ne comprenant pas ce qui relevait du domaine militaire. Le Conseil d'Etat devenait une Chambre haute, avec des pouvoirs réels qui limitaient encore ceux de la Douma. Enfin, les ministres n'étaient responsables que devant le tsar.

Hostiles à ces lois fondamentales, les députés de l'opposition, notamment les libéraux, demandèrent des réformes constitutionnelles — comme l'égalité civile, ethnique et religieuse ou un régime parlementaire — et sociales — comme la distribution de terres aux paysans, à commencer par celles de l'Etat, de la Couronne et de l'Eglise. Le tsar répondit par la fermeture du palais de Tauride et la dissolution de la Douma en juillet 1906, après deux mois et demi d'existence. Quelque deux cents députés, préconisant la résistance par la grève de l'impôt et du service militaire, furent poursuivis en justice et de ce fait non rééligibles. De nouvelles élections eurent lieu, avec la participation des S. R. et des S. D., et une nouvelle Douma siégea en mars 1907. Encore plus fractionnée politiquement, marquée par la diminution de la représentation des libéraux et la percée de l'opposition socialiste, la « Douma rouge » ne dura que trois mois. Arguant d'un complot tramé par des députés S. D., le Premier ministre Stolypine la fit dissoudre, tout en modifiant la loi électorale pour diminuer la représentation des paysans, des ouvriers et des nationalités jugées turbulentes — la Pologne par exemple — : au total, les nationalités ne disposaient plus que de 39 députés, dont aucun pour la Russie d'Asie, au lieu de 89, sur 442 au total. Parallèlement, la représentation de la noblesse fut augmentée : constituant moins de 0,1 % de la population, elle disposait de la moitié des sièges. La troisième Douma ou « Douma des seigneurs » (1907-1912) et la quatrième (1912-1917) furent donc sages et coopératives, mais évidemment totalement déconsidérées par leur non-représentativité : la droite et les Octobristes (en référence au manifeste d'octobre) étaient largement surreprésentés, les libéraux étaient laminés et les socialistes boycottèrent de nouveau les élections.

L'homme fort du moment, responsable de cette politique brutale de réaction, c'est Stolypine. Ministre de l'Intérieur, puis Premier ministre en juillet 1906, confronté à une vague d'attentats sans précédent, il n'hésita pas à recourir aux tribunaux d'exception afin d'y déférer les socialistes-révolutionnaires maximalistes pour lesquels il devint l'homme à abattre. Stolypine fit inflitrer les organisations terroristes au point de placer ses hommes à leur tête. Un millier de condamnations à mort furent prononcées, et l'émigration reprit de plus belle. Les quelques libertés accordées aux nationalités furent abolies, la russification s'intensifia, avec parfois l'appui de l'intelligentsia libérale. La politique de la terre de Stolypine (voir ci-dessus) visait à contrer les demandes de la Douma d'expropriation des propriétaires privés, tout en donnant plus de liberté aux paysans en les sortant du carcan du mir, sans toucher pour autant aux privilèges de la noblesse. Par sa brutalité, Stolypine se fit aussi bien des ennemis à droite qu'à gauche : de manière symbolique, c'est un agent double, membre des S.R. et de l'Okhrana, qui l'assassina en septembre 1911, privant le régime de son dernier homme fort. Ses successeurs, Kokovtsov venu des Finances, puis Goremykine déjà aux affaires en 1906 quand il avait remplacé Witte, n'eurent ni sa détermination ni son influence : celles de Nicolas II et de la tsarine conseillée par Raspoutine n'en furent que plus importantes. Or, l'agitation renaît dès 1912 pour ne plus cesser jusqu'à la déclaration de guerre, dans les villes universitaires ou industrielles, et sur les chantiers comme ceux de la Lena Goldfields où la troupe tue et blesse des centaines d'ouvriers lors d'une manifestation organisée en avril 1912 pour dénoncer les accidents de travail meurtriers qui survenaient régulièrement. Bakou est paralysé en juin 1914 par une grève générale et des barricades sont érigées à Saint-Pétersbourg lorsque Poincaré effectue une visite en Russie au mois de juillet, alors que menace la déflagration générale.

La politique extérieure (1881-1914)

A l'aube des années 1880, la Russie semble fortement arrimée à l'union avec l'Allemagne et l'Autriche-Hongrie : « l'alliance des trois empereurs » est reconduite en 1881, puis 1884 par Alexandre III dont la politique de réaction intérieure se prolonge sur le plan extérieur avec la volonté de maintenir le *statu quo* en Europe, notamment face aux revendications des nationalités. Mais c'est précisément ce dernier point qui, en l'espace d'une dizaine d'années, va provoquer un bouleversement dans la diplomatie russe. D'une part, la Bulgarie, soutenue par Vienne, annexe la Roumélie orientale en 1885 et élit en 1887 à la place d'Alexandre de Battenberg, soutenu par la

Russie, un souverain pro-autrichien, Ferdinand de Saxe-Cobourg. L'homme fort du pays, le président du Conseil Stambolov, mène une politique hostile à Saint-Pétersbourg qui se trouve privée d'alliés dans la région des Balkans. D'autre part, les relations avec l'Allemagne se tendent, celle-ci cherchant à maintenir l'alliance avec Vienne tout en évitant la rupture avec la Russie. Un traité secret, signé en 1887, garantissait la neutralité réciproque des deux Etats en cas de guerre, sauf si l'Allemagne attaquait la France, et la Russie, l'Autriche-Hongrie. Mais la démission de Bismarck en 1890 modifia les données : Berlin ne reconduisit pas ce traité secret et s'engagea davantage dans la Triple-Alliance. De manière préoccupante, la Russie se trouvait isolée en Europe. Quel partenaire y trouver ?

L'Angleterre, inquiète de la percée russe en Asie centrale et notamment en direction de l'Aghanistan, une menace pour l'Inde, négocia avec Giers, ministre des Affaires étrangères de 1882 à 1895, afin d'éviter une guerre entre les deux puissances. La France représentait la seule alternative possible à l'Angleterre. Mais la France, c'était le pays de la Révolution de 1789, de Napoléon 1er qui avait dévasté la Russie jusqu'à Moscou en 1812, des Trois Glorieuses de 1830 contre lesquelles Nicolas 1er souhaitait intervenir, du soutien à la cause polonaise de Napoléon III en personne, de la Commune de Paris et finalement d'une République qui se flattait d'être démocratique. Un pays en somme aux antipodes de la Russie, de plus vaincu en 1871 par une Allemagne avec laquelle la diplomatie russe entretenait des rapports traditionnellement assez étroits et hésitait à rompre. Il n'est donc pas exagéré de parler de renversement d'alliance avec ce rapprochement qui, commencé en 1891, aboutit à la convention militaire de 1893-94 qui asseoit l'entente franco-russe. Après de longues tractations, Paris s'engageait à intervenir en cas d'attaque de l'Allemagne ou de l'Autriche-Hongrie soutenue par l'Allemagne contre la Russie, celle-ci faisant de même si l'Allemagne ou l'Italie soutenue par l'Allemagne — cas moins probable — attaquait la France. Pour la Russie comme pour la France, il s'agissait d'un mariage de raison qui devait s'avérer solide au fil des années. Chacun des deux pays avait besoin d'un partenaire militaire, et financier dans le cas de la Russie, la France trouvant par ailleurs son intérêt à placer ses fonds dans l'industrie russe. Stratégiquement parlant, les deux pays, situés aux extrémités de l'Europe, prenaient en tenaille les Empires centraux.

Nicolas II poursuivit, non sans hésitation parfois, la même voie que son père. Personnage ambigu, il est à la fois promoteur de la première Conférence pour la paix qui se réunit à La Haye en 1899 et aboutit à la création de la Cour de justice internationale, et partisan d'une armée forte, participant à la course aux armements du début du siècle. Il rêve de consolider la situation de la Russie à la fois dans les Balkans et en Extrême-Orient : cette dualité sera l'une des caractéristiques, mal maîtrisée, de la diplomatie russe, contrainte de jouer sur deux fronts. En Asie centrale, la prise de Merv en 1884 avait permis d'achever la formation du gouvernement général du Turkestan. En Extrême-Orient, depuis les années 1850-1860 les Russes s'implantaient dans le bassin du fleuve Amour et sur les côtes du Pacifique (1860 : fondation de Vladivostok, « Maître de l'Orient »). En 1875, la Russie avait obtenu du Japon la réunification à son profit de l'île de Sakhaline, qui devint célèbre pour son bagne. Avec la construction du Transsibérien et du Transmandchourien, l'Empire achevait de dominer toute la partie nord de l'Extrême-Orient, contraignant la Chine déjà moribonde d'accepter toutes ses conditions, comme la cession de Port-Arthur en 1898. Or, la ville avait été conquise en 1894 puis rendue sous la pression des grandes puissances par un Japon dont l'ambition régionale s'affirmait depuis son entrée dans la modernité, avec le début de l'ère du Meiji en 1868. La mainmise de la Russie sur la Mandchourie heurta le nationalisme japonais qui soupçonnait Saint-Pétersbourg d'ambitions sur la Corée. L'enjeu économique et politique était de taille pour les deux puissances. Aucune négociation n'aboutissant, le Japon, conforté par la signature d'une alliance avec l'Angleterre en 1902, attaqua brusquement la Russie en février 1904 sans déclaration de guerre, dans la rade de Port-Arthur. A la stupéfaction des Occidentaux — et notamment de la France — la Russie fut écrasée militairement par un Japon dont on n'avait pas pris la mesure de l'évolution. Mieux commandée et organisée — rôle de l'amiral Togo —, avec un armement plus moderne (la guerre russo-japonaise voit l'apparition de la mitrailleuse et du canon à tir rapide), l'armée japonaise prit Port-Arthur en janvier 1905, fit reculer les forces terrestres russes à la bataille de Moukden, puis anéantit la flotte du tsar lors de la bataille du détroit de Tsushima (mai 1905), forçant la Russie à demander l'armistice. Au même moment, le pays était touché par un mouvement révolutionnaire de grande ampleur. Nicolas II n'avait donc pas d'autre choix, ayant besoin de son armée pour rétablir l'ordre. Par le traité signé à Portsmouth (Etats-Unis) grâce à l'entregent du président Théodore Roosevelt, la Russie perdit Port-Arthur et le Transmandchourien au profit du Japon, la Mandchourie étant reconnue à la Chine.

Les conséquences de la défaite russe sont importantes, autant, du reste, en terme de politique intérieure qu'en terme de politique extérieure. Les ambitions russes en Extrême-Orient étant stoppées, la diplomatie de Saint-Pétersbourg concentra davantage son activité vers l'Ouest, et notamment en direction des Balkans, où reprit de plus belle la longue rivalité avec l'Autriche-Hongrie. Pour autant, Nicolas II ne se résolut pas à abandonner tout espoir de rapprochement avec l'Allemagne de Guillaume II qu'il rencontra secrètement en 1905. Mais les pressions de Vienne sur Berlin et de la France sur la Russie firent capoter ce projet. Le tsar joua alors franchement la carte de l'entente franco-russe, ponctuée par des visites réciproques des chefs d'Etat, et bientôt augmentée de la Grande-Bretagne (1907) qui avait déjà conclu l'Entente cordiale (1904) avec la France. La Triple-Entente était consacrée, non sans douleur : il fallut de longues négociations portant sur la Perse, l'Afghanistan, le Tibet, la Chine, pour que Londres et Saint-Pétersbourg s'accordent. L'homme fort de la diplomatie russe est alors le ministre des Affaires étrangères, Alexandre Izvolski (1906-1910). Sa marge de manœuvre est pourtant étroite, au regard des ambitions qu'il affiche dans les Balkans et la région des Détroits. La Russie soutient de plus en plus la Serbie menacée par la volonté hégémonique de l'Autriche sur les Slaves des Balkans. Izvolski croit tenir un accord avec Vienne lorsque, ayant rencontré son homologue Aerenthal, il consent à l'annexion de la Bosnie et de l'Herzégovine (1908), moyennant l'appui autrichien dans le cas où Saint-Pétersbourg placerait sur le terrain diplomatique la question de la révision du statut des Détroits. Depuis le congrès de Berlin, les Dardanelles et le Bosphore étaient fermés à tout navire de guerre : concrètement, cela signifiait que les navires de guerre russes de la mer Noire ne pouvaient accéder à la Méditerranée. Marché de dupes : une fois la Bosnie-Herzégovine devenue autrichienne, malgré les protestations de Belgrade, la Russie se trouva isolée et rencontra tant l'hostilité de la Grande-Bretagne que celle de l'Allemagne, toutes deux attachées au *statu quo* dans les Détroits. La pénétration politique, militaire et économique de l'Allemagne en Turquie acheva d'irriter la Russie. Celle-ci fit alors des Balkans la priorité de son action diplomatique, l'Autriche-Hongrie devenant l'ennemi désigné. Sazonov, successeur d'Izvolski nommé ambassadeur à Paris, poursuivit le rapprochement avec la Grande-Bretagne et la réconciliation avec le Japon. Lors de la première guerre balkanique, il soutint l'alliance des Serbes, Bulgares, Grecs et Monténégrins face à l'Empire ottoman. Lors de la seconde guerre balkanique où la Bulgarie entra en conflit contre ses anciens alliés aidés de la Turquie et de la Roumanie, la Russie choisit la Serbie. Cela apparut comme une provocation à Vienne qui dénonça de plus en plus violemment le nationalisme serbe. Les conditions étaient en place pour le déclenchement d'une guerre que l'on souhaitait régionale, tout en sachant que le mécanisme des alliances porterait inéluctablement à son internationalisation.

La spécificité de la Russie tient à une question de masse d'une part, à une question de contrastes d'autre part. La masse, c'est celle de la paysannerie. Dans aucune autre des grandes puissances européennes, les paysans ne pèsent démographiquement aussi lourd ; nulle part ailleurs, la question de la terre n'entrave autant le développement de la production agricole et donc l'enrichissement de la paysannerie. C'est d'une paysannerie pauvre dont il s'agit, sans espoir de développement, prisonnière de son fort taux de natalité, des règles rigides de la communauté rurale — malgré quelques assouplissements —, du refus, enfin, de la noblesse d'engager toute réforme du système en place. Le développement économique de la Russie est bridé par cette lancinante question paysanne qu'aucun tsar ni aucun gouvernement n'ont osé aborder de face. Ni les propositions radicales des socialistes ni même celles plus modérées des libéraux n'ont été prises en compte, et les initiatives d'un Witte ou d'un Stolypine apparaissent parachutées d'en haut. Contraste avec l'industrie dont le dynamisme est réel, la productivité forte, mais les débouchés freinés par l'absence d'un véritable marché intérieur au sein, pourtant, d'un pays de 170 millions d'habitants. Avant la révolution bolchévique, la Russie est entrée dans l'ère industrielle et a entrepris la construction d'un capitalisme alimenté de l'extérieur. Cet essor s'accompagne de celui d'un prolétariat ouvrier qui, bien que réduit en nombre, joue dans les insurrections ou les révolutions un rôle d'autant plus grand que l'absence de démocratie conduit à l'affrontement comme mode de fonctionnement du système politique, sans même parler du terrorisme. On sait le rôle que peuvent jouer dans tous les systèmes dictatoriaux des petits groupes déterminés : ce que Blanqui avait déjà énoncé se trouve repris par Lénine. Autre contraste, très fortement marqué, entre ceux qui sont à l'intérieur de la vie politique en tant qu'acteurs au moyen de modes différents (étudiants, ouvriers, syndicalistes, politiques, militants) et l'immense majorité de la population qui, sauf pour l'élection des premières Doumas au suffrage universel masculin, ne dispose d'aucune entrée dans l'action politique légale. Contraste, enfin, entre la volonté de la Russie, réaffirmée par ses souverains, d'être une grande puissance militaire, et la fragilité d'une armée que la guerre russo-japonaise a cruellement révélée.

Colosse aux pieds d'argile ou « tigre de papier », il est certes facile de juger de l'état réel de toutes les Russies lorsqu'on connaît les événements ultérieurs. Mais il est de fait que par l'immensité de son territoire, par les défauts de son organisation administrative, par une centralisation sans équivalent, la société russe semble empreinte d'une pesanteur tenace. L'appel au nationalisme ou au panslavisme ne masque pas ces faiblesses : il ne mordra d'ailleurs que faiblement — à la différence de l'Allemagne ou de la France, à certaines périodes — sur une population qui n'a pas encore conscience de former une nation, et qui réclame d'abord du travail et du pain.

L'Autriche-Hongrie, puissance de second rang ?

Vaincue en 1859 et en 1866, écartée de l'Allemagne et de l'Italie, repliée sur ses positions danubiennes, attirée par l'idée de se constituer une zone d'influence balkanique au fur et à mesure de la désintégration d'un Empire ottoman dont le maintien de l'intégrité territoriale ne constitue plus un dogme pour l'Autriche post-metternichienne, la Double Monarchie entame une difficile fin de siècle, sans pour autant être ce parent pauvre de l'Europe que l'on se plaît parfois à décrire. Mais incontestablement, l'Autriche-Hongrie semble maintenant être le second — brillant, certes — de l'Empire allemand qui en fait son allié au sein de la Double puis de la Triple-Alliance.

Le siècle de François-Joseph

A l'instar d'une Angleterre dite victorienne tant la personnalité de la reine Victoria a marqué de son empreinte le XIXe siècle britannique, l'Autriche a été marquée par la personnalité de François-Joseph. L'homme a commencé très jeune son règne sous des auspices difficiles — la Révolution de 1848. Ce « dernier monarque de la vieille école », comme il se qualifie lui-même en recevant Théodore Roosevelt en 1910, a cependant joué un rôle politique plus important que la reine Victoria, la constitution autrichienne lui donnant un véritable pouvoir. François-Joseph fit avec constance le choix d'un conservatisme hautement revendiqué alors que sa vie personnelle fut scandée par une série de drames personnels dont les plus connus sont l'exécution de son frère cadet Maximilien au Mexique (1867), le suicide de son fils unique l'archiduc Rodolphe à Mayerling (1889) et l'assassinat de son épouse Elisabeth dite Sissi par un anarchiste italien à Genève (1898), sans oublier celui de son neveu l'archiduc François-Ferdinand, héritier du trône, et de sa femme à Sarajevo en juin 1914. L'affection réelle de ses sujets se manifesta lors du jubilé de 1908 organisé pour célébrer ses soixante années de règne ; mais ceux-ci furent également sensibles à la modernisation économique du pays, à l'embellissement de Vienne, à la volonté farouche de François-Joseph de maintenir l'unité de l'Empire, au prix de concessions libérales comme l'adoption du suffrage universel en Cisleithnanie en 1907. Le jeune souverain violemment antilibéral évolua vers un pragmatisme qui fera de lui un empereur constitutionnel, rejetant le néo-absolutisme des années 1850, sans aller jusqu'à instaurer un authentique système parlementaire. François-Jospeh dut aussi gérer sa succession, et faire preuve jusqu'au bout d'un esprit de conciliation entre forces politiques et/ou nationales aux intérêts antagonistes, quitte à nommer, lorsque le pays devenait ingouvernable par défaut de majorité stable, des ministères de fonctionnaires (*Beamtenministerien*). Il prit souvent des mesures — ou ne s'y opposa pas — qui heurtaient les milieux conservateurs (voire son refus d'appliquer son veto lors de l'abolition du Concordat en 1870, ou son rejet du fédéralisme au profit du centralisme). Véritable bureaucrate de la fonction impériale et grand travailleur « bûchant » ses dossiers, François-Joseph entend bien diriger les affaires du pays, au moins dans des domaines qui lui sont réservés : armée et guerre, politique extérieure, réformes constitutionnelles, voire affaires religieuses.

Développement économique et mutations sociales

Si la croissance avait été interrompue par la crise politique et économique de la période 1846-1851, elle connut une vigoureuse reprise dès les années 1850, pour culminer au début des années 1870. Entre Sadowa et le krach de 1873, l'économie de l'Empire connaît un véritable miracle, qui se traduit par un développement considérable des voies ferrées, la multiplication des fondations bancaires (135 en sept ans dont plus de la moitié à Vienne) ou des sociétés par actions (376 pour la seule année 1872). Le capitalisme immobilier et ferroviaire se développe à vive allure avec le soutien actif des plus illustres familles aristocratiques. Les banques d'affaires se multiplient comme le Creditanstalt et le Boden-Credit-Anstalt, toutes deux fondées par la branche viennoise des Rothschild (1855 et 1863), le Wiener Bankverein (émanation du Boden-Credit-Anstalt, 1869) ou la Zivnostenska Banka (1868), fondée pour favoriser le développement des industries tchèques. Quatrième puissance économique du vieux continent derrière la Grande-Bretagne, l'Allemagne et la France, mais devançant la Russie, l'Empire austro-hongrois souffre de deux handicaps majeurs : la faiblesse de son commerce extérieur vers l'Europe occidentale, partiellement compensée vers l'Est où les marchés balkanique et russe restent faibles, et vers le Proche-Orient, et la concurrence vigoureuse du puissant voisin germanique. Pourtant, couvrant 677 000 km^2, l'Empire austro-hongrois est riche de terres fertiles et de minerais en tous genres — charbon en Moravie et en Silésie, fer en Styrie —, sans que, pour autant, il cesse ses importatons. Représentant un marché de 40 millions d'habitants en 1867, et de près de 53 en 1914, la Monarchie danubienne connaît un antagonisme marqué entre régions riches (Bohême, bassin viennois, plaine hongroise) et régions pauvres (Galicie, Transylvanie) touchées par une émigration vers les grandes villes, mais aussi vers le continent américain. Pourtant, passée la grande dépression des années 1873-1880, la croissance économique de l'Empire reprit de plus belle, pour atteindre son apogée entre 1900 et 1914, avec une hausse record du produit national brut.

La partition entre un espace tourné vers l'industrie (Autriche) et un espace à dominante agricole (Hongrie) se vérifie durant toute la période, même si le royaume de Saint-Etienne entreprend un réel effort d'industrialisation, couronné de succès. L'Autriche-Hongrie demeure un pays majoritairement rural — 55 % des actifs à la veille de la Grande Guerre. Les régions agricoles comme une partie de l'Autriche et de la Bohême, la Galicie, la Transylvanie, la Bukovine et surtout la Hongrie exportent une part croissante de leur production de blé et de viande surtout dans et hors de l'Empire, fournissant également d'importantes industries agroalimentaires comme les meuneries, les brasseries et les sucreries hongroises ou tchèques. Des progrès dans les méthodes de culture (engrais chimiques) et dans l'organisation des exploitations agricoles (mécanisation) permettent une augmentation des rendements. Globalement, la production de céréales de la seule Hongrie triple entre 1873 et 1913, celle de pommes de terre est multipliée par six, celle de betteraves à sucre par seize. Mais le problème de la propriété de la terre n'est toujours pas réglé. En Hongrie, quelque 6000 grands propriétaires — soit moins de 1 % du total — se partagent 40 % des terres cultivables. A cette infime minorité de riches propriétaires latifundiaires s'oppose une majorité de petits propriétaires parcellaires, sans compter le prolétariat rural que représentent des ouvriers agricoles à qui le refus de l'accès à la propriété foncière et au droit de vote ne laisse comme alternative que la révolte ou l'émigration. Les villes industrielles, localisées en Cisleithanie, sont au total peu nombreuses : Steyr (sidérurugie, métallurgie, constructions mécaniques, armes), Brno, Vienne et Prague (agroalimentaire, textile, matériel ferroviaire), ou encore Trieste sur l'Adriatique (constructions navales). En Hongrie, seule Budapest (textile, construction mécaniques — premier chemin de fer métropolitain en Europe en 1896, année du millénaire —, agroalimentaire) fait figure de région industrielle. La production de charbon de l'Empire passe de 800 000 tonnes en 1848 à 34 millions de tonnes en 1904. De grandes sociétés industrielles financées par des banques se mettent en place dans la sidérurgie ; le coton connaît une véritable explosion. Des entreprises deviennent célèbres pour la qualité de leur production, comme la manufacture d'armes Škoda fondée en 1868 à Plzeň/Pilsen. Les productions traditionnelles continuent à bien s'exporter comme la porcelaine, le verre ou le cristal. Vienne concentre une industrie de luxe (meubles, vêtements, orfèvrerie) qui s'épanouit avec la création du musée d'Art et d'Industrie (1864) et de l'Ecole des Arts décoratifs (1868). Le monde des artisans se trouve pourtant menacé par celui de la grande industrie, surtout textile, qui emploie un prolétariat croissant venu des campagnes de l'Empire.

L'année 1873 fut marquée par le formidable krach boursier qui éclata à Vienne l'année de l'Exposition universelle. Les mécanismes de ce krach, qui eut des répercussions à travers toute l'Europe, sont ceux, classiques, d'une spéculation boursière immodérée et incontrôlée, dans un climat d'euphorie et de hausse continue de la valeur des actions. La multiplication des sociétés anonymes, l'augmentation constante du capital investi dans des affaires de toutes sortes pouvaient laisser croire que la croissance serait continue : le coup d'arrêt fut brutal, bien que momentané. Le « vendredi noir » 9 mai, en pleine Exposition universelle, la Bourse de Vienne s'effondra brutalement. Les conséquences du krach furent désastreuses pour l'économie autrichienne, et d'abord viennoise : le cours des actions du Creditanstalt perdit les deux tiers de sa valeur, la moitié des entreprises du bâtiment firent faillite, la moitié des ouvriers de la soie et les deux tiers de ceux des constructions mécaniques furent licenciés. Les banques de crédit étaient incapables de rembourser leurs clients : à terme, seules huit banques viennoises survécurent sur soixante-douze. Si la petite bourgeoisie des épargnants paya fort cher sa récente conversion à la spéculation, les ouvriers de la grande industrie et ceux de l'artisanat furent numériquement les premiers touchés par le cycle faillite-chômage-précarité. A Vienne, plus de 35 000 d'entre eux se retrouvèrent sans emploi. Les campagnes, affaiblies par de mauvaises récoltes et le choléra, enregistrèrent une famine qui tua 500 000 personnes en Hongrie. Pourtant, la reprise survint dès le début des années 1880 et, jusqu'à la guerre de 1914, l'Empire connut une croissance économique régulière, sans rupture comparable à celle de 1873. De nouveaux établissements bancaires furent fondés, comme le Länderbank (1880), œuvre du Français Paul-Eugène Bontoux qui participa également à la création de la Société minière austro-alpine. Il est vrai qu'une part importante des capitaux investis dans l'industrie et la finance était d'origine étrangère — surtout allemande et, à un moindre degré, française —, témoignage visible de la faiblesse des capitaux intérieurs. Plus que jamais, l'avenir semble au Sud-Est (Balkans, Bosnie, Empire ottoman) pour un pays menacé à la fois par la concurrence économique de son principal allié, l'Allemagne, et par celle, impérialiste, de son principal rival, la Russie qui, repoussée d'Extrême-Orient après sa défaite contre le Japon en 1905, entendait bien être de plus en plus présente dans les Balkans.

Vienne, fin de siècle

Les deux capitales, Vienne et Budapest (Buda et Pest sont réunies en 1873), connaissent l'une des plus fortes croissances démographiques européennes. On peut souligner le parallèle entre l'haussmannisation de Paris et, au même moment, la destruction des fortifications et la construction du Ringstrasse à Vienne qui dépasse les deux millions d'habitants à la veille de la guerre de 1914. Dans les années 1880-90, Vienne se couvre d'édifices symbolisant l'esprit viennois et la puissance autrichienne : Hôtel de Ville, Parlement, Université, théâtre de la Hofburg. Une véritable frénésie immobilière touche la ville qui se couvre d'hôtels particuliers et d'immeubles de rapport. Entre 1870 et 1914, la population de la capitale hongroise est multipliée par quatre, pour atteindre le million d'habitants à la veille de la Grande Guerre. Budapest ne se contente pas d'imiter Vienne : plus diverse, plus colorée, partagée entre une Buda aristocratique et administrative, et une Pest plus vivante et plus dynamique, elle est dominée par son imposant Parlement inspiré de celui de Westminster, dressé en 1896 sur les berges d'un Danube qui réunit maintenant les deux rives de la cité. D'autres villes se modernisent, chargées d'histoire et confrontées à la modernité comme Prague, Zagreb, Ljubljana ou Cracovie. Nouveaux riches, fonctionnaires civils ou militaires forment une notabilité mondaine, fréquentant le nouvel opéra viennois (1869), les cafés ou le Prater. Vienne et l'Empire eurent aussi leur « Belle Epoque », surtout pour les privilégiés. A côté de la ville aristocratique, se trouve une ville cosmopolite, ouvrière, technicienne, intellectuelle ou artiste, rendez-vous des quatre coins de l'Empire. Si Vienne n'est pas l'Autriche, elle en aimante pourtant les forces vives et créatrices : la ville est le centre d'un important mouvement de migrations internes provenant d'Autriche, de Bohême-Moravie, de Hongrie, de Bukovine ou de Galicie, sans oublier une importante minorité juive. Pour quelques réussites spectaculaires — l'architecte de l'opéra est un Tchèque, Joseph Hlavka —, la grande majorité de ces migrants est formée d'ouvriers, de domestiques, d'employés. Les Tchèques forment un groupe particulièrement important, par le nombre et l'activité économique. Vienne peut revendiquer, à l'égal de Paris, Berlin ou Londres, le titre de capitale culturelle de l'Europe. La concentration et la diversité de talents y sont remarquables : en témoignent les noms de Strauss, Schœnberg, Berg ou Malher pour la musique ; Hofmannsthal, Musil, Schnitzler, Zweig pour la littérature ; Klimt, Egon Schiele, Kokoschka pour la peinture, mais aussi Hans Makart, sorte de peintre officiel de la Cour dans les années 1870 ; Otto Wagner, Joseph Hoffmann, Adolf Loos pour l'architecture ; Freud pour la psychanalyse ; Wittgenstein pour la philosophie. Ces incarnations de l'avant-garde et de la modernité (l'Art Nouveau) sont autant de raisons pour que la petite bourgeoisie, la paysannerie, les conservateurs de l'Empire développent un sentiment anti-viennois, doublé parfois d'un virulent antisémitisme.

Démocratisation et question des nationalités

Si incontestablement l'Empire austro-hongrois fait partie des grandes puissances européennes, il n'en reste pas moins que son rôle et ses prétentions restent limités tant géographiquement que politiquement. Sans sous-estimer l'influence de la diplomatie autrichienne, force est de constater que Berlin a pris le pas sur Vienne. La construction de la Triple-Alliance en témoigne, mais aussi plus généralement la marche des affaires européennes et internationales où la voix de l'Autriche se fait plus discrète. Sauf en ce qui concerne les affaires danubiennes et balkaniques, sorte de domaine réservé de la Double Couronne qui va se heurter à l'ennemi de toujours dans la région, la Russie. Pour François-Joseph, l'heure est à la reconnaissance des libertés promises, concédées par les lois de décembre 1867. Si le parlementarisme n'est pas explicitement proclamé, il devient la règle dans la mesure où le souverain respecte la liberté d'action des gouvernements, tout en gardant ses prérogatives sur l'armée et la diplomatie. Mais, des deux Chambres, haute (*Herrenhaus*, nommée par l'empereur) et basse (*Reichsrat*, élue au suffrage censitaire), seule la seconde exerce un véritable contrôle et éventuellement sanctionne l'action du gouvernement. Il est vrai que ce dernier, formé de ministres choisis par le souverain, peut théoriquement se passer de majorité parlementaire. Jusqu'au début des années 1880, les libéraux dominèrent la vie politique autrichienne, avec les frères Karl et surtout Adolphe Auersperg, président du Conseil de novembre 1871 à février 1879, mais aussi hongroise avec la personnalité d'Andrássy. Face à une presse libérale triomphante (la *Presse*, le *Neues*

Wiener Tagblatt, l'*Ostdeutsche Post*), la presse conservatrice (le *Vaterland*, le *Wiener Kirchenszeitung*, l'*Österreichische Volksfreund*) se signale par des tirages nettement plus faibles. La lutte entre l'Eglise et l'Etat atteint son paroxysme, lorsque les libéraux entreprennent une politique de sécularisation, avec l'abolition en 1870 du Concordat de 1855 précédée de la reconnaissance du mariage civil en 1868 et de la reprise en main de l'école par l'Etat (lois de 1868 et 1869). L'école élémentaire devint obligatoire et laïque en Autriche ; si l'enseignement dans les langues autres que l'allemand fut facilité en Cisleithanie, notamment dans les universités de Galicie, la germanisation demeurait la règle dès que l'on voulait occuper de hautes fonctions administratives ou militaires. Les lois confessionnelles de 1874, enfin, achevèrent la réforme des rapports entre Eglise et Etat, sans que l'Autriche ne connut l'équivalent du *Kulturkampf* allemand mené par Bismarck. Désormais, les clercs devaient posséder un diplôme d'Etat, étaient soumis aux juridictions civiles et les congrégations devaient obtenir une autorisation pour ouvrir de nouveaux couvents — François-Joseph usa de son droit de veto contre ce dernier point. Bien que mécontent, l'épiscopat autrichien évita la rupture, avec l'assentiment de Rome.

En Hongrie, bicaméraliste aussi, il existe une véritable pratique parlementaire. Budapest, qui bénéficiait de quotas réservés pour ses fonctionnaires dans l'administration impériale, encouragea vivement la magyarisation des élites. Néanmoins, les Croates surent obtenir un compromis leur accordant, en 1868, de larges libertés dans l'usage de leur langue. La Hongrie, après avoir connu une époque libérale incarnée par les fortes personnalités d'Andrássy, installé par l'Empereur aux Affaires étrangères (*Ballhausplatz*), d'Eötvös ou de Deák, prit à son tour un virage conservateur. Mais, c'est en s'alliant au Parti libéral que le leader calviniste du Parti de l'indépendance, Coloman Tisza, devint président du Conseil en 1875 et resta en place jusqu'en 1890. Partisan d'un strict suffrage censitaire (6 % de la population), s'appuyant sur la grande propriété foncière et la haute bourgeoisie, hostile aux revendications des minorités, Tisza profita de la prospérité économique pour imposer ses vues à un Parti libéral devenu « sa » chose. Il n'hésita pas à prendre des mesures autoritaires contre la propagande des autres courants d'idées : socialiste, au sein duquel Léo Frankel, ancien membre de la Commune de Paris, fonda en 1880 un Parti ouvrier unifié hongrois, ou nationaliste. Il s'éleva contre le droit de grève ou l'abolition des châtiments corporels envers les domestiques, et mena sans faiblir une politique de magyarisation, généralisant l'usage du hongrois dans toutes les écoles, du primaire au lycée. On était loin des libertés de 1848 : mais la division de l'opposition de gauche comme de droite assura à Tisza une longévité s'appuyant sur la défense du compromis de 1867, sans échapper à l'usure du pouvoir. Tisza ne sut pas prendre en compte les revendications d'une petite et moyenne bourgeoisie écartée des affaires politiques, et d'un prolétariat industriel croissant et de plus en plus politisé. Celui-ci se rallia au Parti ouvrier hongrois fondé par Frankel, qui, après sa dissolution et sous l'influence des sociaux-démocrates autrichiens dirigés par Victor Adler, se rebaptisa en 1890 Parti social-démocrate hongrois. Au-delà de ses divisions entre modérés et radicaux, le parti adopta un programme résolument socialiste — économie nationalisée, émancipation de la classe ouvrière, lutte pour le suffrage universel, développement des syndicats —, organisa des mouvements de masse (grève générale et émeutes de 1912), tout en butant sur la question agraire. La masse des paysans sans terre voulait la terre en pleine propriété, alors que le Parti évoquait la socialisation des grandes exploitations.

Le problème se posa moins en Autriche. Dès 1867, une première association socialiste avait vu le jour à Vienne, l'*Arbeiterbildungsverein*. Après avoir obtenu le droit de coalition en 1870 et la loi de 1873 sur les coopératives, les socialistes autrichiens fondèrent le Parti social-démocrate dès 1874. Surmontant les divisions internes entre lassaliens et marxistes, ils se réunifièrent au congrès de Hainfeld en 1888. Dirigé par Victor Adler et Otto Bauer, tous deux marxistes et membres de la IIe Internationale, le Parti social-démocrate autrichien s'appuya comme en Grande-Bretagne ou en Allemagne sur le syndicalisme et la classe ouvrière dont les effectifs se gonflaient. Sensible aux idées de Karl Marx mais aussi à celles plus réformistes de Ferdinand Lassalle ou de Karl Kautsky, la social-démocratie développa une pensée féconde, illustrée notamment par Otto Bauer et Karl Renner. Le programme des socialistes autrichiens incorporait des droits politiques (suffrage universel) et des libertés (presse, réunion, association, grève), et le développement des coopératives de production. Partisans du fédéralisme, les sociaux-démocrates se divisaient pourtant sur la question des nationalités sur laquelle Bauer publia en 1907 un célèbre ouvrage, *La Question des nationalités et la social-démocratie*. Cependant, au-delà de ces divergences, Karl Renner, Victor Adler, Karl Kautsky ne souhaitaient pas le démembrement de l'Empire, mais simplement l'égalité des nationalités. Ce que Renner appelle « autonomie personnelle » concerne les individus — qui devaient jouir d'une large autonomie politique et culturelle — mais pas le territoire. Poussant à son maximum l'idée d'Etat fédéral, les sociaux-démocrates luttèrent à la fois contre le pangermanisme qui faisait le jeu du Reich allemand et contre le panslavisme qui faisait le jeu de la Russie.

Reste que les cabinets qui se succèdent doivent affronter deux problèmes particulièrement périlleux : la question électorale et celle des nationalités. En Autriche, des minorités continuent de réclamer les mêmes droits que ceux accordés aux Hongrois. C'est notamment le cas en Bohême dont les députés refusent de siéger au Parlement de Vienne : tous les projets de réconciliation comme celui élaboré par le gouvernement Hohenwart, qui prévoyait le couronnement de François-Joseph à Prague et une plus grande autonomie pour la Bohême, échouèrent. Des courants se font entendre en faveur d'un suffrage élargi, voire universel — ainsi les sociaux-démocrates. Peu à peu émoussée par les élections comme celles de 1873, les premières où les électeurs désignent directement leurs députés au Reichsrat sans passer par les Diètes, ou de 1879, mais aussi par les effets économiques et politiques du krach de 1873, la majorité libérale devient minorité. Commence alors l'ère des conservateurs, inaugurée par le comte Taaffe. Son expérience — il avait occupé les mêmes fonctions de 1868 à 1870 — le servit dans son long passage à la tête des affaires de 1879 à 1893. Cette durée s'explique à la fois par le soutien de l'Empereur (on parle d'un « *Kaiserministerium* ») mais aussi par sa volonté de réformes, modérées certes, mais réelles. La création d'un corps d'inspecteurs du travail (1883) ne pouvait guère entraver la puissance patronale, mais marquait la volonté du gouvernement de promouvoir une politique sociale impliquant l'intervention de l'Etat. La « loi ouvrière dérogative » de 1885 limitait la journée de travail à onze heures, réduisait les horaires de nuit, réglementait le travail des femmes et des enfants et instituait le caractère obligatoire du repos dominical. Les premières lois sur les accidents du travail (1887) et les assurances-maladie (1888) placèrent l'Autriche dans l'orbite de l'Allemagne, dont la législation était largement en avance sur celle de la France. Attaqué par les libéraux sur le flanc économique, le gouvernement le fut par les conservateurs sur le flanc politique lorsqu'il voulut faire avancer la question du suffrage universel. S'appuyant sur les élites conservatrices et aristocratiques locales, Taaffe sut faire preuve de diplomatie et donna satisfaction aux Vieux-Tchèques en accordant à Prague l'égalité des langues dans la justice et l'administration, et en autorisant la construction d'une université tchèque et d'un théâtre national, après le retour des députés de Bohême au Reichsrat (1879). D'autres réformes libérales furent accordées aux Slovènes et aux Polonais, allant toutes dans le sens d'un plus grand fédéralisme. Cette politique déclencha l'hostilité des nationalistes allemands (Mouvement national allemand de Georg Schönerer), des socialistes (Victor Adler), voire des chrétiens-sociaux (Karl Lueger), sans parler de celle des Jeunes-Tchèques réclamant des réformes plus radicales. Se prononçant alors pour l'instauration du suffrage universel, conséquence logique de sa politique, Taaffe suscita une violente opposition au sein de son propre camp et de la Cour : il démissionna en janvier 1893.

Depuis les réformes de 1860, les électeurs devaient acquitter 10 florins de contribution directe pour faire partie d'une des quatres curies se partageant le corps électoral : nobles, grands propriétaires fonciers ; villes, bourgeoisies urbaines ; corporations, représentant les chambres de commerce et d'industrie, mais aussi le clergé et l'Université ; communautés rurales, paysans enrichis. Un peu moins des deux tiers de la population masculine était apte à voter. Il fallut attendre 1882 (cabinet Taafe) pour que le cens soit abaissé à 5 florins, et 1897 (cabinet Badeni) pour que tous les hommes majeurs soient inscrits dans une cinquième curie qui élisait environ 1/6e des députés — projet sur lequel Taaffe avait chuté. Ce n'est qu'en 1906 que le suffrage universel, souhaité par l'Empereur, fut enfin adopté (cabinet Beck) dans les formes comparables à celles de la France. Les élections de 1907 virent l'arrivée au Reichsrat des quinze premiers députés sociaux-démocrates, moitié moins nombreux pourtant que les chrétiens-sociaux (28 députés). Les femmes obtinrent la droit de vote dès 1918. Passé le grand mouvement des années 1848-1867, la Hongrie resta beaucoup plus timorée dans ses réformes politiques et sociales. La tension fut grande sur la question du suffrage universel entre les libéraux au pouvoir et leurs adversaires, coalition mouvante de radicaux, sociaux-démocrates, opposition nationale et minorités slave et roumaine, François-Joseph jouant le rôle d'arbitre. La noblesse, soucieuse de conserver ses prérogatives politiques, bloqua le projet d'élargissement d'Etienne Tisza, fils de Coloman, président du Conseil depuis 1903, démissionnaire en 1905 après son échec aux élections législatives. Ce n'est qu'avec les élections de 1912 remportées par Tisza que le jeu se calma, une réforme de 1913 doublant pratiquement le nombre d'électeurs sans accorder un véritable suffrage universel. Il fallut attendre 1918 (gouvernement Karolyi) pour que celui-ci soit instauré.

Des nationalités aux nationalismes

Si les nations historiques (Allemands, Hongrois, Tchèques, Polonais, Croates) ont des droits reconnus — notamment l'usage offficiel de leur langue —, il n'en va pas de même des autres qui doivent se défendre face aux vélléités d'étouffement culturel venant de nations en ayant pourtant elles-mêmes souffert : ainsi de la politique de magyarisation menée par les Hongrois vis-à-vis des Roumains. Certaines minorités vont parfois plus loin : en Bohême, les Jeunes-Tchèques du Parti national libéral critiquent les positions trop timides des Vieux-Tchèques du Parti national tchèque qui soutient la politique de Taaffe — comme l'historien Joseph Pekar. Les divergences deviennent plus profondes à la fin des années 1880 et dans les années 1890 lorsque les Jeunes-Tchèques, déçus par les mesures prises par les cabinets Badeni et Thun, se radicalisent. Badeni chuta après la publication d'ordonnances libéralisant l'usage de la langue tchèque dans l'administration en Bohême et en Moravie (1897) : il suscita à la fois la colère des nationalistes allemands et celle des radicaux tchèques comme Masaryk ou Bénès réclamant une réelle autonomie, ou mieux, un compromis du type de celui passé en 1867 avec la Hongrie. Le rapprochement de l'Allemagne et de l'Autriche au sein de la Double, puis de la Triple-Alliance, renforça les Tchèques dans leur sentiment d'isolement ; l'idée d'un éventuel conflit avec la Russie ou la Serbie, nations slaves, leur apparut difficilement compatible avec leur attachement à l'unité de la Double Monarchie. Ceci explique pourquoi les nationalistes tchèques furent parmi les plus engagés, dès avant la fin de la Première Guerre mondiale, pour la dislocation de l'Empire. Le compromis trouvé avec la Moravie fut plus heureux : en dissociant territoire et appartenance ethnique, il permettait de garantir des droits à chacun tout en évitant un découpage territorial qui aurait pu tourner à l'affrontement. Quant aux Slovaques, sous administration hongroise, ils se rapprochèrent des Tchèques, liens concrétisés par la création à Prague en 1896 d'une Union tchécoslovaque. Les sociaux-démocrates tchèques et slovaques envisagèrent cette idée, pourtant loin d'être majoritaire en Slovaquie. Milan Hodza, fondateur du Parti agrarien, l'abbé Hlinka, chef du Parti populaire, nationaliste et antisémite, ou encore le Parti national slovaque militaient davantage pour une Slovaquie indépendante.

Choyés par Vienne, les Polonais de Galicie, bien représentés au gouvernement autrichien (voir les cas d'Alfred Potocki, Premier ministre en 1870-71 ou du comte Goluchowski, ministre des Affaires étrangères de 1895 à 1906), votèrent fidèlement au Parlement avec les députés austro-allemands. L'aristocratie polonaise, qui a désapprouvé l'insurrection polonaise de 1863 en Russie, écrase de son poids les élections à la Diète de Lemberg ou au Reichsrat. En récompense de ces bons et loyaux services, la Galicie obtient progressivement la polonisation de l'administration et de l'enseignement, y compris supérieur (lois de 1859 à 1879), alors même que s'abat la répression sur l'Université de Varsovie. Pourtant, au tournant du siècle, apparaissent des partis agrarien, démocrate, voire social-démocrate qui bénéficient de l'instauration du suffrage universel en 1907. Tous, pour autant, ne sont pas anti-autrichiens : l'ennemi principal reste la Russie, ou même une aristocratie polonaise rivée à ses prérogatives. Encore en 1902, plus du tiers des terres cultivées est concentré dans 0,5 %

des exploitations ; à l'inverse, 90 % de ces dernières n'atteignent pas cinq hectares. Cependant, l'unité et l'indépendance de la Pologne n'apparaissent pas à l'ordre du jour, même si des liens s'établissent entre Polonais des différents Etats annexionnistes. La Duplice favorisa le développement de ce sentiment national, dans la mesure où l'Allemagne exerça une politique de plus en plus répressive vis-à-vis de « ses » Polonais, sans que Vienne ne fasse la moindre pression pour modérer Berlin. Quant aux Roumains de l'Empire, placés sous l'administration hongroise, ils se montrèrent hostiles à la magyarisation entreprise par Budapest. Ils avaient créé un Parti national dès 1869 et furent appuyés par Bucarest dans leurs revendications d'autonomie pour la Transylvanie. Boycottant le Parlement hongrois comme les Tchèques boycottaient le Parlement autrichien, les Roumains de Transylvanie ne souhaitaient rien d'autre, au fond, que la mise en place d'un système fédéral — réclamée notamment par Aurel C. Popovici —, se sentant quelque peu isolés au milieu des peuples slaves. Sur ce point, Roumains et Hongrois auraient pu se rejoindre, sans l'intransigeance de Budapest face aux revendications roumaines. Revenus au Parlement à partir de 1905, les Roumains alliés aux autres minorités se battirent alors sur le plan de la démocratie, réclamant le suffrage universel, et sur celui de la culture : roumanisation de l'enseignement supérieur, création de revues, etc. Mais peu nombreux au total étaient les partisans avoués d'une union de la Transylvanie — mais aussi du Banat et de la Bucovine — avec le royaume de Roumanie soutenu par la Russie.

Du côté hongrois, le problème croate resurgit avec l'apparition dès 1873 d'un courant favorable à l'union des Slaves du Sud au sein d'une Yougoslavie autonome, mais restant associée à la Monarchie. Ce courant yougoslaviste se heurta à un courant plus spécifiquement croate animé par le Dr Frank ou l'évêque Strossmayer. Quant aux unionistes, favorables à la fusion de la Croatie et de la Hongrie, ils furent rapidement balayés. Comme les Tchèques ou les Roumains, les Croates militèrent pour un système trialiste, s'éloignant des Serbes qui, espérant absorber la Bosnie-Herzégovine après son occupation par les Autrichiens (1878), se rapprochaient de Vienne. Budapest, de son côté, favorisait les Serbes contre des Croates dont elle craignait davantage les ambitions. Ce fut sous l'impulsion d'un Slave du Nord, le Tchèque Masaryk, que fut relancée l'idée d'une union des Slaves du Sud, Croates, Serbes et Slovènes. Si le Parti agrarien des frères Radić, populiste et anti-occidental, appuya l'idée yougoslave au profit des intérêts de la Croatie, la social-démocratie croate préféra développer un projet d'Etat fédéral, idée favorisée par les positions rigides de Vienne — qui annexa la Bosnie en 1908 — et de Budapest. Mais la proximité de la Serbie incitait les Serbes d'Autriche et surtout ceux de Hongrie à un actif militantisme unioniste. Non sans divergences, pourtant, entre des libéraux prêts au compromis comme Miletić et des radicaux qui, après l'annexion de la Bosnie-Herzégovine, revendiquèrent hautement l'union avec le royaume de Serbie, malgré une sévère répression hongroise. Les relations s'envenimèrent aussi avec la Croatie où vivait une importante minorité serbe, notamment sur la question de la Dalmatie revendiquée par les deux communautés. Les Serbes développèrent un unionisme prônant parfois le recours à la violence, créant des sociétés secrètes en Bosnie, comme la fameuse Main Noire à l'origine de l'attentat de Sarajevo. Il n'y eut pas, en définitive, de fort courant panslave réunissant Slaves du Nord et du Sud aux intérêts assez divergents, et de plus vivant sous deux régimes différents (Autriche et Hongrie). Très attachés à leurs langues et à leurs cultures, Slovènes, Croates et Serbes bénéficiaient du soutien de l'archiduc François-Ferdinand qui ne cachait guère son hostilité aux Hongrois.

Dernière minorité, les Juifs de l'Empire. Bien qu'ayant activement participé aux révolutions de 1848, ils restèrent des sujets de seconde zone dont l'émancipation totale n'advint qu'en 1867. Cependant, dès 1848, la liberté du culte, l'égalité devant la loi et l'admission à des professions jadis fermées leur furent accordées. Des discriminations particulières à chaque région de l'Autriche furent abrogées, sans que la question essentielle ne fût tranchée : en pleine recrudescence du sentiment national, les Juifs constituaient-ils une nationalité ? Beaucoup répondirent par la voie de l'assimilation qui, encouragée, n'impliquait pas forcément un renoncement à la religion juive, mais aux éléments culturels qu'étaient la langue yiddish et les traditions juives : ce fut notamment le cas dans les villes de Bohême ou de Hongrie. Ailleurs, comme en Galicie où les Juifs représentent plus de 10 % de la population, la mosaïque de peuples cohabitant les oblige à faire un choix s'ils optent pour l'assimilation. Il est à noter, toutefois, que la situation des Juifs de Galicie n'avait rien de comparable avec celle de leurs coreligionnaires de Russie, victimes de pogroms répétés. Sur un peu plus de 1 200 000 Juifs vivant en Cisleithanie, 130 000 étaient installés à Vienne, petits employés, ouvriers ou artisans pour plus de la moitié, mais aussi entrepreneurs, musiciens (Malher) et médecins (Freud). Leur forte position dans les milieux bancaires fut utilisée par la presse antisémite lors du krach de 1873 ; on dénonçait aussi leur influence dans les professions libérales, avec près des deux tiers des médecins et des avocats viennois. Au total, ils représentent 2,2 % de la population viennoise en 1857, 10 % en 1880, 12 % en 1890 et 8,6 % en 1910, alors que l'afflux de populations se diversifie. En Hongrie, le courant libéral favorisa l'émancipation des Juifs, mais se heurta à la hiérarchie catholique lorsqu'il voulut en 1875 mettre la confession judaïque sur le même pied que les confessions chrétiennes. Le million de Juifs hongrois s'orienta plus vers l'assimilation et moins vers l'émigration que les Juifs autrichiens, attirés par l'Amérique ou par le mouvement sioniste de Theodor Herzl. Des deux côtés de la Leitha se développèrent des courants ou des partis ouvertement antisémites, incarnés notamment par Schönerer et son Parti national allemand. Des mouvements associatifs, parmi lesquels les puissantes corporations estudiantines, se fermèrent aux Juifs. Les milieux intellectuels et universitaires ne furent pas insensibles aux sirènes nationalistes et antisémites, le Juif devenant le symbole de la révolution, de la république, de la démocratie, toutes choses que les plus radicaux des conservateurs autrichiens rejettaient violemment : la violence antisémite d'un Vogelsang ne le cède en rien à celle d'un Drumont en France.

Les forces nationalistes qui éclosent tant en Autriche qu'en Hongrie menacent à terme l'unité de l'Empire par leur radicalisme. Les nationalistes ne cachaient pas leur aversion pour les minorités et leur sympathie pour une union germano-autrichienne. La Ligue pangermaniste fut créée en 1882. Les pangermanistes allemands se placèrent sur le terrain d'une politique extérieure à caractère impérialiste incluant l'éclatement de l'Autriche-Hongrie et la constitution d'une Europe centrale sous l'égide des peuples germaniques — voir le concept expansionniste de Mitteleuropa défendu par Friedrich Naumann, pasteur protestant et député allemand ; ils appuyaient le colonialisme et le militarisme, et développaient des théories xénophobes, racistes et antisémites. Les pangermanistes autrichiens se fixèrent également sur la question allemande, mais, contrairement à leurs collègues du Reich, envisageaient la violence comme arme politique. Cherchant plus l'appui populaire que celui des intellectuels, Georg Schönerer, chef du Parti national allemand jusqu'à sa chute en 1888 — il fut condamné à la perte de ses droits civiques et à la prison pour avoir envahi les bureaux du journal libéral *Neues Wiener Tagblatt* —, professait l'usage de la force, les mouvements de masse, un antisémitisme virulent, un rejet de la démocratie, et un antiromanisme (« *Los von Rom* ») doublé d'un pangermanisme anti-autrichien (« *Los von Österreich* »). Autant d'éléments qui en font l'un des modèles qui inspirèrent le nazisme. Aussi extrémiste, mais jouant le jeu de la démocratie et des élections, était le Parti chrétien social fondé par Karl Lueger en 1880. Son programme catholique, antisémite et populiste se double d'un discours anti-socialiste, anti-libéral et anticapitaliste qui lui permet une implantation de plus en plus forte dans les classes moyennes et populaires autrichiennes, taillant des croupes au Parti conservateur. Dénonçant la paupérisation de la population et la corruption de la municipalité libérale, Lueger est élu maire de Vienne en 1895, mais son élection est cassée par le gouvernement. Ce n'est qu'à partir de 1897 qu'il put exercer son mandat jusqu'à sa mort en 1910, et appliquer un programme municipal ambitieux. Recourant massivement à l'emprunt, Lueger municipalisa de grands services municipaux comme le gaz, les tramways, la fourniture d'électricité ou d'eau, mit en chantier de vastes programmes d'urbanisme, développa les transports en commun. L'aide aux pauvres, la protection infantile, la construction d'un hôpital donnèrent une touche sociale nouvelle à la politique municipale.

A la veille de la Première Guerre mondiale, la question des nationalités ou, pour reprendre l'expression usitée par Jean Bérenger, celle des « groupes ethnolinguistiques » reste au premier plan. Entrepris en 1910, basé sur la déclaration des habitants, le plus précis des recensements de la population de l'Empire permet de mieux cerner les poids réciproques de ces différents groupes, qu'ils constituent ou non une nation historique, que celle-ci soit pourvue ou non d'une représentation parlementaire propre. Par la langue, par la religion, par l'histoire, par ce qu'on pourrait appeler le folklore, au sens de traditions populaires transmises, chaque individu se rattache à un groupe qui combine une origine ethnique commune non exempte de brassages, et une langue qu'il a fallu souvent unifier et fixer. En 1910, la population de l'Empire dépasse les 51 millions d'habitants, dont 28,5 en Cisleithanie et près de 21 en Hongrie, le reste — un peu moins de 2 millions — étant localisé dans la Bosnie récemment annexée (1908). Les Allemands représentent près d'un quart de la population totale, avec des pourcentages variant de 100 % en Haute et Basse-Autriche, Voralberg et Salzbourg, à 94 % à Vienne, 36 % en Bohême, 10 % en Hongrie, et 0,5 % en Dalmatie. Les Hongrois, second groupe sur le plan numérique, représentent un cinquième de la population, essentiellement regroupés en Hongrie (54,5 %) et en Transylvanie (35 %). Pour le reste, soit plus de 55 % de la population, les Tchèques (12,6 %) précèdent les Polonais (10 %), les Ruthènes (8 %), les Roumains (6,4 %), les Croates (5,3 %), puis les Slovaques et les Serbes (près de 4 % chacun). Douze groupes sont ainsi identifiés, auxquels il convient d'ajouter les Juifs, non recensés comme groupe ethnique (4,5 %). La répartition géographique montre des peuples très regroupés au sein des pays historiques : ainsi des Roumains qui représentent plus de la moitié de la population en Transylvanie, un bon tiers en Bukovine, un sixième en Hongrie. Seuls les Allemands ont essaimé, à des degrés très variables, à travers tout l'Empire.

Les tensions restent fortes comme en témoignent et l'échec de Taaffe à résoudre la question des rapports entre Tchèques et Allemands en Bohême, et l'effervescence provoquée par les ordonnances Badeni (1897) qui prévoyaient le bilinguisme dans toute l'administration : les députés allemands de Bohême, rejoints par les pangermanistes, livrèrent alors une bataille parlementaire qui s'acheva par des scènes d'une violence que le Reichsrat n'avait jamais connue. Le gouvernement Badeni n'y résista pas, et les ordonnances furent abrogées. Les choses se calmeront avec le gouvernement Koerber (1900-1904), mais le contentieux demeura en Bohême jusqu'en 1914. Au même moment, les tensions s'exacerbèrent avec la Hongrie qui entendait bien, notamment sur le plan militaire, jouer de plus en plus la carte de l'autonomie. Après le désaveu électoral d'Etienne Tisza en 1905, battu par le Parti de l'indépendance, François-Joseph nomma un gouvernement extra-parlementaire et menaça Budapest d'y étendre le suffrage universel, ce qui aurait fait la part belle à ses minorités. Mais Tisza reconquit le pouvoir et redevint l'homme fort de la Hongrie et même de l'Empire jusqu'à la guerre de 1914, car il souhaitait ardemment le maintien du compromis de 1867. Tisza n'hésita pas à mener une vigoureuse politique de magyarisation, montrant une grande fermeté vis-à-vis des Croates et des Roumains de Transylvanie. Cette politique irrita profondément l'héritier de la Couronne, François-Ferdinand, qui ne cachait pas son hostilité face aux prétentions hongroises. Il soutenait discrètement les minorités opprimées par Budapest et s'entoura de Slovaques (Milan Hodza), de Croates (Josip Frank), et de Roumains comme Aurel Popovici, auteur d'un essai paru en 1906, *Les Etats-Unis de la Grande Autriche*, qui prévoyait la disparition du système dualiste auquel serait subsitué un fédéralisme de type suisse ou américain à partir de quinze entités nationales disposant d'un territoire et d'une large autonomie. Plus réalistes étaient les mouvements irrédentistes qui souhaitaient le rattachement à une mère-patrie. Ce fut le cas des Roumains de Transylvanie ou des Italiens de Trieste, du Trentin ou du Sud-Tyrol. Plus complexe, enfin, apparaissait le problème serbe : l'annexion de la Bosnie-Herzégovine par l'Autriche avait choqué le jeune royaume serbe, et les ressentiments séculaires entre Serbes et Croates s'atténuaient parfois au bénéfice de l'idée d'une confédération des Slaves du Sud ou Yougoslaves, indépendante de l'Empire.

L'Autriche, puissance danubienne

La défaite de Sadowa fut suivie d'un rapprochement entre la France et l'Autriche, marqué par la signature d'un traité de commerce en décembre 1866. Inquiète de la montée en puissance de la Prusse, Paris tenta d'intéresser Vienne à une alliance militaire, sans succès. A son tour, l'Autriche resta dans une prudente neutralité en 1870.

Les cabinets libéraux qui se succèdent de 1867 à 1879 ne sont guère francophiles et, de plus, la nouvelle donne (poids des nations de l'Empire et surtout du royaume de Hongrie) rend plus difficile toute décision d'engagement militaire. La Monarchie danubienne ne pouvait rester isolée, François-Joseph, cédant moins au pangermanisme qu'au réalisme, comprit qu'il fallait mieux devenir ce que Guillaume II allait appeler le « brillant second » d'un Reich allemand qui pourrait lui être utile dans ses ambitions balkaniques. Le comte Andrássy avait bien tenté de promouvoir une « alliance des trois empereurs » en 1873 (Allemagne, Russie et Autriche), dans la lignée de la politique metternichienne. Mais les intérêts de Saint-Pétersbourg et de Vienne étaient déjà bien trop antagonistes pour que le projet aboutisse vraiment, d'autant que dès 1875 les populations chrétiennes de Bosnie-Herzégovine puis de Bulgarie se révoltant contre l'occupant turc, la Serbie, le Monténégro et la Russie formèrent une alliance contre la Sublime Porte. La guerre d'Orient (1876-1878) constitue, dans la continuité des mouvements d'indépendance des années 1820, un affrontement d'influence entre la Russie et l'Autriche. A la suite du traité de Berlin, la seconde, qui n'avait pas participé à la guerre, mais bénéficiait du soutien diplomatique de l'Allemagne et de l'Angleterre, reçut le droit d'occuper la Bosnie-Herzégovine, à la grande déception du jeune royaume serbe, qui pensait l'annexer, et de la Russie, contrainte d'évacuer ses conquêtes — à l'exception de la Bessarabie et de quelques territoires asiatiques — et de renoncer aux termes du traité de San Stefano. Le dogme metternichien d'un Empire ottoman dont l'Autriche se faisait le garant de l'intégrité territoriale était bien loin. La politique menée par Andrássy se révéla plus interventionniste, voire agressive face à une Russie qui ne pardonna jamais à l'Autriche le rôle joué en 1878. L'annexion pure et simple de la Bosnie en 1908 constitua un facteur déstabilisant, en mettant Vienne en situation de gérer le problème sud-slave, alors que la diplomatie autrichienne était écartelée entre quatre directions : celle de la Serbie, avec l'arrivée sur le trône de la dynastie nationaliste des Karadjordjević en 1903 ; celle de la Russie, protecteur « naturel » des Serbes orthodoxes ; celle de la Hongrie qui, face à l'irrédentisme sud-slave, pratiquait une politique de plus en plus répressive (1909, procès d'Agram/Zagreb) ; et celle de ses propres minorités.

Mais l'Autriche se sentait assurée du soutien sans faille de Berlin, avec qui elle avait signé dès 1879 la Double-Alliance ou Duplice, clairement dirigée contre la Russie. L'élargissement à l'Italie en 1882 (Triple-Alliance ou Triplice) apparaît davantage dirigé contre la France, l'Allemagne s'inquiétant de la montée du nationalisme français et l'Italie signifiant sa déception d'avoir été écartée de la Tunisie. Quant à l'alliance entre l'Autriche et l'Italie, elle semblait contre nature, dans la mesure où l'irrédentisme italien s'exerçait précisément en direction de territoires autrichiens ; mais pour Vienne, la Triplice permettait précisément de neutraliser ces tendances irrédentistes, l'Italie ne pouvant les soutenir contre son nouvel allié. Les Affaires étrangères sont alors dirigées par le comte Kálnoky qui resta en fonction de 1881 à 1895. Il désarma le conflit bulgaro-serbe de 1885 : la guerre tournant à l'avantage de Sofia, Vienne dut intervenir diplomatiquement pour soutenir Belgrade. Mais en Bulgarie, les Russes ayant réussi à se débarrasser d'un roi jugé trop indocile, Alexandre de Battenberg, ne purent empêcher la nomination de Ferdinand de Saxe-Cobourg qui semblait dans de bonnes dispositons avec Vienne. L'Autriche apparaissait en position de force dans les Balkans. Les tentatives d'accord entre les deux puisssances (accord secret en 1897) furent des échecs : le tsar se posa en champion de la cause slave. Malgré le renouvellement de 1887, il était clair que l'axe Berlin-Vienne constituait l'ossature de la Triplice ; dès 1900-1902, du reste, par un traité secret, l'Italie s'engageait à demeurer neutre au cas où l'Allemagne attaquerait la France.

Les années qui précèdent 1914 sont marquées par une rivalité croissante entre l'Autriche et la Russie. En Serbie, l'assassinat en 1903 du roi Alexandre, remplacé par Pierre Ier, un Karadjordjević, s'était accompagné d'un renversement de sympathie en faveur de la Russie. L'annexion de la Bosnie-Herzégovine par l'Autriche la rapprochait de Salonique qui lui aurait fourni un débouché maritime en Méditerranée orientale. Lorsque l'Italie et la Russie concluent un accord (1909) visant au *statu quo* dans les Balkans, s'engageant à intervenir dans le cas contraire, c'est bien l'Autriche qui est visée. Plus généralement, les années 1900-10 enregistrent une montée des nationalismes, à l'intérieur et à l'extérieur de l'Empire. Même l'unité de la social-démocratie vole en éclat, la section tchèque se séparant de la centrale viennoise. Plusieurs gouvernements utilisent l'article 14 de la constitution de 1867, qui leur permet de légiférer dans le cas d'un blocage du Parlement — en clair, lorsqu'aucune majorité ne se dégage du Reichsrat. L'héritier du trône, François-Ferdinand, neveu peu apprécié de François-Joseph et franchement détesté de Tisza, chef du gouvernement hongrois, soutient l'idée d'une fédération yougoslave, reprenant l'idée du trialisme jadis envisagé pour les Tchèques en faveur des Slaves du Sud. Ce projet déclencha une vive hostilité en Hongrie, qui avait la haute main sur les Croates de l'Empire, et en Serbie qui se voulait le fédérateur des Slaves du Sud. Si un conflit russo-autrichien est évité de justesse en 1908 (la France modère les envies d'en découdre de la Russie), les deux guerres balkaniques de 1912 et 1913 constituent une sorte de répétition générale avant la déflagration de 1914 que le gouvernement hongrois de Tisza s'est évérté en vain à étouffer. Elles montrent aussi comment, en quelques années, la Russie a retrouvé son influence en Bulgarie et en Serbie dont elle patronne le rapprochement, seule la Roumanie restant dans l'orbite de l'Autriche, par une volonté plus royale que populaire. Derrière ces conflits de petites puissances se dessine l'ombre des puissances tutélaires, Autriche-Hongrie et Russie. La seconde dispose d'un allié sûr, la Serbie, à la porte d'une Autriche hésitant entre le maintien de l'alliance roumaine et le rapprochement avec la Bulgarie. L'attentat de Sarajevo allait fournir le prétexte nécessaire à clarifier le rapport de force austro-russe dans les Balkans. Le clan belliciste (Conrad von Hötzendorf, chef d'état-major, déjà partisan d'une guerre préventive en 1912, le comte Berchtold, ministre des Affaires étrangères) convainquit François-Joseph qui, dans un accès de nationalisme plutôt rare chez lui, s'engagea à fond dans la voie du conflit armé, avec le soutien de Berlin.

A la veille de la Première Guerre mondiale dont l'attentat de Sarajevo ne fut que le détonateur, l'Autriche apparaît au total plus forte que fragile et sa destruction annoncée semble relever davantage, objectivement, de la reconstruction postérieure que de l'analyse historique. S'il existe bien des facteurs centripètes (irrédentisme de certaines nations, rivalités internes, problèmes sociaux, inégalités de développement), il existe aussi des facteurs centrifuges (solidarité autour de la couronne, méfiance partagée envers les deux puissances voisines que sont la Russie et l'Allemagne, fidélité au principe d'intégrité territoriale de l'Empire, notamment chez les Tchèques avec le courant incarné par Masaryk). Sans compter le rôle de l'Eglise, de la bureaucratie et de l'Armée. Pourtant, l'historien est bien obligé de comprendre comment cette construction apparemment solide a pu s'écrouler sans que le pays ne connaisse de réelle catastrophe militaire ou de révolution généralisée. Il apparaît en fait que l'échec militaire de l'Empire en 1918 fut celui de ses institutions les plus solides, à commencer par l'Armée et l'Administration. Dans un climat de déliquescence marqué par l'effondrement du tsarisme en Russie et par la défaite prévisible du puissant voisin allemand, qui pouvait encore s'accrocher à l'idée d'un pays multi-ethnique et multiconfessionnel, dirigé par un souverain — l'empereur Charles depuis 1916 — qui ne bénéficiait pas de l'aura de son prédecesseur ? De plus, des voix discordantes se firent entendre pour réfuter le « modèle » autrichien. Bénès, de retour d'un voyage à Paris, Londres et Berlin, qualifia l'Autriche-Hongrie de « prototype de l'Etat réactionnaire aristo-bureaucratique et policier ». La question austro-hongroise s'efface alors pour laisser place à celle de l'Europe. En l'occurrence, celle de l'Europe centrale, notion désuète (« souvenir géographique », affirme François Fetjö) remplacée progressivement par celle d'Europe de l'Est. De fait, reste-t-il encore une place, dans la géopolitique actuelle, pour la notion d'Europe centrale ou de Mitteleuropa ? Le XIXe siècle a vu la fabrication d'un concept essentiellement pangermanique ; la guerre de 1914 a provoqué son effondrement ; mais la faillite des traités de paix et la démission des puissances protectrices des petites nations d'Europe centrale ont favorisé la résurgence d'une notion cette fois-ci plus spécifiquement allemande et nazie ; la Seconde Guerre mondiale et la partition européenne qui en est résultée ont entraîné la disparition du centre de l'Europe, absorbé entre l'Est et l'Ouest ; dernière étape, l'effondrement du système soviétique s'est accompagné d'un réveil des nationalismes sans que, pour l'instant, ne renaisse un quelconque sentiment fédéral entre ces Etats nés de l'éclatement de l'Empire austro-hongrois.

BIBLIOGRAPHIE (complémentaire à celle du chapitre III)

• Le Royaume-Uni

CARRÉ (J.), REVAUGER (J.P.), *Écrire la pauvreté. Les enquêtes sociales britanniques aux XIX et XXe siècles*, L'Harmattan, 1995.
MARX (Roland), *La Grande-Bretagne contemporaine, 1890-1973*, Armand Colin, 1974.
MORGAN (Kenneth O.), *Wales : Rebirth of a Nation (1880-1980)*, Oxford University Press, 1982.

• L'Autriche-Hongrie

BLED (Jean-Paul), *Les Fondements du conservatisme autrichien. 1859-1879*, Publications de la Sorbonne, 1988.

FEJTÖ (François), *Requiem pour un empire défunt. Histoire de la destruction de l'Autriche-Hongrie*, Édima-Lieu Commun, 1988, rééd. Points-Seuil, 1992.
KISCH (Egon Erwin), *La Chute du colonel Redl, enquête sur la fin de l'Autriche-Hongrie*, Desjonquères, 1992.
MICHEL (Bernard), *Banques et banquiers en Autriche au début du XXe siècle*, Presses de la Fondation nationale des Sciences politiques, 1976.
POLLACK (Michael), *Vienne 1900, une identité blessée*, Gallimard, coll. Folio, 1992.

Sur la question des nationalités en Europe centrale et orientale en général et en Autriche-Hongrie en particulier :

AYÇOBERRY (Pierre), BLED (Jean-Paul), HUNYADI (István) (dir.), *Les Conséquences des traités de paix de 1919-1920 en Europe centrale et sud-orientale*, Strasbourg, Association des publications près les universités de Strasbourg, 1987.
BAUER (Otto), *La Question des nationalités et la social-démocratie*, E.D.I., 1987.
BÉHAR (Pierre), *L'Autriche-Hongrie, idée d'avenir. Permanences géo-politiques de l'Europe centrale et balkanique*, Desjonquères, 1991.
BIBO (István), *Misère des petits Etats d'Europe de l'Est*, Albin Michel, 1993.
CASTELLAN (Georges) (dir.), *Les Nationalités de l'Autriche-Hongrie et la paix de 1918-1919* (actes du colloque franco-autrichien de Paris, déc. 1988), Institut autrichien, 1990.
DURANDIN (Catherine), *Révolution à la française ou à la russe. Polonais, Roumains et Russes au XIXe siècle*, PUF, 1989.
HAUPT (Georges), LOWY (Michael), WEILL (Claudie), *Les Marxistes et la question nationale, 1848-1914*, Maspéro, 1974.
LIEBICH (André), RESZLER (André) (dir.), *L'Europe centrale et ses minorités : vers une solution européenne ?*, PUF, 1993.
MICHEL (Bernard), *La Chute de l'Empire austro-hongrois*, Laffont, 1991.
WEILL (Claudie), *L'Internationale et l'autre : les relations interethniques dans la IIe internationale*, Arcantère, 1987.

• La Russie

ANWEILER (Oskar), *Les Soviets en Russie : 1905-1921*, Gallimard, 1972.
BANNOUR (Wanda), *Les Nihilistes russes*, Anthropos, 1978.
BAYNAC (Jacques), *Les Socialistes-révolutionnaires de mars 1881 à mars 1917*, Robert Laffont, 1979.
BEAUVOIS (Daniel), *La Bataille de la terre en Ukraine. Les Polonais et les conflits socio-ethniques, 1863-1914*, Presses Universitaires de Lille, 1993.
BENSIDOUN (Sylvain), *Alexandre III, 1881-1894*, Sedes, 1990.
BENSIDOUN (Sylvain), *L'Agitation paysanne en Russie de 1881 à 1902*, Presses de la F.N.S.P., 1975.
BERDIAEV (Nikolaï), *L'idée russe : problèmes essentiels de la pensée russe au XIXe et au début du XXe siècle*, Tours, Mame, 1970.
BESANÇON (Alain) *et al.*, *Lénine*, Hachette, 1972.
BESANÇON (Alain), *Les Origines intellectuelles du léninisme*, Calmann-Lévy, 1977.

BOGDAN (Henri), *Histoire des pays de l'ex-URSS*, Perrin, 1992.
BURNET-VIGNIEL (Marie-Claude), *Femmes russes dans le combat révolutionnaire : l'image et son modèle à la fin du XIXe siècle*, Institut d'Etudes slaves, 1990.
CARRÈRE D'ENCAUSSE (Hélène), *Le Grand défi. Bolcheviks et nations. 1917-1930*, Flammarion, 1917.
CARRÈRE D'ENCAUSSE (Hélène), *L'Empire éclaté. La révolte des nations en URSS*, Flammarion, 1978.
COQUIN (François-Xavier), *1905. La Révolution russe manquée*, Bruxelles, Complexe, 1985.
COQUIN (François-Xavier), *La Sibérie : peuplement et immigration paysanne au XIXe siècle*, I.E.S., 1969.
FERRER (Jocelyne), *Le Goulag des tsars*, Tallandier, 1986.
FERRER (Jocelyne), *Les Terroristes russes*, Rennes, édit. « Ouest-France », 1989.
FERRO (Marc), *La Révolution russe de 1917*, Flammarion, 1989.
FERRO (Marc), *Nicolas II*, Fayard, 1990.
GIRAULT (René), *Emprunts russes et investissements français en Russie (1887-1914)*, Armand Colin, 1973.
HINGLEY (Ronald), *Les Ecrivains russes et la société (1825-1904)*, Hachette, 1967.
LEBEDEV (Andréï), *Les Ambulants. Société des expositions artistiques ambulantes (1870-1923)*, Léningrad, Editions d'art Aurore, 1982.
LÉONTOVITCH (Viktor), *Histoire du libéralisme en Russie*, Fayard, 1987.
MINCZELES (Henri), *Vilna, Wilno, Vilnius, la Jérusalem de Lituanie*, La Découverte, 1993.
MINCZELES (Henri), *Histoire générale du Bund*, Ed. Austral, 1995.
PORTAL (Roger) (édit.), *Bakounine. Combats et débats*, IES, 1979.
PORTAL (Roger), *La Russie industrielle de 1880 à 1914*, CDU (les Cours de la Sorbonne), 1960.
PORTAL (Roger), *Les Nationalités slaves de 1871 à 1930*, CDU, 1962.
ROLLET (Henry), *La Pologne au XXe siècle*, A. Pedone, 1984.
ROWLEY (Anthony), *Evolution économique de la Russie, du miliieu du XIXe siècle à 1914*, Sedes, 1982.
TROTSKI (Léon), *1905*, Minuit, 1969.
WEILL (Claudie), *Marxistes russes et social-démocratie allemande, 1898-1904*, Maspéro, 1977.

CHAPITRE XII

LA COLONISATION ET LES IMPÉRIALISMES EUROPÉENS

Au cours du XIXe siècle, les pays européens achèvent la conquête du monde, ultime phase d'une expansion amorcée par l'Europe depuis les grandes découvertes du XVIe siècle, poursuivie progressivement dans les deux siècles suivants. Les nationalismes européens sortent alors du champ clos européen pour se répandre sur la planète et s'y affronter.

Toutes les nations participent à cette dernière phase de la colonisation : l'Angleterre, la plus expérimentée et la plus constante dans ce domaine ; la France qui a perdu son premier empire colonial au traité de Paris (1763) en construit un autre à partir de 1830 avec la prise d'Alger ; les vieilles nations coloniales que sont le Portugal et l'Espagne assistent impuissantes à l'émancipation récente de leurs anciennes colonies d'Amérique latine, tout en défendant inégalement leurs intérêts territoriaux en Afrique ; la Hollande, petit Etat marchand, garde ses lointaines possessions indonésiennes ; les nouvelles venues impatientes que sont l'Allemagne, l'Italie, la Belgique ; enfin l'immense Russie qui réalise une authentique colonisation intérieure en Asie centrale et en Sibérie.

Les nations européennes au cours de cette expansion exportent sur les autres continents leurs rivalités. Celles-ci deviennent plus vives à partir de la décennie 1870-1880. Jusque-là le souci constant et unique de la diplomatie était le maintien de l'équilibre européen. Les problèmes d'Outre-Mer ne mobilisaient pas les cabinets diplomatiques. Or, à partir de 1880, la situation change. En Asie et en Afrique, les rivalités des nations européennes s'aiguisent à la mesure des appétits qui grandissent. Désormais, la diplomatie des Etats est contrainte de prendre en compte la dimension des problèmes coloniaux. L'Afrique à proximité du continent européen est source de violents antagonismes et de graves tensions.

Le temps de l'impérialisme est arrivé. Il ne s'agit plus pour les nations européennes d'acquérir quelques points d'appui (ports ou comptoirs) ou encore de conquérir quelques territoires isolés, mais de construire de vrais empires.

Les causes de la conquête européenne

L'expansion coloniale européenne connaît au XIXe siècle au moins deux étapes : une phase d'expansion modérée et limitée qui dure jusqu'en 1880, suivie d'une fièvre coloniale qui s'empare de toutes les nations. On a parlé pour le partage de l'Afrique en particulier « de course au clocher ». Quelles sont les raisons qui expliquent cette frénésie de conquête de vastes territoires ?

Les progrès techniques facilitent l'expansion

En premier lieu, les progrès de la navigation maritime facilitent les liaisons du continent européen avec les terres lointaines. La navigation à vapeur l'emporte après 1885 sur la navigation à voile. La collecte des marchandises par mer gagne en vitesse. De ce fait, « le rythme du monde change » (Morazé). De même, les progrès techniques permettent le percement du canal de Suez (1859-1869), inauguré devant un parterre de rois, occasion pour laquelle Verdi a composé *Aïda* aux couleurs égyptiennes. Ferdinand de Lesseps, vice-consul de France en Egypte, en fut l'artisan, il a su rassembler les capitaux nécessaires, utiliser la main-d'œuvre locale (30 000 fellahs périrent dans ces durs travaux). La route des Indes s'en trouvait considérablement raccourcie. Le trafic en tonnage ne cessera d'augmenter. En 1895, est ouvert le canal de Kiel, qui offre à l'Allemagne de nouvelles facilités océaniques.

Les besoins du capitalisme européen

Après 1890, suite à la grande dépression qui a affecté l'Europe entre 1860 et 1890, succède une nouvelle expansion bâtie sur des industrie nouvelles et une diversification énergétique (ce que l'on appelé la « deuxième révolution industrielle »). Cette nouvelle ère de prospérité se prolongera au-delà de la Première Guerre mondiale jusqu'à la crise de 1929. Un capitalisme plus concentré entraîné dans la logique de l'expansion s'affirme alors. Les grandes puissances industrielles ont un besoin accru de matières premières agricoles ou industrielles et de nouveaux marchés. Jules Ferry, le vosgien, bon connaisseur des besoins de l'industrie textile des Vosges en pleine expansion, insiste sur le fait que la colonisation est une nécessité industrielle. Dans le même temps, le rendement des capitaux en Europe s'essouffle, en conséquence celle-ci est à la recherche de placements plus rentables à l'extérieur.

Exploiter les mines, construire des chemins de fer, cela pousse évidemment à l'occupation territoriale. Surtout le chemin de fer. Alors que l'équipement ferroviaire en Europe, au moins pour les pays occidentaux, est très avancé vers 1880 en Angleterre, France et Allemagne, le réseau de ces trois pays s'étendant sur près de 100 000 kilomètres, les territoires coloniaux offrent à la sidérurgie européenne de nouvelles et belles perspectives. Aux Indes, en Chine et en Afrique, de grands projets sont imaginés, on s'arrache les concessions. Ainsi, un grand projet transsaharien de l'Algérie à la boucle du Niger a-t-il été défendu par l'ingénieur Duponchel (1875). A partir de 1903, les Allemands se lancèrent dans l'aventure du *Bagdadbahn*. Les Anglais rêvèrent dès 1876 d'un projet de chemin de fer allant du Cap au Caire (non réalisé encore en 1914). Autant d'espoirs d'investissements fructueux capables de relancer la métallurgie européenne.

Les découvertes minières poussent également à la conquête : en 1867, la découverte des mines de diamant au Transvaal, puis en 1884 la découverte de l'or, modifient les conditions de cœxistence entre les Boers et les Anglais du Cap. Ces découvertes excitèrent les convoitises et l'esprit d'aventure, elles réactivèrent les vieilles légendes, celle de Tombouctou par exemple, imaginée comme une ville pavée d'or, ce qui explique que la conquête française en 1894 est présentée par la grande presse comme un événement « considérable ».

La poussée des nationalismes européens

Après 1880, le partage de l'Asie et surtout de l'Afrique est la conséquence d'une Europe structurée en nations concurrentes, où s'échauffe un sentiment national exacerbé. Cela coïncide avec l'arrivée des nouveaux Etats : Allemagne, Italie, Belgique, avec également une France sortie de son complexe d'infériorité après la défaite humiliante de 1870, avec une Angleterre, nation impériale modèle avide d'hégémonie. La concurrence entre nations joue donc un rôle essentiel : ne pas participer au partage, rester à l'écart, c'est à l'évidence laisser la place aux autres et être évincé. Rivalité entre Etats, en forme de surenchère. La possession de grands territoires apparaît comme une nécessité vitale. Chaque Nation aspire à construire autour d'elle la plus Grande Nation. Tout se passe comme si l'Europe morcelée avait produit des Etats nationaux trop petits pour leurs ambitions, tous voulant obéir à une vocation mondiale.

La conquête européenne en Asie

Les Européens étaient installés anciennement en Asie dans deux très fortes positions : d'une part l'Inde anglaise depuis 1763, d'autre part l'Insulinde (les îles de la Sonde) où les Hollandais étaient présents depuis le XVIIe siècle. La grande question posée à partir du milieu du XIXe siècle à la conquête européenne est l'ouverture de l'immense et impénétrable Chine. Les Européens avaient cru arriver à leurs fins en 1842 d'abord, en 1860 ensuite, mais la vieille dynastie chinoise résistait. En outre, à partir de 1894, ceux-ci se heurtèrent aux ambitions d'un nouveau venu, le Japon.

L'Asie anglaise

Dans cette partie du monde le joyau des possessions britanniques était évidemment l'Inde. Ancienne colonie exploitée par la vieille compagnie des Indes, qui est abolie en 1857, suite à la révolte des Cipayes, l'Inde est transformée alors en colonie de la couronne. En 1877 à Delhi ont lieu les fêtes du couronnement de Victoria comme impératrice des Indes. Vers 1880, le régime tire encore un bénéfice énorme de la revente de l'opium en Chine et en Indochine. C'est à partir de 1853 qu'a commencé l'équipement du sous-continent en chemin de fer. Il faudra vingt années pour construire la ligne reliant Bombay à Madras et Bombay à Calcutta. A partir de 1869, le canal de Suez offre un autre élément favorable au développement de Bombay, qui devient la ville la plus florissante de l'Asie du Sud-Est.

Une constante de la politique anglaise a consisté à protéger les frontières de l'Inde, à éloigner les menaces éventuelles en créant un pourtour tampon. Inquiète des progrès français dans la péninsule indochinoise, l'Angleterre suite à une expédition militaire annexe la Birmanie le 1er janvier 1886. De même, elle étend son protectorat sur la Mélanésie en 1898 ; elle avait déjà installé son protectorat en 1888 sur la partie nord de l'île de Bornéo. Enfin, au nord de la péninsule indienne, elle s'empare du Tibet (1904). L'installation de l'Angleterre dans le Turkestan et en Afghanistan met directement le Royaume-Uni en concurrence avec la Russie, créant un contentieux entre les deux empires.

L'Asie française

La France en 1871 était installée en Cochinchine depuis le Second Empire et jouissait du protectorat sur le Cambodge. Des expéditions avaient reconnu la vallée du Mékong. Vers 1880, elle se heurta à la Chine, d'autant qu'elle cherchait à partir du Tonkin une voie de pénétration vers l'immense empire du Milieu. Se posa la question de l'Annam, le commandant Henri Rivière qui s'était emparé de Hanoï fut tué en mai

1883, comme Francis Garnier dix ans plutôt. Jules Ferry obtint du Parlement des crédits pour augmenter le corps expéditionnaire et, en mai 1884, la Chine reconnaissait par le traité de Tien-Tsin le protectorat de la France sur l'Annam. Mais, en 1885, alors que les hostilités reprenaient avec la Chine survint l'échec de Lang-Son, qui aboutit à la chute de Ferry. Le départ de ce dernier ne compromit pas l'installation française. En décembre 1885, le Parlement qui avait fait chuter Ferry reconnut le fait accompli et le deuxième traité de Tien-Tsin. La pacification du Tonkin par la suite fut longue et difficile. La fédération de l'Union indochinoise, groupement régional, créée en 1887 se trouva complétée en 1890 avec le protectorat sur le Laos. En dépit de la surveillance des Anglais et du Siam, la conquête pacifique en a été réalisée par Auguste Pavie. Dès lors, l'Union indochinoise comprend cinq territoires (deux colonies : la Cochinchine, le Tonkin, trois protectorats : le Cambodge, l'Annam et le Laos).

L'Asie néerlandaise et l'Asie allemande

La Hollande depuis le XVIIe siècle réussit à maintenir son influence sur les îles fortement peuplées de la Sonde. Ce petit Etat restait grand grâce à cet empire, qui n'était donc pas de conquête récente. Les Néerlandais ont dû parfois faire face à des résistances indigènes. Ainsi, ils eurent à maîtriser en 1877 une révolte musulmane.

L'Allemagne, dans cette partie du monde, est dernière venue, ici comme ailleurs. Mais à partir de 1884-1885, elle devient une puissance du Pacifique. Elle s'est établie en Nouvelle-Guinée, où elle contrôle le nord-est de l'île. Elle est également installée dans l'archipel Bismarck. Points d'appuis pour contrôler les voies navales qui relient l'Océan indien au Pacifique. Elle exerce un condominium avec les Anglais et les Américains sur les îles Samoa (juin 1889), où ses marchands depuis 1860 avaient réussi à prendre une position dominante.

En Chine, après la tentative japonaise qui avait révélé les faiblesses de l'Empire du Milieu, l'Allemagne réussit à se tailler sa propre zone d'influence. Elle décida de s'installer dans le Chantoung dans la baie de Kiao-Tchéou le 14 novembre 1897. L'initiative en revint à l'amiral von Tirpitz, qui explique dans ses *Mémoires* : « Si le commerce allemand devait cesser d'être un intermédiaire porteur des productions anglaises et chinoises, et s'il voulait jeter des produits allemands sur le marché chinois, il lui fallait à lui comme à notre escadre son propre Hong-Kong. » Cette possession devait être non seulement une base pour la flotte de guerre germanique, mais aussi une colonie florissante sur les plans économique et culturel. Des investissements plus importants que ceux réalisés dans les territoires africains furent engagés pour construire un port moderne, pour mettre en valeur le territoire avec un programme de boisement, d'irrigation et de culture.

Les grandes puissances et le partage du continent africain

Le partage du continent africain est la grande affaire qui occupe les puissances européennes à partir de 1885. L'essentiel de la conquête est réalisé entre 1885-1902, mais elle n'est pas pour autant achevée à cette date. Le protectorat français sur le Maroc par exemple ne date que de 1912 et l'Afrique reste un enjeu jusqu'à la Première Guerre mondiale.

La présence européenne avant la ruée (avant 1885)

Depuis le contournement du continent par les Portugais (deuxième moitié du XVe siècle) jusqu'au début du XIXe siècle, les contacts des Européens avec l'Afrique furent ponctuels, bornés au littoral. C'est le temps des escales et de l'occupation limitée, sans pénétration dans l'arrière-pays et sans conquête territoriale.

Les Européens se sont donc contentés d'installer progressivement des escales qui jalonnaient les côtes, les bateaux y effectuaient le ravitaillement dont ils avaient besoin. Les chefs noirs, collecteurs de l'intérieur, procuraient les marchandises embarquées. Quelles marchandises ? L'ancien fret d'esclaves du trafic triangulaire florissant au XVIIIe siècle est remplacé au siècle suivant par d'autres produits. D'abord l'huile de palme, premier grand produit d'exportation au XIXe siècle pour les Européens (produit destiné à la fabrication du savon et à la fabrication de la margarine) ; en 1830, la Grande-Bretagne en exporte 10 000 tonnes ; en 1842, 20 000 ; en 1850, 40 000. Puis, arrive le temps du cacao à partir de 1860, qui est introduit par des missionnaires de Bâle. La Côte de l'Or (*Gold Coast*) en 1905 en produit 5000 tonnes ; en 1908, 13 000.

Au début du XIXe siècle, il n'y a donc pas eu de conquête territoriale. Cependant la situation évolua progressivement de 1800 à 1880.

– Les Anglais sous l'influence de leurs marchands et de leurs missionnaires créèrent des colonies en Sierra-Leone en 1807, en Gold Coast (1830-1874). Ils s'emparèrent du Cap cédé par les Hollandais en 1815. Pour eux, le Cap représentait alors une simple escale vers la route des Indes, à une époque où le canal de Suez n'était pas ouvert ; quelque 30 000 Boers y vivaient alors. Les Anglais occupèrent le Natal en 1845.

– Les Français de leur côté s'installèrent à Alger en juillet 1830 et procédèrent à la conquête de l'Algérie entre 1830 et 1848. Ils prirent également position au Gabon et en Côte d'Ivoire pour éviter que les Anglais ne viennent à contrôler tout le littoral du golfe de Guinée. Puis, sous le Second Empire, au Sénégal, avec Faidherbe, qui arrivait d'Algérie en 1854. En moins de dix ans il transforma les deux comptoirs de Saint-Louis et de Gorée en une véritable colonie.

En dépit de ces conquêtes, l'occupation européenne est restée lâche jusque vers 1880. Une concurrence anglaise et française certes existait, les explorations géographiques de l'intérieur s'organisaient, mais pour les grands Etats européens jusque-là les enjeux principaux n'étaient pas africains. Les gouvernements et les chancelleries manifestaient peu d'intérêt pour l'Afrique, ils nourrissaient même habituellement une méfiance tenace à l'égard des initiatives des marchands, des explorateurs ou des missionnaires. Ils laissaient faire en général tant qu'il n'y avait pas de complication.

Dans cette période, l'influence européenne sur le continent africain se présente donc surtout sous la forme d'une infiltration progressive (pacifique ou conquérante). Or, après 1880, s'ouvre une autre phase au cours de laquelle, grande nouveauté, la domination territoriale complète est recherchée, à partir d'une date repère : la Conférence de Berlin de 1885. Celle-ci engage les pays européens sur la voie du partage, la constitution de vastes zones d'influence et des conquêtes de l'arrière-pays avec comme conséquence la désarticulation des sociétés et des cultures africaines.

La Conférence de Berlin (novembre 1884-février 1885)

La nécessité d'une concertation diplomatique pour éviter les conflits engendrés par les ambitions des pays européens en Afrique centrale autour de la cuvette du Congo est à l'origine de la tenue de cette conférence. Les Portugais, après s'être heurtés à propos de l'embouchure du Congo aux ambitions anglaises, venaient de passer un traité avec l'Angleterre, inquiétaient Léopold II, roi des Belges, qui nourrissait également d'ambitieuses visées sur cette région. Celui-ci souhaita une internationalisation de la question. L'idée en fut reprise par Bismarck, qui désirait replacer son pays tard venu dans la course.

On a longtemps considéré cette conférence comme le lieu où les Etats européens avaient procédé au partage du continent africain. En réalité, le Congrès n'a fait qu'établir des règles (Brunschwig). Les quatorze nations participantes se mirent d'accord sur un processus déjà engagé. Le texte final vise à faire respecter la liberté de circulation et du commerce dans le bassin du Congo et sur le fleuve Niger. Deux articles importants dans l'Acte final de Berlin fixent les règles auxquelles les signataires doivent se conformer : selon l'article 34, toute nation européenne prenant possession d'un territoire sur les côtes doit informer les membres signataires pour que ses prétentions soient reconnues ; selon l'article 35, l'occupant des territoires côtiers doit prouver qu'il exerce une autorité suffisante « pour faire respecter les droits acquis et le cas échéant la liberté de commerce et du transit ».

Dans le traité, la notion de sphères d'influence (*Hinterland* en allemand) apparaît et se trouve reconnue de même que la théorie de « l'occupation effective ». C'était la première fois que l'Afrique faisait l'objet d'une grande conférence internationale. S'il n'y a pas eu de réel partage, le Congrès donnait un coup d'accélérateur à l'occupation, et lançait la « course au clocher ». Le premier qui arrivait était maître du territoire.

Les positions des puissances européennes en Afrique en 1914

La géopolitique du continent africain est le résultat des ambitions des puissances européennes.

La Grande-Bretagne

Elle est présente en Afrique occidentale avec la Sierra Leone, la Gold Coast (après une longue lutte contre le royaume Ashanti), le Nigeria, où les Britanniques ont dû lutter au nord pour réduire les populations. Ces trois territoires sur la carte apparaissent comme des éléments isolés intégrés dans le bloc français, la Grande-Bretagne ayant abandonné l'intérieur à la France.

En revanche, originalité des possessions anglaises, la Grande-Bretagne domine un ensemble de territoires en Afrique du Sud et orientale selon un axe le Caire-Le Cap. Seule, l'Afrique orientale allemande (Tanganyika) interrompt la continuité nord-sud de cette immense bande territoriale. Citons : l'Egypte (depuis 1882, occupation temporaire qui durera jusqu'en 1954), le Soudan où a longtemps subsisté la résistance du mouvement mahdiste, le Kenya, les Rhodésies du Nord et du Sud, enfin l'Union sud-africaine.

Remarquons que la Grande-Bretagne tient, ce n'est pas un hasard, le contrôle des deux routes possibles vers les Indes : au nord l'Egypte avec le canal de Suez, au sud la route du Cap. Protéger la route des Indes a été la préoccupation constante de la diplomatie britannique.

La France

Autour de l'Algérie conquise entre 1830-1848, divisée en trois départements, elle a réussi à constituer un ensemble maghrébin avec le protectorat sur la Tunisie en 1881 (en résistant aux ambitions italiennes), avec le protectorat sur le Maroc en 1912 (en repoussant les ambitions allemandes et espagnoles).

En Afrique noire, le point d'appui des conquêtes françaises futures a été le Sénégal et Dakar devient en 1904 le siège du gouvernement général de l'A.O.F (Afrique Occidentale Française), bloc territorial immense (environ 15 millions d'habitants en 1914). De Dakar au lac Tchad, la distance est de 3600 kilomètres, par les sentiers et les rivières, il fallait six mois pour la franchir. A partir de ce noyau, l'expansion française se développa en deux directions :

– par voie continentale et intérieure vers l'est en suivant le fleuve Sénégal et le fleuve Niger avec une série d'expéditions qui permirent de gagner la course au Tchad.

– par voie maritime et côtière, en longeant le golfe de Guinée. Eurent lieu les conquêtes successives de la Côte d'ivoire (1893), du Dahomey (1894) grâce à des expéditions poussant vers l'intérieur en direction du nord. La volonté de limiter l'expansion anglaise a été l'un des motifs de cette pénétration.

Le point de départ de l'A.E.F. (Afrique Equatoriale Française), 4 millions d'habitants en 1914, a été un comptoir fondé au Gabon en 1849. Mais c'est Savorgnan de Brazza qui à partir de 1875 commença à explorer la région.

La volonté française en s'appuyant sur les positions acquises, tant en Afrique du Nord qu'en Afrique noire, a été de souder ces deux ensembles en un grand bloc grâce à des missions sahariennes. Ce vaste plan d'ensemble a été conçu et défendu par Eugène Etienne, sous-secrétaire d'Etat aux Colonies.

L'Allemagne

Bismarck, tout à son projet de consolidation intérieure, comme on le sait, ne souhaitait pas de conquête coloniale. Et cependant les marchands et armateurs du Reich, ceux de Hambourg (l'armateur Wœrmann par exemple) et ceux de Brême étaient nombreux et actifs, en Afrique orientale (Zanzibar) et dans le Sud-Ouest africain ; ils étaient contraints de se placer sous la protection anglaise. Les capitaines d'industrie de la Ruhr avaient besoin de débouchés, comme ceux de Manchester et de Liverpool avaient besoin de l'Inde. A partir de 1884 seulement, l'Afrique occupe tardivement, à la suite d'une évolution de l'attitude du chancelier, une place centrale dans les préoccupations coloniales allemandes.

Sur la côte orientale, au Tanganyika, les entreprises de l'ambitieux Carl Peters qui avait signé de nombreux traités avec les chefs indigènes locaux donnent à l'Allemagne un immense territoire en 1884-1885, face à Zanzibar, île où les marchands allemands étaient présents depuis 1860. L'Allemagne dut cependant composer avec les Anglais. Dans le Sud-Ouest africain, le 24 avril 1884, par un télégramme expédié au consul d'Allemagne au Cap, Bismarck reconnut l'acquisition territoriale d'un marchand de tabac, Adolf Lüderitz. Celui-ci avait créé en 1882 un établissement qui se trouvait concurrencé par une maison anglaise du Cap. Dans ce Sud-Ouest africain, l'Allemagne dut faire face à des révoltes : en 1903, soulèvement des Herreros ; en 1905, révolte des Hottentots et Matimbi dont la répression a été brutale et terrible.

Au Cameroun, dès 1874, la chambre de commerce de Hambourg avait sollicité du gouvernement impérial des protections. Gustav Nachtigal, le 14 juillet 1884, plaçait le territoire camerounais sous contrôle allemand. Puis, sans autorisation expresse de Bismarck, il hissait le drapeau allemand au Togo « pour protéger le commerce allemand », des maisons allemandes y avaient créé en 1880 les premières factoreries.

Plus tard, l'Allemagne forma le projet d'une *Mittelafrika* aux dépens des possessions belges et portugaises (en 1898, un projet de partage des colonies portugaises avec la France a existé). L'idée d'une Afrique centrale allemande ne sera pas abandonnée.

En Afrique du Nord, si Bismarck dès 1878 au Congrès de Berlin avait encouragé la France à s'installer en Tunisie en faisant cette confidence au représentant français : « la poire est mûre », en revanche Guillaume II chercha lui, à limiter l'influence française au Maroc, en 1905 (discours de Tanger) et en 1911 (affaire d'Agadir en mai avec le *Panther*). Mais en 1910, il n'y avait que 160 Allemands à Casablanca contre 12 600 Français et 60 Allemands à Rabat contre 2460 Français. D'une façon générale, en 1903, dans l'empire colonial allemand, on ne dénombrait que 7788 Européens, dont 4682 dans le Sud-Ouest africain.

L'Italie

Celle-ci avait été bloquée dans ses visées en Tunisie par la France. L'événement produisit une vive émotion dans la péninsule, d'autant que la Tunisie avait été la première tentative italienne d'expansion coloniale, ses espoirs sur ce territoire étaient anciens. La déception et la frustration ont été fortes ; elles jetèrent l'Italie dans les bras de la Triplice. Cependant le dynamisme économique et industriel du Nord poussait alors à l'expansion. L'impérialisme italien se nourrissait dans les années 1890 de différents arguments : besoins économiques ; refus de l'inertie face aux autres nations ; mission civilisatrice de l'Italie ; enfin et surtout l'émigration.

Dès lors, l'Italie chercha à bâtir un empire ailleurs. Elle regarda d'abord vers la mer Rouge, puis vers la Libye après avoir eu des espoirs au Maroc. La politique coloniale a été relancée par Crispi, président du Conseil de 1887 à 1891 et de 1893 à 1896, en prenant appui sur une idéologie coloniale croissante. Il regarda d'abord vers la Tripolitaine, mais finalement se tourna vers l'Afrique orientale. L'Erythrée devint colonie italienne en 1890. Mais cet élan a été brusquement stoppé en 1896. L'Italie en effet fut honteusement battue en Ethiopie à la bataille d'Adoua. Cette victoire d'un pays africain sur un pays européen eut un immense écho en Afrique et elle provoqua la chute de Crispi. Un mouvement anticolonial en contrecoup se développa dans la pénisule au cours de la décennie suivante.

Cependant après 1905, un renouveau impérialiste se manifestait. En effet, le progrès économique s'affirmait, l'émigration se renforçait et cette hémorragie démographique était de plus en plus vivement déplorée par les nationalistes.

Aussi dans la corne orientale de l'Afrique, l'Italie créa en Somalie en 1908 une colonie. Elle s'empara avec la guerre de Libye de la zone côtière de la Tripolitaine et la Cyrénaïque en 1911. Ces deux provinces libyennes relevaient de la souveraineté de l'Empire turc. La Turquie par le traité de Lausanne fut obligée de reconnaître la souveraineté italienne à la grande joie de l'opinion publique. Les deux provinces furent déclarées colonies italiennes en 1913.

La Belgique

Ici, tout vient des initiatives du souverain, Léopold II, accaparé par un grand rêve africain. Géographe passionné et homme d'affaires avisé tout à la fois, disposant d'une grande fortune personnelle, il voulait mettre celle-ci au service d'un pays neuf. Il rêvait également de se constituer un royaume nègre.

En 1876, il réunit à Bruxelles une conférence internationale de géographie, créa l'Association internationale africaine qui deviendra l'Association internationale du Congo. Il associa l'explorateur John Stanley (1841-1904) à son œuvre de conquête. Le Congo était une possession personnelle du roi, qu'il céda à la Belgique en 1908. Ce transfert modifia fort peu les conditions d'exploitation d'un territoire où œuvraient abusivement les grandes compagnies concessionnaires.

Le Portugal

Pour ce pays, depuis le milieu du XVe siècle, les contacts avec l'Afrique étaient une vieille tradition. Le petit Portugal, à la différence de l'Espagne, avait pu acquérir en 1914 deux immenses morceaux du continent africain : l'Angola et le Mozambique.

Il faut y ajouter la Guinée portugaise, modeste possession de 31 800 km^2, au climat tropical humide avec saison sèche, dont la population en 1914 atteignait seulement 400 000 habitants. La présence portugaise était menacée par les Anglais et par les Français. Les Portugais eurent bien du mal à réaliser la pacification. Le commerce était aux mains des Français et des Allemands. Seulement 20 % des exportations étaient effectuées par les Portugais, les importations présentaient à peu près les mêmes proportions ; sept compagnies contrôlaient l'ensemble du commerce guinéen, dont trois françaises, parmi elles la C.F.A.O. (Compagnie Française d'Afrique Occidentale), dont le siège était à Marseille et qui possédait également des comptoirs au Sénégal et au Nigeria.

Les moyens de l'Etat portugais demeuraient faibles. Celui-ci présentait le visage d'un pays lui-même « sous-développé » en situation de dominer d'immenses territoires.

En 1914, sur le continent africain, deux Etats indépendants seulement avaient réussi à échapper à la conquête européenne : l'Ethiopie, qui a évité à la conquête italienne en 1896, et le Liberia, qui a résisté à la double pression française et anglaise, grâce aux appuis dont les noirs du Liberia bénéficiaient aux Etats-Unis.

Les empires en chiffres (1914)

Pays	Etendue	Population
Angleterre	30 millions de km^2	400 millions
France	11 "	50 "
Allemagne	3 "	16 "
Pays-Bas	2 "	38 "

La conquête sur le terrain : ses modalités

La conquête le plus souvent a été le résultat d'initiatives de personnalités isolées, initiatives prises sur le terrain, encouragées par l'éloignement de la métropole : explorateurs, marchands, missionnaires et surtout militaires. Ceux-ci après coup réclamaient la protection de leur drapeau national. Autre trait de la conquête : elle a été réalisée avec les moyens locaux, sans puiser dans les ressources des métropoles. Tantôt elle a été faite pacifiquement, tantôt militairement avec violence et brutalité. Parfois, elle a exigé des effectifs militaires importants. Elle s'est faite enfin au rythme des piétons (porteurs), des cavaliers, et des piroguiers (six mois pour joindre Dakar au Tchad, l'expédition Marchand dura deux années, de 1896 à 1898). L'immensité territoriale rendra souvent très difficile la mise en place de l'armature administrative.

Sur le terrain, les Européens ont utilisé avec habileté deux moyens :

1) Des traités avec les chefs africains : soit des traités de commerce, soit des traités politiques. Les premiers étaient proposés par des explorateurs, des marchands, ils préparaient souvent une pénétration ultérieure. Dans les traités politiques, l'officier ou l'explorateur qui en avait pris l'initiative proposait la protection de son pays au chef indigène contre une reconnaissance de ne signer aucun traité avec un autre pays européen.

2) La conquête militaire : les traités préparaient le plus souvent l'intervention militaire. La conquête s'est faite avec peu de soldats européens, les officiers blancs encadrant des troupes mercenaires recrutées sur place. En Afrique, la force d'invasion a été ainsi africaine ! Ainsi furent recrutés les Tirailleurs sénégalais (créés en 1857), les *Kings African Rifles* ou les *Ascari*. Ces derniers formèrent souvent les premiers éléments de la sous-élite nécessaire aux Européens pour pénétrer et encadrer le pays : interprètes, agents locaux, policiers, recruteurs... En Afrique, le recrutement fut relativement aisé, les chefs noirs donnaient des hommes qu'autrefois ils auraient vendus comme esclaves.

La guerre coloniale a été surtout une guerre de colonnes, d'expéditions qui s'enfonçaient dans le pays, la zone contrôlée restant longtemps un ruban plongé dans l'insécurité. C'était également une guerre de siège, où l'on cherchait à s'emparer des villes importantes, Hanoi en Indochine, Tombouctou (1894), ou encore Abomey au Dahomey prise par le colonel Dodds en 1892 dans sa lutte contre Behanzin. Du côté indigène comme du côté européen, on pratiquait une guerre de razzia. On vivait donc sur l'habitant, avec la nécessité de piller des populations déjà misérables.

La relative facilité de la conquête européenne s'explique par plusieurs raisons. Les Européens ont redouté pendant longtemps les pays chauds en raison de leur climat. Or à partir de la seconde moitié du siècle, ils surent mieux lutter contre les fièvres (utilisation de la quinine contre la malaria, de même la victoire obtenue contre la maladie du sommeil...). Les pays conquis étaient divisés, notamment en Afrique noire, par des luttes intestines qui ont paralysé la résistance atomisée au moment même où les Européens constituaient de vastes et solides ensembles étatiques dotés de ressources immenses. Par ailleurs, à ces luttes intestines les Européens ont opposé une certaine solidarité blanche ; les conflits intra-européens ont été réglés par des accords, des traités, des conventions... Les Européens par la Convention de Bruxelles de 1890 s'étaient interdits de vendre des armes aux Africains qui n'avaient au mieux que des fusils démodés, mais surtout des arcs et des flèches. La supériorité technologique a été un élément déterminant dans le domaine militaire avec des armes à feu meurtrières comme les mitrailleuses. Ne pas oublier également le rôle du chemin de fer, capable d'acheminer rapidement les troupes, et du télégraphe.

A la conquête sur le terrain succédait la conquête sur le papier. Il était nécessaire à travers d'innombrables négociations de faire reconnaître la légitimité de l'occupation par les autres puissances européennes, négociations sources de contestations et de demandes de compensations.

Le temps des idéologies coloniales

La psychologie collective des populations européennes n'était pas spontanément tournée vers les questions de politiques coloniales, questions lointaines, hors de l'horizon de leur vie quotidienne. Il a donc fallu gagner les opinions à une politique d'expansion coloniale, justifier le coût financier en même temps que le sang versé, justifier également l'entreprise coloniale sur le plan moral. Cela a été l'objectif d'une littérature coloniale diffusée par des associations acquises à l'impérialisme, véritables « lobbies colonialistes ». Leur tâche a été de convaincre des opinions à l'origine plutôt indifférentes, voire franchement hostiles. Tous les pays ont eu leur « parti colonial », ont cherché à populariser l'idée coloniale, à « faire l'éducation coloniale » de leur nation. Ainsi se sont forgées, à partir de la décennie 1870-1880, avec plus ou moins de précocité, les idéologies coloniales.

Les doctrines impérialistes

L'Angleterre

La vision impérialiste érigée en doctrine triomphe dans les années 1890. L'impérialisme anglais prend appui sur le mercantilisme traditionnel. Etendre les frontières de l'Empire était traditionnellement répondre à la volonté divine, mais l'expansion coloniale prit une forme nouvelle de « lutte pour la vie ». Les nationalistes anglais ont lu Darwin : le peuple qui doit triompher étant le peuple le plus apte.

Thomas Carlyle (1795-1881) a été le prophète de l'expansion coloniale, héraut des hommes exceptionnels (*Les Héros et le culte des héros*, 1841). Dans la même veine, Charles Dilke avait fait paraître en 1867 *Greater Britain*, où il échauffait son imagination à l'image de la plus grande Grande-Bretagne à la tête du monde moderne comme l'Empire romain dans le monde antique. L'historien John Seeley en 1883 retraçait l'histoire de *l'Expansion britannique*, façon de célébrer la grandeur britannique. Rudyard Kipling (1865-1936), champion du Commonwealth, a été le chantre de l'épopée impériale. Dans la *Chanson des Anglais* (1890), il exalte l'idée de la « supériorité » de la race anglaise. Une anthropologie victorienne entre 1860 et 1880 établit notamment une hiérarchie des races, l'ouvrage de Tylor *La Civilisation primitive*, datant de 1877, est traduit en français.

La Grande-Bretagne eut ses associations et ses ligues colonialistes. Ainsi avait été créée en 1868 la *Colonial Society* devenue *Royal Colonial Institute* en 1882 ; en 1884, c'est la *Ligue pour la fédération impériale* qui voit le jour ; celle-ci souhaitait souder les différentes parties de l'Empire.

La vision impérialiste triomphaliste s'opposait à la tendance au repli insulaire, qui considérait les colonies comme un poids mort pour la métropole. Mais les tenants de la « petite Angleterre » se trouvaient désormais isolés par le triomphe de la mystique

de la plus grande Grande-Bretagne. Ce nationalisme britannique engendra d'ailleurs à la fin du siècle une vigoureuse germanophobie.
Joseph Chamberlain, ministre des Colonies (1895-1903), « l'apôtre de la foi impériale », conduisit une diplomatie brutale et modernisa l'Empire : il personnifiait au plus haut la passion impérialiste britannique en exaltant l'orgueil national et les ambitions impériales. Un Empire dont il déclarait qu'aucun autre dans le monde ne pourrait le « surpasser en grandeur ».

La France

L'opinion publique à l'origine a été indifférente et même hostile à l'aventure coloniale, elle l'était encore en 1880-1890. La conquête coloniale n'est pas le résultat d'une volonté nationale.

Dans la première décennie de la IIIe République, l'impérialisme français s'est donné précocement un corps de doctrine. « Ces dix années apparaissent décisives sur le plan de l'élaboration de l'idéologie coloniale » (Raoul Girardet). Un des initiateurs a été Paul Leroy-Beaulieu (gendre du libre-échangiste et saint-simonien Michel Chevalier) avec un gros livre, *De la colonisation chez les peuples modernes*, dont la première édition date de 1874. Il justifie la colonisation en ces termes : « La colonisation est la force expansive d'un peuple, c'est sa puissance de reproduction, c'est sa dilatation et sa multiplication à travers les espaces ; c'est la soumission de l'univers ou d'une vaste partie à sa langue, à ses mœurs, à ses idées et à ses lois. Un peuple qui colonise c'est un peuple qui jette les assises de sa grandeur dans l'avenir et de sa supériorité future. » Il préconise une colonisation de cadres et de capitaux, de techniciens révélant aux indigènes les techniques modernes de mise en valeur, qui construiraient des routes, des voies ferrées, des barrages, introduiraient des cultures nouvelles et un élevage rationnel. Les populations scolarisées pourraient s'organiser de façon autonome (avec gouvernements, douanes, armées), s'associeraient à la France qui en récolterait prestige et rayonnement.

Jules Ferry « le Tonkinois », emboîtant le pas à Gambetta, a été la grande voix favorable à la colonisation. Son duel sur ce thème avec Clemenceau, alors violemment anticolonial, à la Chambre en 1884-1885, est resté célèbre. A Clemenceau, qui argumente sur le coût financier et en hommes, sur le danger d'oublier l'essentiel : la revanche et la menace allemande, Jules Ferry répond par les nécessités économiques, par le devoir d'apporter la civilisation aux peuples « inférieurs » (dans ce débat, il prononce cette phrase : « Je répète qu'il y a pour les races supérieures un droit parce qu'il y a un devoir pour elles. Elles ont le devoir de civiliser les races inférieures... »), par la nécessité de ne pas adopter une politique de renoncement. Plus tard, il a expliqué sa politique dans la préface de l'ouvrage *Le Tonkin et la mère Patrie* (1890), où il écrit : « La politique coloniale est fille de la politique industrielle. Pour les Etats riches, où les capitaux abondent et s'accumulent rapidement, où le régime manufacturier est en voie de croissance continue [...] l'exportation est un facteur essentiel de la prospérité publique, et le champ d'emploi des capitaux comme la demande en travail se mesure à l'étendue du marché étranger [...] » Il ajoute : « La politique de recueillement ou d'abstention, c'est tout simplement le grand chemin de la décadence ! » Ces idées sont reprises un peu plus tard par Jean de Lanessan dans *Expansion coloniale de la France* (1886) et *Principes de colonisation* (1897) ; par Jules Harmand dans *Domination et colonisation* (1910). La théorie était séduisante, par ses perspectives généreuses, prospectives, bien accordées à la France républicaine, mais reposait sur une ignorance des structures sociales et mentales des Africains, considérés comme de grands enfants prêts à collaborer pour accéder au progrès. Elle était bâtie sur la conviction naïve que la seule civilisation était la civilisation européenne.

Ces idées, il fallait les faire pénétrer dans les esprits. Ce fut la tâche d'un lobby colonial constitué et développé entre 1890 et 1914 sous l'impulsion d'Eugène Etienne, député d'Alger, gambettiste. Une première société française de colonisation avait été créée en 1883 (800 adhérents) et avait offert son appui à Jules Ferry. Mais cette société fut inefficace. En fait, le parti colonial naquit sur le plan parlementaire en 1892 (42 députés, puis plus tard 113), flanqué d'un groupe au Sénat. Il recruta de la droite monarchiste à l'extrême-gauche. Le président de ce groupe de 1892 à 1914 fut Eugène Etienne. Il était « Jupiter dans le ciel colonial disposant de la foudre ». Il poussa à la conquête de Madagascar, au protectorat sur le Maroc.

La parti colonial utilisa le goût pour la géographie et l'exploration pour développer l'ambition des conquêtes coloniales dans l'opinion ; le public s'intéressa à l'Afrique par le biais de la découverte géographique ; les sociétés de géographie s'étaient multipliées en France pour satisfaire cette curiosité. Dans le même temps, des comités se créèrent : le Comité de l'Afrique française (fondé en novembre 1890 par le prince d'Arenberg), qui organisa grâce à des fonds collectés des explorations et des missions ; il multiplia également les dîners et conférences et publia un bulletin... Puis, vinrent les Comités de l'Ethiopie, de l'Egypte, du Maroc (1904). Les membres de ces comités et ligues se recrutaient surtout dans la classe politique, les militaires coloniaux, les professeurs, les hommes d'affaires (Marseillais notamment). En 1907, Eugène Etienne mit sur pied *La Ligue coloniale française*, qui eut seulement 2600 adhérents, ce qui est fort peu en comparaison des sociétés du même type en Allemagne. Ces comités, animés par le patriotisme, œuvrant pour la plus grande France, ne réussirent jamais à être de grands mouvements. En 1913, la presse coloniale était relativement médiocre : 43 organes de presse sur un total de 2790 périodiques, et « le parti colonial » ne disposait que de deux quotidiens, *La Politique coloniale* tirant à 6000 exemplaires et *La Dépêche coloniale,* 13 000 exemplaires en 1913. A côté de la presse, se sont multipliés les ouvrages divers : études de géographie, récits de voyages et surtout romans. Parmi d'autres citons Psichari, *Terres de Soleil*, 1908, Paul Adam, *La Ville inconnue*, 1911, Melchior de Vogué, *Le Maître de la mer* (1900).

Les Français d'avant 1914 ont cependant été difficiles à convaincre, ils étaient surtout tournés vers la ligne bleue des Vosges, de plus ils craignaient les dépenses. En dépit de cette résistance à « l'éducation coloniale de la France », un certain ralliement de l'opinion se dessine à partir de 1890 et à la veille de la Première Guerre mondiale l'idéologie coloniale a « considérablement élargi ses assises » (Girardet).

L'Allemagne

En dépit de l'entêtement de Bismarck orienté uniquement sur la politique européenne, un courant favorable à la colonisation s'était progressivement formé et exprimé.

Au lendemain de l'unité, des voix isolées de plus en plus nombreuses s'élevèrent pour réclamer une politique coloniale. Ces voix étaient celles d'explorateurs, de marchands. Beaucoup regardaient dans un premier temps avec admiration la politique coloniale anglaise. Il y eut ainsi une véritable agitation coloniale après 1871, dont témoigne le nombre des publications.

Dès 1871, un ouvrage paraît à Berlin sous le titre *Les Intérêts de l'Allemagne en Extrême-Orient*, il regrette que le traité de Francfort n'ait pas transformé la Cochinchine française en une possession allemande : « Depuis qu'ils en sont maîtres les Français ont doté cette colonie de tout le matériel nécessaire, forteresses, arsenaux, docks… » Parmi ces voix, Wilhelm Hubbe-Schleiden, juriste qui après la diplomatie s'est fait marchand dans l'Ouest africain et publie *Ethiopien*, en 1879. En dépit du titre, son ouvrage porte sur l'Ouest africain, et il récidive en 1881 avec *Deutsche Colonisation*. Il fait de la colonisation l'unique sauvegarde de « notre peuple » : refuse la domination anglaise, « en aucun cas l'empire ne doit être la cinquième roue du char anglais », écrit-il. Il a lu l'ouvrage du Français Leroy-Beaulieu. En 1877, Gerhard Rohlfs qui revient du Cameroun écrit : « N'est-il pas à déplorer que nous soyons condamnés à assister inactifs à l'extension de l'Angleterre en Afrique centrale ? » Ernst Weber, noble, propriétaire terrien, qui a voyagé lui aussi en Afrique, publie en 1878 *Quatre années en Afrique*. Il préconise la colonisation pour résoudre la question sociale. Il éprouve une grande peur devant ce qui est à ses yeux la conspiration socialiste, il voit dans la colonisation la possibilité d'éviter la révolution sociale. Mais le vrai père du mouvement colonial allemand a été Friedrich Fabri. Celui-ci fait paraître en 1879 une brochure où il pose la question : *L'Allemagne a-t-elle besoin de colonies ?* Il regrette clairement que Bismarck se désintéresse de cette question, la colonisation lui semble nécessaire au développement du pays. Fils de pasteur, professeur de religion, responsable de la Mission de Rhénanie, il croit percevoir au XIXe siècle un danger majeur : l'accroissement du paupérisme et du prolétariat. Pour résoudre la question sociale, question vitale (*Lebensfrage*) à ses yeux, une seule solution, l'émigration, d'où le besoin de colonies propres à l'Allemagne, une nécessité sociale et politique (« *Sozialpolitische Notwendingkeit* ») affirme-t-il.

Finalement, Bismarck se décida à placer sous la protection du Reich des territoires, pour des raisons intérieures et sans doute en raison d'une appréciation nouvelle des changements qui se produisaient dans la politique internationale. Le tournant date du 24 avril 1884 ; il fit connaître par télégramme que la protection du Reich était assurée à l'établissement de Lüderitz dans l'Ouest africain. Le 24 juin 1884, il précisait sa position : « Dans notre système (opposé à celui de la France) nous laissons au commerce, aux individus le choix et si nous voyons l'arbre prendre racine, croître et prospérer, si les créateurs de l'entreprise invoquent la protection de l'Empire, alors nous leur accordons notre protection que d'ailleurs nous ne pouvons par leur refuser… Nous laissons donc la fondation de colonies et leur développement livrés à l'initiative et à l'esprit d'entreprise de nos concitoyens... » L'année 1884 marque donc la date de naissance de la colonisation allemande.

Après Bismarck, le pangermanisme exclut moins que jamais une orientation coloniale. Guillaume II affirmait que l'avenir de l'Allemagne était sur l'eau. Les associations et ligues se transformaient en outils de propagande de l'impérialisme. La première d'entre elles fut, le *Deutsche Kolonial Verein* (1882), suivie de La Ligue pangermaniste (*Allgemeine Deutsche Verband*) créée en 1891, puis vint la fondation de la *Flottenvereins* (1898). Ces organisations développèrent une active propagande impérialiste à l'aide de brochures. L'intérêt de l'Allemagne pour les colonies et notamment pour le continent africain ne se démentira pas : le Dr Koch trouve le remède contre la maladie du sommeil. Et en 1914, l'Allemagne aura construit 4000 kilomètres de voies ferrées sur le continent noir.

L'Italie

Le royaume connaît un renouveau de l'impérialisme après 1905. Après l'humiliation éthiopienne de 1896, les nationalistes en appellent à une politique glorieuse. Ce renouveau est à la fois littéraire et politique. Comme ailleurs les sociétés de géographie et d'exploration apportent leur caution scientifique à la revendication expansionniste.

Ce renouveau est attesté par exemple par l'organisation d'un Congrès colonial réuni en 1905, au cours duquel il fut question de la création d'un Institut colonial. Celui-ci sera effectivement constitué en 1906, subventionné par le gouvernement ; il publia la *Revue coloniale*.

A cette action des sociétés, des publications, vint se joindre un journalisme colonial, qui développait les thèses impérialistes dans un certain nombre de grands organes de presse. A côté de la *Revue coloniale*, paraissaient des revues coloniales spécialisées : *Mare nostrum*, *Italia Coloniale*, etc., qui se proposaient de suivre les progrès de la colonisation italienne ; les revues littéraires et politiques adoptèrent un ton de plus en plus favorable à l'esprit colonial.

En dépit des variantes d'un pays à l'autre, les discours idéologiques nationaux présentent des traits fort communs, ce sont les mêmes thèmes et les mêmes arguments qui sont développés. Il est fait appel aux nécessités économiques, au prestige national, au devoir de la mission civilisatrice. En outre, on retrouve les mêmes instruments de propagande (sociétés, ligues, grande presse ou presse spécialisée...). Tout cela bien entendu étant appuyé sur une profonde conviction commune, celle de la supériorité de la civilisation européenne.

Des voix discordantes : l'anticolonialisme

Les voix de l'impérialisme sont-elles les seules à se faire entendre en Europe ? De fait, des voix discordantes se sont élevées. Au colonialisme éclairé ou au colonialisme brutal, s'oppose un certain anticolonialisme.

Dans les années 1880-1885 en France l'opposition à la colonisation est assez largement répandu, il s'est traduit par une grande hostilité à la politique de Ferry « le Tonkinois ». A droite comme à gauche, Clemenceau et Barrès symbolisent cet anticolonialisme première manière, qu'ils trahiront d'ailleurs par la suite. Déroulède fidèle à lui-même ne pense qu'à la Revanche.

On relève de l'indignation chez quelques écrivains, Pierre Loti, Maupassant par exemple. Ce dernier écrit dans *Bel Ami* : « Tout ministre a la Turlutaine de donner des colonies à la patrie, sans distinguer les colonies utiles des colonies mineures. On envoie un explorateur, un militaire avide d'avancement, un voyageur avide de spéculation. Il fait un rapport en termes pompeux. On s'empare aussitôt du Tonkin, du Congo ou de Madagascar et l'annonce à grand bruit. Cela fait vingt ou trente millions de plus à inscrire chaque année aux dépenses du budget. »

Mais en raison de l'essor du nationalisme et du mythe de la plus grande France, cette opposition après 1900 se réfugia dans une minorité du mouvement ouvrier. Vigné d'Octon, ancien médecin colonial, écrivit en 1900 *La Gloire du sabre* et rédigea dans la *Bataille syndicaliste* à partir de 1911 de virulents pamphlets contre la colonisation. Paul Louis (de son vrai nom Paul Lévi), auteur en 1905 d'une brochure publiée dans la Bibliothèque socialiste, *Le Colonialisme*, analysait le colonialisme comme l'enfant naturel du capitalisme, qui jouait dans l'expansion coloniale sa dernière carte ; à terme, elle devait accélérer le processus de décomposition de la société bourgeoise, car en s'élargissant le capitalisme suscitait des résistances. Cette voix était une voix neuve dans la gauche française qui dans sa majorité restait attachée à la mission civilisatrice. De son côté, Gustave Hervé dans *La Guerre sociale*, journal socialiste qui paraît à partir de 1906, tirant à 60 000 exemplaires, développait une sensibilité anticoloniale exacerbée et antimilitariste. En 1912, ne croyant plus à la révolution, il retournera sa veste.

Le « grand Jaurès » lui-même a évolué : il a adhéré d'abord au thème civilisateur développé par le radicalisme, puis, dénonça les excès de la colonisation sans vraiment la condamner dans son principe. A l'époque du Maroc, de février 1906 à novembre 1909, il intervint 11 fois à la tribune, se déclarant hostile à un protectorat imposé par les armes et dénonça le « guêpier marocain ». Il écrit dans *l'Humanité* le 5 janvier 1912 : « Les radicaux se sont saisis du Maroc avec une sorte de gloutonnerie. » Il a découvert que les peuples africains n'étaient pas des peuples-enfants, mais des peuples avec leurs civilisations. Cependant son anticolonialisme n'a jamais abandonné tout à fait la perspective d'une colonisation qui intégrerait les droits de l'homme.

Ailleurs en Europe, des porte-parole de la classe ouvrière adoptaient également parfois des positions critiques. Ainsi, en Grande-Bretagne, William Morris écrit dans *The Commonwealth* à propos de la Conférence de Berlin : « Des populations à voler et à prendre au piège ; des marchés à inonder de mauvais produits ; des pays pour y investir du capital : parvenir à ces buts est raison d'être de la politique moderne. C'est pour cela que la République française de boursicoteurs a déclaré la guerre successivement à Tunis, à Madagascar, au Tonkin et à la Chine ; c'est pour cela que le Congrès siège à Berlin répartissant le butin… » Dans cette critique, Stanley était présenté comme un brigand. E. Belfort Bax dans le *The Commonwealth,* en 1898, imaginait même que le monde capitaliste cherchait à gagner un sursis grâce à l'exploitation de l'Afrique. Thèse que développera plus tard Lénine.

En Italie, après l'humiliante défaite d'Adoua (1896), à côté d'un anticolonialisme d'extrême-gauche fondé sur le pacifisme a existé une opposition de droite, qui dénonçait le gaspillage des ressources. L'opposition catholique argumentait sur le fait qu'étaient dépensés des millions en Afrique alors qu'en Italie même la famine était toujours présente ; au sein du parti socialiste, Mussolini, chef du courant révolutionnaire, a été hostile à la guerre de Libye. En Allemagne, dès 1885, Wilhelm Liebknecht (1826-1900), un des leaders du parti social-démocrate, lutta contre la colonisation ; August Bebel (1840-1913), le 26 janvier 1889, député social-démocrate, prononçait un discours violent contre la colonisation « dont la nature est le pillage d'une population étrangère » en poursuivant : « et le motif est toujours gagner de l'or, de l'or et encore de l'or. Et pour pouvoir poursuivre le pillage de la population africaine partout et sans être le moins dérangé, des millions doivent être retirés des poches de l'Empire, des poches des contribuables, la société de l'Est africain doit être protégée avec les moyens du Reich, de manière que l'entreprise de pillage puisse continuer en toute sécurité... » Rappelons que Lénine fit paraître en 1916 *L'Impérialisme, stade supérieur du capitalisme*.

Mais toutes ces voix qui en Europe s'opposaient aux courants nationalistes et impérialistes pour l'instant restaient très fortement minoritaires. Face à la propagande nationaliste tonitruante, elles avaient du mal à se faire entendre. L'anticolonialisme offrait un contrepoids bien faible à une mystique coloniale enfiévrée.

Organiser, exploiter, vendre et civiliser

Après la conquête, s'impose la nécessité de prendre en main l'espace et les populations. Face aux populations colonisées considérées au mieux comme de grands enfants, les Européens pensaient qu'ils avaient à élever ces peuples et à les conduire au progrès, à la civilisation. Cette mentalité, on la retrouve aussi bien dans la France républicaine, héritière de l'universalisme de 1789, qu'en Italie, consciente d'être une terre de vieille culture. Dans tous les pays, la mission civilisatrice et humanitaire a été le grand argument utilisé par les nationalistes pour justifier l'entreprise coloniale. Civiliser certes, mais aussi exploiter.

L'organisation gouvernementale

Les ministères des colonies ont été mis en place assez tardivement, au moment où la conquête rendait nécessaire une organisation plus cohérente.

En 1914, le Commonwealth est gouverné par deux ministères : le *Colonial Office*, créé en 1854, dont relèvent les pays africains, et L'*Indian office* (ministère de l'Inde) établi en 1858. Le Commonwealth a connu une évolution grâce à l'autonomie accordée à certaines colonies sous la forme des *Dominions* : ils jouissent en fait de l'indépendance avec leur parlement. Ce statut ne concerne cependant que les pays de peuplement blanc, d'origine anglo-saxonne, Canada (1867), Australie (1885), Nouvelle-Zélande (1907) ; en Afrique seule l'Union sud-africaine bénéficia de ces mesures (1910).

Pour l'Empire français, la situation juridique est plus complexe. Les territoires selon leur statut dépendent de trois ministères. Le ministère des Colonies a été créé seulement en 1894, idée soutenue notamment par Eugène Etienne (et son lobby colonial) ; auparavant, il y avait eu en 1881 un sous-secrétariat d'Etat créé par Gambetta rattaché au ministère du Commerce (ou par la suite à la Marine). En 1914, ne dépendent de ce ministère que les territoires administrés directement, c'est-à-dire les colonies au sens strict du terme, dont l'AOF, l'AEF, Madagascar ; en Indochine : la Cochinchine et le Tonkin. Le ministère des Affaires étrangères lui, s'occupe des protectorats (Tunisie, Maroc, Laos, Cambodge) car les gouvernements indigènes ont été maintenus (en Tunisie le bey, au Maroc le sultan...), un résident général représentant la métropole. L'Algérie constituée de trois départements, quant à elle, relève du ministère de l'Intérieur, ce qui implique une volonté d'assimilation. Sur place, dans les colonies, l'administration est représentée par un gouverneur général, assisté d'un conseil de gouvernement dont Galliéni fut le gouverneur général de 1896 à 1905. C'est le cas de l'AOF créée en 1895 (8 territoires avec dans chacun un lieutenant-gouverneur), de l'AEF créée en 1910, (4 territoires), de Madagascar créée en 1897 (au profit de Galliéni). En outre, a été installé en 1883 le Conseil Supérieur des colonies consulté par le gouvernement (institution qui pallie à l'absence de représentants des colonies dans les organes législatifs de la métropole). Il est composé à l'origine de fonctionnaires, des anciens ministres, des anciens gouverneurs généraux... Son rôle est purement consultatif.

L'Allemagne a de son côté institué tardivement un ministère des Colonies. En 1890, une section coloniale avait été ouverte au ministère des Affaires étrangères et, en mai 1907, seulement, un ministère des Colonies était mis en place.

L'organisation au niveau local

Les principes qui inspirent l'administration locale dépendent des traditions culturelles et idéologiques des métropoles. Ainsi, la France et l'Angleterre professaient deux conceptions différentes : l'assimilation à la française, le pouvoir indirect (*Indirect Rule*) à l'anglaise.

La doctrine anglaise du pouvoir indirect était née aux Indes, où l'administration s'était accommodée du gouvernement local des rois et des princes. Ce système fut introduit au Nigeria du Nord entre 1903 et 1907. Frederik Lugard (1858-1945) en fut le véritable théoricien. Pour cet officier de l'Armée des Indes, qui sert en Afrique en 1892, puis en 1894, l'idée était de laisser les chefs traditionnels et les populations avec leurs coutumes, en pensant que les peuples se dirigeraient eux-mêmes sous la conduite de leurs propres chefs et avec leurs traditions. Mais il écrivait prudemment : « Le nombre des postes [dans l'administration] pouvant être tenus par des indigènes éduqués doit toujours rester faible et ces postes ne doivent pas exiger l'exercice d'une grande responsabilité... » Et de plus, cette administration indirecte était placée sous haute surveillance, notamment en ce qui concernait l'assiette générale de l'impôt.

La France, elle, restait attachée à la doctrine de l'assimilation. Pour la réaliser, existait une condition préalable : la connaissance de la langue française. La logique du système voulait que l'on donnât aux enfants des populations colonisées le même enseignement qu'aux enfants de France, cette même logique conduisait à instaurer partout la même législation, et à terme les indigènes devaient se sentir membres de la même nation. Certains jugèrent assez vite irréalisable l'assimilation étant donné l'écart entre les cultures. Depuis 1890, partisans et adversaires de l'assimilation s'affrontèrent. Cependant elle resta la doctrine dominante et officielle. Sur le terrain, elle subit de larges accrocs. Lyautey au Maroc respecta le sultan, les autorités indigènes, l'Islam, les traditions du pays. Comme la France, le Portugal et la Belgique eurent officiellement une politique d'assimilation, qui demeurait toute théorique.

Dans la pratique, dans un cas comme dans l'autre, pouvoir indirect ou assimilation, la réalité fut différente de la doctrine. D'un côté, il y a eu peu d'autonomie, de l'autre seulement « un soupçon d'assimilation ». Au-delà des différences théoriques, les pays européens eurent en fait une politique assez semblable. Même si parfois l'attitude a pu varier, notamment sur le plan culturel (éducation, école). Par manque de personnel européen, toutes les métropoles se trouvèrent devant la nécessité de faire participer les autorités indigènes au pouvoir colonial. Le personnel européen a toujours été insuffisant, en raison d'une gestion de l'Empire au moindre coût... Aucune puissance n'a eu la capacité d'éliminer les structures sociopolitiques indigènes en place. Du Maroc au plus profond de l'Afrique noire, de l'Inde à l'Indochine, les administrateurs coloniaux cherchèrent et trouvèrent dans les autorités indigènes des alliés ou des agents pour établir leur domination. Partout, le chef indigène restait donc le pivot de la structure administrative. Toutes les puissances coloniales ont été tributaires d'une façon ou d'une autre du chef (traditionnel ou désigné). La présence administrative européenne en 1914 demeurait très légère, quelques administrateurs étaient responsables d'immenses territoires.

Il a fallu former un personnel compétent, notamment des administrateurs. La France par exemple créa l'Ecole coloniale, lieu privilégié du contact avec l'Empire. A son origine l'explorateur et diplomate Auguste Pavie (1847-1925), grande figure de la colonisation en Indochine ; en 1885, il ramena à Paris une dizaine d'Annamites pour les former. Ce noyau devint l'Ecole coloniale. Sa fonction était de former des fonctionnaires pour l'administration coloniale. Un concours d'entrée a été institué en 1896, il était ouvert aux bacheliers. La mauvaise réputation des colonies, la médiocrité des carrières sur lesquelles elles semblaient déboucher, n'attiraient pas les fils de famille. Une section propre à l'Afrique du Nord a été créée en 1914. On y enseignait l'histoire, les langues africaines, les études duraient trois ans. De là vont sortir tous les grands administrateurs de l'Empire. En Allemagne, à Hambourg, a été créé un Institut colonial, ainsi qu'une école d'agriculture coloniale établie à Witzenhausen.

Mettre en valeur

Les métropoles européennes entendaient tirer des profits de leurs colonies, à moindre frais. Et en même temps, les pays européens, France, Angleterre en tête ne firent pas de leurs empires un terrain privilégié d'expansion.

Pour la mise en valeur, il a été nécessaire de mettre en place une infrastructure minimale : voies ferrées, ports, routes afin de rassembler et d'évacuer les ressources (agricoles ou minérales) tirées de ces territoires. Cette tâche était seulement amorcée en 1914 en raison des hésitations des puissances financières à investir dans des régions encore mal connues et incertaines.

Les chiffres des investissements européens en Afrique sont significatifs : en 1913, les pays européens avaient investi 610 millions de £ (la livre vaut alors 25 francs-or). L'Angleterre arrive en tête très largement avec 460 millions de £ ; la France avec 25, l'Allemagne avec 85, la Belgique avec 40. L'Union sud-africaine absorbe à elle seule 380 millions de £, soit plus de 62 % de l'investissement total. La reconstruction après la guerre des Boers et les ressources minières ont stimulé les investissements dans les chemins de fer et les mines... Enfin, si les investissements ont doublé de 1900 à 1913, ils ne constituent qu'une petite part des investissements des grandes puissances économiques de l'Europe : 10 % pour la Grande-Bretagne, 2 % pour la France ! L'Afrique n'est pas le terrain privilégié de l'expansion européenne. Confirmation avec l'exemple allemand : de 1897 à 1914, l'Allemagne a placé 23,5 milliards de marks à l'étranger, mais seulement 2 en Afrique, soit 8,5 % de ses placements totaux (8,5 milliards de marks sur le continent américain, à égalité entre Amérique du Nord et Amérique latine). En revanche, le continent africain en 1914 est dépendant de l'Europe pour ses importations à 72 %. Les échanges avec l'Afrique sont un monopole des pays européens.

Par ailleurs, les empires sont fermés aux produits qui ne sont pas issus de la métropole. Ainsi, l'Indochine française n'achète pas ses textiles au Japon, mais elle est dans l'obligation de les acheter en France. Les colonies forment autour de la métropole un espace douanier protégé, réservé aux seules marchandises de la puissance européenne dont elles dépendent.

Les trois piliers du système colonial européen

Le système d'exploitation de la colonisation européenne repose sur trois bases essentielles :

La confiscation des terres

Pour les métropoles, les territoires doivent être producteurs de denrées, de matières premières. Le transfert de la terre s'est effectué selon des modalités diverses. L'Union sud-africaine fournit le modèle le plus achevé de la confiscation, une loi de 1913 y abolit la propriété africaine sur 90 % de la terre du pays.

Ces terres étaient attribuées soit à des colons (par concession, vente ou location), soit à de grandes compagnies. Au Congo belge, le régime des Compagnies à chartes a particulièrement fleuri : Société forestière du Congo, Compagnie du Katanga... En Indochine, les autorités coloniales ont distribué des milliers d'hectares à des sociétés françaises dans les « Terres rouges » aptes aux plantations d'hévéas. Cette solution présentait l'avantage de favoriser l'arrivée de capitaux. Les compagnies disposaient d'un droit exclusif, à charge d'établir des routes, d'assurer la sécurité, obligations qui furent très rarement respectées, d'où de grands abus et de grands scandales. Une enquête ayant été confiée à Savorgnan de Brazza au Congo français en 1905, celui-ci a été horrifié par ce qu'il devait découvrir.

Le travail forcé

L'exploitation supposant des bras, les Européens puisèrent à pleines mains dans les réserves humaines indigènes. Le recrutement de la main-d'œuvre était primordial, d'autant que souvent les Européens se trouvaient en face de zones souvent fort peu peuplées. La solution la plus simple fut réquisition et travail forcé. Soit pour les grands travaux, soit pour le portage. Les Européens eux-mêmes ne faisaient pas de travail manuel, ils assuraient seulement l'encadrement.

Les grands travaux d'équipement (ouverture de pistes, bâtiments publics, lignes de chemin de fer, infrastructure routière...) furent effectués grâce au travail forcé. En Afrique, cette main-d'œuvre était fournie par les chefs de village (d'où la recherche de chefs loyaux), ceux-là mêmes qui auparavant faisaient le trafic des esclaves. Le travail forcé entraîna une coercition généralisée et une mortalité effroyable.

L'impôt local

L'établissement et la collecte de l'impôt ont été les grandes tâches de l'administrateur et du chef indigène. Répétons-le, les colonies ne doivent rien coûter à la métropole, obligation leur est faite de se subvenir à elles-mêmes (payer l'administration, s'équiper...), d'où une fiscalité qui s'alourdit sans cesse. Par ailleurs, aux yeux des administrateurs, une lourde fiscalité offrait l'avantage d'obliger les indigènes à travailler et à produire pour financer l'impôt qu'ils devaient acquitter. L'impôt incitateur de travail contribua à développer le salariat. Bien entendu, les collecteurs d'impôts étaient particulièrement redoutés des indigènes.

Résistances et premier éveil des nationalités de couleur

L'histoire coloniale a mis l'accent sur la *Pax Colonica*, sur le fait que les colonisés voyaient dans la venue des Européens un bienfait : fin des guerres tribales, des luttes fratricides, des épidémies et des famines, avec en prime l'arrivée du progrès et de la modernité. Or l'histoire a redécouvert que non seulement la conquête a été plus difficile qu'on le disait, mais que, après la conquête, a existé une contestation diversifiée, sourde souvent, contre la présence et la domination européennes.

En Asie, une volonté de secouer le joug colonial existait dans l'Inde anglaise et dans l'Indochine française. Dans l'un et l'autre pays, l'orgueil asiatique s'est trouvé encouragé à l'annonce de la défaite infligée par les Japonais en 1904-1905 à l'Empire russe.

Dans l'Empire des Indes, Gandhi en dépit de son absence jusqu'en 1913, avait conservé des liens avec ses compatriotes ; de plus, une agitation musulmane existait. Jinnah avait fondé le parti des jeunes musulmans en 1912. En fait, les Anglais ont joué habilement de l'opposition entre hindouistes et musulmans. Un début d'opinion indienne se développait grâce à la presse, même si l'élite locale admirait le modèle culturel anglo-saxon.

Dans l'Union indochinoise, la France se heurtait à une résistance au Tonkin, en Annam, où éclatèrent une série de troubles de 1905 à 1913. Certains Annamites avaient émigré au Japon. Les populations Méos dans le Haut-Tonkin se soulevèrent. En 1912, une Association pour la restauration du Viêt-nam était même organisée en Chine et la même année des attentats à la bombe eurent lieu à Hanoi et à Saïgon.

En Afrique, c'est dans le Nord-Est du continent, en Egypte, en Somalie, au Soudan que la résistance aux Européens a été la plus vive. Point commun à ces mouvements : la foi islamique, marquée fortement ici par un courant religieux réformiste, qui exprimait la volonté de retour à la vraie foi. La résistance à l'occupation anglaise se développa en Egypte dès 1882. Le mouvement était soutenu par le Khédive Abbas II (1892-1914), hostile à l'occupation de son pays, appuyé par de jeunes intellectuels acquis aux idées de la Révolution française. Mais le leader le plus acharné contre l'Anglais a été Mustapha Kamel, orateur efficace, qui créa un parti nationaliste. Aidé financièrement par le Khédive, il fit une tournée en Europe pour faire connaître la situation de son pays. Il a développé une grande activité en Egypte de 1898 à 1906 (discours, articles de presse), il avait fondé un journal, *l'Etendard*. Mustapha Kamel mourut en 1908 ; un autre parti, l'Umma, parti du peuple, se constitua et regroupa des intellectuels favorables à une coopération avec les Britanniques, nécessité à leurs yeux pour moderniser le pays. En fait, en Egypte, le mouvement nationaliste avant la Première Guerre mondiale était divisé, élitiste, sans véritable soutien populaire.

La partition de la Somalie entre l'Angleterre, l'Italie, la France et l'Ethiopie (l'Ogaden), s'est achevée en 1897. Là est née une résistance armée. Sayyid, chef religieux, qui avait étudié à la Mecque, déclara le Djihad, prêcha la stricte foi musulmane contre l'éducation occidentale. Il réussit à créer une véritable armée. De 1900 à 1904, les Britanniques durent envoyer quatre expéditions. En 1913, Sayyid remporta même une grande victoire sur les Anglais. Autre lieu de résistance, le Soudan : de 1900 à 1914, des soulèvements mahdistes hostiles à la domination coloniale se développèrent dans la partie nord du pays.

Derrière les révoltes armées, existait une résistance plus cachée. Au fur et à mesure que la présence coloniale se faisait plus pesante, les actes d'hostilité se multiplièrent contre les recruteurs de main-d'œuvre, de porteurs, de soldats et autres collecteurs d'impôts... La résistance prenait des formes diverses : fuite des hommes dans la forêt ou dans les montagnes pour échapper au travail forcé ou à l'impôt, banditisme social, révoltes et insurrections paysannes, premières grèves ouvrières, églises chrétiennes séparatistes... associations ou clubs de protestation créés par des indigènes instruits. Cette forme « secondaire » de résistance survenait le plus souvent après une période d'acceptation initiale de la colonisation.

Ces résistances aboutissaient à des tentatives, de la part notamment des Africains, pour reconstituer des communautés, en raison de la désarticulation par la colonisation de la société traditionnelle : communautés religieuses, associations pour l'élite, zones de refuges autonomes dans la forêt ou les montagnes... Objectif : vivre et s'organiser en dehors de la présence des Blancs.

L'ordre colonial cependant est à peu près assuré par les métropoles à partir de 1910, grâce aux ressources locales, à l'aide des troupes indigènes et de la police indigène, grâce enfin à l'aide du produit des impôts locaux.

Les grands conflits coloniaux entre nations européennes

Si la conquête en Asie a secoué les chancelleries avec la guerre sino-japonaise (1894), la guerre russo-japonaise (1904), c'est surtout autour du continent africain que les heurts les plus violents entre les puissances européennes se sont produits. L'enjeu que représente l'Afrique fait de ce continent le lieu privilégié du choc des rivalités européennes, il est l'objet de nombreuses crises internationales.

L'affaire de Fachoda (1898)

La question de la maîtrise du Soudan et du bassin du haut-Nil conduisit à une grave crise entre la France et l'Angleterre. La France n'avait pas tout à fait renoncé à l'Egypte depuis 1882. Le capitaine Marchand, en 1896, avait proposé au ministère des Colonies d'atteindre le Nil à partir du Congo. L'expédition fut montée avec des moyens modestes : une centaine de tirailleurs sénégalais encadrés de huit officiers européens, un navire, le *Faidherbe*, transporté à dos d'hommes pour « sauter » les rapides. Cette expédition aux conditions insensées, avec près de 7000 kilomètres à parcourir dans un pays difficile, dura deux ans. L'Angleterre ne prit pas d'abord cette tentative très au sérieux. Mais la progression de Marchand finit par l'inquiéter. Lord Kitchener du Caire remonta alors vers le sud assurant le contrôle britannique au passage dans les régions du sud situées le long du fleuve avec quelque 3200 hommes et des canonnières. Il arriva le 18 septembre 1898 à Fachoda où Marchand était déjà installé depuis plusieurs semaines. Ce dernier avait eu le temps de signer des traités avec des chefs indigènes. Face-à-face inégal.

C'est sur la scène diplomatique que la partie devait se jouer et se régler. La tension en Europe fut extrême. Delcassé (1852-1923), depuis juin 1898 nouveau ministre des Affaires étrangères, après avoir sondé l'Allemagne pour un éventuel accord contre nature, souhaita ménager les conditions d'un rapprochement éventuel avec le Royaume-Uni. Le 3 novembre 1898, Marchand recevait l'ordre de se retirer. Il se soumit avec discipline et rentra en France par Djibouti. Le soldat, victime de la politique, connut alors dans l'opinion publique en France une immense popularité. Certains voulurent lui faire jouer le rôle du chef providentiel. La France renonça à ses prétentions sur le bassin du Nil, puis définitivement à l'Egypte. Le terrain était dès lors partiellement déblayé pour l'Entente cordiale effectivement signée en 1904.

La guerre des Boers

Le président de la république du Transvaal, Paul Kruger (depuis 1883), intransigeant, lecteur de la Bible, se présentait comme le défenseur de deux petits Etats paysans (Transvaal et Orange) que la puissance britannique voulait étrangler. Il lança un ultimatum le 9 octobre 1899. Commençant alors une guerre qui paraissait facile pour les Britanniques, mais qui dura de 1899 à 1902. Ils furent même contraints de mobiliser de grands moyens. Les troupes anglaises connurent des revers. Kruger vint en Europe pour trouver de l'aide. La défense héroïque des Boers rencontra des sympathies en Allemagne et en France. Les territoires des deux Républiques afrikaners encerclées durent finalement se soumettre. Les deux petits Etats furent annexés, unis aux colonies du Cap et du Natal en 1902. L'ensemble forma en 1904 une Union douanière, qui prépara l'Union sud-africaine à recevoir en 1910 le statut de Dominion. L'Angleterre avait réussi à éliminer les ambitions allemandes au Transvaal.

Les crises marocaines

La première a lieu en 1905. Guillaume II cherchait à rompre l'Entente cordiale réalisée entre la France et l'Angleterre l'année précédente. Il cherchait également à limiter les progrès de l'influence française au Maroc. Lors d'une visite à Tanger, il déclara vouloir protéger l'indépendance du Maroc. La crise fut dénouée par la conférence d'Algésiras (janvier-avril 1906), à l'issue de laquelle la France se voyait reconnaître la prépondérance, la police des ports, grâce notamment au soutien de la Grande-Bretagne, résultats qui constituaient une défaite diplomatique pour l'Allemagne.

La deuxième crise a lieu suite « au coup d'Agadir ». En 1909, l'Allemagne avait reconnu la liberté d'action de la France pour le maintien de l'ordre au Maroc, mais un certain partage de l'exploitation économique qui n'était pas respecté, avait été prévu. Le 1er juillet 1911 le *Panther,* un cuirassé allemand, bombardait le port d'Agadir créant ainsi l'incident. Le *Rheinisch-Wetsfälischen Zeitung*, le 2 juillet au matin titrait « Hurrah ! une Action ! » poursuivant dans son exaltation enflammée « Un souffle jubilatoire court dans notre peuple. Le rêveur allemand se réveille d'un sommeil de Belle au bois dormant qui a duré vingt ans. Enfin une Action, une Action libératrice, qui doit dissiper le nuage du découragement le plus cruel. » En fait, l'enthousiasme allemand dut se contenter de se mettre sous la dent quelques territoires concédés par la France au Congo et au Cameroun lors de l'accord de novembre 1911, qui mettait fin à cette nouvelle crise.

L'affaire de l'Afrique centrale

A partir de 1911, les rivalités se déplacèrent en Afrique centrale. L'Allemagne est encore la plus remuante, elle reprend un projet de 1898 : la formation d'un vaste empire colonial allemand aux dépens des Etats faibles (Belgique, Portugal) qui ne disposaient pas selon elle des moyens financiers suffisants pour mettre en valeur d'aussi vastes territoires. Une campagne de presse se développa en Allemagne. Le Reich souhaitait obtenir une négociation pour une redistribution des possessions. Son objectif était de réunir ses territoires de l'Ouest (Cameroun) avec ceux de l'Afrique orientale (Tanganyika), pour constituer un ensemble, une *Mittelafrika.* L'Allemagne réussit par une négociation à entraîner l'Angleterre dans ce projet ; en octobre 1913, un accord secret fut signé entre les deux pays. Mais ce projet se heurta aussitôt à une violente protestation française, la France fit ressortir que cet accord était en contradiction avec l'Entente cordiale. En conséquence, le succès allemand fut de courte durée, la ratification de l'accord anglo-allemand ayant été ajournée.

Si les questions coloniales ont été la cause de graves tensions, si elles ont menacé la paix, en 1914 toutefois, ce n'est pas l'Afrique qui est directement à l'origine de la guerre : « Le choc des nationalismes en Europe relègue les questions qui relèvent de l'impérialisme hors d'Europe, notamment en Afrique, au second plan » (P. Renouvin).

Les conséquences culturelles de la conquête coloniale

L'Europe offre son modèle culturel au reste du monde. La colonisation a produit le choc de deux cultures, celle du colonisateur et celle du colonisé. Sur le plan culturel, elle a eu pour effet l'introduction des cultures européennes sur les autres continents, notamment l'introduction des religions, et des langues européennes. En retour, le contact avec ces autres cultures a eu des répercussions sur l'Europe de deux manières : les objets artistiques venus des contrées lointaines ont inspiré à la fin du siècle un mouvement esthétique européen en attente et à la recherche de formes nouvelles ; dans le grand public au contact de représentations coloniales diverses et multipliées se forge peu à peu un imaginaire colonial, africain notamment.

Les religions européennes

Le christianisme en Asie plus qu'en Afrique a eu de très grandes difficultés pour s'implanter, en dépit d'un véritable élan missionnaire. Dans l'Inde anglaise, l'activité nouvelle des missions à partir des années 1840 soutenues par Londres n'est pas étrangère dans la révolte des Cipayes (1857). Les missions françaises en Indochine en 1883 estimaient que le catholicisme triompherait grâce à la conquête du Tonkin.

Les ordres religieux se spécialisèrent, les jésuites œuvrèrent en Asie, en Inde et en Chine, en Birmanie (après 1856), à Batavia (à partir de 1852). En Afrique, si les jésuites abordent Madagascar dès 1850 (dès 1871, il y avait dans la grande île 75 000 chrétiens), sur le continent, ce sont les pères du Saint-Esprit et la Société des Missions africaines fondée à Lyon qui intervinrent. Le cardinal Lavigerie (1825-1892) créa la Société des missionnaires d'Afrique, les Pères blancs (1872). Il souhaitait un contact direct avec les populations indigènes, pour cela il tenait particulièrement à l'enseignement de l'arabe pour ses futurs missionnaires. Ces derniers étaient vêtus de la gandoura et du burnous blancs, d'où le nom de Pères blancs. La première installation a été faite en Kabylie en 1873 ; la ligne de conduite était de ne pas parler de religion, mais de soigner les malades et de faire l'école... Puis furent installées difficilement des missions en Afrique centrale (Ouganda et Tanganyika en 1878). Les Sœurs missionnaires de Notre-Dame d'Afrique (Sœurs blanches) furent définitivement organisées en 1886.

D'une façon générale en Asie comme en Afrique, l'Islam a été un élément de résistance, obéir aux Blancs, c'était obéir aux Infidèles. Le christianisme sous ses différentes formes et malgré la persévérance des missions se heurtait dans les pays islamisés, peu perméables à la pénétration chrétienne, à une très forte résistance.

En 1914, en Chine, il n'y a pas 200 000 chrétiens. En Afrique, parallèlement à l'Islam qui progressait dans la zone subtropicale, existait la religion traditionnelle :

l'animisme. Dans les populations animistes la pénétration chrétienne était plus aisée, ces religions orales étant ouvertes à un certain syncrétisme. On dénombre 2 millions de fidèles catholiques ; environ 800 000 chrétiens protestants. Au total, donc, environ 3 millions de chrétiens. Mais l'animisme qui reculait devant les progrès de l'Islam et l'irruption du christianisme, restait cependant très largement majoritaire. Le recul des religions traditionnelles entraîna un déclin de *l'art nègre*, au moment où l'Europe allait le découvrir et commencer à l'apprécier, car cet art était étroitement lié aux rituels de la religion traditionnelle. Notons que des églises chrétiennes africaines séparatistes se sont formées pour échapper à l'encadrement ecclésiastique européen ; par opposition au christianisme européen, existe donc une version indigène du christianisme. L'Eglise éthiopienne pour cette raison a connu une certaine diffusion car elle avait l'avantage de représenter un christianisme noir.

La mission, catholique ou protestante, exprimait la volonté d'amener les populations asiatiques ou africaines à la foi chrétienne, mais elle était souvent un lieu de soins, et en même temps une école, le centre d'un foyer d'acculturation. En même temps, elle entretenait souvent des liens avec l'administration coloniale. Devant le gouvernement français, le cardinal Lavigerie développait l'idée que favoriser l'implantation des Pères blancs ou des Sœurs blanches, était préparer l'influence française, faire pièce à l'influence des autres pays. Au Congo belge, entre autres, exista une véritable alliance entre missions et l'administration. Les missions ont favorisé ou préparé la colonisation, elles ont pu souvent « l'humaniser ».

L'école européenne

La scolarisation a été l'un des moyens de la diffusion de la culture et des langues européennes. Son installation est un épisode de la pénétration de l'écrit dans des cultures indigènes restées souvent orales.

Onésime Reclus, frère d'Elisée Reclus (1830-1915) le géographe, auteur d'un ouvrage, *Lâchons l'Asie, prenons l'Afrique* (1904), véritable créateur du mot francophonie qu'il utilisait dès 1887, écrivait en 1901, « Déjà tant d'Africains du Nord, de Soudanais, Congolais, Malgaches, Annamites étudient notre langue en sus de la leur qu'il n'est pas exagéré de les fixer à 50 000 au moins par an ; avec un peu d'énergie, ce sera bientôt 100 000, puis ce seront tous les enfants... » Bel optimisme et bel enthousiasme !

Les systèmes scolaires européens différaient sur le plan des méthodes d'enseignement. Les uns apprenaient à lire et à écrire directement dans la langue européenne, cas de la France et du Portugal, les autres passaient au contraire par la langue indigène, méthode adoptée par l'Angleterre et la Belgique. Par ailleurs, les écoles étaient mises en place soit par le secteur privé des missions, cas le plus fréquent dans l'Empire anglais, soit par le secteur public, cas de l'Empire français (en A.E.F. cependant l'école était confiée aux missions).

La France de la IIIe République, en Afrique notamment, a cherché à mettre en place un système scolaire laïque, mais la scolarisation n'atteint pas 10 % ! La lutte des républicains contre les Congrégations, en particulier entre 1902-1905 (ministère Combes), la Séparation de l'Eglise et de l'Etat, ont créé dans l'Empire français des difficultés entre les missions et l'administration, qui voulait arracher dans les colonies comme en métropole l'enseignement des mains du clergé. Ce conflit a handicapé l'essor de l'enseignement avant 1914. En AOF, l'école à l'européenne avait débuté au Sénégal en 1860 (860 élèves). En 1903, avait été fondée l'École normale de Saint-Louis, déplacée à Gorée en 1913. Ont été créées également l'Ecole des Pupilles mécaniciens à Dakar en 1912, l'Ecole de médecine en 1916. A Madagascar, Galliéni fonda l'école de Vilers dans l'ancien palais (droit, comptabilité...), des écoles avec l'aide des Frères des écoles chrétiennes, et surtout l'Ecole professionnelle de Tananarive en 1896 qui préparait à des métiers manuels. En Indochine, un enseignement français existait en Cochinchine depuis 1879, par la suite il fut étendu au Tonkin et en Annam. On essaya de transcrire phonétiquement la langue vietnamienne en caractères latins. Une université fut même ouverte à Hanoi en 1907.

Dans l'Empire anglais, l'Inde a formé un cas à part en raison de l'ancienneté de la présence européenne. Au milieu du siècle, sous l'impulsion des missionnaires, le gouvernement de la compagnie qui jusque-là avait protégé l'instruction hindoue et musulmane, laissa ces derniers ouvrir des écoles occidentales. Un plan d'instruction en 1859 favorisa les établissements anglais. Des universités furent créées à Calcutta (1855), Bombay, Madras (1857). En dépit des résistances à cette assimilation, une élite admirative de la culture anglo-saxonne se constitua.

Dans l'Afrique occidentale anglaise, en Sierra Leone, l'enseignement à l'européenne avait commencé par la création du collège de Fourra Bay. Ce collège a fourni au XIXe siècle la colonie en hommes de loi, en pasteurs et médecins... En Gold Coast (Côte de l'Or), les missionnaires protestants ont agi précocement dès 1827. En 1919, on y comptait près de 450 écoles missionnaires, plus 19 contrôlées par le gouvernement. En tout, 27 000 élèves, soit plus que dans toute l'AOF (17 000 élèves). Ainsi, avait pu se former précocement dans l'Afrique occidentale anglaise une élite africaine, cliente d'une presse locale vivante, dont pour une part les patrons étaient des Africains.

Au total, dans les empires, la scolarisation reste faible, contredisant la fameuse mission civilisatrice hautement proclamée. Par ailleurs, elle a surtout concerné le primaire et les écoles professionnelles. La colonisation européenne avait besoin de cadres subalternes ; on n'a donc pas cherché à donner un essor particulier à l'enseignement secondaire général. Mais il est vrai qu'en Europe même, ce niveau d'enseignement était resté très élitaire. En dépit de cette faible scolarisation, une petite élite occidentalisée se forma et les langues européennes se répandirent, créant des zones linguistiques nouvelles.

Les débuts de la connaissance de l'art africain et de l'ethnographie

A l'époque romantique était né un exotisme oriental avec des variantes égyptiennes et nord-africaines : en France le peintre Eugène Delacroix (1798-1863), notamment avec ses *Femmes d'Alger* et son séjour au Maroc (hiver 1832) en est peu le témoin.

Mais les prémices de la découverte de l'art africain date de 1885, suite à la conquête du royaume du Bénin occupé militairement par les Britanniques. L'expédition rapporta 2500 bronzes et ivoires qui furent vendus aux enchères à Londres. En France, dès cette époque, quelques statuettes ont été rapportées. Quand Gauguin part pour Tahiti en 1890, ses œuvres sont déjà influencées par l'Afrique. Dès les premières années du XXe siècle, cet art connaît donc un certain engouement auprès des créateurs parisiens, il encourage une démarche artistique à la recherche d'expériences non figuratives.

Henri Matisse (1869-1954) a été l'un des premiers à découvrir l'art africain chez un brocanteur ; c'est lui qui attira l'attention de Picasso sur ces objets, ce dernier s'était installé à Paris en 1904. Avec *Les Demoiselles d'Avignon*, en 1907, l'artiste abandonne la peinture traditionnelle et invente le cubisme, or cette œuvre reflète une influence africaine certaine, les visages ressemblent à des masques. La même année, il peint la *Danseuse noire*, l'influence africiane s'y lit encore plus nettement. Dans son atelier, en 1909, l'artiste disposait de statuettes africaines. Matisse lui-même avait été bouleversé en 1893 par l'exposition d'art musulman qui avait eu lieu au Palais de l'Industrie.

Cette découverte a été handicapée par la vision que les Européens avaient de l'Afrique : un continent sans histoire avant leur arrivée. A la fin du XIXe siècle, se développait un racisme qui conduisait au mépris des races inférieures. Conception qui empêchait la découverte vraie de l'autre et de sa culture. L'européanocentrisme rendait aveugle. Même au niveau de l'élite scientifique. Dans la pensée européenne existait un classement des peuples : en dessous des Blancs, les Arabes, puis les Noirs ; parmi les Noirs, les Bantous obtenant un regard plus indulgent.

Exemple significatif : la science de l'époque (1890) refusa au Zimbabwe (Rhodésie du sud) une origine africaine, or la civilisation africaine était attestée dans cette région dès le Ve siècle. Le pasteur anglais Théodore Bent vint sur place avant 1900 pour étudier les ruines du grand Zimbabwe. Il conclut gravement après ses observations que les murs et tours n'avaient pas pu être « construits par l'actuelle race nègre » Alors par qui ? Salomon ? ou le peuple de la reine de Saba ? « Non , dit-il, par les Phéniciens ». Parce qu'il refusait toute capacité de création aux populations locales, cette architecture, à ses yeux, n'avait pu être le produit que d'un peuple venu de l'extérieur.

Cependant, en Allemagne, dès le début du XXe siècle Léo Frobenius, auteur d'un ouvrage sur l'art africain, en faisait un art digne d'attention, et le rattachait à la grande histoire de l'art de l'Humanité. La vogue de l'africanisme est pourtant postérieure à la Seconde Guerre mondiale.

Un imaginaire colonial européen en train de naître

Alors que se développaient dans les pays européens les débuts d'une culture de masse, la colonisation enfantait tout un environnement iconographique, qui véhiculait dans l'esprit des Européens des images stéréotypées sur les colonisés. C'est l'époque où commençait à s'étaler un peu partout le sourire naïf et béat de grand enfant du Nègre avec les yeux en boules de loto ou l'image de l'Arabe cruel.

Au Portugal, pays qui avait pourtant découvert les populations noires de très longue date, la vision dominante est celle du Noir anthropophage, du domestique et d'une façon plus générale de l'infériorité africaine. Le Noir porte sur son corps les stigmates de cette infériorité. Le sauvage africain est doué d'une force naturelle, comme une bête sauvage, aspect qui a pour but de magnifier la tâche difficile des conquérants blancs. Vision que l'on retrouve en Belgique, qui n'avait pas, elle, de passé colonial, comme les autres pays.

Les véhicules de cette imagerie coloniale sont nombreux : sans parler des livres scolaires, citons les affiches, la presse illustrée (en France par exemple les suppléments du *Petit Parisien*, du *Petit Journal*...), les cartes postales... Trois moyens de communication de masse qui connaissent justement un grand essor. L'affiche publicitaire utilise à Lisbonne, comme à Marseille, le nègre pour vanter l'efficacité d'une marque de savon, qui lave plus blanc ; le chocolat, l'eau de Vichy, et bien d'autres produits utilisent le décor colonial pour vanter leurs qualités. La carte postale a donné naissance a des entreprises éditoriales qui, en multipliant les clichés donnèrent une certaine vision des populations coloniales. Le pittoresque asiatique et africain de ces images (spécimens ethniques, scènes de villages, négresses aux seins nus, pirates annamites ou geishas orientales...) faisaient sentir concrètement aux Européens la distance qui existait entre « eux et nous ». Le pittoresque suggérait la barbarie et la sauvagerie, donc le bien-fondé d'une colonisation qui apportait généreusement la civilisation.

L'imaginaire européen ne se façonnait pas seulement au contact d'une iconographie abondante et multiforme, il se formait également à la lecture de la presse, des romans, et au spectacle des expositions. Avant 1914 furent organisées les premières expositions coloniales, à Marseille « porte de l'Orient » en 1906 par exemple. Dès 1913, il a été question d'organiser une grande exposition coloniale nationale en France... Mais les expositions universelles présentaient aussi un « spectacle colonial ». On avait déjà en 1889, à la gloire de la plus grande France, transplanté à Paris, dans le cadre de l'exposition, un village sénégalais pour le placer sous les yeux des parisiens. Lors de l'Exposition de 1900, chaque territoire de l'Empire a eu son pavillon exotique. Les expositions ont été un des instruments de la propagande impériale et de la diffusion d'un exotisme colonial.

Un imaginaire africain est en train de se former et de pénétrer dans le grand public. Il est appelé à se développer surtout après la Première Guerre mondiale. Pour l'heure, la majorité des Européens était loin d'avoir la capacité d'imaginer que les populations lointaines étaient des sociétés qui avaient leurs propres histoires, leurs civilisations auxquelles elles demeuraient attachées. On ne lui disait pas cela, ni dans les écoles, ni ailleurs. Tout au contraire, l'imaginaire colonial qui se développait pesait plutôt dans le sens de l'ignorance.

BIBLIOGRAPHIE

• Ouvrages généraux

BEAUMONT (M.), *Essor industriel et impérialisme colonial (1878-1904)*, coll. « Peuples et civilisations », PUF, 1965.
DAVIDSON (Basil), *L'Afrique au XXe siècle*, trad. de l'Anglais, 1980.
DESCHAMPS (Hubert) *Histoire générale de l'Afrique noire*, t. 2, *De 1800 à nos jours*, PUF, 1971.
DUROSELLE (J-B), *L'Europe de 1815 à nos jours*, PUF, coll. « Nouvelle Clio », 1964, 398 p.
GUILLAUME (Pierre), *Le Monde colonial*, Armand Colin, 1974.
PERVILLÉ (G.), *L'Europe et l'Afrique de 1914 à 1990*, coll. « Documents », Ophrys, 1994.
RENOUVIN (Pierre), *Histoire des relations internationales*, Paris, Hachette, 1969, t. 6, (de 1871 à 1914).

• Conquête, partage, pays

AGERON (C.-R.), THOBIE (J.), MEYNIER (G.), COQUERY-VIDROVITCH (A.), *Histoire de la France coloniale, des origines à 1990*, Armand Colin, 1990, t. 1.
ALLAIN (J.-C.), *Agadir, 1911*, Paris, Sorbonne, 1976 ; *Joseph Caillaux et la deuxième crise marocaine*, Paris, 1974, 3 tomes.
BINOCHE-GUEDRA (J.), *La France d'outre-mer (1815-1962)*, Masson, 1992.
BOAHEN (A. Adu) (dir.), *L'Afrique sous domination coloniale 1880-1935*, t. 7, *Histoire générale de l'Afrique*, Unesco, 1989.
BOUCHE (Denise) : *Histoire de la colonisation française*, t. 2, *Flux et reflux* (1815-1962), Fayard, 1991, et sa thèse sur : *L'Enseignement dans les territoires français de l'AOF de 1817 à 1920.*
BRUNSCHWIG (Henri), *Le Partage de l'Afrique noire*, Flammarion, coll. « Questions d'histoire », 1971, 186 p.
CHÉRADAME (André), *La Colonisation et les colonies allemandes*, Paris, 1905.
COQUERY-VIDROVITCH (C.), *Afrique noire de 1800 à nos jours*, PUF, 1992.
DEMANGEON (Albert), *L'Empire britannique. Etude de géographie coloniale*. Paris, Armand Colin, 1923, 280 p.
ENDERS (A.), L'E.N. de la France d'Outre-Mer et la formation des administrateurs coloniaux, *RHMC*, 40-2, avril-juin 1993, p. 272 et sq.
FERRO (Marc), *Histoire des colonisations, des conquêtes aux indépendances (XIXe-XXe siècle)*, Seuil, 1994.
GACHE (Paul), *L'Allemagne et l'Afrique*, 1960.

GANIAGE (J.), *L'Expansion coloniale de la France sous la IIIe République 1871-1914*, Paris, Payot, 1968.
GRIMAL (Henri), *Le Commonwealth*, Paris, PUF, 1982.
MARSEILLE (Jacques), *Empire colonial et capitalisme français. Histoire d'un divorce*, Seuil, Paris, 1989 ; Les relations commerciales entre la France et son empire colonial de 1880 à 1913, *R.H.M.C.*, avril-juin 1984.
POLLET (M.), *L'Afrique du Commonwealth*, Ed. St-Paul, 1963, 175 p.

• Idéologie coloniale et anticoloniale

AGERON (Charles-Robert), *France coloniale ou parti colonial ?* PUF, 1972.
BANCEL (Nicolas) *et al.*, *Images et colonies (1880-1962)*, BDIC, 1993.
BLANCHARD (Pascal) (dir.), *Images et colonies*, ACHAC, 1993.
BIONDI (Jean-Pierre), *Les Anticolonialistes (1881-1962)*, Laffont, 1992.
FRÖLICH (Michael), *Imperialismus, Deutsche Kolonial-und Welpolitik (1880-1914)*, Deutsche Geschichte der neuesten Zeit, DTV, 1994.
GIRARDET (Raoul), *L'Idée coloniale en France (1871-1962)*, Paris, 1972.
JAURÈS (Jean), *Contre la guerre et la politique coloniale* ; *Le guêpier marocain (1906-1908)*, Paris, 1959. Introduction et notes par M. Rebérioux.
LÉNINE, *L'Impérialisme, stade suprême du capitalisme*, (janvier-juin 1916), Paris, Editions sociales, 1984.
MIÈGE (Jean-Louis), *L'Impérialisme colonial italien de 1870 à nos jours*. Paris, SEDES, 1968, 419 p.
ROUSSEAU-GROSSEAU, *Mission catholique et choc des modèles culturels en Afrique*, L'Harmattan, 1992, 390 p.

CONCLUSION GÉNÉRALE

L'ÈRE DES NATIONALISMES

L'Europe au cours du XIXe siècle est traversée par de très grandes mutations : l'industrialisation, l'urbanisation, la diffusion massive de la culture écrite, la démocratisation en marche, l'affirmation de la puissance de l'Etat, le renouvellement profond des sciences et des arts. Il faut y ajouter une autre grande mutation, le nationalisme. L'Etat-nation, cadre collectif dans lequel les populations européennes aspirent de plus en plus à vivre, est à replacer dans le faisceau de toutes ces évolutions majeures qui marquent si fortement la période. Si le nationalisme est lui-même l'une des grandes mutations du siècle, son étude, pays par pays, révèle concrètement qu'il entretient des liens étroits avec tous les bouleversements contemporains. Il apparaît dans sa nouveauté et dans sa modernité comme le fruit des changements qui affectent en profondeur la société européenne. Le nationalisme est lié très étroitement à la modernisation en marche.

La nation communauté homogène est en effet une réalité récente, dont les prémices se dessinent en Europe à partir de 1780. Ainsi, son avènement apparaît-il comme un phénomène bien daté, inséré dans une période historique précise, le XIXe siècle. C'est dire, contrairement à ce qu'affirmaient les doctrines du nationalisme intégral, que la nation n'est pas une donnée naturelle inscrite de tout temps dans le cœur des hommes.

Cette vision de la nation comme produit de données historiques s'est imposée à partir des nombreuses études faites par les historiens et les sociologues, allemands et anglo-saxons surtout (Theodor Schieder, Otto Dann, Eric Hobsbawn, Ernest Gellner, pour ne citer qu'eux). En France, Raoul Girardet en a été le précurseur. Tous se sont tournés avec un intérêt croissant depuis les années 1960-1970 vers les grandes questions de la nation et du nationalisme. Ces travaux, au-delà des interprétations diverses avancées, montrent que la nation n'est pas une donnée qui va de soi, mais un « artefact », une construction historique, le résultat d'un développement, le produit d'une volonté humaine. Ernest Gellner affirmant cette origine volontariste affirme que ce sont « les nationalismes qui créent les nations ». Dans le même sens, citons Eric Hobsbawn :« Ce ne sont pas les nations qui font l'Etat et le nationalisme ; c'est l'inverse. »

A partir de cette constatation devenue d'une certaine façon évidence se pose alors la question essentielle : pourquoi l'Etat-nation moderne est-il apparu à cette époque en Europe ?

La réponse ou les réponses sont à rechercher dans le contexte général de la société européenne. Le nationalisme s'est en effet développé à partir de sollicitations diverses : économiques, sociales, culturelles, territoriales et politiques, sollicitations qui ont été en s'affirmant au cours de la période. Naturellement avec des nuances et des décalages entre les différents pays, mais les évolutions particulières s'inscrivent toutes dans un même mouvement général. Rappelons que ni la langue, ni la race, ni la religion, ni les données géographiques ne peuvent créer mécaniquement les nations. Ce qui existe, ce n'est pas une nation linguistique, ethnique, etc., ce sont des systèmes d'idées et de représentations qui ont cherché à imposer leur vision aux réalités. Cependant, ces données, prises isolément ou mêlées, sont des bases sur lesquelles des volontés politiques unificatrices se sont appuyées en utilisant leur capacité dynamique et mobilisatrice.

1 – Les sollicitations économiques : l'Etat-nation en Europe au XIXe siècle est lié indiscutablement et indissolublement au processus de l'industrialisation. Il appartient à cet âge industriel. Il apparaît comme le système qui répond le mieux aux exigences économiques de l'heure d'une part, aux nouvelles conditions des communications et de la mobilité des hommes d'autre part.

D'un point de vue purement économique, l'Etat-nation constitue alors par sa dimension spatiale la structure la mieux adaptée à la phase économique que traversent les pays européens : d'un côté il dispose d'une certaine extension territoriale qui peut offrir une infrastructure importante, des ressources, des forces de travail suffisantes, d'un autre côté cette extension territoriale garantit une vente satisfaisante à une production massive.

Par ailleurs, les progrès des communications assurent une homogénéité nouvelle. La mise en place des réseaux de chemin de fer, qui abattent les frontières régionales trop étroites, réclame la constitution d'ensembles plus vastes (le réseau de voies ferrées en Europe est passé entre 1875 et 1913 de 140 000 à 340 000 km). Mais les progrès des communications et des transports n'ont pas seulement joué un rôle économique, ils ont aussi favorisé la perception dans les têtes d'une homogénité plus forte et plus charpentée. La nation devient possible dès lors que les communications favorisent les liaisons entre les hommes, dès lors que les groupes humains ne vivent plus en communautés isolées.

Mais la mobilité accrue au cours de ce siècle a induit un autre effet : la destruction progressive de la société agricole et le déracinement des hommes par l'exode rural. Cette destruction a rendu nécessaires de nouvelles formes de communauté et d'intégration, la création de nouvelles solidarités. La Nation est l'une d'entre elles, la principale sans doute.

2 – Les sollicitations culturelles : l'Etat-nation prend également ses racines dans des évolutions culturelles de première importance.

Les nations modernes sont contemporaines de la diffusion de la chose imprimée dans les masses. L'alphabétisation, les progrès des techniques de communication ont rendu possibles l'accélération et la massification de l'information, à une échelle qui est sans précédent. Les médias imprimés disposaient donc d'une influence nouvelle. Ils avaient le pouvoir tout neuf de manipuler une opinion publique sans cesse élargie en flattant ses passions les plus basses, et notamment en exaltant le chauvinisme par des campagnes de presse. Par ailleurs, il est clair que la presse donnait un élan nouveau à l'homogénéité linguistique des populations et encourageait les revendications linguistiques, tout en favorisant la construction d'un parler national.

Dans sa recherche de prestige, l'Etat-nation n'a pu ignorer les avantages qu'il pouvait retirer d'une production artistique et scientifique nationale. En ce domaine également, les différents Etats européens ont déployé un interventionnisme actif. Les arts, la littérature, la musique encouragés officiellement participent à l'exaltation de la fierté nationale. Le nationalisme, voire le chauvinisme, trouvent là un terrain d'action, comme le montre ce petit fait significatif : l'Allemagne préparait en mai 1891 une exposition internationale des arts à Berlin, or une campagne de presse en France empêcha les artistes français d'aller y accrocher leurs œuvres...

3 – Les sollicitations et les volontés politiques : celles-ci semblent bien avoir joué un rôle déterminant dans le processus de la construction de l'Etat-nation.

L'avènement de la nation est marqué, comme il a été souvent observé, par l'apparition de l'expression de la volonté générale issue du peuple (J.-J. Rousseau). En d'autres termes, il coïncide avec l'irruption des peuples sur la scène politique. C'est ce que voulaient signifier Renan lorsqu'il parlait de « la nation comme plébiscite de tous les jours », ou encore Lavisse avec sa formule : « la nation voulue et consentie par elle-même. » Or, toute la période en Europe est marquée par l'émergence progressive de volontés démocratiques au rythme de la maturation politique des populations. On peut retenir comme point de départ de ce processus « révolutionnaire » la proclamation du Tiers-Etat comme Assemblée nationale en France en 1789.

L'essor de la nation en Europe au XIXe siècle coïncide donc avec une marche progressive vers la démocratisation. L'adoption du suffrage universel, à des dates plus ou moins précoces dans les différents pays, en est le signe le plus marquant. Celui-ci a eu pour conséquence la constitution de grands partis politiques, qui ont rendu possible la participation du plus grand nombre à la vie politique. De plus, l'existence des grands partis nationaux a contribué à décloisonner la vie politique, l'a faite sortir des cadres locaux ou régionaux trop étroits. Par leur action devant et dans l'opinion, les partis ont ouvert des perspectives nationales.

Ainsi, les masses interviennent-elles désormais dans le jeu politique, celui-ci n'est plus seulement une affaire de dirigeants et de diplomates. Elles interviennent non seulement par le suffrage universel, mais aussi par le poids de l'opinion publique sur les gouvernements, qui ne peuvent s'en affranchir totalement ou qui cherchent à l'utiliser. Les foules frondeuses ou exaltées pèsent dans le jeu politique. La grande presse quotidienne à bon marché et à grand tirage informe et forme l'opinion. Les foules, mais aussi les masses organisées, celles encadrées par le mouvement ouvrier ou par les Eglises par exemple.

Face à cette situation nouvelle, le nationalisme encouragé par l'Etat apparaît comme une méthode de gouvernement. Pour les gouvernants, dans les différents pays, partout, quel que soit le régime, surgit un impératif : la consolidation de la cohésion interne, dans les Etats nouvellement constitués comme dans les plus anciens, dans les premiers avec plus d'urgence encore. La démocratisation en marche grâce au suffrage universel ou au suffrage élargi donne la parole au peuple, les gouvernants ont besoin de conserver la confiance des citoyens, qui n'est pas acquise pour toujours. Développer le sentiment national autour d'eux en affirmant la puissance de l'Etat, en exaltant l'orgueil d'appartenir à un peuple actif et investi d'une mission particulière dans le monde, est un moyen de s'assurer cette confiance dans la durée.

Par ailleurs, l'industrialisation produisait des inégalités sociales accroissant les tensions et les contestations au sein de la société européenne. Les grèves et les émeutes sanglantes ont scandé un siècle particulièrement conflictuel. Les gouvernants face aux dangers d'explosion sociale se trouvaient devant la nécessité de maintenir la cohésion nationale. Le nationalisme a été une réponse au socialisme internationaliste et de lutte des classes, qui se développait et engendrait des peurs. Le nationalisme constituait donc pour les gouvernants un moyen de renforcer l'unité de la communauté nationale, de faire oublier si possible les tensions croissantes. A cet effet, ils ont développé le culte patriotique : l'école, la presse, l'Armée en ont été les instruments de diffusion. Ce nouveau culte avait ses symboles, le drapeau, les héros nationaux.

L'irruption des masses sur le plan politique se produisit non seulement dans les pays de démocratie libérale, mais aussi dans les régimes européens autoritaires, qui durent tenir compte malgré eux de cette présence. Le cas de l'Allemagne est à cet égard fort intéressant. Dans ce régime absolutiste et militariste, qui a fait de la nation allemande une nation de sujets ou de citoyens muets, le gouvernement impérial à travers les écoles, les églises, les fêtes, les associations, a eu besoin de mobiliser la population ; ici, le populisme a remplacé la mobilisation démocratique.

L'Etat au XIXe siècle se modernise, contraint d'adapter ses moyens aux vastes territoires et aux populations nombreuses désormais soumises à ses lois. Il évolue vers une centralisation accentuée, action qui a été favorisée par le chemin de fer, et aussi le télégraphe. Il déploie un interventionnisme de plus en plus diversifié dans le domaine économique, social, voire culturel, et, pour cette raison, il est contraint d'augmenter le nombre de ses agents : les fonctionnaires. Ceux-ci représentent environ 5 % de la population active à la veille de la Première Guerre mondiale (1 500 000 en Allemagne, 700 000 en Autriche, 500 000 en France).

Or, ces agents de l'Etat firent triompher partout la langue officielle, la langue administrative, ce qui posait des problèmes dans les pays multilinguistes. A moins d'être bilingues, il était impossible pour les ressortissants de minorités, qui ne comprenaient que leur propre langue, d'accéder aux plus hautes charges administratives. Toute promotion leur était interdite. Cette situation encourageait de leur part la revendication d'un Etat à eux, utilisant leur propre langue. Les langues *administratives* se heurtaient ainsi aux langues *nationales*. D'autant que la germanisation ici (Autriche-Hongrie, Pologne, Alsace), la russification ailleurs, accéléraient les revendications nationales... Dans les pays plus homogènes, cas de la France par exemple, les langues régionales étaient reléguées au second plan, voire éliminées.

Notons enfin qu'une grande préoccupation des gouvernants a été de mettre en bonne position leur nation dans le jeu de la concurrence internationale, de conserver ou au contraire de conquérir une place dans le monde hors des propres frontières nationales. L'expansion extérieure visait également à souder la nation derrière ses dirigeants.

L'histoire comparative des mouvements nationaux européens montre que ceux-ci traversent des phases qui sont très loin de coïncider dans le temps d'un pays à l'autre. Selon le moment et selon les pays, diffèrent les conditions, par exemple l'existence préalable d'un Etat (France, Angleterre, Pays-Bas, Portugal...) ou au contraire son absence (Allemagne, Italie, Pologne...) ; diffèrent et changent également les buts (objectifs culturels et/ou programmes politiques) ; diffèrent et changent enfin les forces sociales qui portent les mouvements.

Il est possible de distinguer schématiquement dans la formation des mouvements nationaux trois phases. La phase initiale est caractérisée par l'intervention de quelques lettrés et érudits qui s'intéressent essentiellement aux questions de langues, à l'étude des traditions, à l'histoire et à la littérature. Dans une deuxième phase une conscience nationale élargie s'éveille, sort des cercles littéraires, et débouche sur une première agitation nationale. A ce stade, le mouvement reste souvent culturel, se restreint encore à quelques secteurs de la population. La troisième phase est atteinte lorsque les pionniers, « les patriotes », ont réussi à étendre largement cette conscience nationale aux masses. L'élargissement de la conscience nationale se fait donc progressivement. Le XIXe siècle, en Europe, est la période au cours de laquelle cette conscience nationale est transmise par une élite inégalement étoffée au plus grand nombre. Ce passage est plus ou moins précoce. En France, il est en grande partie réalisé au temps de la Révolution. En Allemagne, il s'effectue selon un parcours assez long de la fin du XVIIIe siècle à 1848 : à l'origine une réaction culturelle contre le classicisme français, la guerre de Libération permet ensuite une agitation nationale élargie entretenue notamment par le mouvement étudiant de la *Burschenschaft* ; le triomphe de la répression de 1830 montre que le mouvement n'avait pas encore de base suffisamment large, ce qu'il acquiert à partir de 1848.

La question de l'élite « pionnière », qui invente la nation, pose directement le rôle de la bourgeoisie dans ces différentes étapes. Dans tous les cas, l'élite instruite joue un rôle important. A l'origine, il s'agit de la bourgeoisie intellectuelle. Des niveaux sociaux et intellectuels introduisent des différenciations de recrutement dans cette bourgeoisie de l'Intelligence « patriotique ». Dans certains pays, chez les Tchèques et les Slovaques, elle est représentée par les strates inférieures (petit clergé, petits employés et fonctionnaires, professions libérales), qui se recrutent dans les couches très humbles de la population ; en revanche, en Allemagne, la bourgeoisie intellectuelle (*Bildungsbürgertum*) est formée de professeurs des Universités, de membres du monde académique, de hauts fonctionnaires, d'avocats, d'étudiants, cette intelligentsia se recrutant, elle, dans ses propres rangs. En Pologne, elle est issue de la petite noblesse réduite à la misère.

Dans la phase de la revendication unitaire se joignent à cette action, avec une présence plus ou moins affirmée selon les structures sociales des pays considérés, des artisans indépendants, des petits marchands, voire même des paysans. La participation et l'adhésion sociale au mouvement sont plus ou moins larges, plus en Allemagne qu'en Italie par exemple. L'unité réalisée, les dirigeants cherchent à faire progresser le sentiment national dans l'ensemble du corps social pour en accroître la cohésion .

Concluons en remarquant qu'à un certain stade la confrontation des nationalismes provoque un phénomène d'auto-accroissement par concurrence et par surenchère en chaîne, le nationalisme produit le nationalisme. Le nationalisme français s'appuie sur le nationalisme allemand et vice versa. Qui ne voit que le nationalisme européen raciste et antisémite a suscité le sionisme, autrement dit le nationalisme juif ?

La perspective européenne révèle également après 1880 l'existence d'un nationalisme de type nouveau, forgé en doctrines contestataires et autoritaires. Les exemples en sont nombreux : pangermanisme en Allemagne, nationalisme révolutionnaire en Italie, Action française en France, etc. La fin du siècle marque une accélération de la montée de ce nationalisme, le phénomène touchant toute l'Europe. Ces courants de pensée, qui traversent les frontières, possèdent bien entendu leurs particularités et leurs colorations nationales, tout en présentant un tronc commun d'idées et de représentations.

Tout d'abord, ce nationalisme n'est plus celui d'avant 1848, qui correspondait à une aspiration romantique et lyrique à la liberté et à une volonté d'émancipation de la société d'Ancien Régime. Il est tout au contraire devenu un instrument doctrinal de revendications expansionnistes et de mobilisation des peuples à des fins impérialistes. Ensuite, de toute évidence, ce nouveau nationalisme n'est pas le seul produit de l'irrédentisme. C'est dire qu'il n'a pas prospéré sur la seule question des minorités nationales à récupérer et à annexer. Certes, les revendications des minorités sont utilisées par ces doctrines, mais elles sont très loin d'être la seule explication de la montée de cette forme de nationalisme. Celle-ci s'inscrit au contraire dans un contexte de crise morale et intellectuelle, dans un contexte de bouleversements sociaux et économiques, qui en sont les raisons profondes. *Le Marcheur sans tête* de Rodin (1900), qui avance précisément sans tête, donc sans voir et sans entendre, exprime le malaise et l'angoisse d'une civilisation qui ne sait où elle va.

Rappelons brièvement les grands traits de ce contexte, sur le plan intellectuel et culturel d'abord, sur le plan social ensuite :

1 – Dans la dernière décennie, en Europe, le climat intellectuel a changé, en France, en Allemagne, en Italie, comme ailleurs… On y relève un même malaise qui se manifeste par une critique de la civilisation industrielle et des conséquences de la révolution industrielle, qui bouleversent la vie quotidienne. Cette sensibilité nouvelle débouche sur une remise en cause du matérialisme, du positivisme, du scientisme. La roue a tourné et le temps est au retour à l'instinct, au sentiment et à l'irrationnel, un peu à la manière de ce qu'avait été vers 1830 le romantisme en réaction contre la raison raisonnante du classicisme. La fin du XIXe siècle est marquée par la découverte de

l'inconscient, Freud montrant que celui-ci représente une part importante de la personnalité ; renversement de perspective : l'irrationnel est conçu comme source d'énergie, au contraire de la raison dénoncée comme desséchante.

L'enseignement de la biologie en progrès est appliqué à la société. La biologie darwinienne a mis à la mode avec la notion d'évolution la notion d'organisme vivant. La nation est comparée à un être vivant, qui forme un tout, elle est conçue comme une unité organique. Ce même darwinisme, dans la deuxième moitié du siècle, exerce une influence d'une autre sorte avec le principe de la sélection naturelle. La nation est conçue comme un tout qui vit et qui lutte. Selon la sélection des espèces, les forts éliminent les faibles pour le bien de l'espèce. Cette idée appliquée à la société justifie la prépondérance des races supérieures, des élites sociales, et des nations fortes. Dans cette vision d'une société soumise à la lutte comme tout organisme vivant, la survie sourit aux plus aptes et le monde appartient aux plus forts.

Le déterminisme triomphe, la conception de l'individu maître de lui comme de l'Univers est rejetée. Ce qui est mis en avant est la double soumission de l'individu à sa race, à sa réalité biologique, comme à la collectivité à laquelle il appartient. Ainsi, s'impose cette vision : l'individu soumis à l'organisme vivant qu'est la nation, valeur à laquelle tout doit être sacrifié.

Enfin, un mouvement de révolte contre une civilisation vieillissante et en déclin se manifeste dans tous les pays. Le sentiment est proclamé que « la civilisation est en crise ». L'idée de la décadence du monde occidental, d'une décadence morale et politique, nourrit tous les mouvements nationalistes. Ceux-ci lui opposent la vitalité, la jeunesse, la discipline face à l'individualisme qui émiette les forces. L'énergie doctrinale se nourrit ainsi du discours sur la décadence. Nietzsche en Allemagne est un bel exemple de cette révolte radicale contre la civilisation de son temps dont il souhaite la ruine, il appelle de ses vœux l'avènement d'un âge nouveau, viril et héroïque.

Tel est l'éventail des idées forces que l'on retrouve dans les doctrines nationalistes, qui rejettent l'héritage de la philosophie des Lumières, l'universalisme, prônant le retour au particularisme : donc une vérité, une justice pour chaque groupe, pour chaque race.

2 – Sur le plan social et politique, l'avènement des masses a constitué un phénomène nouveau et inquiétant pour les élites aristocratiques et bourgeoises. L'irruption des masses ouvrières et urbaines, tant sur le plan des revendications sociales que sur le plan électoral, alimente une grande inquiétude chez un certain nombre d'intellectuels et d'artistes, perceptible chez Renan par exemple. L'élite a peur de la vile multitude et de la foule, d'où un élitisme de défense. La démocratie est dénoncée comme un obstacle à l'essor de l'élite (Maurras).

Cette crainte suscite un sentiment antidémocratique, qui s'exprime sous la forme du refus violent du parlementarisme et de la démocratie. Les courants nationalistes conservateurs font l'apologie des régimes autoritaires, garants de l'ordre. Certains ont tenté, il est vrai, de nouer des contacts, voire des liens avec le prolétariat (l'Action française, ou le nationalisme révolutionnaire en Italie…). Mais cet essai d'intégration du prolétariat dans « la révolution nationaliste » avant la Première Guerre mondiale a échoué.

Ajoutons qu'en surévaluant leur identité nationale, ces doctrines sont conduites au mépris de l'autre, donc à la xénophobie, au racisme et à l'antisémitisme à un moment où le brassage des populations s'accentue.

Les historiens et les sociologues ont avancé de nombreuses tentatives de définition de la nation. Elle a été définie autrefois comme une « âme » par Renan, et beaucoup plus récemment comme une « forme esthétique » (Guiomar), ou encore une « communauté imaginée » (Anderson), définitions parmi d'autres... Autant d'expressions qui cherchent à prendre dans leurs filets une même intuition : la nation se situe au-dessus de la réalité vécue par les individus et les peuples.

En effet, comme toute idéologie, le nationalisme (officiel ou contestataire) offrait une vision inversée de la réalité quotidienne. Il proposait une vision radieuse de l'avenir en contraste avec la banalité, la tristesse ou la misère du moment. Plus la communauté était morcelée, plus on exaltait son unité, plus la communauté était menacée de conflits, plus on exaltait ses solidarités internes, plus la communauté était humiliée, plus on lui ouvrait des perspectives de grandeur...

Le nationalisme, de ce fait, possédait une très grande force de séduction et d'attraction et disposait d'une capacité de mobilisation élevée. Auprès des masses déshéritées, il remplissait ce que l'on pourrait appeler « une fonction existentielle ». Il permettait à des individus désorientés, déracinés, d'échapper à leurs angoisses présentes, à leur isolement, donc de vivre et de se donner une identité.

Dans l'Europe du XIXe siècle, monde mouvant où les cadres anciens avaient explosé, les chercheurs et les annonceurs de points fixes et de repères ont été très nombreux. A la désorientation et à l'inquiétude, ils ont offert leurs recettes variées : Dieu, la Raison, la Nation... La Nation a été l'un des cadres proposés comme zone de sécurité à des hommes et à des groupes humains sans boussole, « déracinés » ou menacés, un « ersatz de communauté » (Hobsbawn) se substituant aux cadres traditionnels dissous par les migrations forcées du siècle : les communautés rurales ou régionales.

A trop vouloir mettre l'accent sur les évolutions d'ensemble, sur les schémas généraux, on risquerait d'oublier que l'Etat-nation s'est construit dans chaque pays selon des voies propres. Il y a une spécificité française faite de la précocité de la présence de l'Etat, du patriotisme républicain, d'un processus réalisé par ruptures successives ; il y a une spécificité allemande (le fameux *Sonderweg*) faite du retard de l'existence de l'Etat, d'une unité qui a oublié en cours de route le libéralisme ; il y a une spécificité italienne faite de la faiblesse de l'Etat central, d'un fort déséquilibre social et régional et de la présence d'éléments préfascistes précoces, etc.

Le contrepoids internationaliste et pacifiste sous ses formes diverses, dans les différents pays du continent européen, a échoué devant la vague déferlante des nationalismes et des impérialismes, en dépit des indispensables échanges, économiques, artistiques ou scientifiques à travers des frontières, il est vrai, de moins en moins poreuses. L'internationalisme a échoué, doublement pourrait-on dire, sous sa forme juridique et technique comme sous sa forme prolétarienne.

Des accords internationaux, malgré la concurrence internationale exacerbée entre les nations, peut-être également en raison même de cette exacerbation, s'étaient multipliés. A la veille de 1914, existait une quinzaine d'organisations internationales à finalité technique. Elles concernaient les communications, les transports, ou encore la santé : on peut citer par exemple *L'Union télégraphique internationale* (1865), *L'Union postale universelle* (1878), *L'Office central des transports internationaux* (1890), *L'Office international d'Hygiène publique* (1905)... Progressivement, une législation internationale se mettait en place, on a pu dénombrer plus de 250 accords internationaux. Une Cour permanente d'arbitrage avait même été créée à la suite des conférences tenues à La Haye en 1899 et 1907. Cet internationalisme était inspiré par des nécessités techniques, mais trouvait sans doute également sa source dans un libre-échangisme qui essayait de survivre au triomphe de l'idéologie nationaliste protectionniste.

Les syndicats européens, les organisations socialistes de la IIe internationale, n'empêcheront pas davantage le conflit mondial d'éclater : les partis socialistes voteront les crédits de guerre. Et Lénine pouvait clamer en vain en novembre 1914 : « Les ouvriers n'ont pas de patrie... Le socialisme ne peut pas vaincre dans l'ancien cadre de la patrie... » Le mouvement ouvrier avait été intégré, du moins majoritairement, dans des cadres nationaux qui n'avaient cessé de s'affirmer au cours du siècle.

La Grande Guerre qui survient fait lever de grandes et insensées espérances. Les nationalismes, au sein des Etats-nations, pensent triompher définitivement de leurs concurrents, alors que les minorités et les peuples soumis, prévoyant à la faveur du chambardement la destruction du *statu quo*, pensent obtenir enfin leur émancipation.

Le XIXe siècle est donc bien le siècle des nationalismes pour l'Europe. « Force profonde » (Renouvin), le nationalisme l'est de toute évidence. En conséquence, il est un élément d'explication et de compréhension d'une histoire européenne complexe et en mouvement, et, de ce fait, il se révèle être un fil conducteur privilégié pour une étude des pays européens fragmentés en Etats-nations grands ou petits, anciens ou nouveaux.

CARTES

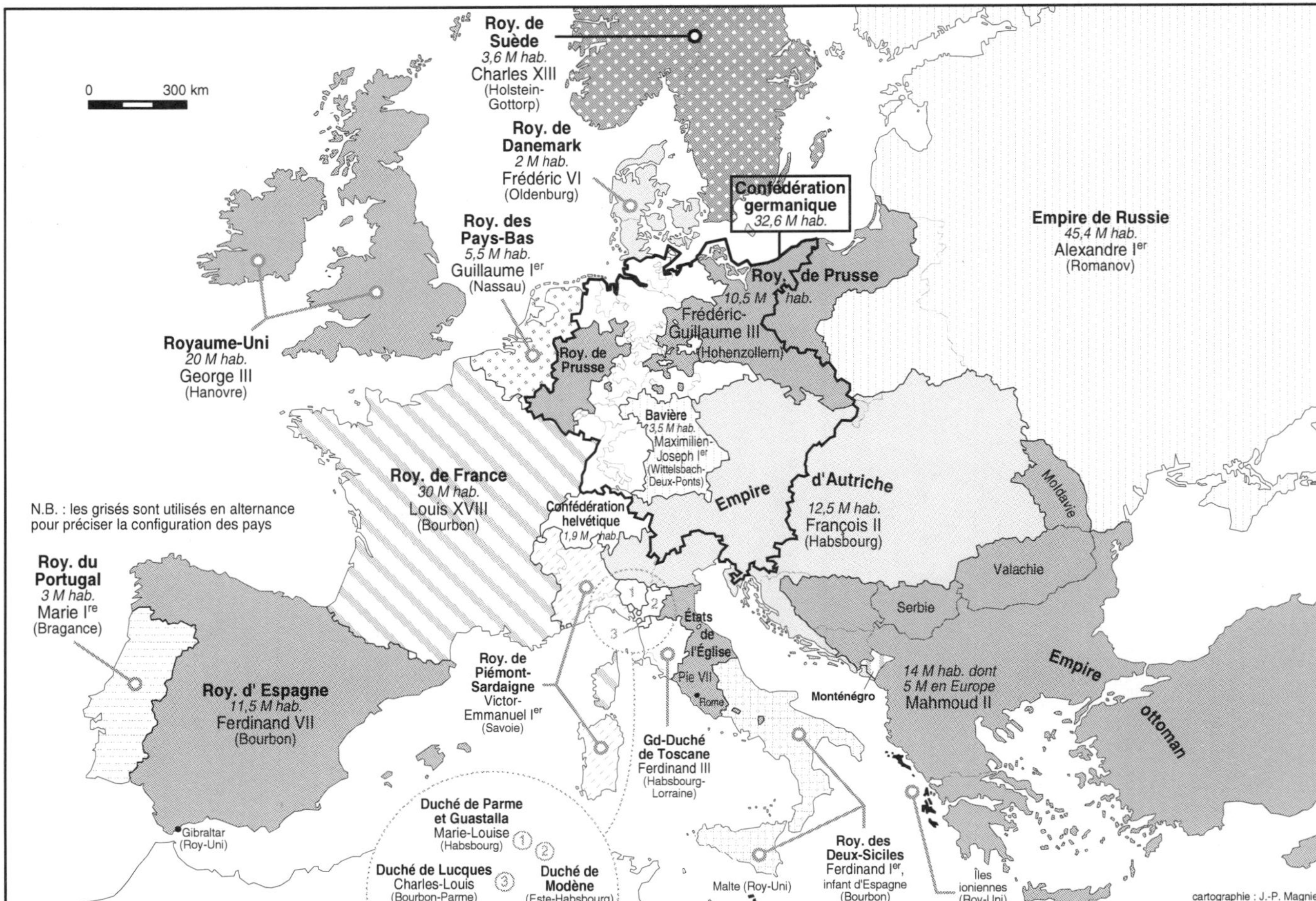

L'Europe du Congrès de Vienne (1815)

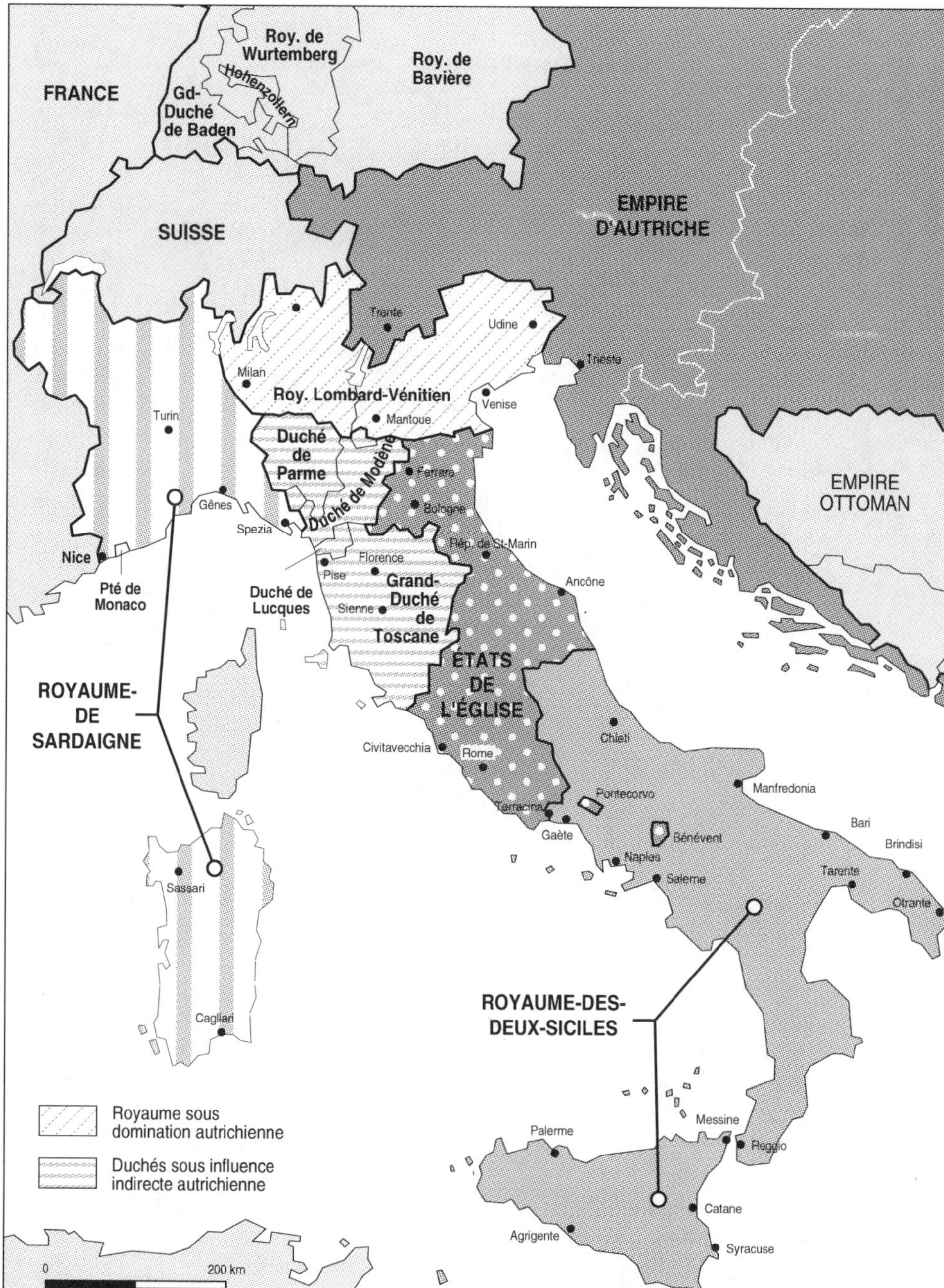

L'Italie de 1815 à 1859

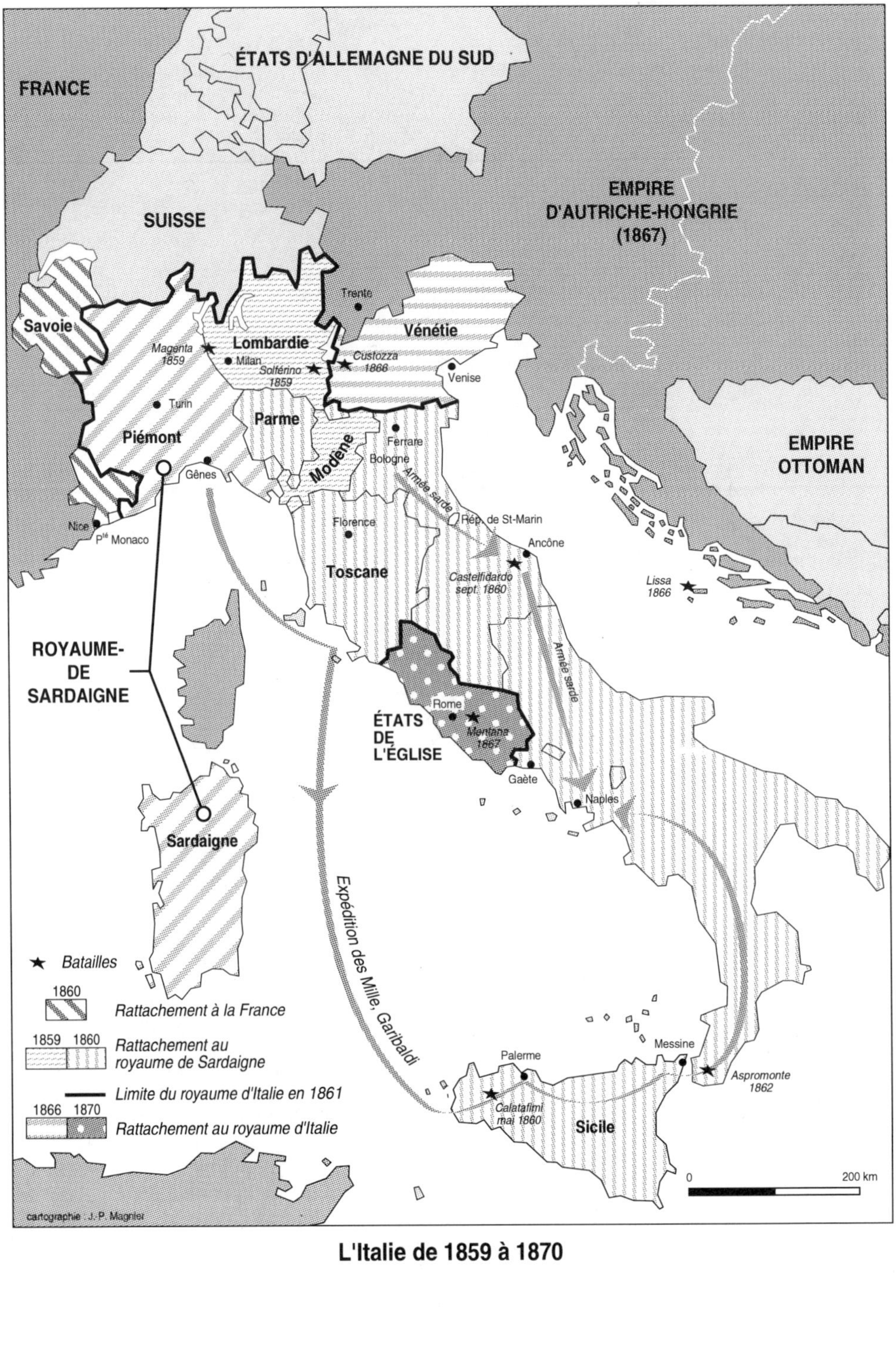

L'Italie de 1859 à 1870

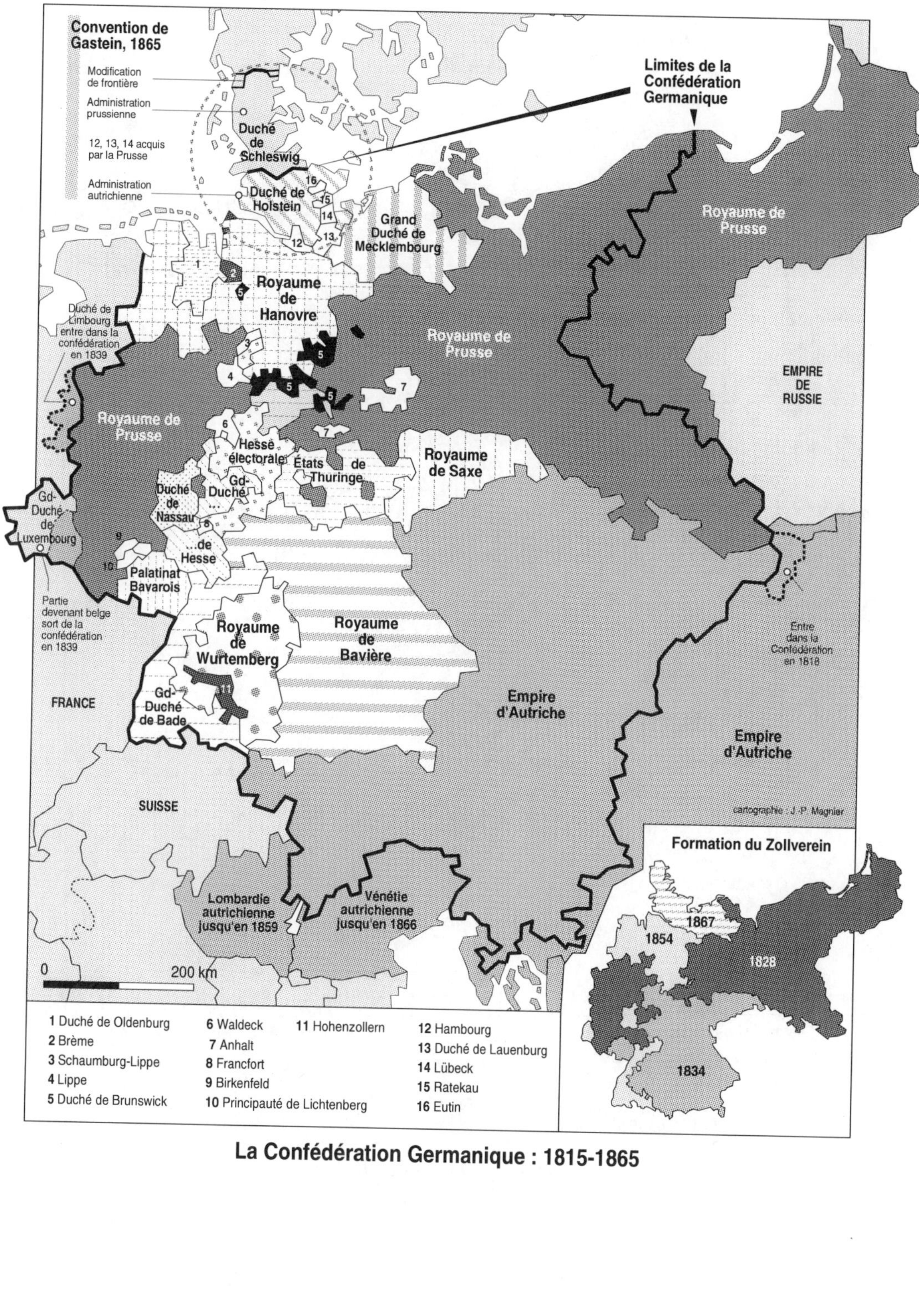

La Confédération Germanique : 1815-1865

L'Unité Allemande : 1866-1871

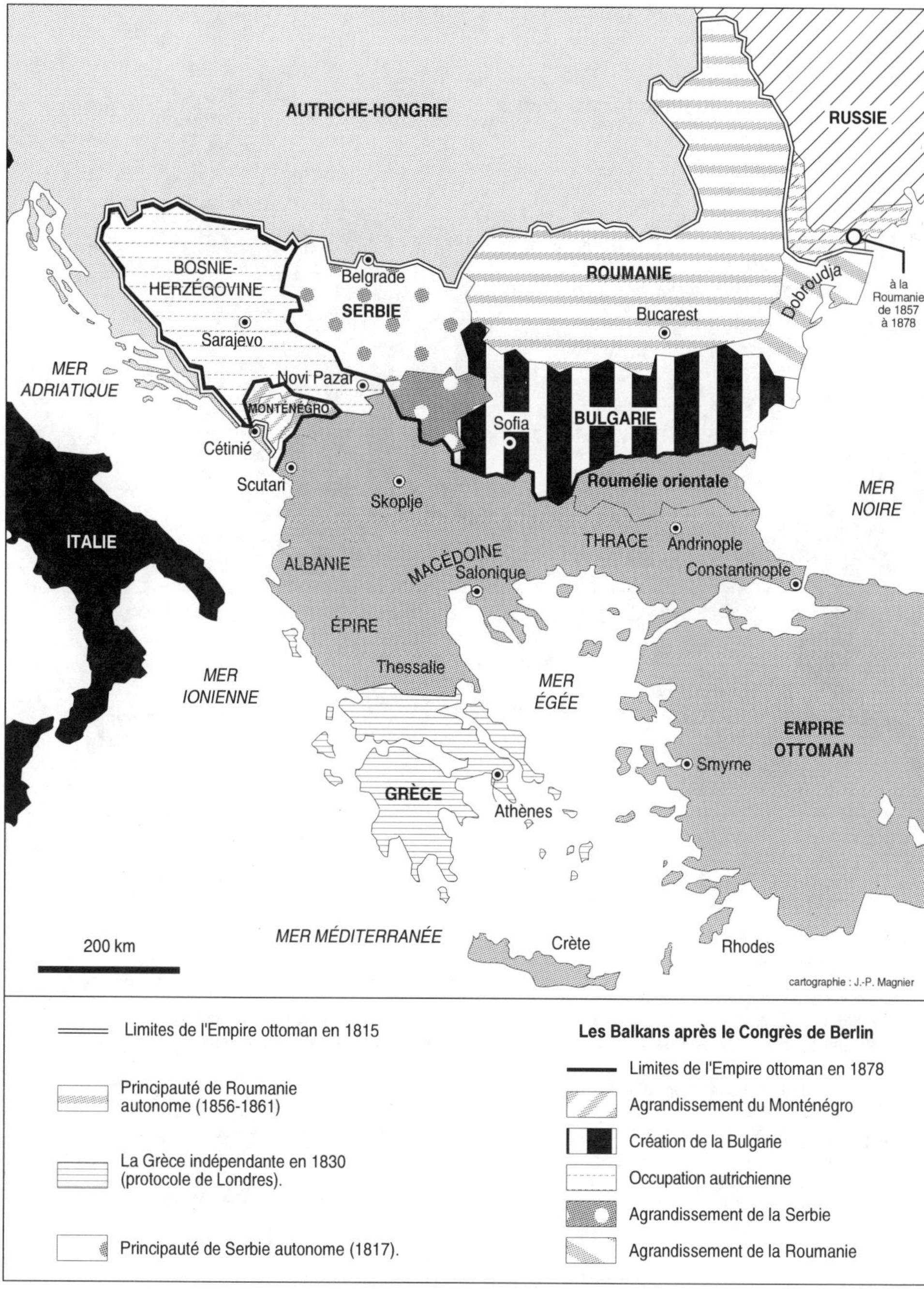

Les Balkans de 1815 à 1878

Les Balkans de 1878 à 1914

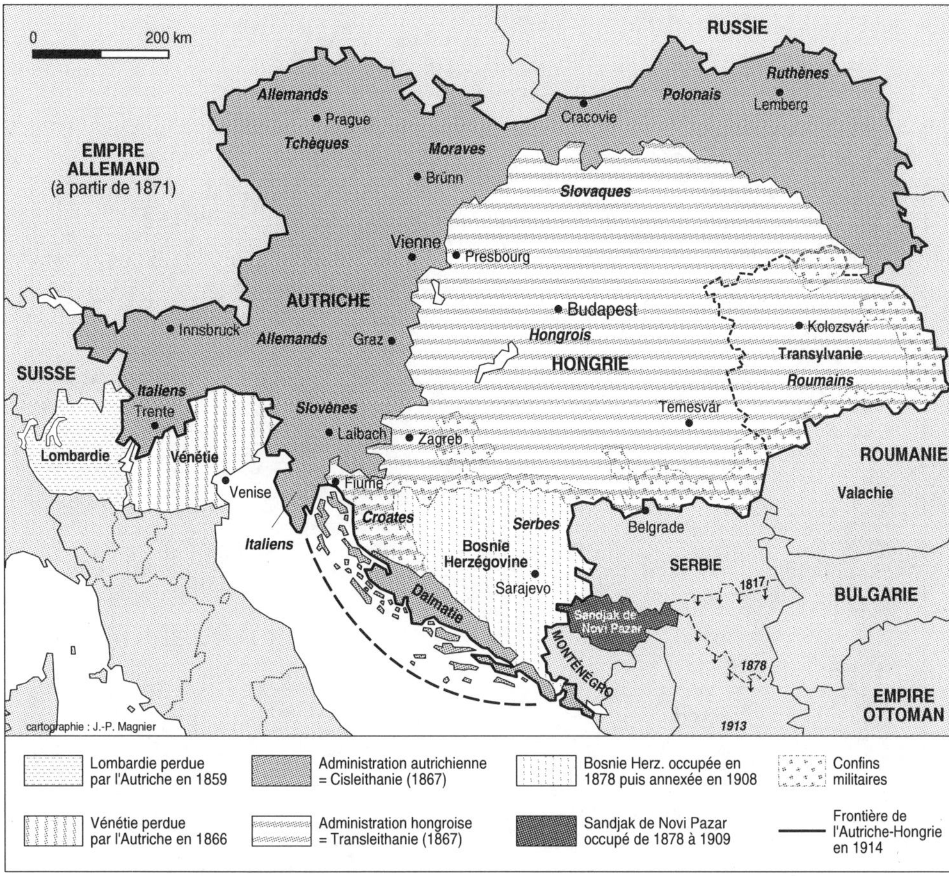

De l'Autriche à l'Autriche-Hongrie : la question des nationalités (1859-1914).

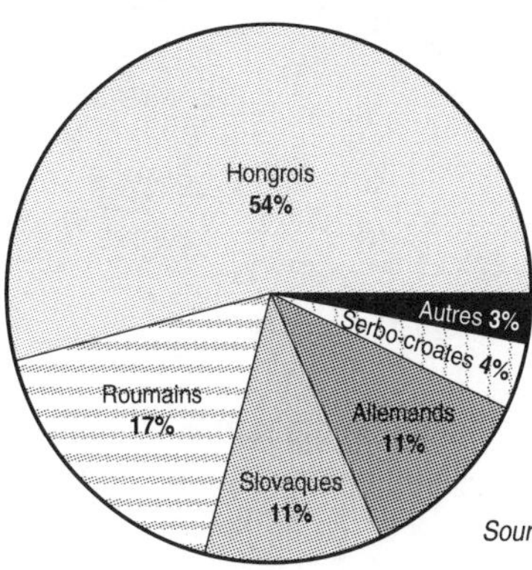

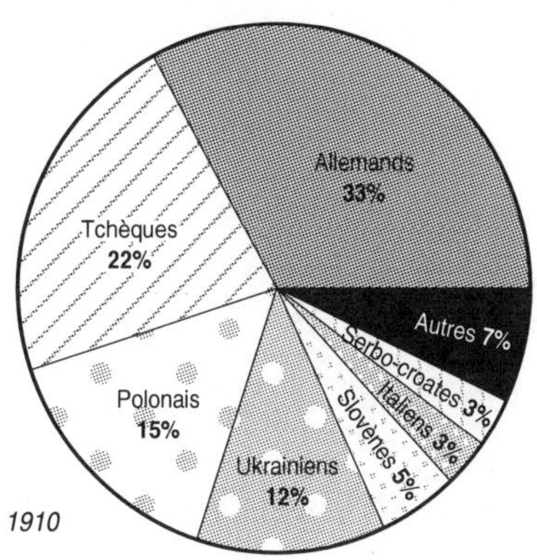

Source : recensement de 1910

Les nationalités en Hongrie **Les nationalités en Autriche**

La Russie de 1856 à 1914

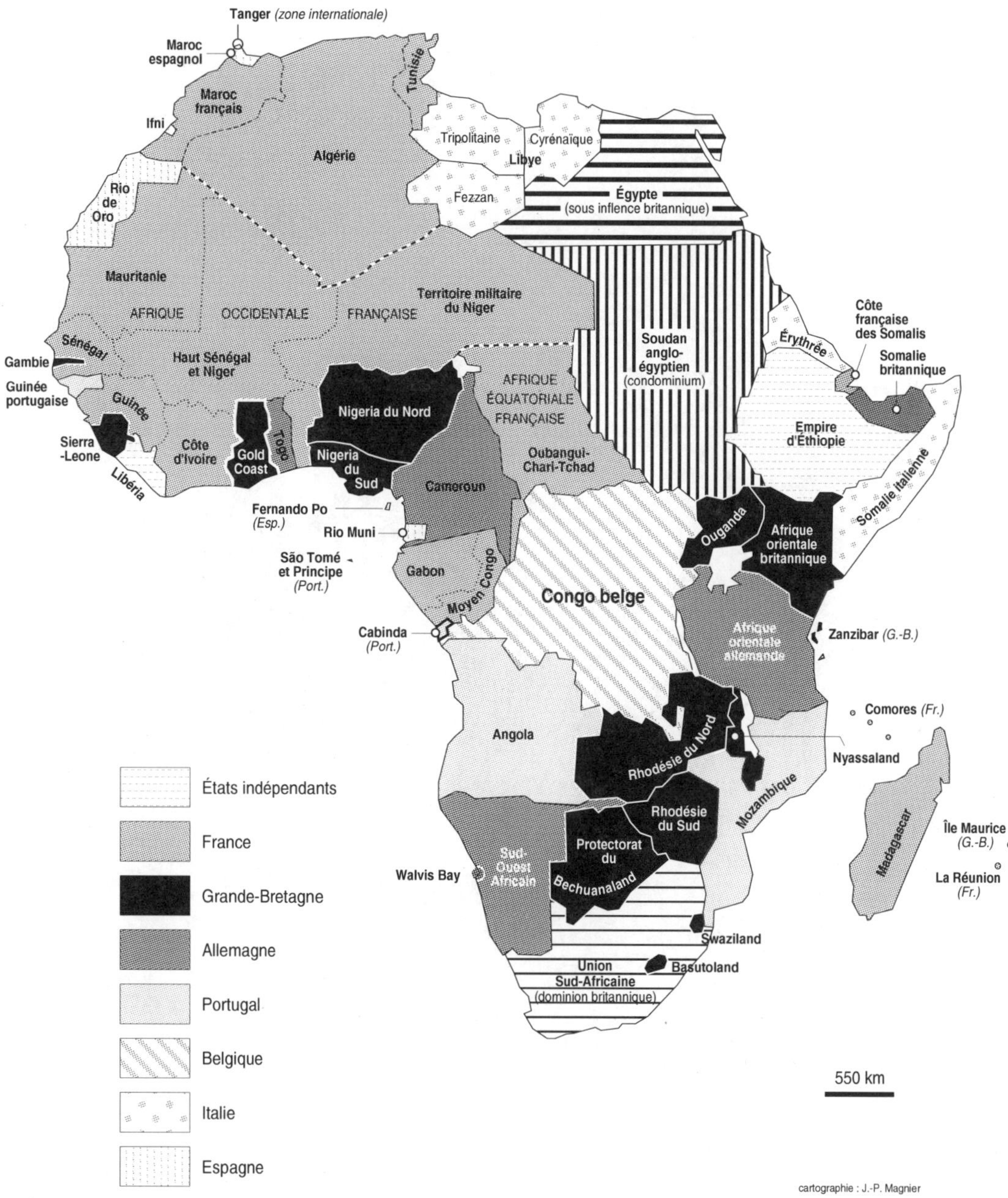

L'Afrique en 1913

Les conflits nationaux en Europe

INDEX

A

B

C

H

I

J

K

M

N

O

P

T

U

V

W

Y

Z

TABLE DES MATIÈRES

Jean-Claude Caron a rédigé l'introduction et les chapitres I, II, III, IV, V, VI, VII et XI ; Michel Vernus a rédigé les chapitres VIII, IX, X et XII et la conclusion.